MÉMOIRES

I

OUVRAGES DU MÊME AUTEUR

LE SERPENT ET LA TORTUE (Les problèmes de la Chine populaire) *Julliard*, 1957.
LA DISGRÂCE DE TURGOT, *Gallimard*, 1961.
LA CAPITATION DE DIOCLÉTIEN, d'après le panégyrique VIII, *Sirey*, 1961.
PRÉVOIR LE PRÉSENT, *Gallimard*, 1966.
L'ÉDUCATION NATIONALE ET LA PARTICIPATION, *Plon*, 1968.
PHILOSOPHIE D'UNE RÉFORME, *Plon*, 1969.
L'ÂME DU COMBAT, *Fayard*, 1970.
CE QUE JE CROIS, *Grasset*, 1971.
APPRENDRE À ÊTRE, (Rapport établi par la Commission de l'UNESCO sur le Développement de l'Education, sous la présidence de M.E.F.) *Fayard*, 1972.
Italia Annonaria, (Revue internationale de Droit de l'antiquité).
POUR UN NOUVEAU CONTRAT SOCIAL, *Seuil*, 1973.
AU-DELÀ DU DIALOGUE AVEC PHILIPPE SOLLERS, *Balland*, 1977.
LA BANQUEROUTE DE LAW, *Gallimard*, 1977.
LA PHILOSOPHIE DE KARL POPPER ET LA SOCIÉTÉ POLITIQUE D'OUVERTURE, *Firmin-Didot*, 1981.
PASCAL : LE PROCÈS DES « PROVINCIALES », *Firmin Didot*, 1930.
LE PÉTROLE DANS LA PAIX ET DANS LA GUERRE, *Nouvelle Revue Critique*, 1938.

Romans

POUR RENCONTRER M. MARSHES,
L'INSTALLATION DU PRÉSIDENT FITZ-MOLE, Collection La Chauve-Souris, *Julliard*, vers 1940.

Sous le pseudonyme d'Edgar Sanday

M. LANGOIS N'EST PAS TOUJOURS ÉGAL À LUI-MÊME, *Julliard*, 1948.

EDGAR FAURE
de l'Académie française

MÉMOIRES

I

« Avoir toujours raison
... c'est un grand tort »

PLON
8, rue Garancière
PARIS

ISBN 2-259-00977-8

PROLOGUE

I. *Le salut aux cavaliers*

Signé Gustave.

Un jour, pendant la campagne des législatives de 1973, je marquai l'arrêt dans le département de l'Aude. Notre candidat pour la circonscription de Limoux avait un suppléant viticulteur qui insista pour m'amener jusqu'à son village, il avait préparé une surprise à mon intention. Toute la population était dans la rue pour m'accueillir et m'applaudir. De telles manifestations ne se traduisent pas arithmétiquement dans les scrutins, mais elles sont une des pures joies de la démocratie.

Mon hôte me fit entrer dans un de ces salons campagnards qui me rappellent mon enfance. Ce sont des pièces étonnamment spacieuses, où les meubles, déshabitués de la compagnie humaine, semblent toujours sommeiller. Les notables et les militants se pressaient autour de nous, avec des mines de connivence. On apporta un objet rectangulaire enveloppé de papier brun et on le dévoila. C'était une peinture, faite avec application, apparemment la copie d'une toile de maître et qui représentait la scène capitale de *Macbeth*. Quelle coïncidence ! J'avais précisément choisi ce thème pour le titre de mon premier roman policier (inédit, et d'ailleurs inachevé) : *le Crâne de M. Yorrick*. « Ce tableau, me dit mon hôte, est une œuvre de votre grand-père, Gustave Faure. Nous sommes heureux de vous l'offrir. »

Je déchiffrai sans peine la signature bien tracée ; j'emportai avec émotion ce souvenir de famille. Je l'ai suspendu dans une pièce d'archives, un peu sombre. Je le regarde parfois avec attendrissement, mais non sans perplexité.

Mon grand-père ne s'appelait pas Gustave.

Je suis bien placé pour savoir que son prénom était Barthélemy puisque c'est l'un des miens ; le quatrième. Je l'ai reçu de lui par parrainage.

On l'avait aussi nommé Benjamin, ce qui était normal puisqu'il était le dernier-né des quatorze enfants d'une famille de paysans aisés, installée au plateau de Sault, à la limite des Pyrénées-Orientales.

Le figuier de Rouvenac.

Une exploitation, même prospère, ne pouvant se diviser aisément entre un tel nombre de lots, Barthélemy Benjamin Faure devint instituteur : on disait alors *instruisou*. Son premier poste fut au petit village de Rouvenac, situé tout au début de la haute vallée dans le canton de Quillan. Il prit pension chez le maire, M. Olive, épousa sa fille, Albine, et y baptisa ses deux fils. L'aîné, Joseph, et le cadet. Jean-Baptiste François, mon père.

La maison m'appartient aujourd'hui — c'est la première du village — ainsi que la petite vigne située en face, qui porte le nom de la Chapelle et qui assure l'inviolabilité de la vue.

A l'occasion de l'un de mes séjours, alors que j'avais huit ou dix ans, je me mis en colère contre un arbre sur lequel j'avais buté, au cours d'une retraite aux flambeaux. J'aurais alors dit impétueusement : « Je ferai enlever ce figuier... quand je serai maire. »

On me rappelle cette promesse chaque fois que je reviens à Rouvenac.

Rarement.

Le vin de Cessenon.

Ma mère s'appelait Claire Lavit. Elle était « née native » de Cessenon dans l'Hérault, canton de Saint-Chinian. Ce village bénéficie de nos jours d'une certaine notoriété pour une double raison. Le vin que l'on y produit est parvenu récemment à la dignité de l'appellation d'origine. Le député-maire de la commune, M. Bayou, est le questeur semi-perpétuel de l'Assemblée nationale.

On trouve toujours du vin de Cessenon au restaurant des parlementaires.

Le docteur Ulysse Lavit, mon grand-père maternel, avait fait ses débuts dans la médecine militaire. Il attirait l'attention par le fait qu'il parlait très lentement (sur ce point la loi de l'hérédité se trouve en défaut). Ses camarades de l'école de Lyon s'amusaient à lui faire répéter la phrase : « Nous autres, Méridionaux, ce qui nous distingue, c'est la rapidité de l'élocution. » L'effet était, paraît-il, hautement comique, il en riait de bon cœur.

Il épousa la fille d'un « propriétaire » (comme on dit chez nous) du nom de Miquel. Dans cette parentèle aussi, la mode était aux prénoms historiques. Mon bisaïeul s'appelait Charlemagne. Je comptais parmi mes grands oncles un Napoléon et même, signe d'un œcuménisme louable, un Wellington : on l'appelait Valentoun.

Ulysse Lavit était lui-même fils et petit-fils de médecins. Il se plaisait à dire qu'il avait remonté cette filière, en suivant les archives, jusqu'à un ancêtre chirurgien barbier. Il pensait même que le choix de cette profession roturière aurait entraîné la dérogeance. nous privant ainsi de la particule : il y a en effet une famille de Lavit dans les parages. Rien ne démontre — ni d'ailleurs ne réfute — l'hypothèse d'une si lointaine parenté.

Après son mariage, Ulysse Lavit quitta l'armée et resta au village. Il exerçait à l'occasion l'art d'Esculape et il s'occupait en permanence de ses plants américains.

Ma mère fut élevée au couvent et passa le brevet élémentaire.

Les maisons aux panonceaux.

Mon oncle Joseph Faure était doué d'un certain talent oratoire et il avait le goût du contentieux. A cette époque et dans ce pays un jeune homme ne pouvait guère songer à s'inscrire directement au barreau. On lui acheta une étude d'avoué plaidant devant un petit tribunal, Saint-Pons. A la grille de sa belle maison, il y avait un panonceau qui portait en lettres noires sur fond doré ces mots pour moi magiques :

AVOUE
AVOCAT.

L'aîné se trouvant ainsi doté, on demanda au cadet de choisir des études qui ne coûtent pas trop cher, et un métier qui n'exige pas un capital d'établissement : Il opta pour la médecine militaire, passa, comme l'avait fait Ulysse Lavit, par l'école de Lyon et revêtit l'uniforme à parements de velours grenat.

Mon oncle maternel, Vincent Lavit, ne parvenait pas à s'astreindre au travail scolaire, il fallut renoncer pour lui à l'onction du baccalauréat. Il réussit à passer la capacité en droit et on lui acheta l'étude de notaire de Cessenon. Il plaça à la grille de sa belle maison un panonceau qui paraissait identique à celui de mon oncle de Saint-Pons, mais qui, à ma surprise, portait un seul mot :

NOTAIRE.

Mon oncle paternel et mon oncle maternel étaient des hommes sensiblement du même âge et, par coïncidence, leurs caractères présentaient des traits appuyés de ressemblance. Ils avaient tous les deux le goût de la parole, des manières aisées, des dispositions mondaines, et ils se sentaient attirés par la vie plus que par l'étude.

Bons baisers du Sahara.

Exerçant des professions connexes dans des localités voisines, ils eurent l'occasion de nouer des relations d'affaires, qui devinrent des habitudes amicales, lesquelles relancèrent les rapports professionnels.

Le frère de l'avoué et la sœur du notaire ne pouvaient guère manquer de faire connaissance ; ils se rencontrèrent au cours de la réception qui suivit le mariage de l'un de mes oncles. L'histoire se renouvelle. L'aide-major fut séduit par la fille du propriétaire. Il était en partance pour les premiers postes militaires que l'on créait dans le Sahara algérien. Cette circonstance le plaçait dans un halo romantique : c'était un personnage de *l'Atlantide*... avant Pierre Benoit. Il promit à la jeune fille de lui envoyer des cartes postales, dont elle faisait collection. Cette forme de correspondance semblait autorisée par les usages de l'époque.

Il en envoya beaucoup (je me demande comment il en trouvait dans le désert, ou si elles représentaient toutes le même motif, ce détail ne m'a pas été précisé).

Elle n'en reçut aucune.
Elle fut chagrinée.
Il fut perplexe.

Le lendemain du mariage, le docteur Ulysse Lavit remit à sa fille le paquet de son courrier en souffrance.

L'histoire se renouvelle : avec des variantes, bien sûr. Mon père n'abandonna pas l'uniforme. Il fut affecté aux Dragons à Avignon, où naquit ma sœur, Henriette, puis au Ier Hussards à Béziers, où je fis mon apparition.

Nous habitions sur les allées Paul-Riquet, là où precisément elles s'ouvrent pour former le Plateau des Poètes. Deux fois par jour, mon père se rendait au quartier, escorté de son ordonnance. Je vois un tout jeune enfant que l'on hisse à la balustrade d'un balcon et qui fait, avec sa menotte, le geste d'envoyer des baisers au premier des cavaliers. C'est un homme tout vêtu de noir et de rouge (le dolman à brandebourgs, la culotte à soufflets), il porte des galons d'or à son képi, il lève les yeux et peut-être fait-il l'effort de sourire. La barbe et le lorgnon soulignent la sévérité de ses traits.

Cette image d'Epinal forme mon plus ancien souvenir d'enfance. C'est, du moins, ce que l'on m'a toujours répété.

L'artilleur dans sa vigne.

La guerre était dans l'air.

Le gouvernement renforça ses troupes de couverture. Mon père fut nommé à Verdun, au 61e régiment d'artillerie (hippomobile).

A la même époque, mes grands-parents maternels décédèrent. Mon oncle Vincent jugeait normal de se voir attribuer, avec la maison où il avait son étude, le vignoble familial, situé à proximité du village. Quand une solution s'impose d'une façon aussi évidente, on n'est pas disposé à la payer au prix fort. Il trouvait cocasse l'idée que mon père, exilé dans l'Est et servant sous les drapeaux, jouât le vigneron dans sa vigne. Ce fut pourtant ce qui advint.

Le notaire garda la maison, le major la propriété et la cave, ce prodigieux édifice où trônait, dans l'odeur du moût, le pressoir. Mes parents venaient à Cessenon pour les vendanges. Je fis la connaissance d'un personnage mystérieux dont on parlait avec grande considération : « Ernest va venir, on attend Ernest. » C'était le *ramonet* qui amenait les saisonniers espagnols.

Je m'étonnais de ne plus pouvoir aller dans la grande maison et dans son jardin où il y avait des palmiers et des tortues.

« On t'a déjà dit que nous étions brouillés », m'expliquait patiemment ma mère. Brouillés, comme les œufs. Je m'appliquai à réfléchir. J'avais la volonté d'apprendre.

Que ferait-on, dans le Midi, s'il n'y avait pas les brouilles ? Elles apportent un divertissement perpétuel, il faut savoir qui est brouillé avec qui, c'est toute une comptabilité... variable.

Car les brouilles ont un autre avantage : elles permettent les réconciliations. Et ainsi de suite.

Premier contact avec la République.

Malgré l'incommodité particulière qu'elle présentait pour la viticulture, mes parents se plurent beaucoup dans leur nouvelle garnison, et moi davantage encore. Les enfants aiment vivre dans des maisons entières, avec un escalier dont ils peuvent chevaucher la rampe.

Le goût des fêtes s'attise, dit-on, à l'approche du danger, surtout chez ceux qui s'y savent exposés. La vie mondaine battait son plein dans la société nombreuse des officiers, avec kermesses, rallyes et soirées dansantes. Je me demandais toujours pourquoi on s'obstinait à donner à la belle figure du quadrille ce nom de « lanciers », inconnu chez nous, alors qu'il existe quatre variétés de cavalerie dans l'armée française, sans compter les artilleurs à cheval.

Verdun, pour moi, c'était la campagne près de la ville, où l'on cueillait les boutons d'or. C'était la porte Chaussée et la confiserie Braquier. C'était mon ami l'ordonnance, qui s'appelait Duhautois, et qui me hissait sur ses hautes épaules. C'était mon ennemi le coiffeur, chez qui mon père s'arrêtait souvent pour faire émonder sa barbe. Plaisantin comme on l'est souvent dans son état, ce Figaro faisait mine, pour rire, de couper aux ciseaux mes belles boucles blondes, dont ma mère se refusait, contre tout bon sens, à raccourcir l'ondulation. Je trépignais de rage. On disait de moi : « Il ne comprend pas la plaisanterie. »

J'entrai en classe « enfantine » au collège Buvigné. Chaque semaine, on donnait des bons points. Je reçus plusieurs fois le premier, qui représentait la croix d'honneur. Un jour vint où l'on ne me décerna que le second, qui portait une figure allégorique. Je ressentis une vive colère de ce déclassement, et j'en déchirai et piétinai le détestable emblème, en criant : « Je ne veux pas de la dame assise. »

On m'expliqua que c'était la République.

Bien plus tard, un matin, en feuilletant ma revue de presse, dans mon cabinet de la rue de Rivoli, je tombai sur un article intitulé : « Mlle Berthaud, institutrice, a appris à compter au ministre des Finances. » Je crus sur l'instant qu'il s'agissait d'une enseignante d'extrême gauche qui critiquait mon budget... C'était mon ancienne maîtresse de la maternelle qu'un journaliste avait retrouvée et interviewée. Je lui écrivis : elle avait quatre-vingt-douze ans. Je pensai que c'était bien son tour de recevoir la croix d'honneur.

Encore un que les Boches n'auront pas.

Mon père, malgré son air habituellement soucieux, était un grand optimiste. Il ne crut à la guerre que quand elle fut déclarée. Les familles avisées s'étaient éloignées en temps utile, après avoir plus ou moins déménagé. Il nous fallut déguerpir en hâte. Mon père lui-même faisait mouvement. Il s'ingénia à cacher l'argenterie dans un placard qu'il bloqua par une armoire. Il nous rassembla pour admirer son ouvrage. On ne soupçonnait rien. Il se crut ainsi prémuni contre le principal danger qui était le pillage : la réputation des « Prussiens », depuis Hansi, n'était plus à faire.

L'ennemi n'entra pas à Verdun. Nous aurions dû, selon nos pronostics, récupérer notre bien.

Mais il aurait fallu d'abord trouver la maison.

Bien que la guerre n'en fût encore qu'au stade artisanal, la rue Chevert n'était qu'un amas de ruines.

II. *Paris vaut bien une gamme.*

Avec ma mère, ma sœur, et notre fidèle servante, Marie Ville, de Dalou (Ariège), je me trouvai happé par l'exode. J'ai gardé un souvenir ensommeillé mais non point désagréable des longs arrêts dans les embranchements ferroviaires. A Toulouse, recru de fatigue et survolté de bravoure, notre quatuor prit d'assaut le premier train qui partait pour Narbonne et qui était réservé à la marine. Les fusiliers nous firent goûter à leur repas et nous laissèrent en souvenir leurs petits couverts en étain. Que d'expériences !

« La guerre, ça fait grandir... »

L'odeur du carbure et le charme de Narbonne.

Je passai l'été 1914 chez mes grands-parents, avec qui je fis plus ample connaissance.

Albine Faure, née Olive, portait en permanence une coiffure avec fronces et rubans qu'elle appelait sa capote. Elle se plaignait de mille maux et ne mettait le nez dehors que quand la belle saison était installée. Elle se parait alors d'une capote de cérémonie, plus considérable et plus ouvragée qu'à l'ordinaire. Son sujet favori de conversation était la série d'événements désignée sous le nom de révolte du vin, qui avait connu son apogée dans ces journées où elle devait se faire accompagner d'un soldat pour traverser la rue Aragon. La bataille de la Marne ne lui paraissait pas comparable pour son importance, à la mutinerie du 17e.

Mon grand-père Barthélemy panachait sa retraite avec une petite responsabilité dans une affaire de distribution de carbure. Je faisais de longues stations à la gare de fret pendant qu'il vérifiait et réceptionnait les barils métalliques qui recelaient dans leurs flancs ondulés cette substance mystérieuse. Il s'en dégageait un arôme tenace. Le trajet aller et retour est assez long ; il m'ouvrait les joies de la conversation. J'aimerais penser que j'ai appris beaucoup de choses de ce sage. Mais des témoignages concordants indiquent qu'il parvenait rarement à placer un mot.

Narbonne, pour moi, c'était d'abord les Barques (on étonne toujours les étrangers quand on dit : on va sur les Barques), c'est-à-dire une promenade plantée de platanes, qui longe le canal de la Robine. Je découvrais la poésie des rivières en contemplant l'écoulement de ces eaux sales et grasses, qui lancent parfois l'éclat d'un jaune hideux.

Narbonne, c'était cette longue rue commerçante qui s'appelle la rue du Pont parce qu'elle est véritablement un pont comme jadis le Pont-Neuf à Paris. C'était l'église Saint-Just, qui m'impressionnait, non point par son intérêt archéologique, mais par son ampleur et l'importance qu'elle occupait dans notre existence : « On va à l'église... » On y allait par des rues tortueuses où soufflait un vent mythologique.

Il ne faut pas vendre au son du canon.

Ma mère, qui n'avait aucune expérience de la vie pratique, fut confrontée à un problème sérieux : la vente de la récolte. La première offre lui parut inespérée : c'était vingt francs ; elle traita aussitôt. Le cours monta jusqu'à cent. Cette leçon ne nous fut d'aucun usage. Le prix de la terre suivit celui du produit. Mes parents, éblouis par la plus-value, vendirent le fonds et se frottèrent les mains. Hélas, la hausse n'était qu'à ses débuts. Notre décision prématurée nous coûta bien cher.

Quand mon oncle Vincent constata que nous avions été aussi bêtes que lui, il mit fin à la brouille.

Boudious, papa !

J'entrai au collège, en même temps que ma mère louait un appartement sur le boulevard qui en porte le nom (je n'avais que la chaussée à traverser). Mes condisciples me firent d'abord un accueil plutôt rude, à cause de mon parler qui venait du froid, de mon ignorance du patois, de ma faible maîtrise du vocabulaire ordurier, et de mes boucles qui leur paraissaient ridicules. Peu à peu les choses s'améliorèrent et je pris de meilleures habitudes de langage. Quand mon père vint enfin en permission, fort tardivement puisqu'il était officier d'active et engagé en première ligne, j'allai l'attendre avec ma mère et ma sœur. Il avait rasé sa barbe et il portait l'uniforme bleu orné d'une brochette de médailles. Je crus marquer un point en m'exclamant, à peine monté en fiacre : « Boudious, papa, que de décorations ! » Je fus douché par sa réaction : « Cet enfant a pris de bien mauvaises manières. »

Le collège de Narbonne manquait d'enseignants. On fusionna la neuvième et la huitième. Comme j'étais premier partout, il parut impossible de me faire redoubler la classe unique alors que des cancres, passeraient directement en septième. Je découvris le fond d'équité de l'institution scolaire, et comme j'avais commencé de bonne heure, je capitalisai deux années d'avance. Mes parents allaient pouvoir psalmodier selon la formule consacrée : il est le plus jeune et cependant le premier. On devrait dire en vérité : il est le plus jeune et par conséquent le premier, car en relation, semble-t-il, avec les « périodes sensibles » chères à la doctoresse Montessori, tel est généralement le cas.

Ce début de carrière d'enfant prodige se trouva relégué dans l'ombre : le pinceau de l'actualité familiale venait de se poser sur ma sœur Henriette.

Vous dites : les planches ?

Mes parents, qui avaient en commun la passion de la musique, avaient placé leurs enfants dès le plus jeune âge devant un clavier. Conformément à la psychologie de la province, il leur avait paru naturel de pousser la fille plus que le garçon. Henriette avait marqué très vite des dispositions pour la virtuosité. Son professeur de piano à Narbonne, M. Fabre, avait obtenu un accessit dans la classe de Louis Diemer, mais il gardait le souvenir d'une frustration et rêvait d'une revanche. Les journaux publièrent un beau jour la photographie d'une élève de douze ans qui venait d'être reçue au conservatoire, directement dans les classes supérieures. C'était la petite-fille d'un sénateur de l'Ouest, dont le nom, M. Brard, m'est resté en mémoire. Ma sœur, qui avait précisément cet âge, nous annonça, avec les encouragements de M. Fabre, qu'elle se proposait de suivre cet exemple.

On écrivit à mon père, qui se montra réticent. Pour lui, comme pour l'opinion moyenne de notre bourgeoisie un peu étriquée, le Conservatoire c'était les planches, et les planches c'était... on ne savait quoi au juste, une zone intermédiaire entre l'anathème de l'Eglise et le « Journal d'une Figurante ». Ma mère répétait, en citant M. Fabre, que « la musique, ce n'est pas le théâtre ».

Cette sévérité pour un art qui a produit les plus fortes illustrations de la France paraissait incompréhensible à mon âme collégienne.

La maturation de l'affaire prit une année. Henriette atteignit ses treize ans ; elle ne pouvait plus battre un record, mais elle pouvait encore enregistrer une performance. Notre servante Marie vivait dans la panique : « A Paris, il y a la révolution. » Elle se consola cependant, parce que le même jour on avait aperçu un soldat français dans le soleil. Je fis un cauchemar où je me répétais : « Dans les révolutions, on épargne toujours les enfants. »

Paris m'abasourdit et me stupéfia par le fracas de la circulation où s'amalgamaient les taxis et les fiacres. Nous allions de droite et de gauche comme des bourdons qui se cognent aux vitres. Nous habitions, temporairement, rue Rennequin, et le premier ou le second soir il nous parut agréable de faire une petite promenade. Au premier débouché, la masse de l'Arc-de-Triomphe nous frappa la vue. Ni ma mère ni ma sœur n'en avaient entendu parler et moi pas davantage, mais je voulus briller et je dis : « Je crois que c'est le tombeau de François Ier. »

Les auditions de M. Ferté.

Louis Diemer, auquel nous étions recommandés par M. Fabre, ayant atteint un âge très avancé, ma sœur passa son audition chez son intérimaire, Armand Ferté, qui était aussi le chef d'orchestre du théâtre de l'Odéon. Le maître énonça sa sentence : « C'est très bien, vous vous présenterez en octobre en classe préparatoire. » Henriette dressa sa petite taille : « Mon père n'acceptera jamais que j'entre en classe préparatoire, il ne s'inclinera que pour la classe supérieure. » Armand Ferté eut la galanterie de s'incliner le premier, bien qu'il fût de taille gigantesque. Henriette fut reçue troisième en classe supérieure.

Un peu plus tard, on m'amena à mon tour auditionner chez Armand Ferté. Je jouai l' « Orage » de Steibelt. Il réédita sa sentence : « On va le présenter en classe préparatoire. » Mon sang ne fit qu'un tour. Je ne connaissais pas Paderewski, et je m'exclamai : « Pianiste ? C'est un métier pour les filles ! »

Le cours La Bruyère.

Nous habitions alors un appartement meublé au bas de l'avenue Mac-Mahon avec un ascenseur (merveilleux substitut de l'escalier individuel) et un balcon, d'où je pouvais repaître ma vue du tombeau de François Ier. Comme il n'existait pas de lycée à proximité, on m'inscrivit dans une institution de jeunes filles où l'on admettait quelques garçons en sixième. Je m'assurai ainsi pour la vie le droit d'appartenir à une association d'anciennes élèves. Cet établissement, situé rue Marcel-Renaud, pratiquait à la fois une gestion économique serrée et une pédagogie anticipative. Afin d'assurer le plein usage des locaux, les élèves ne venaient qu'à mi-journée. Les petites classes le matin, les grandes l'après-midi. Cette situation permettait aux familles d'organiser comme elles l'entendaient les « activités d'éveil », comme on dit aujourd'hui. Le cours La Bruyère expérimentait aussi la participation. Quand un conflit survenait entre deux élèves, on le réglait par un vote démocratique de la classe. Le cas m'advint. Je l'emportai.

Je passai de quiets après-midi « à la maison », sous la tutelle d'un emploi du temps écrit dressé par ma mère. Le travail scolaire, le piano et mon passe-temps favori, la lecture, s'y répartissaient par demi-heures.

Avec un peu d'acrobatie, on peut faire tenir un livre sur un clavecin, le difficile est de tourner la page sans interrompre la gamme.

Le nain jaune chez Anita.

« Trouble in paradise ». Les avions allemands vinrent survoler Paris. Il fallut descendre à la cave. Je ne m'y plus guère. Mais une diversion se présenta.

Le premier étage de l'immeuble était occupé par un « dentiste américain ». C'est du moins ce qu'indiquaient de grandes lettres dorées apposées sur le balcon qui longeait toute la façade. Le diplôme était américain mais le praticien était français et altruiste. Il nous expliqua que les bombardements n'étaient dangereux que pour les étages supérieurs. A son niveau, le risque était nul. Il nous offrait donc l'hospitalité chez lui pour la durée des alertes.

L'appartement du bel étage, comme on disait jadis, nous apparut comme un palais de rêve. Nous formions une bande joyeuse autour de la fille du dentiste, une brunette de onze ans. Les cartes et les damiers surgissaient sur les tables de jeu, il y avait des boissons, des friandises, au diable le danger ! C'était la fête.

Cette conception rassurante de la guerre aérienne limitée aux superstructures parut effarante à mon père lorsqu'il en fut informé, lors de sa permission. Mais il ne nous renvoya pas à la cave. Il nous fit quitter Paris.

J'emportai ce dernier tableautin de ma première décennie. La partie de nain jaune chez Anita pendant l'alerte. Il ferme l'album que j'ai ouvert avec *le Salut aux cavaliers.*

Christophe Colomb n'est pas un hasard.

Après avoir servi comme divisionnaire au front, puis comme médecin du fort de Douaumont pendant le siège de Verdun, mon père reçut une affectation moins exposée : celle de médecin-régulateur. Ce titre faisait la joie de mon oncle plaisantin, le notaire. « Autant dire, pouffait-il, médecin pendule. » Mon père assurait la circulation et le *dispatching* des convois de blessés qui passaient par l'importante gare d'Is-sur-Tille, d'où l'on gouvernait le trafic vers tous les hôpitaux de l'Est.

L'idée nous vint de passer l'été à Dijon, ce qui nous permettait de le voir de temps en temps.

« Christophe Colomb n'est pas un hasard », a écrit l'historien Vilar. Dijon n'était pas un hasard pour moi, puisqu'il me fallait découvrir l'Amérique.

Je passais les journées au square Darcy, à donner des leçons de français aux militaires américains. J'ai toujours eu le don et le goût de la pédagogie. Je reçus beaucoup de chocolat et je me fis une importante collection de médailles que j'ai dilapidée en cadeaux à mes camarades. Le bénéfice le plus durable fut l'amitié du sous-lieutenant Solis Seiferth, avec qui j'échangeai pendant deux ans des cartes postales. Bien plus tard, il est venu m'accueillir à La Nouvelle-Orléans. C'est un excellent architecte, et mon meilleur ami pour la Louisiane.

Au lendemain de l'armistice, Jean-Baptiste Faure pouvait compter avec plaisir ses rubans, médailles et palmes, car il en était bien pourvu. Mais il considérait sans enthousiasme ses galons, toujours au nombre de quatre comme devant.

Plusieurs de ses camarades dont les titres, aussi bien de combat que de service, n'égalaient pas les siens, avaient atteint le *panaché*, voire le cinquième *plein*.

Il attribuait sa deconvenue, dont il n'aimait pas parler, à son caractère réservé, à son incapacité physique de se mettre en avant, et aussi à son éloignement des coteries.

Peut-être voyait-il les choses de façon systématique, mais il ne « fabulait » pas. La maçonnerie fournissait les *weathermen* du service de santé (1); il restait cependant quelque chance pour les véritables *thalas* (2) qui, eux, dominaient l'armée de terre. Comme il n'était affilié ni à l'un ni à l'autre de ces ensembles, personne ne s'occupait de lui — qui ne s'en occupait pas lui-même.

Il aimait les sciences. Il s'initia à la radiologie qui, à l'époque, n'était pas exempte de danger, et se trouva retenu parmi les vingt médecins que l'administration militaire se proposait de désigner comme chefs de centre dans ses corps d'armée. Comme il ne s'agissait pas de grades, il n'y avait pas eu d'intrigue, et il se trouva placé en tête du classement. Il pouvait ainsi choisir entre les deux postes les plus appréciés qui étaient Bordeaux et Orléans.

Je me souviens de longues discussions en famille sur ce sujet ; on consultait les parents, les proches, et même les relations de passage ; on eût fait un référendum et des sondages si la mode s'y était prêtée. Ma mère et ma sœur tenaient mordicus à Orléans à cause du Conservatoire... de Paris. Beaucoup de personnes d'esprit ouvert nous rappelaient que la proximité de la capitale est toujours un bienfait, pas seulement pour les pianistes et les cornichons. Mais le front uni des conventionnels tenait ferme pour la capitale de l'Aquitaine. Il ne fallait pas ruiner la carrière de mon père, qui pouvait encore rebondir, il devait prendre le poste hiérarchiquement le plus élevé, etc.

Mon père se décida pour Bordeaux.

Il fut nommé à Orléans.

La dernière garnison.

Ce tour de passe-passe acheva de le désenchanter et de le détacher d'une carrière qu'il avait épousée sans amour.

Sous l'influence de ma mère et de ma sœur, qui voulaient habiter Paris, il fut prévu qu'il se retirerait de l'armée à la fin de l'année scolaire. Il pouvait obtenir le statut dit de non-activité — la demi-solde des grognards — qui est avantageux pour les médecins, car ils ont un métier en poche.

Notre vie à Orléans passa comme une parenthèse, marquée par des épisodes retentissants, qui étaient tous en rapport avec le monde ferroviaire. Il y eut un grand déraillement, qui fit beaucoup de

(1) J'emploie volontairement ici une expression anachronique. Il s'agit des hommes qui font la pluie et le beau temps. C'est un terme utilisé de façon argotique pour désigner des contestataires américains.

(2) Le mot *thalas*, qui vient de l'expression « ils vont t-a*x* la messe » désigne, dans le langage des normaliens, la droite cléricale (*cf.* les œuvres de Jules Romains)

blessés. Le centre de radiologie était débordé. Mon père tirait plaque sur plaque et rentrait les yeux rougis. Il y eut aussi l'attentat des Aubrais, des anarchistes attaquèrent le train, tuèrent un polytechnicien qui résistait, et furent arrêtés après un match de vitesse où le rail l'emporta sur la route. Il y eut la grève des cheminots, qui fut la grande épreuve sociale du Bloc national. Il en triompha... et en mourut (à terme).

Nous habitions un grand immeuble moderne avec plusieurs corps de bâtiments, et des cours où l'on pouvait jouer même au tennis. La rue de la Bourie-Rouge (tel était son nom mystérieux) était assez éloignée du lycée où l'on se rendait par deux trajets différents, ce qui pouvait toujours me fournir un alibi. Beaucoup d'élèves, dont j'étais, séchaient le cours de gymnastique pour aller à la foire.

Une partie de ma vie se passait en conduite et reconduite avec des camarades qui habitaient aussi loin que moi mais dans des directions différentes. Je décidai d'écrire un roman, et je leur en lus le premier chapitre. Il s'agissait de la fin du monde. Naturellement, il n'y eut pas de second chapitre.

J'étais un élève inégal. Je ne parvenais pas à retrouver mon rythme des petites classes. Il faut dire que je me dissipais beaucoup et j'éprouvais sans doute la lassitude de mes changements incessants de milieu scolaire. Mes résultats ne dépassèrent que faiblement la moyenne. Je n'obtins qu'un seul prix : de récitation (celui-là ne m'échappait jamais) (1).

Mon père fit ses adieux au Ve corps d'armée. Il se vit accorder pour son départ le cinquième galon. Ce sont des politesses qui ne coûtent pas cher, le grade ne compte pour la retraite qu'au bout de deux ans.

Je pensai que, comme moi, il avait reçu son prix de consolation. Mais, lui, il méritait davantage.

(1) Je ne comptais que de bons maîtres et, comme aurait dit La Rochefoucauld, il y en avait de délicieux. Pierre Renouvier, amputé d'un bras a la guerre, nous enseignait l'histoire. Il me dit un jour plaisamment : « Vous ferez certainement un orateur ; il est dommage que vous soyez gêné, pour les gestes, par le mobilier scolaire. » Raphaël Barquissau, notre professeur principal, paraissait toujours rêver : il vivait a moitié aux « îles », qui étaient sa passion, il leur a consacré un livre charmant ; il s'apprêtait à quitter le Loiret pour un poste de proviseur a la Reunion. Je lui dois, a travers le *Manchy*, la découverte de mon poete préféré, Leconte... de l'Isle.

III. *La barque de M. Faral*

Des Pyrénées..

Mon pere avait conçu le projet judicieux de passer huit mois de l'année à Paris, (où il pouvait s'occuper à sa guise comme expert sur dossiers pour le ministère des Pensions) et de pratiquer, à la belle saison, la médecine thermale. Les grandes stations n'étant guère accessibles, il en cherchait une de second rayon. On lui parla d'Aulus-les-Bains, il nous y conduisit pour les vacances ; tout le monde s'y plut, il s'y installa aussitôt. Il acheta la seule maison qui était disponible, avec un jardin qui va jusqu'au « gave », le Garbet, et un champ. « Le champ vaut mieux que la maison », disaient les gens du pays. Elle était assez laide, je la trouvai merveilleuse. Nous l'appelâmes villa des Tilleuls.

Aulus est situé à trente-trois kilomètres de Saint-Girons, par une route tortueuse et mal entretenue. C'est un fond d'impasse, d'où l'on ne va nulle part autrement qu'à pied. C'est la plus sauvage de tout un réseau de vallées parallèles. Sorti du village, on ne rencontre plus aucune habitation, fût-elle isolée, jusqu'à la frontière espagnole, marquée — si l'on peut dire, car il n'y a pas d'écriteau et les sentiers n'y sont pas tracés — par les trois « pas » qui portent les noms de Guilou, de Sounou et de Tres Comtes.

Les sources d'Aulus ont dû leur première notoriété à un lieutenant syphilitique qui avait constaté par un pur hasard leur bienfaisance. On donna son nom qui sonne bien, Darmagnac, à la plus ancienne. Les autres s'appellent Baque, et, peut-être par référence aux Trois Comtes, les Trois Césars.

Le mal de Vénus appelle aujourd'hui des thérapeutiques plus sophistiquées, mais on a découvert aux eaux tout un spectre de vertus curatives. Pour l'essentiel, c'est un Contrexeville du Sud.

Je m'efforçais de tenir mon personnage de fils de médecin thermal en accueillant les jeunes, en organisant les excursions, en dansant tous les soirs au casino, en tenant compagnie aux notables et en exposant à tout le monde, à longueur de journée, que le mauvais temps était passager, qu'il faisait beau encore la veille (pour les nouveaux arrivants) et qu'il ferait beau à coup sûr le lendemain (de leur départ, en tout cas).

La révélation, c'était la vie au grand air, c'était la marche en montagne, c'était l'escalade dans les pierrailles, c'était le gravissement des pentes en s'accrochant aux touffes d'herbe piquante des hauteurs. Je me sentais absorbé par la beauté des paysages, incorporé dans une totalité panthéistique (1). Moi qui me tenais pour peu contemplatif, je passais des heures allongé, « contemplant » le tracé des crêtes sur le ciel, les dessins infiniment variés et pourtant identiques des masses rocheuses, l'éclat d'onyx de ces étangs noirs que dans tous les pays de montagne on appelle : le lac bleu. Il me semblait que je respirais par le regard.

...à Ménilmontant.

Quand je rentrais dans la capitale, je ne quittais pas tout à fait les Pyrénées. Ménilmontant, comme le nom l'indique, est une petite montagne de Paris. L'avenue Gambetta, qui monte vers la porte des Lilas, n'est bâtie de maisons que sur un seul côté. Le trottoir en vis-à-vis longe le square du Père-Lachaise. Ce n'est pas un jardin public posé à plat comme ils le sont d'ordinaire, mais une colline de verdure qui s'élève en ondulations jusqu'à l'enceinte du cimetière. On apercevait, au-dessus de la clôture, quelques monolithes tronçonnés qui étaient les parties terminales des hautes tombes. L'impression était plutôt archéologique que funéraire.

Nous habitions au numéro 37 et au quatrième étage. Ce quartier n'est pas mondainement très apprécié mais nous avions la vue. Notre appartement reçut, peu après, l'honneur d'une visite illustre. Ma sœur Henriette, au sortir du Conservatoire, conçut le projet de donner en un seul récital « l'œuvre entier » de Maurice Ravel (j'appris dans cette occasion que le mot œuvre, quand il a cette signification, prend le genre masculin).

Le maître, qui habitait Monfort-l'Amaury, décida de venir jusque chez nous pour l'entendre.

J'éprouvais pour ce compositeur une admiration que n'avait pas amoindrie l'audition indéfiniment répétée de sa musique par le truchement du piano familial.

Comme je craignais de ne pas lui être présenté, je décidai de monter la garde devant la porte. Au bout d'un temps assez long, je me résignai à remonter, bredouille et contrit.

— Il n'est pas venu, dis-je.

— Il est là, chuchota ma mère.

Je compris tout à coup que j'avais enregistré de façon machinale

(1) Le panthéisme m'avait été expliqué par un professeur de Voltaire, Maurice Massinon, qui habitait dans notre immeuble. Mon père soignait sa femme et il m'invitait dans sa maison de campagne, située à Ponthierry.

l'image d'un petit monsieur insignifiant qui se dirigeait vers l'ascenseur.

J'attendais mon héros, et ne le reconnus pas.

Les grands hommes ne font pas toujours les hautes statures.

Ma sœur fut désignée par lui comme « sa parfaite interprète », elle réussit son concert et se maria.

Mon beau-frère, Laurent Borde-Pagès, était le petit-fils d'un sénateur de l'Ariège, rival malheureux de Delcassé. Je l'avais vu quelquefois en uniforme de lieutenant d'artillerie. C'était un grade qu'il avait acquis pendant la guerre, où il s'était engagé à dix-sept ans. Il fit ensuite l'école du service de santé de Lyon en gardant ses galons, puisqu'il en était propriétaire.

Le jour de la noce il arborait les parements de velours grenat.

La petite-fille d'Ulysse Lavit épousait un médecin militaire.

Premier : Faure, quatorze.

Ce résultat, proclamé par M. Edmond Faral sur un ton de commandement — il avait été chef de bataillon d'infanterie pendant la guerre — me cueillit comme un uppercut. C'était ma première composition de français, et je ne m'attendais pas à ce résultat.

« Premier dans un lycée de Paris ! » exultait mon père.

La note restait modeste. Edmond Faral n'était pas homme à nous griser de compliments. Il me révéla aussitôt la lourde faute que j'avais commise dès les premiers mots de ma copie, qui étaient : « De pire en pire, dit le roi. »

« De pire en pire » est un barbarisme, expliqua mon maître. Pire est un adjectif, il faut dire : « de pis en pis ».

Au comparatif.

Normalien, agrégé, docteur ès lettres, savant déjà réputé comme spécialiste des lettres du Moyen Age, Edmond Faral cumulait la classe de troisième C au lycée Voltaire, avec une direction d'études à l'Ecole pratique des hautes études.

Je confirmai mon titre au second trimestre.

Il advint qu'il nous donna un sujet de devoir, en précisant qu'il ne ramasserait pas les copies. Il désignerait l'un d'entre nous pour lire à haute voix sa rédaction.

Naturellement, nous devions être tous prêts.

En ma qualité de meilleur élève, je tins pour acquis que je ne serais pas interrogé, et ne fis rien. En quoi je me montrai mauvais psychologue.

— Faure, lisez-nous votre copie.

Comment aurais-je pu la lire ? Machinalement, je pris le parti de la « parler ».

Mon voisin me poussait du coude. Un regard dérobé me fit comprendre sa mimique, il me fallait tourner la page, pour la vraisemblance.

La salle saisit vite. Elle suivait le suspense. Edmond Faral aussi. Le maître de conférences à la Sorbonne, commandant de réserve. père de famille, invita le gamin de douze ans à passer chez lui une journée de dimanche.

Il habitait une villa à Chennevières, il avait une barque à rames et il m'amena faire une promenade sur la rivière. Je m'efforçais de parler peu et lentement. Je buvais ses paroles et je pourrais presque reconstituer notre entretien.

A la fin du déjeuner, pris en famille, il aborda le sujet, et le projet. M'ayant bien observé, il tenait pour certain que ma première vocation passait par l'Ecole normale supérieure. J'éprouverais, pensait-il (sans doute avec raison) un plaisir intense à lire dans le texte Plutarque et Platon. Après l'école, j'aviserais au choix d'une carrière, qui pourrait fort bien ne pas être, ou n'être pas seulement, le professorat. Il pensait que je serais vraisemblablement attiré par la politique. Il avait compris que j'avais improvisé mon devoir. Il avait aussi observé chez moi un trait qui n'apparaissait pas au premier abord. C'était mon esprit combatif, révélé pendant les récréations, au jeu assez brutal dit du « tournoi ». Il me conseillait donc de me préparer pour la rue d'Ulm. Etant en classe C — latin, sciences — je n'avais pas étudié le grec, que l'on commence en quatrième, mais il serait facile de me rattraper en redoublant la troisième, cette fois dans la section A. Il s'en était déjà entretenu avec son collègue ; il se proposait maintenant d'en parler à mon père, si je n'écartais pas sa suggestion.

Mes parents n'étaient pas insensibles à l'ascendant de Faral, ni réfractaires à sa logique. Mais ils appliquaient au problème une mentalité de caisse d'épargne. Ils ne purent s'accommoder de l'idée de gaspiller même pour moitié ce magot : mon exceptionnelle avance d'âge.

Je leur laissai la décision. Elle fut négative.

Edmond Faral devint professeur au Collège de France, puis administrateur de cet établissement, ce qui est le poste le plus élevé de l'Education nationale. Il se vit décerner la grand-croix de la Légion d'honneur quand j'étais chef du gouvernement (cela faisait symétrie avec le ruban de mon institutrice nonagénaire). René Coty la lui remit en ma présence, à l'Elysée. Edmond Faral me dit en sortant : « Monsieur le président, vous êtes un chic type. » Il m'impressionnait encore et je n'eus pas la hardiesse de lui répondre du tac au tac : « Vous aussi. »

Ce qui était bien vrai.

De Platon à l'Action française.

J'aurais sans doute montré plus de passion pour les études si j'avais suivi le conseil d'Edmond Faral

En section C, la plus grande partie du travail scolaire s'attachait aux matières scientifiques. J'y réussissais suffisamment, mais j'y prenais un intérêt déclinant. J'ai longtemps pensé qu'après avoir bien assimilé l'algèbre et la géométrie plane, j'avais « décroché » quand j'avais abordé la géométrie dans l'espace et la trigonométrie. Je crois aujourd'hui que l'explication est plus simple. Pour concurrencer l'attraction des objets de la vie, il faut que ceux de l'étude soient reliés à la sensibilité de l'âme. C'est pourquoi les élèves les plus jeunes, qui sont moins attirés par le « siècle », sont les plus aptes à réussir dans le huis clos de la connaissance.

A défaut de Platon et de Plutarque, je m'engouai pour la lecture de la presse et je commençai de prendre intérêt à la politique.

A la maison, je feuilletais *le Journal* et je tâchais d'avaler le conte du jour avant de partir pour la classe. Le soir, je parcourais *le Temps* en famille, cette lecture étant tenue pour éducative.

Dans la journée, je pris l'habitude d'acheter plusieurs quotidiens et d'aller les lire, de préférence, dans un réseau de rues calmes qui avoisinent le lycée. La variété, alors, en était alléchante. A droite, *le Gaulois, le Figaro, l'Echo de Paris*. A gauche, *l'Œuvre,* de Gustave Théry, qui choisissait ses cibles et tirait au pistolet de combat. *L'Ere nouvelle* qui offrait de multiples chroniques. Plus tard, il y eut *le Quotidien,* créé pour les élections, qui portait en figure de proue les images de ses cinq fondateurs, dont l'historien Aulard, et qui lançait des scandales : « Il faudra détruire cette barrière, monsieur Sapène. » J'appris ainsi l'existence de ce personnage qui œuvrait dans les coulisses, et dont la puissance était due au seul journal que, pour cause d'ennui, j'avais renoncé à lire : *le Matin.* Je n'ai gardé aucun souvenir du *Populaire,* mais je lisais quelquefois une publication de socialistes dissidents, Pioch et Frossard, toute chargée d'une littérature assez opaque exprimant des oppositions fractionnelles et des rivalités classiques.

Il y avait surtout *l'Huma* et *l'Action.*

L'Humanité m'apparaissait comme la gazette d'un continent astral.

La notion de lutte de classes n'était pas accessible dans mon milieu familial et dans mon environnement champêtre.

Le prolétariat, pour moi, c'était la misère, il n'y avait pas de misère à Rouvenac, à Cessenon, à Aulus, il y avait, bien sûr, les inégalités de la fortune mais en milieu rural elles ne brisent pas la communication. Les riches sont avares et craignent de paraître. Les pauvres sont fiers et s'honorent de dépenser.

La machine à remonter le temps.

L'Action française m'attirait, à travers l'infaillibilité de Charles Maurras, par la séduction d'une architecture grandiose de la pensée.

L'ensemble de la rédaction, depuis les claironnements de Daudet jusqu'à l'excellente revue de presse, donnait l'impression au jeune lecteur qu'il était « dans le coup ». Un ordre de chevalerie lui offrait son adoubement anachronique.

Mon engouement pour l'histoire me rendait sensible à la séduction du passé.

Mon département natal, l'Hérault, demeurait le plus royaliste de France. *L'Action* citait souvent « mes » trois députés, M. de Rodez Bénavent, le bâtonnier Guibal et le poète Xavier de Magallon.

Mon voisin de banc, Louis Berrier, se considérait comme un homme de la terre ; il préparait l'Institut agronomique et professait sur tous les sujets des opinions archaïsantes. C'était un écologiste avant la lettre, un pourfendeur de la société industrielle et du consumérisme. Avec son béret vissé sur le crâne, une grande pèlerine flottant autour de sa longue et maigre carcasse, ses énormes chaussures, on s'apprêtait à l'entendre dire : « Nos messieurs sont partis chasser la perdrix. » Il m'invita dans sa maison familiale, au village de la Londe, au cœur d'une forêt qui porte ce nom. Les lieux qui surgissaient autour de nous me faisaient vivre dans la France féodale : Bourgtheroulde, Bosguérard de Marcouville, le château de Robert le Diable. Quant à la gare engloutie dans les bois, elle portait un emblème de chouannerie : le Hêtre à l'image, (on disait aussi le piètre allumage). A l'épicerie, je découvris avec émerveillement une monnaie que je croyais enfouie sous les siècles : le centime. Les fidèles en faisaient provision avant la messe, pour fournir aux quêtes du curé, qui, en riposte, faisait tourner non-stop les plateaux et les aumônières.

Sous l'effet de cette machine à remonter le temps, j'acceptai de m'inscrire, en compagnie de Louis Berrier, au groupe des lycéens d'Action française. C'était d'ailleurs le seul mouvement politique qui faisait du recrutement dans une classe d'âge aussi tendre. Nous jouions avec nos épingles de cravate à fleur de lis et avec nos cartes. Les camarades de mon groupe habituel, qui ne comprenait pas Berrier, n'avaient nulle vélléité de me suivre, mais je ne les choquais pas. Notre engagement était mince. Nous portions des couronnes à la fête de Jeanne d'Arc mais nous ne vendions pas le journal à la porte des églises.

Je prenais quelquefois le métro, à l'insu de ma famille, pour me rendre rue Saint-André-des-Arts.

J'accédais à l'indépendance.

Quand je fus au quartier Latin, mon optique changea. Les activités des camelots du roi me parurent bien lourdes ; celles des étudiants, qui formaient des monômes, bien légères.

Je m'éclipsai sur la pointe des pieds, comme un invité qui s'est trompé de dimanche.

L'âge d'or est devant nous.

J'obtins le cinquième et dernier accessit d'histoire au Concours général, et le lycée Voltaire, pour qui l'aubaine était rare, me fit graver une médaille.

Je suivis la classe de mathématiques élémentaires mais je me contentai de passer le baccalauréat de philosophie. J'appréciais grandement nos professeurs successifs. Aimé Berthod avait été député du Jura et, aux élections de mai 1924, il le redevint. Nous l'aimions beaucoup : mais aucun élève de nos classes n'aurait, la tête sur le billot, voté pour le cartel. Il fut remplacé par un jeune agrégé, Brice Parrain, qui ne rêvait que du russe et de la Russie. Il attendait fiévreusement un visa qui se dérobait sans cesse. Un jour où nous étions groupés autour de lui devant un demi, au café du coin, il se tourna vers moi et me dit : « Faure, un garçon comme vous devrait apprendre le russe. »

Mon professeur d'histoire, Gustave Legaret, qui fut ensuite inspecteur général de géographie, prenait le relais de Faral, et me poussait vers la Sorbonne. « Pensez à votre âge, me disait-il. Vous serez agrégé à vingt ans. »

Il me convainquit pour moitié. Mon père, pour l'autre. Droit ou lettres ? Je pris une double inscription.

Tous les camarades de mon groupe — et sans doute bon nombre de nos condisciples — pensaient, par la suite, aux années de Voltaire comme à un cycle de félicité.

Par la chaleur de ces communautés qui s'établissaient entre les élèves (nous nous rencontrions sans faute les jours de congé, nous allions goûter les uns chez les autres), par la qualité des relations entre les élèves et les enseignants (j'ai mentionné ceux de nos maîtres qui ont fait des carrières extérieures, mais beaucoup d'autres, demeurés dans l'ombre, étaient de parfaits éducateurs), notre établissement pouvait passer pour une préfiguration de la Cité éducative.

Cependant, la disposition d'esprit que j'évoque peut avoir un aspect négatif : la nostalgie.

C'est une dimension du problème que nous ne devons pas perdre de vue, bien qu'elle paraisse paradoxale : aurions-nous été trop heureux ?

Il ne faut pas que la période de la préparation à l'action fasse ternir, par l'éclat qu'elle prend dans la mémoire, l'image de l'action elle-même pour ceux qui y sont insérés. L'action qui n'est plus la vie protégée mais la vie vivante.

Il faut, selon le conseil de Saint-Simon, placer notre âge d'or devant nous.

Pour ma part, c'est ainsi que, fort heureusement, je voyais les choses, lorsque je franchis, sans me retourner, les portes chaldéennes de l'adolescence.

IV. « *Les Auberges du savoir* »

La mauvaise monnaie chasse la bonne.

Les étudiants à double appartenance passaient le plus clair de leur temps rue Soufflot. Beaucoup renonçaient plus ou moins vite à prendre la passerelle de la rue Cujas. « La mauvaise monnaie chasse la bonne », plaisantaient les normaliens.

Ce phénomène n'était pas dû seulement à l'incomparable facilité des études juridiques. Tout s'expliquait par un terme dont on a si souvent abusé depuis : l'ambiance. La grande galerie du Droit s'emplissait aux heures propices d'une animation bruissante que traversaient les ondes de la sympathie et de la gaieté. On y liait facilement connaissance, des groupes s'y formaient au petit bonheur. C'était la grand-place un jour de marché et non pas, comme en contrebas, un déambulatoire d'église à l'heure des vêpres.

Pour ma part, je disposais d'un alibi sérieux. Je découvrais que mon engouement pour l'histoire me portait bien davantage vers l'étude des institutions et des communautés que vers celle des événements et des personnages.

Savoir comment nos semblables se mariaient, léguaient leurs biens, organisaient la production et les échanges, dévoiler leur vie pour comprendre la nôtre et tenter de saisir le chiffre des métamorphoses, telle était l'exploration passionnante à laquelle me conviaient les romanistes et les historiens du droit.

Si je devais persister dans la voie indiquée par M. Logaret, l'agrégation de l'enseignement supérieur, qui comportait une section spécialisée, m'ouvrirait les bras. Cette étreinte fut longtemps retardée.

Je suivis les séries parallèles de conférences que donnaient nos deux professeurs, Ernest Perrot et André Giffard, et je présentai dans chacune un exposé. Un détail peut paraître bizarre. Malgré l'aisance de parole que les autres observaient chez moi, et dont j'avais donné la preuve précoce chez Faral, j'éprouvais de l'appréhension à l'idée de m'éloigner de mon texte écrit. Je l'apprenais entièrement par cœur, et je le récitais d'un air dégagé, en manipulant, par coquetterie, une simple carte de visite où des notes elliptiques étaient tracées. Je pense que je tenais de mon père un fonds de timidité, que je mis longtemps à recouvrir. Il se traduit quelquefois par un accent de présomption dont on me fait grief et qui est factice.

Les deux concours de fin d'année (1) avaient comme matières le droit romain et l'histoire du droit public. J'obtins les deux premiers accessits. Le professeur Ernest Perrot, qui alliait la majesté prétorienne (en toge) à la rigueur des érudits germaniques (en veston) crut bon de m'expliquer que si l'on m'avait refusé le prix, c'était afin de m'obliger à discipliner mon talent, qui me portait à la profusion. « Je voulais même, ajouta-t-il avec franchise, que l'on ne vous donne rien. »

Un étudiant de doctorat, que je rencontrais à la salle de droit romain, m'exposa que j'avais eu tort de faire une incursion chez son rival : ce sont choses qui passent pour infidélité chez les érudits. Quoi qu'il en fût, j'étais enchanté d'être lauréat, et je n'en voulais à personne.

Les gueux du modérantisme.

Après mon départ de l'Action française, j'avais observé une certaine pause dans le domaine de l'engagement politique. Le quartier Latin avait été porté à l'ébullition par ce que l'on appelait l'affaire Georges Scelle. Ce professeur, qui avait appartenu au cabinet d'un ministre, s'était vu nommer à une chaire de notre faculté, alors qu'il n'était proposé qu'en second. L'Action française se déchaîna d'autant plus fort que le concurrent de Georges Scelle, qui s'appelait Le Fur, était le frère du médecin du duc d'Orléans. Toute la droite marcha ainsi que la foule des « suivistes ».

(1) Epreuve distincte des examens, et où se présentent les étudiants qui ont une bonne opinion de leur force.

Je me demandais vaguement pourquoi on proposait plusieurs noms, si le gouvernement ne pouvait en prendre qu'un. « Georges Scelle a fait une erreur, m'expliqua André Giffard. C'est dommage. c'est le type du professeur séduisant. »

C'était la « fête des fous » ; mes camarades s'affublaient de bérets d'étudiants. J'arborais moi-même cette ridicule coiffure corporative. Nous balayâmes François Albert, surnommé le ministrucule, et que l'on chansonnait en parodiant un air de Botrel, à la gloire des Chouans : « T'es bien trop petit, mon ami ! »

« Voyez-vous, Faure, on peut hurler avec les loups, dit à mon oreille un étudiant plus âgé, que je rencontrais quelquefois, et il se trouve que nous avons le beau rôle. Mais tout cela, ce n'est que du folklore, il y a des problèmes plus sérieux. A propos, il faut que je vous félicite d'avoir quitté l'Action française. Ce n'était pas votre place. »

Mon interlocuteur me prit par le bras.

« J'ai, me dit-il, une proposition à vous faire. »

Il s'appelait Charles-Henri Chavanet.

J'ai eu la chance de connaître, à peu près en même temps, deux êtres d'élite, lui et Pierre Mendès France. Ils étaient mes condisciples, à peine plus âgés que moi, et pourtant j'en vins à les considérer comme des maîtres à penser. Ils étaient, l'un et l'autre, pourvus de cet ensemble de qualités intellectuelles et morales, ce *mixte* comme dirait Aristote, qui détermine l'aptitude au métier de gouverner les hommes. Tous deux avaient conçu très jeunes la vocation de faire carrière dans la politique. Ils se préparaient déjà pour les élections législatives (non pas les prochaines, mais les suivantes).

Chavanet avait trouvé sa circonscription : Romans, dans la Drôme, dont il était originaire. Mendès comptait s'en voir proposer une par le parti radical, où il militait déjà. Son père présidait l'importante fédération de la Seine.

Chavanet entra le premier dans ma vie. Il se qualifiait de modéré, ajoutant : « Mais je ne le suis pas modérément. » Quand il lui arrivait de parler dans de petites réunions, où je l'accompagnais, il évoquait le souvenir des patriotes des Pays-Bas, que l'on appelait les gueux, et qui avaient fièrement relevé ce sobriquet. « Nous serons les gueux du modérantisme ! » disait-il. L'envolée passait bien. Il m'expliqua qu'il y avait deux grandes tendances dans l'opposition au Cartel. La Fédération républicaine, plus à droite, regroupait les vrais conservateurs. L'Alliance démocratique, au centre, professait des opinions plus ouvertes, notamment au progrès social. Proche des radicaux, elle critiquait leur alliance avec les socialistes. Cette position qui était la sienne correspondait à mes vues... rectifiées.

A cette époque précisément, le projet fut conçu de fédérer les deux secteurs de l'opposition sous la houlette de l'ancien président de la République, tout fraîchement évincé, Alexandre Millerand, qui créa la Ligue républicaine nationale (le terme de « ligue » n'avait pas alors la connotation fâcheuse qu'il devait prendre à quelque temps de là).

On songea à attirer les jeunes et on fonda une section universitaire. Chavanet venait d'être chargé de cette entreprise, il me prit comme assistant. Cependant, les modérés imaginent difficilement qu'un animateur de « jeunes » puisse l'être tout à fait ; aussi lui donna-t-on seulement le titre de secrétaire général adjoint. On me plaisantait en m'appelant : adjoint-adjoint.

Je passais des après-midi dans un bel appartement de l'avenue d'Iéna, siège de la Ligue, où je compulsais, triais et annotais le courrier des adhésions.

Des secrétaires à chignon gris m'appelaient pour le thé.

Malgré ma joie d'être important, je ne pouvais me défendre d'un fond de scepticisme.

Alexandre Millerand, homme respectable, était-il un bon choix pour nous entraîner à la victoire ?

Mon cher poète Edmond Rostand a dit du vent des Pyrénées qu'il fait rire comme Henri IV... et pleurer comme Boabdil.

Je ne voyais pas Boabdil dans le personnage d'Henri IV.

Le parroque attelé (1).

Ma sœur était née « aux dragons » comme on disait en famille.

Mon beau-frère Laurent fut nommé dans un régiment de cette arme, stationné à Saint-Germain-en-Laye. Quelle chance pour la carrière de sa femme !

La guerre du Rif survint. Les jeunes médecins militaires furent appelés au Maroc. Ma sœur s'installa à Casablanca, donna un concert, fit la joie de la société internationale, s'assura quelques connivences et, à l'encontre de toutes les règles, elle rejoignit son mari à Fes-el-Bali, dans le bled, où elle partagea la vie des officiers du poste. Tant pis pour le piano ! Elle revint à l'époque des vacances.

Laurent Borde-Pagès s'intéressait, humainement et scientifiquement, à quelques cas de typho-malaria. « C'est une terrible maladie », écrivait-il dans sa dernière lettre. Il avait conçu l'ambition de la maîtriser.

Elle frappa la première.

(1) Ce terme désigne le paysan, considéré comme faisant un tout avec la bête de somme (notamment du point de vue de la fiscalité).

Cette épreuve familiale était aussi le reflet d'un des grands mouvements du monde. Le divertissement aulusien et le souvenir de la loi des Douze Tables ne m'empêchaient pas de porter mon regard sur l'histoire en gestation dont je serais peut-être l'un des acteurs

Le parti communiste soutenait les rebelles du Rif et on le disait manipulé par Moscou. La révolution bolchevique, selon la presse, entrait dans une seconde phase : la Nouvelle Politique Economique (la N.E.P.).

Je pensais à la suggestion de Brice Parrain.

A la rentrée, j'allai consulter Ernest Perrot.

« Que penseriez-vous, lui demandai-je, si, au lieu de reprendre la Sorbonne, je m'inscrivais aux Langues orientales pour y apprendre le russe ? »

Il m'approuva chaleureusement. Il ne mettait pas en doute ma réussite à l'agrégation (et mon option pour cette carrière).

« Aucun de nos collègues, me dit-il, n'est byzantiniste. Cette spécialité n'est pratiquée que par les gens de Sorbonne, qui ne connaissent pas le droit. J'ai toujours pensé à une étude approfondie sur le *parroque attelé.* Cela pourrait vous faire un sujet de thèse. »

Au moment de me quitter, il me recommanda de ne pas négliger le slavon d'Eglise.

J'ignorais alors ce qu'était le *parroque attelé* mais j'ai, bien plus tard, effleuré ce sujet... et j'ai écrit dans la revue *Byzantion.*

Sur l'heure, j'allai, le cœur battant, me faire enregistrer au numéro 2 de la rue de Lille.

Méfiez-vous de la mer Blanche.

Le cours de Paul Boyer m'apprit beaucoup de choses, et pas seulement sur la langue russe, mais il n'effleurait que par occasion l'actualité. Je suivais avec ravissement la revue des racines indo-européennes.

Savoir que tous les mots de toutes nos langues — à l'exception du basque — proviennent d'un fonds commun, et admirer comment ils ont pu évoluer de façons différentes, jusqu'à prendre des sens opposés, à la manière du récit sur Saint-Martin-le-Vêtu, dans la dernière partie de *Du côté de chez Swann ;* un tel divertissement ne vaut-il pas les mots croisés ? (et le scrabble, que l'on ne pratiquait pas encore) ?

Comprendre que toute la vie humaine est un contrepoint entre l'action-point et l'action-ligne : « Madame se meurt, Madame est morte », comment pourrait-on vivre sans cela ? Paul Boyer me traitait avec faveur. « Vous, monsieur Faure, vous savez écrire en français », me disait-il, il s'était formé cette opinion favorable d'après un simple billet d'excuse que je lui avais adressé à l'occasion d'une grippe. J'avais toujours pris soin, même dans les écrits les plus simples, d'éviter les formules convenues. Les stéréotypes me faisaient (et me font) voir rouge.

Il s'occupait activement des carrières de ses élèves, et voulait m'orienter vers la diplomatie. Il me prédisait que je serais à quarante ans ministre... plénipotentiaire. Il m'apprit qu'on n'écrit jamais sur un verso et qu'il faut utiliser des fiches de format international, il conseillait de les ranger, comme lui, dans des boîtes de cigares... vides.

Nous adorions notre répétitrice, Mlle Kantchalovski, sœur d'un peintre russe, émigré lui aussi en France mais revenu en Union soviétique où sa manière était mieux appréciée.

Victoria Petrovna (nous l'appelions ainsi) nous conviait deux fois par an à un goûter dînatoire, avec des disques. Elle était le type de la forte *baba*. Un diplômé frais émoulu de l'école, qui se trouvait être de mes amis, Gilbert Lévy Maupas, beau garçon et galant homme, s'avisa, par reconnaissance, de l'inviter à dîner. Il la fit monter dans sa voiture et lui demanda où il lui plairait d'aller. Elle avait mis ses beaux atours, et dit : chez Maxim's. Il faillit s'étouffer et l'y conduisit.

Je me dissipai beaucoup au cours de l'année avec le lancement d'un club dont je vais parler. Je séchais un cours sur deux et j'éprouvai de la perplexité quand vint l'époque des examens. Pouvais-je affronter à la fois le droit et le russe ? Je m'y décidai. En droit j'obtins une mention bien et mes deux accessits d'usage. En russe, je composai sans illusion pour l'écrit. A ma surprise, j'appris mon admissibilité et sur l'heure ma présentation à l'oral de géographie, matière dont je n'avais aucune connaissance.

Au cours de quelques minutes d'attente devant la porte de l'auditorium, un gros Bulgare qui suivait les cours, et qui était toujours éperdu de gentillesse, vint me mettre sous le nez un atlas, en pointant son doigt, sans doute par hasard, dans l'échancrure qui représentait la mer Blanche. Nous fûmes appelés aussitôt.

Je fus pris de saisissement en considérant la majesté du lieu et le cérémonial de l'épreuve. Paul Boyer, qui ressemblait à un baron balte, présidait, entouré de deux ou trois universitaires dont André Mazon du Collège de France, spécialiste d'Oblomov, avec, en fin de table, un personnage guindé dans une vareuse d'uniforme à collet montant, qui était le représentant de l'ambassade soviétique.

Je tirai ma question.

La mer Blanche, avec croquis.

Je demandai à être dispensé du croquis pour raison d'inaptitude. Boyer insista. Je pris la craie, traçai une courbe convexe puis une courbe concave.

« Renonçons au croquis. La mer Blanche. »

Je pris une longue inspiration et j'énonçai :

« La principale caractéristique de la mer Blanche, c'est que le tracé en est découpé par trois baies. »

La catastrophe était évitée.

Je poursuivis, en détachant les syllabes :

« La baie d'Arkhangelsk, la baie d'Onega, la baie de Kalandachka. »

J'avais évité la note éliminatoire, ce qui me permit d'être reçu. Et, par la suite, de reprendre ma scolarité.

Je suis aujourd'hui « ancien élève breveté » de l'école et j'ai fait plusieurs voyages en Russie.

Ma connaissance de la mer Blanche se limite toujours aux trois baies.

Comme on chantait précisément à l'époque : « Ça, c'est une chose qu'on ne peut pas oublier. »

V. « *Nous n'irons pas à Tabascan* »

> « Il suffit de laisser deux hommes approfondir une question quelconque, indépendamment l'un de l'autre. A condition de pousser assez avant le processus de recherche, ils parviendront a un accord que nulle recherche ultérieure ne mettra en cause. »
>
> Ch. S. Peirce
> *The Logic of Discovery*

De Paul Reynaud...

Le parti millerandiste s'étiola. L'Alliance démocratique décida d'organiser des dîners-conférences qui se tenaient dans les salons rococo d'un grand restaurant des Boulevards. L'âge moyen des convives était accordé au décor, mais j'y fis la connaissance de quelques moins de trente ans, qui allaient porter aux prochaines législatives l'étendard des gueux du modérantisme, notamment Louis Jacquinot et Frédéric-Dupont. J'entendis Pierre-Etienne Flandin qui me déçut, puis l'avocat Jean-Charles Legrand qui ne tarda pas à bifurquer vers les assises. La révélation vint avec Paul Reynaud. Son éloquence était typiquement celle que j'aurais voulu acquérir. (Elle est plus incisive que la mienne, mais moins chaleureuse.) Son analyse économique s'exprimait en formules percutantes : « Le Cartel danse avec la monnaie le quadrille des lanciers. Quand il avance, le franc recule », etc. Je me rappelai Verdun et la rue Chevert. Paul Reynaud ne s'en tenait pas à la critique facile et aux apophtegmes du bonhomme Chrysale, il comprenait les problèmes de l'économie moderne et les rendait sensibles.

Je battis des mains à tout rompre. Je fus surpris, à la sortie, de le voir venir droit sur moi. « Vous savez applaudir, monsieur, dit-il, nous nous reverrons. »

Il ne croyait pas si bien dire.

... à Mendès France.

C'est à la même époque que je me liai avec Pierre Mendès France. Nous sortions souvent avec un ami commun, Max Lhomme, qui avait été mon condisciple à Voltaire. Max Lhomme habitait non loin de chez moi, avenue de la République. Ses parents, qui étaient fortunés, lui laissaient la disposition d'un appartement semi-indépendant à l'étage supérieur. Nous passions de longues heures dans son studio qu'il avait décoré en style 1900, que l'on appelait Art nouveau ; ce qui lui donnait l'impression de se tenir à la pointe de la mode. Nous dégustions des liqueurs variées en écoutant des disques dont il avait provision ; mon air préféré, qui me faisait pleurer de nostalgie, s'appelait *Ukelele lady.* Quand un nouveau camarade était admis dans notre intimité, nous lui présentions la grande attraction du lieu : le serpent. C'était un énorme reptile inoffensif que Max s'était procuré chez sa cousine, la célèbre doctoresse Physalix, qui avait son laboratoire au Jardin des Plantes. Nous avions installé notre pensionnaire dans une longue cage de verre que l'on dissimulait, en cas de nécessité, sous une grande étoffe. Il impressionnait toujours nos visiteurs. Mais Mendès ne cilla pas.

Une identité politique...

Mendès dirigeait alors la Ligue d'action universitaire républicaine et socialiste qui réunissait les étudiants favorables au Cartel. Etant donné la prédominance au quartier Latin de la droite activiste, des camarades comme Chavanet et moi étions tenus par lui pour des républicains fréquentables, quoique légèrement arriérés.

Mendès était occupé comme un ministre et organisé comme un notaire. Mais nous étions tous trois jeunes et gais. Max avait trouvé à acquérir une Bugatti de sport et nous nous amusions à faire des randonnées et des pointes, je me tenais le plus souvent dans le baquet. Mendès ne cherchait pas à m'endoctriner, mais nos conversations à bâtons rompus m'instruisaient et m'éclairaient.

Le fait est qu'il ne m'inculquait pas ses opinions, mais qu'il me faisait prendre une meilleure conscience des miennes.

Et mes opinions ne se prêtaient ni au monolithisme ni au manichéisme.

Je persistais dans mon désaccord sur la politique économique et financière du Cartel. En revanche comment le petit-fils de Barthélemy Faure aurait-il pu refuser l'école unique d'Edouard Herriot ? Comment l'élève de Paul Boyer aurait-il pu contester le rétablissement des relations avec la Russie ?

Je ne voyais pas pourquoi il serait interdit de prélever dans chaque programme ce qu'il avait de bon et de rejeter le reste.

Pourquoi attacher ensemble tous les problèmes comme des casseroles à la queue d'un chien ?

Je parvenais ainsi, entre dix-sept et dix-huit ans, à définir mon identité politique telle que je l'ai conservée et confirmée depuis lors : une politique économique de raison, une politique culturelle de passion, une politique internationale d'ouverture.

C'est celle que j'ai appliquée dans mes gouvernements.

C'est celle qui m'a permis de me trouver parfaitement à l'aise dans le gaullisme.

... et un club de réflexion.

Je me trouvai ainsi conduit à constater que je n'étais pas, à la différence de mes amis, porté au militantisme. Notre situation était d'ailleurs différente, puisqu'ils étaient déjà virtuellement candidats, ce qui n'était pas mon cas. J'envisageai donc de donner à mon intérêt pour la politique un autre débouché que celui de l'engagement au sein d'un parti. Je conçus un projet original, auquel Chavanet et Mendès acceptèrent de s'associer. C'était, en somme, le début des « majorités d'idées » et le prélude du Nouveau Contrat social. Ce fut l'acte de naissance du Club de l'Université de Paris. Il s'agissait d'un cercle où nos camarades de diverses tendances politiques, affiliés ou non à des groupements, ou hésitant encore sur leur position, se rencontreraient pour étudier en commun les problèmes réels, asso cier leurs efforts, confronter leurs vues s'affronter en courtoises polémiques (1).

Charles Chavanet accepta, à ma demande, d'en être le président Pierre Mendès France préférait se tenir dans le rôle d'observateur-conseiller. Je me contentai du titre modeste de tresorier (il n'y eut d'ailleurs jamais ni fonds à manier ni comptes a tenir). Le secrétariat de la faculté de droit accepta sans rechigner de mettre a notre disposition un local un peu éloigné qui s'appelait justement... la salle des Russes.

Nous étions les précurseurs de beaucoup d'institutions du même style (et de la loi d'orientation).

Les réunions du Club furent inaugurées par deux de nos maîtres. L'un était l'inoubliable Achille Mestre, notre *Mister Chips*, long et sec comme sarment, infatigable de corps et d'esprit, inépuisable d'érudition sans pédanterie, compensant par une diction très articulée son incoercible accent toulousain. L'autre était le romaniste Giffard, qui portait barbiche, binocle et sourire.

Le Club fit recette (c'est une manière de parler). De bons orateurs s'y révélèrent. Quelques-uns firent carrière au barreau, aucun — a l'exception de Mendès et de moi — dans la politique.

L'ours et le cancrelat.

Un de nos camarades, Roger Normand, fonda une revue littéraire, *les Essais*, de facture très classique. Il m'embaucha dans son comité de rédaction. Il publiait des poèmes à ritournelles. Je ne les trouve plus si mauvais. Je rédigeai des textes variés. Je ne les trouve plus très bons.

Un autre groupe édita une revue plus audacieuse, *l'Ours en peluche*, avec pour devise l'Apologie du saugrenu. André Flament publia *l'Elégie en l'honneur d'un chien creve*, Raymond Hubert *la Ballade du général Dourakine* (je la sais toujours par cœur, ainsi que ce petit chef-d'œuvre de sa plume de date plus récente, *la Fille de joie et l'Homme de peine*). Pris d'émulation, je composai *l'Eglogue sur une peau de banane. L'Ours en peluche* perdit le souffle. *Les Essais* ne furent pas transformés.

Je fis remarquer à mes amis littéraires que le premier numéro d'une revue faisait toujours ses frais. D'où la conclusion logique : une revue qui ne *publierait que des premiers numéros.*

(1) Je dirais, aujourd'hui, que c'était un essai d'application a la politique des méthodes objectives de la recherche scientifique, mais ces termes de comparaison ne me venaient pas alors à l'esprit.

Ce plan génial fut accepté avec enthousiasme.

On me demanda de choisir le premier titre, puisque l'idée venait de moi.

Je puisai dans ma toute nouvelle culture slave, et je trouvai *le Cancrelat*, en russe *Tarakan*, d'où vient le nom de l'infortunée princesse Tarakanova.

Les amis nouveaux.

Je ne me fis guère de relations durables à l'école de la rue de Lille, à l'exception du journaliste Raymond Blain, qui me demandait des articles d'ambiance universitaire pour *l'Ere nouvelle*. Il fut un grand résistant et dirigea un institut de formation pour la presse. Mais la langue russe apposa sa marque sur les amitiés nouvelles que je nouai avec deux de mes camarades de la faculté de droit.

Léon Alexandrov, fils d'un avocat émigré de Kiev, donnait déjà des signes de ce qu'il me faut bien appeler un génie juridique. Nos professeurs le traitaient de pair à compagnon, il fut comme un frère pour moi. Je lui dois beaucoup de ma carrière professionnelle. Eprouvé par la révolution, il proclamait à tout bout de champ des opinions réactionnaires, avec une outrance qui laissait supposer la part de la comédie.

A la même époque, je pris l'habitude de préparer mes examens avec Léo Hamon, dont le cas était différent. Son père, également d'origine russe, s'était installé comme médecin à Paris avant la guerre, qu'il fit sous l'uniforme français. Plus tard, il revint en Union soviétique. Léo, âgé de quatorze ans, décida de se fixer dans la nationalité française, pour laquelle il avait une option de droit. Ses parents estimèrent en conscience qu'ils ne pouvaient imposer de contrainte à une intelligence qui, si jeune fût-elle, avait acquis son point de fixation. Il avait continué de vivre à Paris, disposant de l'appartement familial qui était situé en face de la caserne de l'Ourcine. Nous nous y donnions plus tard rendez-vous pour revêtir nos tenues de préparation militaire.

Il portait des lunettes à épaisse monture noire ; il avait déjà contracté l'habitude de se promener avec une serviette à double soufflet, bourrée à refus et dont s'échappaient des cornets de paperasses.

Charles Chavanet demeurait mon ami le plus cher et le plus intime. Je le rencontrais moins fréquemment en semaine car, en vue de compléter sa formation et de s'assurer des appointements, il était devenu le collaborateur du député de Paris Louis Rollin.

Il venait me voir en fin de semaine avenue Gambetta. Nous faisions de grandes promenades dans le cimetière du Père-Lachaise ou bien dans le quartier voisin de Belleville où il s'étonnait de ne pas rencontrer des apaches avec des foulards rouges. Comme nous étions de même corpulence, nous jouions comme des gamins à échanger nos chapeaux, et, quand nous en portions, nos pardessus.

Vers la fin de l'année scolaire, une charmante condisciple, qui a fait une carrière de théâtre, eut l'idée d'organiser un référendum parmi les habitués du Club sur l'avenir politique de nos vedettes. Le scrutin plaça en tête Charles Chavanet, en seconde place Pierre Mendès France. Je venais en troisième. J'en fus agréablement surpris.

La dernière cordée.

J'invitai Chavanet à me rejoindre à Aulus pendant les vacances. Il avait une autre passion que la politique, c'était la montagne. Mais pas mon genre de montagne. C'était un alpiniste consacré, il avait fait enregistrer une première dont il me parlait avec fierté. Elle était relatée dans un bulletin spécialisé. Je n'ai pas oublié le nom : *le breck de Chambeyron*, par une façade jusque-là inviolée.

Il avait conçu le projet de m'initier à ce noble sport, en procédant avec tous les ménagements nécessaires. « Je n'y tiens pas, lui expliquai-je. Je dis que j'ai le vertige, mais je dois te parler franchement. Je crois que j'ai peur.

— Tu as peur d'avoir le vertige, c'est bien connu, et cela se traite facilement. »

Je lui exposai que mon projet était différent. Je comptais sur lui pour accomplir enfin la longue randonnée qui conduit d'Aulus au premier village espagnol, Tabascan, à deux jours de marche. J'avais tenté l'épreuve avec mon beau-frère Laurent, nous nous étions perdus et nous avions dû dormir dans une cahute au-delà de la frontière. J'avais si froid que j'empilai sur moi des mottes de terre. Mais j'avais perçu, au retour, une magnifique récompense : une compagnie d'isards, une quinzaine environ, en formation militaire, qui franchissait le névé, à la bifurcation des cols d'Espagne.

Peut-être aurions-nous la même chance ?

« Tu vois, lui dis-je, tu as tort de parler de ma montagne à vaches, l'isard vaut bien le chamois. »

Il me donna son accord avec un rien de condescendance amusée. Il délaisserait pour un temps Alpes, cordes, crampons et piolets, et nous franchirions les Pyrénées en plantigrades. L'Ariège est aussi le pays des ours (il y avait, récemment encore, une école de dressage à Ustou).

Il me promit de venir dès qu'il aurait accompli une ascension qu'il projetait avec son compagnon de cordée, qui s'appelait Coste et qui était étudiant en pharmacie.

Je l'attendis en vain.

La lettre d'un ami m'apprit la nouvelle, qui m'avait échappé, de l'accident où avaient péri les jeunes alpinistes.

Un extrait de journal local, qui était joint à la lettre, relatait déjà les obsèques. Le docteur Coste, père de l'autre victime, avait prononcé une allocution dans laquelle il exaltait sa foi dans la montagne. Ce trait, qui était peut-être sublime, m'abasourdit sur l'instant.

J'allai voir les parents de Chavanet, que je ne connaissais pas. Ils étaient modestement logés en banlieue. Je compris pourquoi il ne m'avait pas invité chez lui.

Son nom est inscrit au martyrologe de la Meije.

On dit que les jeunes morts sont chéris des dieux.

Je ne suis jamais allé à Tabascan.

***

Je remplaçai Chavanet à la présidence du C.U.P. L'Action française prit ombrage de notre indépendance. Elle organisa une action punitive. Comme j'étais en retard selon mon habitude, je fus épargné. Je retrouvai Mendès France qui saignait du nez dans un amphithéâtre, soigné par une camarade.

La faculté ferma, sans autre procès, la salle des Russes.

Le Cancrelat ne fit qu'un seul numéro.

C'était bien le destin que nous lui avions assigné.

PREMIÈRE PARTIE

(1927-1946)

CHAPITRE PREMIER

LE CHRIST AUX BRAS OUVERTS

Le serf-arbitre n'est pas un sujet inactuel.

Ce vice impuni, la lecture
Valéry Larbaud

L'érudition, ce vice récompensé
Edgar Faure

Les premiers pas au Palais.

Je n'avais jamais ressenti la vocation du barreau et je montrais même de l'irritation quand, si fréquemment, on me conseillait et on me prédisait cette carrière pour laquelle il apparaissait à tous que j'étais évidemment doué. Il y avait peut-être en cela un esprit de contradiction, non seulement envers les autres, mais envers moi-même, une réticence à aliéner ma liberté de jugement en présence de l'évidence du choix le meilleur, de son caractère inévitable. Il y avait aussi de ma part une certaine appréhension à l'égard d'un type d'activité qui, quel qu'en soit l'intérêt, présente la caractéristique de se fractionner perpétuellement en une série d'épisodes distincts dont on retire l'impression d'égrener un chapelet de petites existences éphémères.

Quoi qu'il en fût, dès la rentrée je cédai à la tentation de m'inscrire au stage. Aucune autre formation ni formalité n'était alors requise, les droits des stagiaires étaient identiques à ceux des inscrits, à l'exception du vote pour les élections de l'ordre (il leur a été récemment accordé). J'étais, dès l'instant, habilité à m'occuper sans limitation des affaires d'autrui, alors que, n'ayant pas atteint ma majorité, je restais incapable de régler les miennes. Je prêtai serment dans une fournée, devant la première chambre de la Cour avec col cassé et cravate blanche, ces parements étant les accessoires normaux de l'habit que nous étions censés porter sous la robe. Je m'étais fait imprimer des cartes de visite avec la mention « stagiaire » mais je constatai que je faisais exception et quand je m'en fis graver, je fus, tout uniment, avocat à la Cour.

L'intercession amicale tint à nouveau son rôle dans cette nouvelle phase de ma vie. Léon Alexandrov ne pouvait rien imaginer qui fût au-dessus de la profession d'avocat qu'il se languissait de ne pouvoir exercer, faute de posséder la nationalité française. Nous allions ensemble au Palais suivre des audiences, principalement celles des grands procès qui se déroulaient à propos des affaires russes. La confiscation socialiste étant contestée comme contraire à l'ordre public français, le sort d'un certain nombre de biens demeurés disponibles à l'étranger donnait lieu à des litiges extraordinaires, roulant sur des intérêts colossaux.

C'étaient d'excellentes leçons d'éloquence judiciaire « civile ».

Quand je fus inscrit, je pris goût à flâner dans les chambres correctionnelles, m'imprégnant de ce misérabilisme, de cette sordidité de la chétive infortune, de la délinquance idiote, atmosphère lourde, comme gluante, envoûtante aussi, avec l'attente de quelque chose d'imprévu et comme un rayon fugitif de tendresse où, à intervalles plus ou moins réguliers, mais avec une continuité obsédante, tombait la sonorité mate et brève du rythme répressif.

> « *Poetae minores* de la correctionnelle.
> Anacréons miteux du chèque sans provision,
> Assis parmi les maquerelles, les rats d'hôtel, d'express et de bibliothèque. »

C'est justement à cette époque qu'André Salmon publiait, dans l'unique numéro du *Cancrelat,* ces strophes de son poème : « Tout l'or du monde ».

Je restais souvent jusqu'à la fermeture des chambres, guettant un hasard grâce auquel le président aurait besoin d'un avocat pour défendre un relégable, conformément à la loi. Alors il prend le premier venu, celui qui justement se trouve là en badaud, et lui tend le dossier : « Maître, voulez-vous bien ? »

On feuillette hâtivement, sur la banque qui sépare le prétoire de la salle, une liasse volumineuse de feuillets défraîchis, on échange quelques mots avec une guenille vivante, à visage mal rasé, à la paupière appesantie, on s'approche de la barre.

Un homme nouveau s'est emparé de moi, une fermeté inconnue m'habite, une voix où je ne reconnais plus la mienne choisit la litanie des indulgences, celle qui peut convenir au signalement de la cause. L'âge, la maladie, la jeunesse, la malchance, quelques anecdotes piquées à la hâte, une réflexion qui vient comme du ciel. Le manège tourne, la tâche est finie, la tension se relâche, le box se vide, je sors, les gardes républicains me saluent. Je suis « la Défense ».

Les fous n'ont pas toujours tort.

« Une cliente est venue te demander », me dit mon père un soir à mon retour. « J'ai cru bien faire de la recevoir. » La sagesse du praticien savait qu'il ne faut jamais éconduire les visiteurs. Mais son œil médical avait fait sans peine le diagnostic : « Je dois te prévenir que c'est une folle. »

Hasard ou malice, comme le mousse tire à la courte paille, les bureaux de l'ordre avaient choisi le plus candide des nouveaux assermentés pour lui confier la plus vieille haridelle du manège judiciaire. Mlle Chazal était une persécutée typique, d'ailleurs fort raisonnable d'apparence dès que l'entretien s'éloignait du territoire de ses obsessions. On ne pouvait alors reconnaître son état qu'à l'étrange monotonie de son débit et à une sorte d'indifférence mécanique, comme si elle était vidée de sa personnalité dès l'instant où elle était déliée de ses phantasmes. Sa distraction principale consistait à écrire à la main d'interminables affiches qu'elle allait apposer nuitamment sur les murs du Palais de justice et où elle accusait de forfaiture l'ensemble des magistrats composant le Tribunal de la Seine.

Par l'effet d'une bizarrerie administrative, Mlle Chazal, malgré ses extravagances, ou plus exactement à cause de celles-ci, était la personne de France la mieux garantie contre tout risque d'internement. Alors que n'importe qui peut être enfermé sur la simple signature conjointe d'un médecin et d'un commissaire de police, ma cliente bénéficiait d'un certificat indestructible de santé mentale. Elle avait été internée dans un hôpital psychiatrique proche de Saverne ; elle s'en était évadée. Or, une réglementation particulière à l'Alsace et à la Lorraine, dont le statut juridique avait été maintenu en vigueur dans l'entre-deux-guerres, disposait que si, dans un semblable cas, l'ancienne pensionnaire ne faisait point parler d'elle pendant six mois, on prononçait automatiquement en sa faveur une décision de mainlevée. En conséquence, le tribunal de Saverne avait « désinterné » Mlle Chazal et nul ne pouvait plus la réinterner sous peine d'enfreindre l'autorité de la chose jugée. Le tribunal lui-meme n'aurait pu le faire car la situation des aliénés non interdits échappe à l'autorité judiciaire. Celle-ci ne disposait que d'une compétence à sens unique, celui de la sortie !

Mlle Chazal gardait précieusement dans son sac à main l'extrait officiel de ce jugement qui lui servait de sauf-conduit comme pouvaient le faire jadis les lettres patentes signees des rois de France. Elle me fit cependant promettre de m'occuper d'elle si elle venait à disparaître. N'ayant pas de ses nouvelles au bout de quelque temps, je me rendis en compagnie d'Alexandrov à l'adresse qu'elle m'avait indiquée au fond d'une banlieue sinistre, où des maisons de cauchemar s'élevaient sur des sortes de plages boueuses. Je découvris dans un rez-de-chaussée délabré une dizaine d'enfants qui m'opposèrent la conspiration du silence. Le plus petit ayant fait mine de parler reçut une claque. Les parents arrivèrent, je parvins à les amadouer en exhibant ma carte d'avocat ; ces êtres frustes avaient pris chaleureusement le parti de la vieille solitaire éperdue contre l'universelle conjuration des forces maléfiques. Ils veillaient comme des chiens de garde sur une malle usagée qu'elle leur avait laissée en dépôt et qu'ils supposaient remplie de documents formidables. Mlle Chazal reparut bientôt avec son imperturbable tranquillite de somnambule. Il ne lui était rien arrivé et mon agitation, dont elle avait été l'instigatrice, la surprit sans l'émouvoir.

Parmi ses nombreuses procédures en cours, je n'étais chargé que d'un seul dossier, le plus récent. Elle avait porté plainte contre une logeuse qui l'avait, selon ses dires, dépouillée. Le parquet avait refusé d'instruire sa plainte et elle avait usé de la procédure, toujours risquée, de la citation directe.

Je pensais que le fou a droit, comme les êtres raisonnables, à une assistance éclairée, qu'un fou peut avoir quelquefois raison, que la folie se traduit par l'errance de l'interprétation mais qu'elle peut énoncer des faits exacts.

Une persécutée psychotique peut être parfois, et parfois d'autant plus aisément, victime d'une spoliation réelle. Le dossier révélait des contradictions suspectes dans les dépositions et dans les témoignages. Je préparai ma plaidoirie avec un soin extrême. Le tribunal m'écouta avec bienveillance. L'un des juges confia même à un avocat qui était de ses amis et des miens l'excellente impression qu'il avait recueillie de la plaidoirie de ce débutant fougueux et précis. Nous fûmes cependant déboutés. Comme me le répéta souvent par la suite mon patron Jean Michel, un plaideur habituel qui dépasse un certain point critique n'a plus aucune chance d'être jamais entendu. Je découvrais ainsi dans la vie judiciaire cette maxime bien connue dans le monde politique, selon laquelle les meilleurs discours ne changent pas les votes. Elle comporte d'ailleurs, comme je le constatai heureusement par la suite, des exceptions.

Mlle Chazal sembla moins affectée que moi de notre commun échec. Les maniaques de la procédure attachent moins d'importance aux résultats eux-mêmes qu'à l'effervescence de leurs revendications et de leurs complaintes. Le succès, s'il ne se dérobait pas toujours devant eux, pourrait les décevoir par le démenti qu'il infligerait à leur conviction d'un perpétuel déni de justice, par la privation de leur drogue de victimité et par la fin qu'il inscrirait à cet état marginal dont ils se délectent sombrement. Elle continua de demander à l'ordre de nouveaux avocats qu'elle désavouait l'un après l'autre quand ils ne l'avaient pas devancée en se récusant. Un jour, le chef du bureau compétent à qui cette affaire tournait la tête vint faire part au bâtonnier d'une suggestion hardie : « Maître Vallier, dit-il (Me Vallier était un membre éminent du conseil), remarquait l'autre jour que dans un cas semblable il est arrivé que le bâtonnier se commette lui-même.

— Ah ! vraiment ? Me Vallier a fait cette réflexion ?

— Mais oui.

— Il a dit que je pourrais me commettre moi-même ?

— En effet.

— Eh bien, je vais *le* commettre ! »

Ce fut la dernière nouvelle que j'eus de ma première cliente.

Le record de Raymond Poincaré.

« Vous serez agrégé de droit après avoir été secrétaire de la conférence », me dit le bâtonnier Guillaumin. Il me recevait dans son bureau après la séance de l'après-midi où j'avais prononcé mon premier exposé pour le concours de la conférence. Le jury est constitué par les douze secrétaires en exercice, sous la présidence du bâtonnier qui, en principe, n'intervient pas dans le classement, mais qui bénéficie d'un droit assez flou d'investiture, d'où surgissent des incidents quinquennaux. On tire au sort avec le sujet la conclusion que le candidat doit soutenir : *pour* ou *contre* la question posée. On disposait alors d'une préparation d'une semaine. Un autre système a été adopté depuis. Ce n'est qu'agitation de réforme sans portée réelle. Les meilleurs sont toujours les premiers à quelque concours que ce soit. On a prétendu, comme d'ailleurs pour l'agrégation, que l'ancienne pratique permettait à un bon candidat de préparer le discours d'un incapable. Ce risque n'a point de consistance. Les seuls bons discours sont prononcés par ceux qui les composent.

Après ma prestation de serment, je m'étais inscrit de façon quasi machinale pour le concours. Moitié par paresse, moitié par superstition, je m'étais abstenu de suivre les exercices que l'on dispensait dans les trois « conférences » préparatoires Berryer, Tronchet. Demolombe. Je me gardais pareillement d'assister à aucune des séances qui précédèrent mon propre tirage. J'avais confusément l'impression qu'il fallait surtout éviter le risque déformant de l'excès d'application et les prétendues recettes que passent aux nouveaux venus les vétérans chevronnés. Non sans une certaine arrogance, je pensais que je n'avais besoin de personne pour m'instruire sur la manière de convaincre.

J'avais été appelé à traiter du *retour conventionnel*, institution peu connue du droit des successions et du mariage. J'avais exposé ce sujet aride avec l'extrême sobriété qui me paraissait lui convenir. J'avais seulement glissé, dans ma conclusion, quelques discrètes notations de culture littéraire : Jules Renard, à cause d'un jugement pessimiste sur la famille, François Mauriac parce qu'il avait écrit *Genitrix*, enfin le docteur Voivenel qui était un ami de mon père et qui venait de publier *les Belles-Mères tragiques*. Je récitai mon texte. comme le faisaient tous les candidats sans exception, mais j'avais décidé, pour frapper l'attention, de ne pas garder mes notes avec moi. Cette circonstance, dont on ne connaissait que peu d'exemples, frappa davantage mes auditeurs que le discours lui-même.

Mes camarades qui n'appartenaient pas à l'établissement me serinaient que l'on n'était jamais reçu la première année, que ce genre artificiel était semé d'embûches, que les résultats étaient truqués par la faveur réservée aux fils, parents et protégés des grands maîtres. Je ne croyais guère à cette imagerie misanthropique. Je ne connaissais personne au Palais, presque personne à Paris et je ne m'obnubilais pas sur le concours. Jacques Fourcade, quand il fut mon ami, fut stupéfait d'apprendre que, dans cette journée décisive, je m'étais rendu au Palais, comme d'habitude, par le métro que je prenais à la station Père-Lachaise avec changement à Réaumur-Sébastopol.

L'accueil du bâtonnier m'enchanta, comme on peut le supposer. M. Guillaumin était également président du Conseil municipal de Paris. Mes jeunes confrères — et certains autres — le jugeaient pompeux et borné. Je conçus une tout autre opinion d'un homme qui m'avait montré tant d'obligeance. Il trouva désormais en moi (j'ignore s'il l'apprit) un supporter chaleureux.

Je fus au nombre des trente-six admissibles et on me laissa entendre que j'étais placé en rang utile, cinquième ou sixième, pour les douze places. J'adoptai en vue de la seconde épreuve la même méthode que pour la première : l'absence de préparation et la sauvegarde de la liberté d'esprit. Je n'assistai à aucune des séances jusqu'à celle qu'indiquait mon tirage. Le sujet cette fois était d'un style plus moderne : « En présence d'une grève, le patron peut-il répondre par un *lock-out ?* » Le sort m'ordonnait de répondre par la négative. Je sentais assez bien cette thèse, je la plaidai avec enthousiasme. Mon succès ce jour-là fut supérieur au précédent. D'après les notes, j'étais classé premier de la promotion. Cependant, personne ne me connaissait au Palais ni généralement à Paris ; on s'inquiéta. N'allais-je point disparaître, comme cela était arrivé quelque temps auparavant à un premier secrétaire ? (Il reparut bien plus tard, sans avoir jamais fait son discours et devint, dans un âge tardif, agréé au tribunal de commerce.) Il n'était pas jusqu'à ma profession de foi ouvriériste (pourtant déterminée par le tirage, mais à laquelle on avait trouvé de la passion) qui n'éveillât le doute. On décida donc de m'accorder la seconde place, la première allant à Jacques Millerand, fils de l'ancien président de la République, Alexandre Millerand, lequel était aussi un célèbre avocat, réélu chaque année au Conseil de l'ordre.

Le bâtonnier m'expliqua lui-même par la suite cette péripétie quand il fut sûr que je n'en prendrais pas ombrage. Certains amis qui en étaient informés pensèrent que j'en étais chagriné et me poussèrent à la révolte. Ma réaction fut tout à fait différente. Ma désignation comme second secrétaire, alors que je n'avais pas encore vingt ans — battant ainsi le record de Raymond Poincaré qui avait été promu à vingt et un ans mais, il est vrai, au premier rang — était pour moi un signe fantastique de la faveur du destin. Elle m'ouvrait toutes grandes les portes d'un univers où je me sentais jusque-là quelque peu intrus. Je me tenais pour parfaitement heureux et je ne demandais qu'à vivre en bonne intelligence avec tout le monde, particulièrement avec Jacques Millerand qui n'était responsable d'aucune intrigue. Il se prit pour moi d'une réelle amitié. Au surplus, de quoi me plaindre en vérité ? Les positions des deux premiers secrétaires étaient considérées comme à peu près équivalentes, puisque l'un et l'autre prononçaient les discours de la séance solennelle. Au « major », la tradition assignait le genre compassé de l'éloge funèbre consacré à un bâtonnier ou en tout cas à un membre illustre du barreau. Jacques Millerand choisit Waldeck-Rousseau et il composa sur ce thème une sorte d'apologie de la timidité, sujet qui lui convenait à merveille (sa main tremblait aisément et il lui arrivait de casser un verre en portant un toast). Le second disposait d'un choix de sujets plus variés, souvent un grand procès de l'Histoire ; on attendait de lui moins de pompe et plus de fantaisie : cela ne me disconvenait pas.

J'allais de surprise en surprise et pour ainsi dire de fête en fête. Le soir même de la proclamation, les entrants offrirent aux sortants un dîner au caviar, suivi d'une soirée au Lido et de quelques autres divertissements. Ma participation aux dépenses se monta à 545 francs, chiffre pour moi astronomique et qui faisait d'ailleurs une somme fort coquette pour l'époque ; j'acceptai gaiement d'y engloutir le prix de 500 francs qui revenait à chacun de nous par des fondations de lointains prédécesseurs (seul le troisième secrétaire recevait mille francs, de par la générosité exceptionnelle d'un précédent titulaire de cette place). Il fallut me commander un habit, tenue qui était requise pour les principales réceptions et plus particulièrement pour la traditionnelle visite que chaque promotion allait rendre au jeune barreau de Bruxelles. Je me sentis tout ému d'être reçu à déjeuner par le garde des Sceaux de ce pays, M. Emile Jeanson, et d'apprendre par le ministre les préoccupations que suscitait déjà la poussée flamingante. Le soir, je vis Jacques Millerand s'esquiver après le dîner et je suivis sagement son exemple. Mais je fus rapidement piégé. Un émissaire vint jusqu'à ma chambre et me dit à travers la porte que Jacques Millerand était souffrant et que je serais appelé à prononcer le discours du lendemain. Sous le choc de cette nouvelle considérable, j'ouvris imprudemment et une meute fit irruption dans la pièce. Invité à me rhabiller, j'acceptai de bon gré de célébrer en de nouvelles libations l'amitié franco-belge jusqu'à l'aube inclusivement.

Pendant l'année suivante, j'éprouvai l'honorable délectation de déjeuner tous les samedis en compagnie de mes pairs et du bâtonnier en exercice, à la table du *Vert galant,* dans une ambiance égalitaire, chacun payant son écot. Le menu comportait régulièrement des œufs pochés en sauce verte et au dessert des « pannequets », spécialité de ce restaurant. De là, nous nous rendions en corps au Palais, où la séance hebdomadaire se tenait dans la grande salle de la bibliothèque. Je siégeais à la longue table immédiatement à la gauche du chef de l'ordre et j'écoutais les discours. Il m'arrivait de noter certains candidats par un sonnet. L'un d'eux qui portait un nom double m inspira dans la manière d'Arvers :

Baron a son secret, Larcanger son mystère,
Un discours éternel et longuement conçu.

Jacques Fourcade et Blaise Pascal.

Il me fallut choisir le thème de mon discours de rentrée. Le premier secrétaire de la promotion sortante, Jean Brochard, que je connaissais peu, me fit part un jour de l'enthousiasme que lui inspirait un passage de *Variétés II* où Valéry évoquait Pascal de façon originale. Il déplorait ses accès de mysticisme et la bigoterie janséniste qui l'avaient détourné de donner toute sa mesure dans le domaine de la science, après un merveilleux départ. A la même époque, d'autres hommes de piété exploraient avec succès les lois de la mathématique : « Ce n'étaient, il est vrai, que des jésuites. » Je fus séduit par un tel sujet qui me ramenait à l'histoire et qui répondait à ma curiosité d'esprit pour les problèmes ontologiques ; il me parut convenable de justifier ce choix auprès des juristes et j'allai proposer mon titre à M. Guillaumin : « Pascal : le procès des *Provinciales* ».

Le bâtonnier me fit remarquer une certaine allitération de la syllabe « pro ». On pourrait, remarqué-je avec suavité, la compléter en disant : « A propos du procès des *Provinciales* ». On s'en tint à la première version.

Parmi mes camarades, Jacques Fourcade, reçu quatrième, était celui qui requérait le plus vivement mon amitié et le plus fréquemment ma présence. Fils de Manuel Fourcade qui était réputé le plus fin des bâtonniers et qui avait été élu sur le tard sénateur des Hautes-Pyrénées, Jacques apparaissait comme un homme de belle prestance, comblé de tous les dons de l'esprit et qui se plaisait à anticiper sur l'âge par les apparences de la majesté. Alors qu'il était simple candidat, il avait entrepris de noter ses concurrents et il avait bien voulu me faire connaître qu'il me plaçait parmi les élus, à un rang d'ailleurs un peu moins favorable que celui qui m'échut et qui me plaça avant le sien. De son classement réel, qu'il jugeait inférieur à son mérite, il conçut un vif déplaisir. Il décida, après réflexion, de concentrer son ire sur la seule personne du premier usurpateur, Jacques Millerand, qui lui portait plus d'ombrage que moi parce qu'il appartenait à son milieu. Il affecta, en revanche, de célébrer mon talent, d'un genre assez différent du sien, et il ouvrit à mon inexpérience, qui le désarmait, la faveur inestimable de sa protection.

Il s'était marié dans le cours de l'année et, comme je soulignais un jour l'heureuse succession de ces deux réussites dans un temps si court, il me fit observer, d'un ton oraculaire, que si un succès à la conférence, quel que fût le rang, pouvait être tenu pour un événement favorable, en tout cas anodin, on ne pouvait trancher aussi aisément quand il s'agissait du lien nuptial. Son mariage n'était pas heureux et ne fut pas durable. Sa femme Françoise, fille d'un restaurateur parisien, était une assez grande brune, mince et élancée, filiforme de hanches (le mot est de lui) et dont le visage de proue exprimait perpétuellement un ennui de reine espagnole. Il lui imposait des dîners en compagnie d'amis comme moi et lui faisait subir pendant des heures entières ces conversations acrobatiques, où de jeunes hommes réputés brillants font assaut de reparties et complots d'intelligence. Elle ne pipait mot et visiblement ne comprenait goutte. Un matin, alors que mon ami recevait des cures bretons, ses clients, qui avaient intente un procès sur un livre intitulé : *la Terre des prêtres,* elle entrouvrit la porte du bureau pour lui susurrer ce simple message : « A tout à l'heure, chéri, pour le déjeuner. » A midi, le valet de chambre de la belle-mère vint chercher le phonographe et le chien.

Jacques Fourcade se composa le masque d'un désespoir ostensible qu'une incomparable maîtrise de l'âme impose de tenir secret. Son goût incorrigible de la mystification, associé à une très réelle pudeur sentimentale, s'exprimait par l'apparence d'un détachement métaphysique — le *taedium vitae* des Romains — et lui inspirait le fatalisme ambigu des personnages de Pirandello. Il apparut un jour inopinément dans mon bourg de l'Ariège, où mes parents l'accueillirent comme le Messie. Il leur fit part nonchalamment de l'éventualité de son suicide. Surprise, ma mère s'exclama de grand cœur : « Où vous voulez, monsieur Fourcade, mais pas ici ! » Ces natures si différentes se comprirent aussitôt. A mon retour d'excursion, je le trouvai installé dans ma chambre où il avait fait disposer un second lit, pour se protéger de l'angoisse.

Alors commença pour moi la période charmante d'une nouvelle amitié. Son objectif principal était de conjurer ce qu'il appelait mon indolence : il fallait me mettre au travail sans désemparer : je lui devais, je devais a l'histoire de composer un discours sublime d'écraser de ma supériorité, qui serait ainsi la sienne, le rival qui tenait indûment sa place et, dans une certaine mesure, la mienne. En fait, la rancœur qu'il avait éprouvée à l'origine s'était depuis longtemps dissipée car il n'était pas méchant. Ce n'était plus une vengeance qu'il poursuivait, mais bien un jeu, dans le sens double de ce mot : le sens ludique, le jeu de divertissement et le sens belligérant, le jeu de hasard et de combat. Il aimait d'ailleurs les cartes, c'était le plus acharne joueur que j'aie jamais compté dans mon entourage. Mais on ne le voyait prendre que des risques mesurés : plutôt qu'une passion, le jeu était pour lui une manie.

La poursuite en quelque sorte mecanique d'un objectif dans lequel l'âme n'est pas engagée peut agir comme un tranquillisant sur les anxiétés mineures. Je crois qu'il y eut toujours au fond de lui ce noyau d'angoisse écorcé d'ironie et d'onirisme et peut-être fit-il implosion dans l'instant où la mort vint étrangement le prendre, assis au volant de sa puissante voiture, avançant a calme vitesse en ligne droite, par un matin de septembre, comme il l'avait pressenti *(Quand je mourrai un jour, et si c'est en septembre...)*

Pour l'heure, j'étais sur son échiquier un pion qu'il menait à reine. Non point qu'il se mêlât de mes travaux, mais à la manière de

Mme de Caillavet qui enfermait à clé Anatole France : il me bloquait par sa seule présence au cours de longs après-midi, dans la pièce la plus spacieuse de la villa qui n'était autre que l'ancienne cuisine désaffectée que j'avais transformée en salle de travail.

Mes parents étaient des Français moyens typiques qui ne vivaient pas selon l'éthique de la moyenne des Français. La totale disparition de leurs biens mobiliers dans la maison de Verdun les avait détournés d'attacher beaucoup de soin au décor et au décorum de la vie. Ma mère ne se vouait pas à la poésie des tâches ménagères ; elle aidait mon père en tenant la propharmacie et n'hésitait pas à donner à l'occasion des conseils de médecine courante. Ainsi la décision avait-elle été prise de prendre tous nos repas dans une petite pension située à notre porte et tenue par le serrurier Flingou qui savait griller à merveille la « tranche » prise dans le gigot du mouton. J'avais dès lors transformé en bureau cette pièce maîtresse des demeures campagnardes ou plus exactement je l'avais promue nominalement à cette dignité ; imprégné de l'indifférence familiale, je ne m'étais point soucié d'apporter les raffinements du camouflage à la rusticité du lieu. Combien je m'en félicitai en ces journées où je m'efforçais d'atteindre la familiarité de ces messieurs de Port-Royal qui avaient rompu avec la brillance du monde et rivalisaient par le dénuement pour se réunir dans la grâce !

M. Arnaud me semblait « plus sensible au cœur » quand je m'asseyais sur une chaise de paille, en vis-à-vis de mon mentor, devant une de ces grandes tables ovoïdes et dénudées, infiniment plus commodes pour l'écrivain que tous les meubles de style qui ont été conçus au cours des siècles et même que les nouveaux engins miroitants de la Bureautique. Le fourneau qui était de puissantes dimensions supportait aisément une bibliothèque de main courante, les neuf tomes du *Port-Royal* de M. de Sainte-Beuve qui avait eu, écrivait Balzac, « la stupéfiante pensée de restaurer le genre ennuyeux », les douze tomes de l'abbé académicien Henri Bremond sur l'*Histoire littéraire du sentiment religieux en France* dont la lecture me charma longtemps, les trois tomes de Ferdinand Strovsky, d'autres ouvrages, pêle-mêle, et quelques documentations plus rares, empruntées au dernier moment à la bibliothèque des derniers jansénistes. *Les Provinciales* étaient juchées sur la cheminée avec le Lavisse du XVIIe siècle.

Pendant que je poursuivais mes lectures, Jacques Fourcade écrivait son courrier qui chiffrait dans les vingt-cinq lettres par jour. Il tenait de sa famille un nombre élevé de relations avec lesquelles il échangeait des correspondances régulières. Je m'émerveillais de découvrir, au hasard des adresses, des noms connus, parfois célèbres. A la fin de la journée, nous montions de compagnie vers la poste ; c'était aussi une salutaire occasion de promenade. Jacques Fourcade s'assurait une dernière fois qu'il n'avait pas commis l'erreur d'intervertir les messages et les enveloppes. C'était la cérémonie qu'il appelait : la vérification du courrier. Cette marotte, que certains raillaient et où d'autres soupçonnaient un signe de déséquilibre, n'était en fait qu'une simulation par laquelle il s'accordait l'intime volupté de déconcerter et de surprendre. Au retour, nous faisions halte au débit de tabac où nous achetions deux Henri Clay à cinq francs, signe de luxe qui impressionnait la buraliste et consacrait ma rupture avec le monde allégorique des solitaires.

Le jansénisme et la société fermée.

J'attendis son départ pour entreprendre ma rédaction dont j'avais dans l'esprit les thèmes principaux et déjà des phrases entières. Certains s'étonnaient du choix d'un sujet qu'ils jugeaient peu actuel : il m'était aisé de répondre que *l'actualité est nécessairement contenue dans la permanence.* Le mérite et le démérite, le libre et le serf-arbitre, la prédestination et la grâce, le vieil homme et le cœur nouveau, ce ne sont pas là des théories réservées à une seule controverse, à un seul siècle. Cependant, je ne sentais pas encore clairement à quel point une telle méditation allait bientôt pouvoir s'articuler à une nouvelle hypostase de l'épreuve humaine. Il m'a fallu, pour le découvrir, non pas seulement un long temps de réflexion, mais une série d'événements extraordinaires de l'histoire.

Mes travaux ne m'avaient pas éloigné de ma piste initiale, dessinée par Valéry et à partir de laquelle je traçais de plus amples parcours. On considère souvent le jansénisme comme un phénomène isolé, dominant son époque. On l'admire, ou du moins on le respecte, comme s'il n'y avait que lui, monument suprême de la plus haute ascension spirituelle. Son infortune, avec l'éclat des noms qui l'accompagnèrent, induit en sa faveur notre préjugé et prolonge à travers les siècles son rayon de gloire, comme la lumière des astres éteints. J'entendais le replacer dans la réalité foisonnante de son époque, l'un parmi tant de mouvements où s'épanouissait une extraordinaire renaissance de la ferveur. Aucune école ne fut inférieure à celle-là quant à l'intensité de l'exigence. Le jansénisme s'est singularisé par l'attitude, le choix d'un site, un certain style publicitaire et ce que j'appelais « l'académie de la solitude » ; plus tard, une fortune imprévue lui fut assurée du fait même de la condamnation pontificale qui lui conquit la faveur des gallicans et notamment des milieux « parlementaires ». Ce sont là des épiphénomènes. Ce qui le caracterise substantiellement, c'est l'esprit de système, le choix de l'impitoyable, le géométrisme de la rigueur l'injuste refus de la relation entre le mérite et le salut. Il faut bien voir en lui un extrémisme, une philosophie de désespoir qui ne fascine que par l'intransigeance. *C'est un des avatars de l'esprit négateur de liberté.* Il est singulier de noter que son apparentement avec le totalitarisme de notre temps ait été si rarement aperçu. L'Etat communiste s'est attribué la place du Dieu aux bras étroits de Jansénius. Vous ne pouvez rien faire pour changer votre sort, je vous classe une fois pour toutes parmi les élus ou les réprouvés. L'homme qui se voit refuser la liberté de gagner son paradis, comment se verrait-il accorder celle de mener son entreprise ?

Telle est la véritable *actualisation* qu'appelle ce thème. Je ne l'ai à l époque ni énoncée ni aperçue car les fruits du socialisme scientifique n'avaient pas mûri. Le refus d'accepter la différenciation par le mérite et selon les œuvres se rattache au refus général de toute différence et, en tout cas, il y conduit (1) .

Le choix d'un sujet de théologie pouvait paraître excentrique dans un public de praticiens et pourtant la Défense, n'est-ce pas aussi le Libre Arbitre, celui de l'avocat, celui du juge, celui même du criminel, la personnalisation de la peine, le non-refus du rachat ?

En vérité, la seule justification des jansénistes, leur talisman, c'est l'exceptionnelle figure de Blaise Pascal. Il est le génie et le saint de leur secte. Mais était-il vraiment de leur école ? N'y a-t-il pas justement, dans cette annexion, malgré le consentement qu'il lui donna. une faille de légitimité ?

La certitude et la vérité.

Pascal oppose l'esprit de finesse à l'esprit de géométrie. Où trouve-t-on de la finesse dans un dogme impitoyable ? Où trouve-t-on plus dure géométrie que dans l'irrémissibilité éternelle ?

Pascal est un homme de science, un inventeur. La science a besoin de libre arbitre, on le voit aujourd'hui, par le fait que les scientifiques sont les nouveaux insurgés et qu'ils tiennent les rôles assurés jadis par les romanciers et les critiques.

La théorie du pari dont nos pédants parlent avec moquerie recouvre un sens plus profond qu'ils ne le pensent. N'est-elle pas justement l'affirmation exemplaire de l'anti-jansénisme ? Le placement qu'elle propose n'est absolument pas compatible avec une

(1) Le rapport idéologique que nous avons cru devoir noter entre des doctrines qui ne sont point contemporaines l'une de l'autre ne doit évidemment pas être interprété comme incluant une appréciation défavorable quant à la personnalité et à la moralité des penseurs jansénistes.

théorie selon laquelle il ne sert à rien de bien agir ou même avec la version plus complète selon laquelle nul ne peut jamais modifier le comportement qui nous a été notifié *ne varietur* par décret des origines.

S'ancra en moi la conviction que Pascal n'était pas allé au jansénisme parce qu'il adhérait pleinement à cette doctrine mais pour un motif plus circonstanciel ; sans doute y fut-il conduit par l'angoisse — ce type même d'angoisse que l'on a accolé à son nom. L'angoisse le rendait avide de certitude. Entraîné aussi par « l'intercession amicale » dont je connaissais moi-même la force, il cherchait la certitude là où elle paraissait le plus imposante : à la cime superbe de l'infaillible, à ce degré de l'absolu que l'on croit bien à tort divin parce qu'il est inhumain, or l'inhumain, par définition, ne peut être que l'un des attributs de la fragilité humaine, de cet état de nature corrompu qu'invoque précisément la proposition de Jansénius. C'est justement au niveau de cette hauteur imaginaire que *la certitude se sépare de la vérité.* Combien d'autres âmes, en des temps plus récents, angoissées ou pas, consentantes ou non, s'en sont allées, aveugles, vers la réverbération glacée des havres sublimes !

Je nourrissais l'ambition téméraire de transférer Pascal de la certitude à la vérité, de le replacer dans *sa* vérité.

Je me promenais, en méditant sur mon texte, le long des chemins qui tracent autour du village une figure irrégulière. Je composais mentalement ma dernière phrase qui devait être brève, sans grandiloquence, comme en sourdine.

Vérité. La vérité...

« Mais, en vérité, il n'était pas de chez eux. »

Je répétais cette formule qui répondait à ma recherche. Je me tenais au pied de la grande croix de fer qui marque le point culminant de l'itinéraire. Je pensais à la Croix du Tiroir où *les Provinciales* avaient été livrées au feu purificateur par les mains du bourreau (fictivement d'ailleurs, car aucun exemplaire n'était disponible ; on se contenta d'un almanach. Plus tard, quand on trouva un volume, les juges ecclésiastiques préférèrent le garder pour le lire). Croix du Tiroir, quelquefois dénommée Croix du Trahoir.

Je levai les yeux sur le calvaire. Je ne devais pas m'attendre à trouver ici une imagerie janséniste. C'était un christ de campagne, non point élitiste mais démocrate, ses bras bien écartés à l'horizontale, prêts à accueillir tous ses enfants.

Je l'aimais mieux ainsi et lui dédiai une courte prière reconnaissante.

Pascal était auprès de moi et le contemplait

Le Palais n'est pas la jungle.

« Monsieur le bâtonnier, monsieur le garde des Sceaux. »

Vint le jour de gloire. La séance solennelle de la rentrée était presidée par le garde des Sceaux en personne. Je mis de la coquetterie a saluer en premier le bâtonnier. Je ne savais pas que mes chances étaient plus grandes d'accéder au ministère de la Justice qu'au sommet de l'ordre. Tous les regards se portaient sur Raymond Poincare qui siégeait au premier rang du Conseil. Il avait été désigné par les dernières élections comme le dauphin, c'est-à-dire le bâtonnier de l'année suivante. Après la présidence de la République exercée tout au long de la guerre, après son retour à la presidence du Conseil sous le consulat de Millerand, après son dernier *coming back* de la grande crise qui l'avait moulé pour l'Histoire dans le personnage de sauveur du franc (Pierre Mendès France avait cependant décelé, dans sa thèse de doctorat, les aspects négatifs de cette expérience financière), l'infatigable sénateur de la Meuse avait entrepris de tracer une nouvelle parabole. Il ne s'agissait pas seulement pour lui d'assumer les destins de l'ordre et d'en revêtir le suprême honneur dont son propre personnage avivait l'éclat. Il entendait encore rouvrir son cabinet, compulser de nouveaux dossiers, reparaître à la barre. Il songeait à recruter des collaborateurs et je fus même pressenti pour ce grand honneur. Cependant, le sort en décida autrement pour lui et pour moi. J'ignore si ce choix flatteur m'aurait rapproché de la politique ; en fait les assistants judiciaires des grands avocats parlementaires se sont presque toujours confinés dans leur spécialité.

La première partie de l'après-midi fut occupée, selon l'usage, par le double discours du bâtonnier qui commençait par un exposé géneral et se poursuivait par la litanie des éloges funèbres. Celui-ci ne se marqua par aucun détail mémorable. Quelques années auparavant, le bâtonnier Emile Carpentier avait commencé son propos par une très longue citation en vieux français ; on crut sur le moment qu'il avait choisi délibérément ce style. Quelques années plus tard, le bâtonnier Toulouse réussit à donner à ses nécrologies le ton plus vivant, si l'on peut dire, d'une revue de chansonnier. Fernand Payen ne se signala par aucune singularité ; il n'avait qu'une idée personnelle, à savoir que les avocats étaient trop nombreux. Nous fûmes soulagés pour lui quand il parvint au chapitre de l'obituaire et, à mi-voix, nous faisions le compte des unités à déduire.

« Faure, où est ton discours ? » me demanda Campinchi pendant la pause. Il tutoyait tous les jeunes avocats, qui lui en savaient gré.

Certains s'évertuaient sous quelque prétexte à lui téléphoner en présence des amies qu'ils voulaient éblouir.

— Je l'ai laissé chez moi, dis-je avec sérénité.

— Tu es fou ! Il faut le chercher tout de suite...

— J'habite avenue Gambetta !

Je lui exposai que j'avais choisi comme tactique de parler sans notes et que, dans cette grande circonstance, j'avais tenu à me prémunir contre toute tentation ou panique qui m'aurait porté à « pomper » comme on dit dans les facultés.

« Il s'agit cette fois de parler une heure devant mille personnes. Tu as le temps d'envoyer quelqu'un pendant le discours de Millerand. »

Un trouble fugace me traversa, comme une ride à la surface de l'eau. Mais l'idée d'un tel dérangement me rebuta : « Il n'y a personne à la maison. »

A vrai dire, la mémoire était pour moi comme un organe dont je me sentais sûr et je ne voyais pas pourquoi son fonctionnement présenterait un indice de risque supérieur à celui d'un arrêt du cœur, par exemple. J'étais dans la limite du taux de fatalité inévitable. Mon esprit, prompt à l'inquiétude, se trouve curieusement exonéré d'alarme quand il n'y a plus de marge pour le doute ou pour l'alternative, soit que je tienne ma propre décision pour irréversible, soit parce qu'il est matériellement impossible de la modifier (tel était doublement le cas).

« Le XVIIe siècle dès son commencement... »

Mes auditeurs suivaient mon discours avec ce genre d'attention crispée qu'appellent les épreuves sportives plutôt que les conférences de philosophie. Leur curiosité s'attachait moins à découvrir avec moi la pensée de Loyola ou de Barcos qu'à savoir si, et à quel moment, je marquerais une pause anormale. J'étais moi-même dans cet état second que connaissent les orateurs et les acteurs. Tout se passait comme si l'anxiété qu'aurait dû m'inspirer cet exercice s'était trouvée transférée et diluée à doses infimes à travers la multitude de ces intelligences reliées à la mienne.

Si je parlais un peu vite, ce n'était pas sous l'effet de l'émotion, mais parce que c'est un défaut ordinaire chez moi et que la récitation entraîne à la rapidité du débit si l'on n'y prend suffisamment garde.

Alors que je m'approchais de la fin, je levai les yeux vers le premier étage de la bibliothèque où, dans l'encorbellement d'une loge, quelques places avaient été réservées à des laïcs. J'avais invité une jeune femme de mes amies ; je l'aperçus assise à côté de Mme Millerand. Cette seconde de diversion déplaça mon équilibre mental, je sautai une phrase et retombai à pieds joints dans la suivante. Personne, bien sûr, ne pouvait s'en rendre compte.

J'avais parfois été interrompu par des applaudissements nourris, jamais cependant aux endroits où je les attendais, mais brusquement au détour de phrases considérées par moi comme anodines. J'eus souvent par la suite l'occasion d'observer ce phénomene de discordance entre l'orateur et son public, même quand ils semblent en communion.

Dans l'ensemble, mon discours était plutôt sévere, un peu trop long aussi et j'avais fait un bon calcul en m'assurant une marge supplémentaire de succès comme une sorte de prime due a un exercice d'acrobatie sans filet.

Je craignais d'être taxé par certains de cabotinage, mais il existe dans toute profession une sorte de fair play pour ce qui concerne les performances purement techniques. Mes moins bons amis saluèrent loyalement la mienne.

Le soir, au dîner en habit offert par Fernand Payen, le bâtonnier Albert Salle me demanda amicalement si j'étais allé au seminaire. Cet excellent avocat qui semblait tout droit sorti de la magistrature optime est demeuré célèbre par sa formule ubuesque : « Entre la France et la Belgique, il n'y a jamais eu de Pyrénées. » Cette citation m'a rendu souvent service, et bien ailleurs qu'à Bruxelles ! Le bâtonnier Payen me fit des remarques sur l'originalité de mon style : « C'est un style à facettes qui me fait penser, ajouta-t-il, à Sénèque. » J'avoue ne pas avoir eu la curiosite de vérifier cet éloge, ni alors ni depuis, Sénèque n'étant pas un de mes auteurs familiers.

Jacques Fourcade exultait : son contrat de soigneur etait rempli et son pari vérifié à l'applaudimètre. Pour plus de sûreté, il avait recruté une petite claque. Je déjeunai le lendemain chez Jacques Millerand. Il avait eu la pensée de choisir, pour m'en faire offrande, un exemplaire des *Provinciales* dans une édition ancienne.

Le Palais, contrairement à ce que l'on dit si souvent, ce n'est pas la jungle !

CHAPITRE II

LE TEMPS SÉRIEL A LONS-LE-SAUNIER

La bande du baryton Martini.

Lucie Meyer avec qui j'étais sur le chemin des fiançailles me réveilla au téléphone pour me dire que, réflexion faite, elle me conseillait de m'orienter vers la carrière d'avocat d'assises. Cette spécialité lui semblait plus prestigieuse, mieux adaptée à mon talent et à mon personnage que les travaux lilliputiens du juriste civil et commercial. Il faut dire que je l'avais amenée la veille à l'audience criminelle où je plaidais pour un comparse dans une affaire de faux-monnayeurs, affaire connue sous le nom de la « bande du baryton Martini ». J'avais obtenu l'acquittement de mon client.

Ce procès durait depuis deux semaines, avec de nombreuses chicanes entre prévenus et avocats. Dans de telles affaires, la loi a prévu une disposition assez rare : c'est la prime d'absolution donnée aux dénonciateurs. Même s'ils n'ont parlé que bien tard, dès l'instant qu'ils envoient les autres au trou, l'acquittement leur est garanti. Plusieurs des accusés se disputaient âprement l'avantage d'avoir mouchardé le premier. La justice ne gaspille pas ses indulgences. Un certain Amavet semblait avoir la priorité dans cette manifestation quelque peu nauséabonde de civisme. Cependant, l'accusation ergotait malignement et produisait quelques indices montrant qu'elle était déjà sur la piste quand il s'était résolu à « donner ». Amavet ressassait en pleurnichant : « Ceci était après mes révélations ! » Il craignait d'être brimé s'il allait au bagne et on lui avait dit qu'on ne lui donnerait pas le *plan ;* c'est la première fois que j'entendais prononcer ce mot. Au début, je crus qu'il s'agissait d'une sorte de carte géographique. J'appris alors que ce terme désignait un étui plat où l'on plaçait de l'argent et quelques indications et que le détenu dissimulait dans une cachette intime. Cette institution a éte popularisée depuis par le récit de Papillon. Amavet n'échappa pas à la condamnation. J'ignore si on lui donna le plan...

Contrairement à l'avis de ma future épouse, avis que partageaient nombre de mes amis, je ne m'orientai pas vers le secteur des affaires criminelles. Il faut d'abord dire que les assises ne représentent qu'une partie, souvent la plus faible, de l'activité d'un « pénaliste ». Je n'éprouvais pas d'attraction pour l'atmosphère des prisons, pour la compagnie des truands, je ne me sentais pas capable d'arracher mes honoraires à coups d'engueulades à des voyous. Les joutes des assises elles-mêmes sont un « catch as catch can » où tous les coups sont permis.

Il est bon de s'inspirer, dans le choix d'une orientation professionnelle, du principe connu sous le nom d'économie marginale, en somme, d'après la prime de rareté. Il me fallait tirer parti de ce que j'avais en *plus* d'un certain talent oratoire. Mon utilité marginale, c'était un goût (et corrélativement une capacité) pour les spécialités réputées rébarbatives (comme cela avait été le cas pour le droit romain), les affaires exigeant le maniement d'une forte technique juridique, l'étude minutieuse de la jurisprudence, le déchiffrement de contrats épineux, l'exégèse des réglementations économiques et douanières.

La joie que j'éprouvais en découvrant un argument inédit dans les mille cotes d'un dossier mille fois exploré est de même nature que celle que procure parfois le rayon d'une nouvelle interprétation portée sur un texte lu et relu depuis des siècles.

Cependant mon activité professionnelle avait pris son départ avant même mon succès à la Conférence — ce titre avait surtout pour moi l'avantage de compenser quelque peu le handicap qui pouvait s'attacher à mon extrême jeunesse — et elle se poursuivait sur un rythme inespéré. D'une part, j'avais trouvé sans peine le meilleur des « patrons » en la personne de Me Jean Michel et les conditions de mon travail auprès de lui (qui consistait surtout à préparer des consultations et des dossiers) me laissaient, sinon l'entière disponibilité, du moins une suffisante élasticité de mon temps. D'autre part, mon ami Léon Alexandrov se constituait rapidement une clientèle qui déborda bientôt les milieux de l'émigration russe, et il me chargeait de plaider ses dossiers qui croissaient en nombre et en importance. Nous étions en même temps sollicités par les éditeurs de revues et d'ouvrages juridiques. J'avais préparé pour Jean Michel un petit ouvrage sur les actions à droit de vote plural qu'il me pria, avec son élégance ordinaire, de signer avec lui. Je fus également chargé par les jurisclasseurs d'établir, sous la direction d'un autre maître du barreau, Louis Gallié, un traité de droit financier : *Banque et Bourse*, que je rédigeais à mes heures de loisir. J'appris ainsi beaucoup de choses, tout en recevant d'honorables rétributions.

Après mon mariage, je n'hésitai pas devant la décision audacieuse de louer un appartement près des Champs-Elysées où je pouvais recevoir mes clients dans un bureau de belle apparence. La salle à manger qui était spacieuse servait en même temps de salon et de salle d'attente. La règle de l'époque prescrivait aux avocats de tenir leur cabinet à leur domicile. Depuis, l'association est devenue permise, d'où la création de bureaux communs dans le style banalisé du *business*. Cependant, l'ancienne formule persiste et je souhaite que certains avocats puissent garder longtemps la chance de la pratiquer. Il ne s'agit pas seulement du charme qui s'attache à l'élégance des temps révolus, mais de la plénitude de vie que procure le non-cloisonnement entre les différentes phases du quotidien. Pour des hommes dont la profession comporte une forte part d'études et de recherches, il est commode de pouvoir, dans la soirée, voire au plus profond de la nuit, consulter un dossier ou chercher un livre sans sortir de la maison. Dans mon appartement mixte de la rue Clément-Marot, puis de l'avenue d'Orsay, je pouvais recevoir des clients soit après dîner le cas échéant, soit en robe de chambre le dimanche matin. Mon ami Jean Dumaine, qui vivait avec sa mère, venait me voir régulièrement le jour du Seigneur vers midi. Il lui fallait bien sortir, car il était censé être à la messe.

La politique s'éloigne...

Une profession aussi prenante et la manière dont j'en concevais l'exercice me dissuadèrent, pendant toute cette période d'avant-guerre, de tenir un rôle tant soit peu actif dans la vie politique. Je demeurais en relation assez suivie avec Pierre Mendès France et je rencontrais chez Julien Cain, mon oncle par alliance, diverses personnalités des milieux parlementaires, le plus souvent de tendance radicale. J'eus ainsi l'occasion d'approcher Georges Bonnet, Jean Mistler et sa très séduisante épouse. Jean Mistler était député de l'Aude, mon pays d'origine, déjà secrétaire d'Etat, auteur d'un ouvrage que j'avais lu dans la collection Sequana : *Châteaux en Bavière*. Il s'était ainsi partagé entre ces deux vocations qui m'attiraient semblablement et il avançait, de succès en succès, sur ces voies parallèles.

Deux de mes amis du Palais, l'un et l'autre appartenant au milieu de la Conférence, Philippe Serres et Georges Izard, furent élus en 1936, battant deux archétypes de la droite patronale : Amidieu du Clos et de Wendel ; les citadelles réputées imprenables sont souvent de meilleures affaires qu'on ne pense. Je me sentais parfaitement à l'aise dans un ensemble fictif qui comportait la gauche des modérés, les démocrates chrétiens comme Champetier de Ribes, Serres, Izard, enfin les radicaux dont j'approuvais l'idéologie mais dont la tactique, à l'époque du Front populaire, suscitait toujours ma réserve. Je demeurais attaché aux inspirations générales du libéralisme, pénétré du dogme monétaire et c'est ainsi que j'acceptai à diverses reprises de faire des cycles de conférences sur la défense du franc pour la Fédération des valeurs mobilières dont le président était l'académicien Georges Lecomte.

Paul Caujolle, expert judiciaire de grande autorité qui était également maire et conseiller général dans l'Ariège, me proposa un jour, à l'occasion d'un déjeuner que nous prenions avec mon père et lui à la *Rôtisserie périgourdine,* d'être le candidat du parti radical à Pamiers. Les chances étaient faibles, mais dures les contraintes. Il fallait faire acte de présence dans la circonscription tous les dimanches, ce qui exigeait un trajet de seize heures de chemin de fer dans chaque sens. Plus de cinéma, fin des rencontres amicales du samedi, pas de clients à la sortie de la messe... Je me récusai.

... et le roman se rapproche.

Dans la mesure où mes succès professionnels ne répondaient pas à une certaine exigence philosophique de ma nature, mon regard se portait plutôt vers les eaux plus calmes de la littérature. Pas de circonscription à chercher, pas d'investiture à quêter, pas d'adversaires. Le seul problème, c'est l'éditeur, mais il faut d'abord le livre et le livre, fût-il inédit, demeure, alors que de la candidature infructueuse il ne reste rien.

Comme j'avais pris l'habitude de lire des romans policiers, l'idée me vint d'en écrire un.

J'avais fait la connaissance de René Julliard et de son associé, Louis Mouillesseaux, de Sequana. Cette maison d'édition, limitée alors à des sélections de livres, déjà prestigieuse par ses relations et ses références, demeurait fragile dans son existence financière.

« Les affaires ne sont pas seulement les affaires... » Pendant qu'avec le concours d'un expert financier, Léon Constantin, extraordinaire spécialiste de sa branche, épris de culture et auteur d'un *Berlioz,* je parvenais à redresser la situation de Sequana, j'allais souvent déjeuner avec mes amis dans un restaurant de la rue Lafferière, *Chez Popo,* succursale d'un restaurant d'été de Dinard, et où régnait une aimable fraternité. J'écrivais des chroniques dans la petite revue de Sequana, *le Cahier.* Je fis la connaissance de Maurice

Constantin-Weyer, prix Goncourt, dont j'aimais beaucoup le principal ouvrage : *Un homme se penche sur son passé.* Mais il obtint une plus grande notoriété avec : *Telle qu'elle était en son vivant,* devenu au cinéma *la Loi du Nord,* premier triomphe de Michèle Morgan. Constantin-Weyer m'amena chez Pigasse, l'homme du Masque et du Prix. J'avais trouvé l'éditeur. J'écrivis le livre. Ils ne se rencontrèrent pas.

Pour rencontrer M. Marshes se recommande par une intrigue dont l'ingéniosité me paraît aujourd'hui encore des plus remarquables. Mais l'algèbre y est supérieure à la vie. Emporté par la vitesse acquise, j'entrepris aussitôt d'écrire mon numéro deux : *l'Installation du président Fitz-Mole.* L'action se déroule à Aix-en-Provence, principalement au palais de justice, dans un milieu de magistrats et d'avocats. Les lecteurs d'édition qui l'analysèrent firent une remarque curieuse : « On voit bien, dirent-ils, que ce livre, qui n'est point sans qualités, a été écrit par une personne totalement ignorante des choses et des gens de la justice. » La description que j'en donnais, puisée à ma connaissance directe et quotidienne, ne coïncidait guère, en effet, avec le monde fictif présenté par les auteurs « réalistes » (le plus souvent inspirés par la procédure anglo-saxonne).

Plus tard se vérifia la règle selon laquelle on tire plus facilement parti d'une déconvenue littéraire que d'un échec politique. M. Marshes et le président Fitz-Mole accédèrent, sinon à la célébrité, du moins à l'impression. A défaut de la couverture cartonnée et jaune du Masque, avec le dessin en noir d'un loup d'étoffe, ils se contentèrent d'une couverture plus légère, nuancée de vert pâle, avec le totem de la chauve-souris car tel était le titre de la collection que René Julliard publia en zone libre et qui se limita à six numéros. Un des autres numéros était dû à la plume de Jean Zay, alors détenu et qui trouva un passe-temps à écrire, sous le pseudonyme de Duparc : *la Bague sans doigt.* Il en préparait une suite lorsqu'il fut assassiné. J'adoptai plus tard le pseudonyme d'Edgar Sanday qui me vint à l'esprit en souvenir de l'habitude que j'avais prise dans mes différents collèges de décliner mes nom et prénom Faure Edgar, en ajoutant « sans d », pour éviter une fausse orthographe qui d'ailleurs n'a jamais pu être extirpée. Sous cette identité, je donnai plus tard le jour à mon troisième personnage, M. Langois, qui est sans l comme Edgar sans d et qui « n'est pas toujours égal à lui-même ».

Ma clientèle personnelle se répartissait entre deux grands secteurs, celui du cinéma et celui du pétrole. Pour le premier, les dossiers m'étaient envoyés par Alexandrov qui conseillait ses clients, tous d'origine russe, et me faisait intervenir au moment de la plaidoirie.

En revanche, les affaires de carburants m'étaient venues directement ; elles intéressaient pour partie d'autres Russes, mais également des Français. J'écrivais des articles dans des périodiques spécialisés, principalement dans *la Revue pétrolifère,* magazine luxueusement présenté qu'éditait une personnalité d'origine roumaine, Gabriel Dichter, dont la femme publiait, de son côté, un périodique analogue en Angleterre. Ils étaient tous deux de relations fort agréables et me prirent en amitié. Gabriel Dichter aurait voulu, après la guerre, me léguer sa revue, mais les mutations survenues dans ma carrière rendaient difficile la réalisation de ce projet. Le titre même de *Revue « pétrolifère »* étonnait les personnes curieuses de sémantique. Gabriel Dichter expliquait alors que sa revue était destinée à susciter un tel élan qu'il ferait jaillir le pétrole. Par la suite, cette ambition lui parut sans doute romantique et il fit disparaître la lettre f. Mes études consacrées au droit des usagers dans les entrepôts banaux et au régime des royalties auraient sans doute induit Balzac à réviser la condamnation qu'il avait portée sur Sainte-Beuve au titre du genre ennuyeux.

Je décidai soudain de franchir un pas et de frapper un coup. Pourquoi n'écrirais-je pas un livre sur le sujet d'ensemble du pétrole ? Je rencontrai l'éditeur Keller dont la maison, la Nouvelle Revue Critique, publiait une bonne collection de romans policiers, l'Empreinte, mais aussi une bibliothèque d'essais et d'études historico-politiques. Il accepta l'ouvrage sous un titre comportant un éclairage d'actualité, *le Pétrole dans la paix et dans la guerre.*

Sur ce, j'allai déjeuner chez le professeur Mestre, à qui j'avais demandé une consultation d'urgence et qui m'avait invité, un dimanche, dans sa belle propriété de l'Oise. Il n'avait point change depuis l'époque du C.U.P. « Dites-moi, Faure, me questionna-t-il en fin de repas, sur quoi donc avez-vous fait votre thèse ? » Il me fallut bien confesser que, quoique pourvu de trois diplômes (y compris celui de droit romain !) je n'avais toujours pas droit au titre de docteur.

— J'ai retenu un sujet chez Olivier Martin, ajoutai-je, quelque peu en rapport avec mon discours sur le jansénisme : « L'information sur la doctrine de l'abbé de Saint-Cyran ». Cela peut être passionnant : une sorte d'enquête théologique faite par un super commissaire de police, un suppôt du grand cardinal, M. de Laubardemont... »

Le grand Achille haussa les épaules : « Vous ne le ferez jamais ! » J'en convins.

« N'avez-vous rien de prêt ? »

Je lui parlai du « pétrole ». C'était parfait. Mais le délai ? Aucune importance. L'ouvrage fut présenté tel quel comme thèse, à ceci près que le titre devint, pour l'occasion, plus scolairement : *la Politique française du pétrole.* Comme le livre était déjà programmé par l'éditeur, il fallut constituer et réunir le jury à la galopade. Mestre fit choix d'André Barthélemy, professeur de droit public, ancien député, réputé pour sa causticité, et de l'excellent économiste Emile James. Dans ma conclusion, consacrée à la perspective d'un conflit que tout le monde tenait pour prochain et probable, je soulignais la « prime » pétrolière dont disposaient, sur les puissances de l'Axe, les Etats pacifiques, parmi lesquels je classais l'Union soviétique. Ce raisonnement se trouva vérifié par la suite mais seulement après la fâcheuse parenthèse du pacte germano-soviétique. Je préconisais la recherche de moyens d'entente entre le monde occidental et le monde communiste dont les intérêts m'apparaissaient comme solidaires en présence des poussées du nazisme et du fascisme.

Je fus reçu avec l'honorable mention « Très bien » et *la Politique française du pétrole* cessa sa brève existence. Elle laissa la place à l'édition parue à la N.R.C. sous une jolie couverture portant une France en jaune avec des dessins de derricks en noir. J'avais obtenu d'Anatole de Monzie, alors ministre des Travaux publics, une introduction rapide et vivace, annonçant les découvertes pétrolières de l'Afrique, auxquelles Erik Labonne se consacrait déjà. Le ministre avait pensé à m'attacher à son cabinet pour suivre ces questions. Mais ma timidité foncière m'empêcha de le relancer. *L'Intransigeant,* dirigé par un ancien agréé au tribunal de commerce, Marcel Ribardière, publia en éditorial le papier de Monzie et *le Temps* lui-même me consacra un article en première page.

A la même époque, et comme s'il avait voulu me donner un appui publicitaire, le président de la République du Mexique, Cardenas, prit la décision hardie et doctrinalement justifiée selon lui au nom d'un socialisme *sui generis,* tiers-mondiste avant la lettre, de nationaliser les gisements pétrolifères de son pays, jusque-là exploités par la célèbre Mexican Eagle, filiale de la Shell. (Le Mexique s'était déjà singularisé en accordant l'asile politique à Léon Trotski, le proscrit de la « Planète sans visa ».)

Les trusts réagirent en boycottant le pétrole mexicain et Cardenas répliqua en le vendant à tout va : c'est ainsi que les importateurs indépendants français, les *margoulins* (appellation que leur donnaient les trusts et qu'ils acceptaient avec humour), se réunirent pour acheter une cargaison. Les Compagnies la firent saisir dans le port du Havre, sur quoi l'affaire fut naturellement évoquée devant le tribunal de cette ville.

Me Henri Lévêque, qui était pour moi un excellent ami, plaida longuement et sans brio la thèse classique des nantis et des surpris. Les acheteurs français avaient fait appel à leurs avocats respectifs, parmi lesquels je figurais pour le compte d'un groupe d'importateurs-distributeurs du Sud-Ouest, clients assidus de mon cabinet. Je me souviens des longues heures d'audience, des bons repas à la *Grosse* et à la *Petite Tonne* et de l'hôtel Frascati dont le nom était pour moi tout bruissant du souvenir de mes lectures familières, les séries de *Fantômas* et de *Fatala*.

Le procès s'annonçait comme interminable et mes clients qui avaient consenti de lourdes immobilisations se trouvaient pris à la gorge. De leur côté, les trusts n'entendaient pas pousser à bout les margoulins qui pouvaient atteindre les députés et les journalistes. Ainsi parvint-on cahin-caha à régler le sort de la cargaison, ce qui était pour mes chétifs mandants l'essentiel et, pour les colosses affrontés, l'accessoire. La conclusion du procès n'intervint qu'après la guerre, dans l'indifférence générale.

Les avocats parisiens sont souvent appelés à plaider ou à consulter en province. J'avais le goût de ces déplacements, qui permettent de se concentrer sur une seule affaire à la fois, de mieux connaître ses clients, de pénétrer l'environnement du litige, de procéder au besoin à des vérifications sur place et d'assimiler quand il y a lieu les aspects techniques inconnus des profanes. C'est sans doute la première règle de méthode dans notre profession que de procurer au juge une représentation concrète et pour ainsi dire filmatique de la cause qui lui est déférée. L'avocat doit comprendre ce que veut le magistrat et ce que veut le magistrat, c'est comprendre : comprendre pourquoi et dans quelles conditions de rapports réels une situation qui était plane est devenue conflictuelle.

Ma prédilection me portait vers les tribunaux des petites villes. On me vit souvent affronter le rigoureux hiver corrézien à Tulle et à Brive parce qu'un de mes clients assidus était propriétaire d'une importante firme alimentaire auvergnate, l'*Etoile Nouvelle*. C'était Camille Tramichel, également importateur de pétrole avec bureaux aux Champs-Elysées. Il représentait, fait exceptionnel, le point de jonction de mes spécialités puisqu'il produisit aussi un film, *le Valet Maître*, que nous appelions *le Navet Maître*. Il avait pensé au début de la guerre lancer une entreprise de messageries hippomobiles mais en examinant son projet financier je lui fis remarquer que, d'après ses prévisions concernant les dépenses d'avoine (il était d'un naturel regardant), le rendement de ses chevaux serait asymptote à zéro car ils ne tarderaient pas à mourir de faim. Cet homme dynamique qui était cavalier et qui n'avait jamais été privé d'automobile trouva paradoxalement la mort à bicyclette, dans un accident de la voirie, à une époque où la circulation était nulle.

La firme la plus considérable de mon cabinet, les Docks de pétrole d'Ambes, m'envoyait plaider devant le plus petit tribunal de France, célèbre cependant par le souvenir de la session d'une cour de parlement ambulatoire : les Grands Jours de Blaye. Mais nous allions en appel devant la cour de Bordeaux où j'ai marqué l'une de mes principales victoires judiciaires, dans l'affaire la plus ennuyeuse de ma vie, et cela , grâce à la bonne idée que j'avais eue d'assimiler le fonctionnement du stockage des hydrocarbures. La solution de tout un écheveau de polémiques et de réclamations tenait tout simplement au fait que l'entrepôt réel, à la différence de l'entrepôt fictif, comporte deux équipements de clés complémentaires dont l'une est toujours physiquement détenue par la douane.

Mon premier client dans le Jura n'était par exception ni dans le cinéma, ni dans le pétrole, ni même dans l'alimentation. C'était un petit banquier, victime d'aigrefins parisiens, dont je pus démontrer la bonne foi devant le tribunal puis devant la cour. Il sauva sa maison et me voua une reconnaissance éperdue. Il s'appelait André Trouillot, il ressemblait au boxeur Marcel Thil, et on le surnommait le shérif car on ne le voyait jamais sans son chapeau à larges bords : on suggérait qu'il ne l'enlevait pas pour se mettre au lit. Je me pris d'attachement pour lui, parce qu'il était non seulement expansif et serviable mais foncièrement honnête. Il s'épuisa à la tâche pour ne point faillir et ne laissa à sa mort prématurée qu'un petit bien.

Je me rapprochai de mes habitudes en donnant mes conseils à l'industrie locale du fromage, et une forte personnalité de Lons, M. Edouard Duhem, qui occupait des fonctions professionnelles d'envergure nationale, me désigna comme l'un des avocats de la Fédération de l'Epicerie en Gros. Quant au pétrole, je n'en entendis jamais parler dans le Jura jusqu'au jour où, alors que j'étais président du Conseil, Foster Dulles eut la délicate pensée de me faire tenir une fiole contenant un produit verdâtre provenant d'une carotte extraite à l'occasion de forages pratiqués à Conliège. Je gardai quelque temps cet objet fétiche sur mon bureau de l'hôtel Matignon. Mais il s'avéra que l'exploitation ne serait pas plus rentable que celle des chevaux de Tramichel.

Ma première « rencontre » avec la ville de Lons-le-Saunier s'accompagna d'une de ces circonstances qui, impalpables en elles-mêmes, produisent à longue échéance des effets considérables.

J'arrivais en voiture de Besançon et j'allais m'installer à l'hôtel de Genève. Je me retournai sur le seuil et j'embrassai du regard la perspective de la grand-place dite de la Chevalerie. Sur ma gauche, le théâtre, encastrant le café de Strasbourg (le « café du théâtre » est situé sur l'autre versant). Devant moi, une rangée de maisons inégales où se détachait le cinéma *Excelsior* et le commissariat de police alors peint en jaune. A la pointe de la diagonale, assez loin de moi, j'apercevais le petit fronton du palais de justice.

Sans faire le détail, je me sentis traversé par une sensation inédite (et que je n'ai jamais ressentie par la suite) ; c'était l'onde du déjà-vu, du déja-vécu, l'image fugitive d'un autre monde, comme une diapositive que l'on aurait aussitôt retirée de sa visionneuse.

Au dîner je dis, à moitié plaisantant, à mes commensaux : « Je crois que je dois avoir été votre concitoyen au cours d'une vie antérieure. Ou peut-être ai-je fait une irruption dans le temps sériel. » Et je me souviens de leur avoir conté l'historiette (à vrai dire tout à fait différente) des deux Américaines qui, visitant le Trianon, avaient soudain aperçu un pont, qui, non moins soudainement, disparut. On plaisanta leur hallucination mais par la suite on découvrit par d'anciennes archives le tracé de cette passerelle, entre-temps démolie et oubliée. Pour ceux qui sont disposés à admettre un peu de fantastique, les deux jeunes femmes avaient éprouvé, l'espace d'un instant, une transplantation infrachronique.

On peut aussi accueillir l'interprétation du merveilleux dans le sens inverse. Puisque le temps sériel ne distingue ni l'avenir ni le passé, ce que l'on prend pour réminiscence peut aussi bien être pressentiment. Je projetai Lons-le-Saunier dans l'avenir et le choc de mémoire devint coup de cœur. Mon esprit rationnel n'excluait pas une représentation plus prosaïque. Il pouvait s'agir d'un simple hasard, d'une imagination fugitive, mais parce que j'avais cru à un avertissement de mon destin, je m'évertuai par la suite à le conduire moi-même là où je pensais qu'il avait décidé de me porter.

Illusion, prémonition, ou déterminisme, je saisis avec un empressement exceptionnel toutes les occasions qui se présentèrent de venir à Lons-le-Saunier où je me constituai un réseau de clientèle.

L'ancienne *Ledo Salinaris* est dans le ressort judiciaire de Besançon où j'avais comme correspondant l'excellent bâtonnier Paul Pourchet, qui était tertiaire de Saint-François et aussi l'un des meilleurs gourmets de mon entourage. Ma cousine Anne-Marie était alors directrice du lycée de jeunes filles. Son mari, le capitaine de Saint-Blanquat, devait bientôt conduire au combat ses recrues franc-comtoises, qui lui rendirent les derniers honneurs.

Le Jura est situé au carrefour des routes européennes : les grand-valliers de Saint-Laurent furent jadis les voituriers du monde. A l'aller et au retour des grandes et des petites vacances, nous ne manquions guère, fût-ce au prix d'un crochet, d'y fixer une étape.

A la belle saison nous allions déguster la truite dans l'un des restaurants des grottes de Baume, qui marquent respectivement le rebord de la falaise et le tréfonds du cirque. Nous poussions jusque chez Ripotot, à Champagnole, chez Yvonne, à Châtillon, chez Hugon, à Pont-du-Navoy. Dans la ville, nous étions les familiers de Mlle Grisez dite la Laure, dans son auberge répartie en une série de pièces biscornues suspendues sur des cours intérieures entre la rue Lafayette et la rue Tamisier, et où l'on avait toujours l'impression d'attendre une diligence anglaise. On nous voyait aussi chez Doize, en face de la gare où j'apercevais parfois mon ancien professeur du lycée Voltaire, le sénateur Aimé Berthod, qui y tenait ses permanences dont la file s'étirait depuis le premier étage jusqu'aux fusains de la terrasse. Chez Martinet, au *Cheval rouge*, on ne servait jamais autre chose que des plats en croûte. Lorsque je voyais arriver ses plus célèbres pâtés, fourrés aux pigeons ou aux poissons, je me demandais si, enlevé le couvercle bien doré, je n'allais pas découvrir comme dans les romans picaresques une lime et une échelle de soie. On me fit souvent souvenir par la suite d'une soirée où, ayant accepté deux rendez-vous différents, je dus faire honneur à deux festins successifs. Les bonnes consciences font les bonnes fourchettes.

Je trouvais dans le petit cercle de mes amis lédoniens cette qualité d'accueil, cette cordialité de confrérie, dont j'avais pensé qu'elles étaient l'apanage de nos cités du pays d'Oc. Il est vrai que Lons, avec ses arcades, n'est pas moins espagnole que Besançon, et c'est le plus célèbre de ses enfants qui a composé le chant... des Marseillais.

CHAPITRE III

SERVICE INUTILE

Entre la chope et la cote...

L'architecture parodique de la Bourse a dominé de sa masse le premier paysage de « ma guerre ». Chaque jour, en venant prendre mon service, je longeais du regard ses colonnes indestructibles. Je trouvais là, dans le paroxysme des troubles du monde, comme un symbole sarcastique de continuité et de dérision. Hiberné dans la certitude de la patience, le faux temple attestait la permanence du faux dieu.

Exactement en face, un autre temple, un autre symbole, une permanence gaie : j'y viens quelquefois encore, c'est le café du Vaudeville, alors si bienveillant à nos veilles qu'il avait la délicatesse d'ouvrir à cinq heures du matin. J'y dégustais rituellement le lait froid grenadine, l'expérience m'ayant rapidement démontré que ce breuvage était le mieux adapté à mon tempérament aux pointes de fatigue. A d'autres moments, il est vrai, nous échangions de tout autres tournées avec les rédacteurs de l'Agence, en appliquant la règle absolue du milieu : on offre à boire mais, pour ce qui est de manger, chacun ne paie que pour soi.

Placé comme la pointe d'un triangle isocèle dont la base reliait la chope à la cote, un immeuble d'envergure moyenne, à la façade un peu décrépite, abritait mon poste de combat. C'était l'agence Havas, section presse, devenue à la Libération l'Agence française de presse (l'ancien nom s'est conservé pour le secteur publicitaire, lui-même semi-nationalisé). Cette maison, dont le style convenait à un décor pour *Pot-Bouille,* recelait dans ses flancs des engins mystérieux et redoutables, tout l'équipement des communications par radio et aussi les appareils de transmission écrite immédiate qui, plus que le sans-fil, faisaient mon émerveillement. Les plus anciens téléscripteurs s'appelaient les Baudot et, assez curieusement pour moi, les jeunes garçons qui transportaient les dépêches s'appelaient les Robert. Les parois de la cage d'escalier et des vestibules étaient peints d'un jaune hépatique et il s'en dégageait une sorte d'odeur de caoutchouc, aseptique et entêtante. Dans une vaste salle située au bel étage se tenait la garnison, les rédacteurs disposés en lignes devant les batteries de machines comme des canonniers d'artillerie légère. Le P.C. était installé dans une pièce de dimensions réduites donnant sur la place, et principalement occupée par un double bureau où se tenaient, d'un côté, le rédacteur en chef, face à la porte de communication dont il pouvait observer le mouvement parfois incessant, de l'autre, le censeur de service. C'est là que j'assurais mon tour de quart au sens propre du terme puisque, comme dans la marine, la relève s'effectuait à 0, 6, 12 et 18 heures.

Nous disposions aussi d'un vaste fauteuil de cuir sombre, confortable et fatigué, où s'asseyait parfois un visiteur (la plupart se tenaient debout) et où il était commode, dans les accalmies, de s'abandonner au délassement, voire à la somnolence. La description du lieu veut encore que je mentionne un tableau appendu à la partie supérieure du mur, près de l'entrée et où se fichaient une série d'ampoules correspondant aux capitales du monde reliées à l'Agence. Quand le fil venait à être rompu, la lampe cessait de clignoter. Je ne tardai pas à voir s'éteindre la flamme de Varsovie. D'autres suivirent. La mort des nations libres s'enregistrait sous nos yeux, dans ces morceaux de verre désanimé.

Le cœur informationnel de la France.

C'est à la place de la Bourse, dans ce cadre chétif, que battait le cœur informationnel de la France. C'était le seul endroit dans toute la nation où parvenaient et d'où repartaient la masse des nouvelles qui font la vie d'un monde et l'histoire d'une époque. Dans ce temps de guerre où toutes intelligences avec l'ennemi sont frappées de peine criminelle, les agences, indifférentes au fracas des batailles, aux exodes et aux martyres des peuples, poursuivaient mécaniquement, par kilomètres de rouleaux, leur incessant et torrentiel bavardage. C'est à travers elles que, parfois, les descendants des héros d'Homère s'invectivaient par-dessus les remparts. Nous fournissions au peuple, à travers les journaux et les radios, l'alimentation nécessaire à toute vie intelligente mais aussi aux gouvernants et aux états-majors ces particules de connaissance qui font l'oxygène de la décision.

Mon stage à Havas m'a permis d'entrevoir — non pas sans doute d'appréhender dans sa totalité — le phénomène alors nouveau de l'intrusion de l'information dans la vie des cités et, en même temps, de sa mondialisation. J'appris à considérer l'événement dans l'optique des dépêches étrangères. J'appris à actualiser, en lui donnant dès lors toute son importance pratique et concrète, la méthode de la critique des sources dont mes maîtres romanistes m'avaient inculqué les rudiments. Je sus désormais que l'enveloppe formelle de l'information — l'origine, la date, l'heure, la place des guillemets — devait être évaluée avec autant de soin que son contenu, peut-être davantage, et préalablement à toute interprétation.

***

La déclaration de guerre m'avait trouvé dans un statut militaire ambigu. J'avais été trois fois ajourné par les conseils de révision, pour un motif ainsi libellé : tachycardie accentuée et faiblesse persistante. La tachycardie n'est pas, on peut m'en croire, une malédiction de la pathologie. Je trouvais plutôt quelque chose d'agréable à savoir que mon cœur battait un peu plus vite que la moyenne. Cette anomalie teintée de romantisme s'efface, semble-t-il, avec l'âge ; mais faut il vraiment s'en féliciter ? Quant à la faiblesse, je n'avais jamais rien ressenti qui y ressemblât et je harassais mes compagnons sur les sentiers de montagne d'Aulus. Mais j'étais étrangement faible selon ce décret irréfutable inscrit dans un certain indice dit, je crois, de Pignet, dont les administrations militaires avaient fait une table de la loi. La procédure consistait à calculer comparativement la taille, le poids et le tour de poitrine. Comme j'étais d'une maigreur extrême, en dépit de (ou peut-être en corrélation avec) un gargantuesque appétit, je me trouvai placé, de justesse d'ailleurs, en dessus de la ligne discriminatoire.

Mon troisième ajournement, selon la règle en vigueur, me donnait ouverture à la formule d'un service militaire de six mois, apanage des tachycardiaques et des malingres. On le faisait généralement dans la météorologie et dans la région parisienne.

Cependant, la réglementation changea à la même époque et désormais les recrues placées dans ma situation se trouvèrent même dispensées du service de six mois qui leur était naguère assigné. Notre qualification technique était : « exempté », non point réformé.

Lorsque la guerre fut déclarée, je ne souhaitais pas tirer profit de mon indice de Pignet pour me dérober au service que je devais à la nation. Les exemptés devaient être convoqués devant un nouveau conseil de révision pour être, le cas échéant, mobilisés. Il était prévisible que l'on ne mettrait pas de hâte à doter l'armée française, dont les effectifs étaient déjà pléthoriques, de l'étrange force d'appoint que représenterait la troupe hétéroclite des « récupérés ».

Pour l'heure, je trouvai, si je puis dire, dans l'heure, une affectation qui me combla d'aise : M. de Perrera, qui était alors chef de section aux Affaires étrangères et que j'avais rencontré chez René Julliard et chez Julien Cain, recrutait des censeurs pour les installer à l'agence Havas. Je fus agréé aussitôt sans qu'il fût besoin de passe-droit. J'avais comme collègues un personnage énigmatique, Jacques Raindre, fils d'un ambassadeur oublié, Roger Lévy, spécialiste de l'Extrême-Orient, qui avait également dirigé l'*Europe nouvelle,* et un homme de lettres discret et distingué, Spitzer, qui avait écrit une pièce en collaboration avec Géraldy. Plus tard, notre équipe fut complétée par un journaliste du nom de Tapie, cousin et correspondant de Max Peyrouton pour lequel il composait chaque jour une revue de presse, enfin par mon très cher ami André Weill qui joua par la suite un rôle considérable dans l'économie française.

Nous n'étions pas mobilisés mais placés dans la position de « requis civils ». En quittant M. de Perrera, homme délicieux et fin lettré que l'on désignait dans l'intimité sous le surnom de Kerapif, je pris soin de faire l'acquisition en librairie d'un grand atlas et du livre de Maxime Maurin sur l'*Histoire des grandes puissances depuis la Première Guerre mondiale.* Ainsi équipé, j'allai prendre place vis-à-vis de M. Perrin avec qui je me trouvai aussitôt en sympathie.

Dans mon souvenir, Louis Perrin demeure la personnification de l'agence Havas, non seulement parce qu'il la dirigeait en fait et qu'il lui consacrait sa vie, mais parce qu'il semblait avoir été conçu, physiquement et moralement, pour être l'emblème animé de ce genre d'activité et de ce type d'institution. Silhouette mince, taille moyenne, les cheveux lisses blond clair comme les sourcils presque albinos, un profil au nez bien marqué que prolongeait la pipe, des yeux perpétuellement plissés par la vigilance et par la malice, laconique et précis, parlant par le regard, décidant par le silence, invisible et présent, il passait inaperçu et il était inoubliable. Il possédait au plus haut degré toutes les qualités (et elles ne sont pas médiocres) que l'on peut exiger d'un télégramme de presse : la simplicité, la concision, l'exactitude, le dépouillement de tout l'inutile, le rejet du moindre faux et de l'ombre de l'artifice, être là quand il faut, ne point s'attarder, ne pas imposer de signature, ne pas demander de récompense. A cela Louis Perrin ajoutait la nuance d'une ironie — toujours feutrée — et surtout la qualité de l'âme. Ce n'était pas seulement un esprit consciencieux, c'était une conscience. Il avait accepté de demeurer à son poste dans les premiers mois de la guerre parce qu'il y était indispensable, mais il supportait malaisément certaines palinodies qui se profilaient au-dessus de lui (au sens administratif du terme) et il se préparait à prendre du service dans l'armée, ce qu'il fit à la même époque que moi. Par la suite, il rejoignit son poste à Clermont-Ferrand, s'engagea dans la Résistance, fut déporté et ne revint pas.

Je fis connaissance avec un certain nombre de rédacteurs et de rédactrices. Ils présentaient un ensemble de traits communs qui rendait leur compagnie agréable. Ils étaient tous, me sembla-t-il, attachés à leur métier et en supportaient sans maugréer les contraintes : salle collective, horaires de nuit, du petit matin, du soir, faiblement compensés par des rémunérations calculées au plus juste (avec aussi, il est vrai, quelques perspectives d'alternance par des nominations à l'étranger). Je compris que ce travail, qui paraît monotone et même dans sa partie intellectuelle assez mécanique car on acquiert aisément le style Havas, a cependant l'avantage de n'être jamais dénué d'intérêt. Outre le fait qu'il laisse quelque marge — fût-elle très étroite — à l'appréciation, à l'initiative, à la tournure, il faut aussi considérer que le matériau sur lequel on travaille n'est autre que la vie diaprée et frémissante de l'univers.

Je parlais souvent avec le principal rédacteur de nuit, M. Fis, originaire de l'Ariège, qui délibérément avait fixé son choix sur la vigie des ténèbres, il s'en trouvait bien, malgré ses yeux rougis sous ses lunettes à fortes lentilles. Il avait adapté son rythme nycthémérien à cette existence de troglodyte et il n'aurait pour rien au monde renoncé au privilège qu'il détenait de disposer entièrement de son temps pendant le cours de la journée. Plusieurs fois, dans le cours de ma carrière ministérielle ou présidentielle, j'ai eu l'occasion de demander l'A.F.P. au téléphone à une heure tardive et, presque chaque fois, ce fut lui qui répondit, toujours vif, efficace et avec cette cordialité méridionale qui efface si heureusement dans les relations humaines les préjugés de la hiérarchie. Si le royaume plutonien de Fis était indivisible, la rédaction de jour comportait, sous l'autorité indiscutable et imperceptible de Perrin, deux meneurs dont les personnages formaient un contraste proprement comique. L'un, M. Belotte, homme courtois et réservé, se déplaçait et s'exprimait avec une économie de geste et de langage qui évoquait l'impassibilité de l'automate, image renforcée par le fait qu'il était perpétuellement vêtu d'une jaquette et qu'il saluait en marquant une légère inclinaison du buste. En dehors de l'Agence, il exerçait l'activité parallèle de professeur de sténographie : je ne sais si ce second métier apportait l'explication de son habillement de cérémonie mais il concordait merveilleusement avec l'impression que M. Belotte donnait de vivre au raccourci et de penser par résumés. Son homologue, Francis Baumal, était taillé en force, haut en couleur, prompt aux colères. Il était célèbre, jusque outre-Océan, où il avait représenté Havas, par la crudité de son vocabulaire mais, en sus de sa réelle compétence professionnelle, il avait l'esprit le plus fin et une culture fort étendue, ainsi qu'en témoignent ses ouvrages sur Molière.

Je n'avais pas tardé à comprendre que, sous la surface apparemment paisible d'une activité routinière, les courants s'affrontaient dans les profondeurs. Un conflit d'influence naissait entre la direction de l'Agence et le ministère des Affaires étrangères qui, dès avant la guerre, avait pris conscience de la force de levier qui s'attachait au journalisme des dépêches. Les grandes agences poursuivaient entre elles une guérilla aux multiples rebondissements. On racontait avec fierté, place de la Bourse, comment Havas avait réussi à griller ses concurrents de quelques minutes pour l'annonce de la mort du pape, en achetant un domestique et en installant un système de signaux qui avait permis d'envoyer le télégramme codé Ursule 343, les chiffres indiquant le moment précis de l'événement fatal (trois heures quarante-trois du matin). La survenance des hostilités n'avait fait que confirmer le Quai dans ses vues impérialistes, cependant que les dirigeants maison, groupés autour de Léon Basset, féal de Daladier, organisaient une défense élastique. Le représentant délégué par les Affaires étrangères était Léon Rollin, dont j'appréciais la conversation, toujours rapide et incisive, et dont j'admirais les lunettes à forte monture ainsi que les bretelles de chez Hermès. Son adjoint Louis Joxe qui, depuis la mobilisation, avait revêtu l'uniforme d'officier non navigant de l'armée de l'air, partageait son temps entre la place de la Bourse et les services groupés à l'hôtel Continental, sous l'autorité théorique du nouveau commissaire à l'Information, Jean Giraudoux. Une lubie du président Daladier, et sans doute aussi une malice du destin, qui s'était amusé à rivaliser sur le terrain de la fantaisie avec les personnages d'*Intermezzo,* avait porté l'auteur de *Pleins pouvoirs* au seul poste de la République qui fût totalement dépourvu d'attributions. Le « plein du vide », aurait-on pu dire, selon la formule pascalienne, non seulement d'ailleurs à propos du pseudo-ministère de Giraudoux, mais aussi bien pour l'ensemble des ballets dont civils et militaires traçaient imperturbablement les figures parmi les ors et lambris du palace de la rue de Castiglione.

Par le fait même des sentiments enthousiastes que je portais à Jean Giraudoux en tant qu'écrivain, créateur d'une certaine forme d'expression artistique, je n'attendais pas grand-chose de lui dans le poste où il venait d'être appelé et qui ne pouvait que l'induire à un gaspillage de ses véritables forces. L'expérience démontre que les hommes qui se sont élevés jusqu'aux sommets dans les domaines supérieurs de la vie désintéressée de l'esprit ne sont pas les plus qualifiés pour atteindre à la réussite dans les activités qui tiennent à la gestion administrative ou même à la politique opérationnelle. Il faut dire, pour Jean Giraudoux, que les moyens de sa tâche ne lui furent point octroyés. Dans un livre charmant, André Beucler nous raconte comment Jean Giraudoux perdait son temps en des initiatives que l'on qualifierait de futiles, si elles n'avaient pas comporté du danger, comme celle d'envoyer son ami avec un faux passeport en Europe centrale pour une mission farfelue. Il lui restait la possibilité de parler. Mais ce créateur qui employait le style de l'éloquence dans ses écrits utilisait pour ses discours, destinés à galvaniser l'opinion, un langage littéraire précieux, aux antipodes de celui que l'objectif exigeait. Quand, dans une formule intrinsèquement belle, il crut pouvoir énoncer : « Hitler est le premier chevalier de l'ordre Teutonique qui ait jamais sonné la retraite », je fus consterné de voir offrir au peuple français, avec la marque de mon maître préféré, la nourriture creuse de cette galéjade historique.

Jean Giraudoux ne porta jamais le moindre intérêt à la censure ou à l'Agence mais d'autres personnes et d'autres services, à l'hôtel Continental, fixèrent leur regard dans notre direction. Le Quai avait cru éliminer l'intervention des censeurs militaires et maintenir ainsi la compétitivité de l'Agence. Un beau jour, cependant, nous vîmes déboucher dans le minuscule bureau de Perrin un quatuor d'officiers supérieurs de gendarmerie. Le chef de l'escouade était un bel homme fringant, doté de fières moustaches, si bien pris dans son uniforme que je le soupçonnai de l'avoir fait tailler sur mesure par un grand couturier. Il balançait dans sa main une superbe paire de gants et nous fit savoir en confidence que son épouse gérait une marque très appréciée de ces articles « fashionnables ».

Le colonel et les trois commandants qui l'accompagnaient organisèrent, à notre imitation, un tour par quarts, chaque censeur militaire doublant un censeur diplomatique ce qui exigeait l'apposition de deux cachets. Nos collègues étaient tous de relations fort agréables et la seule gêne que nous subissions de leur présence était le partage de l'unique fauteuil de repos. Pour l'Agence elle-même, en revanche, apparaissait désormais concrètement le danger qu'elle était parvenue, dans un premier temps, à éviter, à savoir d'irrattrapables retards à l'acheminement des nouvelles. Censeurs, rédacteurs, directeurs unissaient leurs efforts pour faire assimiler aux officiers la différence entre les dépêches du service intérieur qui, destinées au public français, étaient justiciables, selon les canons traditionnels, d'un certain contrôle afin d'éviter toute atteinte au moral de la nation (! !) et les dépêches destinées aux divers secteurs de l'étranger, qui dans la plupart des cas d'ailleurs se référaient à des événements survenus hors de France. A l'égard de cette abondante matière informationnelle, l'Agence se comportait d'une façon purement commerciale et entendait garder, malgré les circonstances de la guerre, son importante clientèle de correspondants. Une notion aussi claire et aussi simple nous paraissait pouvoir être aisément assimilée par nos doubleurs, lesquels n'étaient nullement des adjudants Flick, mais des hommes instruits et raisonnables. Ce fut peine perdue car, à toute occasion, ils entendaient se couvrir hiérarchiquement et leurs supérieurs éloignés et interchangeables refusaient de se prononcer par voie de mesure générale. Chaque fois quelques heures étaient perdues, si ce n'était une nuit, une journée ou un week-end.

Peu après, le ministère des Affaires étrangères, soit pour opposer une stratégie de résistance graduée aux empiétements de la Garde républicaine, soit pour caser des agents sans emploi, détacha place de la Bourse deux diplomates d'un rang assez élevé et qui avaient mission de coordonner, superviser, orienter le travail de notre équipe, elle-même issue d'un recrutement hétéroclite. Les nouveaux venus étaient l'un et l'autre des personnalités attachantes. L'un, M. Lancial, consul général, que je retrouvai plus tard à Vichy, où il faisait retentir les allées du parc de ses revigorantes déclamations gaullistes. L'autre, Albert Bodard, ministre plénipotentiaire, tout auréolé du prestige qu'il avait acquis en soutenant, avec courage et dignité, une sorte de siège dans la légation de France à Addis-Abeba. Il faisait notre admiration par le soin extrême qu'il apportait à sa tenue vestimentaire, par son refus opiniâtre de trimbaler le ridicule masque à gaz dont on affublait les Parisiens, enfin par la sagesse un peu nonchalante que lui avaient inculquée ses expériences. J'ai souvent rappelé — et même appliqué — son précepte favori : « Il y a deux catégories d'agents, les bons, auxquels il faut laisser toute liberté d'initiative, et les mauvais, dont il faut se débarrasser dès que possible, sans songer le moins du monde à les améliorer. » Il avait servi en Chine où naquit son fils, l'écrivain et essayiste bien connu, et il était originaire du Jura où je le rencontrai souvent par la suite.

Léon Bassée, qui avait ses grandes et petites entrées auprès d'Edouard Daladier, ne tarda pas à obtenir le rappel des censeurs militaires qui retardaient le service et compromettaient les contrats. « Comme c'est dommage ! » dit suavement au commandant Bonfils le ministre Bodard qui n'en pensait pas un mot. Vers la même époque, nous découvrîmes à la fois que nous étions rattachés à une autorité militaire, en l'espèce le colonel de Massignac, qui siégeait au Continental, et que nous allions dépendre d'un civil, le nouveau directeur de la presse et de la censure, Léon Martinaud-Deplat, qui avait été député d'un arrondissement populaire de Paris et secrétaire d'Etat de Daladier. Martinaud me téléphonait tous les jours, avec la cordialité qui s'attache aux liens du barreau, pour s'informer des nouvelles et m'informer de ses intentions. Un de ces entretiens m'apparaît, dans le souvenir, comme bien significatif de l'étrange optique de nos dirigeants pendant la « drôle de guerre ». Selon une rumeur, un avion français aurait franchi les lignes allemandes. En fait, la D.C.A. ennemie avait tiré par erreur sur un de ses propres avions et l'avait abattu. La grande préoccupation des Français était de bien marquer que jamais un de nos appareils n'aurait tenté une incursion dans le ciel ennemi, chose pourtant naturelle en temps de guerre. Tout se passait comme si un accord secret était intervenu pour prolonger une non-belligérance de fait, en attendant que le temps et les convenances permettent d'avaler le fait accompli et de remettre les armes au fourreau. Comme les Allemands étaient sots, voulait-on laisser entendre, de croire à la possibilité d'un acte offensif de notre part ! Je rédigeai à la demande de Martinaud une dépêche sarcastique, moquant les Allemands pour leur bévue... et pour la perte d'un de leurs avions. Je pensai en moi-même que nous avions tort de rire. La principale leçon à tirer de l'incident n'était pas la lourdeur tudesque, mais la perfection des instruments de guerre dont disposait l'ennemi.

L'affaire des champignons vénéneux.

La tâche de censeur qui m'était impartie n'était ni très difficile ni très prenante. J'avais compris instantanément la première règle de ce métier qui consiste à accorder aux journalistes une confiance totale. Ils étaient beaucoup plus capables que moi de discerner du premier coup d'œil ce qu'il pouvait y avoir de véreux dans une information. Dans les moments de « coup de feu » où les papiers venaient s'embrocher par dizaines sur la « pointe », je n'étais pas à l'abri d'un relâchement d'attention. Je leur avais donc demandé, une fois pour toutes, de bien vouloir me signaler tout ce qui leur paraissait justifier de ma part un effort de réflexion personnelle, voire un recours à l'autorité supérieure. Ils n'avaient aucun intérêt à m'attirer, comme on dit, des pépins et ils étaient flattés d'être traités avec égard. Ils ne me déçurent jamais. Un jour, un remue-ménage se déclencha au sujet d'une dépêche que le censeur de service aurait dû arrêter ou, en tout cas, retenir. Cet incident s'était produit à peu près à l'heure de la relève et la maison l'attribua aussitôt au censeur qui me précédait, Roger Lévy, lequel était tatillon à l'extrême. Je supposai que l'erreur venait plutôt de moi, car il m'arrivait de tamponner les papiers sans les lire. Vérification faite, c'était bien le contrôleur minutieux qui était responsable, personne ne s'étant soucié de l'alerter. Quant aux discriminations à opérer, lorsque le cas prêtait au doute, il suffisait de se référer à une connaissance globale de la mentalité militaire et bureaucratique. Un jour, Francis Baumal m'aborda dans un de ces mouvements bruyants dont il était coutumier. « Monsieur Faure, dit-il, pouvez-vous m'expliquer une situation aberrante, concernant d'ailleurs une affaire tout à fait chétive? Cette dépêche de province — il brandissait la feuille ultra-mince — relatant qu'un commandant avait été incommodé dans un restaurant par des champignons vénéneux, a été d'abord frappée du tampon *interdit,* ici même, par le censeur de service. Elle est revenue un peu plus tard par une autre source et elle a été autorisée. Enfin, un ordre est tombé de la direction de la censure, l'interdisant à nouveau et enjoignant de l'annuler. Qu'est-ce que c'est que cet imbroglio ?

— L'explication, dis-je au commentateur de Molière qui avait parsemé son court exposé de quelques interjections en langue libre, est des plus simples. Cette nouvelle a été d'abord examinée par un censeur compétent, qui l'a judicieusement interdite, c'était moi ; elle a été soumise ensuite à un censeur qui a cru pouvoir l'autoriser. Là-dessus l'oracle de la hiérarchie a donné raison, comme il fallait s'y attendre, au premier opérant et a condamné la décision irréfléchie du second. Voilà tout.

— Et pourquoi donc fallait-il l'interdire ?

— Parce que, monsieur Baumal, en temps de guerre, un officier supérieur ne peut pas être empoisonné par des champignons. »

Le cavalier de bronze.

Malgré le divertissement que nous trouvions à être informés de tout avant tout le monde et plus abondamment que quiconque — je me rappelle notamment la nuit animée que nous passâmes à suivre, de dépêche en dépêche, et de fausse en vraie localisation, la course-hallali déclenchée contre le croiseur allemand *Graf von Spee* — ce métier ne pouvait donner aux espaces de temps que j'y consacrais une densité uniformément soutenue. Il y avait surtout le service de la pleine nuit — le « quart » qui allait de zéro à six heures — où les transmissions étaient très espacées et parfois groupées sur des sujets anodins : « Quatre heures du matin, disais-je, l'heure du base-ball ! » Déferlait alors dans nos corbeilles l'avalanche des résultats sportifs américains. Je pouvais somnoler par demi-heures dans le grand fauteuil décrépit, lire les journaux du matin avant leur distribution dans les kiosques, consulter mon atlas et téléphoner aux amis et amies peu enclins à dormir de bonne heure . L'idée me vint tout naturellement, puisque j'en avais déjà assimilé les rudiments, de me remettre à l'étude du russe.

Je me lançai dans cette entreprise avec entrain et ingénuité. Je me voyais déjà interprète militaire; j'ai toujours cru à une guerre longue, mais quand même...

La nostalgie me prit de renouer avec l'Ecole des langues orientales, où j'avais interrompu mes études à mi-course. Je me fis inscrire en troisième année : une clause du règlement permettait de raccourcir les étapes pour les étudiants qui avaient séjourné dans le pays correspondant à la langue choisie et je m'étais effectivement rendu en Union soviétique, ce qui était alors moins fréquent que de nos jours. Je réapparus aux séances de travail de la répétitrice qui était toujours Mlle Kantchalovski.

J'allais travailler chez elle, où elle me fit apprendre, à mon ravissement, le poème de Pouchkine, *le Cavalier de bronze* — si bien adapté aux événements que nous vivions. On y voit Pierre le Grand, sur les bords de la Neva, choisissant, dans un site perdu, parmi les huttes espacées, l'emplacement de la future capitale, « trésor et beauté des pays de minuit », d'où la Russie pourrait enfin « découper une fenêtre sur l'Europe (1) ». La guerre de Finlande s'achevait alors que, dans l'appartement douillet de Montparnasse, je scandais ces vers prophétiques : « là où jadis le pêcheur finlandais, triste avorton de la nature... ».

Je lisais des ouvrages soviétiques, notamment les romans de Iouri German, mais à l'Ecole, on n'allait pas au-delà d'Alexandre Block. Je me plongeai avec délices dans les auteurs des programmes, au premier rang desquels figurait Tourgueniev avec *Pères et fils*. Mes proches me plaisantaient comme si j'avais voulu m'évader d'un présent lourd d'orage vers les refuges intemporels de la littérature non engagée. Mais les grandes œuvres ont, le plus souvent, une actualité à longue portée, voire un *futur d'actualité* alors que tant de textes conçus dans l'optique de l'immédiat ne sont d'aucune utilité pour comprendre même le présent. Lorsque je pris la charge de l'Education nationale dans l'été encore fébrile de 1968, mes premières pensées allèrent vers Bazarov et les héros de Tourgueniev. La formule : « D'abord, ils étaient hégéliens, maintenant ils sont nihilistes (2) » me permettait d'approcher la psychologie des auteurs des graffiti de la Sorbonne, hégéliens sans connaître Hegel, se disant marxistes sans connaître Marx, et nihilistes du style bon

(1) Le terme russe est très significatif. *Proroubit* veut dire tailler à coups de hache, les maisons de l'époque étant, comme on sait, construites en bois.

(2) La phrase est plus piquante en russe en raison d'une sorte de jeu de mots dans la prononciation : Gueguelisty, Niguilisty.

enfant. Mieux encore l'échange de répliques entre l'ancien « Détruire, mais qu'allez-vous construire ? » et la réponse du jeune : « Détruire d'abord ; construire, on verra après ! » D'une façon générale, les nombreuses lectures que je fis à l'époque, et qui me conduisirent jusqu'à des auteurs peu connus du public occidental, m'ont certainement bien disposé à la compréhension de certains éléments permanents dans la psychologie collective du peuple russe.

Quand le peuple cesse de comprendre...

La politique intérieure, faute de pouvoir traduire le contre-choc d'événements extérieurs qui ne se produisaient pas, décida de les anticiper. Une crise ministérielle s'ouvrit. Edouard Daladier s'éloigna : certains pensaient que c'était pour revenir. Léon Bassée produisit une dépêche qui eût mérité de demeurer comme un modèle du genre. « Edouard Daladier, disait-il en substance, est parti pour des raisons très sérieuses, de santé notamment, et exclut toute pensée de retour. » Après quoi, il examinait avec finesse une série d'hypothèses qui formaient une rotation complète et il concluait que, dans telle hypothèse (la dernière retenue) alors, le retour d'Edouard Daladier s'imposerait.

Paul Reynaud ayant réussi à s'attribuer la physionomie d'un double archétype, celui de la compétence financière, celui de la résistance à l'hitlérisme, pensa que l'heure de la rencontre entre l'homme et « son » époque était venue... pour lui. Les daladiéristes, de leur côté, le poussaient vers la pente savonnée. Le moment leur paraissait bien choisi pour « lever l'hypothèque ». Paul Reynaud, appelé à diriger le gouvernement, obtint la confiance ... à une voix. On rappela la boutade de Clemenceau qui, ayant obtenu treize voix, ce qui paraissait maigre, avait tiré la moralité de l'affaire en disant : « Cela fait douze de trop. » Cependant, il était désastreux pour la France de voir son destin assumé, dans une circonstance d'une gravité sans précédent, par un gouvernement disposant d'une assiette parlementaire aussi étroite, pour ne point parler de son assiette populaire, laquelle pouvait être tenue pour nulle. Mal investi, Paul Reynaud avait encore le désavantage, d'ailleurs injuste, d'être mal aimé. Il appartenait à cette famille d'hommes d'Etat qui placent les sujets de la politique sous les lampes à haut voltage de l'analyse intellectuelle, qui composent des dossiers irréfutables et les plaident. Ils sont pédagogues, documentalistes et argumenteurs. Ils font en général d'excellents ministres techniciens mais réussissent moins dans le poste de Premier ministre qui exige la simplicité, la rapidité, l'obstination. Ils ne trouvent jamais aisément le chemin du cœur des masses.

Cela dit, qui donc et par quels moyens eût pu, au moment où allait s'achever — mais nul ne le savait encore — la « drôle de guerre », séduire et rassembler les Français autour d'un dessein national compréhensible ? Le peuple ne pouvait comprendre *cumulativement les objectifs de la guerre et la méthode de la guerre.* Il eût pu s'accoutumer au munichisme systématique, ou peut-être se laisser propulser dans une action violente et déterminée. Mais il ne comprenait pas ce pacifisme dans la belligérance. Le fait même que les communistes français, réputés comme champions de l'antifascisme, se terrent ou se taisent à l'heure de déclencher l'assaut précisément contre le fascisme, ajoutait à l'épaisseur de l'incompréhension et au sentiment pénible de l'irréalité et de la duperie : « Quand les peuples cessent de comprendre, ils cessent d'estimer. »

CHAPITRE IV

LE PORTRAIT DE MARIA VOGADE

Ce fut le moment que choisit, sans doute par pure routine, l'administration militaire pour accroître la puissance de choc de l'armée française en incorporant les laissés-pour-compte temporaires des conseils de révision. Je me rendis à la convocation qui m'était adressée, en emportant avec moi pour me distraire pendant la file d'attente un petit livre d'un auteur russe de second rayon, Amphitheatrov. Je n'en ai lu que quelques pages. Il me souvient d'un colloque animé entre les occupants d'un immeuble au sujet d'une belle et mystérieuse personne qui venait d'emménager dans la maison. Chacun imaginait quelque stratagème en vue d'attirer son attention. Quand vint le tour du plus jeune, il énonça cette phrase qui peut faire un bon précepte d'action dans beaucoup de domaines : « J'habite au quatrième étage et j'attends mon heure. »

La mienne était arrivée. Je fus reconnu apte pour le service auxiliaire et peu après je reçus l'avis de mon affectation à la 13e compagnie d'infirmiers, localisée à Clermont-Ferrand.

Entre-temps, le colonel de Massignac avait décidé que puisque les censeurs, requis civils de l'agence Havas, exerçaient, depuis le départ des officiers de la garde, le service de la censure militaire, ils pouvaient continuer de l'assumer à titre militaire s'ils venaient à être mobilisés, ce qui était le cas de deux d'entre nous. Mon ami André Weill opta pour la continuité et me suggéra d'imiter son exemple, en m'exposant que les ciseaux, emblèmes d'ailleurs périmés de notre spécialité, n'étaient pas une arme plus vulgaire que l'engin symbolique de l'infirmier, le classique clystère. J'étais cependant déterminé à courir, sinon les aventures, du moins les aléas. Le fait d'accepter quelque dérangement dans ses habitudes, à défaut d'être le signe de l'héroïsme, ne peut-il en être le substitut ?

Je fis, naturellement, une ample provision d'ouvrages en langue russe, choisis non pas tant en raison des auteurs et des sujets que d'après le critère de leur édition en volumes brochés de petit gabarit, qui semblaient avoir été conçus tout spécialement pour être glissés dans les poches latérales des tenues d'uniformes. Je mis un point d'honneur à emprunter le train qui ramassait l'ensemble des récupérés voués à la destination de Clermont-Ferrand. Je me rendis en fin d'après-midi au quartier Desaix, tout heureux de penser que, par tradition familiale, je savais que le terme de quartier s'applique spécialement aux installations destinées à des unités montées, l'expression plébéienne de caserne ne pouvant convenir qu'à la piétaille fantassine. Le sous-officier de service m'indiqua aimablement que je pouvais passer cette première nuit en ville. En fait, j'y passai aussi toutes les autres car j'appris dès le lendemain que l'on pouvait à sa guise entrer au quartier ou en sortir en empruntant *la porte à fumier*. Quand cette indication me fut donnée charitablement par un ancien, je pensai d'abord qu'il s'agissait d'un canular courtelinesque et peut-être d'une brimade pour la naïveté des recrues, mais je constatai bientôt que la porte à fumier était une véritable institution, où s'affirmait la pérennité de l'armée française, et en quelque sorte son refus ironique d'envisager la moindre innovation, fût-ce dans le domaine de l'imagerie.

Je me domiciliai à l'hôtel Majestic, dont l'enseigne surclassait nettement le standing médiocre. Je commençais et terminais mes journées dans la familiarité de mes auteurs favoris et, au cours des heures actives, je m'initiais à la profession militaire, ce qui consistait principalement à apprendre le maniement des armes, bien que d'après les conventions internationales leur utilisation fût interdite aux personnels des services de santé. Dans mes souvenirs de latinité, la guerre m'avait fait rêver de la *contubernia*, la fraternité des combats, ou du moins des camps ; ce terme ne trouvait sans doute pas dans nos conditions de vie son application exemplaire, mais j'ai conservé un très bon souvenir des relations de camaraderie que je nouai à Clermont-Ferrand. C'était là pour moi un phénomène nouveau, puisque je n'avais jamais été pensionnaire ni soldat. La plupart de mes amis de circonstance, récupérés comme moi, étaient des hommes de mon âge et de ma condition. C'est cependant un caporal boulanger qui m'inculqua le meilleur précepte de comportement : « Faure, me disait-il, dans l'armée tu dois toujours demander. Tu ne risques que d'obtenir un refus. » Je ne tardai pas à donner à cette maxime sa pleine signification.

Je m'étais inscrit, comme presque tous mes congénères, pour suivre le peloton des C.E.A., candidats élèves-aspirants, dans la seule spécialité qui nous fût réglementairement offerte, celle des officiers d'administration du service de santé. Nous n'étions qu'en transit à

Clermont-Ferrand et nous fûmes bientôt acheminés sur Rennes. Je décidai d'accomplir ce transfert dans des conditions aussi confortables que possible et de tirer le meilleur parti de la situation où je me trouvais. Je demandai le rapport du capitaine Cavelier qui commandait la 13e compagnie et sollicitai une permission de six jours pour Paris, en vue de me présenter au diplôme de l'Ecole des langues orientales, ce qui me fut aussitôt accordé. J'écrivis en même temps à l'administrateur de l'Ecole en lui demandant de bien vouloir organiser pour moi une session spéciale et individuelle, en raison de mes obligations militaires ; cette possibilité avait été expressément prévue dans un ensemble de mesures récentes, destinées à faire supporter aisément par la population cette guerre d'un genre inhabituel. Cela me fut aussi instantanément accordé. Je pus donc vivre chez moi six agréables journées et en même temps aborder mon examen. Je franchis sans difficulté l'épreuve écrite, dont le sujet portait justement sur Tourgueniev : la préférence de l'auteur dans son œuvre allait-elle aux pères ou aux fils ? Il me parut logique de supposer que c'était aux fils, et c'est bien ce que Tourgueniev lui-même avait déclaré dans un autre récit dont je n'avais pas connaissance. Dès le surlendemain, je me présentai, dans mon uniforme d'infirmier, devant le jury de l'Ecole, présidé par l'excellent M. Denis, professeur de turc, et où figurait le successeur de Paul Boyer, le professeur Pierre Pascal, qui avait vécu un destin hors série. Camarade du capitaine Sadoul, il faisait partie d'un petit groupe de Français qui appartenaient à une mission militaire en Russie en 1917 et qui avaient pris parti avec éclat pour la révolution bolchevique. Ils avaient été condamnés par contumace et n'étaient rentrés que bien plus tard, après amnistie. Pierre Pascal avait mis à profit cet exil pour produire une thèse de grande valeur sur *Avvakoum et les débuts du Raskol.*

Victoria Petrovna, qui avait apporté un concours enthousiaste à mon équipée, m'avait fait connaître que, pour l'exposé improvisé par lequel débutaient les épreuves orales, les examinateurs auraient sans doute la délicatesse, en considération de ma thèse, de choisir comme sujet le pétrole en Union soviétique. J'avais passé l'après-midi du dimanche à fourbir, avec Léon Alexandrov, un texte de quelques pages et à l'apprendre entièrement par cœur, avec le détail des accents toniques, qui étaient pour moi le problème le plus difficile. Je m'en tirai ainsi honorablement. Je fus ensuite invité à lire et à commenter les premières phrases de *Crime et châtiment.* « Monsieur Faure, dit en conclusion l'aimable président Denis, vous ne connaissez pas très bien le russe, mais nous allons quand même vous donner votre diplôme. Nous comptons sur vous pour compléter ensuite votre formation. »

Je pense que, dans l'ensemble, on peut considérer que j'ai tenu mon engagement.

Je partis le soir même pour Rennes où je retrouvai mes camarades. harassés par une interminable expédition ferroviaire dont le nœud se trouvait situé à la gare de Saincaize. Nous avions troqué le « quartier » pour la « caserne » (Marguerite) et la vie d'hôtel pour la chambrée. Mais nous pouvions sortir le soir et je hantais le meilleur restaurant de Rennes, qui s'appelait Métayer. Au lieu du maniement d'armes, nous apprenions la formation des convois sanitaires. Je constatai avec stupeur que chacun de ceux-ci intégrait pour partie la traction hippomobile et pour partie la traction automobile. Quand je fis remarquer que les vitesses respectives de ces véhicules étaient habituellement assez inégales, le conférencier s'esclaffa de ma naïveté et nous expliqua que là résidait justement la finesse.

Nous avions également échangé une guerre contre une autre et l'euphorie du jeu contre la réalité du drame.

Ma femme Lucie vint me rejoindre avec Sylvie, alors âgée de quatre ans et la jeune fille qui s'occupait d'elle (Madeleine). Elles s'installèrent à l'hôtel où je prenais avec elles le repas du soir, mais je mettais une sorte de point d'honneur à rejoindre cnsuite la caserne, bien que j'eusse pu aisément m'en dispenser. C'est dans une salle à manger guindée, faite pour des mariages de province, parmi un public transitoire et composite, où l'on comptait un ecclésiastique et un pharmacien colonel, que nous entendions chaque soir l'alternance des informations qui avouaient les catastrophes et des homélies qui ne parvenaient pas à cacher le désespoir. Nous n'avions aucune raison d'en vouloir à Paul Reynaud, dont il fallait bien reconnaître le prophétisme, et dont nous partagions les vues. Mais quand il vint nous annoncer, avec l'emphase d'un premier secrétaire de la Conférence : « *Monsieur* Mussolini nous a déclaré la guerre », l'effort soutenu de l'éloquence vers les sommets du pathétique donnait l'impression dérisoire d'une parodie. On sentait à quel point les personnages de l'Etat officiel, et jusqu'à celui qu'on pouvait tenir comme le plus imbu de modernité, étaient déphasés et, convenons-en, mélodramatiques par rapport à l'événement. Bien que je fusse moi-même issu de cette école rhétorique, il m'apparut que tout, décidément, était démodé en France.

Je décidai Lucie à se rendre dans l'Ariège, auprès de mes parents, dans ce val du bout de France où les Allemands ne devaient parvenir qu'en tout dernier lieu et d'où la frontière espagnole n'était qu'à quelques kilomètres. Selon les circonstances, ma famille pourrait passer à l'étranger, ce qui me permettrait de gagner moi-même éventuellement l'Angleterre et de participer à la poursuite de la guerre.

Nous avions envisagé à tout hasard la possibilité de communiquer nos adresses par des annonces dans la presse internationale. Ces dispositions étant prises, je fis embarquer mon petit monde dans notre Simca gris clair à volant jaune. A part la nécessité de se tasser une nuit dans l'espace exigu de cet habitacle, le voyage se passa au mieux et alors que les réfugiés affluaient partout et comblaient tout campement disponible, Lucie trouva notre station balnéaire dans la majestueuse paix de ses hôtels à demi vides.

Le bombardement de Rennes.

La nuit suivante vit se déchaîner au-dessus de Rennes l'un des plus forts bombardements de cette miniguerre. Il fit des milliers de victimes. Par la suite, mes camarades demeurés sur place furent requis pour le triste office de l'ensevelissement des victimes. L'optique du combat était à ce point détériorée qu'on leur avait laissé espérer, comme récompense de cet effort, la décoration de la croix de guerre.

La caserne elle-même fut totalement épargnée, et je ne pressentis le désastre que par la chute fracassante d'un poêle dans le poste de garde où je traduisais Pouchkine à mes compagnons.

Le lendemain, je sortis pour faire un tour en ville et je fus témoin d'un spectacle insolite : les gendarmes français réglaient la circulation comme si de rien n'était et les premiers véhicules allemands circulaient dans la ville en respectant les signaux.

Je me hâtai de regagner la caserne et de préparer un opportun repli. Dans l'incertitude générale, je persuadai le sous-lieutenant Ullmann qui était israélite, professeur de philosophie et propriétaire d'une voiture, que nous devions éviter à tout prix la captivité. Nous allâmes ensemble exposer nos intentions au lieutenant-curé qui nous déconseilla le départ sans nous l'interdire. Pendant l'entretien, j'avais tapé à la machine l'ordre de mission destiné au sous-lieutenant et à moi-même. Quand il le vit signé et cacheté, M. Ullmann n'hésita plus. Craignant un revirement ou un empêchement quelconque, je m'abstins d'aller prendre mes bagages et, muni de mon seul Pouchkine que je tenais à la main, je m'installai auprès du conducteur de la voiture. Deux autres officiers occupèrent sans tarder les places vacantes. L'un d'eux était le sous-lieutenant Borie, agrégé d'histoire, que j'avais connu comme bibliothécaire de l'A.G.E. Il avait l'allure d'un étudiant prolongé et chahuteur avec ses énormes lunettes sur un visage perpétuellement hilare et sa connaissance prodigieuse de tous les répertoires traditionnels des chansons de salle de garde. Je restai, dans un premier temps, le meneur de l'expédition. J'avais choisi, pour traverser la Loire, Les Ponts-de-Cé, car c'était le seul passage que je ne connaissais pas, et nous les franchîmes à toute allure, sans tenir compte des clameurs des G.V.C. qui voulaient sans doute nous signifier leur destruction imminente.

Jamais la France ne fut plus belle.

On l'a dit, on l'a écrit, on le sait, beaucoup en ont la mémoire directe, Aragon en a tiré son plus merveilleux poème, jamais la France ne fut plus belle que dans ces journées charnières de mai et de juin. Je découvrais, pour ma part, les paysages de campagne de l'Ouest dans une lumière chaleureuse, dans la joie de la nature et, il faut bien le dire malgré la présence de la tragédie, dans une sorte d'euphorie générale : ceux qui transitaient et qui étaient contents de s'être échappés, ceux qui se trouvaient chez eux sur place et qui constataient, non sans soulagement, que la guerre était finie... pour eux.

Entre les uns et les autres, au hasard des échanges, sous le ciel lumineux, dans l'impression confuse et réconfortante que, pour l'essentiel, le drame était joué, passaient des ondes de complicité un peu honteuse, des clins d'œil où on lisait : « Nous qui sommes tirés d'affaire... »

En arrivant aux abords d'Auch, nous fûmes surpris par de fortes détonations. La guerre nous aurait-elle rejoints ? Ce n'étaient que des canons pare-grêle.

La prévision de repli des unités portait pour nous le village de Caussens, proche de Condom, dans le Gers. Notre petite troupe se pointa dans la salle de l'école, où le maire et l'instituteur attendaient les arrivants. Je me souviens avec précision de cette rencontre avec des hommes tranquilles, dans cette bourgade qui semblait inaccessible à la tragédie, voire à l'événement. Nous n'avions nullement l'allure d'hommes harassés et pourchassés ; nous étions rasés et nos uniformes gardaient un aspect honorable. La photographie pourrait s'intituler : *visite de militaires en manœuvre aux autorités locales afin de mettre au point l'hébergement de la compagnie.* La salle de classe, à la différence de tant d'autres, était spacieuse et bien éclairée par de hautes fenêtres... Elle semblait toute dominée par un tableau noir, installé assez haut sur le mur, et qui portait lui-même une image, dessinée avec des craies de plusieurs couleurs différentes. Cette fresque représentait — et fort bien si l'on songe à la modestie des moyens — une jeune femme au joli minois sous un amusant chapeau et il était complété par cette inscription : *Portrait de Maria Vogade.* Je ne sais pourquoi cette image frappa mon attention et j'y pensai souvent par la suite. Je n'ai jamais su qui était Maria Vogade. Sans doute a-t-elle lu plus tard mon nom dans la presse, mais sans pouvoir penser que le sien m'était familier de longue date.

C'est à Caussens, et le soir de notre arrivée, que j'entendis, mais pour partie seulement, l'appel du général de Gaulle. J'étais l'invité du coiffeur local, qui s'appelait Zemlianov, d'origine russe comme ce nom l'indique, ce qui avait contribué à nous rapprocher. Quand la voix se tut, Zemlianov crut devoir ironiser : « On peut dire cela de Londres ! » remarqua-t-il. « D'où voulez-vous qu'il le dise ? » répliquai-je. A en juger par les personnes qui étaient présentes à ce moment, et par les conversations du lendemain, les réactions du public étaient sans hostilité mais plutôt marquées d'indifférence.

Quelques-uns de nos camarades, partis par d'autres moyens, nous rejoignirent. Les autres se firent prendre comme dans une ratière. Ils n'étaient soumis à aucune obligation, circulaient à leur guise et ils avaient gardé l'habitude de revenir à la caserne pour l'heure des repas. Un jour, les Allemands fermèrent les portes et le tour fut joué. Cependant, la captivité de nos amis ne dura que quelques mois, grâce à la convention de Genève qui couvrait de son pallium tous les militaires appartenant au service de santé.

Un avocat... agriculteur.

Je me rendis au bureau de poste de Condom pour télégraphier à ma famille. Grande fut ma surprise de constater que l'Ariège ne figurait pas sur la liste des départements de la zone « libre » (les seuls avec lesquels les communications étaient rouvertes). Dieu merci, les fonctionnaires français ne sont pas des bureaucrates obtus et, en une brève conférence, je fis admettre à l'unanimité que, vu sa situation géographique, l'Ariège ne pouvait pas être soumise à l'occupation allemande.

Mon père m'envoya une belle attestation, visée par la mairie, selon laquelle nous étions propriétaires d'un champ dont j'avais décidé, dans l'esprit de la nouvelle mode géorgique, d'assurer moi-même l'exploitation. Conformément aux principes de mon boulanger, « toujours demander », je sollicitai donc ma démobilisation anticipée dans le cadre des mesures prises en faveur de la culture. Un officier de cavalerie du type le plus classique leva les bras au ciel en soupirant : « Un avocat, agriculteur ! » mais ne fit aucune objection.

Je n'étais resté à Caussens que quelques semaines, le temps de fêter au champagne, officiers et soldats réunis, deux dates qui auraient sans doute mérité une célébrité plus recueillie : l'armistice et le 14-Juillet. N'ayant point d'autre occupation que la promenade, la lecture et le bavardage aux repas, j'avais consacré une bonne partie de mon temps à une méditation dont les fruits se trouvèrent consignés dans un cahier d'écolier, dénommé pour cette raison *Carnet de Caussens*.

Je m'interrogeai sur les sujets qui occupaient l'opinion et notamment sur le problème des responsabilités dont la presse était friande sur consigne. Tout le monde semblait avoir oublié que la principale incombait à l'entreprise criminelle du nazisme. Le Français est souvent porté à l'autodénigrement, voire à l'autocritique, quand il peut battre sa coulpe sur la poitrine du voisin. Les dirigeants étaient inculpés pêle-mêle, Paul Reynaud pour avoir voulu faire la guerre, Edouard Daladier pour avoir tenté de l'éviter, Léon Blum pour avoir donné les congés payés à la classe ouvrière, Georges Mandel pour avoir fait trop bien fonctionner les postes, etc. En attendant, mon oncle Julien Cain, administrateur de la Bibliothèque nationale et Georges Huisman, directeur général des Beaux-Arts, se voyaient révoqués : « Ce sont les sanctions auxquelles on pourrait s'attendre, persiflait un gazetier, si le cabinet des médailles avait été cambriolé. » Au-delà du personnel politique, on incriminait la décadence générale des mœurs et la perversion de l'esprit, dont on rendait responsables les maîtres de la littérature contemporaine. Les humoristes gardaient assez de liberté pour tourner en dérision cette grotesque croisade. On voyait sur un dessin un hobereau botté et monoclé qui faisait la morale à quelques culs-terreux éberlués : « Vous lisiez trop Gide, Proust et Valéry. »

Sans méconnaître la culpabilité primordiale de l'ennemi, ni le fait que les démocraties, dispensatrices de liberté, se trouvent, par définition, moins bien disposées à l'effort de guerre que les Etats autocratiques, férus de discipline et négateurs des droits, je cherchai à déterminer l'origine de ce « déphasage » de la classe politique dont j'avais eu la perception. Je ne pensais pas qu'il fallût principalement incriminer, comme on le faisait si souvent et comme on le fait encore rétrospectivement à propos de la IIIe et aussi de la IVe République, le défaut interne à ce type de régime, la faiblesse de l'exécutif, l'instabilité gouvernementale, les groupes de pression, le foisonnement des partis, etc. Il y a, en tout cela, beaucoup à redire, mais cependant les démocraties parlementaires pluralistes n'ont pas toujours échoué dans tous les domaines. La IVe République a accompli, en fait, la reconstruction de la France et amorcé pour une large part l'entreprise — infiniment difficile — de la décolonisation. Il faut aussi observer que telle ou telle faiblesse (l'instabilité notamment) peut avoir ses avantages (la possibilité de faire progresser, à travers les crises, le traitement de problèmes apparemment insolubles). Et qu'enfin le mauvais usage de telle ou telle disposition institutionnelle procède de causes extérieures à la littéralité des textes.

Ce qui me parut certain, c'est que l'optique de la politique gouvernementale (et parlementaire) — je serais tenté de dire la *praxis* politique — était marquée d'une certaine péremption, d'un certain retardement, tout comme l'étaient l'optique et la praxis du commandement militaire. Et je voyais à ce phénomène concordant une origine commune, en profondeur, qu'il fallait chercher — ce que l'on ne faisait guère — dans l'évolution économique, ou, pour parler plus précisément, dans l'*involution* économique de notre patrie pendant la période située entre les deux guerres. La France était un pays retardataire et même régressif dans son économie, c'est-à-dire dans son existence organique quotidienne. On ne pouvait donc s'attendre à trouver dans la volonté collective, au niveau directeur, les qualités de compétence, de rapidité, de dynamisme qui avaient déserté, depuis une décennie, la vitalité de ses forces productives. Un pays ne se meut pas sous forme de pièces détachées. Il constitue un grand ensemble solidaire, engagé dans un destin commun, soumis à une orientation indivisible.

Bien que l'économétrie n'en fût encore qu'à ses balbutiements, je relevai, dans certaines publications de l'époque, le signe d'un effondrement qui correspondait d'ailleurs, il faut le noter, à des phénomènes mondiaux mais qui avait pris chez nous un degré et une gravité d'autant plus sensibles que nous étions placés, à l'origine, assez bas.

L'Angleterre avait subi pendant l'été 1931 une crise imprévue et sans précédent, mais elle l'avait accueillie avec le flegme caractéristique de la nation. A la veille de la guerre, elle détenait encore la position dominante dans le jeu des échanges internationaux. Quant aux U.S.A., à la suite du *Black Friday* de 1929, ils avaient vécu une période de marasme dont les Français ne se faisaient, à l'époque, qu'une représentation très floue et que nous avons surtout découverte, par la suite, à travers des œuvres célèbres, romans et films, qui en sont imprégnées. Cependant, après la gestion illusionniste du président Hoover qui avait choisi de pratiquer, dans une situation proche de la détresse, l'optimisme du docteur Pangloss, le New Deal de Roosevelt avait inversé le courant et replacé cet énorme bloc de puissance dans la voie du développement.

L'Allemagne avait elle-même connu une longue phase désastreuse, que l'on pouvait saisir, là aussi, sur le vif, à travers les œuvres littéraires (j'en avais éprouvé le saisissement à la lecture de *Berlin Alexanderplatz* vers 1932). L'entreprise hitlérienne, qui avait justement trouvé dans la récession et le chômage les conditions mêmes de son succès, avait installé l'économie dans un régime original d'autarcie garantissant le plein emploi.

La situation de la France n'était comparable à aucune de celles-ci. Elle apparaissait dépouillée de toute charge dramatique et cependant elle était sans doute la plus fâcheuse de toutes. La politique déflationniste de Poincaré avait été saluée par l'enthousiasme de la bourgeoisie et même par l'acquiescement d'une bonne partie des classes populaires, habituées aux slogans de l'orthodoxie et de la rigueur comptable. Seuls quelques hommes, comme Pierre Mendès France dans sa thèse (1) en avaient décelé, sans éveiller beaucoup d'écho, les aspects négatifs. La fixation d'un taux de change excessif, inspiré par une conception archaïque et arrogante de la monnaie nationale, la surenchère déflationniste de Pierre Laval, le refus prolongé de la dévaluation, recommandée à juste titre par Paul Reynaud, étouffaient l'économie nationale sous une sorte de cloche pneumatique. La nouvelle politique du Front populaire recherchait — et atteignait — l'amélioration du climat social, sans l'accompagner de la moindre relance de la production. La France cependant ne souffrait pas du chômage, mais c'était en raison du maintien d'une population agricole pléthorique, qui n'avait que de justesse échappé à la catastrophe. (L'endettement paysan était très lourd, mais il était soutenu par l'institution de cette banque mutuelle qu'est le Crédit agricole, œuvre du réformisme radical.) Un chiffre me paraissait suffire pour faire apercevoir la réalité : l'indice de la production, le P.I.B., était descendu de 100 à 70 pendant la décennie 1929-1938 (inclus).

Sans être un adepte des théories marxistes, j'ai toujours accordé la valeur qu'elle mérite à la liaison établie entre les forces de production, les rapports sociaux qui s'y attachent et l'ensemble des institutions et activités englobées sous la dénomination (elle-même discutable) de *superstructure.* Un pays plongé dans une pareille sclérose, menacé d'un recroquevillement plus accusé encore, pouvait-il engendrer à la tête de son appareil politique un *esprit d'Etat* adapté à tirer parti des grandes mutations du monde moderne ?

Je concluais donc que les fautes principales avaient été commises, non point dans le domaine de la politique étrangère, où nous n'avions qu'un rayon d'autonomie très limité (toute position dite de fermeté se heurtant au veto britannique et à la méfiance américaine) mais dans celui de la politique financière et économique. Dès ce moment je pensai que, comme toutes les formules prétendument issues de la sagesse des nations, la recette du baron Louis devait être reconsidérée. J'ai même été enclin souvent à l'inverser, et à dire :

(1) *La Politique financière du gouvernement Poincaré.*

« Faites-moi de bonne économie et je vous ferai de bonne politique. »

Pour l'heure, je savais bien que les problèmes immédiats ne se posaient pas dans ce cadre. Le sort de la France dépendait de l'évolution de la guerre qui ne dépendait guère de nous. Le bon sens dont je crois être suffisamment pourvu, mais aussi ma connaissance des affaires par la pratique, la perspective que me donnaient sur les espaces internationaux mes études pétrolières et ma collaboration avec Gabriel Dichter, me permettaient d'écarter totalement l'hypothèse d'une victoire allemande à laquelle croyaient les collaborationnistes et les perroquets. La guerre serait certainement très longue et l'issue dernière en serait déterminée par la double position des U.S.A. et de l'U.R.S.S. Tocqueville, en 1835, avait perçu que ces deux puissances joueraient, dans le monde à venir, les deux rôles décisifs. Il était absurde de faire des pronostics alors que ni l'une ni l'autre n'était encore apparue sur la scène. Je tenais pour évidence que les U.S.A., un jour ou l'autre, entreraient dans la guerre à nos côtés. Il me paraissait exclu que la Russie, malgré le pacte, devienne jamais l'alliée authentique du Reich. Toute la politique française devait avoir pour objectif de ménager ces deux puissances, de les incliner dans le sens de nos intérêts, de préparer une réconciliation générale contre l'ennemi. J'ai toujours admiré la position d'Edouard Herriot qui, par la reconnaissance des Soviets, depuis 1926, et par son attitude plus récemment dans l'affaire des dettes américaines, avait constamment poursuivi cette orientation.

La période méditative de Caussens a eu pour moi l'avantage de me faire mieux classer dans ma tête le dossier du diagnostic politique. Elle m'induisit, d'autre part, sur le plan personnel, à deux thèmes de détermination.

Je décidai qu'à l'avenir je ne pourrais contenir mon activité dans le domaine des affaires privées ou même des études personnelles, mais que je devais — et que je me devais — d'assumer la vocation proprement politique devant laquelle j'avais hésité jusque-là. J'entendais intervenir dans les affaires les plus générales, influer, en quelque mesure que ce fût, sur les destins de mon pays et, le cas échéant, sur ceux du monde. Je choisissais, en somme, d'avance, la carrière parlementaire, à l'époque même où elle subissait une éclipse dont on ne pouvait prévoir le terme. C'est du moins ainsi que les choses m'apparaissent dans la rétrospective car, sur le moment, le réalisme recommandait d'autres manières de servir.

Dans cette optique, je commençai de réfléchir aux mesures que je pourrais prendre à brève ou moyenne échéance. J'écartai l'éventualité de passer à l'étranger pour rejoindre la France libre, car je n'entendais pas me couper de ma famille. J'aurais pu sans doute m'en séparer pour assurer un engagement militaire ou civil, mais non point faire passer entre nous la frontière qui allait, pendant longtemps, diviser le monde en deux hémisphères combattants. Je considérai, dès ce moment, que la mainmise allemande, sur l'ensemble de l'Europe, y compris la zone libre de la France, était inévitable. La solution typique m'apparut aussitôt comme étant notre installation sur un territoire français situé dans un autre continent, en fait le continent africain, qui se trouverait immanquablement placé, un jour ou l'autre, dans la mouvance des puissances anglo-saxonnes. Il convenait, dans cette vue, d'assurer notre transport pendant le temps où il ne présentait aucune difficulté, ni administrative ni matérielle, et un peu avant le moment où l'Afrique basculerait dans le camp allié.

A mon départ de Caussens, j'emportai dans mon carnet l'ébauche d'une philosophie, la certitude d'une vocation, la vraisemblance d'un projet. En avançant péniblement dans le corridor bondé du train de permissionnaires, sur le quai de la gare d'Agen, vêtu d'un costume civil décroché chez un fripier, porteur d'un sac de pommes de terre où j'avais rassemblé mes nouveaux bagages, ma pensée se reporta soudain sur le jour de mon arrivée et sur le visage féminin aperçu sur le tableau de la classe. Je n'avais jamais eu l'idée de demander qui était Maria Vogade, où elle se trouvait, s'il était possible de la rencontrer, et maintenant s'enfuyait sans retour, en sens inverse de ce train et comme à sa vitesse, l'occasion que le destin m'avait donnée — peut-être intentionnellement — de la connaître. Il me semble que son infime apparition dans le cours d'une vie, la mienne, qui lui était et lui serait totalement et toujours étrangère, constituait pour moi un geste d'amitié, comme un signe d'annonce nouvelle. Aussi ai-je choisi de consacrer ce chapitre à cette Eurydice que j'avais perdue avant de l'avoir trouvée.

CHAPITRE V

LE DERNIER PAQUEBOT

Dans les semaines qui suivirent l'étrange « armistice », et où la France s'installa dans le singulier régime de la scissiparité, mon ami André Weill qui devait rentrer à Paris et qui savait que je préférais rester, au moins temporairement, en zone libre, me proposa de prendre le poste qu'il libérait à la censure de notre chère agence Havas, repliée à Clermont-Ferrand. J'acceptai cette suggestion pour une période qui devait prendre fin avec l'année en cours. Cette solution permettait, comme on dit, « de voir » et même de voir depuis un assez bon poste d'observation. Nous avions pris un petit appartement meublé à Royat et j'allais chaque jour à mon travail, à Clermont-Ferrand, comme un rond-de-cuir. Les jours de congé, je remplaçais simplement le bureau par le cinéma ; il m'arrivait de voir d'affilée deux ou trois films. A l'occasion, nous allions à Vichy prendre le pouls des milieux gouvernementaux et des coteries de l'opposition.

A l'Agence, près de la place de Jaude, l'atmosphère, sur le plan de la rédaction, était joyeusement frondeuse, autour de Louis Perrin, de Raymond Hubert, de Lepelletier et de Fis. Nous formions une véritable équipe, cordiale et solidaire. Les gaffes du gouvernement et de ses représentants (ainsi le ridicule Henri Haye, maire de Versailles, nommé ambassadeur aux U.S.A.) déchaînaient une gaieté sarcastique. De temps à autre, un ancien journaliste de l'Agence, Ravoux, qui avait le contact de Londres, venait bavarder avec nous ; il me prenait à part et je lui laissais consulter le cahier des consignes qu'il transmettait pieusement outre-Manche ; je ne pense pas que de telles informations fussent d'une grande utilité, mais, en matière de renseignements, chacun donne ce qu'il a.

Peu à peu, mes clients reprirent contact avec moi et ils me demandèrent de revenir à Paris. Tel était notamment le cas de la banque Amar, dont l'échelon dirigeant, avec le patriarche Saül, s'était replié à Aix-les-Bains et qui souhaitait me voir centraliser la défense de ses intérêts en présence d'un administrateur aux affaires juives.

Je pensais qu'il n'était pas négligeable, en attendant de donner suite à mon projet de migration, de me constituer quelques réserves financières. Je me déterminai donc à regagner la capitale à la veille du 1er janvier, mais il ne s'agissait pas, en réalité, d'une réinstallation. Nous gardions une base en zone libre et j'y revenais fréquemment. Lucie elle-même faisait quelques séjours à Paris. Nous avions d'abord eu un pied-à-terre à Vichy, dans une simple chambre située au-dessus de l'officine d'un pédicure, détail qui amusait nos amis. Bientôt, il nous parut opportun de nous fixer à Lyon qui était la véritable capitale de la zone libre, ville au surplus pour laquelle nous avons toujours éprouvé, alors et depuis, un attachement sentimental.

***

C'était une vie curieuse que celle de la Ville Lumière en ce début de l'année 41. Son éclat, jadis chanté par Maurice Chevalier, se limitait aux feux de signalisation qui verdoyaient et rougeoyaient alternativement, dans une sorte de jeu intemporel, au-dessus des artères neigeuses où nulle voiture ne passait.

Le principal problème de la journée était la planification des déplacements. Je fus longtemps victime de mon optimisme, qui me portait à calculer au plus juste les trajets en métro et à pied, et à me trouver soudain affolé par un décalage de deux heures. Il fallait aussi tenir compte du ravitaillement. Mais je disposais de bien des facilités avec mes clients qui m'invitaient souvent à des repas confortables, et les petits groupes d'amis qui se refilaient de bonnes adresses, à renouveler assez vite : on trouvait aisément un bifteck caché sous des nouilles ou une tranche de mortadelle enfouie sous une salade. Le centre de mon activité professionnelle était la banque Saül Amar, qui commandait entre autres un réseau de distributeurs de pétrole, dont beaucoup étaient ses clients et les miens. M. Saül Amar, un bel homme aux cheveux blancs, dont la signature n'avait pas besoin d'écriture, s'était replié avec son état-major en zone libre et m'avait demandé de suivre ses intérêts à Paris, où je passais des heures avec son homme de confiance, M. Bader-Gruber, qui était complètement sourd, et son commissaire aux affaires juives, M. Franceschini, qui était totalement obtus. La famille Amar appartenait au branchement des juifs orientaux, dits sépharadim, qui bénéficiait d'une sorte de classement aristocratique. On disait que les nazis leur avaient proposé un traitement privilégié mais qu'ils n'avaient pas accepté de rompre la solidarité des descendants de la diaspora. Je sais, en tout cas, que certaines personnalités extérieures tentèrent de les attirer vers la terre ibérique, dont les sépharadim sont historiquement proches, en leur assurant des conditions exceptionnelles d'établissement. Un diplomate de l'ambassade parisienne se mit personnellement en contact avec moi à ce sujet ; il me procura des *ausweis* et je bénéficiais d'un crédit permanent de tickets dans un excellent restaurant espagnol. Mais M. Saül Amar traita par l'ironie ces offres qui auraient sauvegardé sa vie et ses biens. Cette phase de la guerre demeurait pour ainsi dire suspendue dans le temps. Les Allemands s'efforçaient de ménager la population et de justifier la propagande de leurs amis français qui persistaient à présenter l'état de guerre comme un simple malentendu. Hitler venait de consacrer le geste wagnérien du retour des cendres de l'Aiglon, accueilli avec sarcasme par les Parisiens : « Gardez les cendres et donnez-nous le charbon ! » lisait-on sur les graffiti du métro. La résistance — téléguidée de Londres — se limitait à des mots d'ordre expérimentaux et anodins comme : « Restez chez vous entre quatre et cinq heures de l'après-midi. »

Cependant, la Gestapo déjà posait ses filets et orientait sa première offensive vers des personnalités marquées. Mon oncle par alliance, Julien Cain, était de celles-ci. Il était revenu à Paris où il avait d'abord habité notre appartement de l'avenue d'Orsay, puis un trois-pièces qu'il avait trouvé rue de Monceau. Cet esprit supérieur et supérieurement informé, qui connaissait à merveille la véritable nature de l'hitlérisme, n'en faisait pas l'application à son propre cas. Un soir, il me demanda de venir le voir et je me rendis à pied jusque chez lui. Un fonctionnaire de la Bibliothèque, Renoux, qui lui était fort dévoué, était venu lui transmettre, de la part du nouvel administrateur Bernard Faÿ, germanophile notoire, un avertissement feutré. Julien — et surtout son épouse Lucienne, personne d'un caractère exalté et peu ouvert à la contradiction — voyaient dans cet épisode une manœuvre de Bernard Faÿ qu'ils supposaient désireux d'éloigner de Paris un prédécesseur dont le prestige lui portait ombrage. Dès lors, ils étendaient jusqu'au messager la suspicion dont ils frappaient l'usurpateur. La suite des événements devait prouver que cette interprétation n'était pas équitable. Il faut bien reconnaître que Bernard Faÿ, malgré le discrédit qui s'attachait à son personnage — les hommes ne sont pas tout d'une pièce — avait agi dans une bonne intention. Quant à M. Renoux, sa sincérité n'était pas douteuse.

Je conseillai, bien sûr, à mes interlocuteurs de prendre très au sérieux le danger dont on les informait et d'appliquer en l'espèce la philosophie du pari de Pascal. N'ayant rien à faire à Paris, l'inconvénient pour eux de se rendre en zone libre, même si la menace n'avait point de consistance, était pratiquement nul. Si, au contraire, l'avertissement était sérieux, le risque était grand de le négliger... Mais je ne parvins pas à me faire entendre. Je savais d'instinct et je l'avais montré par mon départ de Rennes, comme je le fis plus tard en gagnant l'Afrique du Nord, que la maxime de prétendue sagesse qui recommande de ne pas bouger dans les situations épineuses est, comme bien d'autres, une parfaite ânerie. La preuve n'en tarda pas. Une semaine environ après cette soirée, je me trouvais, un après-midi, vers les quatre heures, occupé à travailler avec Irène Krivitzky dans ma petite pièce de secrétariat, mieux chauffée que mon bureau, lorsqu'on sonna. Irène alla ouvrir et je l'entendis, de l'autre côté de la cloison, parler en allemand. Elle fit entrer dans mon bureau les visiteurs qui étaient des militaires allemands et qui, quand je les rejoignis, me demandèrent, dans un français hésitant, si M. Cain, qu'ils prononçaient *Sain,* habitait toujours ici. Sur ma réponse négative, ils m'indiquèrent qu'ils avaient aussi l'adresse de la rue de Monceau. Dès lors qu'ils en étaient informés, toute tergiversation me parut inutile et je la confirmai. Sur quoi ils prirent congé. Je m'emparai aussitôt du téléphone pour prévenir mon oncle et le mettre en garde sur cette inquiétante visite. Julien était sorti pour aller voir une tante éloignée. Il put être aussitôt prévenu. Lucienne reçut poliment les Allemands, leur demanda de revenir le lendemain à neuf heures et se précipita chez la tante, où je me rendis de mon côté, en compagnie d'Irène. Dans le petit salon de la vieille dame, tout effarée, s'engagea aussitôt une longue conférence. Les deux époux, d'une façon qui m'eût paru touchante dans d'autres circonstances, s'encourageaient au *Wishful thinking.* Lucienne Cain croyait savoir qu'une enquête était en cours à la Bibliothèque nationale. Cependant, les officiers que j'avais vus ne me donnaient nullement l'impression d'être qualifiés pour étudier des problèmes d'archivistique ; ils étaient de rang subalterne et parlaient à peine notre langue. « Je suis de vieille souche française, disait de son côté Julien, ancien combattant, décoré, grand blessé de guerre, les Allemands considèrent ces choses-là. » Je me croyais reporté aux élucubrations de Jean Giraudoux sur la chevalerie teutonne de Hitler.

Irène proposa à Julien de l'accompagner elle-même à Saint-Jean-de-Luz où elle connaissait un réseau de passeurs. La malheureuse Lucienne fut alors saisie d'une véritable transe. Portant son regard sur Irène et sur moi, comme si nous étions un couple maléfique, elle s'exclama : « Ils vont t'entraîner dans une affaire pire que celle des Allemands. » Cette contre-attaque refroidit mon zèle. Je me pris à penser que je me trompais peut-être, qu'il ne m'appartenait pas de forcer les choses.

C'est là un aspect de mon caractère que je voudrais ici mettre en évidence et qui constitue certainement une faiblesse.

Je suis ordinairement certain d'avoir raison et oserais-je dire que je ne vois guère de cas où, soit dans une décision, soit dans un conseil, *je n'aie pas eu raison*. Mais je ne me suis pas toujours assez opiniâtré. Il faut sans doute voir là un reliquat de ma timidité naturelle, si éprouvante dans mes débuts. Egalement une considération parfois excessive pour la personne du partenaire, pour l'argument de l'adversaire. Enfin, ce qui pourrait être une qualité morale mais qui est un défaut chez l'homme d'action, un certain manque d'arrogance intellectuelle. Je n'éprouve pas de doute en moi-même sur ma position, mais je suppose que mes contradicteurs sont eux-mêmes installés dans une certitude comparable et je m'interroge sur mon droit de leur imposer la mienne comme supérieure à la leur.

Le lendemain, peu après neuf heures, je m'enquis de la situation.

Julien, sans doute sous l'empire d'une nervosité bien compréhensible, ou par l'effet d'un judicieux réflexe instinctif, était sorti quelques minutes avant l'heure fixée ; les Allemands vinrent de leur côté avec quelques instants de retard. Lucienne fit un effort, les reçut aimablement et elle leur exposa que son mari avait été obligé de sortir ; un nouveau rendez-vous fut pris pour quatre heures de l'après-midi. Elle avait conçu, je ne sais pourquoi, de cet entretien rudimentaire, une impression favorable. Peut-être par l'absence de toute brutalité apparente du côté des visiteurs et par la facilité avec laquelle ils acceptaient le report de la rencontre.

J'emmenai Julien Cain déjeuner près de chez moi au restaurant Chauland. Je lui refis mes démonstrations et lui proposai ma maxime : *Il est toujours encore temps*. Je compris qu'il était surtout animé par le souci de ne pas contrarier Lucienne : « Une femme comme elle, c'est un capital précieux. » Je l'accompagnai jusqu'à la station de métro de Latour-Maubourg. Au moment de me quitter, il m'embrassa.

Je fis une dernière tentative : « N'y allez pas. Restez. J'annule toutes mes obligations, je pars avec vous ce soir. Aucun dispositif n'est en place. Il y a mille moyens de passer inaperçu en France. Je franchirai la ligne avec vous, c'est un jeu d'enfant. » Il refusa en souriant. Je me fis plus tard le reproche de ne m'être pas montré plus autoritaire.

Les Allemands se présentèrent à seize heures précises et l'emmenèrent sur-le-champ. Il fut l'un des premiers prisonniers de Buchenwald et ne fut libéré qu'après la victoire. Il avait eu la chance de survivre et il fit encore une longue et utile carrière.

Lucienne entreprit aussitôt des démarches et je l'y aidai de mon mieux, mais à quelle porte frapper ? Je me rendis à Vichy où j'allai voir un proche collaborateur du maréchal Pétain, René Gillouin, que j'avais jadis rencontré lorsqu'il était conseiller municipal à Paris et qui était un homme de sentiments honorables. Il me reçut fort courtoisement et promit de s'informer. Il n'en résulta rien, pas plus que d'une série d'autres démarches.

Lucienne me fit par la suite des réflexions contradictoires. La première, « Vous étiez le seul à voir clair, vous auriez dû nous forcer », mais aussi « Après tout, il aurait été pris plus tard, en zone libre, et la situation aurait été bien pire, nous ne l'aurions jamais revu... » (C'est un fait que les déportés des premières séries se trouvèrent placés dans des conditions relativement moins atroces que ceux des suivantes.)

C'était une femme de petite taille, maigre jusqu'à être proprement décharnée, un paquet d'os et de nerfs ; elle avait toujours été fort laide, l'excès même de cette disgrâce physique faisait qu'au bout de peu de temps on n'en prenait plus conscience.

Chacun de nous est naturellement porté à penser que les accidents sont pour les autres. L'erreur commune fut de considérer que l'entreprise hitlérienne pouvait être envisagée sous l'aspect de l'accidentel, du spécifique, alors que chacune de ses manifestations se rattachait à une loi générale dont les applications se développaient avec la rigueur inexorable d'un programme d'ordinateur. Chacun ne demande qu'à se persuader que son petit espace personnel est un territoire « immuniste ». L' « Impossible ici », de Sinclair Lewis, se traduit aussi par « impossible pour moi ».

Les avocats israélites de Paris, lorsqu'ils apprirent que l'on avait arrêté l'ancien administrateur de la Bibliothèque nationale, pensèrent généralement qu'ils n'étaient point concernés. Cependant, peu après, un certain nombre d'entre eux furent compris dans une rafle. Ceux qui en réchappèrent ce jour-là en déduisirent qu'ils ne risquaient plus rien. Les « raflés » de cette première série furent libérés après quelques semaines. Certains estimèrent qu'il était opportun de s'éloigner. La plupart adoptèrent l'interprétation la plus favorable à l'inertie : c'était un accident de parcours, une bévue dont la répétition n'était pas à craindre.

Je me souviens d'un déjeuner avec l'un de mes meilleurs amis, Jacques Franck. Lui-même s'était cru — et il se croyait encore — protégé par sa Légion d'honneur et sa croix de guerre, décrochées quand il avait vingt ans. Au dessert, il me disait : « Vois-tu, Edgar, à Drancy, Pierre Masse, s'il l'avait pu, aurait ramassé les miettes qui traînent sur cette table. » Cette phrase est restée dans ma mémoire, tant elle m'avait frappé par sa signification psychologique intense, tant elle est révélatrice d'une conception presque sacramentelle d'un monde de convention et de hiérarchie.

Pour Jacques Franck, ce qui était extraordinaire, monstrueux, ce n'était pas ce qui lui était arrivé à lui personnellement, avocat honorable et combattant distingué, mais le fait que le même traitement indigne ait pu être infligé à Pierre Masse, lequel se trouvait placé sur le sommet de la profession juridique et, par là même, de la collectivité nationale. Il était stupéfait de ne pas retrouver chez nos adversaires notre propre échelle des valeurs, ou en tout cas la considération de cette échelle, alors que la logique de l'entreprise ennemie consistait justement dans la négation et dans la destruction de tout notre système de références.

Cette notation peut sembler contradictoire avec le point de départ de ce propos. En fait, elle s'y articule fort bien. La remarque de Jacques Franck procède en réalité d'une identification au sujet évoqué. Il se met à la place de Pierre Masse, sénateur de l'Hérault qui avait failli être le bâtonnier de l'ordre, et il dit : « Comment cela peut-il m'arriver à moi, Pierre Masse ? Impossible ici, impossible pour moi ! »

Moi-même, je me considérais comme plus avisé et plus imaginatif que les autres et bien que la décision que j'avais prise de passer la mer en temps opportun me donnât de l'assurance, je vivais dans la conviction implicite d'être suffisamment protégé par mon absence de notoriété politique et par mon « aryenneté ».

Pour l'heure, j'avais dû, afin de valider mon inscription au barreau, fournir les documents relatifs à mon ascendance et, de surcroît, mon certificat de baptême. Je mis d'ailleurs quelque temps à me procurer cette pièce, car j'avais écrit tout naturellement au curé de Béziers qui ne trouva dans ses registres nulle mention me concernant. Fort surpris, je dus prendre contact avec mes parents, qui étaient restés dans l'Ariège et qui me donnèrent la clé de l'énigme. J'appris ainsi que, conformément à l'usage de nos campagnes, on avait ramené « le petit » au village pour la cérémonie et que j'avais été baptisé à l'église de Cessenon.

Si je n'avais, de ce point de vue, aucun souci à me faire pour ma personne, j'envisageais avec plus de prudence la situation de Lucie. Sans doute, on ne discernait pas encore le moindre indice d'une persécution susceptible d'atteindre des femmes d'origine israélite mais converties au christianisme et mariées à des « aryens ». Cependant, on parlait déjà de l'étoile jaune et je me confirmais dans la résolution de ne pas attendre sur place le moment où cette mesure gravement discriminatoire, lourde de menaces, viendrait à entrer en application.

Dès la rentrée d'octobre 1941, j'entrepris en conséquence de préparer sérieusement notre installation de l'autre côté de la Méditerranée. Le meilleur moyen me parut d'entrer dans la magistrature. M. Mestre, fils de mon ancien professeur, l'inoubliable Achille, tenait alors un poste important à la Chancellerie et il fit le nécessaire pour assurer l'aboutissement de ma candidature. Mes titres professionnels, et notamment ma qualité d'ancien second secrétaire de la Conférence, me permettaient, selon le privilège traditionnel assuré à ce concours, d'être nommé substitut de première classe et l'on me proposa Casablanca. J'hésitai pourtant au moment de franchir le pas. Plus particulièrement, je ne me sentais pas enclin à prêter le serment de fidélité au maréchal Pétain. Sans doute, tous les magistrats en exercice (à une seule exception, celle de M. Didier dont on peut dire, sans diminuer son mérite, qu'il était réputé pour son esprit contrariant) s'étaient pliés à cette formalité mais une telle docilité, fort explicable pour des hommes déjà en poste, pouvait être appréciée autrement de la part d'un nouveau venu que rien n'obligeait à embrasser une carrière « assermentée ». Je conclus, à la réflexion, que je pouvais aussi bien réaliser mon dessein en me faisant tout simplement inscrire à un barreau. Il se trouva justement qu'une loi fut prise, à cette époque, pour autoriser les avocats, dans certaines conditions, à cumuler leur appartenance à deux ordres, ce qui m'épargnerait le désagrément de demander ma radiation à Paris.

En attendant, je pouvais, à tout moment, m'exposer à un type de danger auquel je ne pensais pas. Tel fut le cas ; la menace se profila dans un secteur où je ne m'attendais pas à la voir paraître : celui de la relation inter-zones.

La réglementation du franchissement de la ligne était apparue d'abord à beaucoup de Français (ceux qui n'étaient point pris à la gorge par une obligation personnelle) comme une contrainte anodine, voire une sorte de divertissement. On pouvait obtenir des *ausweis* plus ou moins facilement ; le passage clandestin était d'une pratique assez courante. Un de mes amis, avocat israélite, multipliait sans nécessité ces déplacements, choisissant les opérations groupées car elles fournissaient, me conta-t-il, des occasions de rencontres amoureuses. Selon son expérience, l'originalité de la situation vécue en commun dégageait une nuance de péril suffisante pour stimuler l'émotion sans atteindre le point où elle aurait pu glacer les sens.

La banque Amar s'était assurée les services d'un passeur professionnel, favorisé par la conjoncture, puisqu'il disposait de deux résidences, l'une proche de la ligne et l'autre en Savoie, jouxtant la frontière suisse. M. de Chirac — tel était son nom — exerçait son ministère avec zèle et bonhomie, mais aussi avec une incroyable légèreté. Il installait ses clients par petits troupeaux dans deux cafés symétriques, les partants de chaque zone trinquant avec les arrivants en provenance de l'autre. Il leur distribuait des cartes de travailleurs frontaliers, sur lesquelles il plaquait la photo, en truquant le cachet initial à l'aide d'un tampon dégoulinant d'encre qu'il apposait lui-même d'un geste vigoureux. C'était un faux criard. La première fois, je disposais de l'identité d'un certain Civet, homme de très petite taille, ce qui m'inquiéta quelque peu pendant la traversée du pont de la Madeleine. Mais M. de Chirac choisissait naturellement les quelques instants qui suivaient le signal des sirènes et, dans l'affluence, le contrôle était hâtif. Par la suite, je devins M. Baraton du Mouceau et je repris une dimension normale.

Je connus un début d'incident un jour où je me rendais de Paris à Moulins. Je bavardais dans le train avec un voisin de compartiment, un Suisse que j'avais eu l'occasion de rencontrer dans une réunion d'affaires. Il me signala que la vigilance des Allemands s'était renforcée et que je courais le risque d'être interrogé sur les motifs de mon déplacement.

« Bah! lui dis-je, je suis avocat, ce titre inspire le respect et explique le voyage. Au demeurant, je connais de nom un notaire, Me Chabod, et je dirai que je viens le consulter. » Fidèle à une ancienne habitude, je poursuivais une lecture en langue russe et j'avais choisi un livre particulièrement adapté à l'époque : *Guerre et Paix*, de Tolstoï. Dès le début, l'auteur cite, en français, une lettre de Napoléon justifiant l'invasion de la Russie en 1813. Je m'amusais à lire ce texte à mes amis qui l'attribuaient généralement à Hitler. Lorsque les militaires allemands firent l'inspection de mon compartiment à l'arrivée du train, ils me prièrent de les accompagner. Mon livre était placé sur la banquette à côté de moi et je suppose que c'est le titre, imprimé en grands caractères, qui attira leur attention. Je fus conduit dans une petite salle de la gare où je subis un interrogatoire. De temps en temps, ils me posaient une question en allemand, pensant que je pouvais me troubler : il leur était difficile de croire qu'un Français capable de lire le russe ne comprenne pas l'allemand. Comme c'était mon cas, je ne risquais pas de me trahir. Je demandai et obtins la permission de fumer. Ils trouvèrent dans mon portefeuille une feuille de papier pliée, portant des comptes et mentionnant le nom d'un certain Leroy, pour lequel on m'avait demandé un service. Ils crurent lire Levy. Dans la confusion où je me trouvais, je ne me rappelais plus bien quel était ce papier et ne les détrompai pas. Je dis simplement que ce Levy (inexistant) était un client de mon cabinet. Soudain, j'entendis quelque bruit dans le vestibule, la porte s'ouvrit et laissa le passage à un géant, vêtu d'une pelisse. C'était le sympathique Me Chabod. Mon compagnon de voyage, qui s'appelait M. Siebenhar, ne me voyant pas sortir, s'était souvenu de notre conversation et il était allé aussitôt alerter ce notaire qui, sans désemparer, s'était porté à mon secours. Il expliqua qu'on l'avait justement informé de la visite d'un avocat de Paris. Les Allemands m'autorisèrent à sortir, mais retinrent ma carte d'identité, puisque j'avais annoncé mon intention de rentrer par le train du soir. Je revins donc à Paris, et puisque Moulins apparaissait comme n'étant pas de tout repos, je m'enquis d'une autre combinaison.

C'est pour cette raison que j'eus l'occasion, peu après, de franchir la ligne en compagnie de Léo Hamon qui m'avait proposé de profiter d'une facilité dont il disposait dans les Landes. Léo avait décidé de quitter définitivement Paris et il emportait avec lui de volumineux bagages. Par un souci de précaution, que je jugeai excessif, il me fit voyager de Paris à Bordeaux en 3e classe, puis en autocar jusqu'à Mont-de-Marsan. Coltinant et poussant ses sacs et valises, plus un carton à chapeaux (heureusement, je n'avais emporté moi-même qu'une pochette pour me donner plus de mobilité), nous arrivâmes à un hôtel qu'on lui avait indiqué ; mais il n'y avait plus de chambres et quand il se recommanda d'un certain prénom, les mines se renfrognèrent. Personne ne connaissait ce personnage. En fait, il avait été arrêté quelques jours avant et les langues ne se délièrent pas. Nous ne trouvions de gîte nulle part. Enfin, on nous indiqua un paysan du nom de Clavel, domicilié dans la périphérie et qui, avec une visible méfiance, nous accepta comme pensionnaires pour la nuit.

Une promenade dans la ville, des sandwiches dans une brasserie. L'atmosphère me semblait lourde. Des officiers allemands étaient attablés près de nous et Léo, qui comprenait l'allemand, me fit signe qu'ils comprenaient le français. Mon ami, dont le caractère est plus obstiné que le mien — et puis, tous ces bagages ! — pensait que l'on pouvait encore aboutir. J'adoptai donc une autre stratégie. A notre retour, Clavel nous attendait. Je lui exposai que je boirais bien un coup avec lui et lui demandai de me vendre une bouteille de goutte. Nous étions assis tous les trois et nous tentions de le dérider sans y parvenir. Il ne connaissait aucun moyen d'évasion et cet entretien l'embarrassait, mais il ne voulait pas manquer l'occasion de boire à nos frais sa propre bouteille. Léo bâilla, se leva et prit congé. Je restai avec Clavel. Il me dit alors : « Monsieur, vous êtes avocat, pouvez-vous me montrer votre carte d'identité ? » Je lui fis voir la carte officielle de l'Ordre qui visiblement le rassura. « Votre ami, voyez-vous, ne m'inspirait pas confiance. » Je compris aussitôt pourquoi Léo Hamon n'inspirait pas confiance à Clavel : *il n'avait pas bu la goutte*. Dès lors, la conversation devint franche et Clavel m'exposa la marche à suivre. Prendre un taxi, y mettre les bagages et nous faire transporter à un point déterminé d'une route secondaire. Là s'embranchait un simple chemin qui aboutissait très vite en zone libre.

Toute la matinée du lendemain fut employée à la recherche — difficile — d'un taxi. Après plusieurs échecs, un chauffeur accepta de nous transporter pour la somme de trente francs. Parvenu au croisement, Léo se mit à courir, à ma grande frayeur ; je le suivis à pas mesurés, feignant de lire un livre tout en marchant, en promeneur qui flâne (je me gardais désormais des caractères cyrilliques et j'avais choisi *la Mousson*). Tout se passa le plus aisément du monde pour cette première partie de l'affaire.

Attablés tranquillement à la terrasse d'un café, en face du poste de contrôle, de l'autre côté de la bissectrice, il ne nous restait qu'à attendre le taxi. Il parut enfin. De notre place, nous observions la pantomime des gardes allemands qui s'approchaient et parlaient au chauffeur, plus longuement que cela ne nous semblait nécessaire. Enfin, la voiture fut rangée, les bagages déchargés et le trio disparut dans le bâtiment. Le temps nous paraissait long. Par des chuchotages de frontaliers, nous apprîmes enfin que notre conducteur était retenu, sans doute arrêté. J'eus alors une preuve de la grande conscience de Léo Hamon. Il pensait qu'il était de son devoir de se rendre de l'autre côté de la ligne pour dégager le chauffeur. L'origine de l'incident tenait au fait que Léo avait mis dans une de ses valises des diplômes à son nom : nous ne connaissions pas encore ce détail mais Léo se tenait pour responsable du sort d'un homme dont il avait loué les services. Il ne voulait pas manquer à un impératif moral. Je l'en dissuadai vigoureusement, je lui intimai de ne pas bouger, au nom de notre amitié, au nom de mon expérience et même au nom de la Résistance, dans laquelle il était fortement engagé. « Voilà votre devoir, lui dis-je. Ce chauffeur fera peut-être un jour de prison, peut-être deux. Mettons huit. Pour vous, le risque est autrement grave. Vous êtes le type même de personnalité que la Gestapo peut prendre en écharpe. Il faut vous garder pour les grandes tâches que le destin vous réserve. » Je ne croyais pas, alors, si bien dire : on sait le rôle qu'il devait jouer ; c'est à lui, principalement, que nous sommes redevables du sauvetage de Paris. Il accepta mon raisonnement, mais resta sur place pour tenter de suivre la situation. Au matin, je prenais le café au lait (il y avait, en effet, du lait) chez Suzanne Hamon, que je connaissais aussi de longue date, dans leur appartement de Toulouse. En bonne universitaire, elle accepta philosophiquement la disparition de ses valises. « Dans les périodes risquées, l'abandon des biens est un tribut que l'on doit payer volontiers à la miséricorde des dieux. » L'épisode suivant démontre la justesse de cette maxime.

***

« Euréka ! me dit quelques jours après Jean Dumaine, le problème des *ausweis* est enfin résolu. Vous n'aurez plus à courir les prés. » Jean Dumaine avait d'abord été mon client et, tout en le restant, il était devenu un de mes amis les plus proches. A cinquante ans, c'était un homme de haute taille, très svelte, portant monocle, avec des cheveux noirs plaqués et une superbe dentition qu'il montrait fréquemment dans un rire appuyé. Peut-être parce qu'il était né à Berlin où son père était ambassadeur de France, il cultivait sa ressemblance avec le type du junker ou de l'officier de uhlans vu par un dessinateur d'avant-guerre. Volontaire pour l'infanterie en 1914, blessé héroïquement sur le champ de bataille, condamné par les médecins, la vie lui apparaissait désormais comme un sursis dont il se faisait un devoir d'épuiser les possibilités de divertissement. C'était une nature profondément affective, mais farouchement réservée, qui affectait une philosophie ironique, volontiers gouailleuse, avec une pointe de cynisme épicurien. Il avait dédaigné les chances qui lui étaient offertes d'une bonne carrière bourgeoise et ne s'intéressait aux affaires que dans l'esprit du jeu, du pari, dans le goût des situations pittoresques et des subtilités juridiques. La période de l'Occupation lui offrait l'occasion de jouer des farces aux Allemands et d'aider de toute façon les personnes qui se trouvaient dans l'embarras. Il acceptait volontiers la rémunération de ses services par ceux qui en avaient les moyens, ce qui lui permettait d'y aller de sa poche pour ceux qui étaient dans le besoin et dans le péril.

Il venait de mettre au point une combinaison fort astucieuse et à double détente pour les fameux *ausweis*. Nous avions fait la connaissance d'une dame colombienne, célibataire, d'âge mûr et sans beauté, qui se trouvait être en relation étroite avec des « souris grises », comme on appelait les jeunes femmes allemandes de l'armée ou de l'administration. Par l'une d'elles, elle pouvait se procurer le carton rouge réglementaire, mais il y avait un truc. L'amie allemande de Leonor de Castillo (tel était le nom de notre correspondante) tirait un duplicata d'un véritable *ausweis*, y portait *le même numéro* et, à la machine, les mentions que nous avions indiquées. Le risque était limité à une seule hypothèse dont la probabilité était sans doute faible, à savoir le cas où deux cartes portant le même numéro seraient présentées au cours d'un même contrôle, par exemple dans un compartiment de chemin de fer. Dumaine décida de tenir cet aléa pour inexistant (et en fait je crois qu'il ne se produisit jamais) et, à la réflexion, il imagina une procédure plus sophistiquée.

En demandant chaque fois un nouvel *ausweis* pour aider un

nouveau postulant, nous augmentions la dépense et en même temps le risque. Or, les titres allemands, conçus pour une nation fortement disciplinée, ne portaient aucune mention permettant d'identifier physiquement le porteur : ni photographie, ni empreinte, ni même le signalement. Tout tenait dans le nom, la profession et la référence à un numéro de carte d'identité. Rien n'est plus facile en France que de fabriquer une carte d'identité, sous la griffe d'une de nos 35 000 municipalités. Jean Dumaine, avec l'accord enthousiaste du maire et du secrétaire de mairie, fit fabriquer un tampon de la mairie de Bannay, localité où se trouvait le siège d'une société pétrolière qu'il dirigeait.

Désormais, il nous suffisait de disposer de deux *ausweis,* l'un portant un nom masculin, l'autre un nom féminin. (En fait celui des deux premiers « clients ».) Après chaque voyage, l'usager le rendait à Dumaine qui le remettait au voyageur suivant. Chacun des passants — ou chacune des passantes — recevait en même temps une carte d'identité timbrée de Bannay, portant le même nom que l'*ausweis,* la même profession, et outre cela, la photographie et les caractéristiques signalétiques du porteur. A chaque nouveau passage, le manège recommençait avec une nouvelle carte, une nouvelle photo, etc. L'idée de Dumaine était d'une simplicité digne de Christophe Colomb : au lieu de changer l'*ausweis,* changer la carte.

Comment ce merveilleux système finit-il par s'enrayer ? Voici ce qu'il m'a été possible de reconstituer par la suite. Leonor de Castillo fut interceptée par les Allemands, je ne sais dans quelles conditions. Est-ce par la coïncidence que j'envisageais tout à l'heure, peu probable au demeurant ? Elle se mit en tout cas, pour se dégager, à « donner » d'autres personnes et, en premier lieu, semble-t-il, Jean Dumaine. Elle m'aurait aussi chargé comme étant l'ami intime et l'*alter ego* de Jean Dumaine, mais en mettant ma femme hors de cause (1).

Voici maintenant les faits — et les non-faits. Je devais partir avec Jean Dumaine par le train de Paris-Lyon où nous avions retenu un « double » *single* en wagon-lit. Je me rendais à Lyon pour rejoindre ma femme, Jean Dumaine pour ses affaires en zone libre. Il avait aussi une amie qui habitait près d'Aix-les-Bains. Dans la matinée du jour prévu, je modifiai mon emploi du temps, pris un rendez-vous pour le soir et décidai, corrélativement, de partir le lendemain matin par Austerlitz pour me rendre d'abord à Vierzon. Dumaine disposa en conséquence de l'autre lit pour le père de son amie.

Le lendemain, j'arrivai à Lyon en fin d'après-midi, par la correspondance depuis Vierzon. Je fus étonné de ne pas apercevoir Lucie à

(1) Ces renseignements furent obtenus après l'arrestation de Jean Dumaine.

la gare et la trouvai très émue à notre appartement, dans l'absence où elle se trouvait de mes nouvelles. Que Dumaine ne l'ait pas prévenue était chose invraisemblable pour qui connaissait sa minutie. Nous nous rendîmes aussitôt à Aix par le train puis, en voiture à cheval, auprès de Jeanne, l'amie de Dumaine. Elle était sans nouvelles aussi bien de celui-ci que de son propre père (qui avait pris ma place de wagon-lit). En fait, l'un et l'autre avaient été arrêtés.

Les Allemands pistaient certainement Jean Dumaine depuis un temps plus ou moins long et ils s'étaient décidés à le saisir à la gare au moment où il montait dans le train, craignant de le voir s'échapper. Son compagnon subit le même sort, mais il fut relâché au bout d'une semaine. (Peut-être Leonor de Castillo fit-elle savoir qu'il n'était pour rien dans l'affaire des *ausweis*.)

Pour ma part, j'avais évité le piège par pur effet de chance, tirant ainsi bénéfice de l'habitude — que l'on me reproche souvent — de changer mes projets et mes horaires au dernier moment. Je ne pouvais savoir si les Allemands m'auraient gardé longtemps, ni évaluer le risque que je prendrais en revenant à Paris : peut-être était-il faible, voire nul, mais il me parut plus prudent, dès lors, de séjourner à Lyon et d'accélérer les préparatifs de notre migration.

Par coïncidence, certains de mes clients, Jean Dumaine notamment, Maxime Vicaire (dont je parle à propos du Jura) et Gustave Nafilyan, avaient repris le contrôle d'une société dite Compagnie des phosphates du Dyr, qui était cotée en Bourse et poursuivait surtout des activités de portefeuille, mais qui demeurait propriétaire en Tunisie d'une exploitation minière dont l'activité était suspendue depuis longtemps dans le cadre de certains accords de contingentement. Divers problèmes appelaient des solutions et mes amis, informés de mon intention, acceptèrent volontiers de me charger de me rendre à Tunis pour mettre au point l'ensemble des modalités. C'était en fait, pour moi, une *couverture* qui fut conçue en termes généraux.

Je me proposai de partir à l'automne, et je fus saisi, entre-temps, d'une impulsion qui peut sembler fantaisiste : celle de me présenter au concours de l'agrégation des facultés de droit. Ces projets n'étaient d'ailleurs pas contradictoires, car, dans l'hypothèse de mon succès universitaire, je pensais demander un poste dans l'un des pays d'outre-mer où la France assurait la direction des études juridiques. Un avis de concours avait paru, concernant les sections de droit public et d'économie politique. J'aurais préféré, soit l'histoire du droit (ma véritable vocation), soit le droit privé, mais ces spécialités ne devant revenir, selon la règle d'alternance, que l'année suivante, je me rabattis sur le droit public, pour lequel je possédais les diplômes indispensables avec une préparation absolument nulle. Je pouvais naturellement m'inscrire sans quitter Lyon. Je remplis les paperasseries et j'accomplis les formalités nécessaires y compris l'examen médical général et l'absurde test physiologique (on me signifia déjà que je fumais trop et on ne manqua pas de me le redire, en 1961, lors de mon véritable concours). Avais-je quelque possibilité d'être reçu ? Peu, sans doute, mais enfin, dans un concours oral, je disposais d'un certain pourcentage de chances. Je n'ai pas eu l'occasion de les apprécier, car Lucie voyait d'un mauvais œil mon voyage à Paris, et comme elle assurait ma correspondance, elle fit délibérément disparaître toutes les pièces qui me furent envoyées, y compris le laissez-passer. Elle me le révéla plus tard et je lui donnai ma bénédiction.

Dans le cours de l'été, je reçus des informations qui me convainquirent de l'opportunité et de l'urgence qu'il y avait à réaliser mon projet tunisien.

J'ai toujours pensé que l'attention portée aux signes est la règle essentielle du comportement. Il est rare qu'une certaine faculté d'option ne soit pas donnée, sous une forme discrète, avant que l'événement referme sa prise. Il est, plus souvent qu'on ne pense, un moment où l'inéluctable peut encore être éludé.

***

En fait, le destin m'avait déjà expédié plusieurs avertissements et on en déduira qu'il me choyait. Ce signe supplémentaire et presque surabondant me fut donné par un personnage hautement pittoresque, qui répondait au nom de Roger Capgras, et qui était ce que l'on appelle une personnalité bien parisienne, avec un corps menu, une grosse tête, des cheveux longs ondulés, un nez de palikare et des yeux de braise, animé d'un mouvement perpétuel, doté d'un cœur innombrable, escorté d'un ballet de femmes intelligentes, fines et jolies. Roger Capgras avait obtenu une notoriété fracassante dans deux activités, le commerce des légumes et le monde des théâtres, et il se consacrait principalement à une troisième, pour laquelle il respectait scrupuleusement la discrétion qu'exigent le bon ton et aussi l'instinct de survie : le service secret de Sa très Gracieuse Majesté la reine d'Angleterre.

J'avais fait sa connaissance, au cours de mes périgrinations professionnelles, dans un lieu sévère, situé au cœur d'un théâtre naturel de verdure, et symboliquement dénommé Fort-Barraux. J'étais arrivé fourbu après une expédition en omnibus et une marche de plusieurs kilomètres. Le gardien avait regardé avec perplexité ma carte : c'était la première fois sans doute qu'une incarnation de la Défense se présentait à ses yeux. Il m'avait prié d'attendre à l'extérieur, et j'avais pu obtenir de justesse une chaise de paille. Soudain, je vis surgir une sorte de gnome shakespearien, bienfaisant et volubile, doté visiblement d'un pouvoir magique, bousculant le gardien et criant à la cantonade : « Mais c'est maître Faure qui attend comme cela ! Mais il a faim, maître Faure, venez vite déjeuner ! » Il me prit par le bras et nous gagnâmes sans rencontrer la moindre résistance une grande salle où je pris place pour une sorte de festin.

La clientèle de Fort-Barraux comprenait, pour des parts sensiblement égales, des contrevenants économiques généralement suspectés de marché noir et des opposants politiques, plus ou moins affiliés aux divers embryons de résistance. Ces deux catégories se considéraient avec une certaine méfiance, jusqu'à l'arrivée de Roger Capgras qui avait l'avantage d'être bien vu de tout le monde, car il appartenait aux « économiques », mais on ne lui reprochait aucun acte de « profitariat » personnel et les tracasseries qu'il infligeait au gouvernement pouvaient être considérées comme une forme d'opposition politique et nationale. Il fit sans peine triompher un régime de fraternisation qui donnait aux intéressés la direction pratique de l'établissement et où chacun trouvait son compte.

Les « marchés noirs » fournissaient un ravitaillement hors pair, les résistants prenaient des forces et les communistes eux-mêmes tenaient à assurer les tâches de service afin de se donner bonne conscience.

Roger Capgras était le président d'un syndicat d'importateurs et de distributeurs de fruits et légumes, au nom duquel il libellait périodiquement de véritables pamphlets contre le ministère du Ravitaillement et tous les services gourvernementaux qui avaient quelque chose à voir avec ce secteur. On l'avait interné pour le faire taire, mais on n'avait abouti qu'à le faire crier plus fort.

Il me choisit comme avocat et je lui prodiguai des conseils dont il ne tenait aucun compte. Il me considéra bientôt comme un ami, ce qui lui permettait de tenir pour déplacées toutes les questions d'honoraires — et je mettais un point d'honneur à user de la même réserve. Il me chargeait de transmettre d'innombrables messages, notamment à l'adresse d'Alice Cocea, dont il avait été le protecteur et pour qui il avait acquis le théâtre des Ambassadeurs. La prestigieuse vedette m'accueillait toujours au téléphone par des explosions d'ironie. « Mais voyons, maître Faure, pourquoi ce langage alambiqué ? Vous n'êtes pas en zone libre, ici, il n'y a pas de table d'écoute, on peut dire ce qu'on veut ! » Ou : « Répétez bien à Roger ce que je vais vous dire : la poire des Ambassadeurs, c'est terminé, n-i, ni, c'est fini ! »

Bientôt, Capgras trouva le moyen de sortir de Fort-Barraux,

pratiquement à sa fantaisie, en moyenne un jour sur deux, sous des prétextes variés, le dentiste, un médecin spécialiste à consulter, la bibliothèque, mes propres visites, etc. Nous dînions à Grenoble et flânions dans les rues : « Si nous étions à Paris, maître Faure, nous serions calfeutrés depuis dix-sept heures dans nos maisons, avec le couvre-feu. Ici, nous nous baladons. Voilà l'avantage qu'il y a à être prisonnier. »

Il finit par être rendu à la vie civile et il me donna rendez-vous à Vichy, dans le courant de l'été, pour une conversation confidentielle. Il tenait de ses amis anglais, au niveau supérieur, que le débarquement était proche et il s'apprêtait à se rendre lui-même à Alger pour participer à cette nouvelle phase de la guerre. Je n'avais pas, dans ses « tuyaux », une confiance absolue car il était porté à l'exagération et à la théâtralité. Ne pouvait-il être suspecté de fabulation ? Il devina sans doute mon scepticisme car il ajouta négligemment : « Vous êtes un ami de Louis Joxe ? — Certes. — Vous savez qu'il s'est fait nommer au lycée d'Alger ? — Bien sûr. » Louis Joxe avait fait rigoureusement le même raisonnement que moi ; appartenant à l'Education nationale, il avait pu, fort aisément, obtenir un poste de l'autre côté de la Méditerranée.

« Il devait revenir à Paris pour la rentrée, poursuivit Capgras, mais il a changé d'idée. Il a fait annuler la mutation. Il reste en place. Alors nous nous reverrons bientôt tous les trois ? » J'acquiesçai. Ce détail achevait de me convaincre.

Quand je revis Capgras, il était revêtu d'un superbe uniforme de l'armée de l'air anglaise, taillé, visiblement, par un bon faiseur, sans aucun insigne de grade. Quelle belle simplicité ! On l'eût pris aisément pour son ami, le général de l'air Tadder. Il me taquina comme si j'avais fait l'école buissonnière par la Tunisie. Lui, heureusement, s'était trouvé à son poste à l'heure voulue. Il avait, à l'en croire, tenu dans ses mains le sort des armées alliées ; il put mettre en œuvre sans délai des brasseries qui fournirent de la bière aux troupes de débarquement. Les premiers arrivés buvaient de la mistelle et roulaient dans les caniveaux.

Le *Gouverneur-Général-Chanzy* fut le dernier paquebot à assurer la liaison régulière entre la France et l'Afrique du Nord avant le débarquement de novembre 1942. Je me trouvais à son bord, avec Lucie et notre fille Sylvie. Je fis ainsi dans les conditions les plus confortables un déplacement qui, pour la période à venir, allait imposer aux candidats à la migration l'épreuve des sentiers pyrénéens et des prisons espagnoles.

Notre départ avait été soigneusement préparé. Nous avions rassemblé, au cours des derniers mois, tous les biens et objets que nous souhaitions emporter avec nous en de volumineux bagages et nous avions pris toutes mesures convenables en vue d'une absence qui pouvait être très longue, voire de durée illimitée.

Nous avions réalisé nos valeurs mobilières et j'avais même pu obtenir, grâce à des amitiés, un document officiel de la Banque de France m'autorisant à emporter avec moi un petit capital constitué de pièces d'or. La distraction, qui est un trait congénital de mon caractère, faillit me jouer, en cette occasion, un bien détestable tour. Espèces, bijoux et tous objets précieux étaient rassemblés dans une sorte de sacoche pansue dont j'étais prié de ne point me séparer. Je l'avais posée, à ma main, sur un fauteuil de l'hôtel de Noailles où je m'entretenais avec des clients. Au moment du départ, je n'y pensais plus et nous étions tous à bord lorsque Lucie s'avisa de l'absence de cette compagnie. Il me fallut me hâter vers le centre, prendre le tramway, car aucune voiture n'était en vue, m'engouffrer dans le palace, retrouver la sacoche là où je l'avais laissée et faire, au plus vite, le trajet inverse qui me fit franchir, tout essoufflé, la passerelle peu avant le moment où elle allait être relevée.

CHAPITRE VI

L'ORIENT COMMENCE A TUNIS

Une erreur d'atterrissage...

A partir d'une analyse géo-politique impeccable j'avais tracé un plan dont je tirais une juste fierté. La chance aidant, j'en avais fixé la chronologie avec la précision du scalpel. J'avais cependant commis une lourde erreur, que j'aurais pu aisément éviter si j'avais fait un meilleur usage de mes connaissances et de mes capacités d'historien : j'avais choisi avec la Tunisie le plus mauvais emplacement pour mon « parachutage » sur le continent africain.

J'étais imprégné de l'optique administrative française, qui faisait des trois territoires T.A.M. (et ce d'ailleurs, malgré les différences de régime juridique entre départements français et protectorats) un vaste ensemble uniforme, le Maghreb. Je n'avais pas envisagé l'hypothèse d'un débarquement allié qui pût exclure l'une de ces trois composantes. Il m'avait paru indifférent de m'installer à Casablanca, à Alger, ou à Tunis.

Or, le véritable Maghreb est constitué par le Maroc, ainsi désigné à cause de la ville de Marrakech, avec son prolongement, l'actuelle Algérie, qui est aussi connue sous le nom de Maghreb central. Mais le pays qui s'ouvre au-delà de Bône n'est pas le Maghreb : c'est l'Ifriqya, laquelle fut précédemment l'Afrique Proconsulaire romaine, autour de la colonie junonnienne, édifiée à l'emplacement de l'ancienne Carthage. Tout au long des siècles, cette région s'est trouvée disputée ou partagée entre la mouvance de l'Occident maghrébien (algérien-marocain) et celle de l'Orient « machrekien ».

J'aurais mieux évalué les probabilités et les risques si j'avais appelé à mon secours les « reines du Sacrifice ». Didon m'aurait fait connaître, par le récit de Virgile, comment elle avait sauvegardé son indépendance en affrontant à la fois « la haine des peuples de la

Libye et celle des tyrans numides ». Sophonisbe, héroïne de tragédie oubliée, symbole d'un problème juridique exemplaire, si finement analysé par Charles Saumagne, se serait présentée elle-même comme un symbole de la rivalité entre ses époux successifs, Syphax et Masinissa, le Numide et le Punique (son sort devant être réglé par le conquérant occidental, Scipion). Enfin, Salammbô elle-même, grande prêtresse de Tanit, m'aurait fait connaître que sa déesse, purement carthaginoise, signifiait l'insularité et l'isolationnisme de la Régence. (J'ai même soutenu l'hypothèse qui identifie Tanit à Didon.) (1)

Une amitié renouée.

La Tunis des Européens est un village. Dans la même demi-journée qui suivit mon débarquement matinal, je rencontrai les deux personnages qui apparaissaient les plus importants pour ma nouvelle vie : André Scemama, avocat défenseur, que j'avais connu auprès de Pierre Mendès France, nous aperçut dans une pâtisserie de l'avenue Jules-Ferry, où nous avions attiré son attention par un incessant manège entre notre table et l'éventaire de gâteaux, fort surprenant et alléchant pour les passagers d'Europe. En cinq minutes tout fut réglé entre nous. Les avocats israélites de Tunis, contraints par les lois métropolitaines de renoncer à leur profession — mais ils pouvaient demeurer clercs dans leurs études — cherchaient à confier leur cabinet pour la période à franchir, à des avocats métropolitains repliés qui pourraient le leur restituer le jour venu sans complication. Ils disposaient déjà de Jean-Louis Tixier-Vignancour, qui s'était installé dans la Régence après sa rupture fracassante avec Vichy. Mais il leur fallait un second intérimaire car les procès civils (les plus importants) comportent ordinairement deux parties, et Tixier ne pouvait pas, à la différence de Maître Barbemolle, évoqué par Courteline dans *Un client sérieux*, plaider indéfiniment contre lui-même. J'étais donc le bienvenu. Quelques heures après, déjeunant à l'hôtel Majestic, nous nous trouvions en présence de Jean-Louis lui-même et de sa femme Janine dite Janinotte. J'attaquai aussitôt : « Je dois te dire franchement, Jean-Louis, que je n'ai pas apprécié ton comportement au moment de l'armistice. Où en es-tu aujourd'hui ? » Avec une de ces mimiques extraordinaires dont il a le secret, accompagnée d'un de ces renversements de son torse puissant qui ont si souvent impressionné les jurés d'assises et les tribunaux militaires : « Qu'est-ce que j'ai pu être con, s'exclama-t-il, mais tout cela est bien fini. » Il ne jurait plus que par le général de Gaulle. La glace était rompue, l'amitié

(1) Edgar Faure : *Tunisie, héritière de Carthage.*

reconstituée, et nous trouvions bien agréable de nous tenir réciproquement compagnie sur notre passerelle d'exil fleuri, suspendue au-dessus d'un tourbillonnement de l'histoire.

Nous n'eûmes pas le loisir d'inaugurer un cycle de causes célèbres, car intervint quelques jours plus tard le débarquement des Alliés, comme nous l'avions prévu, après quoi ils se mirent à piétiner, ce qui nous parut invraisemblable. Les Européens de Tunis prenaient le tramway pour aller attendre les Américains au terminus, mais ce furent les Allemands qui débarquèrent à l'aérodrome de l'Aouina, d'abord par petits paquets, puis par contingents résolus.

Le général Barret s'était installé derrière le pont de Medjez el Bab. On se demandait quel serait son camp. Quand il le choisit, il le leva. Je compris que l'étau se refermait ; nous disposions encore d'un ou deux jours de manœuvre ; je tentai de trouver une voiture pour une opération de dégagement ; je me heurtai au scepticisme, dû lui-même à un excès d'optimisme. J'ébranlai enfin Scemama, mais son automobile devait être révisée, et Fernand Bessis, mais il ne voulait pas manquer un rendez-vous sentimental. On remit la décision au lendemain. Au petit matin les Allemands fermèrent le cercle autour de la ville.

Le bâtonnier de Nabeul.

Nous décidâmes d'aller nous installer à Hammamet, ce petit port pittoresque entouré de somptueuses villas, dans le sens romain du terme, qui en faisaient un séjour de prédilection pour certains disciples de Socrate, la plupart anglo-saxons, et tous absents dans cette période. Nous allions souvent nous promener autour de ces demeures de rêve, qui portaient les noms de Fernley, Richardson, Sebastian. Il advint qu'un jour, alors que nous avancions près de la mer, Jean-Louis nous fit un signe impérieux en hurlant : « Couchez-vous à plat ventre ! » C'est seulement lorsque j'eus pris docilement la position du tireur couché que je réalisai que j'étais plutôt dans le personnage du « tiré », car je détectai une suite sonore que j'identifiai comme le crépitement d'une mitrailleuse, bien que je n'eusse jamais entendu ce bruit. (Mon ami, qui était chef de section d'infanterie, ne s'y était pas trompé.) Des avions passèrent et repassèrent, mais pour un temps très court, au-dessus de la villa Sebastian, et je ne sais sur qui ni pourquoi ils ouvraient le feu. Nous apprîmes par la suite que le maréchal Rommel s'y serait trouvé. Mais ce n'était peut-être que coïncidence, car une opération préparée aurait pris plus d'envergure.

J'avais renoncé à mon activité professionnelle à Tunis. Mes amis avocats, notamment les frères Scemama, s'étaient installés à Hammamet où ils circulaient en djellaba. La vie mondaine passait par la pharmacie, où s'échangeaient des billets doux. Plusieurs musulmans de Hammamet, sachant que j'étais avocat, vinrent me consulter et j'allais quelquefois plaider à la justice de paix. Tixier y venait depuis Tunis et m'interpellait : « Te voilà donc, bâtonnier de Nabeul ! » Je faisais le trajet à bicyclette, et parfois il me fallait me dévêtir à moitié pour franchir les oueds qui se gonflaient entre mes passages.

Jean-Louis Tixier venait avec Janine passer le week-end près de nous. Un jour, il avait invité des amis à déjeuner à l'hôtel de France. Il nous demanda de prendre à notre table un avocat parisien du nom de Duboz, qui séjournait chez l'amiral Esteva, le résident général, dont il était l'ami de longue date. Ce Duboz ne se caractérisait point par l'enjouement de ses manières mais le contraire eût surpris. Il représentait un cas limite dans le calcul statistique des probabilités. Il avait perdu, dans deux accidents différents, survenus à peu d'intervalle, tous les membres de sa famille et de sa belle-famille. Il ponctuait ses propos d'une observation répétitive qui faisait référence à cette série plutonienne : « ceci se passait avant mes malheurs... juste avant mes malheurs... aussitôt après mes malheurs ». Je me rappelai l'antienne du dénonciateur que j'entendais psalmodier, lors du procès de la bande du baryton Martini (1) : « Ceci se passait avant mes révélations ».

Jean-Louis et Janine déjeunaient plus loin avec leurs convives. Vers la fin du repas, Lucie remarqua des militaires allemands qui se tenaient à l'entrée de la salle de restaurant. Ils semblaient observer la table de nos amis et elle eut l'intuition immédiate qu'ils étaient venus pour Jean-Louis. De fait, lorsqu'il s'achemina vers la sortie, ils s'approchèrent de lui et ils s'éloignèrent ensemble. Cette scène se déroula très vite. Etait-ce une arrestation ? Janine vint nous rejoindre, désemparée. « Il vaut mieux que je prépare mes affaires », dit-elle. Lucie l'accompagna jusqu'à sa chambre. Peu après, un officier allemand s'y présenta à son tour et demanda à Janine de le suivre avec ses bagages. Lucie eut alors un trait remarquable de présence d'esprit. A son arrivée, elle avait machinalement posé son sac sur le lit. Elle prit le sac de Janine, comme si c'était le sien, qu'elle laissa, dit au revoir et partit de son côté. Les bagages furent fouillés et Janine nous dit par la suite que le tour de passe-passe de Lucie leur avait rendu le plus grand service, car Jean-Louis avait l'habitude de confier les papiers dangereux à sa femme.

Jean-Louis s'expliqua avec les Allemands, leur donna sans doute quelques bonnes paroles et, comme ils n'avaient rien à lui reprocher,

(1) Cf. chapitre IV.

il reprit le cours de ses activités ordinaires. Il était de ces hommes qui, tels certains arbres la foudre, attirent par aimantation les services de renseignements. Je sus plus tard qu'il figurait sur toutes les listes de recherches, celles des Anglais, des Américains, des Français giraudistes et des Français gaullistes. Il connut quelques geôles, ce qui n'était point, disait-il, une expérience inutile pour un avocat, spécialiste, selon la formule consacrée, du grand criminel.

Les leçons de M. Bachrouch.

Le meilleur usage que je pouvais faire de ce temps à blanc, c'était d'apprendre l'arabe. Je demandai des leçons à l'instituteur Bachrouch, qui était un destourien modéré et qui publiait une revue littéraire. En cherchant un professeur, je trouvai un ami. Il m'admit dans son intimité, me présenta à sa femme dévoilée, et j'allais dans sa maison de Dar Chabane déguster le meilleur couscous du monde. Il me proposa, dans le cas où les Allemands procéderaient à des rapatriements forcés (on en parlait), de m'héberger chez lui pendant le temps nécessaire : l'inviolable citadelle d'une maison arabe m'aurait procuré la sécurité absolue.

Je n'ai pas beaucoup avancé au-delà de l'alphabet dans la connaissance de cette langue difficile, et je me débattais dans les dix catégories de verbes dérivés quand les Alliés parvinrent à Hammamet. Bachrouch m'a aidé à apercevoir la réalité de la situation tunisienne et à quel point elle différait de la représentation optimisante et tronquée qu'en donnait la littérature officielle. Déjà, d'ailleurs, les indications de Tixier-Vignancour m'avaient mis sur la voie : il avait plaidé pour des nationalistes, il en avait sauvé un de la peine capitale. Il pouvait se libérer suffisamment de ses préjugés droitiers pour reconnaître la force de leurs revendications et de leur résonance populaire.

Bachrouch croyait, comme Habib Bourguiba, à la victoire des Alliés, et comme lui il la souhaitait. Il pensait que cet événement favoriserait l'accession de la Tunisie à l'indépendance, qu'il envisageait par étapes, et que la France, parce qu'elle aurait participé à la victoire, prendrait elle-même le patronage de cette évolution, trop longtemps freinée par les abus de l'administration directe.

C'est précisément pendant la période de notre séjour à Hammamet que les puissances de l'Axe envoyèrent en Tunisie Habib Bourguiba, croyant, par ce coup d'éclat et en jouant de ses sentiments nationalistes, qu'elles pourraient l'engager en faveur de leur cause. C'était mal le connaître et il regimba durement. Eût-il cédé, sa position aurait entraîné les conséquences les plus graves, car, il faut bien le dire, une importante partie de la population tunisienne avait accueilli avec faveur l'arrivée des troupes allemandes qui signifiait pour elle la fin du protectorat. Les faux sages nous disaient bien, en clignant de l'œil : « C'est tout simplement le culte de la force. Les Arabes vont au vainqueur. » Je pus constater l'étendue de leur erreur et la fausseté de ce jugement méprisant. Lorsque les Alliés arrivèrent, ils faisaient étalage d'un équipement colossal, auprès duquel celui de l'armée allemande prenait figure de simple ferraillerie pour chevaliers du Moyen Age. Or l'accueil de la population fut des plus froids. Où était donc le culte de la force, l'idôlatrie du vainqueur ?

Ce détail fut un de ceux qui me frappèrent le plus et auxquels je me reportai par la suite, chaque fois que les tenants du « statu quo » tentaient de me convaincre en s'appuyant sur leur « longue expérience ». L'expérience n'enseigne que le passé. Et nous étions entrés dans une période de l'Histoire où *le passé passe vite*.

CHAPITRE VII

LE GOUVERNEMENT DU LYCÉE FROMENTIN

Il semble parfois que l'Histoire pose sur une borne l'une de ses boîtes de commandes. Elle considère l'un de ses théâtres et elle dit à ses acteurs, peut-être hâtivement recrutés pour la circonstance : « Allez-y donc, jouez ce que vous voulez, comme vous l'entendez, tout cela ne tire pas à conséquence, je me charge du dénouement. »

C'est une sorte de commedia dell'arte qui s'est déroulée à Alger entre le débarquement des Alliés et l'installation du général de Gaulle.

A part la mort de Darlan, qui apparaît plutôt comme un tour d'artifice comptable, et la déplorable fin du jeune Bonier de La Chapelle, victime d'une sorte d'accident de la roulette russe, c'est un spectacle de divertissement que nous donne l'agitation des différents personnages engagés dans des situations invraisemblables, toujours dénouées aux moindres frais, comme pour tenir le public en haleine jusqu'à ce que puisse commencer le deuxième épisode, celui qui ramène le théâtre dans le mouvement de la vie comme des troupes d'acteurs dans la pièce d'Evreinoff, *la Comédie du bonheur*.

A l'heure où nous arrivons à Alger, il vient de s'opérer une symbiose entre le comité de Londres (de Gaulle) et le commandement d'Alger (Giraud).

C'est une situation originale et c'est une structure insolite. Un trouble général règne dans les esprits. Les rumeurs les plus étonnantes circulent (mais comme il ne s'est passé jusqu'ici que des choses etonnantes, comment ne seraient-elles pas accueillies ?). Si l'on y réfléchit, on peut cependant établir un calcul de probabilités. Les mêmes raisons, qui ont imposé à Giraud, qui disposait sur place d'une autorité sans partage, d'en accorder une moitié à son concurrent ne pouvaient manquer de le contraindre, à plus ou moins brève échéance, à s'effacer en totalité. Les prévisions sont faciles après coup mais celle-ci pouvait être faite sur le moment. Les meilleurs calculateurs la firent effectivement. De ce fait même, la probabilité devint certitude. Le poids des parieurs acheva de faire basculer le plateau. Apportant une illustration à la loi d'Œdipe, formulée par Popper, la prévision agit sur le prévisible.

Deux amis nous attendaient à Alger : Robert Aron et Louis Joxe. Selon un amusant contraste, l'un d'eux symbolisait à merveille la période qui s'achevait et le style de la fiction ; l'autre animait le cycle débutant et fabriquait déjà le réel de l'avenir.

« *Victoire à Waterloo* ».

Je connaissais peu Robert Aron ; il appartenait à un cercle d'amis personnels et littéraires que Lucie voyait beaucoup avant notre mariage. L'ayant rencontré lorsqu'elle avait une quinzaine d'années, elle conçut pour lui une considération admirative à laquelle les circonstances ultérieures n'avaient apporté ni confirmation ni démenti. Il était d'ailleurs le type même de l'intellectuel dont l'ascendant est à son zénith auprès des lycéennes. C'était un esprit fin, un caractère rêveur, une âme généreuse, douée pour l'utopie et pour l'humour, ce qui ne va pas toujours ensemble. Agrégé de grammaire, il n'avait jamais enseigné et ne devait jamais enseigner, mais l'aptitude à la pédagogie était sans doute le trait le plus distinctif de son intelligence. Bien que n'ayant pas été normalien, il avait un goût prononcé pour le canular. Il était — mais je ne l'ai découvert que plus tard — d'une susceptibilité pathologique et il pouvait concevoir, pour un futile motif d'amour-propre, des haines inexpiables. Il attirait les sympathies, je dirais même l'attachement, par son visage qui restait, même dans la plaisanterie, d'une gravité imperturbable, par ses traits émaciés, par ses yeux immenses, qui reflétaient une sorte de ferveur apostolique. On était porté à attendre beaucoup de lui, sans qu'il ait eu besoin de rien dire et, par cette raison, il décevait souvent, non pas par défaut de rectitude, mais par insuffisance d'efficacité. On lui reprochait de ne pas tenir des promesses qu'en réalité il n'avait point faites.

Nous n'avions lu de lui qu'un seul ouvrage, *Victoire à Waterloo,* qui débutait de façon allante, mais paraissait un peu longuet par la suite, construit sur un thème amusant ; à Waterloo, ce n'est pas Blücher qui survient, c'est Grouchy, la guerre est gagnée mais, comme on le suppose, les choses ne changent pas pour autant. C'est un peu le schéma que Jean-Paul Sartre a traité de façon plus impressionnante dans *Les jeux sont faits.* Ni Lucie ni moi n'avions parcouru la moindre ligne de l'œuvre dont il tirait sa fierté principale et qui, écrite en collaboration avec un certain Arnaud Dandieu, se présentait comme un essai en plusieurs tomes, d'allure assez pesante, intitulé *la Révolution nécessaire.* D'après ce que j'en ai entendu dire, il s'agissait d'une mixture de diverses utopies où l'on trouvait notamment le thème corporatiste et une certaine conception de l'économie de troc. Par cette approche même, et par ses dispositions générales d'esprit, qui étaient conservatrices voire quelque peu archaïsantes, Robert Aron aurait pu être sensible aux thèmes de la Révolution nationale s'ils avaient été formulés dans des circonstances où le patriotisme ne fût pas en jeu. Il ne pouvait manquer de nouer ou de conserver des liens de sympathie avec les vichyssois nationaux et avec les synarques anti-allemands.

Il était le cas typique de l'intellectuel juif du pape dont rêvaient comme alibi les hommes de double jeu mais dont les pétainistes de bon aloi se réservaient et se disputaient la protection.

Il était l'ami de l'adorable Jean Jardin qui l'hébergeait à Vichy et du mystérieux Jean Rigaud qui l'amena à Alger. Il pouvait donc incontestablement dire qu'il avait participé à l'opération du débarquement, mais c'était une participation testimoniale. Peu après, Jean Rigaud fut éliminé du ministère de l'Intérieur et l'influence de son groupe ne cessa de décroître. Cependant, Robert Aron continua de tenir un rôle ou plus exactement un personnage.

Le régime du général Giraud ne comportait que très peu d'hommes de valeur et ceux qui n'étaient pas compromis ne tardèrent pas à jouer la carte du gaullisme. Robert Aron fut sans doute le seul qui. sans d'ailleurs témoigner ni résistance ni réticence à l'égard du général s'abstint de lui proposer ses services ou même de spéculer sur sa réussite. Dans un ministère polyvalent, dont le dernier titulaire fut le bon docteur Abadie, Robert Aron avait la haute main sur les affaires sociales, sur l'éducation nationale et d'une façon générale sur tous les secteurs où il ne se passait rien et qui n'intéressaient pas la politique. Le nouveau régime ne s'occupa pas de lui. Il gardait ses attributions et ses occupations disparurent sans presque qu'il s'en avisât.

Quand Tixier fit plus tard l'organigramme de son ministère, il porta avec humour la mention suivante : « Chef de Service, M. Robert Aron. Ce service ne comprend qu'un seul agent, M. Robert Aron. »

Notre ami nous assura à notre arrivée un domicile temporaire dans un immeuble moderne et confortable où il habitait lui-même, sur le boulevard (on disait quelquefois le chemin) du Telemly. Je compris qu'il y avait plusieurs appartements vacants à cette adresse car ils avaient été occupés à l'origine par certains protagonistes des expédients et des complots, qui bénéficiaient ainsi de facilités exceptionnelles pour la liaison et pour le secret. Ils s'étaient égaillés depuis lors dans diverses directions de la vie administrative ou militaire. On me parla de Davernas, qui était un brillant inspecteur des Finances, de Marc Jaquet, qui avait été proche du comte de Paris, enfin du prétendant lui-même : un visiteur se souvenait avec émotion que le comte lui avait un jour ouvert la porte mais il ne l'avait pas reconnu sur-le-champ. Présentement, notre hôte s'appliquait philosophiquement à consacrer ses loisirs à des tâches littéraires, il avait composé une transcription radiophonique d'une œuvre de Jules Verne, il élaborait une pièce de théâtre dont il nous lisait parfois des extraits quand nous disposions d'une soirée tranquille. Enfin, il entra en relation avec André Gide qui, venu de Tunis, s'était installé à Alger, et il échafauda avec lui le projet d'une revue dont Lucie devait assurer la parution, et qui s'appelait *l'Arche*.

Le lycée Papillon.

Louis Joxe me reçut à bras ouverts, non seulement parce que nous avions toujours été en sympathie, mais parce que je lui apportais précisément ce qui, à ce moment-là, lui était le plus nécessaire : un collaborateur qui fût un juriste éprouvé, doté au surplus de sensibilité politique, et qui, par ses titres et sa notoriété relative, lui ferait honneur sans lui porter ombrage.

Il assumait les fonctions, toutes nouvelles, de secrétaire général du Comité français de libération nationale, cet organisme dyarchique dont il était quelque peu l'inventeur. Le secrétariat était le seul organisme de ce gouvernement bicéphale ; il l'avait installé dans un des pavillons qui, au sein d'un théâtre de verdure, constituaient le lycée d'Alger, baptisé du nom de Fromentin, le célèbre peintre orientaliste qui était aussi l'auteur d'un de mes romans favoris, *Dominique*. On désignait souvent cet établissement, non sans une intention ironique, sous le nom de fantaisie du lycée Papillon, en souvenir d'une célèbre chanson populaire :

On n'est pas des imbéciles,
On a même de l'instruction,
Au lycée Papa, au lycée Papi,
Au lycée Papillon.

Dès ses premières réunions, le Comité avait été saisi d'un certain nombre de textes, émanant des ministres (appelés commissaires) qui tantôt les trouvaient dans les cartons de leurs administrations et s'empressaient de les en extraire pour montrer que les méthodes étaient rajeunies, tantôt les élaboraient personnellement pour se convaincre de leur compétence et de leur efficacité. Le Comité était qualifié pour entériner aussi bien des actes législatifs que de simples décrets. Il venait justement de se produire je ne sais quelle bévue, qui irrita le général de Gaulle, lequel, le même jour, avait désigné deux personnalités extérieures en qualité de consultants. Louis Joxe tenait beaucoup à ne pas voir amoindrir son domaine et, quand je le quittai, j'étais investi de la fonction officielle de chef du service législatif. Je me mis aussitôt en rapport avec les experts que nous avait indiqués le général. L'un était un magistrat de cour d'appel, Laget, qui disparut bientôt pour prendre quelque part des fonctions judiciaires, l'autre était Paul Coste-Floret, professeur à la faculté de droit d'Alger, originaire comme moi du département de l'Hérault, et avec qui je pus renouveler, à ma grande joie, la merveilleuse expérience du contrat d'amitié. C'était une intelligence précise et directe, un caractère parfois bourru, allant à l'essentiel et à l'immédiat. Nous examinions ensemble tous les textes : ceux que j'avais pu contrôler avant leur évocation au Comité ne posaient généralement pas de problèmes, cependant il arrivait qu'ils aient subi des modifications en séance. D'autres présentés directement par les ministres nous revenaient déjà signés, au moins en partie. Nous n'hésitions pas pour autant à les corriger et à les réécrire, et nous nous abstenions prudemment de les remettre en circulation, ce qui eût entraîné des retards, des difficultés et des incidents de toutes sortes. Un jour, Joxe découvrit que Paul Coste-Floret et Edgar Faure refaisaient à leur guise les actes officiels, et il en trembla. Il s'en entretint avec François de Menthon, devenu entre-temps ministre, et auquel Coste-Floret, qu'il avait choisi comme directeur de son cabinet, n'en fit pas mystère. Après leur première émotion, ils décidèrent de baisser les bras. Personne ne s'aperçut jamais de rien et nous étions sûrs de notre bon droit. Par la suite, Louis Joxe établit une procédure affinée qui permettait de procéder, presque toujours, à un contrôle préventif.

Il y eut encore des cas épineux. Un jour, un commissaire imagina de bâtir une législation d'exception contre les membres de la milice ; ce texte, bien qu'inspiré par une juste indignation, comportait de véritables monstruosités juridiques, notamment la faculté de procéder à des exécutions sans jugement. « De telles actions, exposai-je, se conçoivent fort bien dans la fièvre des combats, mais je ne saurais prendre en aucun cas la responsabilité de les inclure dans un monument du droit français. » J'eus beau multiplier notes et explications, les promoteurs de cette loi y apportaient une telle passion que nul n'osait se mettre en travers et que je m'attendais à un échec, voire à attirer vers moi la suspicion, jusqu'au moment où le texte parsemé de signatures parvint sur la table du général de Gaulle qui le biffa d'un trait rageur avec un commentaire impitoyable.

Il me fut possible, plus tard, de faire écarter par mes seules forces un projet établi par l'un des ministres et qui prévoyait une cérémonie spéciale pour le maréchal Pétain. Il s'agissait de le dégrader place de l'Etoile, sur le front des troupes, après quoi son bâton de maréchal serait solennellement cassé. « On pourrait le lui casser sur la tête », proposai-je. Cette réflexion suffit à régler l'affaire.

Les textes adoptés étaient d'abord soumis au contreseing des commissaires compétents. Pour ceux qui avaient force législative, tous les contreseings étaient exigés. J'hésitai sur le cas du général Georges, qui n'était chargé d'aucun portefeuille. Il me parut difficile de l'ignorer, puisqu'il était membre du Comité, et qu'il comptait dans l'équilibre de la balance ; il fallut donc remplacer la mention habituelle et inscrire ridiculement : « Le général Georges — signature — le général Georges. » Je n'entendis jamais la moindre référence à cette personnalité effacée, si ce n'est le récit d'un mot malicieux que lui adressa un jour le général de Gaulle. M. Georges racontait qu'il lui était arrivé, au cours d'une cérémonie de remise de Légion d'honneur, d'éprouver une absence de mémoire : la formule sacramentelle lui échappait. « J'avais déjà, précisa-t-il pour faire comprendre son embarras, tiré mon épée du fourreau. — Et alors, mon général, termina de Gaulle, vous l'y avez remise ? »

Le protocole de la signature.

Un autre problème de casuistique se posa pour les deux signatures, également indispensables, des deux présidents. Auquel devait-on porter d'abord le document ? On ne savait au surplus si la préséance s'attachait au premier ou au deuxième seing. Je décidai d'établir les parchemins en double exemplaire, chacun revêtu de toutes les griffes des commissaires, et de celle de l'un des deux présidents. Joxe se réservait le soin de présenter lui-même le cahier au général de Gaulle. Je n'eus jamais l'occasion de le substituer, ni même de l'assister, pour cette cérémonie ; il lui attribuait, à juste titre, une extrême importance. Elle lui permettait de s'entretenir pratiquement tous les jours avec le chef de la France Libre, de lui présenter ses observations et ses suggestions au fur et à mesure de chaque lecture, et aussi bien sur d'autres sujets, d'écouter le général, de se familiariser avec ses méthodes de pensée, enfin de progresser régulièrement dans sa confiance, qu'il méritait bien. Il parvint, avec force diplomatie, à faire entrevoir au général l'avantage qu'il y aurait, pour la facilité du travail, à ce que le secrétaire général soit présent au cours des séances du Comité, ce qui lui permettrait de se souvenir des indications du débat et d'éviter tout malentendu. Le général hésitait sur le principe, et Joxe imagina la suggestion décisive : « Je pourrais peut-être, dit-il, prêter serment. » Ce formalisme et ce moralisme plurent au général, et il fut ainsi procédé. On installa pour le secrétaire général une petite table un peu en retrait dans la salle du Conseil.

Si Louis Joxe se réservait la clientèle du général de Gaulle, il m'avait dès l'abord délégué le soin d'assurer la signature du général Giraud.

J'appris par le directeur de son cabinet, le charmant ambassadeur Willy Georges-Picot, que le général signait toujours solitairement ; il faut dire que l'heure qu'il avait choisie pour cet exercice ne se prêtait guère au travail d'équipe. Les parapheurs étaient disposés le soir à son chevet et il les compulsait dès son réveil, à cinq heures du matin. Je donnais donc à Willy Georges-Picot tous les éclaircissements utiles et je répondais à ses questions, après quoi nous conversions pendant quelques instants sur des sujets variés. Il me raconta un jour qu'il avait fondé un syndicat dont les initiales intriguaient toujours les profanes. Le code était : « ceux qui ne peuvent... aimer ? que les Chinoises ». Je régnais sur la bureaucratie et les paperasses du gouvernement, ce qui occupait pleinement mes journées, car je devais aussi recevoir de nombreux correspondants des autres ministères, répondre à des demandes incessantes, régler les questions les plus diverses. Louis Joxe me donna bientôt des collaborateurs, Bernard Pauphilet qui m'assistait et me doublait pour toutes les affaires, Yves Lévy, homme de vaste culture, qui avait été technicien de l'imprimerie et qui s'occupa surtout du *Journal officiel*. Plus tard, le gouvernement s'étoffa par la constitution de deux nouveaux organismes : le Comité juridique, présidé par René Cassin, qui refaisait avec plus de pompe et plus d'ampleur mon propre travail de contrôle et émettait des avis motivés sur des points souvent secondaires et un Comité contentieux qui fonctionnait à la manière d'une sorte de Conseil d'Etat, et que présidait d'ailleurs un magistrat de ce corps, le colonel Tissier, futur directeur général des Impôts. Tout cela donnait lieu à de nouvelles transmissions, à des monceaux de paperasse supplémentaire, et à l'embauchage de nouveaux agents selon la célèbre loi de Parkinson.

Dès les premiers temps, l'adjoint de Joxe, le diplomate Raymond Offroy, avait pu récupérer ses collaborateurs de Londres qui se groupèrent en un ensemble compact dans une suite de bureaux située en vis-à-vis de la nôtre. Aussi disais-je, quand je m'apprêtais à franchir la galerie qui nous séparait : « Je vais traverser le Channel. » Les Londoniens, que l'on appelait les Hadjis (comme s'ils avaient fait, à leur manière, le pèlerinage de La Mecque), se comportaient avec une affectation de supériorité ou du moins d'insularisme. Ils se délectaient à afficher leur refus de se prêter au rite de la main serrée quatre fois par jour et de la sempiternelle question : « Comment allez-vous ? », les tenant pour pratiques roturières, sinon déviations vichyssoises, dont la fréquentation des hauts lieux les avait heureusement exonérés et comme exorcisés. Mes relations avec Offroy, homme de valeur devenu mon ami, et son équipe étaient d'ailleurs excellentes.

Bientôt, cependant, ces prétentions s'estompèrent et les différences s'abolirent, sous la pression de la multitude de Français venus de la métropole occupée : les « évadés de France » (telle était leur dénomination favorite) qui parvenaient à Alger, à travers la frontière pyrénéenne de plus en plus perméable, et après des quarantaines de plus en plus courtes dans les geôles espagnoles. Pour eux les distinctions entre les différentes catégories de Français libres apparaissaient comme les signes d'une « clubomanie » dérisoire. Darlan appartenait à l'histoire ancienne, le nom de Giraud ne désignait pas un homme d'Etat, mais une vieille culotte de peau, tenant du colonel Ronchonneau et du capitaine Hurluret, spécialiste de l'utilisation du mulet en campagne, et, dans l'ensemble, « plutôt sympathique à condition de ne faire que son boulot ».

Présences radicales.

On voyait surgir à chaque instant, au coin d'une allée du parc, ou sur le perron de l'hôtel Aletti, ou au bar du cercle Interallié, une silhouette, un visage, un souvenir, un camarade de lycée, un confrère, un client, mais il y avait aussi les amis nouveaux, d'abord rencontrés dans les relations de travail, et avec qui on souhaitait faire plus ample connaissance. Notre organisation nous permettait de recevoir chez nous, ce que nous faisions toujours pour les résistants en transit, afin de leur assurer, autant que possible, l'incognito. Ainsi Joannès Ambre, qui vint se réconforter à notre table frugale, un peu déconfit parce qu'il représentait le réseau « Marie-Madeleine » (Fourcade), lequel ne manifestait pas toujours un sens rigoureux de la discipline, et le général de Gaulle avait tenu, comme on dit, à « mettre le cheval en rond ». Les choses s'arrangèrent bientôt et Joannès repartit vers les zones du péril avec ce panache à la Cyrano qui lui va si bien.

Je subissais naturellement l'attraction des milieux de la politique et de la haute administration, avec des hommes comme Louis Jacquinot, mon ancien senior du quartier Latin et de la Ligue républicaine nationale, Maurice Couve de Murville, René Mayer, ministre technicien en voie de mutation politique, François Didier Gregh, notre ami de longue date, qui tenait sur ses robustes épaules les finances de la France Libre, François de Menthon, venu tout droit d'Annecy, où il avait subi quelques sévices. Mais j'étais surtout en liaison avec l'échelon radical qui produisait une représentation hors pair avec ses deux ministres, en fait les personnages les plus considérables du gouvernement, et dont les individualités offraient à la fois un grand contraste et une solide bipolarité : Pierre Mendès France et Henri Queuille (après la libération de la Corse, ils furent rejoints par le sénateur Giacobbi).

Un soir où nous étions restés par hasard chez nous boulevard Carnot, un coup de sonnette... Je vais ouvrir la porte à un officier de l'armée de l'air, nous nous embrassons... C'est Pierre Mendès France que le général de Gaulle a fait quérir dans son escadrille en Angleterre (il venait de diriger le célèbre raid de bombardement sur Roissy, volant entièrement en rase-mottes, afin d'apprendre aux aviateurs anglo-saxons qu'on pouvait accomplir des missions sans exposer la population civile) pour l'installer au commissariat aux Finances. On se demandait quel serait son choix pour le poste. Celui-ci était totalement inattendu et le meilleur.

Pierre Mendès France quittait le président du Comité et il n'avait pas voulu attendre le lendemain pour rendre visite à ses amis Faure, qui conservaient de lui la dernière vision du condamné de Clermont-Ferrand, auquel j'annonçai la sentence du Conseil de guerre, rendue, selon le rite, en son absence. Nous prîmes l'habitude de passer ensemble la plupart de nos week-ends et toutes les petites vacances que nous mettions à profit pour visiter l'Algérie.

Le « père Queuille » ne tarda pas à apparaître. C'était le dernier personnage au monde que j'aurais imaginé en train d'attendre de nuit un bimoteur clandestin, sur un coin de prairie balisé par des paires de draps. Il occupait le poste protocolairement le plus élevé et il assurait l'intérim du général de Gaulle quand celui-ci venait à s'absenter (ou à se trouver, comme cela arriva une fois, physiquement indisponible). J'étais déjà affectueusement lié avec son gendre, Jean Gallot, qui était son principal collaborateur et je pense souvent encore à ces déjeuners à la cantine qu'avaient organisés rue

Laferrière le gouverneur Plas et le lieutenant Lagaillarde ; ce fut pour moi une sorte de stage qui pouvait compenser mon défaut d'ancienneté dans le parti radical.

Les passagers d'Europe vivaient généralement en milieu clos, et même dans une série de milieux clos. J'étais l'un des rares officiels du C.F.L.N. qui avaient l'occasion de rencontrer des Français d'Algérie, le plus souvent mes confrères avocats, les futurs bâtonniers Nicolas et Perrin, dont le cabinet était situé dans un immeuble voisin du mien, boulevard Carnot, Me Giovoni, bâtonnier de Sétif, transitant par Alger dans l'intention de fonder un journal à Paris, qui me fit connaître quelques musulmans. Jacques Vacheron Desroche, qui signait d'excellents billets de politique étrangère dans le journal du soir, profitait de ma voiture pour nous emmener déjeuner à la Chartreuse de Médéa, ou dans quelques gros bourgs où il était introduit auprès des notables par ses amis les curés. J'observais parfois dans ces cercles la persistance d'une farouche hostilité au général et au gaullisme.

Le « n » de Baudoin de Courtenay.

Lucie partageait son temps entre deux activités. Elle était affectée au service des relations culturelles, animé par l'extraordinaire dynamisme de Raoul Bertrand, et elle se vit chargée de créer un centre d'études slaves dont l'objet principal était de dispenser l'enseignement du russe, alors inconnu à Alger. Elle n'apprit pas un mot de la langue mais elle s'acquitta avec son efficacité ordinaire de sa tâche d'organisation. On trouva un professeur d'anglais connaissant très bien le russe, M. Psalmon, qui me rappelait Paul Boyer, à la fois par sa barbiche, par son accent et par l'aisance aristocratique de ses manières. Un attaché commercial d'origine russe, qui devait plus tard s'imposer dans cette administration, M. de Tchaïkovsky, s'évertuait à le seconder et assurait en même temps le rôle de répétiteur. Il fut possible de tenir, l'été, une première session d'examen. En tant que titulaire du diplôme de l'Ecole des langues orientales, je fus invité à faire partie du jury, où je tins à m'asseoir au bout de la table. Je parlais le dernier, et je posais, en français, des questions sur la grammaire dont je gardais en mémoire quelques notions érudites. Je pouvais toujours me tirer d'affaire avec le « n » de Baudouin de Courtenay, histoire d'une lettre éliminée au cours des âges dans une préposition, mais qui reparaît soudain devant certaines voyelles comme un oued dans le désert. Je tentai çà et là d'améliorer ma pratique du langage (en même temps que mes informations) par la fréquentation des diplomates soviétiques, mais le seul avec lequel je réussis à me lier de façon tant soit peu soutenue et personnelle, M. Ratiani, parlait parfaitement le français. Peut-être en raison de cette pratique, il se comportait avec une aisance qui faisait généralement défaut à ses congénères.

Ainsi vint-il à plusieurs reprises, avec sa femme, prendre des bains de mer en notre compagnie sur la plage de Sidi-Ferruch. Je l'ai rencontré par la suite à intervalles espacés et plus tard quand il vint à Paris comme chargé de mission officieuse et secrète de son gouvernement, à l'occasion de l'élection présidentielle de 1969, qui suivait le départ vers l'Irlande du général de Gaulle. Il me rendit visite dans ma maison de campagne afin de me consulter sur les divers aspects de la situation et me demanda de le mettre en rapport avec le candidat Georges Pompidou. Il me fit connaître par la suite qu'il tirait l'impression la plus favorable de cette entrevue à laquelle je n'assistais pas.

D'autre part, le projet de Robert Aron était venu au jour avec la parution du premier numéro de la revue *l'Arche*, qui traitait de sujets variés (à la différence de la revue de Max-Pol Fouchet, *Fontaine*, d'excellente tenue, qui était principalement littéraire). J'y publiai notamment, dans l'enthousiasme de l'entreprise à laquelle j'étais associé, un article intitulé : *Légitimité de la France en guerre*. Ce numéro demeura unique, ce qui me rappela l'expérience du *Cancrelat*. *L'Arche* devait son existence éphémère au nom illustre d'André Gide et à la collaboration — fragile — de deux hommes : notre ami Robert Aron et l'une des personnalités les plus attachantes d'Afrique du Nord, le poète kabyle Jean Amrouche.

Je n'ai jamais rencontré Gide, mais Jean Amrouche venait souvent boulevard Carnot. Nous eûmes notamment un long entretien lorsque le général de Gaulle, qui préparait son discours de Constantine, plaça Jean Amrouche sur la liste des personnalités qu'il se proposait de consulter. Ce fut la première occasion qui se présenta pour moi d'entendre exprimer sur l'Algérie un point de vue qui s'écartait de la littérature officielle et qui prenait en compte toute la virtualité dramatique d'une situation dont nous ne connaissions que la partie émergeante. La réception du poète par le général prit la forme d'un déjeuner et notre ami vint nous voir en sortant de la villa des Oliviers pour nous en faire le récit détaillé. C'était un vendredi, mais Jean Amrouche n'avait pas dans l'esprit la règle catholique qui interdisait ce jour de la semaine la consommation de la viande. Aussi quand on présenta un plat de poisson, il crut que ce n'était là qu'une entrée et il se servit légèrement, ce qu'il regretta par la suite. Il était bon vivant et le repas lui parut maigre dans le double sens du mot.

Jean Amrouche fut sans doute l'homme qui, en raison à la fois de sa francisation parfaite et de sa fidélité algérienne, avait le plus fortement influencé le général de Gaulle dans la conception progressiste qu'exprime son discours et qui, hélas, ne fut ni tout à fait comprise sur l'heure ni suffisamment retenue par la suite. Bien plus tard, je pris une initiative analogue à celle du général et je fis venir Jean Amrouche un beau jour auprès de moi, en octobre 1955, lorsque j'étais président du Conseil et que je cherchais une orientation pour l'affaire algérienne. Je lui suis redevable pour une part essentielle (et sans doute la plus originale) de l'inspiration de l'exposé que je présentai à l'Assemblée nationale. Oserai-je pousser le parallèle jusqu'à dire combien je déplore à mon tour de n'avoir pas été mieux entendu ?

Il advient souvent que la première réalisation d'un projet entraîne la brouille entre ses promoteurs ; ce fut le cas pour la revue. Jean Amrouche et Robert Aron se disputèrent le précieux capital qu'ils avaient mis en commun, le nom d'André Gide et le titre de *l'Arche*. Je crus alors dur comme fer que tous les torts étaient du côté d'Amrouche, et par voie de conséquence du côté d'André Gide — qui lui avait donné sa préférence — et que Robert Aron, parce qu'il était notre ami et parce que Lucie avait été choisie par lui, avait le bon droit et la bonne foi de son côté. Aujourd'hui, je me montrerais sans doute plus réservé. Quoi qu'il en fût, je conseillai à Robert Aron et à Lucie de renoncer à toute espèce de contentieux, de faire une croix sur *l'Arche* et de s'appliquer à produire simplement une nouvelle revue, puisque l'ancienne leur devait son succès, et même son existence.

Je réfléchis pendant tout un dimanche (je me souviens que nous étions allés dans les environs d'Alger avec Mendès France voir Maurice Rheims dans son camp d'entraînement de parachutistes) au titre que l'on pouvait donner, et qui devait dans mon esprit fournir l'équivalent sémantique de *l'Arche*. Je résolus enfin cette énigme par le choix de *la Nef* qui évoque semblablement la double image de l'architecture et de la navigation. Lucie fit paraître à Alger le premier numéro qui fut aussitôt diffusé dans la France encore occupée. J'y publiai moi-même des traductions d'ouvrages parus en U.R.S.S. Le succès de *la Nef* fut immédiat et durable. On n'entendit plus parler de *l'Arche*.

« *Ecce duo gladii (1)* ».

C'est une belle et grande entreprise que la conquête du pouvoir temporel par la seule force de l'esprit. A Londres, en juin 1940,

(1) Cette expression désigne la dualité du pouvoir spirituel et du pouvoir temporel.

Charles de Gaulle, général de brigade à titre temporaire, secrétaire d'Etat d'un gouvernement défunt, ne représente qu'une hypothèse, la victoire, et une idée, la participation de la France à cette victoire. Trois ans plus tard, à Alger, il possède la moitié indivise de la juridiction sur l'ensemble de l'armée française libre et des territoires libérés. Pour passer de la moitié au tout, de l'indivision à la pleine propriété, il lui faut éliminer son partenaire, le général Giraud. Il y parviendra selon un scénario qui impressionne, quand on le reconstitue, par sa rigueur logicielle et par la perfection théâtrale de son développement. Il peut se résumer en trois actes, dont chacun peut être illustré par un bref dialogue.

1er acte :

On ne peut songer à maintenir une propriété indistincte et indivise du pouvoir; cette structure est phénoménale (je me souviens de l'emploi précis de ce terme dans une des premières notes). Pourquoi ne pas procéder à une division des responsabilités entre le pouvoir civil et le pouvoir militaire ? Vous êtes essentiellement un homme d'armes, je suis connu par mes décisions politiques. Vous prenez celui-ci, j'assume celui-là.

— D'accord.

2e acte :

Selon la tradition permanente des Etats démocratiques, le pouvoir militaire doit être structurellement subordonné au pouvoir civil. *Cedant arma togae.* — On ne peut rien objecter à cela.

3e acte :

Etant donné que je suis le pouvoir civil et que vous êtes le pouvoir militaire, et étant donné que le pouvoir militaire est subordonné au pouvoir civil, c'est bien exact ? — En effet. — En conséquence, je vous congédie, plus exactement, je vous nomme inspecteur général des Forces armées. — Je vous remercie, mais je ne puis accepter cette proposition. Je m'en vais. Puisque le pouvoir civil est supérieur au pouvoir militaire, je me propose d'accéder au moins à une parcelle de ce pouvoir politique en me faisant élire député de Strasbourg.

***

Ce schéma donne une impression machiavélique, mais ce serait une grande erreur que d'attribuer, pour l'essentiel, le succès du gaullisme à la perfection technique de la manœuvre. Le chef de la France Libre disposait, au départ, d'un grand avantage potentiel :

c'est que sa proclamation publique le plaçait en concordance profonde avec les dispositions intimes de la plupart des Français, dispositions que beaucoup d'entre eux ne connaissaient pas eux-mêmes. Elles n'avaient pas encore émergé sous le pinceau supérieur de la conscience. Ce fut d'ailleurs sans doute la caractéristique essentielle de ce personnage historique ; non pas seulement, comme on le croit d'habitude, la prévision de ce qui se passera plus tard, mais la perception intuitive de ce que les autres pensent déjà aujourd'hui sans s'en rendre compte clairement. D'autre part, et à partir de cette ligne favorable, il parvint à attirer vers lui et à insérer dans sa propre structure d'accueil une bonne part des éléments actifs de la Résistance ; ce fut le résultat d'un travail énorme d'organisation et de contacts poursuivi par le Bureau central de recherche et d'action (B.C.R.A.) sous la direction de Jacques Soustelle.

On a souvent sous-estimé, dans l'histoire, l'influence que peut s'assurer un « cerveau » extérieur sur des ensembles organiques situés à l'intérieur d'un pays gouverné autoritairement, voire occupé ; ainsi peut-on évoquer, sans préjuger de toutes les différences entre ces cas, l'action acharnée de Lénine et de son infatigable épouse sur les groupements révolutionnaires qui existaient dans la Russie tsariste. Cette activité immense et dont l'efficacité allait croissant fut méconnue à l'époque (cela n'est d'ailleurs point surprenant, étant donné son caractère *institutionnellement secret*) aussi bien par les adversaires que par les sceptiques.

Lorsque le C.F.L.N. (1) fut constitué, il plaça sous son autorité, tout naturellement, l'ensemble des services français extérieurs à la métropole, y compris la totalité de l'armée. Mais, en fait, le B.C.R.A. demeura sous la direction exclusive du pôle gaulliste. La communauté des apports se trouva, dès lors, incomplète.

Le plan gaulliste comportait un seul danger et pour une seule période : ce fut lorsque le général Giraud se vit attribuer la compétence militaire et avant le moment où il allait être précisé que le militaire était subordonné au civil. Un autre que le général Giraud aurait pu profiter de cette faille. Le général de Gaulle prit le risque. Il estimait que si le général Giraud avait été capable de prononcer une sécession, il n'aurait jamais accepté la fusion.

Le général de Gaulle suivait avec une extrême vigilance le comportement de Giraud à la tête de son commandement militaire ; et ce fut là, d'ailleurs, l'occasion du seul épisode où je me vis exposé à

(1) Comité français de libération nationale.

une semonce. Je l'encourus dans mon activité annexe de directeur du *Journal officiel*.

Les croix du commandant en chef.

Lorsque le général avait reçu le premier numéro du *Journal officiel de la République française,* qui consacrait sa légitimité, il avait été surpris de lire la mention « Numéro 1 ». Joxe m'en fit la remarque. Je dois dire que la question du numérotage ne s'était pas présentée à mon esprit ; c'était une initiative routinière de l'imprimeur. Le général avait fait observer que le *Journal officiel* n'était pas une publication nouvelle. Soit, mais je maintins mon point de vue (je devrais plutôt dire mon point d'inattention). Quel autre numéro aurait-on pu lui donner ? Le suivant après la dernière livraison parue avant l'armistice par exemple ? Mais c'était un numéro de l'année 1940 ! J'étais blanc comme neige.

Tout autrement se présenta la deuxième affaire. Le maître Lepagnot (1) me remit un jour, dans la liasse des textes, une suite de feuillets sous le seing du général Giraud, commandant en chef. Il s'agissait d'un ensemble de décisions décernant des décorations de la Légion d'honneur sur le front des troupes en opérations. Issu d'une famille militaire, je savais de naissance qu'une telle procédure était parfaitement régulière. Je commis l'erreur de n'en point parler à Louis Joxe et je fis suivre le document à l'imprimerie. J'éprouvai quelque émotion en découvrant, à peu de jours de là, l'énorme manchette de l'hebdomadaire communiste, qui s'appelait *Fraternité* et qui publiait sur toute l'étendue de ses colonnes : « Le général Giraud, commandant en chef, décore des braves. » Les communistes, qui cherchaient à saper par tous les moyens l'autorité du général de Gaulle, sans jamais la contester ouvertement, avaient trouvé là l'occasion de déclencher une opération publicitaire considérable en faveur du duumvir, qui ne l'avait point demandée. Le général de Gaulle en conçut une vive colère, et Louis Joxe, quand il me convoqua, maîtrisait difficilement la fureur que le grand patron lui avait communiquée. Je m'expliquai et me défendis sans faiblir, mais je reconnus volontiers que si ma position juridique était impeccable, j'avais singulièrement manqué de sensibilité politique et, au sens propre du mot, d'opportunisme. Je n'entendis plus parler de cet incident. Le général de Gaulle comprit bien qu'il n'y avait pas de reproches à me faire et qu'on ne peut discuter la compétence d'un

(1) M. Marcel Lepagnot, qui s'était engagé dans la marine, occupait alors le grade de maître principal. Il devint peu après officier et fut, par la suite, un de mes collaborateurs les plus assidus.

commandant en chef pour décorer des officiers dans le combat. Je pense d'ailleurs que cet épisode procura un utile sujet de réflexion au général de Gaulle et ce fut peut-être l'un des motifs de la double détermination qu'il devait prendre à bref délai, d'une part à l'égard d'Henri Giraud, de l'autre à celui des chefs du parti communiste.

Lorsque la nouvelle se répandit du limogeage du général Giraud, un certain malaise s'appesantit sur Alger. C'était un samedi et je me souviens que, pour être prêts à toute éventualité, Louis Joxe et moi-même passâmes presque toute la journée du dimanche dans nos bureaux. Je lui demandai, en fin d'après-midi, si Giraud ne pouvait pas avoir un réflexe de désobéissance. Quelles seraient alors les réactions de l'armée ? « Cette hypothèse, me dit Louis Joxe, est totalement exclue. L'homme est d'une parfaite dignité. » Quand nous nous quittâmes, je compris que Joxe éprouvait lui-même une certaine tristesse.

Le sauf-conduit de Pierre Pucheu.

Pour asseoir plus complètement son autorité, et par là même, pour permettre à la France de ne pas être frustrée de sa place dans la victoire, le général de Gaulle ne pouvait se contenter d'avoir éliminé son co-indivisaire et de régner sur la « France-hors-les-murs ». Il lui fallait aussi prendre des assurances sur la France intérieure, à défaut de quoi les Alliés tenteraient de se passer de lui. Dans cette vue, il jugea qu'il lui fallait obtenir des communistes une certaine obédience — fût-elle de surface et sans garantie de durée. D'autre part, il lui parut nécessaire de décourager une fois pour toutes les faiseurs de complots et les marchands de bons offices qui, dans l'ombre, tentaient de bricoler des légalités de remplacement. Sur ce second objectif, le hasard des circonstances lui fournit les moyens de briser les intrigues commençantes. Pierre Pucheu, ancien ministre de Vichy, héros prototype de la synarchie, s'était rendu en Algérie, sous la garantie d'un sauf-conduit de Giraud, et il se tenait tranquille dans une localité peu fréquentée. Il fut soudainement incarcéré et la justice militaire instrumenta contre lui. Son dossier ne comportait aucune pièce. Plus tard, il n'en contint qu'une seule, que le colonel Faure, mon homonyme, vint demander à mon service. Il s'agissait d'un numéro du *Journal officiel* de Vichy où était publiée la loi scélérate qui créait de nouveaux cas de peine de mort avec rétroactivité. En vertu de ce texte, qui portait, parmi les contreseings, celui de Pucheu, des malheureux qui avaient été condamnés pour des délits politiques à des peines de prison, et qui avaient, en toute tranquillité, interjeté appel, s'étaient trouvés frappés par la cour d'appel de la peine capitale. Ils avaient été exécutés.

Cette charge était donc lourde, quoique isolée. Le proces se poursuivit dans des conditions pénibles. Le général Giraud, qui vint témoigner, n'eut pas le mouvement de révolte que l'on eût pu attendre de lui, dont la signature était bafouée, et dont la promesse impuissante conduisait à un châtiment ignominieux un homme qui lui avait fait confiance. L'attitude des officiers généraux qui soutenaient l'accusation souleva certaines réserves. Pucheu fut condamné à mort et passé par les armes. J'éprouvai, et je ne fus pas le seul, un certain accablement de cette rigueur. Je suis trop profondément homme de droit pour accepter aisément que la justice, même sévissant contre un coupable, soit utilisée à des fins politiques, ce qui était évidemment le cas. L'efficacité fut absolue. L'exemplarité de la peine de mort ne saurait être contestée dans des cas analogues. Tous ceux qui, en France métropolitaine, comptaient négocier leur ralliement, ou s'attachaient à préparer des formules de substitution ou de compromis, disparurent tout d'un coup comme une volée d'oiseaux migrateurs. Le général de Gaulle aurait pu faire sienne une maxime découverte plus tard dans un opuscule, et que j'ai cru pouvoir attribuer à Richelieu : « Tout grand exemple a quelque chose d'injuste, qui se récompense par l'utilité que le public en reçoit (1). »

Depuis, d'autres éléments de charges, selon les indications que donne Louis Joxe (2), furent trouvés en France et publiés après la Libération ; mais c'est là un argument dont le maniement est dangereux, car on ne peut justifier les procès par des preuves secrètes. Il faut bien reconnaître cependant que, dans cette douloureuse affaire, de Gaulle interprétait le sentiment profond de la France insurgée, et que, en évitant de décevoir la Résistance, il consolidait les moyens qui lui permettraient d'éviter bien des excès de la répression. Mais, encore une fois, ces arguments ne peuvent emporter ma conviction intime.

Ayant ainsi fait place nette dans les cercles politiciens, le général de Gaulle s'assura une marge de sécurité en embauchant dans son gouvernement deux ministres communistes, MM. Billoux et Grenier. Le parti aurait voulu voir nommer Gresa, mais le général de Gaulle tenait à maintenir sa souveraineté sur le choix des hommes. Le parti s'en tira en plaçant auprès de Grenier ledit Gresa, pourvu officiellement du titre de directeur de cabinet, et, dans la réalité des choses, se comportant comme le véritable supérieur de son ministre.

Ce geste acheva de lever tous les obstacles devant le général de

(1) Ces termes doivent être compris aujourd'hui dans le sens de *bien public* et de *collectivité*.

(2) Louis Joxe — *Victoire sur la nuit*.

Gaulle lorsqu'il se réinstalla en France. Certains craignirent de le voir devenir le prisonnier des communistes. Ce fut le contraire qui advint.

Signes précurseurs.

Au printemps 1944, alors que paraissaient dans le ciel les signes des grands changements, de petites modifications s'inscrivirent dans les habitudes. Le Comité changea de nom et devint gouvernement provisoire, le secrétariat général changea d'adresse. Il quitta le lycée Fromentin pour le Palais d'Eté. J'étais devenu entre-temps officier (assimilé) de justice militaire. Cette métamorphose était due à l'initiative et à l'acharnement d'un nouveau venu au secrétariat général, l'avocat savoyard Pierre de La Gontrie, que nous avions recruté sur la recommandation de Pierre Cot, dont il était le collaborateur politico-juridique à Chambéry. Il ne prêtait attention qu'à la politique proprement dite et nous l'avions chargé d'une sorte de permanence à l'Assemblée consultative où je ne pouvais venir moi-même que par occasion. Il préparait déjà ses campagnes électorales et tenait beaucoup à s'assurer le prestige de l'uniforme et du galon. Comme il était dans la même situation que moi, il s'employa à m'intéresser à cette entreprise, que j'étais capable de faire aboutir pour notre compte commun, et nous fûmes en conséquence nommés l'un et l'autre dans ce corps où le grade de début est celui de capitaine. Je fus affecté au tribunal des Forces armées à Alger, où je ne mis jamais les pieds, et détaché au secrétariat général. Ma situation juridique était insolite ainsi qu'il fut révélé par la suite. Lorsque je demandai en effet à être démobilisé comme tout le monde à la fin de la guerre, il apparut qu'il était impossible de me donner satisfaction, car, quoique désigné pour une fonction militaire, je n'avais jamais été mobilisé ! Quoi qu'il en fût, j'arborai à cette époque la tenue souple et légère dont nous devions le modèle à nos Alliés (à la place de l'incommode vareuse à col dur dont j'avais vu affubler tant de mes proches) et plaçai à mes épaules et à mon calot les insignes de capitaine. (Lucie m'avait d'abord acheté, sur la foi du triple chevron, ceux de sergent-chef.)

J'assumais alors un ensemble de nouvelles attributions. On avait créé une commission du débarquement qui apprêtait assidûment toute sorte de mesures à prendre lorsque cette éventualité se présenterait. J'en assurais personnellement le secrétariat. On désigna même, au dernier moment, un ministre, André Le Troquer (que l'on ne voulait pas maintenir aux Armées) auquel fut attribuée cette compétence précise. Sur quoi fusèrent des plaisanteries. « On attendait le débarquement d'un ministre, on a eu un ministre du débarquement ! »

On réunit également une commission chargée spécialement des problèmes politiques, ainsi qu'une série de groupes de travail qui préparaient des réformes dans les domaines les plus variés et qui étaient animés à Alger par André Philip. Je dirigeais l'échelon administratif de ces activités foisonnantes et j'en assurais les secrétariats avec la collaboration de Bernard Pauphilet et de Madeleine Bravaix. On s'occupait même de sujets tels que la procédure et l'on aurait pu croire que, si la France avait perdu la guerre — ou plutôt une bataille — ce n'était pas tellement dû à l'insuffisance de ses équipements militaires mais bien plutôt à l'archaïsme de ses officiers ministériels. André Philip se distinguait par une animation intellectuelle que l'on eût cru provenir de sa perpétuelle agitation physique. Les mots sortaient de sa bouche mais ils semblaient tomber de ses poches. Il s'était fait remarquer en se présentant en short au conseil et l'on disait que de Gaulle, très gravement, s'était enquis de savoir s'il avait trouvé une place commode pour y garer son cerceau.

Visa pour Moscou.

Je faillis être arraché à ce train-train accéléré par une expérience qui eût été pour moi passionnante. La Russie était à la mode et j'étais considéré comme un spécialiste de ce pays. Deux ambitions se télescopèrent sur les routes de l'Est. Pierre Cot, qui n'avait pas encore de ministère, se vit offrir une mission et il suggéra — ou on lui proposa — un voyage d'études officiel en Union soviétique. Il me demanda de l'accompagner comme son principal collaborateur. Presque aussitôt, je fus appelé par Gaston Palewski, directeur du cabinet du général, et je n'en crus pas mes oreilles. Il était désigné, me dit-il, pour l'ambassade de France à Moscou (car l'U.R.S.S. venait de reconnaître le G.P.R.F.) et il désirait donner à cette mission, dont il n'était pas besoin de souligner l'extrême importance, tout l'éclat et toute l'envergure qui s'imposaient. Il était en train de préparer une cohorte comprenant notamment des spécialistes de plusieurs langues et des principales ethnies, et il me réservait, à ses côtés, un rôle presque diplomatique, véritablement politique au plus haut niveau. J'acceptai derechef, avec plus de joie encore car j'avais entrepris de réfléchir à ce que je ferais lors de mon retour à la vie civile, et je me sentais pris à la gorge par la passion des affaires publiques. De surcroît, le théâtre international me séduisait. Peut-être ma carrière m'attendait-elle dans les ambassades, comme l'avait pressenti Paul Boyer ? Je crus devoir faire allusion à la mission de Pierre Cot, que Gaston Palewski balaya d'un geste, car il la trouvait visiblement inopportune. En fait, Pierre Cot partit quand même, mais on voulut minimiser son voyage et on ne lui permit même pas de se faire accompagner. Quant à Palewski, sa candidature ne plaisait pas à Staline. Il n'obtint pas l'agrément et le général de Gaulle se résigna à désigner plus tard le général Catroux qui correspondait, semblait-il, au profil que souhaitaient les Russes pour l'ambassadeur d'un pays capitaliste et droitier. On a dit que la principale objection des Russes au choix de Gaston Palewski venait de ce qu'il avait de polonais. Quand le général de Gaulle vint, par la suite, à Moscou, accompagné de son fidèle collaborateur, Staline aurait à plusieurs reprises porté spécialement un toast à « notre ami Gaston Palewski » et « à sa courageuse nation, la Pologne », sans tenir compte des protestations et rectifications courtoises que l'intéressé multipliait, dans un état croissant d'embarras. Quant à moi, il me fallut attendre quelque douze années avant de me retrouver sur la place Rouge. Je devais éprouver une frustration, car il m'arrivait de rêver la nuit à l'enceinte du Kremlin et aux symétries biscornues de Saint-Basile.

* * *

Louis Joxe me dit un soir : « J'accompagne le général à Paris, je vais procéder sur place à l'organisation du gouvernement. Je ne peux emmener qu'un seul collaborateur, c'est vous, naturellement. Nous partons après-demain matin. Prenez entre-temps les dispositions nécessaires pour que les choses tournent sans nous ici. »

Cependant, sa secrétaire de confiance, Mme Bisbardi, qui était du voyage, s'employa à le persuader de modifier ce plan. Elle n'avait pour moi que de bons sentiments, mais elle préférait comme compagnie celle de Pierre de La Gontrie avec qui elle s'était liée et qu'elle épousa un peu plus tard. Elle donna d'ailleurs à Joxe des raisons très valables pour justifier cette permutation. « A la réflexion, me dit celui-ci le lendemain, il me paraît indispensable de laisser ici une personnalité de haut rang, disposant d'une autorité suffisante pour diriger les services pendant la période transitoire. »

Je n'ignorais pas quelle était l'origine de la manœuvre, mais je pensais que tout cela n'était pas mal raisonné, et j'acceptai de bonne grâce.

« Liquidateurs qui après nous restez... »

Dès lors, je représentai le pôle de l'autorité gouvernementale (civile) à Alger, le pôle militaire étant constitué par le général d'aviation Testard, homme de commandement au ton brusque et aux manières expéditives, mais qui avait l'avantage de n'être en rien badernisé, et avec qui, à travers des algarades quotidiennes, j'entretenais des relations qui s'approchaient de l'amitié et qui y seraient peut-être parvenues s'il n'avait trouvé la mort peu après dans un accident d'avion (auquel son caractère impétueux et imprudent n'était sans doute pas étranger). Il offrait un parfait contraste, par la vivacité de son esprit et la modernité de ses conceptions militaires, avec un autre général de la période algérienne, qui s'était rendu célèbre par un ordre du jour concernant les marques extérieures du respect dû... à son véhicule automobile et conçu à peu près dans les termes suivants :

« La voiture du général de division doit toujours être saluée, qu'elle porte le fanion ou qu'elle ne le porte pas, qu'il y ait quelqu'un à l'intérieur ou qu'il n'y ait personne !... »

Je repris mes vêtements civils afin de m'exonérer de tout complexe d'infériorité tenant au grade envers mes visiteurs militaires qui comptaient rarement moins de cinq galons panachés. Chaque ministre, dans son départ précipité, avait désigné un responsable et il m'appartenait de réunir assez fréquemment une petite conférence gouvernementale à l'échelon des « liquidateurs » selon le terme courant qui était employé et qui m'inspira un de mes petits poèmes :

Pastiche de Villon : (*La Ballade des pendus.*)

« Liquidateurs qui après nous restez
N'ayez les cœurs contre nous endurcis
Car si Paris votre chance tentez
Sera-ce pas rencontrer le souci ?
Ci dans Alger bien facile à résoudre
Problème aucun d'une benoîte vie
Craignant plutôt la Peste (1) et la Gontrie
Priez Louis (2) que tous nous veuille absoudre. »

Il était difficile d'obtenir le moindre effort d'attention à l'égard de tout sujet qui ne concernait pas le retour vers le continent.

Une extraordinaire psychose s'était emparée des métropolitains

(1) Surnom donné à la secrétaire de Louis Joxe.
(2) Louis Joxe.

d'Alger. Ces hommes et ces femmes qui avaient déployé des efforts opiniâtres, et parfois courageux, pour gagner la rive africaine de la Méditerranée, étaient pris de la frénésie intense du mouvement inverse. Ils ne tenaient pas en place et considéraient avec une sorte d'effroi la perspective de toute journée supplémentaire passée sur cette terre d'accueil qui leur dispensait pourtant de si belles lumières avec un ravitaillement à suffisance. Tous s'ingéniaient à présenter et à cumuler des justifications prioritaires dont certaines étaient saugrenues. Chacun se prétendait indispensable dans son service, lequel était plus important qu'on ne croyait, « appelé d'urgence par son patron », « recommandé par un de mes meilleurs amis », mais on invoquait aussi des motifs d'urgence tenant à des situations de famille dont on ne s'était guère soucié précédemment, et plusieurs produisaient même des certificats médicaux, dont le collationnement aurait pu donner à penser que le climat de l'Algérie était le plus malsain du monde. Peu de personnes avançaient ouvertement le motif qui portait la plus grande force impulsive, à savoir le désir de se trouver *sur place* afin de ne pas se faire oublier dans la compétition *pour les places*. Je pensais que toutes les raisons invoquées ou masquées pouvaient avoir leur valeur, mais qu'il fallait aussi tenir compte d'un élément psychologique irraisonné, inconscient, qui comportait une sorte de tropisme vers certains lieux, un certain cadre, le retour au gîte, l'attachement, souvent moins à un environnement humain qu'à un local, ce que j'appelais « le patriotisme du troisième étage ».

L'homme est un animal d'habitudes, selon l'expression de Dostoïevski, et même l'image des habitudes, alors que celles-ci se sont trouvées rompues, exerce sur l'esprit une force contraignante, comme un filet qui serait jeté sur lui et qui le ramènerait avec le mouvement inexorable d'une remontée mécanique.

J'avais transporté mon bureau dans une autre aile du Palais d'Eté, je disposais d'une pièce spacieuse donnant sur la grande galerie où les clients affluaient à divers postes d'information et d'enregistrement. Mes journées étaient presque entièrement occupées par les audiences que je ne pouvais éviter de donner personnellement, et il m'arrivait de me confier aux mains du coiffeur sans interrompre le cours de mes entretiens.

Le plus souvent, quelque élégante solliciteuse, compensant l'insuffisance de ses titres par la magnificence de ses atours, venait, sans prendre de rendez-vous, s'installer l'après-midi dans mon antichambre en assurant qu'elle préférait attendre et passer en fin de défilé, escomptant ainsi l'avantage d'un dernier verre ou d'une invitation à dîner. Mlle Bravaix me disait alors avec malice : « Je vous rappelle que Mme X... a passé plusieurs heures sur le divan aux punaises !... »

Une agence de voyages...

Contrairement à ce que l'on pouvait penser, cette activité d'organisateur de voyages ou, plus exactement, d'agent de trafic, me faisait vivre, non dans le divertissement, mais dans le souci et me disposait à un état d'esprit obsessionnel. Je mettais longtemps à m'endormir, et, comme d'autres comptent des moutons, je me répétais longuement des attributions de places et des calculs de priorité. Je ne disposais, dans la routine quotidienne, que d'un petit nombre de sièges d'avion et je devais les répartir selon des critères qui échappaient à la rigueur. Il me souvient d'avoir dit un jour à un quémandeur que j'avais déjà inscrit quatre personnes dont le nom commençait par un B, et au moment où je prenais conscience de la futilité de mon argument, je compris que je l'avais convaincu de mon impartialité.

Je m'évertuais à obtenir des possibilités de transports spéciaux de la part des autorités militaires, c'est-à-dire en fait des Américains, car les échelons français ne disposaient que de faibles moyens et d'aucune autonomie dans ce secteur. Je n'étais informé qu'au tout dernier moment, et encore dans des conditions qui demeuraient aléatoires, jusqu'à l'embarquement — voire au-delà. La première expédition collective eut lieu dans une ambiance funambulesque. Je fus alerté en fin de soirée, dans la villa de Sidi-Ferruch où je résidais encore ; il me fallait préparer quatre-vingts partants pour six heures du matin. Je me précipitai au Palais d'Eté et rameutai les quelques auxiliaires que je pus trouver au cœur de la nuit dans leur dispersion algérienne. Un ancien collaborateur du général de Gaulle, qui avait déjà « déménagé » le Comité de Londres, m'avait été assigné comme assistant et m'avait assuré que tout était « paré » pour la première série. Las ! Je m'aperçus que l'on avait entassé dans un tiroir tous les ordres de mission et dans un autre toutes les photographies ! A moins de connaître tous les intéressés et d'être de la force d'un physionomiste de casino, il était impossible de remettre la documentation à l'avance comme le demandaient les Américains. De surcroît, ceux-ci se livrèrent jusqu'au bout à diverses chicanes. Ils refusaient notamment un certain nombre de visas concernant les agents de sexe féminin, présumant que les chefs de service faisaient venir leurs petites amies, lesquelles ne pouvaient apporter qu'une faible contribution à l'effort de guerre. Je dus me déplacer à cinq heures du matin pour lever cet obstacle. On ignora jusqu'au bout le nombre des places et l'heure du départ. J'avais, par mesure de prévoyance, inscrit un effectif de voyageurs légèrement supérieur à celui des sièges, pour parer aux défaillances et pour utiliser les marges, mais je voyais avec effroi demeurer parmi les derniers en attente Paul Coste-Floret et le directeur des affaires civiles, Bodart, engoncés dans des pardessus insolites, leurs feutres enfoncés jusqu'aux oreilles, et faisant des mines patibulaires. Enfin, tout s'arrangea comme par enchantement.

La seconde épreuve fut plus pénible, car il s'agissait d'un bateau. Le recours à ce moyen de locomotion comportait l'avantage de pouvoir emporter beaucoup de monde, mais présentait un grave risque du fait que les bateaux peuvent au dernier moment voir changer leurs itinéraires. Tel fut, hélas, le cas ! Les fonctionnaires du G.P.R.F. avaient liquidé leur location — souvent pris à parti leurs logeurs — avec l'arrogance de celui qui n'a plus besoin de personne, et avaient embarqué tous leurs bagages quand le contrordre fut annoncé. Il fallait déguerpir et chercher un nouvel hébergement. J'avais tenu à me rendre sur place, au milieu de la foule grondeuse, et j'exposai groupe par groupe, avec fermeté, les données de la situation. Finalement, tout le monde se montra de bonne humeur.

Un autre navire me donna un autre souci. Nous n'avions mis à bord qu'un petit nombre de passagers , mais dans ce petit nombre se trouvait une dame extraordinairement insupportable, épouse d'un vieux et célèbre écrivain, elle-même femme de lettres, mère d'un très haut fonctionnaire; n'ayant aucun titre personnel aux échelons d'urgence. Je n'avais trouvé que ce moyen de délivrer notre petit monde de ses sarcasmes, de ses jérémiades et de ses remontrances. Je croyais que la cargaison était déjà parvenue à quai en France quand l'amirauté me fit savoir que le bateau ne pouvait entrer dans le port de Toulon, pour je ne sais plus quelle raison, et qu'il fallait le dérouter. Contrairement à toute vraisemblance, c'est à moi que l'on demandait ce que l'on devait en faire ! « Conduisez-le où vous voulez, répondis-je, mais en aucun cas à Alger. » Là encore, tout s'arrangea.

Le mouvement est une stratégie efficace.

Alger se désanima. Les retardataires forcés finirent par trouver des places disponibles. Tous les liquidateurs s'étaient rapatriés, et, le 31 octobre, je m'expédiai moi-même vers la capitale. Le soir même nous dînions avec Pierre Mendès France, Paul Giacobbi et Daniel Mayer. Il n'était bruit que de l'événement du jour : le général de Gaulle avait pris la décision, qui apparaissait à tous comme un nouveau coup de son extrême audace, de désarmer les milices des francs-tireurs et partisans, que dominaient les communistes. On attendait, non sans alarme, de connaître les réactions du parti. On craignait la désobéissance, voire l'insurrection ; il ne se passa rien. L'extraordinaire stratégie qui avait permis de reprendre en main l'armée traditionnelle tout en faisant entrer au gouvernement les représentants de l'extrême gauche marqua, cette fois encore, la justesse de la conception, la rapidité de l'exécution et, par-dessus tout, le bon choix du moment. Le général de Gaulle gagnait selon sa doctrine « Toute guerre est mouvement » et les communistes s'inclinaient selon la leur qui indique que l'on ne peut se saisir du pouvoir que s'il est à prendre.

CHAPITRE VIII

DU ROND-POINT DES CHAMPS-ÉLYSÉES AU RATHAUS DE NUREMBERG

Un grand ministère tout neuf.

J'allai prendre congé de Louis Joxe qui me reçut avec amitié ; il me demanda si je serais tenté par la direction des journaux officiels, ce qui était, en somme, la prolongation et aussi la magnification de mes responsabilités algériennes. Cette idée me flatta parce que j'aime la considération, elle m'amusa car elle semblait refléter le point d'ironie d'Alcanter de Brahm, et elle me tenta pour ce qu'elle avait à la fois de confortable et d'absurde. Le poste est fort apprécié, notamment parce qu'il comporte un agréable appartement quai Voltaire, avec vue sur la Seine. Cependant je me plaisais à ironiser sur les chasseurs de prébendes et le goût que j'avais pris pour les affaires publiques m'inclinait plutôt vers une carrière politique que vers une conversion administrative. En fait, j'étais déjà engagé avec Mendès, et j'étais séduit par la perspective de vivre avec lui les débuts de ce grand ministère tout neuf de l'Economie nationale que de Gaulle avait décidé de lui confier.

J'ai gardé de cette période charnière 1944-1945 l'image dominante des Champs-Elysées sous la neige, un tableau de Courbet dans un paysage de Paris. Nous étions installés, avec des aménagements de fortune, dans l'hôtel du Rond-Point, au coin de l'avenue Montaigne, qui porte aujourd'hui, dans la floraison du luxe et de la modernité, les blasons de Marcel Dassault, du général de Bénouville et de *Jours de France*.

Pierre Mendès France occupait le grand bureau du rez-de-chaussée, Roger Goetze, directeur de cabinet, celui du premier ; c'est par un petit escalier que l'on parvenait à quelques pièces du second étage dont j'avais fait mon poste de commandement. Je gardais près de moi mes collaborateurs d'Alger, Bernard Pauphilet et Madeleine

Bravaix, et je voisinais avec un économiste de l'université de Grenoble, blond, bavard et barbu du nom de Robert Mossé. Quand vint le terrible hiver, dans la pénurie générale de combustible, il m'advenait d'aller travailler dans une grande mansarde qui abritait le pool des dactylos et qui était la seule pièce chauffée de l'immeuble. Je tapais moi-même à la machine les travaux dont l'importance exigeait, outre la vivacité des doigts, le dégourdissement de l'esprit.

Mes principales œuvres au cours de cette époque furent un rapport sur la sidérurgie que Mendès m'avait confiée, et un projet de réforme du Code de procédure, dont je traitais une partie en tant que rapporteur d'une commission que François de Menthon avait créée pour ce sujet. Je poursuivais ces études dans un esprit d'objectivité, éloigné de tout préjugé dogmatique. Ainsi, quant à la sidérurgie, je conclus en préconisant la nationalisation de ce secteur, bien que je ne fusse pas un partisan systématique de l'économie d'Etat. Je pense que les circonstances, avec quelque retard, ont justifié cette vue. Quant à la procédure, mon habitude du barreau, et peut-être une certaine accoutumance professionnelle, m'inspirèrent plus de prudence que l'on n'en attendait généralement de mon zèle réformateur.

Les praticiens éprouvés sont rarement très audacieux dans leur propre secteur : ainsi Georges Pompidou, qui portait sur l'industrialisation de la France le regard d'un homme moderne et novateur, s'enfermait-il au contraire dans un parfait conservatisme quand il s'agissait de l'enseignement, parce qu'il était professeur. D'où les déconvenues et les défauts de prévision qu'il reconnaît loyalement dans son carnet de notes.

Le problème le plus épineux pour moi était celui des actes d'huissiers soumis à des règles archaïques qui aboutissaient parfois à des situations cocasses ou dangereuses.

Ainsi un officier ministériel avait-il cru pouvoir délivrer un acte au célèbre Philibert Besson, député excentrique d'avant-guerre, en lançant une feuille de papier timbré dans le compartiment du train où sa place était retenue. Etait-ce une signification à personne ? Il n'était pas là. A domicile ? Un wagon n'est pas une adresse. Cependant la procédure était régulière car les actes font foi, jusqu'à inscription de faux. Un « outlaw » que j'avais eu comme client pénal avait, lui, mis au point une combinaison redoutable. Il venait en fin d'après-midi demander à un huissier de signifier un acte immédiatement ; le clerc partait aussitôt et se rendait à l'immeuble où résidait le destinataire. Là, un comparse l'attendait, fumant la pipe devant la porte ou même sous le porche, l'interrogeait du regard. Le clerc demandait M. X... Le « baron » répondait : « C'est ici », empochait le pli, et l'affaire suivait par défaut.

Il ne me parut pas nécessaire d'abolir cette procédure rituelle que j'appelais la promenade de l'huissier, et qui tout de même offrait des garanties, mais je proposai de la faire doubler par l'expédition d'une lettre recommandée. Il en fut ainsi décidé.

Une compétence imprécise.

Au ministère, une partie essentielle de ma tâche, et elle s'avéra décevante, consistait à traiter les problèmes de compétence, les conflits d'attribution, et à tracer, si l'on peut dire, la géographie administrative du mystérieux *contreseing*. Le contreseing était l'instrument par lequel nous étions censés parvenir à coordonner et, si possible, à orienter les activités des ministères autant qu'elles affectaient l'économie de la nation. Je ne tardai pas à apprendre que les administrations, selon le mot d'un sociologue, sont des mécanismes pourvus d'une finalité, mais non point dotés d'une conscience, à moins que cette conscience ne s'identifie avec le *selffishness* et la plus ombrageuse jalousie. Il me semblait que certains départements cherchaient à nous avoir à l'usure ou par la dérision en nous envoyant des liasses de textes qui ne nous concernaient en rien, tandis qu'ils procédaient par esquive ou passaient muscade sur les affaires substantielles.

C'était, en somme, un funeste présent que ce contreseing, il nous donnait figure de contrôleurs et de chicaneaux alors que nous devions apparaître comme stimulateurs et magiciens. Je dus me résigner à admettre que ce grand ministère ne serait pas le vaisseau amiral de l'Economie portant grand pavois et entraînant ses bâtiments escorteurs, mais plutôt le *Hollandais volant* ou le corsaire fantôme de Chesterton.

Les anciens et les modernes.

Le plus grave survint bientôt lorsque les hostilités s'ouvrirent entre l'Economie et les Finances. Le conflit qui opposait Pierre Mendès France à René Pleven n'était pas seulement un affrontement entre des hommes, des tempéraments, des doctrines, mais entre des structures administratives, et là, la partie n'était point égale. J'ai compris dès lors qu'on ne peut gouverner l'Economie que si l'on tient les leviers du Trésor, de la Monnaie, des Changes et si possible du Budget.

On a présenté cette affaire d'une façon schématique, qui la fait paraître surprenante. D'un côté, la rigueur et la modernité, de l'autre, le laxisme et la routine, et le général de Gaulle, paradoxalement, inversant ses options de stratégie, rejetant la *blitz krieg* et la division blindée et tranchant en faveur du canon de forteresse et de la corvée de patates. En fait, le général de Gaulle suivait une pente naturelle qui porte les Français à considérer que le ministre des Finances, successeur des surintendants et des contrôleurs généraux, tout comme, dans un autre domaine, le garde des Sceaux, porteur de la pourpre des chanceliers, sont d'essence supérieure aux titulaires des ministères de conception récente, d'assise fragile, dépourvus de tradition, que l'on considère plutôt comme des faiseurs d'expériences, si ce n'est comme des coureurs d'aventures. Si c'était Pleven qui avait occupé notre château des Brouillards au Rond-Point et Mendès le palais du Louvre, où veillait la garde du roi, je pense que notre plan l'aurait emporté, fût-ce au prix de quelques retouches.

De son côté, Pierre Mendès France aurait sans doute montré moins d'intransigeance s'il ne s'était trouvé irrité et si l'on peut dire complexé par l'insuffisance de ses moyens et par l'infériorité de sa logistique.

Cette leçon ne fut oubliée ni de Mendès ni de moi-même, comme on le verra par la suite.

Pour l'heure, mon tempérament conciliateur, mon aversion pour les ruptures, l'intérêt même que je portais, en dehors de toute considération personnelle, à la carrière de mon ministre, m'inclinaient à souhaiter les commodités d'un arrangement plutôt que le tout ou rien de ce combat singulier et de ce jugement de Dieu, dont les chances paraissaient inégales. Cependant, je m'abstins d'exhorter Mendès à la résignation. Malgré la proximité de nos âges et le caractère affectif de nos rapports, Mendès m'intimidait : il en fut longtemps ainsi et je crois qu'il m'intimide encore. Je lui attribuais une sorte d'infaillibilité qui était un des points d'ancrage de mon jugement politique. J'aurais eu peur, en lui prodiguant mes conseils, d'être taxé de faiblesse ou de carriérisme, voire, ce qui était pire, de passer pour un mauvais élève de sciences économiques appliquées et de recevoir le bonnet d'âne du keynésisme.

Tout alla soudain très vite. Le matin, Pierre me lut sa lettre de démission. L'après-midi mes collaborateurs firent les rangements et ficelèrent les dossiers. Le soir, Mendès décida que nous fêterions l'événement ensemble et nous allâmes dîner avec Lucie et Lily dans un restaurant hongrois du côté de la rue de Richelieu, cadre plaisant, élégance sobre, atmosphère feutrée, exotisme de bon aloi ; vers la fin de notre repas, deux musiciens, homme et femme, vinrent pincer la guitare auprès de notre table, je ne sais si c'était une attention de circonstance. Je me sentais ému d'être de nouveau près de Mendès, comme le compagnon qu'il avait choisi pour cette soirée, ainsi que je l'avais été, naguère, dans les dépendances sinistres du Conseil de guerre de Clermont-Ferrand. Nous n'éprouvions ce soir aucune tristesse, une douce euphorie s'emparait de nous comme toujours lorsque se dénoue, sans accident malheureux, une situation tendue et incertaine. Lui qui avait écrit *Liberté chérie*, il retrouvait un supplément de liberté, celle du mentor et de l'aristarque, la liberté de conseiller, de morigéner, d'avertir, de lamenter : pourvu qu'il ne s'y complaise pas trop, pensai-je. Et moi, qui n'y perdais guère, je me sentais tout d'un coup merveilleusement disponible. Nous avions franchi le temps des épreuves et nous savions que la France et le monde devraient compter avec nous. Cette soirée s'inscrit, lorsque je l'évoque, dans cette collection personnelle que je pourrais appeler les menus tableautins du bonheur.

Radical ou M.R.P. ?

Je ne me hâtai pas de m'assujettir à de nouvelles contraintes. Le mois de mai était toujours sans nuages mais cette fois il nous apportait la victoire et juin ne serait pas poignardé.

La mode des cocktails revenait, c'est le cas à la fin des périodes intenses qui secouent les êtres comme dans un shaker ; je retrouvais Philippe Dechartre au Bar V, d'autres amis au Bar-Atin, dans un cadre pour personnages de Paul Morand. Je reprenais sur un rythme de slow mes activités professionnelles. Mes remplaçants, Charles Pignier, Maurice Pourchet, s'acharnaient à renvoyer vers moi mes clients avec leurs dossiers et leurs honoraires, et moi je les priais de ne pas se presser, de gérer encore un peu l'essentiel de mon cabinet (on observait plus généralement le scénario inverse). Je rencontrai dans l'antichambre du procureur général Boissarie mon ami Me Jean Coutard, avocat à la Cour de cassation, qui était parvenu à se faire élire conseiller municipal de Sablé (malgré son charme et son talent, il ne devait pas aller plus loin), et je sentis qu'il m'aurait été agréable de détenir un mandat quel qu'il fût. Il m'entraîna aussitôt place de Valois où un militant dont j'ai oublié le nom réunissait quelques jeunes espoirs ; il nous exhorta à défendre la propriété en invoquant le nom de Camille Pelletan (cet auteur respectable me parut légèrement démodé) et nous fit connaître, avec une mimique gourmande, que l'on nous trouverait des circonscriptions, et même des circonscriptions avec chance !

Pourquoi pas le parti radical en effet ?
Pourquoi pas l'Ariège ?

Notre Simca grise à volant jaune, miraculeusement récupérée, nous conduisit jusqu'à Aulus comme elle l'avait fait lors des vacances qui précédaient la guerre. La boucle était bouclée. Mon père, qui avait conquis la mairie, porté par le flot de la Résistance, comme président du Comité local de Libération, venait d'essuyer un échec aux élections municipales, à la tête d'une liste de Front national inspirée par les maquisards communistes dont il avait été la providence. Auguste Calvet avait repris sa place et tout revenait comme avant. Un imprimeur de Saint-Girons me proposa de me présenter comme radical dans le canton de Sainte-Croix, en accord avec les communistes. (L'alliance des radicaux et des communistes contre les socialistes est une constante de la politique locale, c'était le cas avant la guerre.) Mais je ne désirais pas être un cheval de jeu et mon père ne souhaitait pas me voir faire de la politique dans l'Ariège. Argument décisif : je ne parlais pas le patois.

Je revins à Paris à temps pour assister à un petit congrès du parti. Je fus séduit par la personnalité de Paul Anxionnaz que j'avais entrevu à Alger, par son langage direct, par sa volonté de rénover la vieille maison de la place de Valois, et je pensai — et lui dis — que j'aimerais faire équipe avec un homme comme lui. Il présentait sa candidature pour le poste de président administratif et fut battu par le docteur Mazé, un ancien député dépourvu de charisme et dont le visage exprimait la nostalgie bretonne des poèmes de Charles Le Goffic. On laissait entendre dans les couloirs qu'il était mieux placé que quiconque pour renflouer les caisses de la place de Valois.

« Qu'est-ce que c'est que cette histoire de radicalisme ? s'exclama Paul Coste-Floret quand je passai le voir place Vendôme. C'est bon pour les vétérinaires, Herriot est bon pour le musée, Mendès pour le purgatoire, Queuille pour la Corrèze et René Mayer pour la S.N.C.F. Tu viens avec nous au M.R.P. »

J'exposai à mon ami que je ne me sentais pas une âme d'équipe paroissiale.

— Que me chantes-tu là ? Nous ne recrutons pas les sacristains ni les marguilliers, le Suisse Mardochée avec sa hallebarde. Dieu lui fasse miséricorde ! (1) Tu es de confession catholique, de philosophie chrétienne, et tu as écrit de belles pages sur Pascal, mais nous avons aussi parmi nous des juifs et des agnostiques.

François de Menthon était candidat en Haute-Savoie, Paul lui-même dans mon département de l'Hérault. Il me conduisit au siège

(1) Allusion à un quatrain plaisant attribué à un poète inexpérimenté auquel on avait dit que la rime était composée par les trois dernières lettres. De là est venue l'expression *rimer comme hallebarde et miséricorde*.

du parti où on me proposa le Vaucluse : Avignon, la Cité des Papes, la ville natale de ma sœur et le régiment de cavalerie de mon père.

A mon retour avenue d'Orsay, je trouvai Marcel Lucain, ancien patron de *Paris Midi*, qui préparait la publication d'une revue, *Hommes et Mondes*, et qu'escortait mon ami l'avocat Giovoni (1), le défenseur de Mandel, qui avait entrepris de publier à Paris son journal éphémère, *Télésoir*. Ils venaient tous deux m'apporter sur un plateau une candidature parisienne.

— Qu'est-ce que cette idée absurde de M.R.P. ? s'exclamèrent-ils. Toi ! Vous ! Impensable ! Nous allons relancer et rajeunir le Big Old Party !

Ils me conduisirent au docteur Bernard Lafay, qui m'enchanta. Médecin de chars, organisateur de la résistance médicale, il s'était offert son image d'Epinal en accrochant le drapeau tricolore au balcon de l'Hôtel de Ville.

Dépourvu de talent oratoire, il était doté d'une force de persuasion extraordinaire, qui devait beaucoup à sa physionomie avenante, à son ton naturel, à sa sincérité manifeste, combinée avec une tendance à l'exagération et à l'optimisation qui n'apparaissait pas au premier abord et dont il n'était pas tout à fait conscient.

— Nous avons pris de grandes décisions, m'exposa Bernard, ce « nous » majestueux l'associant au plus haut leadership, à Edouard Herriot, à Queuille, à Pleven, à Bourdan. Nous ne présenterons pas une petite liste partisane, sous le seul label de la place de Valois, nous avons constitué le rassemblement des gauches républicaines, nous produirons ainsi un effet de choc, de masse et de nouveauté. Il y a le parti radical, bien sûr, mais aussi l'U.D.S.R., issue de la Résistance, et d'autres formations, notamment le parti républicain socialiste, qui fut celui de Briand et de Painlevé, et qui garde avec une poignée de fidèles, un capital de prestige. Comme vous n'êtes « en carte » nulle part, vous prendrez l'étiquette républicain socialiste. Vous faites les discours, nous partageons les frais, nous avons une bonne chance de gagner deux sièges, peut-être trois.

La citadelle des Papes et l'oriflamme des dragons s'évanouirent dans la brume. Je choisis Paris... et la défaite.

Une campagne détendue.

Nous avions surestimé « l'effet de choc ou de masse » que pouvait produire le rassemblement du vieux parti radical, passablement défraîchi, avec des formations peu connues, et la bénédiction d'un groupe fantôme qui portait le beau nom de républicain socialiste.

(1) Cf. chap. VII.

Nous avions surtout sous-estimé le handicap que constituerait pour nous la prise de position en faveur du double non au référendum posé par le général de Gaulle. Le prestige du chef de la France Libre demeurait, malgré la grogne, considérable, et le peuple, comme les enfants, avait répondu : oui (1).

Cette campagne fut pour moi une manière détendue, « relax » si l'on peut dire, de faire l'apprentissage du métier de candidat. C'était plutôt un jeu qu'une épreuve. Notre secteur couvrait huit arrondissements de Paris, comptait 500 000 électeurs, et requérait une liste de dix noms. Lafay recruta triomphalement une doctoresse, Marguerite Emile Zola, authentique descendante du père des Rougon-Macquart. J'amenai de mon côté un candidat de bonne classe en la personne de Bertrand de La Salle, mon ancien camarade de la conférence des avocats, qui avait rallié Londres dès la première époque et que j'avais retrouvé à Alger où je l'hébergeais dans mon appartement. Homme de culture, de lecture et d'écriture, égaré dans le barreau, il avait fait l'expérience d'un passage dans le « privé » sous l'affectation cocasse d'assistant à la direction des wagons-lits, puis il avait cru trouver son chemin de Damas en devenant romancier. Son premier livre, bien écrit et bien composé, de texture classique, à la Paul Bourget, disait-on, intitulé : *la Pierre philosophale*, avait reçu un accueil très encourageant, et j'en avais publié moi-même une critique élogieuse dans une revue sur papier glacé, abondamment illustrée, éditée par un de mes clients et qu'on ne feuilletait que dans quelques antichambres : *France-Nations*. Son second ouvrage ne déçut point ; j'en ai oublié le titre, mais je me souviens d'une phrase retentissante : « il était mort dans la colère de Dieu et dans la considération générale ».

On pensait qu'un tel début de carrière, placé sous les auspices d'une tante qui tenait un illustre salon littéraire, pouvait, compte tenu de sa gentilhommerie, l'amener doucettement vers les rivages académiques. Notre intimité datait de mon mariage, nos épouses s'étant chaleureusement accordées. Peut-être par l'effet inconscient d'un anglo-tropisme que recouvrait sa distinction un peu lassée et son détachement oxonien, il avait épousé une demi-Ecossaise, Monica, personne fort séduisante dont un léger strabisme, loin de compromettre l'harmonie de son visage, accentuait son expression spirituelle et son charme délicieusement ambigu. Elle se consacrait à l'étude des contes de fées et à la généalogie de sa famille, ce qui ne manquait pas de faire penser que ces deux sujets pouvaient avoir un

(1) On peut citer en sens inverse le référendum négatif de 1969, mais cet événement se produisit bien plus tard, à une époque où la nouveauté de la procédure était quelque peu usée et où l'autorité du chef n'était plus intacte.

point de rencontre et qu'une ascendance extraterrestre expliquait l'alliciance de sa démarche. Ce ménage malheureusement se brisa dans les circonstances de la guerre.

Les six autres membres de la liste étaient de dévoués volontaires, si obscurs que je n'en ai gardé aucun souvenir ; un seul nom m'est resté à la mémoire, celui de Paulette Paviotte, dont nous précisions qu'elle était médaillée de la résistance, mais qui ne vint jamais à aucune convocation et dont on ne savait plus comment elle avait pu être choisie. Je crois que son existence même pouvait être scientifiquement mise en doute.

Nous nous affairions à la rédaction des tracts, des professions de foi, des circulaires. Je pesais les mots et je m'acharnais à trouver, pour des idées qui me paraissaient toujours éclatantes d'originalité, les expressions les plus propres à forcer l'attention et à les inscrire dans les mémoires. Ce résultat ne fut pas obtenu. Dans la journée, je multipliais les démarches et les visites. J'avais noté puérilement que je connaissais beaucoup de monde à Paris et je pensais qu'un tel réseau de relations avantageait ma candidature. Je ne me rendais pas compte qu'en additionnant les adresses et les téléphones je restais dans l'infiniment petit par rapport au *plus l'infini* des listes électorales.

Le soir, nous parvenions à tenir, en nous distribuant les préaux et en nous relayant sur les estrades, trois ou quatre réunions où, à quelques exceptions près, on comptait difficilement quinze personnes. Bernard Lafay faisait un topo, toujours le même, assez court, entièrement appris par cœur, où il fustigeait assez monotonement les méfaits du dirigisme et de la bureaucratie.

Enumérant les diverses formes que prenait l'oppression de l'Etat totalitaire, il avait retenu, dans sa nomenclature, la gendarmerie de l'air dont je ne voyais pas clairement ce que nous pouvions lui reprocher. Les salles, composées à peu près totalement de sympathisants, applaudissaient et Bernard s'empressait de partir pour le rendez-vous suivant, me laissant m'expliquer à loisir sur n'importe quel sujet, avec les rares opposants ou les originaux à marotte qui hantent ces représentations de gala.

Je rencontrai sur les marches du Palais Robert Lecourt qui dirigeait la liste M.R.P. « Je crois maintenant, me dit-il, que je suis bien parti pour le deuxième siège. » Il en fit quatre. Nous, zéro. Nous perdîmes notre cautionnement, car nous n'avions pas atteint le seuil de 5 % (1). Nous avions cependant récolté 20 000 voix, ce qui est peu en pourcentage mais un chiffre substantiel dans l'absolu, 20 000 francs par personne pour 10 personnes, cela faisait

(1) Il advint parfois, en raison du système du plus fort reste, que les candidats perdirent leur cautionnement bien qu'ayant été proclamés élus.

200 000 francs que nous avions avancés. Le ministre André Philip, sur requête gracieuse, eut l'élégance de nous en rendre une partie.

Le candidat M.R.P. qui m'avait substitué étant élu dans le Vaucluse, j'enrageai pendant plusieurs jours, et surtout pendant plusieurs nuits, de mon irréparable sottise. Certaines personnes se sont étonnées par la suite de l'hésitation que j'avais pu marquer entre le parti radical et le M.R.P., et ont cru y voir un signe de légèreté et de cynisme. C'est leur étonnement qui surprend.

Malgré l'ardeur des rivalités, on ne trouvait guère de véritable sujet d'antagonisme entre ces deux tendances, dont les électorats se recoupaient largement, et dont les programmes ne différaient guère. Leurs divergences ne survivaient, au niveau national, que par le choix des tactiques et au, niveau local, par les sensibilités héréditaires. Il fallait, pour comprendre ces oppositions, pénétrer dans les archives de la mémoire et dans les labyrinthes de l'inconscient collectif ; on y trouvait Emile Combe, l'expulsion des congrégations, les incidents des inventaires, sujets dépourvus du moindre rapport avec l'actualité de la IVe République. J'ai souvent constaté que les contradictions existant d'un parti à l'autre sont le plus souvent moins étendues que celles qui séparent, à l'intérieur de chacun de ces partis, les fractions, les factions et les « tendances ».

Certains hommes sont portés à jouer dans la vie des autres un rôle providentiel. Tel fut le cas, vis-à-vis de moi, de Paul Coste-Floret ; il s'acharnait à me rendre service, à m'aider à réaliser mes ambitions, ou celles qu'il concevait pour mon compte. Il m'avait récemment proposé de prendre la direction du cabinet du garde des Sceaux et ce projet n'avait échoué que par la survenance du remaniement ministériel qui avait substitué à François de Menthon l'étoile montante du M.R.P., Paul Henri Teitgen. Presque aussitôt après, Paul m'avait proposé l'investiture du M.R.P. dans le Vaucluse et j'avais commis l'erreur de me récuser. On pouvait penser qu'il avait atteint la limite de sa bienfaisance à mon égard, et j'aurais éprouvé de la gêne à lui adresser la moindre demande. Voici que, à peine étais-je remis de mon émotion, il m'invitait de nouveau à venir le voir.

Le fou avait raison.

Il me fit, en passant, le reproche amical d'avoir laissé passer une première chance et m'objurgua de ne point faire de même à l'égard d'une seconde qu'il avait l'occasion de m'offrir.

Lorsque François de Menthon avait quitté les Sceaux, le général de Gaulle, qui l'estimait et qui lui était reconnaissant de l'avoir fidèlement servi (en fait, le garde des Sceaux s'était usé à sa tâche parce qu'il avait su tenir tête aux enragés de l'épuration et de la répression), l'avait désigné comme chef de la délégation française devant la juridiction que les Alliés mettaient en place pour juger les grands responsables de la guerre. François de Menthon avait tout naturellement engagé comme adjoint son inséparable Coste-Floret. Cette nouvelle cour prit la forme d'un Tribunal militaire international siégeant à Nuremberg. Mes amis, qui ne se souciaient point de tenir le rôle peu actif et apolitique de magistrats de jugement, prirent la direction du ministère public français avec le titre de délégué et délégué adjoint, que l'on pouvait aussi bien définir, par équivalence des expressions anglo-saxonnes (attorney général et deputy attorney general), par ceux de procureur général et de procureur général adjoint. Peu après, ils se présentèrent aux élections législatives et tous deux furent élus, ce qui les rendait assez peu disponibles pour un séjour d'une durée indéterminée dans une ville étrangère et pour une occupation absorbante dans une expérience judiciaire sans précédent. François de Menthon voulait se désister, mais le général de Gaulle ne l'entendit point de cette oreille, et lui imposa de garder, jusqu'à nouvel ordre, le poste éminent qui lui avait été confié. Cependant, les charges parlementaires du procureur général ne cessaient de croître ; il fut élu président de son groupe, et désigné, de surcroît, comme rapporteur général du projet de constitution. Il décida donc d'organiser son temps de façon à faire à Nuremberg une apparition hebdomadaire, à y présenter le premier exposé de la « charge française » lorsque le temps en serait venu et, pour le reste, de se reposer de tout sur un adjoint.

Comme Paul Coste-Floret ne pouvait davantage se tenir en permanence à son poste, ils décidèrent qu'il se retirerait (ce à quoi de Gaulle ne ferait pas obstacle) et que je prendrais sa place.

J'acceptai cette mission. Le général de Gaulle, un peu plus tard, signa mon décret de nomination, qui me donnait à mes propres yeux une compensation d'amour-propre, et, à défaut d'une entrée immédiate sur la scène parlementaire, m'ouvrait l'accès d'une expérience passionnante d'histoire à vivre et de droit à réinventer. Entre-temps, le procès avait commencé par un interminable réquisitoire des Américains. Notre tour ne viendrait que plus tard. Je m'embarquai au Bourget sur un petit avion militaire ; je fis le trajet en compagnie du célèbre psychiatre Jean Delay qui venait sur place s'assurer du genre de folie et du degré de responsabilité de l'un des inculpés, Rudolf Hess, celui même qui, en pleine guerre, était subitement tombé du ciel sur la terre anglaise afin de voir comment on pourrait rétablir la paix.

Je plaisantai mon compagnon en répétant que son expertise était parfaitement superflue. « Mettre fin à la guerre par un contact direct, dis-je à Jean Delay, que pouvait-on imaginer de plus raisonnable ? S'il y a quelqu'un de sensé dans cet imbroglio, c'est le fou ! »

Selon l'ordre chronologique, les chapitres consacrés au procès de Nuremberg devraient trouver ici leur place. Cependant, pour des raisons tenant à la fois au fil principal du récit et à un souci d'équilibre entre les différentes parties de ces Mémoires, il a paru préférable de les reporter au début du second tome, qui ouvre sur la constitution de mon second gouvernement (1955). Ils formeront ainsi un prologue au premier débat parlementaire que je devais affronter, et qui avait trait au réarmement de l'Allemagne.

CHAPITRE IX

UN DÉPUTÉ RADICAL DANS LE JURA

Je suis gentilhomme de naissance depuis tout à l'heure.
Shakespeare

Pendant l'Occupation, j'avais continué de venir à Lons-le-Saunier qui était demeuré en zone libre. Nous prenions le train à Saint-Amour et nous passions le contrôle allemand à Seurre. Le Jura nous attirait d'autant plus que le ravitaillement y était moins malaisé qu'à Paris. Je faisais avec mes clients des randonnées au gazogène. Nous roulions, pour divers rendez-vous, jusqu'à Besançon et à Lyon. Par les dures journées d'hiver, Lucie s'installait pour l'après-midi dans la cuisine de Laure Grisez, près de la chaleur résiduelle des fourneaux qui lui permettait de noircir d'innombrables pages.

Je vins plus souvent encore dans la capitale du sel lorsque, au printemps de 1942, je me fus replié sur Lyon qui en était proche. J'y retrouvais des groupes amicaux et il me semblait participer quelque peu à la vie locale où l'on brocardait le régime de Vichy et où commençaient de se nouer les fils de la Résistance. En octobre 1942, ce fut la visite d'adieux où l'on mangea force écrevisses.

Je vins passer quelques jours en octobre 1945, pour faire le point des dossiers en instance et peut-être pour ne pas démentir la superstition du temps sériel. Je fus accueilli à bras ouverts.

Mes amis étaient tous des radicaux de longue date, selon une solide tradition de ce département, exposé au rayonnement rhodanien d'Edouard Herriot. Nous eûmes tout loisir de nous lamenter sur les résultats communément catastrophiques de nos circonscriptions car les candidats radicaux, dans le fief jurassien, avaient eux-mêmes lamentablement mordu la poussière. Je fis la connaissance dans cette occasion de leur chef de file, l'excellent Paul Seguin, maire de Lons-le-Saunier, avec qui je devais passer de si longues heures de mon existence et auquel je ne puis penser sans une affectueuse émotion, inséparable d'une furieuse envie « de me marrer », comme il aurait aimé me l'entendre dire.

Paul Seguin était par profession représentant de commerce en épicerie. Par ses manières, son comportement et même son genre d'humour, le goût des grosses plaisanteries et des calembours du genre de « ma bouche rit » et « le barbier de cette ville » (il avait eu pour adversaire un coiffeur), il répondait typiquement à l'iconographie du commis voyageur et on l'imaginait paradant aux tables d'hôtes. Mais sa nature était plus complexe et plus précieuse : il avait connu une autre vocation, à laquelle il semblait non moins adapté, celle d'artiste de variétés. Il avait souvent produit, dans des spectacles occasionnels, des numéros de comique paysan, des « fantaisies bressannes » où on le voyait, dit-on, apparaître en blouse, tenant à la main un panier d'où sortait la tête d'un canard. Son succès était si vif qu'on lui proposa un engagement ; sa prudence matoise le dissuada de prendre une voie si aventurée (1).

Voici maintenant que s'ouvrait à lui, sur le tard, une troisième chance, celle de la carrière électorale pour laquelle il ne manquait pas de dons. Il avait le goût de la vie de compagnie, le sens des intérêts collectifs, l'art de s'intéresser aux autres. C'était un homme très bon et totalement loyal par nature ; il n'avait reçu qu'une instruction élémentaire, mais il était curieux de tout, doté d'un fort bon sens et porté à plus de finesse qu'on ne l'eût cru au premier abord. Il était réellement modeste et conscient de ses insuffisances ; sa faconde n'était qu'une apparence, dissimulant ses doutes ; son goût exagéré des honneurs, que l'on raillait souvent, procédait d'un perpétuel besoin d'être rassuré sur ses mérites. Il était patriote et idéaliste à la manière de ce livre scolaire d'avant 1914 qui décrit le tour de France par deux enfants. Le 14 juillet 1943, ce bon citoyen, doté, en sus de ses qualités scéniques, d'une belle voix, imagina de bafouer les Allemands en faisant entonner *la Marseillaise* devant la statue de Rouget de l'Isle. Il avait eu la chance d'avoir affaire à une Kommandantur laxiste et s'en était tiré avec une assignation à résidence ; ce trait de courage et de panache accrut sa popularité ; il fut élu aux municipales de 1945 et, bénéficiant comme radical du mot d'ordre pourtant usé de la « discipline républicaine », il devint dans la foulée maire de la ville et conseiller général du canton. Cependant, l'audience radicale était bien rétrécie depuis la guerre, avec le vote des femmes, particulièrement sensibles dans cette

(1) *Vis comica :* il émanait de Paul Seguin une exceptionnelle force comique ; son visage toujours émerillonné sous ses cheveux blancs bouclés, avec des yeux éclairés de malice, suscitait aisément la disposition au rire et plus fortement encore lorsque, soucieux d'être pris au sérieux, il s'efforçait de substituer, au jeu mobile de ses facettes, l'expression de gravité qui lui paraissait convenir à sa nouvelle magistrature.

région à l'influence du clergé, avec l'expansion de la gauche communiste et socialiste, avec l'aspiration à la nouveauté qui donnait au parti de la rue de Valois des marques de désuétude ; enfin le choix inopportun de la réponse *non-non* au référendum du général de Gaulle en 1945 fit encore perdre au parti une bonne fraction de son électorat déjà amoindri. Seguin lui-même était peu connu dans l'ensemble du département et il n'était pas homme à s'imposer par la force de sa personnalité dans une campagne d'envergure nationale. Sa candidature comme tête de liste aux élections pour la Constituante, avec comme colistiers un militant lédonien obscur et un ancien député de Dole qui s'était laissé oublier, marqua, avec un nombre de voix inférieur à 9 000 (il en eût fallu plus de 20 000), les limites de son rayonnement et la dévaluation de l'étiquette.

Paul Seguin et moi-même évoquions à l'apéritif nos déconvenues ; le maire m'interrogeait avec avidité sur mes souvenirs d'Alger, sur les problèmes nationaux, enfin sur la question cruciale du jour : le général de Gaulle est-il véritablement un démocrate ? N'avons-nous en aucun cas à craindre quelques bruits de bottes de dictature ? Le soir, au dîner, en l'absence de Seguin, on m'exposa que la personnalité falote du candidat et la nullité de la liste étaient les véritables explications de l'échec, que le Jura était foncièrement attaché au radicalisme et qu'il suffisait d'un bon candidat lors de la prochaine consultation qui d'ailleurs, par chance, devait avoir lieu dans quelque sept ou huit mois. « Un homme comme vous, voilà ce qu'il nous faut. — Mais combien manque-t-il de voix ? demandai-je (les chiffres n'avaient pas été évoqués avec précision). — Pas tellement ; on est élu à 21 ou 22 000, or la liste en a fait 19 000. » La balle était lancée. La partie me parut jouable.

Je rentrai à Paris tout guilleret, malgré un voyage exceptionnellement long et peu confortable. Je parlai aussitôt avec Lucie de la circonscription du Jura ; nous étions tous deux très attachés à ce pays. Je m'emparai du livre blanc où étaient répertoriés les résultats du dernier scrutin et je vis que le score était autour de 9 000 et non de 19 000. Il fallait donc couvrir un fossé de 10 à 12 000 voix, ce qui était une tout autre gageure que d'en grappiller 1 000, 2 000, voire 3 000. Je partis pour ma nouvelle mission. Je pensai peu aux élections et point du tout au Jura.

Je revins de Nuremberg lors des vacances de Pâques. Je n'étais point sûr d'y retourner. J'avais accompli l'essentiel de mon travail. Dès le matin de ma première journée parisienne, Lucie me dit que mes amis du Jura étaient venus en délégation pour me proposer officiellement la candidature et que, comme nous n'étions pas organisés pour les recevoir, un déjeuner avait été prévu dans un restaurant voisin, *la Flamberge*, avenue Rapp. Sur ces entrefaites,

Jean Gallot, gendre du président Queuille, me téléphona pour me dire que son beau-père me recevrait dans l'après-midi ; il pensait qu'il était question de moi pour le Calvados. L'éventualité d'une candidature dans ce beau pays, au demeurant proche de Paris, nous parut séduisante. Mais à *la Flamberge* nous attendait le solide quarteron des compagnons de chez Laure, et le destin assura de nouveau sur moi sa prise. Mes partisans, conjurés à mon insu, avaient commencé par accomplir une révolution de palais au sein de la fédération radicale... d'arrondissement. La présidence avait été confiée à Auguste Roch, entrepreneur à Lons, dont il se plaisait à rappeler qu'il avait été naguère le plus jeune membre du conseil municipal. Avec sa mine sérieuse, ses cheveux blancs, sa parole rare et précise, Auguste, comme nous devions l'appeler par la suite, nous fit la meilleure impression et la cote de la candidature jurassienne commença de remonter. La stratégie locale avait été déjà mise au point par nos acolytes. Nous « tenions » Lons-le-Saunier et, dès lors, les fédérations de Dole et de Saint-Claude ne manqueraient pas de suivre. Les choses se présentaient bien du côté des militants, mais il fallait aussi penser aux électeurs. On en vint aux chiffres. Nous disposions, me dit-on, d'un atout que je n'avais pas aperçu ou que j'avais mal apprécié. Si la liste radicale plafonnait un peu au-dessous de 9 000, une autre liste, de tendance modérée, avait atteint un niveau presque analogue. Il existait une masse de quelque 18 000 voix non représentées et, si on additionnait par hypothèse le tout, l'ampleur de la marge à réduire se ramenait à 2 000 ou 3 000 voix, c'est-à-dire à la dimension d'un handicap que l'on peut remonter par une bonne campagne électorale.

Encore faudrait-il convaincre les électeurs d'une liste classée ouvertement « à droite » de voter pour les radicaux qui s'affirmaient, avec une belle énergie verbale, comme étant toujours *de gauche* et qui profitaient, lors des scrutins locaux, avec la discipline républicaine, des votes socialistes et communistes.

Qu'à cela ne tienne. Le chef de la liste indépendante, l'ancien député André Baud, était un ami intime de Maxime Vicaire. Il avait été, d'autre part, déçu et offensé par certains jeunes loups du Mouvement républicain populaire. Dès lors, on pouvait espérer bénéficier de ce côté d'un préjugé favorable. Et si l'on ne récupérait qu'une partie de ces électeurs orphelins, il restait encore les réservistes du parti radical qui n'avaient pas voulu voter pour une liste insignifiante : était-il vraisemblable de ne compter que 300 voix dans la ville de Dole ? Ces raisonnements se révélèrent, par la suite, suffisamment exacts.

Cependant, le « modèle » jurassien comportait un grave point de faiblesse et j'eus tout loisir de m'en convaincre par mon échec de juin : c'est que le candidat radical — par hypothèse moi-même — se trouvait pris en sandwich entre le premier de la liste socialiste et le deuxième de la liste M.R.P. Le M.R.P. totalisait environ 40 000. Le P.C. 32 000, le P.S., 20 000. Les têtes de liste du M.R.P. et du P.C. étaient donc sûres de leur élection. Le litige ne portait que sur le troisième siège : à quelques voix près, il pouvait aller soit au socialiste (environ 20 000), soit à un deuxième de la liste M.R.P. (moyenne 40 000 divisé par 2 = 20 000). Il me fallait donc remonter plus de 10 000 voix et rattraper non seulement un coureur plus avancé, mais deux.

Comme prévu, je me rendis ensuite rue de Valois, où Henri Queuille tenait, avec son imperturbable douceur, les leviers de commande et aussi les cordons de la bourse. Il m'exposa qu'il souhaitait vivement compter trois députés parmi les nouveaux venus : Bourgès-Maunoury, Félix Gaillard et moi. Je le questionnai sur le Calvados mais il pensait alors à René Mayer. « J'ai sans doute mieux pour vous, me dit-il. Que penseriez-vous de l'Aude ? » Cette suggestion était inespérée. Dans aucune circonscription de France, je ne disposais d'autant d'atouts que dans ce département, berceau de ma famille paternelle, où je possédais une maison, une vigne et un tombeau. Si l'on ajoute l'essentiel, à savoir que la situation politique était assez favorable, le succès de la liste valoisienne n'ayant été manqué la dernière fois qu'en raison d'une liste dissidente « radicale-gauchiste », il semble que j'aurais dû me précipiter sur cette chance et ne plus penser à autre chose.

Ma réaction ne fut pas aussi simple et c'est presque avec soulagement que je notai l'existence de certains préalables à lever : la position du docteur Goux (l'homme de la liste de diversion) et l'offre faite par les Audois à Gabriel Cudenet, le célèbre orateur du parti, que les circonscriptions s'arrachaient.

Je demandai avec un timide espoir au président Queuille ce qu'il pensait du Jura. Il n'en avait point une haute idée. « Une fédération en pauvre état, nous leur avons envoyé cinquante mille francs. » Il me recommanda d'étudier l'affaire de l'Aude avec un avocat, Me Amiel, qui était conseiller général de ce département et ami de Jean Gallot. Je le connaissais moi-même assez bien. Avec un peu de nostalgie, je sentais s'éloigner la rive jurassienne. Il y a dans le choix d'une circonscription quelque chose qui s'apparente aux entraînements de l'amour.

Je partais le soir même pour Aix-les-Bains avec Lucie, afin de retrouver notre fille Sylvie qui avait été opérée de l'appendicite et que nous avions installée dans un home d'enfants proche de cette station. Je regardais, en conduisant, ces campagnes françaises, ces fermes, ces bourgades et je me disais que bientôt il faudrait les parcourir et m'y faire connaître, entrer dans les maisons, parler sous les préaux. Dès mon arrivée à l'hôtel International, que j'avais bien connu pendant la guerre, je me sentis pris d'un malaise. C'était une angine et je me couchai avec une forte fièvre. On me laissa quarante-huit heures au lit que je passai à lire deux très bons romans : *le Miroir terne* et *Reflets dans un œil d'or*. Je trouvai la force de téléphoner à Me Amiel qui me fit un compte rendu attentiste de la situation dans l'Aude. A peine étais-je rétabli le samedi matin qu'apparurent à l'improviste Auguste Roch et Maurice Tonetti ; ils firent honneur au repas, servi dans le jardin, après quoi ils demandèrent la permission de m'enlever jusqu'au lendemain, car l'assemblée de la fédération de Lons avait été fixée pour le soir même. Je me trouvai aussitôt embarqué dans une puissante voiture. J'étais quelque peu perplexe, car je n'avais jamais assisté à une réunion de ce genre.

Une centaine de personnes composaient une assistance un peu clairsemée dans la grande salle du cinéma *Excelsior*. Auguste Roch ouvrit la séance. Il indiqua que le moment était venu de désigner le candidat de l'arrondissement pour la prochaine élection. Il proposa tout de go « M. Faure » et demanda s'il y en avait un autre. Personne ne bougea. Je savais qu'un conseiller général, Marcel Renault, instituteur porté vers l'union de la gauche et féru des théories de la laïcité, avait eu l'intention de se présenter, mais on avait fini par le dissuader et il n'était pas venu. Quelqu'un s'enquit de savoir, peut-être par connivence, si M. Faure était là. J'affirmai ma présence et gagnai l'estrade où je fis un exposé dont j'avais médité, au cours du voyage, les grandes lignes. A Nuremberg, je ne suivais que d'assez loin la politique intérieure, mais je m'étais composé une documentation avec les débats de l'Assemblée et en étudiant la littérature des questions écrites. Un tel auditoire n'attendait d'ailleurs ni beaucoup de détails ni trop de technicité. Une charge contre l'excès des dépenses publiques, pour la nécessité des économies, pour l'arrêt de la bureaucratie et du dirigisme était attendue et bienvenue. Le principal souci de ce public petit-bourgeois était d'éviter l'hydre du collectivisme et de voir endiguer le déferlement de la marée communiste. Le Jura était l'un des départements où, en raison des proches souvenirs de la Résistance, l'emprise du parti était le plus apparente . Il disposait de militants appointés (dont on exagérait le nombre) qui se mêlaient de tout et créaient, sans peut-être la chercher, une psychose d'intimidation. Nous n'étions pas très loin, après tout, de cette période où les communistes proposaient sérieusement de procéder aux élections à main levée. J'appris un jour que certaines personnes avaient demandé à venir à l'une de mes réunions en s'installant dans la cabine de l'opérateur, afin de ne pas être repérées et mises à l'index.

Mon discours ne fut sans doute pas l'un des meilleurs de ma

carrière. J'étais sensible à la bizarrerie de cette situation, à la confiance que me faisaient ces hommes et ces femmes dont très peu me connaissaient, dont j'ignorais moi-même, malgré mes quelques passages dans le département, l'état d'esprit, les coutumes, les problèmes. La dispersion de l'assistance, l'absence de tout conflit, les habitudes réservées du public jurassien n'étaient pas de nature à soulever en moi l'élan des péroraisons enflammées. On m'affirma que l'auditoire était entièrement satisfait. Un bon nombre des participants se retrouvèrent à l'hôtel de Genève, dans la salle qui porte le nom si charmant *d'estaminet* et où l'on servit le mousseux du Jura. On m'avait proposé, on m'avait désigné, j'avais accepté, j'étais accepté. La haute vallée de l'Aude et ma petite vigne de La Chapelle disparurent de mon regard mental. Peut-être venais-je de commettre une lourde erreur, comme lorsque j'avais décliné la tête de liste du M.R.P. dans le Vaucluse ? Je ne m'attardai pas au doute. A douze ans d'intervalle, l'onde d'appel que j'avais reçue à cette même place revenait toute chargée de sa force de signification et me frappait comme une balle. Lédonien pour longtemps, Franc-Comtois pour toujours.

*
* *

« J'ai accepté, expliquai-je à mon retour. Je ne pouvais pas, moralement, marchander ou faire traîner l'affaire. D'ailleurs l'Aude ne se présentait pas très clairement et je n'étais pas sollicité. Je ne me voyais guère arrivant là-bas avec ma valise pour proposer mes services. » Il y a là, en effet, un point de ma psychologie qui avait joué dans le même sens que le charisme de Lons. Soit par timidité, soit par fierté — ou les deux ensemble — je n'aime pas la situation de demandeur, j'aime que l'on vienne vers moi et, inversement quand il en est ainsi, j'éprouve de la peine à refuser, je ressens l'impression qu'une réponse négative serait un manquement aux bons usages. Lucie pensa sans doute que j'avais agi avec imprudence mais elle avait pour principe de ne jamais me contrarier quand la décision était prise ; elle ne s'appliqua dès lors qu'à m'aider de son mieux et en tout cas à protéger mon énergie morale contre l'érosion du doute rétrospectif. Nous reprîmes le chemin de Paris en passant par Dole. Cette fois, quand je regardais la campagne du Jura, que je déchiffrais les noms des localités, ce n'était pas une curiosité à vide. Il m'était agréable de penser combien ces sites étaient beaux, combien ces paysages de nature souvent presque sauvage convenaient aux dispositions de mon âme. Il me fallait maintenant rendre visite à la deuxième ville du Jura, en fait la première par le nombre des habitants, Dole, jadis siège du parlement, capitale du comté de

Bourgogne. Mes amis de Lons ne s'étaient guère souciés jusqu'ici des militants de Dole et nous devions sans tarder les mettre dans le jeu. L'impression fut quelque peu décevante. On ne parvint à trouver que trois radicaux et nous nous rassemblâmes dans la cuisine de l'un d'eux. C'était Ernest Perron, personnage fort pittoresque, ancien directeur du théâtre romain d'Autun, qui parlait en chantant et manifestait une fidélité touchante à l'ancien député Raoul Girard ; aussi, tout en me recevant cordialement, n'accueillait-il ma candidature que sous bénéfice d'inventaire, en attendant le signal de son chef de file. Heureusement, Raoul Girard accepta de bonne grâce cette solution. C'était un homme distingué, ingénieur de son état, qui, élu en 1932, avait tenu à la Chambre un rôle effacé pendant une seule législature. Lors des élections de 1936, Raoul Girard avait été battu par un candidat de droite, un certain Bazin, vétérinaire à Dampierre, en même temps qu'André Baud passait à Poligny et un radical dissident, Louis Nachon, soutenu par la droite, à Lons-le-Saunier. La gauche ne l'emportait que dans son fief de Saint-Claude, avec le socialiste Gros. Je mettais grand soin à me familiariser avec ces événements ; j'y prenais plaisir ; il me semblait les avoir vécus moi-même et il m'advenait de narrer certaines anecdotes à ceux qui auraient dû les connaître mieux que moi. Je comblais ainsi le vide de ma mémoire parisienne où aucun fait de ce genre n'était inscrit. C'est, à mon point de vue, l'un des plus vifs agréments d'une implantation provinciale tardive que de pouvoir se procurer de la sorte un supplément d'identité.

Les deux autres radicaux de Dole étaient le secrétaire de la mairie, Marriller, et un entrepreneur de charpente, ami de Roch, Georges Paquet. J'observai bientôt que les principaux animateurs du parti étaient des spécialistes du bâtiment ou des scieurs, marchands de bois : cela n'avait rien de surprenant puisque notre formation politique était certainement la plus favorable aux P.M.E., peut-être aussi par quelque correspondance en profondeur entre la libre entreprise « à l'échelle humaine » et l'idéologie des disciples d'Alain.

La faiblesse du contingent dolois ne me causa point de déception. Le climat de cette ville était très différent de celui de Lons, tout imprégné de chaleur méridionale. Par la suite, lors de mes séjours à Dole, je prenais presque toujours mes repas au restaurant de l'hôtel. Personne ne m'invitait ni ne me tenait compagnie. Les Lédoniens brocardaient les Dolois : « Vous n'avez pas honte ! Vous laissez notre député déjeuner tout seul ! »

« Si Dole ne vote pas bien, disaient-ils couramment, il faudra retrancher cette ville du département. »

Mais, le jour du scrutin, le score de Dole fut supérieur à celui de

Lons. J'appris peu à peu que, là où l'on compte le plus de militants, on ne dénombre pas toujours le plus d'électeurs.

A Paris, le président Queuille accueillit avec philosophie ma décision qui, d'un côté, diminuait mes propres chances, mais, d'un autre, augmentait celles du parti d'acquérir un siège supplémentaire. Un incident survint, dont Lucie s'inquiéta bien à tort. Un journaliste d'origine arboisienne, du nom de Gabriel Perreux, rêvait depuis longtemps de se présenter aux élections dans le Jura. C'était un homme maladroit et déplaisant qui n'était jamais allé jusqu'au bout de ce projet. Il possédait des titres universitaires, il avait été le collaborateur d'Aimé Berthod et, bien que je n'aie jamais compris en quoi pouvait consister son mérite, il avait acquis une certaine notoriété. Il avait occupé, avant la guerre, sur le papier, l'un des postes de rédacteur en chef de *Paris-Soir,* sans y exercer réellement de fonctions importantes ; depuis, il travaillait pour un hebdomadaire de faits divers et d'échos, *Ici Paris,* dont le prestige était mince. Il avait quelques attaches, grâce à l'amitié de M. Simonin, avec *les Dernières Dépêches de Dijon,* quotidien assez lu dans le nord du Jura (la répartition d'influence de la presse continuait d'épouser l'ancienne division du département entre les deux zones). Il avait quitté le parti radical et adhéré à un mouvement fondé par René Capitant, sous le titre de parti démocrate, formation d'inspiration gaulliste, dont l'existence fut brève. Il demanda, à partir de cette étiquette, à prendre la tête de la liste du Rassemblement des gauches. A défaut d'obtenir satisfaction, il menaçait de présenter une candidature dissidente qui aurait pu, sans qu'elle lui offrît la moindre chance, me gêner sérieusement, vu le caractère marginal de mon entreprise. Personne ne s'occupa de lui. Je décidai de n'y pas penser et, cette fois encore, il ne persévéra pas. Un peu plus tard, il se présenta au Sénat et atteignit le score ridicule de 35 voix. Par la suite, il me rendit responsable de ses déboires et me poursuivit de sa haine. Il imagina de faire paraître dans sa publication un entrefilet commençant par ces mots : « M. Lehmann, devenu Edgar Faure », insinuant ainsi que j'étais juif et que je vivais sous un nom d'emprunt. Je déposai une plainte au parquet de Lons-le-Saunier et je me promenai dans mon canton — car c'était à la veille de l'élection au conseil général — avec les extraits de naissance de mon père, de mon grand-père et de mon arrière-grand-père, ce qui était d'ailleurs superflu. Les maires interrogés sur cette calomnie répondaient : « Bah ! Qu'est-ce que cela peut nous faire qu'il s'appelle Lehmann, s'il s'occupe de notre adduction d'eau ? » Ou bien : « S'il était juif, son arrière-grand-père n'aurait pas été cultivateur ! » Sur le conseil de quelques amis réputés « sages » j'acceptai, après mon succès, de recevoir des excuses verbales de l'administrateur et de retirer ma plainte. C'était une erreur. Les préceptes que l'on se transmet pieusement, comme exprimant les vues de l'expérience, sont le plus souvent trompeurs. On dit, par exemple, qu'il faut rester sur place quand on sent un danger ; c'est l'inverse qui est vrai. Il faut prendre instantanément de la distance. On dit toujours aux hommes politiques : « Evitez les procès en diffamation. » Ce n'est exact que s'ils sont dans un mauvais cas. Dans l'espèce, mon geste de dédain fut interprété à tort comme révélateur d'un embarras que je n'avais aucune raison d'éprouver. J'ai vu resurgir à bien des reprises les têtes d'hydre de cette stupide calomnie. Un poujadiste, en Gironde, publia que je m'appelais Schproutz ! J'ai dû faire d'autres procès et les gagner et cependant pas mal de personnes croient encore que je suis juif, étranger, etc. Certains bons apôtres disaient : « Bien sûr, le docteur Faure est connu, Mme Faure aussi, mais Edgar est un enfant adopté », voire « le fils naturel de Litvinov », par exemple ! Paul Coste-Floret gardait dans son portefeuille la coupure d'un vieux numéro d'un journal de l'Hérault où se trouvait relaté, à la rubrique de l'état civil, l'événement de ma naissance. Plus tard, lorsque je fus l'objet d'odieuses attaques sur ma politique marocaine, je n'eus garde de renouveler cette erreur et je poussai la procédure jusqu'au bout, contre le député Schmittlein qui était l'agent équivoque de certains services de renseignements. Sans dissiper peut-être toutes les préventions des sots et des malveillants, ce procès brisa la machination et assainit l'atmosphère.

Gabriel Perreux avait une femme fine et cultivée, fort attachée à des œuvres de bienfaisance concernant la péninsule asiatique. Elle éprouvait de la sympathie pour moi à la suite d'une circonstance plaisante qui avait marqué notre rencontre fortuite avant la guerre au cours d'une soirée chez les Fernand Gregh. J'avais remarqué une élégante qui parlait avec enjouement dans un groupe de Chinois et je m'étais approché afin de m'introduire dans la conversation. A ce moment précis, le principal Chinois, en réponse à une question de Mme Perreux, venait de dire qu'il était auteur dramatique et que le théâtre de la Monnaie, de Bruxelles, allait représenter une pièce de sa composition intitulée *le Vase de jade.* « Comme c'est amusant, dit l'interlocutrice, vous avez écrit *le Vase de jade* et moi j'ai écrit *le Bracelet de jade.* » Le moment me parut opportun de me faire bien venir et, avec une femme de lettres, le moyen le plus simple semblait être le meilleur. « Je crois, en effet, madame, dis-je, avoir lu *le Bracelet de jade.* » Elle me toisa d'un air moins bienveillant que je ne l'avais escompté : « Cela m'étonnerait, dit-elle, car il s'agit d'un simple conte que j'ai publié dans *France-Soir* sous un pseudonyme. » (Ce dernier détail ne pouvait me troubler puisque j'ignorais son nom.) Mon cerveau fit une réponse d'ordinateur. Il m'arrivait souvent, en revenant du

Palais de justice en métro, de parcourir *France-Soir* et je lisais presque toujours le conte. Il me souvint de l'un d'eux qui avait un parfum d'Extrême-Orient et je jouai mon va-tout : « Madame, dis-je, permettez-moi de vous faire savoir que je n'ai pas l'habitude de m'exprimer à la légère. N'est-ce pas dans ce conte que se trouve évoqué un trait touchant l'amitié entre deux hommes qui... » Elle fut enchantée et m'invita quelques jours plus tard à prendre le thé dans un appartement luxueux où elle faisait brûler de l'encens.

Quand survint mon conflit avec son mari, elle tenta, sans résultat, d'améliorer mes relations avec lui. Quelque temps après, excédée de ses traitements, elle dut se résoudre au divorce.

***

Cependant, la fièvre politique montait. Le grand combat devait se livrer en deux phases mais sans changement de rythme. La première était la bataille du référendum, la seconde celle des élections qui allaient suivre en toute hypothèse. La seule différence était que, si le référendum passait, l'Assemblée serait une législative normale alors que, s'il échouait, il faudrait élire une nouvelle constituante. Seuls, le parti socialiste et le parti communiste soutenaient le projet de constitution rapporté par Pierre Cot qui avait dû, pour assumer cette tâche, quitter le parti radical et entrer dans une petite formation satellisée par les communistes. Cette circonstance l'empêcha, par la suite, de jouer tout le rôle auquel son exceptionnel talent aurait pu, dans un *come-back*, le porter : encore resta-t-il longtemps le plus remarquable *debater* du Parlement. La campagne du référendum m'offrit l'opportunité de me faire connaître dans le Jura : je tins des réunions dans les principales villes, avec un succès honorable, plus marqué encore lorsque les communistes avaient la bonne idée de m'apporter la contradiction. Le « non » l'emporta dans l'ensemble de la France, et dans le département il marqua une nette majorité. C'était bon signe. Le rejet du texte impliquait, au surplus, que la nouvelle Assemblée, chargée de faire une autre constitution, ne siégerait que quelques mois, ouvrant ainsi une seconde chance (qui devait m'être bien précieuse). C'était vraiment une bonne période que cette année 1945-1946 pour les amateurs de carrières politiques puisqu'elle comporta trois élections. Si l'on compte que, en moyenne, un bon candidat se présente d'abord dans une circonscription difficile où il est généralement battu, ensuite dans une meilleure mais ne l'emporte pas du premier coup, que le succès suppose donc un troisième temps, l'épreuve exigerait normalement dix ans et j'en gagnai neuf.

Il me fallait d'abord constituer une liste à laquelle je donnai le titre de Rassemblement des gauches. Mon second devait être pris dans la région de Dole, puisque j'étais supposé représenter celle de Lons. Je fis choix de Raymond Bonnet, instituteur dans le faubourg de la Bedugue, qui s'initiait à la vie politique et s'était fait élire conseiller général dans le canton rural de Rochefort-sur-Nenon, attenant à celui de Dole. Il passait pour être un peu démagogue et cela ne me déplut pas. Il faisait partie de l'équipe rédactrice d'un petit hebdomadaire local appelé justement *le Journal de Dole* et qui disposait d'une diffusion assurée : on l'achetait pour consulter le programme des cinémas. Raymond Bonnet avait écrit quelques éditoriaux au vitriol sur les problèmes de ravitaillement, notamment contre un grossiste de Dijon qu'il qualifiait de trust, accusé d'avoir livré je ne sais où un fromage qui s'était révélé impropre à la consommation : on l'avait donné à manger aux cochons. J'ignore si le fournisseur était responsable et d'ailleurs je ne pense pas qu'il ait été poursuivi. Mais j'entendis tout le long de la campagne Raymond Bonnet parler, de sa voix de stentor, des « cochons qui avaient mangé le fromage ». Raymond Bonnet a été pour moi un collaborateur et un ami très dévoué ; il était doté de finesse politique et d'un sens électoral très aigu ; cependant sa qualité d'instituteur et l'étiquette de socialiste indépendant que nous avions choisie pour nous étirer vers la gauche ne faisaient pas le meilleur effet sur la zone cléricale de notre clientèle. « Les curés ont fermé les ticklets », disait-on. Comme troisième de liste, à défaut d'une personnalité de l'arrondissement de Saint-Claude, où nous avions peu de têtes, je recrutai Raymond Vugier qui était vétérinaire à Orgelet mais qui demeurait conseiller général du canton d'Arinthod.

Une partie essentielle de mon problème consistait à m'assurer une certaine bienveillance du côté de la droite. Je fis la connaissance d'André Baud qui détenait les clés de cette alliance, dénoncée âprement par nos adversaires et dont s'alarmaient certains de nos amis, très attachés au mythe gauchiste du radicalisme. André Baud était sorti de l'Ecole polytechnique pour servir dans la marine, ce qui est assez exceptionnel, et il avait commandé une canonnière sur les côtes d'Afrique pendant la guerre de 1914-1918. Il était entré ensuite dans les affaires privées et il avait, selon une expression que j'ignorais jusque-là, « porté la pelisse de Schneider » : les grands représentants de cette firme, lorsqu'ils partaient en voyage pour obtenir des commandes, allaient prendre au vestiaire une pelisse à leur taille qu'ils venaient raccrocher au retour. Il était revenu vivre à Arbois et il avait été élu en 1936 député de l'arrondissement de Poligny. Il siégeait avec zèle et avec compétence à la Commission des douanes. Il n'avait pas voté pour Vichy, il n'était pas contesté par la Résistance et il avait tenté, en 1945, de reprendre son siège. Le

M.R.P., dont l'étoile montait, avait cherché à l'écœurer en lui proposant, du bout des lèvres, la troisième place et, piqué au vif, il avait constitué une liste avec deux inconnus, ce qui s'était traduit par un score un peu plus faible que celui de Paul Seguin. Il ne tenait pas à renouveler cette expérience, mais il lui fallait bien donner quelques consignes discrètes à ses amis.

André Baud était un homme d'une culture étendue, animé d'un dévouement profond au bien public, toujours avide de s'instruire et de s'informer, avec une certaine tendance à la minutie et au raffinement. Il menait la vie la plus simple. Il habitait dans une vieille maison d'Arbois ; une grande pièce au rez-de-chaussée lui servait à la fois de chambre à coucher et de cabinet de travail ; il y entassait des documents par piles. La table était recouverte de coupures de presse et de journaux, dont beaucoup étaient encore sous bande. Ses sœurs disposaient du « bel étage » où il prenait ses repas et où il écoutait la radio suisse, principalement l'émission de René Payot. Il me fit l'honneur de m'introduire un jour dans le salon encaustiqué pour prendre solennellement, en compagnie de ces dames, un petit verre de macquevin. Il n'avait pas de voiture, se déplaçait en train et n'hésitait pas à faire quelques kilomètres à pied dans la nuit ou au petit matin, entre la gare de Mouchard et son domicile. Il avait le goût de la pédagogie politique. Sa principale activité consistait à réunir périodiquement, dans les principales localités, un petit nombre de fidèles, instruits et de bonne compagnie, auxquels il faisait une sorte de conférence avec questions et réponses.

Je compris vite que c'était un homme à ne pas brusquer. Je prenais mes dispositions pour lui consacrer de longues visites. Il m'arriva de rester avec lui de cinq à sept, puis de lui proposer de le retrouver après le dîner, que j'irais prendre au restaurant et lui chez ses sœurs. Une telle proposition le mettait à l'aise et nous disposions de la soirée pour prolonger notre entretien à loisir, sans ménager les digressions qui n'étaient d'ailleurs jamais ennuyeuses. Il fit ce qu'il put pour nous faciliter les choses dans cette première tentative, mais c'est seulement lors des élections suivantes qu'il nous fut possible de resserrer notre accord.

L'organisation de la campagne fut assurée par mes amis de Lons-le-Saunier dans la plus totale extravagance. Ils louèrent une boutique pour servir de permanence : un d'entre eux, chapelier en retraite, M. Vallet, taillé en colosse, se tenait perpétuellement sur le seuil ; il portait une marque de franc-maçon et d'anticlérical qui détournait certains modérés de s'aventurer dans ce lieu. André Trouillot fixait des heures de réunion, selon les hasards des demandes, sans jamais tenir compte de la géographie qu'il connaissait cependant mieux que moi, m'exposant ainsi à d'interminables trajets d'un bout à l'autre du département, entre des visites que l'on aurait dû pouvoir grouper par heure ou par demi-heure. Les affluences étaient fort inégales et nullement proportionnées à l'importance des communes, car on pouvait trouver soixante personnes dans un village exigu et trois ou quatre dans un gros bourg. Mes amis passaient en voiture avec un haut-parleur pour annoncer la présence de « M. Edgar Faure, représentant de la France au tribunal de Nuremberg ».

J'avais pour moi un atout d'importance, la contradiction communiste qui devenait systématique et qui me faisait la meilleure publicité. Mes exposés étaient souvent assez froids car je m'attachais, exagérément sans doute, à exposer les problèmes économiques et monétaires. Mes vues sur la politique extérieure étaient amples et sérieuses. J'estimais que, s'il fallait combattre énergiquement le communisme à l'intérieur, nous devions ménager la puissante Union soviétique et réserver l'avenir. En conséquence, je m'exprimais d'une façon modérée, tant que je n'étais pas provoqué Les militants communistes qui venaient à la tribune réciter les versets de la propagande, répondant souvent par psittacisme à des arguments que je n'avais nullement employés, m'agaçaient et me stimulaient, de sorte que je montrais, dans mes réponses, une vivacité et une simplicité qui enchantaient la majeure partie de l'auditoire.

Mon principal handicap n'apparaissait pas dans le fracas des meetings. Il tenait au problème de l'école libre confessionnelle et au halo d'anticléricalisme que beaucoup croyaient voir autour du nom même de radical socialiste. J'avais sous-estimé ce genre d'objection qui n'avait plus cours dans le Midi et que Paris ignorait. Mon principal adversaire, le député M.R.P. sortant, Charles Viatte, tentait d'obtenir pour sa liste le second siège qu'il avait manqué de justesse en novembre : il faisait peu de réunions, qui étaient peu suivies, et consacrait l'essentiel de sa campagne à visiter les presbytères et les maisons pieuses. On m'avait bien mis en garde contre l'hebdomadaire *la Croix du Jura*, dont ledit Viatte était un collaborateur régulier et dont on attendait quelque mauvaise surprise pour le tout dernier numéro. Mais qu'y pouvions-nous ? On essaya bien de faire acheter les exemplaires dans les kiosques mais les tenanciers se rebiffaient et, de toute façon, le service d'abonnés était considérable. Dans son éditorial du vendredi, lu généralement le samedi, l'abbé Thurel recommanda ouvertement la liste M.R.P. Le parti radical, soulignait-il, malgré la bonne volonté de quelques-uns qui voulaient le rajeunir, demeurait le parti des inventaires, de la séparation de l'Eglise et de l'Etat, du père Combes, etc. J'avais, de mon côté, rappelé dans *le Journal de Dole*, doublé d'une édition lédonienne que l'on avait baptisée *le Coq comtois*, que le M.R.P. procédait du mouvement Le Sillon, de Marc Sangnier, qui avait encouru la condamnation du Saint-Siège. Mais la force de ces deux artilleries demeurait inégale.

Je ne rencontrai jamais Charles Viatte au cours de la campagne ; en revanche, je me trouvai une fois en présence du député socialiste sortant, Jean Courtois, qui vint à ma réunion de Tavaux, prit une chaise et alla s'asseoir d'autorité derrière la table où je me tenais avec le bureau. Je ne savais pas qui il était et, en l'apprenant, j'éprouvai un effet désagréable de surprise. Il attaqua durement et, comme je ne connaissais pas ses manières, il me mit dans un réel embarras. Par malchance, car je ne prévoyais pas cette épreuve, j'avais sauté le repas du soir et me trouvais de ce fait en faible condition physique. Heureusement, alors que je cherchais désespérément une conclusion qui ne venait guère, une voix goguenarde dans l'assistance clama le nom de Nuremberg. Je remontai aussitôt sur ma monture et assenai à l'auditoire une de mes déclamations toutes prêtes sur ce thème familier. Courtois était furieux contre la maladresse de son supporter et, à quelque temps de là, il me rappelait encore, à demi plaisantant, que j'avais évité de peu la déroute. Cette vue elle-même était exagérée sans doute. L'impression physique causée par les réunions n'a pas le rôle déterminant qu'on lui prête. Les auditeurs sont toujours portés à trouver meilleur que l'autre celui des deux champions qui affiche leurs couleurs et, même s'ils le jugent surclassé, ils ne changent pas pour autant leur vote. Il m'est arrivé de ne compter qu'une voix dans des villages où j'avais senti vibrer des auditoires de quinze ou vingt personnes. Il n'est pas douteux cependant que la réputation d'ensemble acquise par l'orateur au cours de ses tournées, et qui se détermine par une addition de commentaires et de réflexions à travers le département, constitue un des éléments importants de la décision finale.

Lors de la réunion que je tins à Dole l'avant-veille du scrutin, le P.C. dépêcha successivement à la tribune cinq *apparatchiki* et je m'assurai un triomphe. La stratégie fut différente à Lons-le-Saunier où, devant la salle comble du théâtre, le rideau s'était levé sur une scène qu'occupaient, en sages rangées, le maire et ses adjoints, différents notables et les deux veuves des sénateurs Berthod et Léculier. Ce spectacle qui évoquait les tableaux vivants, si appréciés dans l'Allemagne goethéenne, déclencha une tempête de rires, suivie aussitôt d'un extraordinaire et interminable chahut, facilité par la disposition des lieux, les bouchons qui se formaient dans les couloirs exigus rendant impossible tout service d'ordre. Nos orateurs se succédèrent et lurent d'un ton monocorde des harangues dont le vacarme empêcha quiconque de saisir le moindre mot. La consigne était, de notre côté, d'étirer la réunion le plus possible afin d'atteindre l'heure de minuit où elle devait prendre fin, et de mystifier ainsi les contradicteurs (tactique au demeurant discutable puisque ceux-ci nous faisaient généralement gagner des voix). Je me tins moi-même stoïquement debout sous l'averse, c'est le cas de le dire, car des projectiles divers venaient choir à mes pieds : des pois chiches, des sous (pour Judas), voire — Dieu sait pourquoi — des préservatifs ; enfin, coup de maître, une tomate étoila d'un rouge épais mon veston bleu marine. Je me taisais pendant de longs instants et, quand la houle venait à faiblir, je glissais quelques mots, rapidement couverts par le re-déchaînement des huées. Enfin, le carillon de Rouget de l'Isle sonna. On ne nous avait guère entendus mais nos adversaires avaient perdu la possibilité de prendre la parole.

Tout ce tumulte était d'ailleurs excellent pour nous, car il écœurait le public bourgeois et donnait un aspect concret à nos sombres avertissements sur la société de contrainte où nous acheminait le collectivisme. Le rideau descendit et je m'empressai, malgré les interdictions d'usage, d'allumer une cigarette car je m'étais privé de tabac depuis trois semaines non pas, à l'instar du marquis de Jouffroy, par quelque vœu, mais pour ménager ma gorge, sérieusement éprouvée par des centaines d'exercices, à une époque où le micro n'était presque jamais utilisé.

Le jour du scrutin, Charles Laurent, qui devait être mon colistier pour le tour suivant, et sa femme Pierrette nous promenèrent en voiture à travers les sites du plateau et des lacs, autour des Planches, de Saint-Laurent, de Clairvaux. Après le coup de *la Croix,* je ne me sentais pas très optimiste et je répétais avec nostalgie que j'aurais bien voulu être le représentant de cette terre sublime. Nous redescendîmes sans nous presser et je fis arrêter pour entrer un instant dans la salle de mairie de Doucier où s'opérait le dépouillement. J'entendis annoncer trois ou quatre fois de suite : « Rassemblement des gauches » et, par superstition, je sortis aussitôt. Quelqu'un nous vit et nous cria : « Oh ! mais il y a beaucoup d'autres bulletins qui ne sont pas ceux-là ! »

A l'hôtel de Genève, des assiettes froides étaient servies et le mousseux attendait dans les seaux. Les premiers renseignements indiquaient une bonne montée dans les villes, mais insuffisante, d'après les calculs, pour assurer le succès. A Lons, je ne gagnais que 400 voix (de 1 300 à 1 700) sur le maire Seguin ; à Saint-Claude, en triplant, je ne passais que de 200 à 600 ; Dole apportait le meilleur grimpage, de 300 à 2 200. Nous nous défendions à peu près dans la région doloise et dans quelques fiefs radicaux des cantons de Lons et de Bletterans, mais tombèrent par séries de petits paquets qui faisaient de grosses additions les votes du canton de Nozeroy, à forte imprégnation cléricale. En conclusion, Jean Courtois me battit de quelque 600 voix, lui-même n'ayant que 60 voix d'avance sur le second de la liste M.R.P., l'aimable et compétent Gérard de Borde. La glace avait fondu et le mousseux, quand il fallut enfin le boire, était tiède.

***

Le dépit n'est pas dans mon caractère et au demeurant, grâce au rejet de la Constitution, la session de rattrapage était déjà en vue. Les vacances furent courtes ; j'en passai la plus grande partie à me faire opérer de l'appendicite par le professeur Henri Mondor, l'académicien chirurgien, spécialiste de Mallarmé et de Valéry. Il m'affirma que son coup de bistouri assurerait mon élection et j'en acceptai l'augure.

Je décidai sagement, malgré quelques invites, de ne pas changer de circonscription et je retrouvai mes radicaux jurassiens en bon moral : après tout, nous n'avions échoué que de peu. Cependant, je me trouvais toujours placé dans un « corner » entre la tête de liste socialiste et le numéro 2 du M.R.P. Non seulement il est plus difficile de « remonter » deux concurrents plutôt qu'un seul, mais à cela s'ajoutait un phénomène de va-et-vient analogue au mouvement des seaux dans le puits. Si, par une campagne orientée à gauche, je rognais un supplément de voix chez Courtois, je risquais de voir un paquet d'électeurs modérés rejoindre Viatte. Si, au contraire, par de bonnes positions conservatrices, je gagnais un peu sur le M.R.P., une partie de l'électorat de gauche, indécis entre Courtois et moi, pouvait se laisser attirer par l'orthodoxie socialiste. Charles Viatte pilonnait l'argument des voix perdues et du siège livré à la gauche par la faute des électeurs égarés du côté du R.G.R. Pour faire encore plus forte impression sur une clientèle principalement rurale, il remplaça son précédent colistier, Gérard de Borde, par un conseiller général, agriculteur de profession, « le paysan Detot », comme il l'appelait.

En réalité, ma vraie chance résidait dans une donnée du problème qu'aucune étude statistique ou opérationnelle n'aurait prise en compte : à savoir que mes deux concurrents, Charles Viatte et Jean Courtois, étaient l'un et l'autre des hommes tout à fait désagréables. Ils se différenciaient en ceci que Charles Viatte était méchant et, comme on dit d'un cheval, vicieux par nature, alors que Jean Courtois, sous ses allures de rustre et de butor, était plutôt un bon type. Après sa défaite, il devint secrétaire du groupe parlementaire socialiste et c'est lui qui vint, le plus gaiement du monde, annoncer à ma femme, dans sa tribune, le vote favorable que m'accordait le groupe socialiste lors de mon investiture de 1952.

On enrage souvent d'avoir des adversaires déplaisants, car ils nous gâchent bien des moments de la vie, mais on devrait toujours rendre grâce aux dieux de cette aubaine car, s'ils le sont pour nous, ils le sont aussi pour d'autres. Inversement, les hommes qui sont assez heureux ou assez habiles pour traiter leurs ennemis avec délicatesse disposent du même talent pour charmer ceux qui n'ont aucune raison de s'en défier. Si, au lieu des insupportables Viatte et Courtois, j'avais eu affaire, pour le M.R.P., à Gérard de Borde et pour le parti socialiste, à son second grand personnage, André Socié, je n'aurais jamais franchi ce double barrage.

Je composai une nouvelle liste. Charles Laurent-Thouverey, avec qui je m'étais lié d'amitié, était pour moi le second idéal. Agent d'assurances à Dole, c'était un de ces hommes vraiment cultivés et même « acculturés » que l'on rencontre souvent dans la vie des provinces. Il était doué d'un remarquable talent d'écriture qui s'exprimait en phrases courtes et précises, sonnant clair, avec des formules qui frappaient la cible. Certains de ses articulets étaient de petits chefs-d'œuvre et je les lisais à haute voix à la maison. C'était un boute-en-train auquel un épisode de sa vie intime avait valu un élan de popularité. Alors qu'il était célibataire, faisant une dernière sortie en compagnie d'une jeune femme avec qui il accomplissait un rite de rupture, sa compagne avait eu la fantaisie de vouloir conduire la voiture et, dans un brusque sursaut de dépit, elle la précipita, d'un coup de volant, dans les eaux du Doubs. « Le Charles », bon nageur, se dégagea, remonta à la surface, replongea et réussit à la sauver. Pendant la guerre, il fut fait prisonnier puis, libéré, il s'engagea dans la Résistance, ce qui lui valut d'être déporté à Buchenwald. Il en était revenu dans un état physique impressionnant dont témoignaient les photographies qu'il montrait à ses amis. Réinséré dans la vie, il hésitait à affronter les agitations d'une carrière politique, car ses épreuves lui avaient laissé un fond d'angoisse, parfois perceptible à travers son perpétuel enjouement. Les randonnées que nous fîmes ensemble dans ce pays qu'il connaissait si bien et auquel il était si profondément attaché demeurent un de mes meilleurs souvenirs. Je retrouvais avec lui, dans une certaine inversion des rôles, les heures de simplicité amicale que j'avais jadis vécues auprès de Charles Chavanet. Mieux sans doute que dans la crispation bondissante des périodes électorales dont le rythme est toujours tendu, nous éprouvions l'agrément de la confiance et de l'intimité lorsque nous parcourions la campagne, en temps calme, pour visiter nos fidèles, arranger les litiges, préparer des élections cantonales ou municipales, ausculter les maires, étudier des requêtes, débusquer et convaincre le bon candidat ou persuader un excellent ami de la faiblesse de ses chances. Si j'étais son mentor dans la vie politique, il était mon instituteur dans la connaissance de la région et du département, depuis l'évocation historique de la Franche-Comté jusqu'aux moindres détails de la vie politique locale qu'il connaissait sur le bout du doigt. Nous roulions longuement dans sa voiture, sur les routes bordées de bourrelets de neige, dans la paix des sapinières, parlant quand cela nous faisait envie et goûtant la complicité de nos silences. Il fut bientôt maire de Dole et je le poussai au Sénat. J'ai regretté qu'il ne fût point secrétaire d'Etat et il s'en fallut de peu. C'était un homme sans jalousie, mes succès ne lui portèrent jamais ombrage. Plus tard, c'est grâce à lui que Jacques Duhamel put s'implanter dans le Jura et lui succéder, pour un temps trop court, dans sa mairie bien-aimée.

Je poussai d'autre part plus avant l'entente déjà esquissée avec André Baud et la meilleure formule me sembla être la désignation, parmi mes colistiers, d'un authentique représentant de la droite modérée. J'avais, depuis le mois de juin, solidement amélioré ma connaissance des hommes et des lieux. Mon choix se porta sur un élu qui ne faisait guère parler de lui et que je ne connaissais moi-même que par l'annuaire de l'assemblée départementale, Léon Pianet, paysan un peu maquignon, maire de la commune de Foncine-le-Haut (proche du Doubs) et conseiller général du petit canton des Planches-en-Montagne. Sa totale absence de notoriété me garantissait contre un réflexe de susceptibilité des radicaux classiques, toujours en alerte quant au soupçon de compromission avec la « réaction » et auxquels mes relations confusément connues avec l'ancien député de Poligny donnaient des grincements de conscience. Peu d'entre eux s'aventurèrent jusqu'à la ferme de Pianet, hautement située et dont le vestibule s'ornait d'un crucifix d'une dimension de calvaire. Au demeurant, sa petite activité à dominante agricole désarmait les critiques. Paul Seguin régla son cas par une de ses formules à l'emporte-pièce qui suscitaient l'hilarité, mais dont le fond était plein de bon sens : « On dit que M. Pianet est un homme de droite, s'exclamait-il. M. Pianet n'est pas un homme de droite, c'est un cultivateur ! »

L'excellent conseiller général des Planches n'assista à aucune réunion, à l'exception de celle qui eut lieu dans sa propre mairie de Foncine qui n'avait jamais vu tel spectacle. Charles Viatte se dérangea en personne pour porter la contradiction. Il enrageait de voir que j'avais pu embaucher un aussi bon chrétien. A ses assauts, doublés de ceux d'un mauvais esprit du coin, je fis face en tant que tête de liste en proclamant que c'était à moi qu'il incombait de répondre. Sommé de s'expliquer personnellement, Léon Pianet parvint seulement à articuler à deux reprises : « Tout cela, c'est une question d'orgueil ! »

Aidé de Charles Laurent qui était un esprit ordonné et qui connaissait bien la région, je préparai ma campagne d'une façon plus rationnelle, passant en général la nuit dans la localité où j'avais tenu ma réunion du soir ou du moins dans l'hôtel le plus proche. Je m'étais fait de véritables amis à Saint-Claude, des industriels radicaux, Robert Dalloz, que l'on appelait le fils du Grand Mil, en souvenir de son père, simple ouvrier. Lui-même dirigeait une usine de cinq cents salariés, mais il était « de gauche », alors que le petit maquignon Pianet était classé « de droite ». Egalement Fernand et Paulette Meinier qui m'hébergeaient dans leur agréable villa du Plan-du-Moulin, où je dormais bien, comme dans ma jeunesse aulusienne, sous le grondement ininterrompu de la chute d'eau. Mon ami corse, Pierre Andréani, estimant que je négligeais trop le troisième arrondissement, s'y était installé à demeure et, malgré mon opposition, il tenait des réunions dans les petites communes, où, avec son épouvantable accent, il faisait mon éloge et n'hésitait pas à me comparer à Napoléon. Notre seul fief dans la montagne était le bourg de Saint-Laurent-en-Grandvaux, jadis important relais de voituriers internationaux. Le jour fixé pour ma réunion, j'arrivai en retard. On avait décidé de commencer sans moi et j'aperçus un homme de haute taille, à grande barbe blanche, qui parlait à la tribune. J'écoutais et je ne comprenais rien. Un voisin m'expliqua que l'orateur était un professeur d'Ecole normale en retraite, qu'il avait été désigné comme président de séance et qu'il avait jugé bon de s'exprimer en patois comtois, dialecte d'usage assez peu courant.

Je pensai, sur le moment, qu'il s'agissait d'une mauvaise farce de mes adversaires qui avaient imaginé cette astuce, assez drôle en vérité, pour mettre en évidence ma situation d'étranger et d'intrus. Il n'en était rien et par la suite je me félicitai de n'avoir pas marqué de mauvaise humeur. M. Numa Magnin, tel était son nom magnifique, avait consacré sa vie à ce métier passionnant qui consiste à former les formateurs. De tels hommes voient multiplié à l'extrême le rayonnement de leur pédagogie. Il était entièrement dévoué à ma candidature et me montra, ainsi qu'aux miens, et notamment à mes deux filles, une chaleureuse amitié. Plus tard, quand je l'accompagnai à sa dernière demeure, j'évoquai à son propos le conte de l'homme à la cervelle d'or. Il avait dispensé au bénéfice des autres toutes ses richesses internes, mais lui-même ne s'était pas appauvri. Il était veuf et il avait donné à la France deux fils qui offraient les prémices de belles carrières. Et cependant, c'est à ce vieillard si durement éprouvé que l'on eût pu s'adresser sans hésitation pour demander le secret de la joie de vivre.

La réunion de Dole, sur laquelle je comptais beaucoup, nous réservait une surprise qui faillit tourner au désagrément. Nous avions, Laurent et moi, fort convenablement tenu nos parties, nous avions répondu aux contradicteurs dont l'un était M.R.P. et Laurent avait exécuté en quelques mots le méchant Viatte. J'avais moi-même estoqué sans peine les communistes de service. L'un d'eux avait eu la naïveté de dire (au lieu d'insister tout simplement sur le fait indiscutable de ma non-appartenance à la région) : « M. Faure se targue d'avoir un cousin jurassien. » Et il m'avait été aisé de lui répondre : « Je m'en flatte ? Croyez-vous donc que je devrais en avoir honte ? » Tout était terminé et nous allions plier bagage lorsque la scène rebondit. Un assistant demanda, contre tous les usages, à prendre la parole à cet instant et il monta lourdement à la tribune, en brandissant une canne blanche, tandis que s'élevait un long murmure de curiosité et de sympathie. C'était un aveugle de naissance, du nom de Chapoutot, fort populaire à Dole et qui aimait jouer les trouble-fête. Il avait mitonné à notre intention un discours sarcastique, dont des rafales d'applaudissements soulignaient les astuces et les rosseries. « Je ne suis qu'un pauvre homme, bien sûr, disait-il en substance. Charles Laurent est un personnage et, quant à Edgar Faure, c'est un Himalaya auprès duquel je ne suis qu'une taupinière ! » Sur quoi il nous décochait les traits les plus propres à nous déconsidérer et à nous ridiculiser. Il réussit à gâcher la réunion, nos envolées emphatiques étaient oubliées ou, pire, retournées et je sentais, avec l'instinct du professionnel, que le climat se dégradait. Je décidai de répondre et, après un peu de flottement, je découvris la faille de son numéro. Exprimant un dégoût général des choses et des gens de la politique, il avait indiqué l'abstention comme étant son propre choix. Alors, je lui retournai sa métaphore : « C'est vous, monsieur Chapoutot, qui êtes ici la grande montagne, car vous êtes l'*Himalaya des abstentionnistes*. Vous incarnez, non pas votre seule et sympathique personne, mais les 5 à 6 millions de Français qui se désintéressent de la chose publique et à cause de qui, etc. » Les applaudissements nous revinrent.

Le dimanche décisif fut employé à un extraordinaire déjeuner chez Ernest Péron qui, après avoir renoncé au théâtre, comme le Delobelle d'Alphonse Daudet, avait trouvé une passion de rechange dans la dramaturgie de la cuisine. Je me souviens encore de sa timbale milanaise. Le soir, nous avions décidé d'attendre le résultat à la sous-préfecture de Dole qui était désormais notre bastion. Tout au long du dépouillement, la préfecture de Lons qui était imbue de sectarisme socialiste donnait par téléphone le pronostic de mon échec, mais Henri Mayer faisait non de la tête en me regardant. En fait, un certain nombre de résultats en amélioration semblaient indiquer que le courant serait remonté. En fin de dépouillement, le préfet Lhuillier, militant borné, porté à ce poste par l'un des hasards de cette période troublée, fit connaître tristement à Mayer qu'il y avait eu un revirement. Tout compte fait, j'avais gagné, au prix de tant d'efforts, la modique prime de 600 voix (de 19 800 à 20 400) qui, normalement, n'aurait pas été suffisante pour combler l'écart initial mais il y avait un peu moins de votants et les scores de mes deux adversaires avaient eux-mêmes un peu fléchi. J'étais député.

Nous nous engouffrâmes dans le café des radicaux, tenu par un autre Seguin, et où se pressaient nos plus chaleureux partisans, au son d'un accordéon que maniait Fernand Bovio. On entendit résonner au-delà du téléphone mural une voix tonitruante : « Envoyez-nous notre député ! — Votre député, narguaient les Dolois, c'est le nôtre, non ? » A Lons-le-Saunier, Paul Seguin nous attendait sur le fatidique trottoir de l'hôtel de Genève. Moitié riant, moitié pleurant, il me serra sur son cœur : « Ah ! mon petit, mon petit ! » et, en détachant comiquement les paroles, comme il savait le faire dans son sketch bressan : « Un député radical dans le Jura ! »

On garde toujours un bon souvenir des campagnes électorales quand elles conduisent au succès.

La campagne, ce n'est pas seulement la préparation et la passation d'un concours, ce n'est pas seulement une série de performances oratoires et physiques, ce n'est pas seulement une procédure inévitable pour atteindre l'intéressante dignité parlementaire, c'est aussi une extraordinaire expérience de chaleur humaine, un stage de pédagogie optimiste, l'ouverture d'un monde affectif nouveau et varié. J'avais fait la connaissance en quelques semaines d'autant de personnes que j'aurais pu en découvrir, dans la meilleure hypothèse, au cours d'une décennie. Avec certaines d'entre elles, je nouai des amitiés fortes et durables, avec d'autres des relations d'un type plus courant, des rapports de franche camaraderie, en tout cas des sympathies de bonne volonté et de confiance. Plusieurs présentaient les qualités exceptionnelles que le préjugé parisien ne se serait pas attendu à trouver chez des habitants de petites villes, attachés à des professions sans éclat. Beaucoup s'affirmaient par un niveau très honorable de compétence, de finesse, de bon sens. A peu près tous, par l'aptitude à se dévouer, l'attachement à des idéaux, à des croyances, à des sentiments.

Pour moi qui recueillais pleinement le bénéfice de mes efforts — et des leurs — je voyais s'élargir indéfiniment cet avantage. Désormais, ces amitiés se soutiendraient, se renforceraient et pousseraient leurs rameaux vers d'autres arborescences. L'ensemble d'informations nouvelles et renouvelées dont je leur étais redevable ne cesserait de s'accroître et de me rendre plus apte à assumer les tâches, de plus en plus considérables, qui me seraient confiées. Coupé, presque dès l'enfance, de mes racines méridionales, je réalisais avec succès la greffe qui faisait de moi l'homme nouveau d'un terroir réinventé, doté par adoption d'un chartrier ancestral et d'une famille innombrable. J'aurais pu dire, en cette nuit du 19 novembre 1946, parodiant un certain personnage de Shakespeare : « Je suis franc-comtois de naissance depuis tout à l'heure ! »

DEUXIEME PARTIE

(1946-1951)

CHAPITRE X

LA GRIFFE DE MIRABEAU

C'est un trait inné de mon caractère que le goût des honneurs, l'attachement aux titres ; je partage cette faiblesse avec un grand nombre de mes compatriotes et, corrélativement, l'intime conviction que le service de l'Etat est plus important et plus honorable que n'importe quelle réussite dans une carrière privée. Sans doute faut-il voir là un héritage de l'inconscient collectif national.

Je me répétais le soir, aux approches du sommeil : « député du Jura, député à l'Assemblée nationale ». Il y a si peu de temps encore, le titre de conseiller général m'eût comblé. J'observai, dans la griserie d'une sorte de dédoublement, cet homme nouveau issu de moi et qui franchissait en toute légitimité les portes du Palais-Bourbon. Voici donc ces fameux « couloirs », réputés dans tous les pays et dans tous les temps (1). Pour l'ouverture de la session, j'allai occuper ma place située tout en haut des gradins, à côté d'une dame José Dupuy qui était une personne de haute taille, avec un chignon roux, une allure de cheftaine, élue typique de la nouvelle couche des parlementaires du M.R.P. (2). Elle éclatait de bonne volonté, avec un certain mélange d'humilité et de condescendance qui semblait dire : « Je remercie le ciel d'avoir fait de moi quelqu'un de si bien ! »

Je pensai tout d'abord que mon numéro à trois chiffres et le voisinage de Mlle Dupuy fixaient ma localisation pour toute la durée de la législature, mais je vis par la suite que l'on allait s'asseoir où l'on voulait, l'hémicycle offrant presque toujours de larges espaces

(1) A la notion de couloir se rattache celle d'intrigues, de démarches, dans un sens souvent péjoratif, cf. *ambitus* à Rome, *lobby* dans les pays anglo-saxons.

(2) Ce parti avait, comme le parti communiste, accordé un certain nombre de places à des candidates, rarement d'ailleurs une première position, mais comme il avait souvent obtenu plusieurs sièges par liste, il disposait d'une représentation féminine, ce qui n'était point le cas des radicaux, ni de la droite.

disponibles (sous la Ve République, au contraire, l'habitude générale, quoique non contraignante, est que les députés se tiennent à leur place réglementaire).

Je connaissais peu de mes collègues. Dans cette grisaille de figures mouvantes et peu discernables, c'étaient les ecclésiastiques qui accrochaient le regard. L'abbé Gau, dans quelque mesure mon compatriote, puisque député de l'Aude, un blondinet au visage souriant, tout enduit de cette gentillesse qui est la meilleure carapace de l'oint du Seigneur sur une terre anticléricale. L'abbé Boganda, dont le nom, articulé avec celui du premier nommé, donnait lieu à la répétition sans fin de la contrepèterie que l'on devine aisément, Barthélemy Boganda, avec sa tête d'un beau noir qui prenait tout son avantage lorsqu'il portait la soutane blanche. Plus tard, il fut à la fois réduit à la condition laïque et élevé à la position de chef d'Etat de la République Centrafricaine. On racontait qu'un jour, vêtu en civil, il s'était arrêté dans une église de province et rendu au confessionnal. Le lendemain, il se présenta à la sacristie, montra son *celebret* et demanda à dire la messe. Par hasard se trouvait là le prêtre qui l'avait entendu la veille et qui, malgré le dispositif protecteur du confessionnal, reconnut son pénitent de la veille. Il l'interpella d'un air mécontent : « Vous ne m'aviez pas dit que vous étiez prêtre ? — Pourquoi vous l'aurais-je dit ? Ce n'est pas un péché ! »

Mais le plus singulier des trois était encore l'abbé Pierre, avec sa barbe de reître, ses bottes, sa grande cape noire aux agrafes métalliques ; on aurait cru un moine ligueur descendu d'une toile du XVIe siècle. Je l'ai vu plus tard changer, non seulement son aspect vestimentaire, mais son expression de physionomie, tel qu'en lui-même enfin la grâce change le combattant en pèlerin. On l'imaginait brandissant l'estoc dans la chronique du règne de Charles IX, on le retrouve maniant la truelle avec ses compagnons d'Emmaüs.

Le 3 décembre, Vincent Auriol fut élu à la présidence de la République, par les voix réunies des socialistes et du M.R.P. J'avais, pour ma part, voté avec discipline pour un revenant de la IIIe, Alexandre Varenne, ancien proconsul en Indochine, présenté par l'intergroupe du « Rassemblement des gauches ».

Le nouveau chef de l'Etat ne devant prendre ses fonctions que le 15 janvier suivant, il fallait donc, pour la période intercalaire, désigner un chef du gouvernement. Les communistes prétendirent que, selon une règle non écrite, ce poste devait revenir au parti qui avait obtenu le plus grand nombre de voix, c'est-à-dire le leur. Le M.R.P. avait soutenu naguère la même thèse, mais seulement parce qu'il comptait qu'elle jouerait en sa faveur. Je me souvins de Léo Hamon me disant, avec son impeccable pédagogie : « Quand on vote radical, on vote pour un député, quand on vote M.R.P., on vote pour un président du Conseil. » L'optique avait changé.

Le parti communiste proposa Maurice Thorez pour la présidence du gouvernement. Les socialistes décidèrent de lui apporter leur concours, mais il y eut des défections et, en définitive, M. Thorez n'obtint que 259 voix, alors que 310 étaient nécessaires. Le M.R.P., qui venait en second pour le nombre, avança M. Bidault et échoua avec 240 voix. Le parti socialiste proposa enfin Léon Blum qui n'était point parlementaire et dont l'audience morale dépassait largement les frontières de son propre parti. Un large accord pouvait se faire et se fit en effet sur ce nom réputé, d'autant qu'il s'agissait d'une magistrature de courte durée. Ce choix me posait un problème. Certes, j'étais tout disposé à professer pour Léon Blum des sentiments admiratifs dès lors qu'il s'agissait de son caractère, de ses qualités intellectuelles ou de sa connaissance de Stendhal. Mais je n'étais pas socialiste, j'avais été élu de justesse contre un socialiste et je ne pensais pas que les solutions préconisées par le socialisme, même réputé « modéré », fussent celles qu'exigeait la situation de la France. La question fut heureusement résolue par une prise de position favorable du « Rassemblement des gauches ».

L'hémicycle, pour un nouveau venu, n'est qu'un centre d'intérêt occasionnel. Je me souvenais d'ailleurs d'une remarque d'André François-Poncet, captée au passage lorsqu'il était venu encourager notre équipe, à la *Taverne du Panthéon* (1). « Un nouveau député, me disait-il, ne doit pas prendre la parole au cours de la première année. Il doit suivre assidûment les commissions. Et puis, s'il veut devenir ministre, il lui faut toujours voter pour... Le principal intérêt de la vie parlementaire se répartit entre les groupes et les commissions. »

Avec un agréable pincement au cœur, je m'étais inscrit au groupe radical-socialiste. Ce fut sans doute une des impressions les plus plaisantes de ma vie que mon arrivée dans ce Xe bureau de l'Assemblée où nous nous réunissions pour la première fois. Nous nous comptions quarante-deux, alors que la première Constituante n'avait pas dépassé un peloton de seize. On attribuait à Georges Bidault ce dialogue avec l'un de ses collaborateurs, à une époque où le M.R.P. avait envisagé une certaine satellisation de la « famille radicale » : « Dites-moi, quels sont les ministrables dans ce groupe ? » La réponse fut : « Hum... tous... monsieur le président. »

Le groupe, c'était d'abord, à mes yeux, une « triade capitoline », trois personnages qui me protégeaient, m'initiaient et, comme on dit aujourd'hui, me *sécurisaient* dans ma nouvelle carrière car je ne

(1) A l'époque du club de l'Université de Paris, lorsque la salle des Russes nous fut retirée, une réunion ultime eut lieu dans cette brasserie.

l'abordais, malgré une affectation d'assurance, qu'avec timidité et perplexité. C'étaient Edouard Herriot, que je considérais comme mon maître, Henri Queuille, en qui je voyais un patron, Pierre Mendès France qui était pour moi un entraîneur et un moniteur plutôt qu'un mentor.

Herriot me fascinait par son talent oratoire ; j'aurais voulu pouvoir accéder à son niveau, tout en reconnaissant qu'il demeurait entre nos registres une discordance foncière. Sur le plan des relations personnelles, j'étais séduit et fasciné par ses manières de monstre sacré, par la combinaison d'une sagesse à peu près infaillible avec une sorte de puérilité rémanente, par cette sensibilité d'écorché, à peine camouflée sous la bougonnerie et l'ironie sarcastique. Ses vues et ses initiatives en politique extérieure rencontraient mon adhésion complète et mon admiration réfléchie. Il avait tenté de maintenir l'ouverture du côté de l'Union soviétique et de resserrer notre entente avec les U.S.A. lors de la malheureuse dispute des dettes : une telle politique aurait pu sauvegarder la paix. (En revanche, je n'avais rien à apprendre de lui en matière économique car, là, il n'échappait pas aux conformismes.) Enfin et surtout, il représentait typiquement la position du radicalisme réformiste et expérimental, gestionnaire et soucieux d'efficacité et, tout en recherchant l'alliance avec les socialistes, il se montrait irréductible dans son refus du dogmatisme et du matérialisme. Il me précisa notamment, au cours d'une conversation directe, à l'époque du Congrès socialiste, son refus de cette sorte de transaction intellectuelle qu'avait imaginée Léon Blum, et qui consistait à accepter le matérialisme dit historique tout en rejetant le matérialisme philosophique (qui en est évidemment inséparable). Edouard Herriot avait déjà pris une position analogue avant la guerre, à propos de Jaurès. La position doctrinale du leader radical me convenait entièrement et j'ai souvent regretté qu'il ne l'ait évoquée dans ses écrits que de façon cursive : il n'aimait pas la doctrine et les choses lui paraissaient « aller de soi ».

L'allure débonnaire du président Queuille, sa simplicité de médecin de campagne, sa démarche un peu hésitante et l'incoordination de certains gestes qui était due à une fracture du rocher, l'art subtil qu'il avait de saisir, sur chaque sujet, le point décisif et de ne porter qu'une attention distraite à toutes les parties superflues des démonstrations, cet ensemble de traits a souvent fait méconnaître ses très réelles qualités d'homme d'Etat, et tout particulièrement sa capacité de décision et son courage. Le général de Gaulle lui faisait grande confiance, lui remettait son intérim et se déchargeait sur lui de tout le « détail » du gouvernement. Depuis qu'il n'était plus au ministère, il s'était attaché, par un travail minutieux et harassant, à reconstituer, malgré des conditions si peu propices, un parti radical. Il avait lui-même subi, dans son département de la Corrèze, où on le croyait inexpugnable, le vent mauvais soufflant en tempête sur son cher lac artificiel de Neuvic. Mais il était revenu, avec d'autres qu'il avait aidés à s'opiniâtrer, et nous, nous étions venus, nous les hommes nouveaux, dans leur fraîcheur d'après-guerre, qu'il avait sélectionnés, « dispatchés », soutenus, pour lesquels il avait tenacement cherché des circonscriptions, auxquels il avait distribué lui-même le viatique de base du parti, quelque cent mille francs de l'époque, tirés du tiroir de son petit bureau de la place de Valois.

On distinguait au groupe les anciens et les modernes.

Les « anciens » étaient des parlementaires de la IIIe République qui avaient eu le flair de ne pas voter l'abdication ou la chance de ne pas se trouver à Vichy ; ils étaient généralement conformes à la typologie que la littérature et la caricature avaient abondamment illustrée ; spécialistes des gestions municipales et départementales, bons produits du scrutin d'arrondissement, évoquant plus ou moins la maçonnerie, bien que tous n'y fussent pas et que certains n'y fussent plus affiliés, au surplus hommes bienveillants et excellents collègues, les prototypes étant Tony-Révillon qui avait publié un amusant *Carnet de notes* et Chassaing, élu du Puy-de-Dôme, qui avait coutume de me dire : « Un jour, Edgar, c'est toi qui les distribueras, les portefeuilles. »

Les « anciens » faisaient un clan commun avec ceux que l'on pouvait appeler les « nouveaux anciens » qui ressemblaient aux précédents en tout point, à la date d'élection près, tels André Morice, François Delcos, Henri Caillavet ; d'autres se situant dans une zone marginale, tels Roger Gaborit et Alexis Fabre ; Vincent Badie, à la fois ancien-ancien, nouveau-ancien et nouveau-nouveau, demeurait inclassable.

Une rivalité feutrée opposait ce sous-ensemble à celui des « modernes » qui affirmaient déjà leur différence par une certaine recherche vestimentaire. « Nous n'avons pas les mêmes tailleurs », ironisait Félix Gaillard qui se plaisait de temps en temps à pousser une pointe jusqu'au dandysme. Lui-même et Maurice Bourgès-Maunoury étaient les plus jeunes et les plus étincelants partenaires du nouveau *stick* des députés radicaux de novembre 1946. N'étant pas comme eux major de grandes écoles et « bête à concours », j'éprouvais à leur égard un certain complexe, mais j'avais cependant à mon actif le secrétariat de la Conférence, mon expérience d'Alger, ma magistrature de Nuremberg. Auprès de nous, Jean Masson et Emile Hugues faisaient davantage figure de praticiens et de notables. Ils avaient obtenu des charges municipales, voire départementales, à Chaumont et à Vence, avant de devenir des législateurs. Ils avaient bien l'intention de ne pas se laisser court-circuiter entre l'équipe des vétérans maçonniques et celle des grands lauréats.

Félix Gaillard et Maurice Bourgès-Maunoury faisaient équipe avec René Mayer qui avait été l'un des commissaires du Comité d'Alger, puis le ministre des Travaux publics du général de Gaulle. Battu aux élections, sous l'étiquette radicale, dans la Charente, il manquait encore d'expérience dans l'électoralisme et on lui reprochait d'avoir, à la fin d'une réunion, prononcé de façon jugée arrogante la formule : « Tenez-vous-le pour dit ! ». Il avait trouvé sa seconde chance dans la circonscription de Constantine, un certain « pool » s'étant constitué pour doter l'Algérie française d'un leader parlementaire de belle envergure. Il était chaperonné à son entrée dans la vie politique par Suzanne Schreiber-Crémieux, sénateur du Gard, égérie institutionnelle des jeunes et des moins jeunes « premiers » du parti, et par André Boutemy, l'homme de confiance et distributeur des fonds du C.N.P.F., plus tard élu sénateur de Seine-et-Marne.

René Mayer aspirait à la présidence du Conseil et, en attendant, à un grand ministère, de préférence celui des Finances. Il redoutait, au sein du parti, les réticences d'Edouard Herriot et, à l'extérieur, celles des socialistes. Comme il avait manqué de chaleur pour l'élection de Vincent Auriol, des officieux lui racontèrent qu'il serait barré pour toute promotion ministérielle par le président qui venait d'en prendre pour sept ans ! Je fus le témoin de son désarroi. Il me questionna sur la possibilité qu'il aurait de s'inscrire au barreau et de constituer un important cabinet de consultations, notamment dans les grands litiges de droit international. Ses appréhensions étaient vaines et ces projets s'évaporèrent. Après l'intérim-intermède de Léon Blum, Paul Ramadier constitua un ministère sans recourir à René Mayer, mais, en novembre 1947, il fut remplacé par Robert Schuman, lequel choisit René Mayer pour lui succéder aux Finances. Le député de Constantine se préoccupa aussitôt de s'entourer. Il demanda au président du Conseil de désigner comme secrétaires d'Etat auprès de lui Bourgès et Gaillard, ce qui entraîna quelques quiproquos. Les directeurs des Finances qui représentaient une force redoutable, quoique non structurée, ne voulurent pas entendre parler de Gaillard, parce qu'il appartenait à un de leurs corps. En revanche, ils s'accommodaient de Bourgès qui, polytechnicien, avait préparé le concours de l'inspection, mais qui, pour je ne sais quelle raison, ne s'y était pas présenté ou s'en était tenu à la moitié des épreuves. Il fut donc choisi et Gaillard se trouva dérivé vers les Affaires économiques. Cependant, Robert Schuman estimait de son côté que René Mayer lestait trop lourdement la barque et il tenta de se débarrasser de Félix Gaillard. Il semble que René Mayer ne se soit pas obstiné et c'est alors que je fus le témoin d'une extraordinaire opération de stratégie politique et de virtuosité personnelle. Félix Gaillard vint à la réunion du groupe, prit la parole et exposa la manière indigne dont il avait été traité. « J'étais désigné, nous dit-il en substance, je m'étais fait présenter les directeurs et, tout d'un coup, je me trouve éconduit, ignoré, mes doléances ne semblent pas trouver d'écho. » Il demanda au président Queuille de venir à son secours, de le sauver de cette infamie et celui-ci l'ayant, selon son habitude bienveillante, assuré qu'il allait aussitôt prendre l'affaire en main, Félix Gaillard l'interpella à nouveau : « Monsieur le président, dit-il, comme je suis encore, semble-t-il, secrétaire d'Etat, j'ai une voiture, je vous emmène, nous allons ensemble chez Robert Schuman. » Sitôt dit, sitôt fait.

J'appréciai la bonhomie d'Henri Queuille, j'admirai l'aisance de mon jeune collègue et je m'avouai à moi-même que je serais incapable, dans une circonstance analogue, de reprendre le rôle.

Ce rapide tableau du groupe ne peut omettre un personnage singulier qui échappait à toute nomenclature et auquel on ne connaissait point d'émule. C'était Gabriel Cudenet, un colosse, doté d'un visage léonin aux traits un peu rougeauds, qui faisait penser à Mirabeau. Pour cette raison sans doute, il avait fait de celui-ci son héros de prédilection. Il lui avait même consacré une pièce de théâtre, je dirais plutôt un essai dialogué, car cette pièce ne fut jamais jouée. Elle constitue la totalité de l'œuvre d'un homme dont on n'attendait guère qu'il écrivît tant il était doué pour l'expression orale. Je ne pense pas manquer à l'affection que je porte à sa mémoire en disant que son éloquence était d'autant plus remarquable que ses performances concernaient la forme plutôt que la substance. Les idées qu'il développait appartenaient au fonds commun de notre idéologie. Il possédait ce charisme qui fait que, parvenu à un certain point, l'orateur pourrait dire n'importe quoi, sans rompre le circuit enchanté et en recueillant de plus forts applaudissements. Cette éloquence atteignait de plein fouet des hommes qui n'étaient nullement des gobeurs, qui étaient formés à la critique, notamment, comme j'ai pu m'en rendre compte, des enseignants et des avocats. Je l'ai vu — et entendu — tenir sous le charme, à Lons-le-Saunier, un banquet de quatre cents couverts et ce n'est qu'en lisant, peu après, *le Canard enchaîné* que je remarquai qu'il avait prononcé, dans la fascination générale, des formules qui auraient pu susciter notre hilarité, en tout cas celle-ci : « Pourquoi donc aller chercher dans l'arsenal de l'étranger le poignard qui nous assassinera ? » Je me souviens, avec quelque perplexité, d'avoir réellement apprécié, sur le moment, de véritables clichés tels que : « dérouler le tapis de la légalité sous les pas de la révolution », ou bien : « Quand l'aurore aux doigts de rose ouvre les portes de l'Orient... »

Avant la guerre, Gabriel Cudenet était un orateur et un activiste du parti radical, il avait fait de nombreuses campagnes électorales pour lui et pour les autres, sans jamais obtenir un mandat (ce qui confirme que l'éloquence ne suffit pas). Il avait acquis une notoriété passagère en créant, pour protester contre le Front populaire, un parti radical *bis* baptisé de ce nom assez peu publicitaire : « parti radical-socialiste Camille-Pelletan ». Après la Libération, il s'était institué l'orateur ambulant du parti ; tout le monde le réclamait, il faisait prime, il arpentait les quais de gare, de nuit comme de jour et en toutes saisons ; il banquetait sans repos, il discourait sans trêve ; il y ruina sa santé. Cette fois, il avait conquis un mandat parlementaire et justement dans ce département de l'Aude qui était un peu le mien. Il n'avait jamais été attiré par la gauche du parti mais, après la guerre, il prit nettement le virage vers l'autre direction. Il avait parfaitement compris que la seule chance des radicaux était d'ajouter à leur maigre effectif électoral un certain nombre de voix de droite déboussolées. Il parlait avec dérision de ces radicaux que hantait la nostalgie du « Front popu » et qu'il appelait les gauchistes. Son leitmotiv, quand il voulait nous mettre en garde, était : « Si tu veux revenir ici comme ancien député... »

Cette étape dont il avait si souvent rêvé et qu'il avait enfin franchie, il n'en profita pas longtemps. Quant à la suivante, l'étape ministérielle, il la manqua de peu... « Je dînais récemment avec René Mayer chez Suzanne Crémieux, me dit-il, il m'a parlé de me faire entrer au gouvernement. Je lui dis que, comme président de groupe, je devais me réserver encore un peu de temps mais, vois-tu, Edgar, la première fois qu'on te propose d'être ministre, c'est une date dans la vie d'un homme ! » Il me fallait bien constater que, depuis la tribune du Palais-Bourbon, l'éloquence de Gabriel Cudenet portait beaucoup moins que dans les réunions publiques et dans les banquets fédéraux. On prenait soudain conscience de quelque chose de désarmant et de disparate. J'essayai de l'inciter à une certaine révision de sa rhétorique. C'était, je m'en souviens, à propos d'une formule grandiloquente qu'il avait employée : « La France, agenouillée dans ses voiles de deuil. » Je tentai de lui faire comprendre que, devant ce public ultra-professionnel, un langage plus direct eût été mieux entendu. Il fixa sur moi des yeux devenus ronds sous l'effet de la surprise, sinon de l'offense : « Mais n'est-ce pas exactement cela ? » me dit-il, avec une expression presque douloureuse. J'eus l'intuition qu'en insistant je risquais de l'atteindre au cœur, qu'il avait si généreux et, comme je n'allais pas tarder à m'en apercevoir, si fragile.

S'il récoltait dans l'hémicycle moins de lauriers que dans les campagnes, il disposait d'une forte popularité au sein du groupe dont chaque membre comptait sur lui pour quelque coup de main ou plutôt de gueule. Il se fit nommer à la commission des Finances ; je siégeais à côté de lui et je lui donnais les explications nécessaires qu'il suivait avec une attention touchante d'élève appliqué. Il me laissait, dans les séances, tenir le rôle de porte-parole du groupe pour les sujets financiers. Nous prenions rendez-vous à chaque débat budgétaire et je le consultais sur mes interventions, non pas seulement par gentillesse ou par courtisanerie, mais parce que, malgré son incompétence, il était doté d'une sensibilité politique très affinée.

Un jour où nous devions ainsi nous rencontrer, il me fit dire qu'il était souffrant et il fut convenu que j'irais le voir le lendemain. Il était alité et me recevrait dans sa chambre. Dans la soirée, j'eus la curiosité de feuilleter son *Mirabeau* dont il m'avait récemment, comme en catimini, apporté un exemplaire de fraîche impression. Je pourrais ainsi lui en faire, pensais-je, quelque compliment. Cette lecture n'était nullement indifférente : elle m'instruisit davantage sur l'auteur que sur son héros. Gabriel Cudenet avait, de son idole, retenu surtout les traits du personnage intime, peu connus du grand public : les soucis que lui inspirait sa santé, la crainte de ne pouvoir, faute de temps, accomplir son œuvre et même de ne pas accéder à la dignité gouvernementale. A deux reprises, l'homme qui avait défié avec fracas la monarchie dans la salle du Jeu de paume, puis conseillé avec discrétion le monarque, se laissait aller à cette exclamation angoissée : « Mourir sans avoir été ministre ! » Et le rideau tombait au moment même où l'angine de poitrine lui portait cette attaque fulgurante à laquelle la science médicale a donné son nom.

Le lendemain, qui était un dimanche, je me rendis, comme prévu, à l'hôtel Ambassador où Gabriel Cudenet avait sa résidence. Ce palace appartenait à un protecteur du parti radical qui nous traitait avec bienveillance. J'avais reçu le matin deux bouteilles de pineau des Charentes, échantillon offert par quelque protégé de Félix Gaillard. J'en pris une pour l'apporter au convalescent, à titre de médication euphorisante, et je l'empaquetai dans un journal. Dans le hall du caravansérail, je m'approchai du blockhaus du concierge et demandai le numéro de l'appartement. Cette requête fort banale parut susciter un certain trouble et l'on me pria d'attendre. Perplexe, je posai sur le comptoir mon léger bagage. Gabriel Cudenet avait rejoint son modèle dans le registre des carrières incomplètes : la griffe de Mirabeau était passée.

CHAPITRE XI

ITINÉRAIRE POUR UN MINISTRABLE

François Mitterrand n'est pas homme à se laisser évincer...

Les perspectives d'activité et les chances de succès pour un jeune parlementaire sont liées à son « emplacement » en commission. Etant nouvel arrivant, je n'eus pas l'outrecuidance de présenter ma candidature aux commissions les plus prestigieuses et les plus recherchées, qui sont les Finances et les Affaires étrangères, et je me rabattis sur la Justice, en quoi je pensais ne gêner personne. Cependant l'imprévisible Vincent Badie imagina au dernier moment de postuler lui aussi la seule place disponible. Bien qu'il fût, en réalité, un excellent garçon, il agaçait le groupe par sa grandiloquence et par ses foucades. Aussi l'emportai-je aisément.

On me nomma pour un temps à la commission des Pensions, pour laquelle on manquait de volontaires, et je retrouvai Vincent Badie, qui s'engagea aussitôt dans une nouvelle embrouille. La présidence de cette commission avait été réservée, dans les négociations rituelles, à l'intergroupe du R.G.R., qui l'attribua à l'une de ses composantes, l'U.D.S.R., laquelle fit choix de François Mitterrand, qui était populaire dans les milieux de prisonniers. (Dans ce genre d'affaires, les petits groupes sont souvent les plus avantagés, ainsi l'U.D.S.R. se tailla-t-elle la part du lion, puisqu'elle obtint en même temps l'élection d'Edouard Bonnefous à la présidence des Affaires étrangères.) Nonobstant ces arrangements qui faisaient loi, Vincent Badie, dont les titres d'ailleurs étaient respectables, se présenta en cavalier seul. Les communistes n'aimaient pas François Mitterrand, sans doute parce qu'il leur avait tenu tête, et ils votèrent comme un seul homme pour Badie, qui fut élu. Dans son discours de remerciements, le nouveau président le prit de haut à l'égard de « M. Mitterrand » · « il comprendra qu'ici, à la commission... » Je ne me souviens que de ces quelques mots, prononcés avec emphase. Mais « M. Mitterrand » se distinguait déjà par cette coriacité dont il a donné depuis de si fortes preuves. Il ne dit rien sur-le-champ, les bureaux se réunirent, Vincent Badie se vit durement rappeler à l'ordre, et, comme c'était un « faux dur », il finit par s'incliner.

Je me plaisais à la commission de la Justice, recrutée dans sa majeure partie parmi les avocats de province, auprès de qui mes titres faisaient impression, et qui découvraient avec plaisir que je pratiquais la bonne camaraderie des barreaux. La présidence en revenait au M.R.P., qui y fit alterner deux personnages fortement contrastés. L'un, Grimaud, avocat à Grenoble, du type procédurier et conservateur, qui gesticulait au banc des commissions comme un diable sorti d'une boîte (peut-être d'un bénitier); je le faisais quelquefois rasseoir en le tirant par le bas de la veste. L'autre, son cadet, Dominjon, avocat à Bourg, plus talentueux mais plus complexé, militant chrétien à états d'âme, genre vicaire à béret, qui donnait de temps en temps sa démission. Tous deux me tenaient en considération et me faisaient confier des rapports, ce qui me convenait à merveille car l'Assemblée m'intimidait encore et c'était pour moi une manière d'acquérir l'expérience en travaillant avec filet.

Les rapports de la commission de la Justice...

Mon premier rapport fut celui de la traditionnelle loi d'amnistie. L'état des esprits ne permettait pas encore d'aborder à froid le seul sujet véritablement digne d'intérêt, et qui était celui des condamnations et poursuites en relation avec les circonstances de la guerre et de l'Occupation. Tous les groupes étaient braqués sur de tels objectifs, hormis une partie du P.R.L., dont l'orateur était M. Dujardin, député de l'Aisne, presque aveugle (civil) et doté d'une éloquence à vocalises. J'éludai une polémique prématurée par une formule à balancement : « amnistie ne veut pas dire prescription, aministie ne veut pas amnésie ».

J'eus l'impression de recevoir un ballon d'oxygène lorsque l'occasion me fut offerte d'aborder un sujet à dominante économique : les loyers. Les organisations de propriétaires, présidées par le général Hanoteau et par M. Ramarony (dont le fils Jules, qui lui a succédé depuis, était alors vice-président de l'Assemblée), saisissaient la commission de leurs doléances sur la situation pitoyable de la plupart de leurs ressortissants, réduits à de maigres rentrées de fonds, et accablés par le poids de leurs charges de réparations, voire de simple entretien. Le plus grave de l'affaire n'était pas la situation des personnes, c'était la décrépitude du patrimoine immobilier de la France, résultat désastreux d'une longue politique de démagogie et d'aveuglement, liée d'ailleurs à la récession économique de la décennie 1929-1938. Il fallait à tout prix renverser la vapeur. Des projets compliqués étaient à l'étude, qui tendaient à faire prévaloir des solutions idéales dans un temps éloigné. Je proposai, juste à la fin du semestre, une mesure simple, claire, d'application immédiate, sommaire sans doute mais indicatrice et incitatrice : l'augmentation sur-le-champ de 10 % pour tous les loyers. Ma proposition, que la commission me chargea de rapporter, fut votée par l'assemblée en un tournemain. Nous étions sortis de l'immobilisme et de l'hypnose (1).

Mon groupe me désigna tout naturellement pour siéger à la Haute Cour ; plus précisément, car il y eut deux institutions différentes qui portèrent ce nom en même temps, à celle qui était chargée de juger les responsabilités criminelles du personnel gouvernemental de Vichy. Je fus même porté à un poste à la fois prestigieux et énigmatique, dont il n'existe, à ma connaissance, aucun autre exemple, je fus élu vice-président suppléant.

Les fourches patibulaires.

La Haute Cour tenait audience au palais de Versailles, dans la salle destinée au Congrès, qui se réunit rarement. On se serait plutôt cru dans un théâtre que dans un hémicycle. Le président siégeait, non pas sans doute au plafond, comme on l'avait dit de Lamartine, mais sur une hauteur solitaire, à la place qu'on appelle, non sans dérision, le perchoir. Dans cette position, le visage du président Noguères, avec son nez busqué et sa barbiche à l'impériale, avait en effet quelque chose d'ornithologique. Quant aux deux vice-présidents qui étaient respectivement Hubert Guérin, pourvu lui aussi d'une barbichette blonde, et le communiste Kriegel-Valrimont, dont le mufle puissant, sous une chevelure bouclée, était déformé par une sorte de moue perpétuelle, ils avaient été installés tous les deux dans

(1) En dehors de mon activité au sein de la commission de la Justice, mais dans le cadre de sa compétence, je déposai au cours de cette première année de mandat deux propositions de loi. L'une, que François de Menthon avait accepté de cosigner, se plaçait dans la ligne de notre mission à Nuremberg. Elle avait pour objet la création d'une Cour internationale des droits de l'homme. L'autre concernait un de mes thèmes favoris, l'association du capital et du travail, selon une formule d'actionnariat ouvrier dont j'empruntai l'essentiel à une proposition déposée sous la précédente législature par Adolphe Landry. Je la fis sans rancune contresigner par Vincent Badie. Je changeai de commission par la suite, et, malgré quelques rappels de ma part, aucun de mes textes ne fut jamais inscrit. Devenu ministre, je m'adonnai à d'autres soucis mais je fis voter plus tard par l'Assemblée nationale un projet de loi créant un type de société de gestion participative.

la tribune des orateurs. Cet emplacement, où l'on est habitué à voir une seule personne debout, nous offrait donc le spectacle de deux personnages assis dont nous n'apercevions que la tête et le haut du buste, comme s'ils sortaient d'une boîte de guignol. Les mouvements de leurs avant-bras, au-dessus de cette sorte de caisse, donnaient l'impression qu'ils essayaient de s'en extirper, par des gesticulations inefficaces et ridicules.

Les communistes avaient pris dans cette juridiction une situation dominante ; ils s'appuyaient sur quelques modérés que leurs souvenirs de la Résistance avaient portés à une sévérité fanatique, c'était le cas de Louis Marin, et ils trouvaient peu de réplique dans la timidité des autres. J'observai leur tactique dans l'affaire qui nous fut soumise, et qui concernait deux comparses, tous deux administrateurs de carrière. L'un, Brévié, avait accepté d'être ministre des Colonies sous Vichy, à une époque où les chasseurs de portefeuilles étaient rares. L'autre, Annet, était gouverneur des colonies. Les charges contre le premier étaient légères, les charges contre le second étaient nulles. Kriegel-Valrimont, se levant dans son habitacle comme s'il eût été un procureur et non pas un juge, se lança dans une diatribe et exigea l'audition d'un témoin qui n'avait pas été cité. Ce témoin apparut dans l'instant, fut entendu incontinent (1) et accabla Annet, mais fut accablé à son tour par l'excellent avocat de la défense, Albert Naud. Je fus, il est vrai, inquiet quelques secondes pour mon confrère, qui commença son interrogatoire par ces mots : « Monsieur Collomb, je n'aime pas beaucoup les témoins comme vous », car je respirais l'incident ; mais il abattit aussitôt en rafale une série de lettres du témoin qui le firent disparaître dans le nuage épais de l'abjection.

J'observai la tactique des représentants de l'extrême gauche dans la salle des délibérations. Ils considéraient comme chose naturelle de faire voter immédiatement par bulletins sur l'application de la peine et en commençant par la plus forte ; cette fois c'était la mort pour Brévié, chose bien sûr inimaginable. Puis ils descendaient aux travaux forcés à perpétuité, et ainsi de suite. Les jurés d'esprit modéré, poussant un ouf de soulagement quand ils voyaient s'éloigner les peines terrifiques, croyaient s'en tirer à bon compte en votant dix ans de prison. Sur la seconde affaire, je décidai de prendre à contre-pied l'extrême gauche, et je demandai un premier scrutin sur le principe même de la culpabilité, dont je ne voyais pas, en conclusion de ce débat, apparaître la preuve. L'accusé fut mis hors de cause.

(1) Ce qui est possible dans les affaires criminelles en vertu du pouvoir discrétionnaire du président.

Je participai encore aux procès de quelques comparses.

En 1948, la Haute Cour délaissa l'absurde hémicycle de Versailles, et s'installa au Palais de justice de Paris, dans la salle de la cour d'assises. Les communistes avaient quitté le gouvernement. Lors du scrutin suivant pour le renouvellement des jurés parlementaires, beaucoup de députés rayèrent sur la liste imprimée le nom de Maurice Kriegel-Valrimont, qui figurait à nouveau comme vice-président titulaire, et le remplacèrent par celui d'Edgar Faure, qui n'était inscrit que comme suppléant. Je fus élu sans être candidat.

Dès lors, M. Noguères me demanda de le remplacer pour les audiences de plusieurs affaires.

En politique, faute n'est pas crime.

J'entendais profiter de l'occasion qui m'était offerte pour ramener les catégories juridiques dans leurs cases normales, et abolir les monstruosités conceptuelles que portent les législations d'exception. Des sanctions sévères pour les traîtres, mais pas de confusion entre les fautes politiques et les crimes. Je me proposais ainsi de faire prononcer l'acquittement de François Piétri, et je l'indiquai à Edmond Barrachin lorsqu'il vint me voir pour m'exposer les angoisses de son beau-père. Malgré les assurances que je donnai, François Piétri ne se décida pas à venir comparaître, il tomba malade, réellement sans doute, par l'effet d'un stress émotionnel. Comme il était absent, il ne me parut pas possible d'obtenir un verdict d'absolution et la Cour prononça simplement la peine minimum de l'indignité nationale. Cette peine même me choquait d'une façon générale, car elle était trop douce pour les coupables et injuste pour les innocents, enfin, appliquée de façon automatique, et cela me paraissait inadmissible, comme contraire à la fois à la condition d'intentionnalité des crimes et à la règle de la personnalisation de la peine. Je parvins à immoler ce mythe lorsque je présidai le procès de Marcel Peyrouton. Le personnage ne m'était pas sympathique, car Marcel Peyrouton avait tiré le meilleur parti de ce que la IIIe République avait de pire — la République des camarades — après quoi il s'était mis au service de l'ordre nouveau avec un zèle peu plaisant. Je lui trouvai, tout au long de l'audience, une mine patibulaire, (peut-être était-ce la marque de la période éprouvante qu'il venait de vivre). Après deux jours d'audience, je mis, je dois l'avouer, une certaine malice à rédiger un arrêt dont les motifs n'étaient pas flatteurs pour l'inculpé ; ses amis paraissaient, à l'audition, frappés d'hébétude, s'attendant au pire ; sur quoi tomba le dispositif de l'arrêt : relaxe...

Je me voyais donc progresser doucettement dans une voie qui devait me conduire, selon bien des pronostics, à occuper un jour le ministère de la Justice — rien n'est plus agréable pour un avocat que de s'entendre appeler « monsieur le garde » — quand une circonstance vint opérer dans ma carrière une heureuse diversion. La nomination de René Mayer au gouvernement libérait une place à la commission des Finances et je parlai occasionnellement à Pierre Mendès France de la possibilité d'y poser ma candidature. « Pourquoi pas ? » me dit-il. Cependant, le jour où le groupe se réunissait pour les désignations, je me trouvai justement retenu au Palais de justice par la Haute Cour et je renonçai, avec fatalisme, à cette ambition modérée. Mais, en mon absence, Mendès, jugeant les circonstances favorables, présenta lui-même mon nom et, après trois scrutins, ce fut celui qui sortit.

La loi scélérate.

Mon départ de la commission de la Justice se fit sur un éclatant rappel symphonique. Alors que j'y assistais pour la dernière fois (quelques jours d'intervalle me séparant de ma prise effective de fonctions aux Finances), le président Dominjon me pressa d'accepter le rapport d'un projet de loi que le gouvernement venait de déposer en vue de réprimer le sabotage. M. Queuille lui-même me fit demander ce concours. Nous vivions une époque de forte tension sociale à la suite du départ des ministres communistes. Des grèves dures donnaient lieu à des affrontements. A Saint-Etienne, un sous-préfet fut intercepté par les manifestants, pour ne pas dire les insurgés. Etions-nous revenus à ce temps que décrivait Maurice Alléhaut dans son éloge de Laborit : « La guerre civile est proche et dans l'atmosphère tragique on en respire le parfum » ?

Dans cette situation, le sabotage du matériel pouvait devenir plus dangereux que le déchaînement de l'émeute. Etait-il nécessaire d'élaborer un texte spécial ? En fait, il y a tout dans le Code, il suffit de discerner les points d'application possibles. Je crois que les lois de circonstance n'ont d'autre effet que psychologique mais cela même n'est pas négligeable. La force convaincante d'un scrutin de fermeté n'est-elle pas préférable au risque sanglant de la répression ? « Voter » peut être le substitut confortable de « sévir ».

Jules Moch, qui apparaissait comme l'homme fort du régime, tenait beaucoup à ce projet.

Je n'étais pas encore connu de tout le monde à l'Assemblée car il m'arriva de capter, dans les mouvements qui se faisaient à la suspension, auprès du banc du gouvernement, ce dialogue...

Un député (socialiste) inquiet de l'évolution de l'affaire : « Qui donc est M. Edgar Faure ? »

Le ministre Daniel Mayer (qui me connaissait de longue date) : « C'est ce qu'on appelle un bon radical. »

Le parti communiste qui disposait de 30 % des électeurs et de 180 députés se déchaîna sur l'instant contre la loi dite scélérate ; plusieurs de mes amis jugèrent que je faisais acte d'imprudence en me laissant désigner par la commission. Je pensais que de telles considérations ne doivent jamais venir en compte ; les missions réputées les plus ingrates sont souvent plus aisées à tenir que d'autres jugées de tout repos. Le public sait gré aux hommes d'Etat qui prennent des risques, qui ne se « dégonflent » pas. Enfin, il y a toujours une manière optimale de traiter les problèmes. Tout est dans l'état d'esprit. J'avais bonne conscience à rapporter une loi dite scélérate, du moment que j'étais résolu à n'y rien laisser introduire qui justifiât cette note d'infamie. De fait, après des jours et des nuits de débats en commission, puis à l'Assemblée, il sortit un texte où ne subsistait aucune des outrances ou anomalies juridiques qui figuraient dans la première version. Les communistes, qui firent un grand esclandre au moment du scrutin, savaient très bien ce qu'il en était et il leur arriva de reconnaître mon objectivité.

Le Club des diamantaires.

« La commission des Finances, me dit en souriant Henri Queuille, a coupé des lauriers et les a posés à vos pieds. » Dès la première réunion, j'avais en effet été investi des charges de mon prédécesseur, j'étais ainsi secrétaire de la commission (titre pratiquement vide de toute signification) et rapporteur du budget... de la Justice, comme il se devait.

Je pénétrai avec une émotion révérentielle dans cet univers feutré et élégant, dans cette salle de séance dont les dimensions spacieuses et la décoration raffinée contrastaient avec la pauvreté spartiate des bureaux étriqués où se réunissaient les commissions mineures. « Luxe, calme et volupté. » La longue table était recouverte d'étoffe, les hautes chaises garnies de velours cramoisi. Les parois étaient occupées par des armoires murales de bois clair, où chaque commissaire disposait d'un casier à son nom. Les dépendances comportaient un petit salon et une cabine téléphonique particulière, un escalier direct menait aux bureaux confortables du président et du rapporteur général. L'agrément du décor répondait au décorum des manières. A la commission des Finances, chacun s'exprimait avec courtoisie et les rapports entre adversaires politiques, communistes compris, loin de s'égarer vers l'invective, étaient imprégnés de convenance, voire de bienveillance. Nous nous sentions « entre nous », des parlementaires d'essence supérieure, les initiés, un peu sans doute comme les diamantaires admis au club de la rue Lafayette où l'on échange sans reçu des pierres très précieuses.

Le président, Jean-Raymond Guyon, avec une tête en forme de boule et d'énormes lunettes à monture noire et à verres convexes, jouait excellemment, comme on dit au théâtre, les rondeurs. Socialiste d'imprégnation radicale, éloigné de tout sectarisme, on ne trouvait chez lui rien de montagnard, c'était typiquement un Girondin, dans tous les sens du mot, puisqu'il était député de la région bordelaise. Le rapporteur général, Charles Barangé, issu des services des Finances, était M.R.P. et député du Maine-et-Loire. Son visage reflétait l'assurance, son humour froid de pince-sans-rire n'en froissait jamais les traits réguliers et impassibles. Il marchait lentement et une certaine raideur due à des troubles circulatoires accentuait l'impression majestueuse qui se dégageait de son personnage. La commission et l'Assemblée elle-même reconnaissaient son ascendant. On l'aimait d'autant mieux qu'il récusait toute ambition ministérielle : j'eus l'occasion, plus tard, de lui proposer, pour la forme, un portefeuille qu'il déclina amicalement. Il fut surtout connu du grand public pour avoir donné son nom à la première loi destinée à soutenir l'enseignement libre.

Le dernier procès à Cognac.

Au sein du groupe radical, je me sentais considéré et généralement bien vu, mais également isolé. Je ne me rattachais à aucune filière, à aucun clan. Je pensais donc que je serais primé, selon les circonstances et les orientations, soit par les janissaires de la maçonnerie et du radicalisme laïco-classique, soit par les technocrates qui composaient l'équipe René Mayer-Suzanne Crémieux. Mes patrons potentiels étaient Mendès France et Henri Queuille mais le premier s'était installé dans un splendide isolement, et le second n'était pas encore parvenu à Matignon.

Cependant, je ne pouvais ignorer que ma notoriété s'était établie, que mes interventions étaient bienvenues et que l'on me classait couramment parmi les ministrables.

Un soir de juillet, je prenais le train pour me rendre dans la ville de Cognac, où je devais plaider pour mon ami Michel Camus un procès de marque compliqué, passionné et humoristique, dans une atmosphère digne des *Bourgeois de Molinchart*. Alors que défilaient devant mes yeux les paysages suburbains du crépuscule, j'eus soudain une intuition. « C'en est fini, pensai-je, de ce genre de vie. Je vais bientôt m'arrêter de mener la double vie d'avocat et de parlementaire, tout va changer. Je serai secrétaire d'Etat, je m'installerai dans mon bureau... »

Je me pris à penser aux départements ministériels qui pourraient m'accueillir dans cette première expérience. Je représentais une région frontière, je faisais partie du comité du Fonds national forestier, et quelques personnes, dont le directeur général Dufay, s'étaient plu à me rappeler que jadis, avant la guerre, on avait créé un secrétariat d'Etat chargé des *Bois et Forêts.* Le titulaire en était un personnage truculent, à l'accent rocailleux, Liautey, député de la Haute-Saône, donc franc-comtois. Il avait acquis quelque notoriété en circulant au volant d'une voiture équipée en gazogène. Plus tard, il revint à la surface comme porte-parole des bouilleurs de cru. Je caressai le projet de voir ressusciter cette portion de ministère et d'en devenir le titulaire. Je ne résistai pas à la tentation, quelques jours plus tard, d'en parler à M. Queuille qui ne parut pas sauter sur l'occasion. Je pouvais, me dit-il, briguer un poste de plus d'envergure. Ce fut ce qui m'advint. Je regrettai souvent, par la suite, de n'avoir pas réalisé cette première ambition, modeste et charmante.

Je revins de Cognac, bifurquai par Paris et parvins, le matin du 14 juillet, dans ma commune de Port-Lesney. Les vacances alors commençaient moins tôt qu'aujourd'hui et j'avais prévu une grande tournée dans ma circonscription avec le concours de vedettes : Pierre Bourdan, Pierre Mendès France, Moro-Giafferi. J'appris, à ma descente du train, l'accident où Pierre Bourdan avait laissé la vie : un petit bateau chaviré en Méditerranée, tout près de la côte.

Un des hommes merveilleux de notre génération, celui dont la voix prenante arrivait jusqu'à nous sur les ondes de la Résistance, venait de quitter cette arène politique où il eût pu tenir si longtemps un grand rôle.

CHAPITRE XII

LE CARROUSEL DE LA PREMIÈRE CHANCE

Après le long week-end de la mi-juillet passé dans le Jura avec mes invités orateurs, je regagnai Paris où reprenait, par un temps de canicule, un débat déjà fort décalé...

Un obscur député socialiste, connu comme bon compagnon et par sa faconde méridionale, du nom de Capdeville, déposa un amendement tendant à réduire d'une somme symbolique le budget des dépenses militaires. Le gouvernement posa contre cet amendement la question de confiance *implicite* — ce qui était déjà le signe d'une insuffisante résolution de survivre. Il fut battu et Robert Schuman alla donner sa démission au président Auriol. Celui-ci appela André Marie. Vincent Auriol se sentait naturellement porté à faire confiance au garde des Sceaux, ministre qu'il rencontrait plus régulièrement que tout autre, du fait des réunions hebdomadaires du Conseil de la magistrature. (Pour cette même raison, je fus désigné par la suite et Robert Lecourt fut chargé d'une mission d'information.) André Marie, fort aimé des radicaux, bénéficiait dans tous les groupes de nombreuses sympathies. Il s'imposait par sa prestance, son talent oratoire, ses titres de résistance, sa cordialité. L'épreuve de la déportation qu'il avait subie au détriment de sa santé le faisait respecter de tous, et très peu lui tenaient rigueur de certains accès de gouaille et de son goût parfois immodéré pour les réflexions à l'emporte-pièce. Il s'était d'abord fait connaître comme avocat : il comptait parmi les rares maîtres des barreaux de province dont la notoriété était admise dans la capitale.

Sa désignation me parut créer pour moi une occasion favorable. André Marie m'avait toujours traité avec bienveillance, presque avec amitié (il était fort lié à mon oncle par alliance Julien Cain, ils avaient été déportés dans le même camp). D'autre part, la présence d'un radical à la tête du gouvernement ouvrait à notre groupe, selon les usages, la perspective d'une représentatioı numérique un peu plus importante. Enfin, il n'avait pas, comme René Mayer, une équipe toute prête. Cependant je n'osais pas lui proposer directement ma candidature et pas davantage je ne me décidai à rappeler à M. Queuille ma modeste postulation forestière. J'étais demeuré lié avec Paul Coste-Floret, alors ministre inamovible de la France d'outre-mer, et je lui fis part de mon ambition d'entrer dans le « cursus » des magistratures. « J'ai refusé jusqu'ici, me dit-il, de prendre à mes côtés un secrétaire d'Etat ; mais s'il s'agissait de toi, je serais aussitôt d'accord. Je vais d'ailleurs en parler à André Marie. » Peu après, il m'informa du bon accueil réservé à sa suggestion : « Faure est un bon ami, dit le président désigné ; il ne m'a rien demandé, je vais tâcher de le prendre. »

Les contraintes qui s'attachent à la formation d'un ministère — et notamment les nécessités du dosage — empêchèrent cette bonne intention de se réaliser. Il parut opportun de placer rue Oudinot un Africain, membre du groupe des indépendants d'outre-mer. Paul Coste-Floret accepta finalement Fily Dabo Sissoko qui avait le mérite d'être fétichiste, ce qui évitait les affres d'un choix entre musulmans et catholiques. « J'aurais bien voulu t'avoir dans mon équipe, me dit plus tard André Marie en s'esclaffant, mais tu sais, on se laisse entraîner et, quand je fis le compte de mes promesses, j'arrivai à la cinquantaine. »

Je n'avais pas vraiment compté sur ma nomination et je n'éprouvais donc aucune amertume. Je soutins le gouvernement de mon vote et de ma silencieuse présence dans un débat sur l'Indochine et dans une loi portant délégation de pouvoirs financiers, héritée d'ailleurs du gouvernement précédent. Paul Reynaud chaussant ainsi les bottes de René Mayer (au figuré, s'entend). Je gagnai Port-Lesney pour le jour de mon anniversaire, le 18 août, et, le vendredi 26, je pris le volant de ma voiture et je roulai, en compagnie de Lucie, en direction de Venise, où nous devions, sur l'invitation de Gilbert Cohen-Séat, assister à son premier — et je crois dernier — congrès de filmologie.

A l'occasion d'un arrêt dans quelque bourgade helvétique, un titre me tira l'œil : le gouvernement André Marie s'était disloqué de lui-même, au bout d'un mois et un jour. Fallait-il rebrousser chemin ? Je n'hésitai que quelques secondes. Ce serait une déconvenue pour mon épouse que de renoncer à un séjour agréable et à un congrès intéressant, elle qui venait de vivre une année active et éprouvante, dirigeant sa revue en même temps que notre ménage et faisant souvent la navette entre Paris et le Jura. Je pensai aussi que le dénouement de la crise serait ardu et que l'on pouvait compter sur une bonne semaine de tergiversations et pourparlers.

A Paris, la classe politique s'affairait. Robert Schuman fut à nouveau pressenti. Un soir, un de mes amis du ministère des Finances téléphona pour me faire savoir que mon nom avait été soufflé à Robert Schuman par le directeur général des douanes, Degois, par le directeur du personnel, Roudier, par François Didier Gregh, etc., et que cette suggestion était bien accueillie. On me conseilla de faire, à tout hasard, acte de présence, car les choses pourraient s'accélérer.

Bien que la récente expérience du ministère Marie m'eût montré que la présence sur place n'était pas d'une efficacité garantie, je décidai, cette fois, de mettre de mon côté toutes les chances et je pris le train dans la soirée du lendemain. Je n'avais pu trouver de wagon-lit et le voyage me parut fatigant. Je passai les journées du vendredi et du samedi à attendre et à m'informer comme je pouvais. N'étant pas doué pour l'intrigue et la prospection, me trouvant isolé et sans équipe (ce qui pouvait faire une force mais était, dans ce cas, faiblesse), je ne recueillis que de vagues on-dit. Le dimanche matin, la composition du nouveau gouvernement fut connue dès l'aube ; je n'y figurais point. J'en éprouvai plutôt du soulagement (car j'aime les situations acquises et je supporte mal les incertitudes). Je me précipitai dans le premier train en partance pour Dole et il me fut possible de participer à un banquet à Arbois. Après quoi je regagnai Port-Lesney pour quelques heures et, dans la nuit, je me réinstallai à Mouchard dans un wagon direct pour Venise. Je m'opiniâtrai à reprendre le cours normal de mes petites vacances et à me montrer dans le rôle d'un époux attentionné, en même temps que d'un caractère immunisé contre les tentations du carriérisme. Le gouvernement tomba, le jour même de sa présentation, le mardi... De tels coups faisaient un détestable effet sur l'opinion. Ils étaient pourtant compréhensibles, aucun de ces deux cabinets ne consacrant la moindre novation par rapport au précédent. Il fut décidé que nous nous mettrions en route pour rentrer cette fois à Paris ensemble. Je fis même le fanfaron en soulignant qu'il n'y avait pas de hâte, que les choses avaient pris le tour de traîner, que si l'on me voulait, on me trouverait aisément et que, d'ailleurs, on pouvait parfaitement me choisir en mon absence.

Cependant, Henri Queuille, désigné par Vincent Auriol, menait rondement son affaire. Quand nous arrivâmes à Milan, les informations de la presse indiquaient que la conclusion était proche. A notre étape suivante, Montreux, il apparut que tout s'était consommé dans la nuit. C'était dimanche et nous nous arrêtâmes pour déjeuner dans un hôtel de Jougne, dont le patron, M. Pochtovik, se trouvait justement être un radical (race pourtant peu nombreuse dans le haut Doubs). Il me procura à la fois un journal où je figurais parmi les

« possibles » et la liste définitive où je n'étais pas mentionné. Dans l'après-midi, à notre arrivée à Port-Lesney, la déception fut plus mordante car des coups de téléphone d'officieux, reçus la veille, annonçaient ma nomination comme secrétaire d'Etat aux Affaires économiques. Quand les choses s'éclaircirent, j'appris en effet que le président Queuille avait d'abord retenu mon nom et qu'ensuite, sous la pression habituelle des demandeurs et des groupes, il avait dû disposer de quelques places... dont la mienne. Jean Gallot, son gendre, était fort contrarié car lorsqu'il l'avait quitté, assez tard dans la nuit, il croyait dur comme fer que je figurais sur la liste, en même temps que son autre grand ami, Robert Lecourt, mais nous avions disparu, l'un et l'autre, dans l'aube traîtresse. J'eus la curiosité de demander un peu plus tard au président du Conseil si ma présence aurait pu renforcer ma position, dans l'espoir de m'entendre dire que rien n eût changé, mais, tout au contraire, il me répondit : « Sans doute, car je vous aurais fait venir et, si vous aviez été là, je n'aurais pas eu le cœur de vous éliminer. » J'éprouvai une forte déconvenue, d'autant que deux députés amis, qui étaient mes voisins de circonscription, Paul Devinat et Tony-Révillon, étaient nommés et que le ministère semblait pourvu de bonnes chances de survie. Déjà le douanier m'avait dit, à Vallorbe : « Cette fois cela paraît sérieux, cinq partis sont représentés. » En effet, Henri Queuille avait réussi, tout en gardant les socialistes, à intégrer le P.R.L., marquant ainsi le nouveau glissement à droite que les forces mécaniques de la crise avaient pour programme de réaliser.

Ainsi, j'avais adopté un comportement irrationnel et j'en subissais les fâcheuses conséquences. Mon destin aurait pu en être changé ; en fait il fut simplement suspendu pour quelques mois et peut-être, de ce fait, favorisé.

Le ministère obtint la confiance mais il lui restait à franchir un obstacle, celui du projet financier qu'il devait présenter d'urgence, car les semaines perdues n'amélioraient pas la situation du Trésor.

Je décidai de ne pas me laisser aller au découragement ou à la rancœur. Je réintégrai la capitale, repris mon rang à la commission des Finances et assumai la charge qui me revenait normalement de porter la parole au nom du groupe dans le débat financier. Ce fut là sans doute ma plus forte intervention politique avant mon accession au gouvernement et elle acheva d'asseoir ma réputation d'orateur parlementaire. Je fus d'autant plus persuasif que j'étais entièrement persuadé... de la nécessité de faire adopter le projet.

Le président Queuille s'était lui-même attelé à la besogne. Il avait choisi de prendre pour lui le portefeuille des Finances, en se faisant assister par deux secrétaires d'Etat, Maurice Petsche et Alain Poher. Cette décision était, m'expliqua Paul Devinat, de son ton imperturbablement pédagogique, la clé du succès. Il n'avait pas tort. M. Queuille connaissait assez bien les questions financières et très bien les hommes. notamment les directeurs et gouverneurs. Ainsi les textes présentés composaient à peu près le meilleur ensemble que l'on pouvait trouver dans la circonstance.

Le président fut enchanté du concours que je lui apportai et je crois qu'il fut touché de voir que je ne tenais pas compte de la déception qu'il m'avait fait éprouver. Il m'entraîna avec lui à la sortie et m'emmena partager son dîner dans son appartement de la rue du Cherche-Midi. « Il doit rester du canard », dit-il à Mme Queuille et, en signe de fête, il décida qu'il pouvait déguster sans scrupule ce délicat comestible. Ce canard froid était en effet excellent et je puis dire qu'il me réchauffa le cœur, car je me sentais en confiance avec mon patron, j'étais content de mon discours et je voyais bien, ce soir-là, qu'en politique les bonnes actions ne sont jamais un mauvais calcul.

Au cours des mois qui suivirent, j'occupai une situation privilégiée au sein du groupe radical et auprès de l'équipe du président. Je voyais assez souvent Maurice Petsche qui commençait à s'affirmer comme le véritable ministre des Finances. Fort habilement, il avait dédaigné le beau bureau disponible dans l'autre aile du bâtiment (et qui serait prochainement le mien). Il avait tenu à s'installer dans une pièce plus modeste, qu'il partageait avec sa secrétaire et qui avait l'avantage de communiquer directement avec celui, spacieux et haut de plafond comme un hall de gare, qui est affecté au ministre. Dans les premiers temps, le président Queuille venait tous les matins (réservant les après-midi pour Matignon), et ainsi Maurice disposait d'un contact aisé et fréquent qui lui permettait d'asseoir définitivement son crédit. Quand, plus tard, le président espaça ses heures de présence, on s'habitua bien normalement à considérer ce voisin immédiat comme étant le coadjuteur avec promesse de succession. Le jour venu, l'emménagement s'effectua le plus commodément du monde.

A la fin de l'année, ce gouvernement qui semblait promis à une longue carrière fut affecté par deux événements. D'une part, le second secrétaire d'Etat, le sénateur Alain Poher, fut battu aux élections sénatoriales et, conformément à la tradition républicaine, il se retira. Il ne fut pas remplacé sur l'instant. D'autre part, André Marie se trouva conduit à donner sa démission à la suite d'une campagne organisée sur un prétendu scandale judiciaire.

Une instruction avait été ouverte et s'était poursuivie longtemps, pour faits de collaboration, contre les dirigeants d'une grande entreprise de travaux publics, Sainrapt et Brice, qui avaient concouru à l'édification du mur de l'Atlantique. La procédure, après avoir passablement traîné, avait été close par un non-lieu. Le journal du R.P.F. lança une violente campagne, dénonçant cette indulgence comme scandaleuse et mettant en cause le ministre de la Justice. André Marie se cabra sous l'offense et cédant, peut-être hâtivement, à l'impulsion, monta à la tribune de l'Assemblée nationale pour fustiger ses agresseurs. J'ai gardé présente à la mémoire une superbe formule de son éloquence indignée : « On ne fait pas marcher les caractères gras à pleins rouleaux... » Cependant, la campagne ne s'arrêta pas ; les communistes, appliqués à suivre avec une vigilance justicière les affaires de collaboration, firent écho ; un magistrat du parquet, Raymond Lindon, mon ancien camarade de la Conférence, fit une déclaration qui fut diversement interprétée et le M.R.P. laissa discerner sa préoccupation sur un sujet aussi sensible.

En prévision d'un nouveau débat sur l'impunité de Sainrapt et Brice, le président du Conseil me dépêcha un matin auprès du garde des Sceaux, conjointement avec Léon Martinaud-Déplat. Cette ambassade d'avocats était destinée à aider et à réconforter André Marie et en même temps, sans doute, à permettre au président du Conseil de prendre mesure, à travers nos avis de spécialistes du droit, du cas politique, voire d'en préparer le règlement. Je me souviens d'une journée et d'une soirée passées presque entièrement auprès d'André Marie. Nous avions fait venir le dossier et je l'étudiais en compagnie du directeur des affaires criminelles, M. Turquey. Le magistrat répétait comme une antienne que la force d'un dossier dépendait de la couverture que donnaient les avis de la direction criminelle. Or, comme dans une semblable affaire on rencontre quatre ou cinq échelons, dont aucun ne fait disparaître le précédent, il est rare que tous les avis, du premier rédacteur jusqu'au directeur lui-même, soient entièrement concordants. Ce qui éclatait, à l'étude du dossier, et c'est ce qui avait déterminé le ministre, du point de vue du fond du sujet, c'est-à-dire la nécessité qu'il y avait ou non de poursuivre, c'est que la responsabilité était entièrement diluée. Plusieurs centaines de personnes, dans l'entreprise, la partageaient car tous les agents de Sainrapt et Brice, du plus élevé jusqu'au plus humble, s'attachaient à assurer la survie de l'entreprise, sans trop se préoccuper d'autres considérations. Il y aurait eu dès lors quelque chose de choquant à désigner un bouc émissaire. Tel avait été en tout cas le point de vue du ministre. J'aidai de mon mieux André Marie à préparer son exposé. A un moment, Martinaud-Déplat émit une observation qui pouvait paraître ambiguë et qui incita André Marie à dire, après une légère pause : « Il ne peut être question de me retirer, n'est-ce pas ? » sur un ton mi-affirmatif, mi-interrogatif. Léon Martinaud-Déplat semblait penser à autre chose et un espace de temps, d'ailleurs très court quelques secondes, s'écoula avant qu'il répondît, comme un homme qui sort, tout confus, d'un instant de distraction, que naturellement, rien de tel ne devait être envisagé. Le débat reprit à l'Assemblée et André Marie s'expliqua assez bien, sans éviter ce qu'on appelle des mouvements divers, au moment où il articula — car il fallut bien le faire — la thèse de la culpabilité diffuse. Il tomba peu après réellement malade et donna sa démission. De telles épreuves sont souvent insupportables aux hommes d'Etat, même quand ils ont un caractère bien trempé. On l'installa pour un temps de repos forcé dans une maison de santé proche de Paris. J'allais lui rendre visite et il retrouvait son ton gouailleur. « Ma femme fait des réussites, me disait-il, mais elles échouent toujours ; elle n'a qu'à poser la question de telle manière que la réponse souhaitée soit le « non ». Ses électeurs lui restèrent fidèles, et il reprit plus tard une solide carrière à l'Education nationale.

Le président Queuille mit au point son remaniement ministériel. Il se délesta du portefeuille des Finances qui fut confié à Maurice Petsche. Beaucoup de personnes pensèrent que je serais nommé garde des Sceaux, on parlait aussi de Vincent Badie. J'étais justement en compagnie de celui-ci à Montpellier le jour où les nominations furent décidées ; les amis qui nous entouraient jouaient aux devinettes sur nos deux noms. J'allai passer la nuit à Béziers, ma ville natale, où je n'étais pas revenu depuis longtemps. C'est là que m'atteignit le coup de téléphone de Jean Gallot. Robert Lecourt allait à la Justice (il était habile de nommer à ce poste un représentant du groupe M.R.P. qui avait quelque peu renâclé) et j'étais désigné comme secrétaire d'Etat aux Finances, assumant ainsi un double remplacement, celui d'Alain Poher, démissionnaire, et celui de Maurice Petsche, désormais promu. Je fus enchanté de cette solution et ne regrettai pas un seul instant de n'avoir pas été désigné pour la charge la plus haute. Je pensais que j'avais bien le temps d'être garde des Sceaux (je le fus en effet) et que je n'avais pas grand-chose à apprendre place Vendôme. Au contraire, la grande maison de la rue de Rivoli, même dans un poste en second, m'ouvrait les arcanes du monde moderne, m'offrait, quoiqu'à terme, la chance de marquer d'une influence heureuse le destin de mon pays : là étaient pour moi les véritables sceaux.

CHAPITRE XIII

LE JOFFRE DE LA RUE DE RIVOLI

J'ai passé deux années et demie environ au palais du Louvre, dans le voisinage de Maurice Petsche, avec qui j'ai travaillé sans interruption (malgré la survenance de crises ministérielles) d'abord comme secrétaire d'Etat, puis en tant que ministre du Budget.

Pendant cette période, notre équipe eut à affronter une situation très grave pour l'économie et les finances qui supportaient le poids conjugué d'une guerre coloniale, de la reconstruction du pays et de la nouvelle politique sociale de la IVe République. Le principal front de la bataille était celui de la monnaie ; le principal corps de bataille était le budget. En septembre 1950, j'eus l'occasion de dire, au cours d'une réunion tenue à Meaux, que « la Marne du franc » avait été gagnée et quoique le propos fût un peu grandiloquent, il ne fut pas et ne pouvait être réellement contesté.

On a un peu trop oublié cette suite d'épreuves et ce succès presque imprévisible. Sans méconnaître le mérite de nos présidents, je puis dire que l'artisan essentiel de la victoire fut Maurice Petsche et, bien que ma part ne fût pas négligeable dans ce succès, elle ne saurait éclipser ni même égaler la sienne. Je suis fier d'y avoir contribué et je puis dire aussi que c'est cette expérience qui m'a permis, par la suite, de gagner une série de batailles que je livrai alors, non plus en retraite, mais en grande offensive et en mon propre nom.

Si j'ai beaucoup appris auprès de Maurice Petsche, ce n'est pas seulement par ce qu'il m'a enseigne lui-même, mais aussi parce qu'il m'a laissé une grande marge d'action et de responsabilité. D'abord, en me confiant entièrement le département du budget qui comprend, outre la direction qui porte ce nom, celles des impôts, des douanes et même la régie des tabacs ; également par les missions que je fus appelé à assumer en dehors de mes délégations proprement dites, et qui me conduisirent à faire mes premières apparitions sur la scène internationale. Enfin, parce que, peu attiré par la tribune, Maurice Petsche me laissait pratiquement (en dehors de quelques interventions qu'il lisait lors de la présentation du budget) la direction de tous les débats parlementaires. J'étais le « ministre de la Parole » pour la politique économique et financière.

Je serais tenté de dire aujourd'hui — et je n'étais pas sans le penser quelquefois à l'époque — que les conceptions de Maurice Petsche étaient imprégnées à l'excès de classicisme et d'orthodoxie. J'ai pu d'ailleurs, étant moi-même sensible aux conceptions keynésiennes, modérer et assouplir certains excès de poincarisme chez mon ministre. Cela dit, pour l'essentiel, la politique de Petsche, malgré ses œillères et ses lisières, et peut-être à cause même de cette rigueur, de cette intransigeance qui le rendaient parfois risible, était justement celle qui convenait à cette période.

« Autour de lui, l'univers froid de la décoration administrative paraissait s'animer de sa vie et la réfléchir (1). » Ce qui frappait d'abord et toujours chez Maurice Petsche, c'était sa vitalité supérieure qui se communiquait, semblait-il, aux choses et aux êtres, avec des effets alternatifs, des moments d'intensité inégale, comme s'il incarnait la forme humaine d'un survolteur-dévolteur. On attend plutôt ce genre de comportement de la part d'un personnage fluet et bondissant, un « agrippa » qui se déplace dans un mouvement de farandole à la manière de Louis de Funès. Dans le cas de Maurice Petsche, cette force d'animation perpétuelle avait trouvé son habitacle dans une enveloppe corporelle dont se dégageait au contraire l'impression de la masse et de la mollesse, de la gaucherie et de la lenteur. C'était un homme de haute taille et de forte stature, qui paraissait engoncé et comme entravé dans un paquet de vêtements d'étoffe élégante, coupés chez le bon tailleur, mais devenus informes et tirés sans cesse vers le bas par le poids des poches, l'enflure des genoux, la platitude des pieds et le dandinement de la démarche. On ne pouvait se défendre d'un double sentiment d'inquiétude, dû à la combinaison chez lui d'une puissance qui s'ignore et d'une fragilité qui se dissimule. Quand il s'avançait vers son visiteur, dans quelque démonstration chaleureuse, on se demandait s'il n'allait pas, par un dernier sursaut, s'affaler sur lui et le broyer dans son étreinte. Je ne puis dissocier son image d'une scène dont je fus le témoin et qui s'est imprimée dans ma mémoire avec la force obsédante d'une séquence de film. Nous nous trouvions réunis, en compagnie de Jean Gallot et de Queuille, dans le cabinet du président du Conseil, qui était alors Georges Bidault ; celui-ci, par sa minceur, sa froideur, ses manières souples de petit maître, juché sur des souliers étroits à hauts talons,

(1) Extrait de mon discours prononcé à ses funérailles.

formait avec son ministre un contraste de comique excentrique. Cet entretien faisait suite à une victoire remportée laborieusement devant un Parlement rétif et dompté. « Vous l'aimez bien, votre ministre des Finances ? demanda, dans une de ces questions qui contiennent elles-mêmes la réponse, Maurice Petsche, alors, embrassez-le. » Sur quoi il s'avança, d'une démarche d'ursidé, il se pencha pour prendre dans ses longs bras le petit Bidault, tout emprunté, et on se demanda s'il n'allait pas, d'un coup, le soulever du parquet et l'étouffer. Quand il le lâcha, Georges Bidault sembla faire un effort pour récupérer son souffle et ses esprits et retrouver son monde personnel, dont de telles aventures étaient exclues.

Par son apparence générale, Maurice Petsche faisait penser au père Ubu ; et si, à la différence du héros d'Alfred Jarry, sa moralité était irréprochable, il avait quelques traits communs avec ce personnage typé : une propension à l'outrance, une certaine naïveté alliée à la ruse, enfin une grande disposition à la méfiance.

Une autre comparaison venait aisément à l'esprit, celle-ci surtout d'après son visage, large et long, avec un grand nez aplati, des cheveux tirés, un teint rubicond, composé par plaques de fines efflorescences sanguines où l'intempérance n'avait nulle part : c'était un chef peau-rouge. Certains prenaient même malice à dire qu'ils pensaient plutôt à une squaw. Le regard était extraordinaire par sa noirceur et son pouvoir de fascination. Quand il se posait sur vous avec insistance, ce qui lui arrivait souvent, on s'imaginait aisément que c'était pour vous arracher un aveu ou même pour vous signifier que l'aveu était devenu inutile, car déjà vous aviez été démasqué. Que ce fût par le regard ou par un jeu d'émissions plus complexe, il se détachait de Maurice Petsche une force magnétique dont je recueillis la preuve dans une certaine circonstance. Une situation de conflit avait surgi entre Maurice Petsche et Jean Monnet, quelque chose ne « collait » pas entre eux, il en résultait une contradiction systématique et des incidents. Une entente se fit entre des collaborateurs appartenant à l'une et l'autre équipes, en vue de mettre fin à cette tension que rien ne justifiait en profondeur. On adopta la méthode bien française qui consiste à noyer les dissentiments dans la cordialité d'un festin. Un dîner fut commandé chez Ledoyen, les deux protagonistes de la cérémonie furent installés chacun à un bout d'une longue table et nous, les assistants, nous nous disposâmes sans ordre précis le long des côtés. Survinrent les plats et s'engrenèrent les propos, de la façon la plus naturelle du monde. Bientôt cependant nous eûmes tous l'impression qu'une césure impalpable passait par le milieu géométrique de notre formation et qu'elle dessinait, comme la ligne idéale de la frontière dont parle le douanier de *Siegfried*, la démarcation de deux champs ondulatoires et antagonistes. Ce phénomène paramagique ne se traduisit par aucun éclat dans la conversation, par aucun signe extérieur ; seulement, au moment de la séparation, chacun éprouva une légère sensation de déliement. Désormais les relations des deux équipes se trouvèrent d'ailleurs normalisées. Il faut dire aussi que je venais de prendre mes fonctions et que mon esprit conciliant, compte tenu de l'anciennete de mes relations avec Jean Monnet, ne pouvait manquer de faciliter les rapports entre la rue de Rivoli et la rue de Martignac.

Maurice Petsche donnait parfois l'impression de connaître certains détails qu'il aurait dû ignorer et de disposer de sources d'information mystérieuses. Il passait une grande partie de son temps en conciliabules directs ou téléphoniques avec une multitude de correspondants et il tenait à jour un répertoire mnémonique de toutes sortes d'anecdotes et de notations. Mais, de surcroît, il m'en fit un jour la confidence, il avait appris la technique précieuse de la lecture sur les lèvres. Ainsi parvenait-il à percevoir des propos dont il n'était pas le destinataire et dont il était souvent le sujet. « Tu as dit de moi que j'étais un c... », me reprocha-t-il un jour. Je le poussai jusqu'aux sources et rectifiai : « Je n'ai pas dit cela, j'ai dit, ce qui est de ma part une désignation familière et courante : « Ce c... de Maurice. » Il parut soulagé. « Bien sûr, ce n'est pas la même chose. »

Toutes les relations que l'on pouvait avoir avec lui dans la vie de travail et dans le règlement des affaires étaient imprégnées d'affectivité positive ou négative. Ses remarques les plus fréquentes, concernant des sujets qui ne semblaient pas porter à effusion sentimentale, étaient : « Tu ne m'aimes plus » ou « Tu me trahis ». Le fait d'exprimer un avis différent du sien sur une question de routine budgétaire lui faisait suspecter un dessein inavouable. Un jour que Pleven avait imaginé, sur un conflit comptable, une solution transactionnelle, d'ailleurs nullement déraisonnable, Petsche me lança : « As-tu senti la pointe de la lame florentine ? »

Il tenait les ministres que l'on appelle « dépensiers » (1), et tout particulièrement ceux qui présentaient les plus grosses factures (la Guerre, la Sécurité sociale), pour des ennemis personnels, attachés autant à assurer sa propre perte qu'à ruiner la France. Son type d'ambition le portait vers le pouvoir de gestion qui comporte l'efficacité et il refusait toujours les postes de ministre d'Etat, malgré les objurgations de son épouse, très intéressée par le rang protocolaire des places dans les réceptions. (Une nuit, alors que le téléphone venait de retentir dans le bel hôtel de la rue de la

(1) Par opposition au ministère des Finances qui a la charge de procurer les recettes.

Faisanderie, comme il arrive dans les heures ultimes des élaborations de ministères, Simone Petsche, en chemise de nuit, se précipita dans la chambre de Maurice et, tandis qu'il raccrochait, elle psalmodiait : « Accepte, accepte... songe aux places à table ! »)

Je pense qu'il était moins avide de l'autorité politique elle-même que du métier d'administrateur-gouvernant dont il était intoxiqué. On pouvait dire de lui, comme de Turgot, qu'il avait la rage du bien public, la conviction que le bien public ne pouvait bien se porter que par son intervention personnelle et permanente. Les causes confondues de son succès ministériel et du salut national trouvaient, à l'époque, un point obsessionnel d'application dans le souci qu'il avait de l'équilibre budgétaire. Toute rupture apportée à sa balance le faisait crier comme Harpagon courant après sa cassette : « Je suis assassiné ! On m'a coupé la gorge ! On m'a volé mon argent ! »

Il était doué d'une grande force de travail, mais sans facilité particulière. Il ne pouvait jamais se détacher de ses feuillets quand il venait exposer ses comptes, même d'une façon résumée. La faculté de retenir aisément les chiffres, qui m'a été donnée par la nature, l'incitait à la fois à l'admiration et à la suspicion. Cette aisance, même quand elle ne comportait point le risque de l'erreur, lui paraissait le signe d'un caractère léger. Connaître son dossier sans avoir peiné en l'assimilant était tenu par lui pour un exercice peu digne d'un esprit véritablement sérieux, cela ne cadrait pas avec les aspects rigoureux qu'il attribuait, au propre et au figuré, à l'institution ministérielle. « Ici, me disait-il, il faut toujours porter un col dur. » Pour lui complaire, je parvins à m'habituer à la mode archaïque des cols blancs amidonnés que l'on rattache, par un double système de petits boutons, à l'échancrure d'une chemise pour guillotiné.

Son affectivité qui s'exprimait par son abord chaleureux, les poignées de main doubles et prolongées, les accolades, les explosions d'une joie complice lorsque nous avions accompli quelque performance, le soin qu'il apportait à ne jamais me dissocier de ses entreprises, même dans la perspective vague des récompenses de l'au-delà (« Nous entrerons dans l'Histoire », me disait-il en envisageant notre double démission éventuelle, dont il utilisait d'autant plus librement la menace que l'éventualité lui en paraissait purement argumentaire), se transmuaient à l'occasion en sautes d'humeur, reproches absurdes ou démesurés, en questions insidieuses ou brutales avec le lance-flammes du gros œil noir, enfin en fantasmes psychologiques dont il me faisait alternativement l'attendrissant aveu ou la démonstration extravagante.

Ainsi, pendant la période du ministère Bidault, il lui advint de prendre ombrage du fait que je me trouvais tout naturellement placé en vedette ; si le M.R.P., parti du président, se tenait encore plus discipliné qu'à son ordinaire, le parti radical, lui, se laissait entraîner sous la direction de l'éternel destructeur Daladier aux orgies de la démagogie fiscale (d'où le néologisme que je forgeai un jour, de déma-gorgie). On tirait à boulets rouges sur le président M.R.P. et sur le ministre indépendant des Finances. On ne se serait pas trop occupé de moi si je m'étais laissé confiner dans mon rôle d'assistant technicien, mais cela n'était point dans ma nature. Advint le congrès houleux de Toulouse, où le président Queuille se rebiffa à son tour durement contre le trublion, jadis dénommé le taureau du Vaucluse, mais qui en était plutôt le taon. Henri Queuille rappela l'épreuve qu'il avait affrontée, lui, lors du déchaînement des grèves semi-insurrectionnelles déclenchées par le P.C. « Moi, monsieur Daladier, dit Queuille, je n'ai pas pris le masque de l'autorité, je n'ai pas relevé le menton à la manière romaine, mais j'ai donné l'ordre de faire les sommations. » Je m'en souvenais en effet. J'étais dans son bureau lors de cette heure dramatique. Mais si l'intervention de Queuille était émouvante pour moi, elle ne porta guère sur le congrès. Alors Edouard Herriot me fit signe de m'approcher et me demanda de saisir immédiatement la parole. Je vins à la tribune et pris le congrès à revers, parlant dans un vacarme où, au bout d'un moment, les huées ne parvinrent plus à couvrir les applaudissements hésitants des approbateurs encouragés. Faire face résolument à une meute, c'est une attitude qui déclenche aisement des réflexes de sympathie. Le courage solitaire en impose toujours. Il faut bien dire que j'étais le seul orateur capable, dans un tel milieu, de montrer une maîtrise égale à celle du vieux routier que j'affrontais et dont le type personnel d'éloquence était bien accordé au tempérament radical. La force des assaillants ne fut qu'ébranlée, mais cela suffisait à donner, à l'issue du débat décisif, une impression de match nul. Georges Bidault m'en marqua, à diverses reprises, sa satisfaction et, à quelques jours de là, alors que je sortais en sa compagnie et en celle de Petsche du bureau du président Herriot auquel nous avions rendu visite, il me retint devant l'ascenseur et me dit quelques mots rapides, que je ne discernai pas très clairement. Je crus comprendre qu'il me demandait de l'informer de ce qui allait se passer dans une réunion de mon groupe prévue pour l'après-midi.

Le soir, je proposai à Maurice Petsche qui était seul à Paris de venir partager notre repas avenue d'Orsay. Au moment d'entrer, il s'arrêta sur le palier et me dit : « Ce matin, j'ai eu une crise de jalousie lorsque Bidault t'a pris à part ; je lui ai fait cette remarque " Si vous voulez me remplacer, faites-le. " Je crois que je m'étais trompé. » Je fus très touché de cette confession qui était certainement amicale, mais une telle disposition d'esprit était permanente en lui et trouva d'autres occasions de se manifester. En fait, il était moins jaloux de l'influence que je pouvais avoir acquise sur nos présidents Queuille, Bidault ou Pleven — il me l'avoua un jour — qu'il ne l'était de mon talent oratoire. La même considération m'a gêné auprès d'autres hommes politiques. J'exposai à Maurice Petsche que j'enviais moi-même certaines de ses qualités, et que, tout bien pesé, il n'y a pas que des avantages à attendre de ce don équivoque des dieux.

Les derniers mois de notre gestion furent marqués par des épisodes où un observateur informé n'eût pas manqué de discerner un état de tension entre nous. Cependant tel n'était pas réellement le cas et je ne songeais guère à m'offusquer de certaines bizarreries de son comportement. Je n'étais sensible qu'à leurs aspects de comédie, ce qui avait l'avantage de sauvegarder ma sérénité, mais ce qui me conduisit aussi à sous-estimer l'aspect médical de son problème.

Il faut dire ici que Maurice Petsche consacrait à sa santé des soins dont la constance et la minutie donnaient le sentiment d'une marotte, d'autant que, par une sorte de respect humain, il exagérait lui-même ses effets de scène. Il faisait fréquemment des incursions rapides dans une petite pièce aveugle, attenante à son bureau et servant de cabinet de toilette, pour y prendre des fioles variées qu'il lui arrivait d'absorber en reprenant place derrière sa table de travail. Sa conversation était émaillée des récits de ses visites aux médecins, de la description des troubles qu'il éprouvait et de ceux qu'on lui prédisait, de son appréhension que la moindre aggravation de son état valétudinaire le contraignît d'abandonner d'un instant à l'autre le poids de sa charge. Il avait la gentillesse de penser que son successeur ne pourrait être un autre que moi et la loyauté de me prévenir que je trouverais dans cette promotion plus d'accablement que de contentement. « Un jour, tu vas prendre un de ces paquets sur la gueule », était son exorde habituel. En revanche, lorsqu'il fut question, à quelques reprises, de notre départ, et lorsqu'il envisageait un autre remplaçant que moi-même, il employait une image un peu différente : « Je lui prépare, disait-il, un de ces paquets de m... »

Vint une date où on lui recommanda impérativement une période de repos total. Il m'annonça que je devrais assurer son intérim. Je m'y montrai disposé — et incrédule. Progressivement, il diminuait le temps nécessaire pour ce radoub et rapprochait le lieu où il devrait s'y soumettre. Ce fut d'abord le Midi et un mois, puis l'Ile-de-France et trois semaines, enfin, pourquoi pas, la ville de Paris et quinze jours — qui en feraient douze ou dix... Il m'exposa qu'après tout il lui suffirait de changer de cadre, de se soustraire à la pesanteur du décor ministériel, à la sollicitation permanente des besognes. Une maison de santé, comme avait fait André Marie, cela paraissait morose. pourquoi pas un bon hôtel, bien confortable, une belle suite, repos dans son lit, tout le monde aux petits soins pour lui ? J'acquiesçais imperturbablement à ces palinodies successives. Et, après tout, pourquoi cette complication d'un intérim ? On lui porterait le minimum de pièces à signer et il parapherait tranquillement les registres posés sur sa courtepointe. « Et si quelque chose t'embarrasse, ajouta-t-il, tu me téléphones, tu me consultes. Ne crains surtout pas de me déranger ou de me fatiguer. »

Je ne prenais pas au sérieux — je l'ai regretté par la suite — la gravité de son cas et, dans mes conversations familières, je l'appelais Argan. Je décidai donc de lui jouer un tour, d'ailleurs anodin. Je réunissais tous les matins mon équipe pour accumuler les dossiers que nous avions l'habitude de traiter nous-mêmes et sur lesquels nous découvrions soudain que son conseil nous serait indispensable. D'où coup de téléphone, envoi de paperasses... On le sentait tout ragaillardi.

Il parut se rétablir, puis rechuta. Un jour le président Queuille me dit : « Petsche va être obligé de s'arrêter. Vous prendrez sa succession. » Je n'y croyais guère et je me gardai d'y compter ferme. Au surplus, la fin de la législature était proche et un nouveau gouvernement devrait alors être constitué. Peu après, je reçus une lettre personnelle de Maurice Petsche. Il tenait à me faire connaître l'imminence de son départ et il assortissait cette nouvelle d'un commentaire affectueux et nostalgique. Plusieurs jours passèrent et rien ne survint. Un matin, alors que je me trouvais dans son bureau, je m'attendais à une explication de sa part, mais je ne la provoquais pas, il darda son plus noir regard et me dit : « Qu'est-ce que ces bruits que tu fais courir sur ma démission ? » Je fus abasourdi et restai coi. Le soir ou le lendemain, j'étais convié à un grand dîner que Mme Petsche donnait dans son hôtel, avec le faste dont elle avait le goût et le sens. L'heure du cocktail s'écoula lentement, brillante et bruyante. Petsche s'éclipsa avant le repas, il n'aurait pu en supporter la fatigue. Je savais qu'il m'appartiendrait de présider la table des hôtes. Simone Petsche me prit le bras : « Edgar, me dit-elle, vous allez prendre la place de Maurice. » Je répondis : « Enfin ! » Nos voisins sourirent.

CHAPITRE XIV

LA MARNE DU FRANC
LA MORT D'UN SAGE

La campagne électorale, avec son résultat heureux (qui n'avait jamais pour lui suscité le moindre doute) sembla ranimer chez Maurice Petsche la flamme vacillante de la vie. Il disait à qui voulait l'entendre que ces exercices de saine activité, qui l'exposaient au grand air l'avaient reposé et restauré. J'éprouvais quelque doute sur les vertus d'une telle thérapeutique, et, quoique bien éloigné de prévoir le pire qui était proche, je pensais qu'il éprouvait une sensation trompeuse d'entrain, engendrée par l'excitation et l'artifice. Le président de la République se proposait d'appeler un président non encore usé par la charge, et le nom de Maurice Petsche lui vint tout naturellement à l'esprit. On mettait à son actif une réussite financière et économique qui pouvait sans doute se trouver compromise à court terme par le fait des événements extérieurs, mais, de toute façon, si la crise se dessinait, mieux valait avoir affaire à un homme consacré par l'expérience. Petsche s'était fait beaucoup d'amis au Parlement par l'aménité de son caractère, par ses habitudes de tutoiement et d'embrassades, par les invitations dont il était prodigue dans une des demeures les plus cossues de la capitale, enfin par ce sens de la clientèle ou plutôt du patronage qui lui était sans doute naturel et qu'il avait développé et affirmé comme parlementaire d'un département où ces méthodes étaient traditionnellement en honneur.

La grande préoccupation de la rentrée ne se situait plus cette fois dans les problèmes de la monnaie et du Trésor, mais dans la reviviscence de très anciennes disputes concernant l'Education. Les subventions accordées par Vichy et qui, de ce fait, sentaient le soufre, avaient disparu à la Libération et les laïcistes détenaient jusque-là la majorité à l'Assemblée nationale, encore que la position du groupe radical, qui faisait la balance, fût divisée et même douteuse. Récemment, on n'avait pu éviter, sur un vote significatif à l'Assemblée, d' « ouvrir l'enveloppe ». Cette enveloppe, c'était celle qui contenait tous les bulletins des ministres députés, attachés ensemble par un élastique, car il était admis, en règle générale, qu'ils votaient tous de la même manière dans les scrutins publics : pour, contre, ou abstention. Ce n'était cependant pas une obligation. La dernière exception s'était présentée lorsque les ministres communistes avaient voté contre le gouvernement Ramadier, encourant ainsi leur spectaculaire expulsion.

Dans le cas des quelques allégements ou compensations qu'il s'agissait d'accorder aux écoles libres, les positions divergeaient, et il fallut bien permettre à chacun de reprendre ses propres cartons.

Ma tendance d'esprit me portait à envisager ce problème dans une optique libérale en l'épurant des séquelles des préjugés et des conflits de naguère. J'avais trouvé dans un discours de Victor Hugo une citation que j'utilisais pour répondre aux questions dans les réunions : « Ce que nous rejetons, ce n'est pas l'enseignement religieux de l'Eglise, c'est l'enseignement religieux d'un parti. » Mon éducation, mes origines, un grand-père instituteur laïque, d'esprit d'ailleurs non partisan, une mère élevée au couvent, un père qui n'assistait pas à l'office mais qui venait nous attendre le dimanche devant l'église me plaçaient tout naturellement en dehors du conflit confessionnel de l'école tout comme je me trouvais extérieur et « non concerné » à l'égard de la prétendue « lutte des classes ».

Dans la dernière période de la législature, j'avais dû prendre parti sur une question concrète : il s'agissait d'appliquer aux bâtiments des écoles libres, pour certaines réfections, l'exonération fiscale dont bénéficiaient les bâtiments agricoles. Je pris ma décision à partir d'un raisonnement très simple et quelque peu impertinent : peut-on faire moins pour des enfants que pour des cochons ?

L'enseignement privé luttait désormais pour sa survie dans des conditions plus difficiles qu'aux temps héroïques et on ne pouvait plus escamoter ce problème par la célèbre formule de l'abbé Lemire : « Quand on veut être libre, il faut savoir être pauvre. » Ces maximes pour médailles peuvent être aisément retournées selon la conjoncture. Quand on veut être libre, peut-on dire aussi, il ne faut pas être trop pauvre. Cela est vrai également pour les hommes, la tentation peut exister d'échanger la liberté pour la subsistance sans quoi il n'aurait jamais été nécessaire d'interdire le contrat de *commendatio* (1)

(1) Par lequel un homme de naissance libre se place volontairement dans une situation de servitude, en échange de la promesse de son maître d'assurer son entretien.

La question scolaire était ainsi redevenue un thème majeur de campagne électorale. Le R.P.F. d'une part, le M.R.P. et les indépendants d'autre part rivalisaient de zèle auprès d'une clientèle qui constituait leur vivier commun. Une fois le scrutin passé, il fallut bien payer les traites et ces partis se mirent en effet d'accord sur ce problème, alors qu'ils ne pouvaient s'entendre pour gouverner ensemble. Ce fut là le défaut initial de la seconde législature et elle ne s'en délivra jamais. Les socialistes en voulurent au M.R.P. de les avoir contrariés à cette occasion, et ils décidèrent de ne participer à aucun gouvernement. La position ainsi prise fut, en réalité, la cause de la vie toujours difficile de l'Assemblée et de la nécessité où je me trouvai, bien plus tard, de la dissoudre.

Maurice Petsche avait appliqué à ce problème son esprit inventif et sa rouerie financière. Il avait mis au point une formule personnelle sur laquelle il comptait pour réussir dans son entreprise. Il se présentait seul devant l'Assemblée, comme c'était encore la règle, et sa déclaration parut généralement décevante. Il s'affairait dans les couloirs avec son sourire charmeur, ses manières dont la distinction un peu affectée évoquait le Paris boulevardier d'avant l'autre guerre, mais j'apercevais sa tension et je devinais sa fatigue ; pour moi, elle s'expliquait suffisamment par la difficulté de l'épreuve. Mais l'œil exercé du docteur Queuille lui faisait apprécier les choses plus lucidement. Nous nous étions isolés tous les trois, pour quelques instants, dans le cabinet dont dispose à l'Assemblée le président désigné. Henri Queuille était mécontent de la candidature de Petsche, il la jugeait mal venue, elle dérangeait. Et comment pouvait-on briguer une si lourde charge quand on était soi-même dans un si piteux état ? Son regard parcourut de bas en haut et de haut en bas cette grande carcasse déglinguée et se fixa au niveau des genoux, qu'il désigna d'un geste. « Tu es tombé », dit-il simplement et durement. Je remarquai alors que l'étoffe bleu marine, d'un tissu élégant qui flottait sans forme, portait au niveau des rotules deux grandes taches semi-circulaires, d'un blanc crayeux et rebutant. Cette interpellation avait quelque chose de comique, à la manière d'une scene de clowns, si l'on considérait les deux dialoguistes. Henri Queuille lui-même souffrait chroniquement de déséquilibre fonctionnel ; il peinait pour allumer ses cigarettes et il ne pouvait faire un pas sans tâter le sol de sa canne. Mais justement on n'avait pas envie de rire et s'il y avait du comique là-dedans, c'était l'atroce ironie d'Henry Becque qui aurait pu signer la scène. En trois mots Henri Queuille avait dit tout ce qu'il voulait dire et qu'il fallait dire. On peut à la rigueur gouverner la France quand on marche avec une canne, mais pas quand on tombe sur ses genoux. Henri Queuille n'ajouta rien et Maurice Petsche ne répondit pas. Un souffle glacial passa sur notre mutisme, comme un dernier avertissement au bon entendeur.

Ce débat d'investiture fut, dans l'ensemble, morne malgré une intervention cocasse du célèbre Loustanau-Lacau, ancien officier de carrière et résistant du réseau Marie-Madeleine, enfant terrible de l'extrême droite et précurseur du poujadisme. Au fur et à mesure que le temps passait, le scepticisme s'étendait sur les travées. La réplique du président désigné ne fit pas résonner le clairon de la dernière charge. La confiance fut refusée et Pleven commença bientôt une série de longues consultations.

Cette épreuve avait dissipé l'impression fallacieuse de bien-être qui avait soutenu Petsche jusqu'alors et qui l'avait incité à courtiser imprudemment le destin. Il garda la chambre rue de la Faisanderie et devint le sujet central et passif d'une sorte de ballet médico-pharmaceutique. J'allais le voir presque chaque jour en fin d'après-midi et il me faisait servir un porto auprès de son lit. Un jour, j'avisai une soucoupe qui contenait ce qui me parut être des amuse-gueules pour accompagner l'apéritif et je me servis machinalement jusqu'à ce qu'il n'en reste plus : c'étaient de petites parcelles d'une substance inconnue, un peu fade. Petsche sonna et demanda sa viande : c'était l'heure de son frugal repas. Le maître d'hôtel protesta qu'on la lui avait déjà apportée. Petsche s'énerva en répétant qu'il ne la voyait pas : il apparut alors, à ma courte honte, que les amuse-gueules de l'apéritif, c'était bien la viande spécialement préparée pour mon patron et que j'avais englouti son repas avec mon porto.

Le jour où René Pleven devait boucler la liste de ses collaborateurs, Maurice Petsche, sur le mode suppliant où il excellait, m'implora de lui laisser le ministère des Travaux publics vers lequel il n'ignorait pas que se portait ma prédilection. Il savait bien qu'il ne devait pas s'attendre à être maintenu aux Finances et il demeurait réfractaire au poste potiche de ministre d'Etat. Je lui donnai, à contrecœur, ma promesse. Mais lorsque je vis Pleven dans la soirée, et lui fis part de cet entretien, le nouveau président me déclara qu'il n'entendait prendre Maurice Petsche à aucun poste. Il refusa cependant de m'attribuer les Travaux publics et, comme je l'expose d'autre part, il me désigna pour la place Vendôme (1).

L'état de Maurice Petsche empira brusquement, peut-être en relation avec cette déconvenue, mais aussi sous l'effet de la progression interne du mal. Robert Buron et moi découvrîmes avec

(1) Juillet 1951. Cf. chap. XXIV, Le concierge de la colonne Vendôme.

consternation que cette forte intelligence était atteinte d'un trouble cérébral. Il fallait un moment pour s'en rendre compte, car notre ami raisonnait parfaitement sur beaucoup de sujets et, même sur ceux qui déclenchaient ses réactions pathologiques, il s'exprimait avec son habituelle précision de langage, de façon apparemment logique jusqu'à un point de rupture presque imperceptible. Il était obsédé par les hostilités qu'il avait suscitées en s'opposant à l'augmentation des crédits militaires — ce qui était peut-être le mérite essentiel de sa gestion car seule sa fermeté dans ce domaine nous avait permis de maintenir la digue monétaire. Il était convaincu que Jules Moch le poursuivait de sa vindicte et qu'il le faisait espionner. Cela nous parut un peu fort, mais nous suivions encore. La suite nous sidéra. « Il y a une maison en face, nous dit-il en baissant la voix, qui est occupée par des militaires. Ce sont d'habitude des Américains. Mais depuis quelques jours, on y a mis des Français, reconnaissables à leur tenue négligée. »

Buron et moi nous regardions interloqués ; où voulait-il en venir ?

« Hier soir, continua Petsche, je n'étais pas pressé de dormir, et je conversais avec mon médecin, qui passait la nuit dans ma chambre. »

Ce détail, que nous ignorions, nous impressionna. « Je lui exposais, reprit-il, mes idées sur le salaire minimum. Il était très intéressé. Quand j'eus terminé, j'ai entendu soudain, dans le silence, une voix venue d'ailleurs et qui prononçait ces paroles : « Ce Petsche, quand même, comme il parle bien ! »

Maurice Petsche ne précisa pas si son médecin avait ou non entendu la voix et nous ne lui posâmes aucune question. Ainsi donc il croyait que Jules Moch le faisait épier grâce à un dispositif moderne d'écoute à distance, et que l'auditeur, par quelque erreur de manipulation, avait transmis à voix haute ses réflexions personnelles, d'ailleurs élogieuses.

On l'envoya prendre quelque repos en compagnie d'un de ses collaborateurs qui venait de se marier ; on pensait que le voisinage d'un jeune couple lui serait agréable mais bientôt il connut des nuits agitées. Il en vint aux mains avec le malheureux Malécot qui avait beaucoup de peine à calmer sa furie, décuplée, comme c'est de règle, par l'inconscience. Petsche croyait que Jules Moch voulait le faire passer en conseil de guerre. Comme je revenais à Paris, en plein mois d'août, Pleven m'invita à déjeuner à Matignon et me demanda conseil, à la fois à titre personnel et en tant que garde des Sceaux. Nous décidâmes d'atteindre dans la Corrèze où il estivait et en passant par une cabine publique, car il n'avait pas le téléphone dans sa résidence, le docteur Laporte, praticien expérimenté et bougon, que l'on avait pris l'habitude de faire venir chaque fois qu'un homme politique considérable était atteint de quelque malaise. Nous savions que Maurice Petsche lui faisait confiance. Le docteur Laporte accepta de venir à Paris pour prendre la situation en main. La décision fut prise d'installer mon infortuné patron, non pas dans une maison de santé cataloguée comme telle, mais à la clinique des frères de Saint-Jean-de-Dieu, où l'on soigne les maladies des voies urinaires. Ainsi les apparences seraient sauves et on pourrait cependant lui appliquer les traitements psychothérapiques auxquels il ressortissait ; ils se révélèrent tardifs.

J'étais reparti pour le Jura où, peu après, me parvint la nouvelle de sa mort. Il y eut en son honneur trois cérémonies funéraires. La première eut lieu à Paris, dans la cour du Louvre, près de ce ministère qu'il avait tant aimé et si fidèlement servi. René Pleven précédait le cortège, seul, en jaquette, tête nue, et il prononça un discours dont il m'avait demandé de préparer le texte. L'inhumation eut lieu à Briançon, dont Maurice Petsche était le député. Là, la charge me revint de prendre la parole au nom du gouvernement. Enfin, Maurice Petsche avait exprimé, dans son testament, une « dernière volonté » singulière. Il voulait voir creuser son ultime demeure au cœur d'une falaise rocheuse qui montait vers le plateau supérieur et qui composait, avec la campagne environnante, un paysage grandiose. Sa femme Simone prit à cœur de faire exécuter les gros travaux qu'impliquait ce dernier établissement.

Quand le mausolée fut achevé, à quelque dix-huit mois de là, il fallut faire exhumer le défunt afin de le réinhumer à titre définitif. La cérémonie eut lieu en présence d'une compagnie de chasseurs alpins sous les armes.

Ainsi je venais à nouveau ensevelir cet homme dont j'avais connu mieux que quiconque la vitalité prodigieuse. Pour la troisième fois j'avais à composer, pour la deuxième fois à prononcer son éloge funèbre. Je le fis avec concision, avec émotion, celle que je ressentais, celle que je provoquais, mais sans trouver la pointe originale, la leçon significative qui eût couronné la série. Je choisis comme thème dominant la sagesse. Petsche était un sage, qui aurait pu le contester ? Je ne pouvais pas tout dire et je ne pouvais pas penser à voix haute. Ce sage était aussi un homme de passions et celles de l'amour avaient tenu une grande place dans son existence. A deux reprises il les avait portées sous des formes diverses jusqu'à l'hypostase sublime du renoncement. L'acharnement qu'il avait mis, jusqu'au sacrifice, à servir l'Etat n'était peut-être que le substitut admirable et dérisoire d'un autre destin. Avec les yeux de l'esprit, je projetais sur la rocaille, comme un immense *poster*, les traits d'une figure encore si vivante dans mon souvenir. C'est son portrait que Maurice Petsche aurait dû placer sur cette falaise et non pas son tombeau, et si je poussais l'impertinence jusqu'à dessiner des deux côtés de son visage deux lignes de cheveux raides, c'est bien le chef indien, le sage de la tribu, qui nous toisait du haut de ce promontoire. Mais Petsche n'aurait jamais eu la patience de fumer un calumet dans la sérénité de l'âme. Etait-ce la sagesse qui l'avait fait vouloir cette sépulture extravagante ? Etait-ce parce qu'il avait trop sacrifié à la raison que celle-ci l'avait quitté la première ? Les sages aussi peuvent connaître la folie — et en mourir.

CHAPITRE XV

L'ÉQUIPAGE FAIT LE CAPITAINE

C'est un merveilleux agrément — je ne m'en suis jamais lassé — que d'« aller au boulot » dans un palais historique.

L'entrée officielle du secrétariat d'Etat s'ouvrait majestueusement dans la cour du palais du Louvre et faisait un heureux contraste avec l'accès sinistre qui, à partir de la rue de Rivoli, menait au bureau du ministre. Je gravissais avec enthousiasme l'escalier monumental qui forme la principale structure d'un très vaste cube d'espace, et qui fit croire à ma fille Agnès, lorsque, vers sa troisième année, elle y fut conduite, qu'elle était « à Jésus », c'est-à-dire dans une église. J'étais installé dans l'aile la plus proche des Tuileries, qui est à la fois la plus fastueuse et, comme on dit, la moins fonctionnelle. Mon bureau-salon, contrairement à cette sorte de pavillon Baltard où siégeait le ministre, ressemblait plutôt à une bonbonnière. L'objet le plus remarquable était une pendule signée de Boulle. A peine étais-je dans les lieux qu'on vint la prendre pour la faire restaurer. Il y en avait, dit-on, pour trois mois. Je bougonnais, et je supputais que, vu la brièveté des gouvernements de l'époque, peut-être je ne la reverrais jamais. En fait, quand elle revint, j'étais toujours là, et je profitai encore longtemps de sa gracieuse figure, située dans l'angle opposé, et sur laquelle, lorsque je me tenais assis à mon bureau, mon regard se posait naturellement. Cette pendule séduisit Maurice Druon, qui fut de mes premiers visiteurs, et il l'évoqua, ainsi que l'anecdote, dans *les Grandes Familles,* à propos d'un personnage né de son imagination, Simon Lachaume, auquel il faisait accomplir une carrière politique. On pensa même, à cause de Boulle, que j'étais le prototype de ce héros — ce que je démentais vigoureusement. étant donné ses désordres sentimentaux.

Mon bureau donnait, d'un seul côté, sur un petit univers de labeur, avec une pièce de secrétariat, une autre de cabinet. Dans la direction opposée, on débouchait sur les immenses salles de réception du palais, avec des plafonds à une double hauteur d'étage, et dont les parois étaient traversées en longueur par une sorte de triforium creusé de loggias mystérieuses, où l'on avait, pendant la guerre, caché, disait-on, du matériel et même des hommes. Au croisement perpendiculaire des salons et de la salle à manger à dimensions de banquet, se plaçait la saillie d'un belvédère d'où s'ouvrait la plus belle vue de Paris, sur l'enfilade joignant les arcs du Carrousel et de l'Etoile. Cette excroissance pouvait être aménagée en un bureau et Jacques Duhamel s'y installa : il lui fallait cependant faire table nette les jours de grande réception.

La première tâche d'un personnage ministériel à son premier poste consiste à composer un cabinet. C'est pour lui une épreuve décisive. Un homme de grand talent ne peut réussir, en tout cas il ne peut se maintenir longtemps, avec un équipage faiblard. Un esprit médiocre peut monter au firmament s'il est heureux dans ses choix. On peut citer bien des exemples dans un sens ou dans l'autre, voire, pour le même personnage, dans les deux. On ne sait alors si la vérité est dans la première ou dans la deuxième hypostase. Tel est le cas exemplaire et ambivalent d'Antoine Pinay, réduit à une simple figuration dans sa première phase ministérielle à l'Economie, et qui devint, par la suite, le ministre le plus populaire de la IVe République avant Mendès France.

Pour ma part, on peut dire que, dans cet ordre de choses, j'ai les pouces verts. On ne sait pas trop comment cela s'explique, et il doit y avoir une part de chance, puisque, pour ce qui est de la vie ordinaire, je ne suis pas immunisé contre les erreurs de psychologie.

Il n'y a pas dans un cabinet que les grosses têtes porteuses de projets et détentrices des chances d'avenir du patron. Le leader politique commence par avoir auprès de soi des hommes plus modestes, qui se sont attachés les premiers à faciliter son travail et à réchauffer ses ambitions. Tel était le rôle que jouait auprès de moi, depuis quelques années déjà, mon ami Jean Rémond. Issu d'une famille parisienne qui avait donné son nom à une fabrication de tissus (les tissus Rémond), il avait préféré une certaine douceur de vivre aux grandes responsabilités privées ou publiques. Il n'était que moyennement doté en diplômes et il aurait volontiers fait sienne la formule du « gentleman C » (1). Sa silhouette élégante, son caractère doux, sa sensibilité et sa prévenance l'avaient disposé et exposé à de nombreux succès féminins, et même dans sa dernière période et

(1) Un gentleman doit s'en tenir à la note moyenne. La décimologie anglo-saxonne s'exprime par un classement en cinq lettres A, B, C, D, E. Il est déplaisant d'être recalé mais vulgaire d'être dans les premiers.

dans le plus fâcheux état de sa santé, il ne redouta jamais la disette sentimentale. Il aimait les champs de course mais guère le jeu, les générales plus que le théâtre, les restaurants à la mode plus que la chère. Il n'était nullement paresseux mais il ne pouvait s'astreindre à une occupation absorbante, à une spécialisation étroite ; il était administrateur dans une grande imprimerie, poste qui ne l'occupait qu'à temps partiel, bien qu'il s'y rendît très utile. Sa véritable passion, qui l'avait sans doute protégé contre les tentations du *farniente* et du dandysme, était la politique, ou plus exactement la vie autour de la politique, un mode de vie qui permet de voir beaucoup de monde et d'apprendre beaucoup de choses, enfin de servir une cause, et surtout l'homme de cette cause, de s'attacher, de se dévouer à un parti et surtout à un patron. Ainsi avait-il, avant la guerre, tenu à plusieurs reprises le poste de chef de cabinet d'un ministre estimé, Daniel Vincent. Après la Libération, il se trouva dépourvu de contact avec les nouveaux gouvernants, et il se replia sur une base solide mais étroite, le comité radical du XVIIe arrondissement où il habitait. Il avait maintenu la vitalité de cette section grâce à quelque deux cents fidèles qui étaient en même temps ses amis personnels. Son comité avait accueilli et choyé des hommes qui portaient pour leur part les chances du renouvellement et de la relance du grand vieux parti de la place de Valois. Gabriel Cudenet, Paul Laffargue, tous deux très recherchés comme orateurs ambulants, enfin Bernard Lafay, porté par sa réussite aux municipales, s'étaient inscrits dans ce quartier dont ils n'étaient point résidents. C'est Rémond qui organisa pour moi, avec sa clientèle de base, la réunion la plus nombreuse et la plus chaleureuse de ma campagne parisienne. Tout en demeurant très proche de Bernard Lafay qui lui permit plus tard d'être élu conseiller de Paris (et même d'être vice-président), il s'attacha très vite à ma personne.

Cette décision pourrait apparaître rétrospectivement comme le résultat d'un habile calcul, mais la justesse de ses prévisions n'altérait point le caractère spontané de son élan affectif. C'était un être qui aimait aimer. Il me portait un attachement si empressé, si touchant, si démonstratif, que mes autres collaborateurs y trouvaient parfois sujet d'ironie. Il ne manquait jamais de surgir près de moi, dès que je prenais mon pardessus, pour m'aider à en passer les manches, et il avait, comme Maurice Petsche, l'habitude des accolades ! Ces effusions, je l'avoue, m'agaçaient quelquefois, et surtout la manie qu'il avait, comme beaucoup de bavards, de parler longuement sur le pas de la porte, la main sur la poignée, voire de revenir sur ses pas après avoir franchi le seuil. Je supporte difficilement ces rallonges et je fais toujours grand effort, dans de semblables circonstances, pour dissimuler mon enragement, persuadé de n'y point parvenir ; mais une longue expérience m'a appris que les interlocuteurs tenaces ne captent jamais de tels signaux.

La pénurie de voitures particulières sévissait encore, aussi avait-il eu l'idée ingénieuse de louer en permanence, pour toute la demi-journée, les services d'un chauffeur de taxi qui était d'ailleurs communiste et avec qui il pouvait tâter le pouls de l'opinion populaire. De son domicile, il venait régulièrement chez moi, nous faisions un tour d'horizon et il se chargeait d'un certain nombre de démarches ou de missions pour mon service. Il comptait dans son réseau amical plusieurs directeurs de journaux, des magistrats, des hauts fonctionnaires, notamment au ministère des Finances. Il connaissait aussi très bien le parti radical et parvenait souvent, mais pas toujours, à redresser les erreurs que je pouvais commettre par ignorance de ses coutumes ou par esprit de bravade.

Il fut tout heureux de réapparaître en ma compagnie dans ce palais qu'il avait bien connu et où il avait perdu l'espoir de retrouver jamais droit de cité. C'était un homme modeste et discret, il entendait ne gêner en rien ni s'imposer en aucune manière. Il ne demanda pas à figurer sur la liste de *l'Officiel,* car le secrétaire d'Etat ne disposait que d'un faible contingent. Je dus insister pour l'installer dans un bureau suffisamment spacieux, en concordance avec l'incessant tourbillon de ses audiences.

Quant à mon entourage technique, ma première recrue fut Olaf Lecarpentier, qui était un homme de taille gigantesque et de fort belle allure ; au cours de mes voyages à l'étranger, ou même dans des régions où je n'étais pas connu, on le prenait d'ordinaire pour le ministre, et moi pour le chef de cabinet. Affecté jusque-là à la direction du Budget, Lecarpentier disposait d'une expérience et d'une autorité inégalables sur les principaux sujets de ma compétence. Par la suite, il entra au tour extérieur au Conseil d'Etat, et lorsque je devins garde des Sceaux, je le pris comme directeur de cabinet. Plus tard il rejoignit l'équipe d'André Morice, il ne revint pas dans la mienne, et nos relations se détendirent sans nullement se détériorer, car je lui confiai encore une mission en Grèce en 1961. Il termina sa carrière et ses jours comme doyen de la section du contentieux du Conseil d'Etat, poste dans lequel il se trouvait d'autant plus à l'aise que la solennité de son allure et la lenteur martelée de son élocution s'alliaient à merveille à la sagacité de ses avis.

Après quelques jours de réflexion, je pris l'une des décisions les plus heureuses de ma vie, en choisissant comme directeur de mon cabinet Robert Blot, jeune inspecteur des Finances occupant un poste déjà élevé à la direction générale des Impôts, et qui était (et demeure) le gendre de l'avocat général René de Bonnefoy des Aulnais.

J'avais déjà rencontré mon futur directeur de cabinet à deux ou trois reprises, à l'occasion de quelques requêtes que je présentais. Il advint que, sur une question qui me tenait à cœur, il tenta de prendre une position en retrait sur la réponse favorable que Petsche m'avait laissé escompter. Je retournai chez le ministre et l'emportai sur toute la ligne. Loin d'en tenir rancune à Blot, j'avais gardé de cet épisode une impression favorable. J'appréciais sa fermeté, son absence d'esprit courtisan et j'y vis une garantie pour la collaboration qu'il pourrait m'apporter. Ce n'est jamais au directeur de céder ; c'est au ministre. Quelques personnes me déconseillèrent ce choix, car il leur paraissait manquer de brillant ce qui était un fait, mais nullement un défaut, et peut-être un avantage. Robert Blot est le type de ces hommes supérieurement doués, mais qui ne *veulent* pas briller. Si son nom n'est pas aussi connu que celui d'autres membres de mon équipe, Giscard, Duhamel, Soisson, Sudreau, voire Gaillard ou Alliot, c'est parce qu'il n'a été tenté ni par la politique ni par aucun genre de réussite tenant à la publicité. Il considérait avec philosophie les épisodes spectaculaires qui forment la trame de la vie des hommes d'Etat et les bouleversements qui en résultent pour leur entourage. Lorsqu'il m'arriva de quitter l'hôtel Matignon, et qu'il reprit son propre poste, qui ne comportait pas l'usage d'une voiture de fonction, il m'exposa le charme qu'il trouvait à circuler en autobus et à se sentir plus proche ainsi de la quotidienneté de l'humain. Dans les périodes où ses occupations suivaient un rythme sans frénésie, son passe-temps favori consistait à passer la première heure de la matinée à la Bibliothèque nationale, afin de vérifier et de renforcer les assises de sa culture.

Par son apparence physique dépourvue de singularité, Blot aurait pu évoquer le Français moyen qu'a décrit, précisément sous le même patronyme, Pierre Daninos. A cette image neutre répondait un ensemble redoutable de capacités intellectuelles, et une force morale appuyée sur une conviction invulnérable dans son propre système de valeurs. Valeurs inspirées par la spiritualité chrétienne dont il était imbu, par l'impératif de la vie familiale — il était déjà père de deux enfants et le compte s'élève aujourd'hui à sept — par son aversion à l'égard de tout ce qui peut évoquer la combine, la débrouillardise. Cette analyse serait incomplète si l'on n'y ajoutait la véritable dévotion qu'il portait à l'entreprise administrative en général, et à l'administration des Finances en particulier.

Je crois que je n'ai vraiment découvert Robert Blot qu'à l'occasion d'une sorte de scène qu'il me fit — le mot est sans doute trop gros, mettons une « sortie » — avec une vivacité de ton qui n'était pas dans ses habitudes. Je le taquinais parfois sur l'extrême minutie qu'il apportait aux nominations dans les postes qui venaient à se trouver vacants, et je pense que, ce jour-là, j'avais montré quelque agacement des difficultés qu'il soulevait à l'égard d'un candidat qui m'était vivement recommandé par des amis politiques. Il se porta soudain en contre-offensive. « Vous vous moquez de moi, monsieur le ministre, me dit-il, parce que vous trouvez que j'accorde trop d'importance aux problèmes de personnel. Eh bien, vous avez tort, monsieur le ministre, et c'est moi qui ai raison. Il est essentiel que notre administration, l'administration des Finances, demeure ce qu'elle a été jusqu'ici : un véritable corps, de qualité parfaite dans son ensemble, animé d'un certain esprit, et, en quelque sorte, toujours réconcilié avec lui-même. Regardez le spectacle qu'offrent ces administrations nouvelles telles que... Les nominations sont intervenues sans règle stricte, au hasard des coteries, des clans politiques qui se sont succédé. Le résultat est édifiant. Ici, chez nous, chaque promotion doit être bien accueillie par l'ensemble des fonctionnaires. Elle doit avoir sa justification propre, laquelle peut être due à des références variées. Cela peut être l'ancienneté, devant laquelle on s'incline, cela peut être le mérite personnel, qui se fait reconnaître et respecter, telle circonstance particulière, par exemple, voyez M. X... qui avait sacrifié ses vacances pour terminer son rapport, ce qu'il faut, en un mot, c'est le *consensus*.

— Vous avez raison, monsieur Blot, lui dis-je, c'est moi qui avais tort, et, désormais, je ne me moquerai plus de vous. »

Désireux de le récompenser, je lui proposai un jour une nomination exceptionnelle dans la Légion d'honneur. Il m'indiqua que deux autres personnes devaient normalement passer avant lui et qu'il préférait attendre son tour. Une autre fois, je voulus l'élever au poste supérieur dans sa direction : « Cela me serait, bien sûr, agréable, me dit-il, et il n'y aurait rien de choquant à cela. Mais si je passe au nº 2, c'est M. X... qui viendra me succéder au nº 3 que j'occupe aujourd'hui ; or, dans ce poste précisément, ce collègue, qui est de haute qualité, peut se révéler dangereux en raison de l'esprit mathématique et, sans doute involontairement, répressif qu'il apporte dans ses vues sur la fiscalité. » Ce mouvement finit par avoir lieu, et l'inconvénient que craignait Robert Blot se matérialisa en effet, en conjonction avec un ensemble de circonstances qui furent à l'origine du mouvement poujadiste.

Grâce, sans doute, à cette psychologie et à cette méthode, il bénéficiait auprès de tous les services d'un capital inentamable d'estime et de confiance. C'est là un point dont un ministre doit toujours se préoccuper. Il y a, dans chaque département, au moins un fonctionnaire qui possède cette sorte d'aura, d'état de grâce. S'il n'y en a qu'un, et c'est le cas le plus fréquent, il faut donc se l'attacher, soit comme directeur, soit en tout cas comme un collaborateur de premier rang. Maurice Petsche le comprit bien, qui me demanda avec insistance, en roulant ses bons yeux d'enfant gâté, de lui « prêter » M. Blot, ce que nous réussîmes, Blot et moi, parfaitement d'accord là-dessus, à éluder.

Quand le directeur a la confiance des services, m expliqua Blot un jour que nous parlions librement de ces sujets, tous les dossiers viennent au cabinet naturellement. Sinon ils restent dans les directions.

L'habitude était prise. Chaque jour à la fin de l'après-midi, d'abord au secrétariat d Etat, puis, ce qui était plus important encore, lorsque je fus ministre, l'un ou l'autre des directeurs venait s'entretenir avec Blot, parfois même deux ou trois ensemble et, lorsque mon dernier visiteur était parti, l'entretien se poursuivait dans mon propre bureau, devant un verre.

Le mécanisme de ma stratégie consistait d'abord à me faire une opinion sur un sujet. Après avoir, le cas échéant, reçu tous les rapports, dénombré toutes les suggestions, écouté et conféré, je parvenais souvent à une conclusion personnelle, inattendue des fonctionnaires. Alors commençait la seconde phase des opérations : il me fallait persuader Blot de la justesse de ma proposition, à laquelle il opposait presque toujours un réflexe hostile ou réticent, me prévenant ainsi de toutes les difficultés auxquelles je me heurterais. Si je voulais imposer ma solution, il me fallait souvent plusieurs jours pour le convaincre ou pour qu'il en vienne à me proposer quelque chose de plus ou moins différent mais qui me convenait aussi. C'est ce que je souhaitais d'ailleurs. Quand nous étions d'accord, mon rôle était terminé. Blot se chargeait de faire « suivre » l'administration. Je ne m'occupais plus que de l'extérieur : mes collègues, le Parlement, etc. Le résultat des réformes entreprises dans ces conditions a toujours été satisfaisant.

Je traitais en tête à tête avec Blot les grands problèmes financiers, mais le dialogue s'élargissait à Lecarpentier pour le budget et, un peu plus tard, Jacques Duhamel vint s'y joindre pour les secteurs économiques. Ma vie devenait dès lors plus facile, je pouvais consacrer plus de temps aux entretiens (si instructifs pour un ministre), beaucoup moins à l'étude des dossiers et à l'élaboration des notes. Blot et Duhamel adoptaient généralement, au départ, des positions diamétralement opposées : l'un tout technique, l'autre tout politique. L'un orthodoxe par réflexe, l'autre novateur par système. L'un s'efforçant à toujours paraître « de gauche », l'autre se méfiant plutôt de ce préjugé à la mode. Je les priais alors de se mettre d'accord entre eux et de m'apporter une solution concertée. Ils y parvenaient toujours et, dans ce cas, je n'avais plus aucun souci à me faire car le texte qu'ils établissaient en commun était imparable. J'aurais pu me dispenser de le lire si je n'avais été presque toujours dans l'obligation de le plaider.

J'avais fait la connaissance de Jacques Duhamel, deux ans auparavant, par l'intermédiaire d'Henri Monneray, mon excellent assistant de Nuremberg (Henri Monneray aurait d'ailleurs été pour moi un collaborateur très précieux au ministère mais il avait choisi, sur mon conseil, la profession d'avocat et je ne pouvais lui demander de sacrifier un cabinet déjà prospère). Jacques Duhamel m'avait justement proposé de faire un exposé sur le procès de Nuremberg devant un groupe de jeunes radicaux dont il s'était institué l'animateur : on devine que ce n'était pas une formation de masse. Je ne l'avais plus vu depuis, jusqu'à une soirée qui prit date peu de jours avant ma désignation. Des amis, non pas très proches d'ailleurs, mais très attachants, M. et Mme Loste, qui dirigeaient un magazine automobile et habitaient un appartement prenant vue sur le jardin du Palais-Royal, nous avaient conviés, Lucie et moi, à un dîner où ne figuraient, en sus de nos deux couples, que trois invités ; l'un était Jacques Duhamel, les autres Jean de Broglie et Valéry Giscard d'Estaing, tous trois frais émoulus de l'E.N.A., tous trois promis à de hautes carrières. Deux furent mes collaborateurs.

Dès le soir de ma nomination, comme nous parlions de l'équipe à constituer, Lucie me dit : « Je penserais bien à quelqu'un. » Je l'interrompis : « Je parie que c'est à Duhamel. » Je le convoquai aussitôt.

A la différence de ses deux camarades, Jacques Duhamel, sorti major de l'E.N.A., était entré non à l'inspection, mais au Conseil d'Etat. L'inspection lui avait fait, me dit-on par la suite, une absurde chicane, au motif qu'il était entré dans la salle de concours en gardant sa serviette à la main, ce qui évidemment ne pouvait être qu'inadvertance. L'incident avait fait long feu mais, par réaction d'amour-propre, il s'était piqué au vif et avait choisi l'auditorat du Conseil, qui est tenu pour équivalent. Les règlements faisaient objection, vu son absence d'ancienneté, à son détachement dans un cabinet : il en est de même pour l'inspection. Ces tout jeunes lauréats doivent, à tout prix, faire d'abord quatre ans dans les travaux de post-apprentissage qui leur sont spécialement destinés.

Je rencontrai la même difficulté lorsque je recrutai en 1953 Valéry Giscard d'Estaing ; je la surmontai alors aisément, puisque le service de l'inspection dépendait de mon propre commandement (1).

(1) Il est absurde d'appliquer cette règle de façon stricte, comme certains le préconisent. Un débutant peut être plus sérieux qu'un praticien chevronné. Dans l'autre sens, la participation à un cabinet est une excellente formation.

Jacques Duhamel était un garçon de belle prestance, avec un masque léonin sous une chevelure touffue relevée drue au-dessus du front. Il était habile à tous les sports, à tous les jeux, à tous les travaux. A vingt-quatre ans, il portait la Légion d'honneur qui lui avait été décernée au titre de la Résistance. Il appartenait alors au parti radical, mais il n'y milita guère par la suite, et trouva son climat naturel dans les formations centristes issues du M.R.P.

Dans mon premier équipage, je revois aussi Pierre Prost, trésorier-payeur général, originaire du Jura, qui m'accompagnait dans le département. tenait des permanences et me représentait dans les banquets où il lui arrivait de pousser la chansonnette. Il était maire de Brunoy et devint sénateur de la Seine. Comme tous les Prost du Jura, il s'enorgueillissait d'être un descendant du célèbre capitaine Lacuzon (dont le nom veut dire le souci), chef de la Résistance franc-comtoise en trio avec le colonel Varroz et le curé Marquis (1).

J'avais pris comme chef de mon secrétariat particulier le sous-préfet de Dole. Henri Mayer, cousin par alliance de mon épouse, dont la gentillesse avait égayé ma campagne électorale et les débuts de ma vie parlementaire ; alors que le préfet Lhuillier, militant sectaire, m'entrebâillait tout au plus les portes de la préfecture de Lons, nous étions reçus à bras ouverts à la sous-préfecture de Dole où Henri Mayer et sa femme sortaient pour nous le pastis, obtenu en confiance chez le pharmacien radical-gaulliste. La sous-préfète était alors âgée de dix-sept ans, son mari l'avait inscrite au lycée, ce qui avait fait sensation, mais il n'avait pas osé l'y laisser lorsqu'elle fut enceinte : quoi de plus convenable pourtant ? Radical herriotiste, Henri Mayer avait une sœur militante communiste et il évolua peu à peu, à la manière du petit groupe des progressistes, vers le parti. Sa carrière s'en trouva ralentie et il quitta l'administration pour prendre un poste important dans une affaire de famille, absorbée depuis par une multinationale. Il put ainsi s'affirmer officiellement communiste quand il devint un agent du capitalisme. Il porte aujourd'hui une barbe de patriarche, et il fait profession d'être toujours stalinien, cas assez rare pour être noté.

Sylvain Bonnaure, que je connaissais par relations audoises, appartenait au corps des douanes où il avait pris récemment la fonction de chef du service de la répression. Il m'accompagnait souvent dans le Jura et s'était fait de bons amis à Saint-Claude. Il s'efforçait d'acquérir cette sorte d'aisance familière que l'on appelle « bonnes manières électorales », mais il y parvenait avec peine. Un de nos solliciteurs lui dit un jour : « C'est curieux, monsieur

(1) Plus tard, et pendant de longues années, ce fut mon fidèle attaché, Robert Cravilly, qui fut mon accompagnateur habituel.

Bonnaure, quand vous nous accordez quelque chose, on s'en va tout nerveux, comme si vous aviez refusé. Au contraire, quand c'est M. Faure et qu'il refuse, on sort tout content, comme s'il l'avait accordé. » Il se lia plus tard de grande amitié avec Raymond Villadier, auquel on avait donné le titre ronflant de « président du comité financier d'E.D.F. ». C'était un financier imaginatif, on lui était redevable de certaines formules ingénieuses d'emprunt. On disait, à cette occasion, qu'il s'enfermait à double tour dans le « salon vert » du ministère, afin d'éviter d'être troublé dans son effort de concentration. Certains suggéraient malicieusement qu'« on » l'y enfermait car on se méfiait de sa tendance au bavardage. Bonnaure et Villadier devinrent inséparables. Ils m'étaient dévoués et conspiraient inlassablement pour mon succès.

Je voudrais encore nommer ici Jacques Delmas, inspecteur des Finances, homme d'une extrême discrétion, et qui détenait à mes yeux une qualité précieuse : son style ressemblait au mien à s'y méprendre. Je lui confiai, à une certaine époque, la mission de préparer une brochure destinée à faire comprendre aux Français ce que c'était que le budget, en utilisant, avec un texte court, des images, des figurations et des graphiques. Ce fut un succès (1).

J'aimerais ici évoquer tous les visages, énoncer tous les noms. Ce serait alourdir cet ouvrage (2). Disons encore que, sur tous mes équipages, dans tous les bureaux où se disposaient, au gré de mes postes successifs, « les hommes de la route », de ma route, un sourire a flotté, un nom a résonné, comme le mot de la tribu, le sourire et le nom de ma première et perpétuelle collaboratrice, Mlle Simon. Jamais en colère, jamais indifférente, rarement prise en défaut et, dans ce cas-là, ayant la bonne grâce de ne jamais le reconnaître : Madeleine.

(1) Plus tard, je conseillai à Robert Boulin de renouveler cette tentative et de la moderniser en tirant parti des techniques modernes, films, diapositives, qui permettent d'obtenir une meilleure compréhension et d'atteindre un public beaucoup plus étendu. J'avais été frappé par une démonstration remarquable faite, à l'occasion de son assemblée annuelle tenue à Dijon, par une grande fédération régionale de la Mutualité agricole. Le ministère des Finances accepta ma suggestion et une avant-présentation du budjet de l'exercice 1978 fut offerte aux députés dans la grande salle du 101, avec un succès mitigé. L'éducation économique des Français est encore à faire.

(2) Je mentionne néanmoins Pierre Dehaye, collaborateur de classe exceptionnelle, mais qui ne travailla près de moi que dans la période suivante. Il devint ultérieurement directeur des Monnaies ; il est membre de l'Institut.

CHAPITRE XVI

LE PIED A L'ETRIER

Les bons avocats font les bons ministres aux Finances.

La tâche minimale et spécifique du secrétaire d'Etat au Budget est double. Dans un premier temps, il s'affaire à discuter (et si possible à régler) le budget de chaque département avec les ministres dits dépensiers ; ensuite il lui appartient de soutenir devant le Parlement les comptes ainsi arrêtés et qui sont retracés dans ce qu'on appelle les *bleus* de la loi de Finances. J'étais parfaitement adapté à l'un et l'autre de ces exercices de par ma formation professionnelle. Les parlementaires avocats sont, sous réserve de leurs qualités personnelles, bien préparés aux responsabilités budgétaires puisqu'ils sont familiers de la transaction et de la plaidoirie.

D'une façon générale, on remarque que les meilleurs ministres des Finances sont issus, soit du barreau, soit de secteurs professionnels qui favorisent les compétences générales, et que les moins bons sont les spécialistes de l'économie ou des finances (publiques). Une connaissance trop approfondie de la technique perturbe le maniement du jugement politique qui doit s'exercer *à partir* de l'inventaire des données disponibles et non pas dans l'optique qui préside à leur détermination. Selon l'excellente formule de Pierre Massé, l'homme de la décision ne doit pas se confondre avec *l'homme de l'aide à la décision.* Ces deux fonctions doivent être aussi nettement distinguées que celles de l'*ordonnateur et du comptable.*

Selon une règle immuable, tous les ministres, fussent-ils les plus considérables par l'autorité personnelle ou par le rang protocolaire, se déplacent pour se rendre en personne rue de Rivoli, afin d'y rencontrer le ministre du Budget ou même un simple secrétaire d'Etat. Ce sont des séances très intéressantes que ces discussions budgétaires, non seulement pour les conclusions qu'elles permettent de dégager, mais aussi par la formation qu'elles procurent : j'y ai appris beaucoup de choses. Quand je disais cela à François Didier Gregh, directeur du Budget, il s'exclamait et s'esclaffait : « Mais, Edgar, vous n'êtes pas ici pour vous instruire ! » Il me paraît au contraire fort heureux que, tout en gérant de la meilleure manière le poste dont il a la charge, l'homme d'Etat puisse enrichir sa propre expérience et apprendre le meilleur usage de ses qualités naturelles.

Le travail était mâché à l'avance par les fonctionnaires des deux ministères en présence, puis remâché par le directeur du Budget lui-même, et le dossier se trouvait dès lors ramené à un nombre limité de décisions sur les points où aucun accord n'avait pu intervenir aux échelons antérieurs. Cela ne veut pas dire que l'affaire était simple ou que les séances étaient brèves car les chapitres réservés étaient naturellement les plus épineux. Il se trouvait d'autre part que certains ministres entendaient poursuivre eux-mêmes la discussion sur tous les sujets et directement avec moi : ce fut le cas de Pierre-Olivier Lapie, quand il était à l'Education nationale ; nous passâmes plusieurs journées ensemble. D'autres étaient particulièrement longs : tel était le cas exemplaire de mon grand ami Pierre Pflimlin, qui avait l'habitude de reprendre chaque sujet depuis l'origine sans faire grâce d'aucun détail tant qu'on ne lui donnait pas satisfaction. Il faut reconnaître que cette méthode lui a permis d'obtenir des résultats très appréciables, et que ce n'était pas un artifice de sa part car il était capable d'aller jusqu'à la rupture sur les sujets qui lui tenaient à cœur : c'est ainsi qu'il donna sa démission à propos du prix de la betterave.

Lorsque j'abordais avec lui l'examen de son budget, qui était celui de l'agriculture, mon secrétariat faisait savoir chez moi qu'aucune prévision n'était assurée quant aux heures probables des repas. Quand on annonçait : « C'est M. Pflimlin qui vient aujourd'hui » tout était entendu.

J'avais rapidement mis au point une méthode d'une simplicité élémentaire et qui m'a rendu les plus grands services. C'était tout simplement d'établir une hiérarchie entre les sujets de discussion selon l'importance respective des crédits en cause. La direction du Budget a contracté l'habitude, certains disent la manie, de ne pas se limiter à contrôler le montant de la dépense mais de s'immiscer dans son emploi. Etant donné la compétence de ses agents, je ne puis dire que l'intérêt général n'y trouve pas son profit. Cependant, est-ce une bonne méthode de traiter tous les autres ministères comme des fiefs servants ? Ne prend-on pas le risque de diluer chez eux le sens des responsabilités ou d'endormir leur esprit d'initiative ? « Les Finances n'accepteront pas »... « Allez voir les Finances »... tel est le leitmotiv qui berce la tentation de l'inertie.

Quant à moi, j'avais résolu d'être simpliste : ce qui importait c'était la ligne au-dessous de l'addition. Après quoi je ferais l'addition de toutes les additions et je m'en irais chez Petsche calculer le solde dont nous déduirions la fameuse impasse.

L'horloge pointeuse de Jules Moch.

Dès lors je choisissais, dans les fiches des demandes rejetées, celles qui coûtaient le moins cher et qui étaient, le plus souvent, celles auxquelles mon client du jour tenait le plus. Je prenais un air rêveur : « Il faut bien dire que cette idée, quand même, est intéressante, cela pourrait être l'embryon d'une réforme importante; il me semble que, à titre expérimental... » L'atmosphère ne tardait pas à s'alléger. Ainsi je me tirai à assez bon compte du budget de M. Jules Moch — l'un et l'autre attendus avec terreur par mes budgétistes — en lui accordant d'emblée un petit crédit affecté à l'acquisition d'une horloge pointeuse pour la place Beauvau.

Lorsque l'accord apparaissait impossible entre les deux ministres, il fallait monter à l'arbitrage du président du Conseil qui les faisait venir auprès de lui et tranchait le litige en dernier ressort. Je n'ai recouru à cette procédure qu'assez rarement. Lorsque le ministre chargé du Budget est à la hauteur, le président arbitre le plus souvent en sa faveur sauf à apporter quelques bribes de consolation ultérieure au ministre dépensier : tel est aussi parfois le but réel de l'opération pour celui-ci, démontrer et se démontrer qu'il a tenu jusqu'au bout et qu'il a encore obtenu un rabiot. Certains présidents n'aiment pas ce genre de séances et délèguent leur pouvoir de judicature à leur collaborateur le plus autorisé, mais l'autorité du substitut est moins aisément reconnue et les litiges peuvent alors rebondir.

Enfin, lorsque l'ensemble est bouclé, le secrétaire d'Etat aborde sa période d'activité la plus ingrate car il va défendre devant les deux Assemblées le budget de chaque département au côté du ministre titulaire. Celui-ci ne tient pas à encourir l'opprobre des députés et sénateurs qui multiplient amendements et réclamations tendant indirectement à augmenter les dépenses. Le ministre écoute avec une délectation mal dissimulée ces propos qu'il approuve en lui-même. Il répond avec un embarras qui déguise mal sa connivence, puis il rappelle les impératifs de l'équilibre et il refile en soupirant le mistrigri à son impitoyable collègue.

Alors le *financier* se lève et le plus souvent, après quelques circonlocutions et précautions oratoires, il abat le couperet. C'était a l'époque un certain article 40 ainsi désigné d'après son numéro dans la loi dite des *maxima.* Ladite loi elle-même était une structure budgétaire qui avait été imaginée par Maurice Petsche et qui fixait une fois pour toutes les masses budgétaires a ne pas dépasser. Comme ce texte n'avait pas un caractère constitutionnel, il n'aurait pas été impossible à nos parlementaires de donner a leurs amendements un libellé commençant par ces mots : « Par dérogation à la loi des maxima... » — et l'affaire aurait été délicate. Personne n'y pensa.

Depuis la Ve République, on dispose de mécanismes beaucoup plus perfectionnés pour couper court à tout incident. Sous la IVe, il devenait parfois physiquement pénible d'accumuler les rebuffades, on sentait s'opérer dans l'atmosphère une sorte de condensation de haine, qui aurait pu exploser en quelque incident imprévisible et, pour cette raison, peut-être insurmontable. Un jour, Le Troquer, perspicace et prévenant à son ordinaire, me fit monter auprès de son fauteuil et me recommanda de modifier mon style, car il sentait du péril dans l'air. Je finis par laisser passer deux ou trois propositions parfaitement irrecevables, en choisissant les plus anodines.

Le fair-play de Gaston Defferre.

Un seul ministre, un seul, tint à adopter, lors de l'appel de son budget, une attitude différente de celle à laquelle ses collègues m'avaient habitué. Ce fut Gaston Defferre, alors chargé de la Marine marchande. Au moment où je prenais contact avec lui pour fixer notre rendez-vous, qui devait avoir lieu lors de la séance du soir, il me répondit tout à trac : « Mais je n'ai pas besoin de toi, Edgar. Ce n'est pas la peine de te déranger et de te fatiguer. Je ferai bien l'affaire tout seul. » Je fus interloqué et pris d'inquiétude : « Mais, fis-je, les amendements... — Eh bien, je les écarterai, et j'opposerai, toutes les fois qu'il le faudra, l'article 40. Du moment que j'ai accepté ce budget, il va de soi que je le défendrai. » Chapeau !

En sus de mes attributions déléguées, Maurice Petsche me confiait, pendant mon premier séjour rue de Rivoli, soit occasionnellement, soit de façon permanente, d'autres occupations : ainsi la présidence de la Commission des investissements qui me donnait une perception vivante et régulière de l'évolution économique. Mon patron m'associa toujours étroitement à l'établissement du « modèle » budgétaire, lequel couvrait, de par le mécanisme de l'impasse, la totalité des engagements et des interventions de la puissance publique.

Supprimer le Ravitaillement...

J'étais arrivé en portant dans ma besace quelques projets personnels qui me tenaient à cœur et que je m'employais à faire aboutir. Je commençai ma carrière ministérielle par un coup d'éclat qui était aussi une bévue mais qui se termina bien.

Le parti radical, au temps du tripartisme, avait cherché son affirmation et assuré son originalité dans la dénonciation du dirigisme, la lutte contre les empiétements, les incessantes contraintes et l'hypertrophie monstrueuse de l'Etat-Léviathan. Notre cible favorite était l'administration du Ravitaillement, dont il était aisé de relever, sur le plan local, les déformations bureaucratiques et l'absurdité parfois kafkaïenne. Le ministère portant ce nom était pour nous à la fois le symbole et la citadelle de cet univers socialisant dont nous voulions dégager la nouvelle République.

Le président Queuille ne pouvait être tenu pour un fanatique du dirigisme. C'était un homme prudent, qui tenait compte des susceptibilités et des préjugés, et aussi des problèmes que poserait la situation des fonctionnaires à désaffecter, des criailleries socialistes et M.R.P., voire des habitudes prises par certains milieux d'affaires qui s'accommodaient assez bien du système vichyssois des comités d'organisation et de leurs séquelles. Il n'était point pour autant un adepte de la célèbre formule : « D'abord, continuer les abus. » Ainsi s'était-il habilement abstenu de désigner un ministre du Ravitaillement, qui aurait pu céder à la tentation de survivre, voire de renforcer son appareil ; et il avait confié la direction de ce département, sous la vague dénomination de haut-commissaire, à un de ses vieux compagnons, le conseiller d'Etat Brasard. Les deux compères se proposaient visiblement de conduire ce ministère grabataire à sa disparition par les étapes d'une lente euthanasie.

Le dimanche qui suivit immédiatement mon installation, je me trouvais à Lons-le-Saunier, pour une réunion, fixée précédemment, de la Fédération radicale, où affluèrent en dehors des militants et de mes amis personnels, bon nombre de sympathisants nouveaux, séduits par l'heureux développement de ma carrière. Je me souviens que j'avais gardé mon imperméable, car, malgré la chaleur de l'accueil qui m'était réservé, il faisait « cru » dans la salle de *l'Excelsior.* Le maire de Lons-le-Saunier, Paul Seguin, prit le premier la parole, et quand, après m'avoir congratulé, il évoqua la tâche qui m'attendait, il en vint naturellement au thème inévitable de la critique du Ravitaillement, qui était devenu pour l'éloquence radicale quelque chose comme la *convitio in saeculum* de l'éloquence ecclésiastique. C'était le matin, nous n'avions pas encore trinqué, ni à l'arbois ni au sauvignon, et je ne pouvais être grisé que par les louanges. Je ne résistai cependant pas à l'impulsion qui me prit de me lever, de venir auprès de l'orateur et de l'interrompre pour dire : « Je n'ai point abandonné mes convictions, et maintenant que je suis membre du gouvernement, je puis vous assurer que le ministère du Ravitaillement sera supprimé. » Je fus applaudi, acclamé autant que le tempérament jurassien permet d'employer ce terme. Seul Edmond Duhem, le grand ponte de l'épicerie en gros sur le plan national (célèbre pour son extraordinaire ressemblance avec le maréchal Pétain), au demeurant un de mes plus fidèles soutiens, ressentit de l'inquiétude : « J'ai failli, me dit-il, vous retenir par la manche quand je vous ai vu bondir. » J'avais parlé avec la spontanéité dont j'usais en présence de mes électeurs, je n'avais pas pensé à l'immense publicité qui attendait le moindre propos d'un ministre, dès l'instant que l'on y trouvait le grain du sensationnel. Les agences bourdonnèrent et la presse du lundi matin titra sur ma déclaration. Je me rendis assez penaud chez le président Queuille, qui, de lui-même avait fait passer un communiqué lénifiant. Je bénéficiai de son indulgence ; il me pria d'aller voir Brasart qui avait pu être heurté et auquel je n'avais pas pensé, ni sur l'instant ni depuis. (Je dois confesser ici que c'est sans doute l'un de mes défauts que de négliger ainsi certaines possibilités de réactions humaines ; ce serait une erreur d'y voir une marque d'arrogance ou de mépris ; je me laisse emporter par la rapidité de l'assaut et ne regarde pas dans toutes les directions.) Homme de vaste expérience et de caractère rassis, genre bourru bienfaisant, le conseiller d'Etat m'accueillit sans humeur et ne me garda point rancune. En fait je crois que le président Queuille n'était pas réellement fâché de mon esclandre, car il en profita pour accélérer certaines mesures évolutives qu'il avait dans l'esprit ; ainsi fit-il passer — passez muscade ! — le haut-commissaire sous la coupe du ministre de l'Agriculture, en même temps qu'était annoncée la suppression prochaine de certains services.

Le marron d'embuscade...

Malgré cette leçon, je mis encore un peu trop de fougue dans l'accomplissement d'une mesure à laquelle je tenais, et qui était l'octroi d'une prime de risque pour les douaniers. Le risque existe certainement dans cette carrière et, surtout, c'était une manière d'améliorer un peu la situation de ce corps de fonctionnaires méritants et sympathiques. Je connaissais beaucoup de douaniers du fait que le Jura est un département frontalier, comme le Doubs d'ailleurs et j'eus l'occasion à diverses reprises d'inaugurer des installations, notamment l'école des douanes à Neuilly et l'école de ski pour les douaniers aux Rousses. Le directeur général Degoix m'avait fait cadeau, à titre honorifique, de ce totem qu'on appelle *le marron d'embuscade.* Ce n'est pas un simple marron tombé d'un marronnier, mais un marron artificiel. Le douanier qui dort en embuscade à son tour de roulement doit tenir cet objet enfermé dans sa main, les doigts repliés. Si un supérieur vient à passer, il peut ainsi s'assurer que le dormeur est en règle, car il n'existe qu'un seul marron (sinon chacun des deux ou trois apostés pourrait répondre que c'était son tour de repos).

J'établis donc mon projet, le fis avaliser par Petsche puis inscrire au Conseil des ministres, sans m'assurer de l'accord du secrétaire d'Etat à la fonction publique, un socialiste corse du nom de Biondi, avec lequel j'entretenais d'ailleurs des relations amicales, car il était député-maire de Creil, et la ville de Creil était propriétaire du préventorium situé à Port-Lesney. Biondi marqua sur-le-champ son opposition. La discussion s'engagea directement entre nous et je le tutoyai comme j'en avais l'habitude. On me fit ensuite remarquer que cette familiarité n'est pas d'usage dans les conseils où il convient de s'exprimer cérémonieusement à la troisième personne, le « vous » pouvant cependant être toléré dans l'animation du débat. En définitive, j'obtins gain de cause pour mes douaniers. La méthode offensive n'est donc pas toujours la moins bonne, comme le montrait aussi dans une certaine mesure mon faux départ sur le Ravitaillement.

CHAPITRE XVII

L'IMMOBILISME DU COUREUR DE FOND

Quatre-vingt-trois milliards, virgule un million.

A mon retour des vacances de Pâques 1949, Maurice Petsche m'accueillit avec cet air de goguenardise appuyée qui cachait toujours chez lui quelque révélation à distiller. « Ainsi tu folâtrais, me dit-il, et moi, pendant ce temps, que faisais-je ? Je travaillais, je refaisais mes additions. Et sais-tu ce qui nous arrive ? » Il brandit un de ces bouts de papier sans lesquels on eût dit qu'il était incapable de retenir même un chiffre rond. « Il nous manque 83 milliards, me lança-t-il. Voilà la noire vérité, voici la catastrophe qui nous guette, 83 milliards... » Il marqua une pause, leva vers le ciel des yeux inspirés, me toisa comme si je venais de signer un chèque sans provision et laissa tomber : « virgule, un ».

Je ne me sentais guère porté à me tordre les mains, à me lacérer la poitrine, ni à m'arracher les cheveux (car j'en avais encore !).

« Comment cela s'explique-t-il ? » dis-je mollement. Son regard se fit, me sembla-t-il, plus noir que l'encre... de Chine.

« Ah oui, ânonna-t-il en m'imitant, comment cela s'explique-t-il ? comment cela s'est-il produit ? » Et il se mit à fredonner un air que je connaissais bien comme le refrain d'une ancienne plaidoirie (1) : « Expliquez-moi, cocher fidèle... »

Je rétorquai que je n'avais pas contribué à l'élaboration du premier budget et que, par conséquent, mon ingénuité était « excusable », au sens fort du terme, bien entendu.

Il me fit refaire les comptes avec lui. Il y avait des dépassements partout, mais particulièrement pour les crédits militaires, qui

(1) J'avais plaidé pour Ray Ventura un référé relatif à la chanson : « Tout va tres bien, Madame la marquise !... »

d'ailleurs n'étaient pas encore votés et prospéraient sous le régime du douzième provisoire, et aussi le déficit supplémentaire de la S.N.C.F. « J'ai décide, ajouta-t-il dans un souffle, comme s'il n'osait pas proférer un aveu aussi pitoyable, de ne pas inscrire le Gaz... » Il me sembla humer vingt milliards qui se volatilisaient dans l'atmosphère.

« Ne serait-il pas plus simple, hasardai-je, de laisser les choses comme cela ? » Après tout... Et je crois bien avoir énoncé ce matin-là, pour la première fois, ma maxime favorite : « On apprécie l'équilibre d'un budget, non pas à l'entrée, mais à la sortie. »

On boucla un compte d'économies, tant sur le budget militaire (plutôt un peu plus) que sur les budgets civils. Mais Maurice Petsche tenait absolument à aligner pour un peu plus de la moitié, un nouveau train de recettes, et c'est là que je craignais la réaction des parlementaires, voire de l'opinion, dont je suivais les mouvements avec plus de sensibilité que lui (sa situation électorale était en effet inébranlable, et je pensais que ce n'était pas tout à fait le cas de la mienne). On « bricola » quelques recettes plus ou moins bizarres, et presque indolores, entre autres sur les douanes ; enfin, fidèle à mon libéralisme, je proposai de faire vendre par les Domaines un certain nombre d'actifs dont l'Etat disposait par hasard, notamment à la suite de confiscations et qui ne lui étaient nullement nécessaires ; ils coûtaient plus qu'ils ne rapportaient. Nous inscrivîmes triomphalement quelque vingt-cinq milliards pour l'ensemble de ces deux rubriques. Cependant Petsche tenait à faire quelque chose de plus difficile ; il plaçait une sorte d'orgueil dans la contre-démagogie. « Tu penses, lui dis-je, qu'un client croit ne pas avoir affaire à un bon dentiste quand il ne se sent pas souffrir. »

On décida donc de surtaxer l'essence ; ce qui nous amena tout droit au double secteur, auquel je n'étais pas favorable (toujours par hostilité aux procédures bureaucratiques). Ce train supplémentaire nous occasionna les pires ennuis devant le Parlement.

Paul Ramadier nous réconforta par sa bonne volonté. Il était l'un de ces rares civils qui, une fois portés à la tête d'un département militaire, échappent au vertige de se sentir métamorphosés en chefs de guerre. Son cas était d'autant plus méritoire qu'il appartenait à la famille des socialistes de l'ancienne école que de vagues souvenirs d'antimilitarisme exposent particulièrement aux griseries de l'uniforme et de l'étendard. Il y a deux sortes de militaires, me disait-il, les chers et les onéreux. Il apercevait aisément la relative superfluité des équipements de prestige, mais il tenait ferme comme un roc sur tout ce qui touchait à la situation des personnels. Pendant une interminable séance, alors qu'à chaque reprise je croyais l'avoir quelque peu ébranlé par une argumentation fortement charpentée, je l'entendis psalmodier sans autre commentaire : « ... et pour l'élève gendarme, je demande l'indice 220... » Il bourrait et débourrait sa pipe, la nettoyait, l'allumait, la rallumait, avec des signes de tête qui signifiaient l'attention mais non l'acquiescement et tout était à recommencer.

Au mois de mars, il avait accepté d'un cœur léger d'ajourner l'achèvement du *Jean-Bart,* sans se laisser attendrir par les objurgations du M.R.P., dont le zèle pour la Marine n'était pas sans rapports avec sa rancœur à l'égard du laïcisme impénitent de son ministre. L'immolation de cette Iphigénie n'avait procuré qu'un court répit et les querelles se portèrent sur l'aviation. Invité à retrancher encore 19 milliards de ses dépenses, Paul Ramadier finit par accepter un abattement de 5, et, après de longues palabres, son budget, qui était parvenu à son vingt-cinquième douzième, fut enfin voté dans le désenchantement général.

L'affaire de l'essence nous donna plus de tablature ; discussions interminables en commission et à l'Assemblée, refus réitérés du Conseil de la République, Maurice Petsche exclu de son propre groupe (paysan), il fallut attendre le 2 juin pour boucler l'affaire.

Cette *happy end* laissait une situation politique assez gravement détériorée en profondeur ; on n'allait pas tarder à s'en rendre compte.

Quarante textes...

Sans attendre la fin de ce parcours, mon infatigable patron avait commencé la préparation d'un autre train de mesures. Il était difficile, cette fois, de parler de plan. Il s'agissait d'une arlequinade, d'un *patchwork,* où entraient des dispositions hétéroclites, d'importance très inégale, les unes législatives, les autres réglementaires. L'essentiel composa la loi datée du 5 juillet 1949.

J'apportais joyeusement mon concours à Maurice Petsche pour fignoler ces projets anodins, dont un certain nombre provenaient d'ailleurs des directions placées sous ma compétence. Les plus utiles concernaient les stimulants pour l'exportation. Je contemplais, disposés sur le parquet de mon bureau, selon l'ordonnance d'une colonie romaine, ces tumulus de paperasses. Je m'exclamai, à l'adresse de mes collaborateurs : « Quarante textes, et pas une idée ! » Cette boutade était injuste, car il y avait quelques bonnes choses dans les rossignols issus des fonds de cartons de tous les étages. Il y avait en tout cas une idée dont la paternité me revenait.

Les titres au porteur sans porteur..

Il s'agissait de supprimer l'organisme appelé C.C.D.V.T., Caisse centrale de dépôt et de virement de titres. L'hebdomadaire *la Vie française* qui me demandait parfois des interviews et des articles, et qui était un des meilleurs périodiques spécialisés dans l'économie et les finances, avait engagé à ce sujet, auprès du public des épargnants, une campagne qui recevait un accueil favorable, et à laquelle mon libéralisme m'induisit à apporter un concours enthousiaste. C'était une autre bastille du dirigisme et le moment était venu de l'araser. Le règlement qui avait créé cette caisse rendait illicite la détention par tout porteur des titres qui sont justement dénommés *au porteur*, et pour lesquels il devenait désormais ironique d'employer cette locution. Or beaucoup d'épargnants attachent le plus grand prix à garder près d'eux, chez eux, sous la main, ces équivalents infinitésimaux de leur fortune. Est-ce nécessairement par esprit de fraude ? Les sentiments sont plus complexes, il y faut voir aussi le goût du secret, et un attachement physique à l'objet matériel, quelque peu analogue à celui qu'éprouve le paysan pour sa terre. En fait, cette coutume était plus profondément enracinée dans les campagnes. Elle n'a pas encore disparu.

Si l'on voulait stimuler les placements en valeurs mobilières, il fallait en prendre les moyens et d'abord tenir compte de la psychologie de la clientèle. De tels placements me paraissaient particulièrement nécessaires à l'économie. Je pensais que si les entrepreneurs pouvaient obtenir des fonds ne comportant pas de charges fixes, ils se montreraient plus audacieux dans les investissements. Tout ce qui dissuadait l'épargnant d'employer aussi utilement ses économies le portait naturellement à la thésaurisation, et à l'amassage des lingots et des napoléons, sinon à l'évasion vers l'étranger.

Jacques Duhamel, que je chargeai de ce dossier, me représenta qu'il était difficile de procéder par pure démolition, car certains intérêts (en dehors de toute idéologie) étaient attachés au « statu quo ». Il fallait, en tout cas, nous assurer le concours des professionnels de la Bourse, les agents de change et les courtiers en valeurs. Mon collaborateur négocia longuement avec M. Desaché, syndic des agents de change, qui devint sénateur par la suite, ainsi qu'avec diverses personnalités, et il fut ainsi possible de mettre au point un système complet, où le principe de la liberté redevenait licite, et ou une série d'aménagements étaient mis à la disposition des usagers, qui trouveraient généralement avantage à ne pas garder les valeurs dans les boîtes à biscuits.

Je réussis à convaincre Petsche d'autant plus aisément que le paquet était bien ficelé, qu'il désirait ménager les agents de change et qu'il n'était pas fâché de faire quelques bonnes manières à la droite libérale — sa famille politique — avec laquelle il se trouvait en délicatesse depuis la bagarre sur le double secteur de l'essence.

Léon Blum et son notaire.

On ne s'attendait pas à un grand bruit, car les épargnants, qui s'en réjouirent, ne manient pas les cymbales. Alors survint un incident imprévu. Léon Blum, qui se tenait en demi-retraite, capta la nouvelle et lui consacra un article fulminant dans *le Populaire.* Mon oncle par alliance, Julien Cain, était très lié avec le patriarche de la S.F.I.O. Je m'armai de sa recommandation, pris rendez-vous et, par un après-midi ensoleillé, je me présentai à la coquette et simple demeure, égayée d'un jardin étroit et fleuri, que Léon Blum habitait à Jouy-en-Josas. Je m'appliquai à lui exposer les arguments qui me paraissaient justifier ma décision. Il ne se sentait pas lui-même sur un terrain très sûr, et il se replia sur le motif sempiternel de la fraude. « J'éprouve, me dit-il, sur un ton de confiance qui me toucha, une véritable haine, une haine organique, pour la fraude. Ainsi, voyez-vous, lors de mon mariage, alors que nous étions chez le notaire pour le contrat, cet officier ministériel me demanda tranquillement combien nous voulions déclarer et combien nous voulions omettre. J'en éprouvai une horrible indignation. — Monsieur le président, lui dis-je, je vous entends et je vous comprends. Pensez cependant, je vous prie, à ceci : si votre notaire vous a proposé cela à vous — à vous ! qui étiez sans doute déjà quelque peu connu à l'époque pour vos idées — cela fait bien apparaître qu'une telle pratique est universellement répandue et qu'elle est considérée comme la chose la plus naturelle du monde. Ce n'est pas une réaction individuelle qui peut en venir à bout, ni même un système artificiel et contraignant comme la C.C.D.V.T. — Il faut choisir une solution logique. Les valeurs mobilières ne peuvent pas être cadastrées comme les immeubles. Le porteur, par définition, c'est l'anonyme. » Il me cita alors, en retrouvant son sourire, cette phrase de Girardet que je connaissais bien : « La société anonyme mourra d'être anonyme. »

La conversation se poursuivit sur un ton libre. Issu d'une famille audoise, je lui rappelai l'époque où, devenu député de l'Aude, il siégeait au conseil général de ce département. Eugène Montel, l'instituteur à la cravate rouge, mon ami d'Aulus, qui s'était effacé devant lui et qui était son voisin à l'assemblée départementale s'émerveillait de son extraordinaire capacité à démultiplier son attention entre les débats où il intervenait, à point nommé, son courrier qu'il signait, les livres qu'il feuilletait en coupant les pages.

Visiblement, il ne me regardait plus comme un ennemi ; à défaut de le convaincre, je l'avais apaisé : il ne s'occupa plus de cette affaire et personne ne le relaya.

Daniel Mayer versus Paul Reynaud.

Après les grands remous du double secteur, les choses prirent un cours plus paisible et l'on s'acheminait dans la lassitude vers la fin de la session, qui était prévue pour les derniers jours de juillet de cette année 1949. La droite, gonflée, dans les deux sens du terme, par son succès aux élections cantonales, demeurait vigilante, râleuse et revendicative, mais il était tacitement convenu que les armes resteraient aux râteliers jusqu'à la rentrée. Deux hommes s'accommodaient mal de l'accalmie ; tous deux marqués, dans des genres contrastés, par l'onction suprême du talent ; tous deux remuants par nature, et gaffeurs par occasion. L'un, Paul Reynaud, guettait l'heure de s'imposer ; l'autre, Daniel Mayer, l'occasion de s'opposer.

L'initiative vint de celui que l'on considérait un peu comme l'ardelion du parti socialiste, le disciple favori de Léon Blum, dont on disait naguère à la S.F.I.O. : « Que ne ferait-on pas pour le petit Daniel s'il s'agit de plaire au grand Léon ? » Le ministre du Travail s'inquiétait à la fois pour sa propre place dans sa formation, où grandissait l'influence de Guy Mollet, et pour la place de celle-ci dans le paysage politique : renforcé lui aussi par les élections cantonales, le parti devait éviter de se laisser tourner à sa gauche par les surenchères du parti communiste ou d'encourir la désaffection des syndicats.

Le 22 juillet, Daniel Mayer apposa tranquillement sa signature, sans consulter ni prévenir personne, sur un accord intervenu entre l'administration de la Sécurité sociale et son personnel. Il s'agissait de l'octroi de divers avantages, indemnité de vacances, mois supplémentaire de prestations familiales, plus une prime mensuelle de rendement collectif. L'affaire avait certes été négociée directement entre les deux parties, employeur et employés, mais il n'était pas douteux que le ministre de tutelle en avait suivi l'élaboration, et seul son agrément rendait ces mesures exécutoires. Cette nouvelle parut d'autant plus saisissante que, le 10 juillet, un grand débat avait eu lieu à l'Assemblée, au cours duquel le ministre s'était expliqué pendant quatre heures d'horloge. De surcroît, la veille même, le 21, il s'était opposé à une proposition communiste tendant à l'octroi général d'une indemnité de congés payés; il avait notamment précisé qu'une telle mesure pourrait sans doute résulter d'accords contractuels, mais que la dépense ne devait pas peser sur les prix de revient.

Maurice Petsche se montrait gravement préoccupé de l'atteinte portée à sa politique de blocage prix-salaires, et de la menace que cette provocation flagrante faisait resurgir pour la cohésion déjà si précaire de la majorité. Le président Queuille s'efforçait de ne paraître ni trahi ni surpris, et de sauver la trêve des vacances. Un nouveau débat s'ouvrit le 25; Daniel Mayer en profita pour aiguillonner personnellement Paul Reynaud en évoquant une mesure quelque peu analogue que celui-ci avait approuvée dans la période de sa récente gestion. Paul Reynaud lui-même jubilait de réapparaître ainsi au premier plan et il s installa dans le rôle de mentor du camp des modérés. Il hésitait entre deux manières de briller et deux stratégies possibles à l'occasion de cette rentrée ; attiser le conflit ou patronner l'arbitrage. La seconde lui parut plus sûre, élargissant son audience, réservant l'avenir, et satisfaisant son attachement réel à l'intérêt du pays. Un compromis fut bâclé en quelques jours et, après cette reprise des *Fourberies de Scapin,* la saison théâtrale se clôtura sur un gag marseillais : « Retenez-moi ou je fais un malheur. » Les quatre ministres qui représentaient au gouvernement les partis modérés de droite, en nombre d'ailleurs faible (1), et à la tête de départements secondaires, sinon fictifs (ainsi Robert Bruynel, sous-secrétaire d'Etat auprès d'un vice-président du Conseil), tancés par leurs amis et poussés à grands coups de bottes vers la sortie, mais retenus par le président du Conseil et par leurs impératifs de conscience, se tirèrent du jeu par une manière de protocole, sous forme d'un communiqué du conseil de cabinet, selon lequel ils donnaient leur démission, la reprenaient en même temps, et l'affectaient, pour le futur, d'une « condition résolutoire », comme disent les juristes.

La séance fut longue qui conduisit du début de l'après-midi du samedi à la fin de celui du dimanche, avec quelques heures d'interruption nocturne. Je tenais en permanence, et le plus souvent en solitaire, le banc du gouvernement. Un de mes assistants me chuchota qu'il m'appartiendrait sans doute de prononcer la courte allocution qui était d'usage et au cours de laquelle on adressait des remerciements au personnel et à la presse. Je savourais d'avance cette réjouissance enfantine de mon amour-propre. Cependant, informés de la fin imminente des travaux, quelques ministres bien

(1) Cette participation paraissait chétive en considération de leurs récents succès électoraux.

reposés firent leur apparition. Petsche tout frais, Daniel Mayer tout frétillant. Je suggérai à Petsche de prendre la parole lui-même, pensant qu'il me la rendrait, puisque j'avais fait le travail. Mais il adopta une autre solution. « Je crois, me dit-il, que cela ferait plaisir à Daniel Mayer. » Il ne se trompait pas. Le ministre du Travail, héros de l'accident de la veille, préparateur du conflit du lendemain, cette fois badin et charmeur comme il savait si bien l'être, commença ainsi son propos : « M. Petsche ayant reconnu qu'il était plus jeune que moi par le caractère... »

La crise me parut terminée. Elle n'était que remise (1).

Le prétendu immobilisme de M. Queuille et la prétendue orthodoxie de M. Petsche ont gagné la Marne du franc.

L'aspect dérisoire et irritant de nos palinodies parlementaires, sur lequel j'ai peut-être trop appuyé dans ma narration, ne doit pas faire oublier l'essentiel, et l'essentiel c'était le relèvement de la France. Des méthodes plus fracassantes auraient assuré plus de réclame mais le succès aurait été inévitablement compromis. La science moderne démontre que la nature et l'histoire progressent rarement, sinon jamais, par des chemins grandioses mais bien par des séries d'approximations, et selon l'expression de François Jacob par « bricolage ». Petsche et Queuille, avec mon concours, avaient bien « bricolé » pendant le premier semestre de 1949.

Quelques chiffres permettaient d'en juger. Le napoléon, qui avait poussé sa pointe en janvier 1949 jusqu'à 6 200, revenait à son taux de septembre 1948, soit 4 500. Parallèlement les prix, après être passés de la base 1 720 à la cote 1 940 (janvier 1949), étaient redescendus à 1 720. En revanche, la production industrielle était montée, au cours du premier semestre, de 117 à 132, sur la base de 100 en 1938, c'est-à-dire que nous obtenions un progrès de 12 % d'une année sur l'autre et que nous retrouvions enfin les normes de 1929 (2) !

J'étais particulièrement sensible à ce résultat. J'avais été stupéfait de découvrir, au début de la guerre, quelle avait été la chute catastrophique de l'économie française pendant la dernière décennie. Ainsi, nous rattrapions, non seulement le retard de la guerre, mais le retard de la paix ! La croissance de la production, combinée avec la stabilité des prix (et de l'or) ainsi qu'avec une très forte réduction du nombre des journées de grève, justifiait l'allusion que

(1) Remise, comme on dit au Palais, après « vacations ».
(2) Les chiffres comparatifs de septembre ne sont pas significatifs ici en raison des chutes saisonnières.

je fis, à l'époque, à la Marne du franc. Même si l'on a pu trouver ma comparaison quelque peu magnifiante, on doit reconnaître à quel point l'imputation *d'immobilisme,* résultant d'un mauvais bon mot de Pleven (d'habitude mieux inspiré), était profondément injuste. Elle fut pourtant répercutée à tous échos par les envieux et les frustrés, et le président Queuille entra dans la légende comme archétype de l'immobiliste, à la manière du bon gentilhomme normand, Charles de la Batut, qui, malgré ses furieuses protestations, ne put se décoller de l'identité de Mylord l'Arsouille.

J'ai médité alors et depuis sur les avantages de la méthode patiente et efficace du président, qui s'accordait avec sa nature. Son succès ne pouvait être détaché de la gestion de Maurice Petsche. Plus j'y réfléchissais pendant l'été, plus j'appréciais cette politique. J'avais quelque peu douté par exemple de l'utilité du double secteur, et j'attribuais d'abord l'entêtement de mon patron à un culte rituel de l'orthodoxie budgétaire. Je compris, par la suite, que seule cette insistance apportée à l'adoption de mesures véritablement impopulaires pouvait, en déplaçant le thème principal de la contestation et en polarisant l'intérêt sur un faux problème, lui permettre de contenir l'expansion des dépenses militaires. Ce qui était, fut depuis, et demeure toujours le procédé le plus typique pour lutter contre l'inflation sans atteindre la vitalité de l'économie.

Il n'y a point d'opprobre à recevoir l'aide américaine.

Malgré les améliorations obtenues, la situation comportait encore de graves points de souci qui convergeaient tous vers les comptes extérieurs.

La stabilité des prix, gage de la tranquillité précaire du monde du travail, était liée à une politique d'importations qui faisait bouillonner la classe agricole, maugréer les réanimateurs de l'industrie et qui se traduisit aussi par l'alourdissement de nos factures payables en devises.

La guerre d'Indochine, nonobstant le civisme financier de M. Ramadier, entraînait des dépenses de plus en plus considérables, et, même si une partie seulement de ces dépenses comportait des décaissements vers l'étranger, nous ne pouvions les soutenir que grâce à l'aide extérieure. De ce point de vue, nous étions réconfortés par les dispositions prises par les U.S.A. au titre de l'aide militaire.

Tous les pays de l'Europe affiliés à l'O.T.A.N. étaient classés parmi les bénéficiaires de cette aide mais nous escomptions que serait spécialement prise en compte notre situation exceptionnelle de défenseurs du monde libre à la pointe sud-orientale de l'Asie. Au surplus, l'équilibre de nos échanges extérieurs, d'une façon générale, ne pouvait être maintenu que grâce au secours qui nous était assuré par le plan Marshall. Dans les deux cas, aide américaine, aide Marshall, nous recevions un double avantage. D'une part, nous faisions entrer des devises, que nous utilisions aussitôt pour nos paiements extérieurs ; d'autre part, nous inscrivions la contrepartie de ces devises, traduite en francs, à l'actif de nos recettes budgétaires. C'était comme si nous achetions pour rien toutes sortes de matériel et de marchandises, et que notre gouvernement se les revende à lui-même, en portant le prix à son crédit.

Nous étions de ce fait en relation constante avec les représentants des U.S.A. chargés de suivre ces problèmes et il était normal que nous répondions à leurs questions, voire que nous tenions compte de leurs recommandations. On a par la suite lourdement et méchamment ironisé sur cette situation, reprochant à la IVe République une sorte de goût morbide de la servitude, sa propre « commendatio » à l'égard d'un maître qui confisquait nos libertés en échange d'un peu de ravitaillement. Quelle extravagante injustice ! Quel pays d'Europe a refusé le plan Marshall ? Quel pays d'Europe affrontait la charge d'une guerre coloniale, que personne en France à cette époque, en dehors des seuls rangs du parti communiste, ne s'avisait de contester ?

Ayant assumé dans notre alliance avec la démocratie américaine la plus lourde part de la guerre contre l'ennemi commun, quelle opprobre pouvait-il y avoir à accepter des prestations issues de la solidarité du combat ?

Si le fait même est légitime, les modalités ont-elles été critiquables ? On parlait de mendicité, de nos voyages de quémandeurs vers l'Amérique... La honte n'était pas pour les gestionnaires d'alors, elle est pour leurs censeurs d'après coup. Les Américains ont un gouvernement démocratique, un Parlement, un budget, il était normal que l'emploi de leurs fonds ne fût pas clandestin, et que nous pussions et dussions nous concerter avec nos associés, sur le meilleur rendement à obtenir d'un concours qui n'était pas inépuisable.

La critique de servilité et de mendicité qui fut adressée si souvent à la IVe République était certes aussi injuste que celle d'immobilisme, et elle était beaucoup plus révoltante. Le scandale, c'est qu'on la voit encore aujourd'hui refleurir ici ou là au gré de la disette d'arguments dont souffrent les avocats de certaines causes. Il serait temps d'en faire, une fois pour toutes, bonne justice.

CHAPITRE XVIII

LES TUILES REMONTENT SUR LE TOIT

Un dernier Conseil des ministres se tint le 2 août 1949 dans une atmosphère rassérénée.

Sans doute, l'affaire calamiteuse de la Sécurité sociale avait-elle rétréci jusqu'à une marge de trois voix la peau de chagrin de la majorité. Mais Henri Queuille avait eu l'habileté de poser, en dernier lieu, une question de confiance implicite sur un texte anodin qui réunit 420 voix. L'épreuve était, en tout cas, différée pour un bon moment et nous avions devant nous une confortable période de relaxe puisque notre prochaine réunion à l'Elysée (naturellement des conseils de cabinet devaient se tenir dans l'intervalle) n'était prévue que pour le 18 octobre.

Au moment où l'on commença de parler des vacances, on sentit passer autour de la table une onde de dissipation qui nous rappelait les temps scolaires. Daniel Mayer, tout détendu, nous exposa sa recette : par un accord avec Christian Pineau, chacun assurant l'intérim de l'autre, ils comptaient chacun profiter de deux quinzaines alternées de congés payés. Seul Maurice Petsche me parut maussade. Il n'aimait pas les vacances... pour lui et il craignait, toujours pour lui, celles des autres.

Il me vit m'éloigner d'un air désapprobateur. Il admettait volontiers le Jura, mais la Côte d'Azur lui paraissait inimaginable pour un ministre financier. Et d'abord, comment pourrais-je là-bas porter un col dur ?

Je partais en effet comme un non-responsable, au volant de notre voiture, avec Lucie et notre fillette Sylvie, nous arrêtant dans des lieux d'étapes où l'on ne me reconnaissait pas. L'impression prévalait que le pays reprenait ses forces et réapprenait ses joies. J'arrivai par une chaleur torride à l'hôtel du Golf de Beauvallon où m'accueillit un réceptionniste d'occasion, Jean Geronimi, frais émoulu de l'Ecole des langues orientales, tout affairé à saluer en moi l'ancien élève de Paul Boyer. De là une amitié qui devait nous réunir au temple d'Angkor, à Kuala Lumpur et plus récemment aux soirées du Lions Club des Yvelines.

L'hôtel du Golf de Beauvallon en était à sa pénultième saison car il était promis à une affectation moins éclatante. Aussi se parait-il de toutes les séductions de l'adieu. La cuisine était sensationnelle, le chef signait de temps en temps des menus de championnat et notre ami Jean Létang stimulait son zèle par l'envoi de bouteilles de pastis et de Cinzano.

Je fis plus ample connaissance, dans cette occasion, avec ce mystérieux personnage qui était mon voisin avenue d'Orsay et que je ne rencontrais jusque-là que dans le garage commun de notre immeuble de résidence. Il avait été le coéquipier et il demeurait l'ami intime de Jean Rigault, l'ancien ministre de l'Intérieur de Darlan, le *mystery man* de la vie algérienne à l'époque des « expédients provisoires (1) ». Il avait connu Pucheu, il rencontrait Lemaigre-Dubreuil et il flottait toujours autour de lui comme un parfum de synarchie vichyssoise. Il s'occupait d'un bulletin semi-confidentiel dont le service était réservé à une clientèle sélectionnée d'hommes d'affaires considérables, chacun heureux de penser, quand il le dépliait à l'heure du petit déjeuner, qu'il était « au parfum » et presque personnellement « dans le coup ». Ce bulletin mourut de consomption mais Jean Létang continua d'être un homme exceptionnellement informé et influent jusqu'à l'avènement de la Ve République, période au cours de laquelle il lui fut de plus en plus difficile de maintenir et de rafistoler son réseau d'écoute et de transmission. C'est lui qui me fit, à deux reprises, savoir, avec un point d'avance, que j'allais être appelé à l'Elysée. Son heure de gloire — pour un tout petit cercle d'ailleurs — fut la découverte qu'il fit, à l'avance, par une série de recoupements, du projet franco-anglais de débarquement en Egypte. Il eut l'attention de m'en informer.

Il devint l'homme de confiance d'un groupe puissant et éclairé que l'on appelait les Cinq et l'on aurait pu dire les Six, car l'un d'eux, M. Brûlefer, qui représentait les industries chimiques, était d'une exceptionnelle corpulence. Jean Létang avait la meilleure cuisine de Paris, grâce à sa femme, et une cave hors pair ; il m'invitait souvent.

(1) Formule utilisee comme titre dans l'ouvrage de Pierre et René Gosset.

Grands projets et grands travaux.

Le mois de septembre fut pour moi tranquille et laborieux, coupé de fréquents petits séjours dans le Jura, consacré, à part cela, à mon travail au ministère. Je consultais beaucoup. Petsche me conviait de temps à autre à cette cérémonie que l'on appelle la réunion des mages : en fait le gouverneur de la Banque de France, celui du Crédit foncier et le directeur général de la Caisse des dépôts et consignations.

Je poursuivais quelques projets qui me tenaient à cœur et qui tous aboutirent à plus ou moins brève échéance.

Le premier était celui de l'électrification de la S.N.C.F. Il était en panne, dans l'attente de ma décision, et on pronostiquait généralement son abandon.

J'inclinais, au contraire, dans ce domaine comme dans les autres et peut-être plus encore que dans les autres, à favoriser le progrès c'est-à-dire ici la rapidité des liaisons et la propreté. J'étais moi-même grand usager des transports ferroviaires. Il se trouvait, de surcroît, que la prochaine étape concernait les lignes Paris-Suisse, les miennes ! Je parvins à résoudre ce premier problème et à me placer au-dessus de la contestation en obtenant un financement auprès des Suisses eux-mêmes intéressés au projet et dont la détermination me parut de bon augure.

A partir de là, je poursuivis allègrement le programme d'électrification dont on voit aujourd'hui les résultats.

Ma deuxième marotte était la réalisation d'un tunnel sous le mont Blanc (qui intéressait, entre autres régions, la Franche-Comté). Sur ce dossier, je m'exposais à une divergence avec Maurice Petsche, tout naturellement porté à soutenir le projet concurrent d'un tunnel passant par Fréjus.

Cependant mon patron, tout en freinant mes offensives, ne mit pas un réel acharnement à les combattre, et il accueillit avec résignation l'aboutissement de mon zèle (1).

La vie gouvernementale reprenait mollement. Le 10 septembre, nous nous trouvâmes réunis autour du président Queuille pour fêter en sa personne l'anniversaire de la formation du cabinet (cet anniversaire n'en était pas un pour moi). Nous lui avions choisi comme cadeau, souscrit par collecte, une belle édition complète d'Anatole France qui était un de ses auteurs favoris, bien qu'il n'eût qu'assez peu de ressemblance avec M. Bergeret. Le 14, il nous réunit

(1) J'évoque ici ces projets car je m'en occupais à cette époque, mais leur aboutissement devait prendre un certain temps.

en conseil de cabinet et fit un petit exposé récapitulatif des résultats obtenus, lesquels faisaient impression, malgré la modestie du narrateur.

La dévaluation de la livre et celle du franc.

Petsche semblait se tenir quelque peu à l'écart de cette congratulation générale. Au retour, il me fit part de ses préoccupations relatives au champ monétaire international. Etait-ce prescience ou avait-il reçu une information anticipée ? C'est le 15 septembre que Stafford Cripps l'informa personnellement, sous le sceau du plus grand secret, de la dévaluation de la livre dont l'annonce fut faite, en même temps que le taux en était publié, le 18. C'était un dimanche et je me trouvais à Audincourt, dans le Doubs, où j'avais accepté de présider un congrès des sociétés musicales, à seule fin de permettre à cette commune mélomane d'obtenir la présence de la musique de la Garde républicaine. C'est sous des trombes d'eau que je gagnai une cabine où l'on me passa la communication avec le ministre. Je rentrai à Paris en voiture. Je vis Petsche dans la soirée. Les Anglais avaient décroché de 30,5. Nous ne pouvions demeurer inertes mais nous décidâmes de fixer un taux intermédiaire : 22,4 par rapport au dollar, ce qui représentait 11 % de réévaluation par rapport à la livre.

L'occasion était bonne de supprimer, du coup, le système des taux multiples que René Mayer avait instauré en effectuant sa propre dévaluation. Ces décisions furent entérinées le lendemain matin lundi par un Conseil des ministres réuni d'urgence. Personne ne paniquait. Après tout, il s'agissait seulement de sanctionner un événement extérieur et non point un échec de notre politique. On pouvait espérer que les prix n'en seraient pas trop affectés, puisque les produits de la zone sterling devaient normalement se porter à la baisse et qu'il existait déjà pour les prix, en dehors même de la pratique des importations, un arsenal de mesures de contrôle qu'il suffirait de confirmer et de resserrer. D'autres dispositions allaient être prises pour favoriser l'entrée des capitaux étrangers : en fait, paradoxalement, cette stimulation à l'entrée consistait dans la facilité qui leur fut donnée de sortir. Le communiqué du gouvernement fut lénifiant.

Nous avions réussi à rassurer nos collègues, mais nous étions soucieux en rentrant rue de Rivoli. Aucun de nos arguments n'était fallacieux mais leur combinaison comportait une bonne dose de *wishful thinking.* Les importations deviendraient plus chères, on ne pourrait regagner sur la livre autant qu'on perdait sur le dollar, les prix anglais monteraient certainement, les prix français aussi et comment tenir les salaires ? Notre principale crainte, pour l'heure, c'était le déclenchement rapide de l'offensive psychologique et politique. Cette inquiétude n'était pas vaine.

Une diversion nous fut apportée par le surgissement d'Antoine Pinay, tout furibond, droit venu de la gare. Personne n'avait songé à l'informer de la dévaluation, ni davantage de la réunion du Conseil qui, par précaution, avait été convoqué à l'improviste. Lui, secré taire d'Etat chargé des Affaires économiques, l'un des premiers intéressés ! Il faut dire que Petsche, qui aimait bien Pinay, ne le consultait jamais. Dans les grandes circonstances, les majors de l'E.N.A. qui « marquent » les différents ministres font la chaîne téléphonique en quelques minutes. Or, Antoine Pinay avait constitué son cabinet avec des amis personnels, un avocat, un journaliste qui n'étaient jamais au courant de rien et n'avaient d'ailleurs pas besoin de l'être. Petsche leva les bras au ciel : « Comment veux-tu ? Tu n'as pas le moindre énarque auprès de toi ! » La leçon fut comprise ; puisqu'il fallait un inspecteur des Finances, Antoine Pinay, quand il revint aux affaires, en prit deux : MM. Yrissou et de Libersart et ce fut la grande mue.

Les syndicats n'attendirent pas que la hausse des prix fût réelle pour la dénoncer. La C.G.T. et la C.F.D.T. firent un front commun sur une série de revendications. A défaut d'avoir obtenu une prime de *départ* en vacances, ils demandaient, en hors-d'œuvre, une prime de *retour* de 5 000 francs.

Daniel Mayer n'attendit pas non plus quc l'action syndicale fût effectivement déclenchée pour « accrocher » le président du Conseil

L'offensive de Daniel Mayer.

J'ai gardé vivant le souvenir du Conseil du 1er octobre qui se déroula en deux parties. Au cours de la première demi-séance, diverses mesures furent prises et notamment je dus enregistrer le limogeage du directeur général des Eaux et Forêts. Etranger à cette administration, nommé de façon impromptue par un ministre socialiste, Bernard Dufay se sentait menacé depuis la venue a l'Agriculture du M.R.P. Pierre Pflimlin avec qui il ne s'était pas trouvé, comme on dit, d'atomes crochus. Il ne put réussir avec lui l'opération de relations personnelles et de rapprochement avec le centre qu'il avait menée à bien avec moi. Jules Moch prit, assez maladroitement, la défense de l'intéressé. Pflimlin répliqua durement : « Je n'ai pas confiance. » Il n'est pas d'usage de discuter les décisions des ministres à propos de leurs principaux agents d'autorité. Pour ce qui me concerne, les bons rapports que j'avais noués avec Dufay, après l'avoir attaqué de front, n'étaient pas une raison suffisante pour me mettre en devoir, ni même en mesure, de me porter garant pour lui, mais je le regrettai (1).

Il faisait doux et pendant une courte interruption nous allâmes deviser sur la terrasse du Palais. Quand nous fûmes revenus en séance, Daniel Mayer prit la parole et égrena son chapelet de doléances et de revendications, sur un mode qui lui était particulier et qui consistait à accentuer, en relevant légèrement le ton, la dernière syllabe d'une phrase ou d'une proposition. Le tout, appuyé d'un haussement de col et d'une mine triomphaliste, pouvait donner l'impression du sarcasme systématique et de la provocation préméditée, ce qui n'était pas réellement le cas. Henri Queuille n'aimait pas laisser pourrir les situations ; il trancha le nœud gordien et se déclara sur-le-champ démissionnaire. Sur l'exhortation d'Auriol qui nous rappela fermement au respect du droit parlementaire, il fut reconnu que le différend devait être porté devant l'Assemblée. On décida en conséquence d'attendre la rentrée des députés. On se demandait quelles étaient les véritables objectifs du parti socialiste l'alibi ou la chute ? On ne tarda pas à être fixé. Jules Moch avait aussitôt proposé ses bons offices pour prévenir la crise, ce qui était une manière élégante de se mettre en avant pour la résoudre quand elle aurait éclaté. Dès le 3 octobre, Daniel Mayer adressa au président du Conseil une lettre assez courte et catégorique, lui faisant savoir que les concessions dont il se serait accommodé la veille étaient déjà complètement dépassées et laissant entendre, sans le dire expressément, qu'aucun replâtrage n'était plus possible.

Le 6, Vincent Auriol, de Rambouillet, finit par accepter de mauvais gre la démission que Henri Queuille lui tenait constamment sous le nez depuis ce nouvel esclandre.

S'ouvrit la crise la plus longue (vingt-trois jours contre quinze l'annee précédente) et, par certains de ses épisodes, la plus déplaisante. Le général de Gaulle s'impatientait et il fustigea « cette sorte de théâtre d'ombres ». Et cependant notre remarque précédente demeure valable. Rien d'essentiel ne fut compromis. La démocratie est à prendre telle quelle. La nécessité des crises, dans certaines circonstances, est de même ordre que celle des séances de nuit. Les unes et les autres permettent, sous l'effet de la lassitude, de faire entériner des décisions indispensables mais difficiles, et qui sans cela seraient indéfiniment refusées ou différées.

Je pris l'habitude, au cours de ces trois semaines, — la durée d'une cure thermale — de passer presque chaque jour, en fin d'après-midi,

(1) Je devais le retrouver par la suite comme président des communes forestières

au bureau de M. Queuille, à l'hôtel Matignon. Je l'y trouvais immanquablement en compagnie de Léon Martinaud-Déplat et d'Emile Roche, tous trois assis sans presque bouger et ne parlant qu'à peine quand un tiers ne fournissait pas la conversation. Des familiers comme moi allaient et venaient, se relayaient ; ils étaient les bienvenus, on ne se heurtait ni à la convention du secret ni à l'atmosphère de secret, mais eux demeuraient différents, hiératiques, oraculaires. Je les appelais « les trois magots ». Plus exactement, je disais à Petsche : « Est-ce l'heure d'aller aux « trois magots ? » J'ignore d'ailleurs quand commençait cette espèce de garde et quand elle se terminait car ils étaient déjà en session à mon arrivée et ne faisaient pas mine de partir au moment où je me séparais d'eux. Peut-être, après tout, ne se quittaient-ils jamais ? Ils guettaient les nouvelles, les commentaires, et affinaient leurs calculs en vue d'une figure de jeu qui se présenterait lorsqu'ils auraient laissé passer les deux ou trois prochains coups. Nonobstant le respect que j'avais pour leur expérience, je me demandais si cette technique était la bonne et, de fait, il se produisait toujours entretemps quelque chose d'imprévu qui dérangeait leur main. Malgré l'obstination qu'il mit, à diverses reprises, entre les tours de piste, à refuser de laisser envisager la possibilité de son retour, le président Queuille souhaitait reprendre la charge du gouvernement et croyait à cette seconde chance. Son attitude s'expliquait par deux maximes qu'il me répétait volontiers. La première était : « Quand on entre dans cette maison, il faut concentrer son esprit sur la manière la plus convenable d'en sortir. » La seconde : « Il ne faut pas jouer la levée, mais la série. » Pour la première de ces raisons, il avait offert et maintenait sa démission sans barguigner. Pour la seconde, il attendait le moment où les circonstances rendraient son retour absolument inévitable, lui permettant ainsi de poser ses conditions et d'assurer sa longévité. De son point de vue, la situation n'était jamais assez mûre. Vint un jour où elle le fut pour un autre.

Jules Moch et la voix d'outre-Océan.

La tentative la plus remarquable et la plus fertile en incidents fut celle de Jules Moch qui fut chargé d'abord d'une mission exploratoire par le président Auriol, puis expressément désigné. Le ministre de l'Intérieur s'était fait la réputation d'un homme à poigne au moment des grèves presque insurrectionnelles de l'année précédente. Selon le fin observateur qu'était Rémy Roure, l'opinion souhaitait son succès. Tout socialiste qui accomplit son virage à droite dispose de ce fait, dès le départ, d'un maximum de chances car, d'un côté, son parti le soutient, fût-ce dans la résignation, et. de l'autre, le camp adverse l'accueille avec enthousiasme. Le « bon socialiste », bien lavé de sa crasse révolutionnaire, ouvertement féru de patriotisme jacobin, est la coqueluche des conservateurs. On avait observé ce phénomène avant la guerre et il devait reapparaître par la suite avec Guy Mollet, Lacoste, Max Lejeune. Pour ma part, je nourrissais un préjugé favorable à l'égard du « cousin Jules » que j'avais connu à Alger dans un bel uniforme d'ingenieur de la Royale et que j'avais apprécié dès avant la guerre pour son voyage en U.R.S.S., pour son apprentissage de la langue russe, pour son livre bourré de statistiques. Je me serais pris a souhaiter son succès, n'eut été l'opposition forcenee que lui portaient secrètement les « trois magots » et l'ensemble de leur équipe, qui était la mienne. En dehors de sa valeur personnelle et de son ascendant, Jules Moch disposait d'un atout maître : c'était le concours que lui apportait Raymond Marcellin qui, promu l'année précédente au poste de secrétaire d'Etat, avait été placé par Queuille au département de l'Intérieur. Il s'était fait apprécier par son ministre et il était devenu, en la circonstance, son chef d'état-major. C'était un extraordinaire manœuvrier politique, et, de surcroît, il attirait naturellement et bien légitimement les sympathies, ainsi parvenait-il, par le double effet de l'effusion et de l'intrigue, à atténuer les aspects négatifs qui s'attachaient, dans le personnage de Jules Moch, à ses manières distantes et à une certaine disposition au saugrenu. Marcellin traitait avec les hommes alors que Jules Moch travaillait sur des papiers. Maurice Petsche qui était allé lui rendre visite revint en extase, m'expliquant qu'il avait trouvé le president investi assis devant son bureau et maniant avec minutie des petits personnages de sa fabrication qu'il faisait manœuvrer sur une sorte de damier : ces marionnettes, peintes aux couleurs des différents groupes parlementaires, personnalisaient les membres de son futur gouvernement et les cases représentaient les différents départements ministériels.

Jules Moch franchit l'épreuve de l'investiture avec une seule voix de majorité et le résultat fut âprement contesté. Ce type de scrutin n'avait pas lieu à la tribune et les absents pouvaient voter par l'intermédiaire des boîtiers. Le bulletin cle était celui de Paul Montel, député du Rhône, qui se trouvait alors en déplacement à New York comme membre de notre délégation aux Nations unies. C'était un homme de grande classe qui avait perdu trois fils à la guerre et qui avait servi la Résistance sous la robe de bure des capucins. Disert et incisif, on pouvait le tenir pour le meilleur orateur de l'Assemblée dans le genre pince-sans-rire. Cette nuit-là, plusieurs personnes purent l'obtenir au téléphone, ou le prétendirent et donnèrent des versions contradictoires de ses instructions.

Le scrutin fut néanmoins proclamé à l'aube, dans un déchaînement insensé de frénésie communiste à la fois contre le président investi et contre le président de l'Assemblée, Edouard Herriot, qui fut traité de faussaire. Il restait à Jules Moch un autre obstacle à franchir et il n'y parvint point : c'était le recrutement d'un ministre des Finances. Il proposa d'abord de garder sur place l'équipe Petsche-Faure. « *Nous* avons bien sûr refusé », me dit Maurice Petsche qui s'en alla tout fier narrer son exploit à Matignon. Jules Moch chercha encore ici ou là, notamment au M.R.P. où il avait tenté d'embaucher un tandem Letourneau-Pflimlin. Martinaud-Déplat me dit au moment où j'allais comparaître devant le sanhédrin : « Ton tour va venir. » Et, sur un ton de maître d'école qui mâche la leçon pour écoliers obtus : « Alors tu comprends bien, Edgar, tu dois aussitôt refuser. » Moi, ministre des Finances ? Cette prophétie me grisait. Je ne me croyais pas encore parvenu à ce niveau. « Mais oui, mais oui, je le tiens de source sûre, alors écoute bien. » J'aurais été enchanté d'être le ministre, pratiquement le principal ministre, d'un chef de gouvernement dont la forte personnalité me séduisait et qui lançait déjà quelques gadgets mirifiques : un gouvernement ramené à douze membres, nombre des Apôtres, et ordonné selon une division en trois quartiers, par regroupements et scissiparité des différents ministères. Au surplus il serait plus facile à un socialiste d'obtenir un effort des syndicats et de la classe ouvrière. Cependant je ne pouvais bien sûr, en aucun cas, me soustraire à mes patrons. En fait, le « rite du refus » me fut épargné et nous apprîmes, à la fin de l'après-midi du 17 octobre, que cet homme si sûr de lui et que rien ne semblait pouvoir arrêter avait soudain jeté l'éponge. J'assistai alors, dans le bureau d'Henri Queuille, à une explosion d'allégresse dont le seul souvenir me frappe de saisissement. Les « trois magots » et leurs acolytes, presque tous avancés en âge et réservés de nature, s'esclaffaient à la manière ingénue de potaches et de bidasses. On percevait, autour du médecin de campagne, dans cette vaste salle où un feu de bûches avait été allumé et semblait crépiter de notre joie bon enfant, quelque chose de rustique où se reconnaissait l'authenticité fermière. La réflexion qui me vint à l'esprit et que je confiai à Petsche sur notre départ : « C'est comme quand on a tué le cochon », obtint quelque succès.

Georges Bidault joue et gagne.

Les épisodes suivants ne connurent pas la même intensité. Personne ne croyait vraiment au succès de René Mayer dont la personnalité trop marquée, à leur goût, par le capitalisme technocratique, rencontrait chez les socialistes un préjugé peu favorable. Il fut pourtant investi et, dès lors, se croyant assuré de l'appui de ses amis politiques, il consacra tous ses efforts à amadouer l'aile rétive de sa majorité. Or c'était justement au sein du groupe radical que les manœuvres de torpillage étaient le plus facile à ourdir contre un des nôtres. J'en fis plus tard l'expérience. Dès que René Mayer eut accepté de maintenir son homonyme Daniel au ministère du Travail, ce qui paraissait logique puisqu'il avait repris à son compte la revendication essentielle de la prime d'activité, les radicaux firent connaître que leur seule et unique exigence portait précisément sur le refus de cette désignation *intuite personae* qu'ils jugeaient offensante pour Queuille après le tout récent conflit ; en même temps, ils poussaient en avant, dans un communiqué solennel, le prétendu principe républicain de libre choix des ministres par le président, affectant de croire que René Mayer s'était vu forcer la main, alors qu'il avait agi de bon gré. Le président désigné crut bien faire en cédant et se mit ainsi dans la situation humiliante de retirer, à deux heures d'intervalle, la proposition dont il était l'auteur. Il y perdit le peu de crédit qu'il pouvait avoir gardé ou gagné auprès de la gauche, cependant que le M.R.P., sentant l'hallali, s'ébranlait à son tour. On se souvient que René Mayer avait déjà manqué de fermeté lors de la constitution du ministère Schuman, au sujet de son protégé Gaillard, bien que la question fût de moindre importance. Il avait tendance à sous-estimer les problèmes de personnalités et, comme il advient souvent, cet homme d'apparence dominatrice était loin de rivaliser, quant à la capacité psychologique de résistance, avec le chétif et rassurant docteur Queuille.

René Mayer renonça à son tour et publia un communiqué qui avait le ton d'une semonce. Cet épisode creusait provisoirement entre radicaux et socialistes un fossé que Vincent Auriol tenta prématurément et vainement de combler. La vingt-cinquième heure, celle d'Henri Queuille, n'avait pas encore sonné. Il fallait attendre un ou deux tours de plus. Le premier fut un tour de trop.

Selon une règle de rotation comparable au mouvement des astres, le président Vincent Auriol aborda, après les socialistes et les radicaux, le cycle M.R.P. En réalité, il rêvait de Queuille qui rêvait toujours qu'on rêvât de lui. La consultation du M.R.P., qui précédemment s'était déjà récusé, lui apparaissait comme une formalité. Au demeurant, s'il avait dû fixer son choix dans cette formation, il aurait pensé au président du groupe parlementaire. François de Menthon. et non pas au président du parti, Georges Bidault. J'ai connu de bonne source et le soir même la manière dont s'était déroulée l'entrevue à l'Elysée entre Vincent Auriol et la délégation M.R.P. Aucune invite formelle ne fut adressée à Georges Bidault celui-ci feignit de croire qu'elle était sous-entendue puisqu'il était là et, après un échange de vagues propos, il déclara dans son langage sibyllin que, vu la gravité de la situation, il ne pouvait et n'entendait pas se dérober.

Georges Bidault avait enlevé sa désignation à l'arraché. Cet homme de cinquante ans à peine, que l'on voulait enserrer dans le corset de fer de son personnage historique, guetté aussi par des démons familiers, avait retrouvé soudain l'élan de l'ambition. Le vertige l'avait pris d'une seconde carrière active. « Voyez-vous, dit-il un jour à Lucie qui prenait le thé avec Suzanne Borel-Bidault et qui l'avait vu surgir inopinément, M. Queuille, c'est un homme du passé qui n'a plus de désirs : eh bien, moi, j'ai des désirs et c'est pourquoi je suis ici maintenant. »

La nouvelle nous parvint à notre Q.G. le lundi dans la soirée, une semaine exactement après notre petite fête qui avait célébré l'échec de la combinaison socialiste.

L'atmosphère n'était plus à la liesse. Nous sentions le succès de l'outsider. Il vient, dans le déroulement d'une crise, un moment précis où, sous l'effet d'une accumulation de lassitude, le candidat, quel qu'il soit, qui se présente ne peut plus mathématiquement échouer. Les socialistes furent ravis de jouer un bon tour aux radicaux qui, en premier lieu, avaient desservi Jules Moch et qui, en second lieu, avaient obligé René Mayer (qu'ils trahissaient en même temps) à infliger un traitement vexatoire à Daniel Mayer. Celui-ci fut tout heureux, après s'être fait couvrir hiérarchiquement par Guy Mollet, de s'offrir en holocauste au leader M.R.P. qui était de surcroît l'ancien président du Conseil national de la Résistance. Les radicaux se trouvèrent pris au piège, coincés entre ces deux corps de bataille qui ne leur laissaient plus aucun champ pour la manœuvre et qui refusaient désormais de se laisser jouer l'un contre l'autre.

Investi le jeudi 27, Georges Bidault boucla son ministère le lendemain ; il ne laissait pas passer l'occasion de garder avec Petsche un ministre qui avait si bien réussi et Petsche n'entendait pas se priver d'un secrétaire d'Etat qui *lui* avait si bien réussi.

Ensuite, l'idée lui vint qu'il y aurait avantage pour nous à faire désigner par Georges Bidault un sous-secrétaire d'Etat M.R.P. qui nous en saurait gré et qui nous faciliterait les choses. Il nous fut aisé de nous mettre d'accord pour avancer le nom de Lionel de Tinguy du Pouët.

Antoine Pinay se trouva remplacé aux Affaires économiques par Robert Buron qui, d'emblée, imprima un style nouveau à la gestion de ce département, désormais plus technicienne et moins familiale. Petsche tenait à l'agréger à notre équipe, ce qu'il n'avait pas fait pour le précédent titulaire. Il faut dire qu'il était difficile de tenir à l'écart une personnalité aussi expansive et que c'était également une occasion pour le ministre des Finances de renforcer ses liens avec les hommes et le parti du nouveau président. Robert Buron venait tous les jours rue de Rivoli ; il assistait souvent à nos réunions, il y apportait de la compétence, de l'entrain, de l'humour, avec une rapidité de jugement et des formulations qui faisaient souvent mouche mais qui l'exposaient parfois aux erreurs et aux imprudences. Il s'était ainsi, dans sa carrière précédente, laissé entraîner, de fort bonne foi, dans une situation embrouillée dont il nous fut agréable de pouvoir le protéger.

Je me sentais à mon aise dans ce nouveau gouvernement. Je n'avais pas noué avec Georges Bidault des relations de type affectif comme celles qui me liaient à Henri Queuille, mais, justement pour cette raison, je me sentais moins dépendant et moins débutant. J'échappais à cette sorte de tutelle double qu'avaient exercée sur moi, et pour mon plus grand avantage d'ailleurs, à la fois le président du Conseil et le ministre des Finances. Je préparais ainsi mon passage de la position de secrétaire d'Etat à celle de véritable ministre.

Sur le plan humain, j'étais séduit par la personnalité de Georges Bidault. Peu compétent en matière d'économie et de finances, peu soucieux de le devenir, il assimilait nos schémas et il endossait nos projets avec une loyauté et une fermeté impressionnantes. Je subissais le charme indéfinissable de son style qui était à la fois écrit et parlé, avec son art spontané des associations surprenantes, des formules qui rappelaient Jules Laforgue et les surréalistes :

J'y verrai plus clair cette nuit,
Les tuiles remontent sur le toit.

On pouvait appliquer à ce langage, comme d'ailleurs à l'homme lui-même, le subtil jugement que George Sand porte sur l'un de ses héros : « Horace était naturellement affecté. » Un soir, alors que je m'entretenais avec mes collègues, secrétaires d'Etat, dans un salon de Matignon et que la conversation était venue sur « l'art personnel, les phrases singulières » de notre président, Lionel de Tinguy proféra : « Il est vrai qu'Edgar comprend le Bidault et, même, il le parle. » A ce moment précis surgit tout près de nous l'intéressé lui-même. Cette remarque l'amusa et tout d'un coup il nous sembla — l'instant d'un éclair — que nous nous trouvions entre camarades.

CHAPITRE XIX

LE BUDGET DE LA LIBERTÉ

Le cap des tempêtes.

L'hiver 1949-1950 fut une période charnière pour la France. Georges Bidault avait dit le 31 janvier 1950 à l'Assemblée nationale en conclusion du débat budgétaire : « Il y va de la permanence de l'Etat et de la Nation. » C'était le langage d'un esprit purement politique. J'ajouterai pour ma part : deux grandes options étaient en balance, la sécurité monétaire, la modernité économique.

Quand je récapitule les incidents de cette saison parlementaire, il me semble difficile de comprendre comment des enjeux aussi considérables et aussi évidents aient pu être mis en péril par un déchaînement de démagogie contre une ponction fiscale qui ne dépassait pas le chiffre très modéré d'une centaine de milliards.

A la différence du précédent, le budget de l'exercice 1950 porte ma marque personnelle. Maurice Petsche m'avait étroitement associé à son élaboration ; il était moins chaud pour m'associer pleinement à sa défense, mais les circonstances firent que, malgré lui et presque malgré moi, il m'appartint d'en assumer la part la plus éclatante. Si je me donnai quelque peine pour ce document législatif essentiel dans le débat qui en décida, j'en reçus une grande récompense. C'est dans cette occasion que j'ai affirmé mon crédit d'orateur parlementaire et atteint ma maturité d'homme d'Etat.

L'impasse c'est l'investissement.

La distinction du budget ordinaire et du budget extraordinaire est traditionnelle. Elle prit, dans les années d'après-guerre, une importance nouvelle et une figure particulière. Le budget ordinaire ou de gestion comprend les dépenses de fonctionnement : il assume la vie quotidienne de l'Etat, de ses administrations, de ses fonctionnaires et de ses pensionnés, l'entretien de ses actifs ; il est plus facile d'en limiter la croissance que d'en réduire les charges.

Le budget extraordinaire que je préférais appeler d'équipement comprend des dépenses en capital, créatrices de biens durables, porteuses d'avenir. En l'espèce, il fallait assurer la reconstruction d'une part et, d'autre part, la modernisation et l'équipement de l'économie. Ces deux chapitres faisaient l'objet de la mission du Commissariat général au Plan, confiée à Jean Monnet. Ces dépenses ne pouvaient pas être financées par l'impôt et il n'aurait pas été juste qu'elles le fussent car une seule génération aurait alors payé un acquis dont toutes les suivantes percevraient les bénéfices. De telles charges doivent normalement être couvertes par les emprunts.

Ici apparaît la notion qui prêta à tant de malentendus et aux railleries des ignorants, celle de l'*impasse ;* on « fait l'impasse » sur les possibilités financières que l'on peut escompter de la part des prêteurs ou en provenance de sources originales, cela veut dire que l'on fait une hypothèse raisonnable sur la possibilité de se procurer des ressources autres que l'impôt.

Tous les comptes faits et refaits, pointés et repointés, les dépenses comprimées, les recettes étirées, nous contemplâmes, Maurice Petsche et moi, nos deux budgets, et, pour chacun, il nous fallut bien arrêter l'évaluation d'un déficit irréductible. (1) Il nous restait, pour boucher les trous, à créer, pour 278 milliards, des charges fiscales supplémentaires. Notre choix se fixa sur une augmentation de la taxe à la production et de la taxe sur les salaires ; impôts choisis parce qu'ils étaient relativement indolores. A quoi s'ajouta, pour faire le poids, une taxe spéciale sur le transport routier, dont la prospérité crevait le plafond, mais cette taxe provoqua des clameurs qui crevèrent les tympans.

Il s'agissait au total de 10 % du budget, de 1,5 % du produit national. Je me sens rétrospectivement stupéfait à l'évocation de la résistance acharnée que souleva un projet aussi raisonnable, et, au demeurant, inéluctable. Que pouvions-nous faire d'autre ? Si nous avions abandonné toute rigueur financière, les Américains nous auraient refusé les 230 milliards de l'aide Marshall et le déficit se serait élevé au double ! On parlait d'économies, et je fis des efforts en ce sens en créant des commissions d'économie dans tous les

(1) 78 milliards sur le budget ordinaire (correspondant, pratiquement, à l'augmentation des charges militaires, qui montait à 70 milliards) et 150 milliards pour le budget extraordinaire : investissements et reconstruction. Nous avions affecté à ce dernier budget, d'une part, des possibilités d'emprunt évalués à 130 milliards, d'autre part la contre-valeur de l'aide américaine, pour 230 milliards.

départements, chapeautées par une Commission nationale. Mais on ne peut pas retrancher grand-chose sur le budget ordinaire qui assure le paiement des fonctionnaires et la vie des administrations.

Dès que l'on parvient au concret dans ce domaine, on voit se dissiper les mirages. « Le Français veut la liberté pour lui et les économies pour les autres. »

Des abattements substantiels ne pouvaient être obtenus que soit sur la reconstruction, soit sur l'équipement. En ce qui concernait la reconstruction, les droits avaient été reconnus et il était difficile de s'arrêter en cours de route, créant ainsi, arbitrairement, deux catégories de Français, les uns indemnisés, les autres frustrés par l'effet d'un simple hasard ; au demeurant, une telle position, portant préjudice à des intérêts privés, ne trouvait pas d'avocats dans la droite elle-même.

Une marge ne pouvait donc se dégager que sur le budget d'investissement, et c'est là que le problème financier, qui était superficiel, confluait avec le problème profond, qui était, comme toujours, de nature politique.

Les principaux bénéficiaires des dotations ou des crédits d'investissements étaient des entreprises nationales, et, de toute manière la dispensation en était assurée par la puissance publique. Pour cette raison, les socialistes refusaient tout rabais sur ce poste et, inversement, la droite, reconstituée et durcie, cherchait plus ou moins ouvertement, selon la finesse de ses interprètes, à les amoindrir

Aucun encensoir n'a manqué à l'apothéose de Jean Monnet lorsque celui-ci nous a quittés, chargé d'ans et de gloire, mais à l'époque, le commissaire général et son plan sentaient un peu le fagot. Le fait que le premier *plan* quinquennal ait éte élabore en Russie soviétique après la Première Guerre mondiale (*piatiletka*) éveillait la suspicion de nos conservateurs à l'égard du plan français, d'essence pourtant bien différente, lancé après la Seconde Guerre mondiale dans un pays non collectiviste.

Cette prévention n'est pas, de nos jours, entièrement dissipée. Le thème de l'obligation ardente, enoncé par le général de Gaulle (auteur de la nomination de Monnet), ne semble pas avoir tenu une grande place dans l'inspiration de Georges Pompidou, moins encore dans celle de Valéry Giscard d'Estaing.

Quelles que fussent les divergences idéologiques, voire les idées de « derrière la tête », quelle amputation pouvait-on vraiment recommander de sang-froid sur des crédits destinés (les structures n'étant pas ici en cause) à fournir le pays en énergie (charbon, électricité, carburants) et à d'importantes activités du secteur privé telles que la sidérurgie, le machinisme agricole, le tourisme, etc. ?

Même si l'on critiquait le mode de l'intervention étatique, qui selon la tradition française de Colbert à Freycinet affinée depuis Poincaré par la formule de l'économie mixte assure l'impulsion motrice de l'expansion économique, n'aurait-il pas fallu prescrire les moyens financiers d'une exigence globale que ne pouvait satisfaire l'appel au marché de capitaux ?

Je puis dire aujourd'hui qu'aucun contre-plan sensé n'a été opposé au nôtre au cours de ces mêlées confuses qui absorbèrent pendant des semaines la vie politique, gouvernementale et parlementaire de la France et dont l'enjeu conditionnait dans l'immédiat notre survie économique.

L'offensive démagogique du revenant Daladier.

L'offensive fut engagée dès le 16 novembre devant le Congrès radical réuni à Toulouse par le revenant Edouard Daladier qui cherchait et trouva, dans une furia antifiscale digne des bandes de Mandrin, l'occasion d'effacer son ardoise et de rajeunir son vedettariat. J'avais été dans la necessité au cours de ma campagne électorale de prendre la défense de cet homme d'Etat fort malmene par les contradicteurs de tout genre et, me piquant au jeu, j'étais passé des circonstances atténuantes à l'excuse absolutoire, puis au panégyrique. J'avais réussi à me persuader moi-mème qu'il devait agir comme il l'avait fait et qu'en tout cas il s'était toujours tenu à la hauteur de ses responsabilités. Je ne le connaissais pas à l'époque et quand j'eus, par la suite, l'occasion de le rencontrer, il me fit tout d'abord bonne impression. La première fois que je l'entendis, je trouvai son éloquence percutante ; ses analyses critiques, pesamment martelées, simplistes mais claires, m'apparurent comme une excellente technique de persuasion. Cependant, alors que j'attendais avec gourmandise la partie positive de son exposé, il tourna court après quelques formules creuses et quitta la tribune. J'en déduisis que j'avais affaire à un orateur de grande classe, disposant d'une exceptionnelle maîtrise, percevant de façon presque magique la psychologie de son auditoire. Il avait pris conscience, pensai-je, de quelque chose qui ne collerait pas dans la conclusion qu'il avait préparée et il avait assez de courage et de lucidité (fait assez rare) pour en pratiquer la coupure.

Cette interprétation était parfaitement erronée.

J'eus de nouveau l'occasion de l'entendre et il procéda de la même manière. J'en tirai la même conclusion. Il me fallut à la vérité un certain temps pour comprendre que, si Daladier ne concluait jamais c'est qu'il ne savait pas conclure ; il avait acquis le maniement de l'analyse et il s'en tenait là. Peut-être la pratique de l'enseignement l'avait-elle porté à une conception trop descriptive. Les historiens ne peuvent pas changer le cours des événements qu'ils retracent, et il ne s'avisait pas de penser que l'homme politique, lui, disposait d'une certaine marge de mouvement contre la fatalité. A défaut d'ajouter au récit une partie optionnelle et positive, il s'acharnait à la critique et forçait sur les couleurs. Incapable de concevoir une solution de rechange, il s'installait dans le refus de celle qui lui était proposée. C'était un esprit qui ne construisait que la négation.

S'il avait marqué, lors de Munich, quelque perplexité, c'est qu'il ne voyait pas bien s'il devait nier la guerre ou nier l'accord. La seule chose positive qu'il apercevait dans la vie politique était l'éventualité de sa propre rentrée au gouvernement. Cette obsession lui tenait lieu de doctrine. Pour l'heure, il avait, en usant de son flair (qualité remarquable chez lui), détecté que le thème anti-étatique, anti-dirigiste, anti-fiscaliste trouvait de la résonance auprès d'une certaine clientèle bruyante et causante, embourgeoisée et râleuse, qui était de surcroît le milieu où se recrutaient bon nombre de militants radicaux.

Il tenta son coup de maître dans la cité du Capitole. Se sentant soutenu par l'ambiance, il fulmina contre tout ce qui avait été créé depuis la guerre — c'est-à-dire sans lui — et voua aux gémonies, dans la foulée, l'œuvre du gouvernement sortant de M. Queuille dont cependant les calicots ornant la salle proclamaient hautement les mérites : « Une année d'arbitrage radical a été une année de stabilité française. » J'ai déjà relaté comment Edouard Herriot avait fait appel à moi pour contrer ce trublion, exalté jusqu'à l'ivresse par l'avant-goût de la popularité et par le ragoût de la revanche.

Ce rebondissement de la guerre des Edouard se termina par la confusion et dans le *dead-heat.* Daladier obtint incontestablement le succès. Herriot garda solidement la place (1).

Au cours des semaines qui suivirent, je prononçai plusieurs discours dans des occasions variées. J'acceptai notamment, malgré les objurgations de Petsche, de me rendre au banquet des P.M.E., puis à celui des transporteurs, présidés l'un par Gingembre, l'autre par Litalien, futur député. L'assistance, hostile aux projets du gouvernement, me fit, dans l'un et l'autre cas, assez bon accueil, alternant des mouvements de houle avec des contagions de rires et quelques ébauches d'applaudissements. Le public français, quand il n'est pas conditionné par le militantisme politique, ne manque jamais d'apprécier un certain courage, un certain panache. Je fis

(1) Réélu par 759 mandats contre 382 à Daladier qui ne s'était pas porté clairement candidat. Cf. aussi sur les séquelles de ce congrès notre chapitre XIII (le Joffre de la rue de Rivoli).

aussi quelques déplacements en province dans des milieux de tendance radicale, partagés entre leur opposition aux projets gouvernementaux et leur sympathie pour un homme de leur famille. A chacune de ces interventions, je cherchais une formule lapidaire pour une conclusion. Elle vint bientôt. mais dans une autre circonstance.

« Edgar, pour combien de temps en as-tu ? »

Ainsi m interpella *mezzo voce,* comme je longeais son banc situé au ras de l'hémicycle, le député du Nord Arthur Ramette ; il faisait partie du groupe des parlementaires communistes d'avant-guerre qui étaient politiquement policés et portés à la camaraderie. Je lui répondis en riant moi-même de ce que cette déclaration toute franche avait de cocasse : « Jusqu'à ce que le président du Conseil arrive ! » Tel était en effet le cas. C'était le jeudi 22 décembre 1949.

Le lundi 19. Petsche avait présenté l'exposé inaugural de la discussion budgétaire. Je lui avais demandé si je devais me préparer à unc intervention personnelle mais il m'avait répondu, non sans un peu de gêne, par la négative. Il craignait de pâtir de la comparaison qu'on pourrait faire entre nos qualités oratoires et je ne souhaitais nullement le contrarier. Il était convenu que le président du Conseil poserait la question de confiance à la fin de cette première discussion : il s'agissait seulement d'obtenir, non pas le vote. mais la prise en considération du projet gouvernemental que la commission des Finances avait réduit en papillotes. Devant cette juridiction de haute classe, les radicaux et le M.R.P. s'étaient livrés à des enchères ridicules sur des chiffres d'économies extravagants, allant jusqu'à 180 milliards, ce qui permettait de faire disparaître la muscade des impôts. Finalement, le contre-projet de la commission diminuait allègrement les crédits de 91 milliards, proposait quelques recettes plus ou moins consistantes et, malgré ces artifices, laissait encore subsister un déficit avoué de 23 milliards. Le rapporteur général Barangé, drapé dans sa dignité (je l'aurais bien vu en toge), avait refusé d'exhiber ce monstre et c'est le président Jean-Raymond Guyon qui avait pris le relais avec sa « prud'homie » socialiste et sa bonhomie aquitaine. Plus de cinquante orateurs s'étaient fait inscrire et le débat s'étirait dans un interminable ennui. Il apparut enfin que le flot se tarirait dans la nuit du jeudi au vendredi, au plus tard le vendredi matin. Je proposai à Petsche, en ce dernier jour, de nous relayer le soir pour que chacun puisse prendre son repas et quelque réconfort, dans la perspective d'une longue veille. Je m'absentai le premier, en fin d'après-midi et rentrai à mon domicile tout proche, avenue d'Orsay, où, selon ma tactique habituelle en semblable circonstance, je pris un bain me rasai et dînai légèrement. Je revins au banc dès huit heures, ce qui permit à Petsche de s'évader à son tour. Je suivais distraitement le fil des propos des orateurs quand le président Le Troquer m'invita, par des signes impérieux, à venir le rejoindre au perchoir. « Je suis inquiet, me dit-il en chuchotant. Plusieurs intervenants se font rayer, d'autres ne répondent pas, la liste se rétrécit à toute vitesse ; il se peut que le débat tourne court et alors je devrai passer au vote. Mais le président du Conseil entend poser la question de confiance et vous savez que lui seul peut le faire. »

La IVe République avait en effet rectifié sur ce point la règle de la IIIe qui permettait à n'importe quel ministre d'engager à sa guise le gouvernement tout entier.

« Je l'ai fait prévenir, ajouta Le Troquer, mais il ne semble pas qu'on ait pu l'atteindre et il n'a prévu sa présence qu'à partir de vingt-deux heures.

— Nous pouvons, suggérai-je, demander une suspension de séance.

— Oui, mais sera-t-elle accordée ? On décide à main levée, or, regardez l'hémicycle, seuls les communistes tiennent garnison ; ils font la moitié de l'assistance et encore quelques voix à droite sont peu sûres. »

Je réfléchissais : « Je pourrais peut-être, après tout, prendre la parole ?

— C'est ce que j'allais vous proposer. Pourriez-vous tenir la tribune assez longtemps ?

— Sans l'ombre d'un doute. Je suis capable de réciter de mémoire les masses budgétaires par département ministériel et de les commenter. »

Si vous demandiez le prix de la liberté...

Je descendis le raidillon et me rassis, piqué au jeu. Je souhaitais maintenant que l'éventualité prévue se produisît. Dix minutes plus tard, l'occupant de la tribune ramassait ses feuillets. Le Troquer me fit un nouveau signal et prononça rituellement : « La parole est à monsieur le secrétaire d'Etat. »

Je commençai en alignant des chiffres et en rappelant quelques précisions techniques, le tout sur un rythme calculé de telle sorte qu'il devait me permettre de tenir longtemps. Les députés présents, peu nombreux, suivaient avec une attention polie et soutenue : j'apercevais des sourires d'approbation du côté du centre, d'ironie sans méchanceté du côté de l'extrême gauche. Peu a peu, je pris conscience d'un phénomène singulier. Les députés, revenant du restaurant ou d'un repas pris en ville, réapparaissaient d'abord par unités, puis par petites grappes. Ce mouvement dans la salle, loin de me déranger, me portait, sans doute parce qu'il se produisait à sens unique et que l'attention des arrivants se branchait aussitôt sur le circuit que je commandais. Je m'échauffais et la salle se réchauffait, les applaudissements se faisaient plus fréquents et plus denses, il semblait s'établir un accord symphonique entre l'affluence des arrivants et le développement de mon discours. Un certain dédoublement, familier aux orateurs de vocation, me permettait d'observer les visages, de reconnaître les nouveaux auditeurs, de les nommer et presque de les compter, tout en égrenant mes paroles et en élaborant dans mon esprit le plan approximatif de ce que j'avais encore à dire. Loin de redouter de sentir au-devant de moi une trop longue mesure de temps à combler, j'étais pris de l'inquiétude de ne pas pouvoir aller jusqu'au bout de mes propos et de devoir tourner court. C'était pourtant ce qui pouvait m'arriver de mieux car je gagne souvent à abréger mes derniers commentaires et c'est ce qui m'advint cette fois-là.

Tout à coup mon regard descendant sur le banc du gouvernement capta à la place que j'avais libérée et qui était demeurée vide une superstructure gigantesque, immobile et toute sombre, qui semblait avoir été posée là par inadvertance comme ces grandes cibles de tir à formes humaines que l'on déplace sur des chariots. C'était Petsche qui était revenu et que je n'avais pas aperçu à l'instant de son entrée. Ses vêtements bleu foncé disposés en portemanteau paraissaient noirs sous la lumière artificielle, ses yeux plus noirs encore et plus grands que jamais étaient posés sur moi dans une fixité redoutable ; le cliché fugace que j'entrevoyais de son attitude et de son visage me donnait l'impression d'une douleur contenue et d'un lugubre avertissement. Il croyait sans doute que je l'avais piégé et que j'avais profité de son absence pour me mettre en valeur. Je me hâtai vers ma péroraison. Avant d'y parvenir, j'aperçus Georges Bidault qui venait d'entrer sur ma droite et qui se dirigeait à son tour vers le banc, à petits pas pressés et discrets, de ses pieds minuscules juchés sur des hauts talons. Mon intermède était terminé, mon contrat était rempli ; il fallait conclure et le motif que j'avais cherché si longtemps pour la conclusion de mes discours fulgura dans mon esprit Ce budget que je défendais, c'était celui d'une nation libre et qui voulait le rester, qui entendait résister a la subversion que guette l'étranger et qui provoquerait notre décrépitude économique. Nous étions encore à l'époque du stalinisme. Il nous fallait tout aussi bien marquer notre indépendance vis-à-vis de nos amis, dont le secours et le concours provisoires et nécessaires ne comporteraient aucun risque de vassalisation, si nous savions profiter de leur aide pour devenir solvables. C'était le budget de la liberté : or, qui peut mieux juger de la valeur d'un bien que celui qui l'a connu et qui en a été dépossédé ? Qu'étaient nos mécontentements rageurs et nos déceptions vénielles comparés à l'infortune de ces peuples fiers, si proches de nous dans l'espace et dans l'histoire de l'Europe, et dont nous avions vu, à une période si récente et dans une bande de temps si resserrée, s'éteindre l'un après l'autre les feux de la souveraineté ? Varsovie, Prague, Bucarest, Sofia, Budapest. Alors je m'entendis articuler ces mots, comme s'ils venaient d'une autre voix : « Et si vous demandiez le prix de la liberté aux peuples qui l'ont perdue ?... » J'aurais pu m'arrêter là car la vague des applaudissements submergea la fin de la phrase : « peut-être vous diraient-ils que le budget de la France n'est pas trop cher ! »

Je redescendis de la tribune comme de l'Olympe, les oreilles bruissantes des battements qui se prolongeaient. Georges Bidault se leva à mon passage et prit chaleureusement ma main dans les siennes, après quoi il posa, dans les termes rituels, la (première) question de confiance.

Je venais d'assister à ma propre naissance en tant que figure politique de la France d'après-guerre.

Je me suis demandé depuis — mais non pas sur l'instant — s'il n'y avait pas eu à l'origine de mon intervention un montage d'André Le Troquer. Quand j'y pense aujourd'hui, cette hypothèse m'apparaît comme très probable. Le rusé président était favorable au gouvernement, il avait pu soupçonner, dans sa finesse, que je me réservais à cause de Petsche et il avait combiné de me forcer la main dans la conviction (justifiée) que je ferais impression sur l'Assemblée.

Quoi qu'il en fût, le gouvernement gagna ce premier round avec six voix de majorité. Etait-ce la moisson de ma performance ? Je ne me faisais pas la « grosse tête » car les discours changent rarement les votes, surtout lorsqu'il faut observer un délai de refroidissement de vingt-quatre heures.

L'occasion d'un doublet me fut offerte par le nouveau vote de confiance qui fut fixé au 2 janvier à 0 heure. (Un tel horaire permettait de gagner du temps en ne sacrifiant qu'une seule journée utile au délai de vingt-quatre heures.) Au surplus, cette journée était doublement fériée puisque c'était le dimanche 1er janvier. Mon intervention cette fois était régulièrement programmée, avant celle du ministre des Finances qui précédait lui-même le président du Conseil.

Pour occuper ma soirée, j'allai avec Lucie au Théâtre des Champs-Elysées voir une opérette médiocre et qui fut un bide, malgré la présence d'une délicieuse artiste qui s'appelait Effie Meyerofer et qui filait avec entrain la seule bonne rengaine : « C'est idiot. idiot, idiot... »

Je pense que je fus encore bon cette fois-là, puisque André Siegfried et Edouard Bonnefous ont noté dans *l'Année politique* l'adverbe « brillamment », mais l'effet de surprise n'était pas le même et j'ai sans doute commis une légère imprudence, lorsque, peu avant ma conclusion, mon mouvement oratoire me porta à exhorter l'Assemblée de prendre conscience de sa propre valeur. Ce propos détonna un peu et j'observai des mouvements divers.

Quand je rejoignis Petsche et que je lui demandai si rien ne l'avait contrarié, il me répondit en s'esclaffant : « Bien sûr que non ! La dernière fois, tu avais fait le discours du ministre des Finances, ce qui me gênait. Cette fois, tu as fait celui du président du Conseil je suis hors de cause. »

Un démolisseur qui n'aime pas les décombres.

La bataille fit rage, non seulement au Palais-Bourbon, mais au Luxembourg. Je connus des journées et surtout des nuits harassantes Il m'arrivait de rentrer au petit matin de l'une des Assemblées alors que je devais me rendre auprès de l'autre, ou de la Commission, au début de l'après-midi. J'adoptais, dans ces circonstances, un système personnel de relaxe et de récupération. Je me déshabillais et m'installais dans mon lit, j'ouvrais la radio ; je m'endormais en entendant de la musique douce : les intervalles parlés me réveillaient à moitié, puis je passais à nouveau de l'autre côté de la ligne indiscernable de la conscience. Je prenais ensuite, sans me lever, un repas composé principalement d'anguille fumée, arrosée de champagne.

La seconde Assemblée, toute nerveuse encore de sa récente désignation, fournissait une majorité de droite et de centre droit, portée de par ses origines à l'antifiscalisme et, de par son complexe vis-à-vis de l'Assemblée nationale, à l'anti-tout. Le rapporteur du budget d'investissement, Marcel Pellenc, s'était institué son prophète et son thaumaturge.

Il était, par coïncidence, parlementaire du même département que Daladier, dont il partageait, pour l'heure, les marottes. Cependant, à la différence du pseudo-taureau du Vaucluse, le sénateur, lui, disposait d'une réelle compétence technicienne et polytechnicienne le plus souvent stérilisée d'ailleurs, et parfois pervertie, par les outrances de son expression et les lacunes de son jugement. Sa carrière l'avait porté à l'inspection générale des P.T.T. et il y avait trouvé l occasion de rédiger un rapport baptisé rapport Pellenc dont il faisait grand tapage. Il se plaignait de n'avoir pas été suffisamment suivi dans les conclusions de ce travail, voire d'avoir subi quelques brimades, réelles ou imaginaires, le tout révélant ou accentuant dans son personnage une certaine disposition à se croire incompris et à se tenir pour frustré. Sa nomination au poste envié de rapporteur général du Sénat avait donné libre cours à sa vocation d'inquisiteur, de perquisiteur, de réquisiteur et à son léger délire actif et passif de persécution. Il se délectait à s'entendre prononcer des harangues où il maniait les concepts et les chiffres avec une virtuosité parfois admirable, mais où il se laissait emporter par le désir de plaire et de se plaire, par la rage d'éblouir, par la certitude de tout savoir et d'en remontrer à tout le monde, engageant avec lui-même une sorte de course de vitesse intellectuelle qui précipitait ses démonstrations dans un télescopage de steeple-chase. Sous l'effet de la délectation que lui procuraient ses révélations et ses trouvailles, il éclatait soudain d'un rire sardonique et sa voix prenait les modulations du hennissement. Quand je le connus davantage, je vis que ce n'était nullement un mauvais bougre ; après avoir démoli les projets du gouvernement, il ne demandait qu'à se faire valoir en jouant le raccommodeur de porcelaine. A la différence de Daladier, il n'était pas propulsé par l'ambition personnelle et son fonds de civisme républicain lui faisait redouter l'aventure. C'était un démolisseur qui avait horreur des décombres.

Conformément à mon tempérament négociateur, et bénéficiant du crédit que mon bon teint radical me donnait au Luxembourg, je m'efforçai de détendre l'atmosphère, de morceler les difficultés, de préparer quelques compromis et j'y parvins presque, mais Maurice Petsche se refusa à tout accommodement, estimant qu'il ferait perdre la face à l'Assemblée nationale s'il retirait quoi que ce soit de ce qu'elle avait si courageusement contresigné à son appel.

On pouvait argumenter en faveur de l'une ou l'autre méthode. L'intransigeance du Sénat — que nous aurions pu réduire — produisait sur l'Assemblée des sursauts de raidissement.

Les hostilités parlementaires durèrent depuis le 5 décembre jusqu'au 31 janvier. Le gouvernement avait dû faire des sacrifices. Bien des milliards de nos recettes mirifiques étaient morts au champ d'honneur. Les scrutins ne cessèrent d'être serrés jusqu'à ce point que l'un d'eux donna l'égalité des suffrages. Finalement, le budget de la liberté passa le cap des tempêtes avec 99 milliards de recettes et 17 voix de majorité.

CHAPITRE XX

LE NEZ DE CLÉOPATRE
LA CHUTE DU GOUVERNEMENT BIDAULT

Le gouvernement Bidault perd ses ministres.

Paradoxalement, le gouvernement Bidault qui avait affronté victorieusement une épreuve exceptionnellement dure et prolongée trouva sa perte dans ce qui n'aurait dû être qu'une escarmouche sur un sujet mineur.

Il faut dire qu'entre-temps il s'était trouvé considérablement affaibli et passablement remanié. Ce fut d'abord, en décembre, le départ de l'énergique et éloquent ministre de l'Agriculture, Pierre Pflimlin (coïncidant de façon fortuite avec celui de Paul Ribeyre, simple sous-secrétaire d'Etat à la Santé qui subissait la pression de son groupe et partit sur la pointe des pieds). Pierre Pflimlin avait été désavoué sur le prix de la betterave et il n'acceptait point de perdre la face vis-à-vis des agriculteurs qui lui ont été fort reconnaissants de ce geste.

Le départ des socialistes.

Plus grave fut l'épreuve qui survint le 4 février 1950 à la suite d'un raidissement de la position socialiste, sur une question de prime exceptionnelle, le différend ne portant que sur les modalités d'échelonnement de cette prime. Il s'agissait en fait d'un prétexte. Les membres socialistes du gouvernement, au nombre de neuf, remirent sur ordre de leur instance supérieure, dite Comité des 46 (amalgame du groupe parlementaire et du comité directeur du parti), leur démission collective. Le groupe d'ailleurs ne se refusait pas à accorder, à l'avenir, un soutien sans participation, mais c'était aussi un soutien sans garantie.

Le président Bidault décida de survivre et remania sans désemparer. Ainsi fit-il entrer au gouvernement deux sénateurs dont le président du groupe R.G.R., Charles Brune, qui pourtant n'avait même pas voté pour le gouvernement dans la discussion budgétaire (seul et unique, mon coéquipier Charles Laurent-Thouverey, par loyauté envers moi, avait émis un tel vote) mais qui avait eu l'heureuse idée de s'abstenir. Nommé ministre des P.T.T., Charles Brune, quoique sénateur de l'Eure, était jurassien de naissance et de cœur, arboisien de choc. Il était heureux de se rendre à tout bout de champ et sous tout prétexte, cérémonie ou repos, dans la capitale du vignoble avec sa voiture à cocarde et, dès qu il en trouvait l'occasion, escorté de motocyclistes. Il s'installait devant l'hôtel Molliet en fumant sa pipe et recevait débonnairement les hommages. Il m'emmenait parfois avec lui faire une tournée dans les communes voisines où nous remettions le Mérite agricole à des maires moustachus en jouant les goûteurs de vin.

Le départ des socialistes et leur remplacement par des R.G.R. confirmaient la tendance que nous avions déjà notée du glissement à droite, reflétant au Parlement le phénomène qui se prolongeait dans le pays, comme en avaient témoigné successivement les élections cantonales de 1949 et la récente désignation des nouveaux conseillers de la République.

Cette dynamique se trouvait cependant contrariée par deux circonstances. D'une part, la tendance du R.P.F. à s'installer dans une opposition systématique dans le même temps qu'il devenait la formation dominante de la droite, d'autre part, la nature des problèmes qui exigeaient des solutions *compatibles* avec l'idéologie (en réalité plus social-démocrate que marxiste) de la S.F.I.O. et *incompatibles* avec l'idéo-démagogie des conservateurs. C'est ce paradoxe qui nous montrait un spectacle singulier : le gouvernement, au lendemain d'une bataille décisive, perdait son plus fidèle soutien et se voyait contraint de le remplacer par le plus discret de ses adversaires.

C'est à cette occasion que je tombai dans le piège du coup de téléphone nocturne. Deux heures du matin. Je suis couché. La sonnerie me réveille. Georges Bidault au bout du fil : « Je sais que vous souhaitez le ministère des Travaux publics. — C'est bien exact. — Euh... bien, bien. Mais pourriez-vous alors vous occuper en même temps de suivre le budget que vous êtes seul à connaître ? » Ma réaction consciencieuse : « Il ne me semble pas possible de diriger les deux ministères à la fois. — Ah ! bien, je vous remercie, évidemment vous ne pouvez pas quitter le budget mais... » (en substance, je vous revaudrai cela).

Je jurai un peu tard qu'on ne m'y reprendrait plus. Je refusai désormais de traiter de tels sujets par téléphone. Je ne recevais point l'avancement que j'avais mérité. En revanche, la catégorie des sous-secrétaires d'Etat se trouvait fondue dans celle des secrétaires d'Etat : de ce fait, Lionel de Tinguy passait à mon niveau, ce dont je me réjouissais pour cet homme de mérite, de surcroît fidèle en amitié. Mais cet avancement mettait en lumière mon propre piétinement et pouvait donner l'impression que j'étais (en relativité) rétrogradé. Peut-être cette situation explique-t-elle en partie que, sans préméditation de ma part, je ne fus point en humeur de faire, lorsque l'occasion s'en présenta, un excès de zèle.

Le baromètre au beau fixe rue de Rivoli.

Jusqu'au mois de juin, il ne se passa rien d'alarmant dans le secteur que les hommes de la rue de Rivoli étaient chargés de tenir. Les phares de l'actualité avaient cessé de centrer leurs pleins feux sur nos personnes et sur nos problèmes. Le résultat que nous avions recherché à travers tant de péripéties était réellement atteint et justifiait un peu plus chaque jour notre prévision et notre opiniâtreté. Le budget ayant été voté quant à ses grandes masses me donnait encore beaucoup de travail car j'en suivais le vote par département, mais il ne m'inspirait plus de souci. Fait primordial : la trésorerie ne nous causait plus d'inquiétude.

L'or recula, les valeurs étrangères aussi, le commerce extérieur s'équilibrait. Le franc vivait sa vie et l'économie s'engageait dans la voie du succès, à la manière de ces itinéraires sentimentaux décrits par Jean Paulhan : « Progrès en amour... assez lents. » Il nous parut opportun d'engager un peu de relance en assouplissant les conditions du crédit et en relevant le plafond bancaire non soumis à autorisation.

Le front social paraissait moins calme que le front financier. On bricola tant bien que mal la fameuse prime exceptionnelle et la loi sur la convention collective fut votée à une très forte majorité, où s'intégrèrent même les communistes. En réalité, les points sensibles étaient ceux que marquait, à travers la fiction d'une agitation syndicale, l'activisme politique de l'extrême gauche. On fit voter une nouvelle loi contre le sabotage, une de plus ! De graves incidents survenus à Brest se traduisirent par la séquestration d'un député, par la mort d'un manifestant, par la condamnation de deux députés (communistes), enfin par un débat sur les règles de l'immunité parlementaire, débat farfelu et inopportun qui entraîna la décision de l'abbé Pierre de quitter le M.R.P.

Au cours de cette période d'accalmie sur mon secteur, la politique extérieure reprit, dans les délibérations du gouvernement sa place normalement prépondérante. Je n'intervenais guère dans ces débats puisque je n'étais que secrétaire d'Etat et je suivais la discussion avec sérénité, tout en laissant, de temps à autre, mon attention se dérober et se concentrer sur mes propres dossiers. Il faut bien dire aussi que le Conseil des ministres n'avait pas alors la haute tenue qu'il a acquise pendant la magistrature du général de Gaulle et qu'il a gardée par la suite. On y lisait le journal et tout particulièrement *le Canard enchaîné* qui paraissait justement le mercredi. On y faisait son courrier, parfois même le courrier du cœur. Il m'advint de remarquer un jour, involontairement, qu'un de mes voisins, très porté vers l'éducation sentimentale, rédigeait plusieurs lettres l'une après l'autre et, ne pouvant résister à la curiosité, je discernai la même mention de début qui était : « Mado chérie. » Je me demandai si vraiment il les fabriquait en une fois pour les dispenser successivement mais, comme il rédigeait aussi les enveloppes, je découvris qu'il s'agissait de deux personnes différentes qui s'appelaient toutes deux Marie-Madeleine. Je rencontrai l'une d'elles bien plus tard et lui narrai que j'avais beaucoup entendu parler d'elle, ce qui visiblement l'enchanta.

La rocambolesque affaire des fuites.

C'est au cours de ce premier trimestre 1950 que surgit l'affaire dite des « fuites » ou également des « généraux » car elle concernait deux officiers de ce rang, Mast et Revers. Ils y tenaient d'ailleurs des places très différentes et le seul lien entre eux tenait à leur commune et regrettable familiarité avec un personnage des plus douteux, un certain Roger Peyré, flibustier pour temps modernes, mâtiné de repris de justice et d'agent double. Le général Mast avait conçu l'ambition d'être désigné en qualité de haut-commissaire en Indochine. Sa femme tenait table ouverte afin de lui faire obtenir la faveur des milieux influents. L'attention se concentra sur une historiette qui n'en méritait pas tant. Le général ayant rencontré dans un train le chanoine Kir, député-maire de Dijon, l'invita à la bonne franquette à venir déjeuner chez lui sur-le-champ et le chanoine, au moment de passer à table, sortit de son bagage une bouteille de Bourgogne comme pour payer son écot. La générale Mast, entendue sur cette page d'histoire par la commission d'enquête parlementaire, apporta la double preuve de sa culture littéraire et de sa délicatesse en s'écriant : « C'est le curé de Cucugnan ! »

L'affaire concernant le général Revers présentait un caractère bien différent. Le chef d'état-major général s'imposait par la force de sa personnalité. Au cours de nos rencontres, il m'avait produit l'impression la plus favorable, ce qui aurait dû m'inspirer un doute. Il appartenait en effet à cette catégorie de militaires intellectuels et diserts qui enchantent les hommes politiques parce qu'ils ont des qualités politiques, lesquelles ne débouchent pas toujours, ni même le plus souvent, sur les qualités proprement stratégiques. A la manière du héros de Stendhal, M. Leuwen père, il invitait les députés par « berlines entières » et les déjeuners qu'il organisait dans les confortables salons des Invalides prenaient des allures de petits banquets républicains. On a dit que son objectif était de se faire nommer haut-commissaire en remplacement de M. Pignon, mais d'autre part qu'il agissait de concert avec le général Mast, qui était lui-même candidat. Revers voyait-il plus loin ?

Je pense aujourd'hui, lorsque je récapitule cette période, qu'il avait en tout cas un certain goût pour les intrigues mystérieuses et les combinaisons machiavéliennes. Il avait auprès de lui un collaborateur dont la fonction n'était pas clairement définie, en quelque sorte son homme de confiance-à-tout-faire. M. D. T. s'imposait par une apparence vigoureuse et avenante, il parlait fort, riait aux éclats et ne laissait que rarement la parole à ses interlocuteurs médusés par le nombre, la diversité et le caractère surprenant, parfois stupéfiant, de ses anecdotes. Il passait pour être un homme de renseignements, un virtuose des services spéciaux. Je marquai d'abord de l'étonnement quand je reçus cette information car je croyais naïvement, sur la foi d'une célèbre publicité (« les oreilles ennemies vous écoutent ») que les espions étaient plutôt des auditeurs que des conversationnistes. On m'assura que je me trompais. La faconde est une qualité très recherchée dans cette profession. La finesse de l'art consiste à gaver et à griser de paroles l'interlocuteur qui finit par éprouver le besoin de placer un mot à tout prix et ouvre d'autant plus volontiers son sac qu'il est à mille lieues de soupçonner que tel est bien le but — et le seul but — de la manœuvre. A vrai dire, M. D. T. n'avait guère de renseignements à glaner chez nous, mais il faisait régulièrement sa tournée et s'arrêtait le plus souvent chez Jean Rémond qu'il connaissait de longue date.

A l'issue de l'un de ses déjeuners, le dernier, je crois, de la série, le général Revers me prit à part et, parlant plus vite encore et plus sourdement qu'à l'ordinaire, il prononça le nom de Peyré avec des circonlocutions si confuses que je ne compris rien à cette histoire qui, sans doute, commençait déjà de transpirer. Je pris cependant un air entendu et n'y pensai plus. Peu de temps après, et à peine un peu plus tôt que tout le monde, j'appris de quoi il retournait. Le général Revers avait établi, à la demande du gouvernement, un rapport qui contenait une partie militaire et une partie politique. Il était bien surprenant que le gouvernement (et qui dans le gouvernement ?) ait demandé au chef d'état-major général des conclusions politiques, et plus surprenant encore que, dans ces conclusions, le général Revers ait vivement critiqué la politique du haut-commissaire Pignon, dont il demandait le remplacement par un militaire (ce qui était cousu de fil blanc). De surcroît il suggérait aussi le remplacement du ministre, Paul Coste-Floret ! Ce rapport se trouva mis en circulation (seulement, précisa-t-on, dans sa partie politique !). Le directeur de la D.S.T., Wybot, fut informé de ce fait, entra en possession d'un exemplaire du rapport et décida, pour des raisons que j'ignore (j'ai appris depuis que les actions de ce haut policier ne pouvaient être comprises qu'à travers des grilles), d'en tirer parti pour exécuter le général Revers. Il machina alors une incroyable farce. Le 18 septembre 1949, une rixe éclata dans un autobus ; la police intervint à point nommé, arrêta un Vietnamien du nom de Do Daï Phnoc sur qui on trouva le texte du rapport, lequel revint ainsi tout naturellement sur le bureau de M. Wybot d'où il était récemment parti pour se faire découvrir dans des conditions avouables. Il faut dire que, dès le mois d'août, la radio du Viêt-minh avait diffusé des extraits de ce rapport *top secret*. Grâce au détenteur du document, on remonta une filière qui conduisit à Roger Peyré ainsi qu'à un Vietnamien nommé Van Co. Après divers interrogatoires et l'ouverture d'une instruction, Henri Queuille, alors président du Conseil, et Paul Ramadier, alors ministre de la Défense nationale, décidèrent d'étouffer l'affaire et la justice militaire, considérant au surplus que le rapport baladeur ne contenait aucun secret de la défense nationale, rendit un non-lieu contre lequel cependant Paul Coste-Floret protesta.

Il apparut que le général Revers avait confié le document à Mast qui, supposait-on, l'aurait remis à Peyré : ce circuit peut étonner puisque le général Revers connaissait très bien lui-même Roger Peyré. Sur le compte de celui-ci, on apprit qu'il était failli réhabilité, délinquant amnistié, et qu'il avait été, sur l'insistance de Revers, décoré de la Légion d'honneur alors qu'il était encore sous le coup d'une poursuite pour indignité nationale. Condamné par contumace, il revint se présenter devant la cour de justice, laquelle, toujours sur les interventions de Revers, prononça l'acquittement du chevalier tout frais promu. Après la « sortie » — discrète — du scandale, Peyré s'embarqua pour le Brésil en novembre 1949. Le général Revers, qui avait successivement proposé puis retiré sa démission, et dont le comportement témoignait d'une vive inquiétude, se vit limoger le 7 décembre 1949 et remplacer par le général Blanc. Peu après, toute l'affaire émergea à nouveau, mais de façon publique, avec des articles du *Times* et du *Monde*. L'Assemblée constitua une commission d'enquête en janvier 1950 et Peyré lança dans différents azimuts des flèches empoisonnées. Le président Le Troquer, auquel Peyré affirmait avoir remis 500 000 francs d'honoraires pour s'assurer son concours d'avocat, se défendit d'avoir jamais accepté « un pourboire donné par un coquin ».

On imagine difficilement l'atmosphère de suspicion et de délation qui s'instaura pendant quelques semaines autour des « révélations » qui entouraient cette affaire déplaisante. J'eus même la surprise de découvrir un jour mon nom dans *l'Humanité* qui me désignait comme ayant participé à un déjeuner dans un restaurant, avec quelques personnes dont M. Van Co, et qui indiquait même le montant de la note payée pour le repas ! Je voulais adresser un démenti, d'autant qu'à la date indiquée je me trouvais officiellement en déplacement à Lons-le-Saunier, mais mes collaborateurs m'en dissuadèrent. Il n'y avait pas diffamation, ma négation sur la date aurait entraîné un rebondissement des questions, il ne faut jamais accuser le coup, etc., ces arguments inspirés d'une sorte de fonds de sagesse accumulé par des générations d'hommes politiques sont d'ailleurs tout à fait contestables. Pour ce qui concernait ce chétif épisode, je reçus une lettre quelques jours après, me précisant que le journal s'était trompé de nom et que le Faure du déjeuner n'était pas Edgar, mais un certain Joyel Faure, éditeur, lequel n'avait, visiblement, rien à se reprocher de ce fait.

Le défaut de la cuirasse.

Je vis un jour dans son bureau le président Queuille donnant le spectacle, chez lui doublement inhabituel, de l'abattement et de la nervosité. Il subissait en effet quelques critiques à cause de la décision qu'il avait prise, ou du moins couverte, d'étouffer l'affaire. On reprochait principalement à Ramadier (mais par ricochet à Queuille) d'avoir convoqué un juge d'instruction militaire, le capitaine Missoffe. J'exposai à mon président que je ne voyais pas là de réel sujet d'inquiétude. Il est tout à fait normal que le ministre de la Défense nationale se fasse le seul juge de l'opportunité d'une poursuite. Son tort avait été sans doute, en l'espèce, de voir lui-même un juge d'instruction alors que c'est le parquet qui dépend de son autorité, mais c'était là un détail car le juge pouvait difficilement ne pas suivre le parquet, seul habilité à apprécier s'il y avait ou non en l'occurrence un secret de défense nationale. Comme M. Queuille demeurait maussade et tendu, je crus devoir prendre l'affaire sur un mode plus plaisant et je lui rappelai sa propre recette, qu'il m'avait énoncée lorsque André Marie subissait les épreuves de l'affaire Sainrapt et Brice : « Il n'a qu'à faire comme moi, quand je me sens en souci, m'avait alors dit le bon docteur Queuille, je prends un roman policier. »

Je lui proposai d'aller lui choisir un ouvrage à divertissement garanti. J'ai cru qu'il allait se fâcher et il me reprocha de me moquer de lui. Je vis, à travers cet exemple donné par un homme dont la conscience était en repos et dont le calme et la bonhomie étaient légendaires, qu'en réalité *il n'y a pas un seul homme politique qui puisse se cuirasser d'insensibilité contre les attaques personnelles*.

* * *

Et l'accident survint, alors qu'on ne s'y attendait guère, sur un point où on ne l'attendait pas.

Le gouvernement était appelé à fixer, par voie réglementaire, donc sans débat législatif, les modalités de reclassement des fonctionnaires.

C'était une affaire qui était réglée, dans le principe, depuis le 1er janvier 1948. Tous les fonctionnaires devaient, à ce titre, recevoir des augmentations. Comme la dépense globale était fort lourde, on avait prévu quatre tranches successives. A chaque tranche, ils recevraient le quart. Mais soudain s'éleva un problème d'une extrême technicité : il s'agissait de savoir si la grille devait être établie en brut ou en net.

Peu de personnes comprenaient de quoi il s'agissait. On avait calculé la grille (en brut) en tenant compte d'un impôt qui depuis avait été supprimé. Le ministère des Finances modifia la grille en conséquence. (C'était le net.) Mais les fonctionnaires répondirent que si on avait supprimé leur impôt, c'était pour leur donner, en fait, un supplément de traitement. Ils demandaient donc que l'on continue le système précédent, sans quoi ils étaient privés de l'avantage promis.

Ce qui compliquait encore les choses, c'est que, par la suite, tous les autres impôts cédulaires avaient été abolis.

Un dialogue de sourds s'engagea. Les fonctionnaires firent déposer par un député des Landes, Marcel David, une proposition de loi tendant à leur rendre leur précédent mode de calcul. C'est dans une séance de la matinée, à 11 heures 30, le mardi 16 mai, que l'Assemblée, saisie de la proposition David, en déclara l'urgence. Je me trouvais retenu ce jour-là au conseil général du Jura et Maurice Petsche s'était chargé de suivre lui-même l'affaire qui lui paraissait de routine.

L'Assemblée se joua des objections du ministre et vota l'urgence, après quoi elle accepta le renvoi en commission, ce qui était bien normal pour un problème dont la simplicité n'était pas la donnée la plus apparente.

Je ne repris que plus tard le dossier que Petsche, aidé de Tinguy du Pouet, avait traité avec compétence, mais sans prêter suffisamment de crédit à l'argumentation de la partie adverse. C'était là une erreur que en raison de ma formation d'avocat, j'aurais évitée. Quand je pus élucider le véritable fond du litige, il était trop tard pour aviser comme on aurait pu le faire au début. Petsche avait convaincu le président du Conseil de la justesse de sa position. D'autre part Pierre-Henri Teitgen, ministre d'Etat chargé de la Fonction publique, qui était le principal intéressé (les Finances n'étant que partie jointe), avait adopté l'analyse de notre ministère d'autant plus aisément que Lionel de Tinguy appartenait comme lui au M.R.P. Je commençai à éprouver une inquiétude que je ne pus faire partager à mes collègues.

Et pourtant, comme tout devait finir par se traduire en chiffres, les points de vue, au cours du trajet Assemblée-commission-Assemblée. s'étaient rapprochés. L'écart des deux systèmes que l'on évaluait au départ à 6 milliards environ n'était plus que de 400 millions. L'affaire devenait plus dérisoire encore que celle du célèbre amendement Capdeville. Pierre-Henri Teitgen, le jeudi 15 juin, présenta un exposé magistral qui occulta la contre-thèse (faiblement présentée) et qui convainquit un certain nombre de radicaux et d'indépendants, entraînés par des leaders imbus de courage civique, Paul Reynaud et Giacobbi. J'avais moi-même occupé la tribune pour un exposé auquel je ne pouvais apporter une ferveur qui ne m'habitait point. « Je ne puis dire, remarqua Duhamel, que vous ayez fait un bon discours. » Je me souvins de Dumont à Saint-Julien (1) et je lui répondis : « Voyez-vous, mon cher Jacques, il y a des sujets sur lesquels il faut se garder d'être brillant. »

Le jeudi 24, le président de la commission des Finances, le socialiste J. R. Guyon, déclara qu'il récusait l'application de la loi des maxima qui avait été opposée par le gouvernement. L'entêtement joua jusqu'au bout. Georges Bidault posa la question de confiance. Il entreprit d'élever jusqu'aux sommets de la politique générale un conflit qui n'engageait qu'un pourcentage homéopathique de la masse budgétaire et il fut battu. Fait rare : pour la première fois un gouvernement était renversé par un nombre de voix supérieur à la majorité constitutionnelle. Ce détail d'ailleurs n'avait que valeur de curiosité et ne pouvait comporter aucune conséquence

(1) Mon prédécesseur, Charles Dumont, lorsqu'il était rapporteur de la commission des Finances, avait encouru l'hostilité des fonctionnaires, et il avait été contraint, pour se maintenir au conseil général, d'aller se faire élire dans le canton excentrique de Saint-Julien, où les agents de l'administration étaient peu nombreux.

tant étaient fortes les lisières imposées par la IVe République au droit à dissolution. Il fallait en effet, pour ouvrir celle-ci, deux votes de ce type, mais espacés de six mois et de toute façon elle ne pouvait être exercée dans la période de dix-huit mois précédant la fin de la législature, période dans laquelle nous venions justement d'entrer.

***

Ces circonstances induisent naturellement à s'interroger sur notre thème favori quant à la part de la fortuité dans l'histoire. Dans le style du nez de Cléopâtre : si je ne m'étais pas trouvé dans le Jura le 16 mai, si j'avais été ministre plein, si Maurice Petsche avait moins insisté, si Pierre-Henri Teitgen ne s'était pas piqué au jeu, si Charles Barangé avait fait un effort supplémentaire, etc.

Ce qu'il faut voir aussi, c'est que l'accession au pouvoir de Georges Bidault comportait elle-même un élément aléatoire : cette « saisine » d'un poste qu'on ne lui avait pas proposé. D'autre part, son maintien après le départ des socialistes, avec un rafistolage, tenait du paradoxe et il avait duré plus longtemps que ne le laissait prévoir la vraisemblance. Dépourvu d'une majorité suffisante, il était à la merci du moindre coup de vent. Dans de telles conditions, le scepticisme peut altérer une âme qui a déjà donné des signes exceptionnels de résolution et qui peut subir la tentation d'épuiser ses réserves de *bravoure* dans un geste de *bravade*. « Quelque chose qui ressemble à un suicide... »

Georges Bidault fut renversé le samedi 24 juin à 13 heures. Le lendemain dimanche 25 juin, les troupes russes franchissaient le 38e parallèle. La guerre de Corée était commencée.

CHAPITRE XXI

LA GUERRE FROIDE TROUVE SON POINT CHAUD

Le réarmement militaire de l'Occident n'a pas de sens si son désarmement politique subsiste.
Maurice Duverger (*le Monde*, 23 août 1950).

Deux schémas sont désormais possibles. Le premier est un ministère coalisant le centre et toute la droite : c'est celui qui correspond à la fois aux indications du suffrage universel dans le présent et à la dynamique de force politique telle que nous l'avons analysée. Elle se heurte à la position intransigeante et « insulaire » du R.P.F.

Le second est donc, sinon le meilleur concevable, du moins le seul praticable : c'est le retour, cahin-caha, à une nouvelle tentation de troisième force, avec le soutien épisodique des socialistes et la participation fractionnelle de la droite. « Nous sommes condamnés à vivre ensemble », comme disait le président Henri Queuille.

Et en effet, c'est lui, l'homme de la coalition par condamnation, qui se trouve le premier « désigné » (après plusieurs tours de piste purement exploratoires, dont d'ailleurs le sien). Mais, investi pour appliquer ce second schéma, il se voit presque aussitôt renvoyer pour avoir bifurqué vers le premier.

C'est une journée de dupes qui va se jouer sur trois jours, mais où le dupeur, dont les intentions sont pures, ne dupe finalement que lui-même.

Dans un premier temps, Henri Queuille compte sur les socialistes : participation ou soutien ? On ne le saura pas tout de suite. Le M.R.P. lui facilite la tâche en soulevant, lors du premier débat, la question scolaire qui permet au président désigné d'assumer un personnage « laïciste »

Je suivais de près la constitution de son ministère dans lequel je devais demeurer à mon poste en accédant au titre de *ministre* (plein, comme on dit) du Budget. Je me souviens d'un déjeuner, le dimanche 4 juillet, place Beauvau, où M. Queuille m'avait retenu avec quelques intimes. Echauffé par l'action, un peu tendu, il cherchait à se dégager de l'obsession et nous racontait des histoires sur sa vie de médecin de campagne. Il évoquait notamment un accouchement difficile et où, faute de concours, il n'avait pas évité la tragédie : « Si j'avais eu près de moi, dit-il, même quelqu'un d'aussi maladroit qu'Edgar Faure, j'aurais pu réussir à sauver ma patiente. » Petsche était dans l'euphorie de son maintien, et moi de mon avancement. Il faut dire que notre longévité tenait du prodige. Nous étions responsables de la chute de Georges Bidault, lequel avait disparu dans la trappe, et nous nous apprêtions joyeusement à accorder, en les aggravant, les concessions dont le refus, conseillé par nous, avait conduit notre chef de file à sa perte.

Le directeur du Budget, Roger Goetze, avait dit à Lucie sur le mode plaisant, au cours d'une réception mondaine : « Il y a en tout cas une chose qui est certaine, c'est que je n'aurai pas l'agrément de voir rester M. Petsche et M. Faure à leurs postes actuels. Je les regretterai, ajoutait-il, car je m'entendais bien avec eux. » En quoi Roger Goetze montra qu'il n'aurait pas été qualifié pour passer du service du Budget à celui de la Prévision !

Dans le courant de l'après-midi, les nouvelles qui me parvenaient m'inspirèrent de l'appréhension. Je me demandais si le président, en voulant boucler à tout prix, et en même temps faire impression, n'était pas en train de commettre de lourdes imprudences. Voici qu'il recrutait à la fois Paul Reynaud et Edouard Daladier, alors qu'un seul de ces deux noms célèbres, mais qui ne passaient pas pour désigner des hommes-mascottes, suffisait à rappeler des heures sombres et des fautes graves : leur conjonction n'allait-elle pas donner à la France des idées noires ?

Au dernier moment, on l'avisa que cette surcharge ne passerait pas, et il réussit, je ne sais comment, à se délester du taureau du Vaucluse, en lui donnant l'apparence et l'avantage de s'être récusé lui-même, sous le prétexte de se consacrer complètement au R.G.R., dont la présidence lui avait été sottement confiée.

Pour faire bonne mesure, M. Queuille recruta enfin Paul Giacobbi qu'il se proposait de charger plus spécialement de la réforme électorale : ce sujet passionnait le R.P.R., les indépendants, le M.R.P. et les radicaux, qui tous l'avaient placé au premier plan de leurs congrès respectifs, tenus récemment, alors qu'inversement le congrès S.F.I.O. affectait de s'en désintéresser, en tout cas quant au présent.

Je connaissais assez bien Paul Giacobbi, et j'appréciais grandement sa personnalité attachante. J'avais rencontré son nom pour la première fois en lisant à Alger un rapport relatif à la libération de la Corse. Nos émissaires avaient pu observer que les communistes, malgré le rôle dominant qu'ils s'attribuaient dans la résistance insulaire, n'avaient pas le monopole du soutien de l'opinion. Ils soulignaient le crédit dont disposait le sénateur, qui les avait reçus, ceint de son écharpe, dans sa mairie de Venaco. Paul Giacobbi fut désigné comme membre de l'assemblée d'Alger et comme rapporteur général du Budget. Il nous informa que, dans ce rôle, il se proposait d'être très « sénatorial ». Je suivais avec plaisir ses interventions précises, par phrases courtes et sèches, qu'il ponctuait en agitant son lorgnon aux verres cerclés, maintenu à son gilet par une ganse noire à la manière de certains personnages du théâtre d'avant-guerre. A Paris, Paul Giacobbi était devenu l'oracle d'un groupe de parlementaires, dont beaucoup de R.G.R., qu'il réunissait périodiquement à déjeuner par escouades à la table (fort bien servie) de Jean Michard Pélissier, alors conseiller de l'Union française, dont il avait fait son coadjuteur. Le député de la Corse, très dévoué au général de Gaulle et soucieux de demeurer fidèle au parti radical, était devenu l'un des principaux recruteurs du R.P.F., le président de son intergroupe parlementaire, et le chef de file de la double appartenance.

Cependant son caractère intransigeant et son attachement sourcilleux au républicanisme de tradition parlementaire l'avaient conduit à juger sans complaisance les méthodes autoritaires appliquées par l'appareil du mouvement. Le conflit avait éclaté à propos d'une élection cantonale en Seine-et-Marne où les *apparatchiki* avaient prétendu imposer contre vents et marées un candidat de leur choix, rejeté par tous les parlementaires du département, le député Lespes, ancien M.R.P. Ce Lespes était un homme charmant et farfelu qui quoique installé dans l'opposition, me témoignait beaucoup de prévenances. Il m'avait invité à déjeuner dans sa famille et m'avait régalé au dessert d'un énorme gâteau où mon prenom se trouvait étalé en filets de sucre-cristal. Je ne sais si Lespes négligea de généraliser cette méthode ou si les électeurs de Melun n'aimaient pas la pâtisserie, mais il connut un échec cuisant, après quoi les*apparatchiki,* loin de faire leur mea-culpa, entreprirent de se venger en poursuivant de leurs foudres les hommes clairvoyants dont ils avaient négligé les avertissements. Ainsi, tous les parlementaires rebelles furent-ils, non seulement blâmés, mais exclus.

Paul Giacobbi prit mal la chose et, se considérant désormais comme incapable de faire prévaloir les méthodes qu'il souhaitait, il rompit ses liens avec le mouvement. « Le R.P.F., déclara-t-il, est en train de tuer le rassemblement. » Ses collègues, à l'époque, lui avaient témoigné unanimement leur solidarité, mais il n'était revenu ni à la présidence ni à l'intergroupe.

De ce fait, le choix de Paul Giacobbi, par lui-même excellent, n'améliorait pas la situation parlementaire du nouveau cabinet. Le ministre de la Réforme électorale apparaissait encore suffisamment proche du R.P.F. pour hérisser les socialistes, mais il ne l'était plus assez pour rameuter les députés gaullistes, et le mouvement « condamna cette combinaison au même titre que les précédentes ».

Beaucoup de députés pensèrent, probablement sans se concerter, qu'il était absurde et dangereux d'accorder à ce gouvernement peu viable une survie de quelques semaines, comme on l'avait fait pour André Marie. La séance à laquelle j'assistai, non loin du président, me parut des plus pénibles (j'en ai connu de pires, plus tard, à mon préjudice). La finesse de M. Queuille, qui s'était quelque peu trouvée en défaut dans l'élaboration du cabinet, réapparut à point pour lui faire comprendre, dès les premiers instants, que son succès était exclu, et il s'appliqua dès lors à expédier sa propre défaite. Son exposé fut si ténu et son échec si massif que personne ne lui tint rigueur de cette bévue, et que lui-même ne garda de cette épreuve ni la rancune ni même, apparemment, la mémoire.

M. Queuille était tombé au centre pour avoir louché à droite après avoir été investi à gauche. Il fallait bien en venir à la formule qui était le sillon de la législature : la troisième force. Une mission confiée à Guy Mollet aboutit à rapprocher les points de vue entre le parti socialiste et ses partenaires sur quelques thèmes principaux : solution du problème des fonctionnaires, bien sûr — quelque peu élargie par rapport aux concessions qui naguère auraient pu suffire — fixation d'un salaire minimum vital à 16 000 francs, un nouveau desserrement du crédit, enfin la reconduction du budget de 1950 pour l'exercice suivant, ce qui m'obligeait quand même à un travail important. Guy Mollet n'avait pas voulu travailler pour lui-même et sa mission aboutit à la désignation de René Pleven, qui avait d'ailleurs été pressenti dès les premiers tours du manège. J'ai entendu dire depuis que des contacts avaient été pris sur un plan amical entre René Pleven et certains leaders socialistes, en tout cas avec Jules Moch par l'intermédiaire d'un journaliste parlementaire chevronné, travaillant à l'Agence française de presse, du nom de Brunswick (sa femme, Mme Picart-Brunswick, étant la sœur de Mme Picart-Moch). Il en était résulté un *gentleman's agreement* qui, pour n'être pas public, n'avait cependant rien de ces aspects critiquables qui s'attachent le plus souvent à la pratique de la clandestinité.

René Pleven s'empressa de maintenir Maurice Petsche aux Finances et il tint à me confier le ministère plein du Budget comme l'avait déjà décidé M. Queuille lors de sa courte tentative.

René Pleven : un esprit convertible.

J'avais fait la connaissance de René Pleven, comme celle de Giacobbi, à Alger, mais un peu plus tôt, car il était venu de Londres dans l'équipe du général de Gaulle. J'avais été lié, avant la guerre, avec l'un de ses frères : Hervé Pleven s'était inscrit au barreau et il avait passé le concours de la Conférence dans la promotion qui, précédant immédiatement la mienne, avait eu le bon goût de me désigner. Il avait grandement apprécié mes discours et il s'était affirmé comme l'un de mes plus chaleureux partisans, s'acharnant à demander pour moi la première place. « Edgar Faure m'épate, disait-il, Millerand ne m'épate pas. » Il mourut prématurément.

A l'Assemblée et au gouvernement mes relations avec René Pleven étaient excellentes ; nos formations intellectuelles étaient voisines, nous appartenions à des groupes politiques jumeaux, enfin nous figurions l'un et l'autre, quoique à des niveaux hiérarchiques différents, dans le petit nombre de ceux des anciens équipiers du général de Gaulle qui s'étaient refusés à rallier le R.P.F. Je me trouvais donc particulièrement à l'aise dans ma collaboration gouvernementale auprès de lui, et Maurice Petsche prit l'habitude de me mettre en avant lors de nos fréquentes négociations avec Matignon.

Des trois présidents du Conseil que nous avons successivement pratiqués, René Pleven était sans doute le moins bon pour nous, et pour cette raison il était aussi le meilleur pour lui. Georges Bidault, avec ses allures d'abbé de cour et son langage ésotérique, se comportait comme un chrétien toujours prêt à entrer dans l'arène et à se faire dévorer pour la foi ; Henri Queuille comme le père Mathieu qui ne lâche pas sa bourse ; René Pleven comme le businessman qui s'informe du coût et du rendement, et qui inscrit sa propre survie dans ses prévisions bilancières. On trouvait en lui un homme certes capable de fermeté, et qui pouvait s'exposer au sacrifice quand ses convictions profondes étaient en jeu, mais ce n'était pas de notre part qu'il attendait des impératifs de cet ordre. Il avait montré sa force d'âme du temps de Londres et il la démontra par la suite. Mais en dehors de telles situations, il disposait d'une grande capacité de manœuvre, et il était plus « tenace » à son poste qu'à ses positions. Il n'était pas de la race des guillotinés par persuasion et savait dégager sa tête avant le glissement du couperet. Ce n'est pas lui qui se serait laissé faire le coup du demi-milliard de la fonction publique. Il nous parut beaucoup plus sensible que ses prédécesseurs aux arguments des adversaires. Il pouvait se laisser persuader d'un jour à l'autre et changer de décision, surtout quand son destin politique était en balance. Il n'était pas à proprement parler versatile mais il était « convertible ». Il subissait, de surcroît, quelquefois à l'extrême, l'influence de toute personne qui lui apportait, souvent de façon fortuite, des suggestions nouvelles ou des aperçus révélateurs. Aussi redoutions-nous ses retours de Bretagne, à cause des rencontres dans le train et des conversations à bâtons rompus sur les quais de gare.

Lorsque René Pleven s'absenta pour un voyage (fort réussi) aux U.S.A., Henri Queuille assura son intérim. C'est auprès de lui que nous nous rendions, en fin d'après-midi, pour tenir conférence sur les décisions à prendre dans les affaires en cours. Quand il s'était prononcé, nous partions tout joyeux, et Petsche me donnait des tapes dans le dos : car nous étions certains que, lui, il ne changerait pas d'avis d'ici le lendemain.

René Pleven avait déjà montré, à l'époque de son conflit avec Pierre Mendès France, dont il avait assuré la succession, qu'il n'inclinait pas à adopter, en matière économique et financière, des solutions de rigueur. Formé aux affaires privées, il se souciait beaucoup moins des finances que de l'économie. L'économie elle-même n'était pour lui qu'un moyen appliqué à d'autres fins ; il s'en occupait parce qu'il ne pouvait pas faire autrement, et sans y mettre aucune passion. Par là s'explique sans doute l'incertitude des jugements portés sur sa gestion. Depuis Londres, depuis Brazzaville, depuis Alger, il s'était voué aux grandes causes de souveraineté. Plus récemment, son passage au ministère de la Défense avait été pour lui comme une révélation.

La guerre froide trouve son point chaud.

Or la magistrature de René Pleven débutait dans une période de cyclone international. L'invasion de la Corée, qui avait précédé de peu de jours son avènement, créait une situation nouvelle pour le monde et bouleversait les données des problèmes posés à la France. La guerre froide avait trouvé un point chaud, et même brûlant.

Sans doute, on peut penser qu'il y avait déjà le Vietnam. Mais le Vietnam ne présentait que le prolongement d'une guerre subversive, alors que la guerre de Corée s'affirmait comme un conflit armé, de type classique, entre deux pays, Corée du Nord et Corée du Sud, qui étaient respectivement les protectorats des deux superpuissances, lesquelles désormais entraient ainsi en belligérance ouverte. Dès le 1er juillet, le président Truman engageait les troupes américaines sur le théâtre des opérations. Etait-ce le début d'une troisième guerre mondiale ? Ou un nouveau coup d'une partie de dominos ? Serait-il possible de circonscrire l'incendie à sa zone d'origine ? Une psychose obsidionale s'empara de l'Occident, et c'est aux Etats-Unis, pourtant le pays dont la sécurité était le moins menacée, qu'elle trouva son expression la plus troublante. Le secrétaire d'Etat Matthews alla jusqu'à évoquer l'éventualité de la guerre préventive, réveillant ainsi le dilemme entre le *roll back* (refoulement) et le simple *containment* (endiguement) de l'impérialisme soviétique. Jules Moch riposta que nous ne saurions en aucun cas recourir à la guerre d'agression (que nous avions, ajoutai-je dans mon esprit, si justement condamnée à Nuremberg). Certains auteurs, tel Maurice Duverger, rappelaient que le problème n'était pas seulement, ni principalement, militaire. J'étais bien d'accord avec lui sur ce point. Il pensait que la supériorité des Russes tenait à leur technique d'encadrement par le parti et au fait qu'ils dispensaient avec le dogme marxiste un succédané de la voie religieuse, en tout cas une recette d'idéologie, alors que l'Occident n'avait rien de tel à offrir. Il m'apparut cependant quc ces positions ne tenaient pas suffisamment compte des données économiques, à savoir que la force d'expansion du collectivisme trouverait moins de résistance dans certains pays du tiers monde, engoncés dans la misère, dans la faim et dans l'ignorance et que la pulsion des « trois déficits » portait à saisir la moindre chance de briser le carcan de l'arriération. Je me proposais d'agir dès que j'aurais qualité pour le faire en vue d'inciter l'O.T.A.N. à adopter cette optique et à prendre des initiatives dans ce domaine. Je concevais déjà les positions qui seraient plus tard les miennes à la Conférence de Lisbonne, puis au « sommet » de Genève.

On imagine l'effet psychologique que produisait la nouvelle conjoncture de guerre sur un homme qui venait de franchir le passage qui conduit de la tête des armées à celle du gouvernement. La sécurité de la France devenait la clé de sa politique : sécurité par les armes et aussi bien sûr sécurité par les alliances. Ces deux aspects du problème étaient aussi peu séparables que l'avers et l'envers d'une médaille car justement nos alliés exerçaient leur pression afin de nous inciter à accroître notre effort militaire. Bientôt ils en vinrent à considérer le grave péril que représentait, dans le dispositif occidental, le « plein du vide » de la République fédérale allemande. Ils entreprirent de remédier à cette situation. Cela nous concernait aussi car, en raison des traités, il n'était pas possible de remilitariser sans notre accord la puissance ex-ennemie.

Armement (supplémentaire) de la France, réarmement (direct ou indirect) de l'Allemagne, ces deux problèmes devaient polariser, pendant toute sa durée, l'attention et l'activité du gouvernement

René Pleven. Tels furent aussi les principaux sujets qui animèrent le monde parlementaire et politique au cours de cette période, sans oublier la réforme électorale que Paul Giacobbi, rappelé par Pleven s'attachait à mettre au monde.

Cependant, du palais du Louvre, Maurice Petsche et moi poursuivions la gestion de la maison France.

Pour ce qui ressortissait à nos compétences, la première urgence nous imposait de régler les problèmes que la crise avait laissés en suspens, et dont les médiateurs avaient préparé, hypothéqué et compliqué la solution. Les fonctionnaires obtinrent le succès qu'ils espéraient sur le principe du calcul « en brut ». Pour nous donner la bonne conscience de ne pas tout céder, on prit comme point de départ de leur augmentation une date légèrement décalée, fixée assez curieusement... au 25 décembre 1950. C'était le cas de dire : Noël !

Dans la foulée, les pensions des veuves et des invalides furent revalorisées. Restait à fixer le montant du salaire minimum garanti. Après avoir tenté sans succès de faire régler cette question par la commission des conventions collectives, le gouvernement se résigna à arrêter lui-même, le 22 août, une cote mal taillée.

Je fis passer devant l'Assemblée les derniers fascicules budgétaires. On vota aussi des lois sur le nantissement et sur la construction auxquelles je collaborais car elles comportaient des avantages fiscaux. On institua une « prime de déménagement » pour les économiquement faibles afin de libérer des locaux et de les inciter à habiter la verte campagne où la crise de l'habitat était inconnue. Entre-temps, l'Assemblée avait pris quelque amusement à voter, puis à différer, des amendements qui autorisaient la fabrication des apéritifs à base d'alcool, sujet très cher au parti radical épris de toutes les libertés y compris celle du « pastis ». J'en discutais joyeusement dans la nuit avec Bourgès-Maunoury à la buvette, l'un ayant demandé une « tomate », l'autre un « perroquet ». L'Assemblée se sépara enfin à l'aube du 6 août, se donnant congé jusqu'au 17 octobre. Ouf !

Je consacrai une partie de l'été à mettre au point des propositions d'économie résultant des travaux de nos commissions et il me fut possible d'obtenir, le 5 septembre, du Conseil des ministres, l'adoption d'un plan d'abattement de 67 milliards dont 13 en 1950 et 54 pour l'exercice 1951. J'avais pu constater dans le détail et dans le concret le caractère mythique que les démagogues antifisc avaient donné à ce problème. Il fallut pour atteindre le total prévu supprimer certaines subventions, ce qui répondait à une politique de sincérité mais n'allait pas sans contrepartie négative. Quant aux diminutions des effectifs de fonctionnaires dont mon ami Paul Lévy répétait absurdement dans *Aux Ecoutes* qu'il fallait et que l'on pouvait en supprimer 500 000, je ne pus aller au-delà de 23 000 postes, taillés dans le *no man's land* des postes vacants, des contractuels et des auxiliaires.

Toute politique d'économie est décevante quand elle porte sur des abattements et sur des retranchements. Une véritable politique d'économie budgétaire est celle qui consiste à *éviter les dépenses futures,* celles qui ne sont pas encore engagées, mais qui vont surgir, si l'on n'y prend garde, à chaque tournant de chemin — qui en comporte beaucoup. *Les charges à réduire sont celles qui n'ont pas été contractées.*

Notre trésorerie était à l'aise ; nous avions tiré un juste profit de la réévaluation de l'encaisse et nous avions réintégré à la Banque de France 69 tonnes de ce précieux métal qui avaient été précédemment gagées auprès des banques américaines. Nous avions certes contracté certaines autres dettes, mais on ne nous demandait plus de gages ; le crédit de la France était redressé.

Dans l'ensemble, la situation paraissait favorable, et elle nous aurait portés à l'optimisme s'il n'y avait eu la menace des événements mondiaux. A ne considérer que l'heure présente, nous aurions apporté la preuve que l'on peut trouver des ministres des Finances... heureux.

TROISIÈME PARTIE

(Juillet 1951-Juillet 1953)

CHAPITRE XXII

LES QUATRE VÉRITÉS

L'abattoir selon M. Queuille.
La Haute Cour pour M. Moch.
L'opposition pour Pierre Mendès France.
Le retour devant les électeurs pour tout le monde.

Bolivar ne peut pas nous porter tous les deux.
Anecdote citée par N. Khrouchtchev.

Réarmer, investir, construire.

Dès le 11 juillet, dans sa première déclaration générale, René Pleven avait lancé sa formule choc en trois mots d'ordre.

Après quoi on ne s'occupa que du premier.

Les comités de Défense nationale se succédèrent dans l'été somnolent de Paris. René Pleven envoyait coup sur coup des mémoires à nos alliés anglo-saxons. La France était toute disposée à préparer son plan de réarmement mais il fallait lui faciliter les choses, il proposait la création d'un pool atlantique qui lancerait des emprunts spéciaux. Cette idée me convenait à merveille : le pool paierait. Maurice Petsche la jugeait parfaitement utopique, il avait raison.

Les Anglais présentèrent leur propre projet, une bonne division du travail, inspirée sans doute par le célèbre ouvrage qui s'intitule : *De la supériorité des Anglo-Saxons*. L'aviation serait américaine, la marine serait anglaise, et la France fournirait la chair à canon de l'infanterie — reine des batailles.

Les Américains n'avaient qu'une idée en tête : créer des corps d'armée allemands pour défendre l'Europe. Cela paraissait logique, d'après la simple géographie. L'Angleterre et la France n'étaient pas d'accord : elles craignaient les réactions de l'opinion publique. On pensa que les contingents allemands seraient mieux accueillis si on leur donnait un autre nom. « Je te baptise carpe », disait le faux capucin de Mérimée. L'idée de l'armée « européenne » faisait son chemin. Les militaires d'outre-Rhin y seraient fondus.

Sous l'impulsion de Churchill — mais oui ! — l'Assemblée du Conseil de l'Europe émit un vote dans ce sens à une forte majorité. Je rêvais à la réunion de l'Albert Hall en 1946 où le vieux lion rugissait : « L'Europe, faites-la... sans nous ! »

Au mois de septembre, l'Amérique convoqua à New York ses grands feudataires. Les conférences se succédèrent sous les lambris du Waldorf Astoria. Les ministres des Affaires étrangères vinrent d'abord à trois (France, Angleterre, U.S.A.) puis à douze (l'O.T.A.N.). Ensuite ce fut le tour des trois ministres de la Défense, chargés de passer à la préparation technique. Mais, à la différence de ses partenaires, le gouvernement français était bien en peine de s'exprimer par une seule voix. Jules Moch se fit assister par Maurice Petsche puis par Robert Schuman, enfin par les généraux Ely et Blanc.

Pleven adopta en fin de compte une stratégie en trois étapes.

— Le service militaire est porté à dix-huit mois.

— La France accepte le réarmement allemand mais seulement sous la forme indirecte (certains disent « camouflée ») d'une *armée européenne* dans laquelle seront intégrés les contingents militaires fournis par la République fédérale.

Prise par le gouvernement le 23 octobre, à l'issue de deux journées de discussion en Conseil, cette décision fut rendue publique dès le lendemain, sous la forme d'un plan qui devait être lié au plan Schuman du pool charbon-acier, alors en voie d'élaboration. Le débat s'engageait aussitôt devant l'Assemblée nationale où il dura trois jours. La discussion fut marquée par l'opposition de deux groupes, les communistes et le R.P.R., ainsi que de certaines personnalités parlant en leur nom personnel : à droite Louis Marin, le général Aumeran ; au centre Edouard Daladier ; à gauche un socialiste, Daniel Mayer. Ces contradicteurs n'ont pas encore adopté l'attitude farouche qui sera la leur : ils procèdent surtout par la voie interrogative. Que se passera-t-il si... ?

Le gouvernement gagna aisément cette toute première manche.

— Enfin il fallait établir et présenter les comptes.

J'entrai en scène.

A situation nouvelle, formule nouvelle.

J'adoptai une présentation originale. Elle procédait de la distinction classique entre les dépenses « ordinaires » et les « extraordinaires » ; au lieu d'un seul budget militaire, j'en proposai deux.

Le premier était le budget habituel, l'ordinaire, celui que nous aurions établi s'il n'y avait pas eu l'invasion de la Corée. Celui-là, je pris garde de l'augmenter. Au contraire, je le diminuai, ce qui n'était nullement déraisonnable, car dans une conjoncture paisible, les dépenses se « normalisent ».

A côté et séparément je présentai un compte spécial appelé fonds de la Défense où le *plan de réarmement* se trouvait incorporé, en même temps, il faut bien le dire, que certains tranferts de crédits venant de l'ancien budget.

Si nous devions obtenir de nouvelles sources de financement, je pourrais ainsi en tirer le meilleur parti. Cependant, il ne s'agissait pas d'une simple astuce. Le schéma était établi sur la base d'une véritable rationalisation.

Au total, ces deux masses représentaient un sur déficit de quelque trois cents milliards, qu'il fallait bien financer par quelques contreparties. Quoiqu'il fût de bonne foi, l'affirmation de Pleven, selon laquelle on pourrait se tirer d'affaire avec des économies et avec la relance, procédait d'un optimisme insoutenable. Inversement, je ne songeai pas à réclamer trois cents milliards d'impôts ! Echaudé par l'expérience, je serrai les chiffres au plus juste et je m'évertuai à trouver des ressources indolores, ou tout au moins peu douloureuses (1).

La moralité de l'affaire fut énoncée par le président Queuille, dans le langage imagé des campagnes : « Il vaut mieux être tondu que conduit à l'abattoir. » J'avais eu l'impertinence de compléter ce propos en remarquant que l'on peut commencer par la tonte et continuer jusqu'à l'abattoir.

La statue du Commandeur.

La loi de Finances, après une série de marchandages et de ravaudages, passa comme une lettre à la poste. La discussion

(1) Nous faisions le total du budget militaire « de continuation » et du plan spécifique de réarmement ; après quoi, nous faisions un découpage en deux tranches, l'une imputée sur le budget général de 385 milliards (donc en réduction sur l'exercice précédent) et l'autre de 355, imputée à un fonds de Défense nationale. En recettes, nous inscrivions l'aide américaine destinée à l'armement, plus des ressources d'emprunt, plus de nouvelles économies et enfin des recettes fiscales pour 140 milliards. Nous pensions que ces impôts supplémentaires seraient plus facilement votés s'ils étaient présentés comme l'inévitable contrepartie d'un effort consacré à la Défense nationale, terme généralement sacro-saint (sauf pour les communistes). Nous avions fait flèche de tout bois : décimes, augmentation de l'impôt sur les sociétés (de 24 a 34 %), majoration de 20 % des droits d'enregistrement, un point de taxe à la production, des suppléments de droits de douane et de taxes pétrolières, etc. Quelques autres ressources étaient affectées à l'équilibre du Budget général qui demeurait luimeme en déficit, malgré le relais appréciable du fonds de la Défense.

essentielle porta sur le budget du réarmement qui fut l'occasion de la réapparition politique de Pierre Mendès France. Je me croyais à nouveau reporté à l'antagonisme qui avait conduit les deux hommes d'Etat à s'affronter en 1945.

Telle la statue du Commandeur, le revenant faisait entendre avec précision et avec force la voix de la conscience « économistique ». Il affirmait, à juste titre, que l'économie de la France ne pouvait pas endurer la lourdeur de ce bât redoublé que l'on voulait lui faire porter. Réitérant, mais avec plus d'éclat et de solennité, des avertissements antérieurs, il soulignait que la France était dans l'obligation de choisir entre la défense de l'Europe et celle de l'Indochine. Après avoir seulement posé une problématique (il faut choisir), il s'affirmait dans une position tranchante qui faisait de lui l'interlocuteur principal et le contradicteur direct de René Pleven.

Je pensais à cette anecdote citée par Khrouchtchev dans un congrès du P.C. en U.R.S.S. : deux malandrins, s'étant enfuis sur le même cheval, l'un d'eux tue l'autre en disant, tout contrit : « Bolivar (c'était le nom du cheval) ne peut pas nous porter tous les deux. »

Bolivar, c'était l'économie française : elle ne pouvait porter à la fois l'Europe et l'Indochine, elle ne pouvait porter à la fois un énorme budget militaire, la reconstruction, les investissements, la Sécurité sociale, etc.

Il faut dire, à la décharge de René Pleven, de Maurice Petsche et, dans la mesure où je partageais leurs responsabilités, de moi-même, que nous étions pris dans un engrenage. Comment, tout d'un coup, rebuter les U.S.A. alors que nous les avions appelés au secours et qu'ils avaient accepté d'assumer une lourde part du financement de notre effort ? Nous étions encore dans une période où la conjoncture mondiale était dominée et marquée par le génie glacial et démentiel de Staline. Aucun homme d'Etat, aucun député ne voulait prendre le risque de passer pour neutraliste ou même pour laxiste. Le général de Gaulle pour sa part avait préconisé, dans un discours prononcé à Lille, un effort plus considérable encore (20 divisions) ; il est vrai qu'il jugeait suffisant, pour les financer, de pratiquer des abattements sur les dépenses civiles.

René Pleven fut vigoureusement applaudi dans sa réponse à Pierre Mendès France auquel il fit grief de scotomiser la menace russe et de pratiquer la politique de l'autruche. Le premier vote, portant sur le principe, fut acquis par 416 voix contre 180. Pierre Mendès France avait été pratiquement le seul opposant — en dehors des communistes et de quelques *fellow travellers*. Sur les recettes, les votes furent plus équilibrés mais gardèrent au gouvernement une marge allant de 50 à 100 voix. La situation avait bien changé depuis le marathon du ministère Bidault.

Il en fut autrement au Conseil de la République ou la « majorité gouvernementale » était transformée en minorité. M. Marcel Pellenc ne pouvait manquer cette occasion de se faire réentendre dans son répertoire. Il donna cependant l'impression de ne pas avoir gardé la même pugnacité et il ne faisait plus passer, avec ses trémolos et ses vocalises, les mêmes frissons d'enthousiasme. Il présenta et fit voter un prétendu contre-projet où l'on ne trouvait rien qui ressemblât à un projet. Il se bornait à préconiser que le montant des recettes fût laissé en blanc jusqu'au moment où on connaîtrait (sous entendu, par le débat et les votes) le chiffre exact du total des dépenses civiles (que nul n'ignorait). L'Assemblée reprit son texte à une forte majorité.

La Haute Cour au vote secret.

Une bonne partie de notre temps se passait en conciliabules et en guérillas avec Jules Moch. Il donnait des insomnies à Maurice Petsche. Plus tard, il apparut dans ses délires (1). Pour l'heure c'était plutôt Jules Moch lui-même qui aurait pu rencontrer la Haute Cour en cauchemar. Car il s'en fallut de peu qu'il n'y comparût dans la lumière du jour.

La mésaventure survint comme un rebondissement de l'affaire « des généraux » que l'on croyait oubliée.

On avait constitué à l'époque du scandale Peyré une commission d'enquête parlementaire. Cette commission joua de malchance et vécut d'incidents. Elle avait d'abord expulsé de son sein le député de Madagascar Jules Castellani, convaincu de relations suspectes avec le fuyard. Plusieurs de ses membres avaient dû donner leur démission pour avoir procédé à une audition irrégulière. Elle avait changé de président et de rapporteur. Ce rôle était tenu en dernier lieu par un député de l'Orne, notaire de son état, M. Delahoutre.

Au mois de mars 1951, l'Assemblée s'était saisie de l'affaire et avait intérieurement disculpé MM. Queuille et Ramadier (mis en cause pour avoir quelque peu forcé sur les non-lieux). Après quoi, elle avait paradoxalement invité la commission à continuer ses travaux, dont on ne voyait plus l'objet. M. Delahoutre, homme consciencieux, déposa un nouveau rapport qui se trouva mécaniquement inscrit à une séance du jeudi 25 novembre.

Les communistes s'avisèrent soudain qu'à défaut de MM. Queuille et Ramadier, désormais hors de cause, ils pouvaient chercher noise à un troisième ministre, M. Jules Moch qui, lui, n'avait pas été

(1) Voir chap. XIV : La Mort d'un sage.

mentionné dans le quitus parce que personne ne le croyait incriminable. (Il était à l'époque ministre de l'Intérieur et n'avait rien à voir avec un non-lieu, mais on reprochait à ses services quelques irrégularités, d'ailleurs de faible importance.) Les députés du P.C. imaginèrent de tirer parti d'une procédure singulière, prévue par les institutions de la IVe République. Ils saisirent l'occasion qui leur était fournie par l'ectoplasme du rapport Delahoutre. Ils déposèrent une motion tendant au renvoi en Haute Cour de M. Jules Moch et demandèrent que, conformément aux articles 56 et 57 de la Constitution, le vote eût lieu... au scrutin secret ! Si étrange que cela puisse paraître, cette possibilité était en effet prévue dans le texte. Les communistes avaient, d'ailleurs, déjà demandé la saisine de la Haute Cour à l'occasion du scandale des vins, pour lequel une commission parlementaire avait été constituée. Ils avaient mis en cause M. Félix Gouin, et déjà M. Jules Moch. A l'époque, ils n'avaient pas pensé à l'astuce du vote secret, ou ils n'avaient pas voulu s'en prévaloir, aussi n'avaient-ils regroupé que 186 voix.

Désormais, les choses se présentaient tout autrement. Jules Moch, que j'ai toujours tenu pour un homme de grande valeur, de surcroît parfaitement loyal et fidèle en amitié, pratiquait systématiquement, quoique sans doute involontairement, ce que François Michel a appelé l'art de déplaire. Il agaçait et même horripilait certains de ses collègues ministres et beaucoup de parlementaires par un syndrome d'arrogance et de suffisance dont le complexe de supériorité n'était sans doute pas absent, mais qui procédait surtout de la naïveté triomphaliste du savant Cosinus. On aurait eu tort de soupçonner, dans ses foucades autoritaires, une tendance autocratique car la démocratie lui tenait aux os et, s'il méprisait instinctivement la sottise, il ne méprisait pas les hommes, même sots.

Quoi qu'il en fût, beaucoup de votants déposèrent un bulletin bleu « pour lui donner une leçon » ; certains aussi parce qu'ils étaient, en conscience, choqués de ce qu'ils considéraient comme l'étouffement d'un scandale. Ils voulaient, par le seul procédé qui leur était offert, marquer leur indignation, laquelle n'était pas spécialement dirigée contre ce ministre-là mais contre un ensemble de responsables. En conclusion, une majorité relative de 235 voix se prononça pour le renvoi et 203 seulement contre (les autres parlementaires s'étant abstenus ou n'ayant pas pris part au vote qui impliquait la présence personnelle, le bulletin secret ne pouvant être remis qu'à la tribune).

Cela ne voulait pas dire que Jules Moch allait comparaître devant la plus haute juridiction criminelle car, pour obtenir ce résultat, la majorité absolue était nécessaire. Néanmoins c'était pour le ministre un stigmate et pour le gouvernement un affront.

Le coup était trop gros ; après diverses péripéties, la balance s'inversa et finalement ce fut pour René Pleven tout bénéfice. Il avait dû se contenter, dans le débat sur l'Indochine, d'une approbation sans confiance; cette fois, il obtint un ordre du jour de confiance exprimé par 347 voix contre 180. De surcroît, c'est dans cette occasion que parvint à son heureux terme une longue négociation poursuivie avec le Rassemblement démocratique africain et dont François Mitterrand était le principal conducteur. Ce groupe, que certaines maladresses avaient rejeté dans la mouvance des communistes, décidait enfin de s'en libérer et je me souviens d'avoir éprouvé moi-même une véritable émotion en entendant M. Pleven, parlant au micro de son banc, saluer « le ralliement de M. Gabriel d'Arboussier ».

L'impasse de la loi électorale ramène le docteur Queuille à la barre.

La politique... politicienne qui, comme on l'a vu, n'avait jamais perdu ses droits, les retrouva dans leur plénitude lorsque les débats financiers furent liquidés. Elle s'épanouit sous son aspect le plus humble, voire le plus décrié mais qui demeure peu évitable si l'on veut maintenir la démocratie représentative, à savoir l'électoralisme.

Les partis de la majorité étaient d'accord pour faire quelque chose de nouveau mais ils ne l'étaient pas quant à ce que serait, de cette nouveauté, le contenu concret. La division passait même à l'intérieur du groupe U.D.S.R. où l'on voyait M. Avinain soutenir le projet gouvernemental et François Mitterrand le combattre. Paul Giacobbi s'était acharné à résoudre la quadrature du cercle. Le gouvernement avait fini par déposer un projet hybride qui dosait savamment le système majoritaire et la représentation proportionnelle. La commission spéciale, instituée sur ce sujet, faisait du surplace et se contredisait à travers une série de votes négatifs. Le 21 décembre, l'affaire parvint devant l'Assemblée où, au nom de la commission, M. Mazuez était venu présenter un non-rapport sur une absence de décision. Il fallait repartir de zéro.

Cependant, le débat se trouva très vite placé dans une lumière nouvelle. On commença à parler d'élections anticipees. Ne fallait-il pas en finir avec cette législature croupissante, cette Assemblée aboulique ? N'était-ce pas aussi le meilleur moyen, en combinant l'abrègement du délai et la modification du mode de scrutin d'opposer des brise-lames à l'essor du R.P.F., tout en tâchant de diminuer l'emprise du parti communiste ? Jean Chamant fut le premier à cristalliser cette « idée dans l'air » par une proposition de loi.

Les temps ne sont pas encore venus. Le gouvernement dépose un nouveau projet. Cette fois, Paul Giacobbi a tiré de son chapeau le lapin de l'apparentement mais en maintenant les deux tours, ce qui n'est pas très logique puisque l'apparentement permet, au contraire, *de totaliser les voix de deux ou plusieurs listes* sans qu'il soit nécessaire de procéder à un nouveau scrutin qui comporte un risque d'évasion par rapport au premier. Le second tour est en exécration au M.R.P. ainsi que chez les communistes et ces deux partis réunissent la majorité absolue. Il ne peut donc jamais passer. Mais les communistes, bien que fanatiquement attachés au tour unique, s'amusent à voter contre lorsqu'il vient à être proposé, car l'apparentement, lui, ne leur plaît pas.

Tout fut rejeté. René Pleven semble avoir éprouvé une impression de vertige qui n'était peut-être que lassitude. Le désir lui vint de tout laisser en panne... mêlé sans doute au calcul de prendre une sortie élégante et de se réserver pour la prochaine législature qui apparaissait désormais comme la bonne. Il était arrivé le 11 juillet 1950, tout vibrant de confiance ; il se retira le 18 février 1951, désenchanté.

***

M. Bidault parut au balcon, M. Queuille l'y suivit, Guy Mollet descendit sur la piste. L'accueil était médiocre. Le président désigne commit l'erreur catastrophique de ne pas demander de suspension de la séance en fin d'après-midi et de prononcer sans désemparer son discours de réponse. Il parlait nerveusement, d'un ton plus sec encore que d'habitude, détachant les phrases et même les syntagmes. Les questions ne l'avaient ni soutenu ni provoqué, elles tissaient autour de lui une toile d'ennui où il s'englua. Il plafonna à 286 voix, en deçà du seuil fatidique des 311.

Vincent Auriol attendait depuis longtemps le moment de rappeler M. Queuille et celui-ci l'attendait pareillement. Il fit de son ministère la copie à peu près conforme du précédent, à ceci près qu'il était président et que Pleven rétrogradait à la vice-présidence où Bidault et Guy Mollet venaient le rejoindre. L'équipe Petsche-Faure demeurait inébranlable.

A nous la loi électorale ! M. Queuille déclara qu'il prendrait position plus tard, au retour du Conseil de la République. Les députés de la majorité, livrés à eux-mêmes, se débrouillent assez bien, dans une extrême confusion (ils votent le tour unique et l'apparentement qui sont les modalités les plus avantageuses pour les sortants). Machine infernale pour le R.P.F., loi fasciste pour l'extrême gauche : « le syndicalisme des sortants ». Après une série de brouilles entre les deux assemblées, le point final est mis le

1er mai. La campagne électorale ne va pas tarder à commencer. Le tour unique des nouvelles élections législatives a été fixé au 17 juin.

M. Queuille, stimulé par ce remarquable succès technique, trouve encore l'énergie, sur les objurgations de M. Petsche et les miennes propres, de faire voter par l'Assemblée une loi de finances supplémentaire, comportant de nouvelles ponctions fiscales car nos inquiétudes s'aggravent, les lisières sont brisées, les prix montent.

Paul Giacobbi, épuisé par la tension nerveuse, avait achevé de ruiner, dans une mission qu'il jugeait capitale pour la nation, sa santé fragile. Il nous quitta le 4 avril. Il est rare qu'un ministre vienne à décéder alors qu'il est en pleine fonction. Ses obsèques eurent lieu à Saint-Honoré-d'Eylau, en présence du grand cérémonial militaire prévu par le protocole de la République.

Si vêtus d'or qu'ils soient..

Maurice Petsche, lui aussi, se plaignait de son état physique. (J'ai narré dans un chapitre précédent l'histoire de sa fausse démission.) C'est donc à moi qu'il échut de prononcer, le 10 mai, un discours d'ensemble où je présentai le bilan de la législature. Ce bilan était loin d'être négatif. Le front de la Marne tenait toujours. Je fis de mon mieux pour rassurer et galvaniser une majorité qui s'était montrée courageuse et qui avait réussi à conserver l'union entre les libéraux de progrès et les socialistes de raison.

Enfin, nous nous séparâmes et nous partîmes tous pour nous expliquer devant nos mandants sous les préaux et dans les cinémas, dans les cours de fermes et dans les théâtres décrépits des petites villes. Tous, même ceux qui avaient connu, selon le mot du général de Gaulle, les palais et les téléphones.

« Si vêtus d'or qu'ils soient, ils doivent tous, comme des ramoneurs, retourner en poussière » (Shakespeare).

Cette évocation du plus grand poète ne devait pas être prise, ici, à la lettre. Il ne s'agissait pas de retourner en poussière, mais, comme on dit, « d'aller au charbon ».

CHAPITRE XXIII

RETOUR AUX URNES
OU
LE MAÎTRE EST LÀ

Le ministre doit procéder du député et non pas l'inverse.

Dans une démocratie digne de ce nom, la vie d'un homme d'Etat comporte un contrepoint structurel entre la mission qu'il assume — sur le plan national ou international — et le mandat qu'il exerce à la dimension exiguë d'une fraction du territoire de la patrie. Il peut consacrer à cette tâche, apparemment subalterne, plus ou moins de temps et d'effort — et selon des modalités qui lui sont propres. L'important c'est que, à intervalles périodiques, ce mandat soit remis automatiquement en jeu, et ainsi la fonction la moins élevée — mais qui procède directement de la volonté populaire — dispose de la plus haute (qui en est le plus éloignée).

C'est la seule et unique règle qui puisse apporter une garantie contre l'abus de pouvoir, contre la psychose du pouvoir, contre la psychopathologie de l'abus de pouvoir.

C'est aussi la seule et unique méthode qui permette d'assurer à un homme de gouvernement le bénéfice de l'éducation permanente, en lui procurant le recyclage continu ou successif, lequel suppose, d'ailleurs, une formation initiale typique au titre d'élu.

De ce point de vue, il importe que le ministre procède du député et non pas l'inverse. Quand un ministre, à plus forte raison un Premier ministre, ne se soumet qu'après coup à l'épreuve de la désignation populaire locale (qu'il considère alors le plus souvent comme allant de soi), il garde l'intime conviction d'être investi par le sommet plutôt ou autant que par la base, et son comportement s'en trouve généralement faussé.

Dans la démocratie telle que nous la concevons, le Prince c'est le Peuple (alors que dans sa déviation marxiste, Gramsci a pu dire : le Parti c'est le Prince).

Aussi est-il bon de temps à autre que la voix de notre conscience (stimulée par les échéances électorales) vienne nous dire, comme à Augustin : « Le maître est là (1). »

Un Mandrin qui sommeille.

Jamais la terre jurassienne ne m'a paru plus belle que cette année-là, dans ces semaines de mai-juin. Même la haute région qui a reçu le surnom de « la vallée sans printemps » participait au sacre de ce printemps... électoral. Devrais-je quitter cette patrie que j'avais choisie par ma libre décision, ou du moins m'effacer, pour un temps incertain, de ce mandat populaire qui me donnait à lui seul des lettres de citoyenneté franc-comtoise? Les risques semblaient faibles : mais sait-on jamais ? Un observateur très fin de la vie politique de notre province, M. Prost, a souligné que, pour le Jura, la deuxième élection était, en règle, la plus problématique. Je crois qu'il en est ainsi pour la plupart des circonscriptions.

Depuis mon succès, obtenu de justesse en 1946, j'avais sans doute bien renforcé mes assises.

J'avais été élu, en 1947, maire de Port-Lesney, puis, le 20 mars 1949, conseiller général du canton de Villers-Farlay. Quant à ma participation au gouvernement, elle me donnait du lustre, mais inversement elle me plaçait dans une position de cible — et même de point de mire — puisque j'étais précisément le ministre chargé des impôts.

Le peuple français est traditionnellement allergique à la fiscalité. On attribue cette disposition à l'inconscient collectif, qui garderait la trace des nombreuses exactions imputées, sous l'Ancien Régime, aux agents de la Ferme générale, lesquels étaient rémunérés au rendement. Il y a chez plus d'un boutiquier, d'un avocat, d'un médecin, un Mandrin qui sommeille. Il peut se réveiller pendant l'instant d'un scrutin.

Les positions de Daladier et de Pellenc avaient fait impression chez les militants radicaux, et même dans toute une zone sociologique qui appartenait, effectivement ou potentiellement, à ma « clientèle » électorale.

J'avais d'ailleurs fait, à ce sujet, et je le note en passant, une observation qui allait à l'encontre de mes préjugés. Conscient de l'impopularité qui s'attache, sur le plan national, à l'augmentation des feuilles d'impôt, je m'étais appliqué à me montrer strictement économe dans l'élaboration du budget départemental. Je m'aperçus

(1) D'après le titre du grand livre de Jules Malègue, *Augustin ou le Maître est là*

alors que la plupart de mes collègues, plus proches, par définition, de leurs électeurs que les députés, et par conséquent plus vulnérables, ne partageaient nullement ce point de vue. Ils pensaient qu'on leur reprocherait davantage le sous-équipement que la surtaxation. Le budget des routes, tout particulièrement, était le saint sacrement des élus ruraux. J'en déduisis — et cette conclusion est toujours valable — qu'il faut, autant que possible, rapprocher l'impôt du contribuable en lui permettant de prendre une vision binoculaire de ce qu'il paye et de ce qu'il reçoit. Dans une telle optique, on pourrait peut-être trouver un sens profond à la célèbre formule qui prescrit de demander « plus à l'impôt, et moins au contribuable ».

Qui n'a pas son paysan ?

Si la réaction antifiscale ne m'apprenait rien de nouveau, en revanche, je découvrais un phénomène que je n'avais pas prévu, et qui s'articulait dans une certaine mesure avec le premier. C'était une onde qui émanait du milieu agricole, et qui était porteuse à la fois d'un mécontentement confus et d'une revendication indécise. Les exploitants pensaient que le gouvernement ne faisait pas tout ce qu'il devait, que l'on ne s'occupait pas suffisamment d'eux, qu'on s'intéressait davantage aux fonctionnaires (trop nombreux d'ailleurs) qui avaient renversé un gouvernement à eux tout seuls, et aux salariés que l'on gavait de salaire minimum et de prestations sociales maxima. A cela s'ajoutait la tendance à penser qu'ils seraient mieux représentés par des élus qui sortiraient de leur rang ou du moins seraient directement choisis par eux.

Signes précurseurs.

D'une façon générale, nous assistions à une prise de conscience sectorielle et à une recherche professionnaliste du débouché électoral. De tels phénomènes, qui ne se limitaient au Jura, étaient des signes précurseurs de mouvements plus amples, qui prirent la forme du poujadisme. Ils auraient sans doute mérité de retenir davantage l'attention. Mais « on ne voit que ce que l'on regarde, et on ne regarde que ce que l'on a dans l'esprit ».

Cette réflexion d'un éminent criminologue est le plus souvent applicable aux hommes politiques. Ils ne pensent pas toujours à « prévoir le présent ».

Le département du Jura fut l'une des rares circonscriptions de France où les apparentements ne jouèrent pas. (Il en fut d'ailleurs de même en 1955). J'ai pensé qu'il ne serait pas sans intérêt de rechercher les causes de cette singularité. Le récit de ma nouvelle campagne électorale, en contrepoint de l'action nationale où je me trouvais engagé depuis la précédente, apporterait une compréhension plus complète, à la fois de mon destin personnel et de la psychologie des « décideurs ». Il m'est apparu, après rédaction, qu'un tel chapitre imposerait une trop longue coupure au mouvement du récit principal. Il pourrait rebuter beaucoup de lecteurs par un tour exagérément, mais inévitablement, anecdotique et local. J'applique donc la devise de l'art selon Gide : « savoir renoncer ».

Cependant je me propose d'insérer ces tableautins dans un ensemble d'annexes qui compléteront cet ouvrage. On sait que les écrivains ne veulent rien perdre. Je me sens écrivain ; du moins en cela.

La proportionnelle est conservatrice. Les trois sortants furent réélus. Je gagnais 7 000 voix et je dépassais les communistes, mais je ne tenais que le second rang. M. Viatte, mon concurrent M.R.P., perdait 10 000 voix mais me dépassait encore d'une longueur. Il n'en fit pas moins imprimer à sa gloire qu'il avait été désigné comme le *premier député du département* et il fit requête à son parti de lui procurer un portefeuille ministériel, puisque Edgar Faure, qui en détenait un, n'était arrivé qu'en seconde position !

L'apparition augurale de Pierre Jeambrun.

Cela me remémorait une anecdote plaisante dont le héros était un ancien député de Lons-le-Saunier, le docteur Chapuis. Il se trouvait que tous les sénateurs et députés du Jura, à la seule exception de lui-même, figuraient dans un gouvernement ! Il demandait, en conséquence, le vote d'un texte de loi, aux termes duquel on ne pourrait désigner des ministres extérieurs au Jura que quand tous les parlementaires du département auraient déjà fait l'objet d'une nomination à un poste gouvernemental.

Je rentrai à Paris, satisfait de mon résultat. J'avais, par la même occasion, pu compléter mon équipe et ouvrir des perspectives à l'amitié en prenant auprès de moi l'incomparable et irremplaçable Pierre Jeambrun. Je l'avais vu apparaître, un jour, à Commenailles, petit fief radical où j'étais populaire pour avoir pu obtenir l'aménagement d'un cimetière. Il était conduit par sa mère, qui avait dirigé, pendant de longues années, le secrétariat de l'ingénieur en chef des Ponts et chaussées et qui était bien fière de son grand fils. Il portait une veste en velours côtelé et un foulard rouge. Il était docteur en droit, licencié ès lettres, récitait Péguy, et m'expliqua modestement qu'il pouvait me faire bénéficier de la collection des articles politiques du *Monde*, classée par rubriques et tenue à jour par ses soins. Il avait choisi la carrière de l'Enregistrement, qui est l'aristocratie des Finances, et qui touche, depuis André Theuriet, à l'aristocratie des lettres. Je compris aussitôt que je tenais là un exceptionnel collaborateur. Je ne pouvais encore discerner qu'il occuperait un jour une telle place dans mon affection. *Nec pluribus impar*.

CHAPITRE XXIV

LE CONCIERGE DE LA COLONNE VENDÔME

> « Transigez, mes concitoyens, mes amis, mes frères, transigez avec les contingences de la réalité. Transigez partout où il n'est pas question de vos droits suprêmes. Transigez, et cédez là où la transaction est licite et honnête. Parce que tout est transaction dans le gouvernement des hommes. Transigez, autant que vous le pourrez, dans les limites du bon sens, de la bonne foi, de la raison, mais n'abandonnez jamais la cause de votre honneur, pour laquelle il vous faudrait mourir si vous n'arriviez pas à triompher. »
>
> Ruy Barbosa (1)

La pourpre de Lamoignon.

« Voyons, Edgar, me dit René Pleven, en se renversant dans son fauteuil, quel âge as-tu exactement ?

— Exactement quarante-trois ans moins huit jours ou plutôt huit nuits. Quant à l'heure exacte, il demeure une incertitude. Selon les actes de l'état civil deux heures du matin mais, selon le souvenir de ma mère, quatre heures. Les astrologues font mes horoscopes en double application. J'incline à penser que c'est bien quatre heures car on en déduisait que j'étais typiquement un matinal. Pour deux heures, on aurait plutôt dit un noctambule. Au fait, quelle heure est-il maintenant ?

— Entre les deux, précisa le président investi. Un bon moment pour terminer mon ministère. »

Il se redressa et me fixa d'un air faussement sévère :

« Tu n'as pas quarante-trois ans, tu es juriste de formation, avocat

(1) Cité par Michel Simon, *Ruy*, p. 210.

de carrière, tu ne peux pas refuser la pourpre de d'Aguesseau et de Lamoignon !

— On peut aussi parler de d'Argenson. Il tenait tellement à ses sceaux qu'il les prenait avec lui quand il allait voir sa maîtresse, une religieuse des Ursulines, et il les gardait près de lui quand il dormait. Quant à moi, président, puisque la question est posée de cette manière, je ne refuse pas de m'entendre appeler " monsieur le garde " et de devenir aussi le concierge de la colonne Vendôme puisque, de haute tradition, le ministère de la Justice cumule ces nobles prérogatives : garder les sceaux et le monument. »

Mon sort était fixé... pour quelques mois.

Après les élections législatives et la démission du ministère Queuille, René Mayer et Maurice Petsche avaient sollicité, l'un après l'autre et sans succès, l'investiture de l'Assemblée. Tous deux avaient échoué sur l'obstacle épineux de la querelle scolaire. Le plus strict, René Mayer, avait été rejeté par la droite et le plus libéral, Maurice Petsche, par la gauche. Un résultat positif se trouvait cependant acquis, c'est que l'on n'irait pas en deçà du premier ni au-delà du second. On évoluerait dans la zone intermédiaire, ce que l'on appela le code Mayer-Petsche.

Ainsi se trouvait facilitée la tâche de René Pleven ; il bénéficiait de son *gentleman's agreement,* avec le P.S. et il était mieux vu par le M.R.P. que s'il eût été radical ; il avait en outre obtenu, sans doute en souvenir de Londres, l'abstention du R.P.F. Investi le 8 août, il achevait de mettre au point son cabinet dans la nuit du 9 au 10.

Je savais d'avance que je ferais partie de la combinaison, sans autre précision quant au poste. D'ailleurs, tous les présidents pressentis, désignés ou investis avaient pris le soin de faire, à mon égard, ce que les avocats américains appellent un *retainer.* René Mayer lui-même m'avait dit, lors de sa brève apparition : « Celui qui ne te prendrait pas dans son équipe commettrait une erreur monumentale. » Dans le ministère Pleven, le même René Mayer recevait une vice-présidence du Conseil — fort effective celle-là, avec en charge l'ensemble des secteurs économiques et financiers — et une constellation (plus précisément une *ennéade,* car ils étaient au nombre de neuf) de ministres et secrétaires d'Etat. De telles structures sont des vues de l'esprit ; elles peuvent faire illusion par leur imposante architecture mais, d'après les exemples que j'ai connus, elles ne réussissent jamais. Quoi qu'il en fût, je me trouvais donc éloigné de la rue de Rivoli. Ma préférence me portait vers un ministère à compétence économique où je pourrais compléter ma formation, tout en marquant mon passage par des réalisations aussi subtantielles que possible. J'y prendrais de plus près l'expérience des problèmes de l'équipement, dans lesquels j'avais appris à voir la clé des économies modernes. Je pensais que ce serait une étape logique dans le développement de ma carrière, la prochaine devant être normalement la conduite, comme ministre principal, des Finances et de l'Economie. Dans cette vue, j'étais attiré, et même fasciné, par le ministère des Travaux publics et des Transports (réunis alors dans le même département). Comme j'ai eu l'occasion de l'indiquer précédemment, ce poste était âprement convoité par l'infortuné Maurice Petsche qui m'avait supplié de me récuser en sa faveur. Cette situation me préoccupait car j'étais attaché sentimentalement à mon ancien patron et je me proposai d'avoir une franche explication avec René Pleven : s'il pouvait nommer Petsche, alors je n'insisterais pas. Sinon, je tenterais de le convaincre.

Cependant je ne fus convié que fort tardivement à me rendre auprès du président. Selon la coutume, le directeur de cabinet me téléphonait de temps à autre pour dire qu'il me ferait signe dans une heure ou deux.

Le temps passé ne créait en moi aucune inquiétude quant au fait acquis de ma participation, mais il étrécissait ma marge de manœuvre car les présidents appellent toujours au dernier moment ceux dont l'affectation est déjà décidée dans leur esprit.

Tel était bien le cas. J'appris en même temps que Maurice Petsche était hors de course pour quoi que ce fût — ce qui apaisait mes scrupules — mais aussi que les Travaux publics étaient déjà attribués à leur précédent titulaire, Pinay, ce qui anéantissait mes espoirs. Je fis une « sortie » pour essayer d'obtenir une permutation avec Pinay. Cette seule idée parut humoristique à René Pleven : il ne voyait pas le maire de Saint-Chamond s'envelopper dans la toge dont il me faisait le présent. Il ajouta que Pinay ayant été conseiller national de Pétain, ce dont personne d'ailleurs ne lui faisait grief étant donné ses titres dans la Résistance, il était préférable qu'il fût boulevard Saint-Germain plutôt que place Vendôme. J'accédai donc à une nomination qui ne répondait pas à mon projet préférentiel mais qui était néanmoins des plus flatteuses.

Je restais sur place pour attendre les résultats définitifs de la dernière étape. Il est divertissant de suivre les tout derniers épisodes d'une composition de ministère, surtout quand on est exonéré des soucis afférents à son propre cas. On voit surgir les difficultés de dernière heure, un ami qu'il faut renoncer à caser, un visiteur que l'on n'a pu dissuader d'un dérangement inutile. Il faut expliquer, éluder, promettre. Il y a la délégation à l'O.N.U., telle ou telle mission, le fonctionnement du parti... René Pleven se délivra de Jean-Paul David en esquissant le schéma de l'organisation Paix et Liberté. On voit passer les ministres, reconduits ou mutés par équivalence, avec un calme sourire. Il y a enfin et surtout les tout nouveaux promus qui font le premier pas dans le *cursus honorum*, le cycle des magistratures. Je pense à André Cornu et au docteur Pierre Chevallier qui se voyaient attribuer deux demi-portefeuilles : les Beaux-Arts pour le premier et, pour l'autre, l'Enseignement technique, la Jeunesse et les Sports. Il suffisait de les regarder et l'on faisait provision d'optimisme pour la journée entière. Chacun exprimait à sa manière les mouvements exaltés de son âme : André Cornu, par l'explosion d'une joie naïve, Pierre Chevallier, par l'intensité discrète de l'expression. Ils ressemblaient aux tableaux parlants : le visage émerveillé, le cœur ébloui. Je leur proposai, comme venait l'aube, de fêter notre réunion par un bon *breakfast* dans un établissement ouvert à toute heure qui s'appelait, sans doute pour cette raison, *Jour et nuit*, rue de Berri. André Cornu accepta et nous nous y rendîmes joyeusement. Pierre Chevallier hésita, puis renonça. Il lui fallait rentrer d'urgence à Orléans. Nous ne devions pas le revoir.

La chair et le sang.

La première communication interministérielle que je reçus dans mon cabinet de la place Vendôme, où René Mayer m'avait transmis ses pouvoirs le lundi en fin d'après-midi, fut, le mardi, celle du président du Conseil dont la voix se brisait. Il m'annonçait le décès du secrétaire d'Etat à l'Enseignement technique, tué à coups de revolver par sa femme. « Tu es garde des Sceaux, me dit-il, il faut t'occuper tout de suite de cette affaire. » Beaucoup de personnes croient que le ministre de la Justice est une sorte de super-détective et qu'il suit personnellement les enquêtes. Je me bornai à me renseigner. Il s'agissait d'un crime passionnel de l'espèce la plus classique et il reçut la solution la plus classique : l'acquittement, par le jury, de la femme délaissée et criminelle.

Une affaire banale ? Mais comment un crime pourrait-il jamais être banal, même s'il est identique à un autre (1) ?

Pierre Chevallier fut remplacé à la mairie d'Orléans par M. Secrétain et à son poste ministériel par le très agréable et distingué sénateur du Loiret, M. Lemaître.

(1) Le docteur Chevallier avait épouse une femme issue, disait-on, d'un milieu social modeste et qui éprouvait quelque difficulté a s'adapter a un rôle représentatif. La nouvelle ascension de son époux, a partir de la mairie d'Orléans qui déjà comportait son lot de contraintes et de parades, jusqu'à l'échelon gouvernemental avait pu la saisir d'un vertige qui déreglait ses nerfs et portait à un paroxysme les ressentiments que lui inspirait l'infortune conjugale. Le drame survint dans des circonstances qui permirent de retenir comme mobile déterminant l'impulsion irrésistible, chez la femme légitime, de la jalousie sous sa forme la plus brutale, la jalousie physique.

Ainsi les événements publics s'enchevêtrent-ils avec les destinées particulières. Cet « accident » ne fut pas un accident... de l'histoire car la personnalité politique et le rôle, d'ailleurs nullement négligeables, du nouveau secrétaire d'Etat n'avaient pas pris une envergure suffisante pour que sa disparition entraînât des effets sensibles. En eût-il été autrement si le sort avait choisi comme victime (de cette manière ou d'une autre) un des principaux acteurs de la politique nationale ? J'hésite à le penser car on observe une certaine interchangeabilité dans les rangs de ce haut personnel. Les présidents successifs étaient engagés dans une sorte de permutation rotative qui, à une certaine distance, rend difficile de distinguer leurs apports personnels et le capital commun de leurs gestions emmêlées. Les plus originaux, je crois pouvoir le dire, furent Pierre Mendès France et moi-même. Or, nous pouvions nous substituer l'un à l'autre, comme l'événement l'a montré. L'Histoire met souvent plusieurs fers au feu. Le cas unique sera celui du général de Gaulle dont elle devra se servir deux fois. Ce que l'on peut noter, en tout cas, c'est que *le fortuit et l'accidentel semblent ménager, justement, les premiers grands rôles.* Aucun de ceux qui ont gouverné la France, dans la période assez longue dont je me fais l'historiographe, n'a été coupé dans son élan par une disparition inattendue. Dieu protège ceux qu'il désigne.

La maison des juges.

Ce qui me frappa d'abord, place Vendôme, ce fut le délabrement des locaux, la pénurie des moyens, la difficulté de résoudre le moindre problème matériel. Je compris qu'il y avait deux catégories de ministères, d'un côté les Finances, opulentes, les Armées et aussi sans doute les Transports, bénéficiant d'une certaine aisance, d'autre part... les autres, parmi lesquels les plus anciens, les plus traditionnels, installés dans la majesté et dans l'indigence.

J'affrontais aussi des problèmes d'installation et d'organisation. Le Conseil de la magistrature était étalé sur tout le rez-de-chaussée, occupant les beaux locaux sur jardin et même le petit bureau sur cour, agréable par sa belle boiserie et où Henry Chéron avait fait aménager, dans un compartiment de bibliothèque, un urinoir et un lavabo minuscules, commodités cocasses pour un homme de sa corpulence.

Le Conseil m'apparut comme fort encombrant, à la fois matériellement et administrativement car, à l'époque, il empiétait de façon à peine supportable sur les prérogatives du ministre et, selon la loi de Parkinson, il tendait à gonfler ses services en même temps que ses compétences. Heureusement, son déménagement était prévu en direction de nouveaux locaux qu'on lui préparait quai Branly mais je n'eus pas la possibilité d'en profiter car je fus le premier à déguerpir.

Depuis lors, les gardes des Sceaux, mes successeurs, ont réoccupé la belle salle aux trois portes-fenêtres, aux murs tapissés de coutumiers et où, de temps à autre, je faisais une descente furtive pour réjouir mes yeux de la contemplation de mon futur cadre de travail.

Je dus m'installer, en attendant, dans le bureau du premier qui donne sur la place Vendôme : beau paysage urbain, sans doute, quoique gâché par les voitures stationnantes ou circulantes, et qui me rappelait toujours les premières images d'un film contemporain de ma jeunesse : « Ce n'est que votre main, madame. » (Dans ce film. le héros n'est d'ailleurs pas le garde des Sceaux, mais un maître d'hôtel du très proche Ritz.) A l'origine, cette pièce qui dépendait de l'appartement avait été transformée en cabinet du ministre par un de mes prédécesseurs, d'une détestable mémoire, Gabolde, que l'on appelait von Gabolde. Il avait choisi le premier étage pour des raisons de sécurité car il est plus facile à protéger contre un commando. Les portes mal jointes laissaient venir jusqu'à moi les bruits de machines à écrire en provenance du secrétariat. Le directeur de mon cabinet devait se tenir dans la salle à manger et il repliait ses dossiers quand on venait mettre le couvert, car il m'arrivait de recevoir assez souvent des convives. Les aspects positifs de mon nouveau poste n'étaient pas à dédaigner. On n'y trouvait rien qui rappelât la fébrilité de la rue de Rivoli. Pour l'heure, la devise de la Chancellerie aurait pu être : « Les vacances sont les vacances. » Les cours et tribunaux étaient réduits aux chambres de vacation et les membres du Conseil, eux-mêmes magistrats, suivaient les habitudes ancestrales. (Il convient cependant de noter que la rentrée judiciaire se faisait plus tôt qu'à l'époque des cours de Parlement.) Je pris moi-même un temps de loisir dont j'avais été privé les années précédentes. J'allai rejoindre ma famille sur la Côte d'Azur, dans l'agréable villa de notre amie Suzanne Blum, la Gaiole, au cap d'Antibes. A l'occasion des Conseils ou lorsque René Pleven voulait me voir, je faisais le voyage de Paris, entre deux trains de nuit, le confortable Train Bleu, avec un bon dîner et le *single* où je lisais immanquablement une *série noire*.

Il y avait toujours quelque affaire pour laquelle mon président estimait ma présence indispensable : je découvrais à la fois l'étendue de ma compétence et l'inexistence de mes pouvoirs car le garde des Sceaux n'en a, sur aucun sujet, rigoureusement aucun.

Mes vacances se prolongèrent sous une autre forme car il fallait préparer les élections au Conseil général. Je repris mes tournées dans le Jura supputant, ici et là, les chances de notre tendance, m'appliquant à convaincre le bon candidat de se présenter (il est le plus souvent réticent) et le mauvais de se retirer (mais il déploie beaucoup d'énergie pour se mettre en avant).

Un beau jour, René Pleven me demanda de façon inopinée de me rendre au Brésil, à la place d'André Marie qui devait rester à Paris en raison de l'irruption soudaine de grèves dans l'Education nationale. J'étais fort heureux de cette occasion qui m'était offerte de voir du pays — et quel pays ! — car les postes que j'avais tenus jusqu'alors étaient tout à fait sédentaires et celui que j'occupais maintenant n'était d'ailleurs guère ambulatoire.

Vacances latines en baie de Rio.

Les trajets aériens n'avaient pas encore atteint leur commodité et leur rapidité actuelles. Il nous fallut passer quelque trente heures en avion, avec cinq ou six escales. J'étais le voisin de l'écrivain Georges Duhamel qui allait entreprendre, selon son habitude, une tournée de conférences. Je me félicitai de cette rencontre parce qu'en tant que voyageur expérimenté il était pourvu d'une corne à chaussures que je lui empruntais à chaque escale (j'avais commis l'erreur de chausser des mocassins presque neufs !).

Notre séjour à Rio fut agrémenté par la présence d'un ami très cher, Michel Simon, qui y tenait un vague emploi d'attaché culturel. C'était un garçon sans âge, long et frêle, vêtu, avec une négligence étudiée, d'étoffe anglaise à coloris dégradés ; il avait l'œil le plus vif sous ses lunettes d'écaille, un souffle expirant, une démarche accablée. Il était — ou se prétendait — atteint depuis sa jeunesse de maladies chroniques qui le tenaient toujours en transes sans le mettre jamais en péril. En quelque lieu que ce fût, sa conversation commençait par ces mots : « Comment supportez-vous la température ? » Son petit cercle d'amis l'avait surnommé Proust. Sa culture était vaste et originale, sa curiosité suraiguë. Il parlait comme un pontife des lettres et on lui supposait la paternité d'ouvrages difficiles, destinés à une clientèle de dilettantes. Tout compte fait, il n'avait publié qu'une mince plaquette intitulée : *Hôtel de l'Ourse et des Anglais réunis*, ainsi qu'un article de revue, dont il gardait sur lui le double feuillet détaché et plié en quatre, sur « les Machines à feu ». Il tenait de sa famille une certaine fortune mais les temps de Proust sont révolus et ses réserves s'amenuisaient. Il préparait éternellement l'agrégation de grammaire et s'activait sans trépidation dans des emplois marginaux, en rapport avec les lettres et les arts dont il était un parfait connaisseur.

Nous l'avions connu avant la guerre quand il était lecteur a l'université de Rome, en même temps que la coqueluche de quelques matrones qui tenaient des salons intellectuels. Il résidait maintenant à Rio où Louis Joxe lui avait procuré une affectation culturelle. Il jouait avec nervosité et délectation le personnage d'un héros de Giraudoux. Il avait été adopté par un petit cercle de Brésiliens huppés qui le tenaient en grande estime. Dans cette atmosphère chaleureuse, il était parvenu à composer et à mener jusqu'à publication une monographie consacrée au célèbre humaniste brésilien Ruy Barbosa.

Ruy Barbosa avait été l'apôtre principal de l'abolition de l'esclavage au Brésil. Encore avait-il entrepris sa croisade dans un esprit de modération puisque sa première proposition portait sur la libération des esclaves sexagénaires. Il avait accueilli Anatole France à Rio par un discours d'un humour féroce. Il avait laissé la réputation d'un esprit intransigeant mais, en feuilletant des extraits de son œuvre, je découvris un admirable éloge de la transaction. Ce sujet m'intéressait vivement, en raison de la position jusqu'au-boutiste adoptée par le parti gaulliste et qui me semblait gravement erronée.

Je fus présenté au président de la République, Getulio Vargas, qui en était à sa deuxième expérience comme chef d'Etat. Au cours de la première, il s'était comporté en dictateur et, pour la seconde, il agissait dans le cadre des lois et des usages, comme président d'une République parlementaire. Il me tint quelques propos et me remit le grand ordre de la Cruseiro da Sul, avec un superbe cordon de couleur bleu Nattier : c'était ma première écharpe. J'en fus enchanté. Sa seconde expérience ne réussit pas et sans doute n'était-il pas psychologiquement adapté au rôle d'un chef d'Etat à pouvoir compensé. J'appris l'année suivante son suicide.

L'objet de mon voyage au Brésil était ma participation, en tant que représentant officiel du gouvernement français, à une grande manifestation appelée Congrès de l'Union latine, dont l'organisateur et le maître de cérémonie était le ministre des Affaires étrangères du Brésil, M. Nève de Fonduras, homme vif et ouvert, parlant parfaitement le français.

L'angoisse de Santos-Dumont.

Pour corser l'affaire, il avait été prévu que les congressistes de l'Union latine célébreraient la mémoire de... Santos-Dumont, à l'occasion de l'anniversaire de son décollage au bois de Boulogne. Santos-Dumont est connu en Europe comme l'un des pionniers de l'aviation, mais au Brésil il est l'archétype du héros national. Il m'appartenait de prononcer le principal discours officiel et je m'appliquai, au cours d'une nuit de travail, à bien m'acquitter de cette tâche. Je ne parvenais pas à hausser au-dessus d'un niveau honorable l'enthousiasme que m'inspirait l'exploit lui-même, le geste d'Icare (un peu mieux préparé), mais je ne tardai pas à éprouver un véritable attachement pour mon héros quand je connus les graves troubles de conscience que sa réussite avait provoqués chez lui. Un jour de gloire s'était traduit par des années d'angoisse dont il ne se délivra qu'avec la mort. Il pressentait avec acuité et épouvante — comme ce fut le cas d'Einstein — tous les périls que pouvait entraîner, pour la paix, pour la civilisation, cette révolution copernicienne dont l'homme de notre ère est à la fois l'agent mirifique et le théâtre bouleversé. De tels cas de pessimisme sont justement de nature à nous faire accueillir une interprétation optimiste de ces grandes mutations, car ils font apparaître que les hommes de la découverte peuvent ressentir de celle-ci, non seulement l'exaltation, mais la responsabilité et que *le sommet de la puissance n'occulte pas l'interrogation sur la puissance.*

On s'installe.

A peine revenu en France, il me fallut prendre le train pour aller célébrer, à Limoges, la mémoire du chancelier d'Aguesseau. J'essayai de présenter, à travers cette silhouette du passé, un éloge feutré de ce système politique, fait de progrès prudents, d'actions mesurées, de réformisme expérimental que j'ai appelé le radicalisme de gestion. Je l'opposai, d'une part, au dogmatisme de l'extrême gauche, à l'ambition qu'elle professe de tout expliquer et, en conséquence, de tout commander, mais aussi à la stratégie du tout ou rien que pratiquait alors le parti gaulliste et qui compromettait gravement le redressement de la France. C'est bien, je dois le dire, à cette méthode suicidaire que je pensais lorsque, à propos du sage chancelier du Régent, je prononçai ces mots : « Il se méfiait de ces grands éclats de l'intransigeance dont la politique du pire s'entoure comme d'une pourpre de chancelier. »

Cependant, je siégeais dans mon bureau de chancelier et je m'appliquais à en tenir le rôle. J'avais pris comme directeur de cabinet Olaf Lecarpentier parce qu'il connaissait bien les questions financières et qu'il disposait d'un réseau de relations à la direction du Budget. Or, en dehors même de nos conditions matérielles de vie, je prévoyais que les principaux problèmes de ma gestion ressortiraient à son type de compétence, notamment pour ce qui concernait la situation des magistrats et l'administration pénitentiaire. Je pris comme conseiller un magistrat de carrière, excellent juriste, René de Bonnefoy des Aulnais, qui était le beau-père de Robert Blot. Il venait toujours m'accueillir à la gare ou à l'aérodrome quand je revenais de mes déplacements : « Le garde des Sceaux, me disait-il, ne doit jamais être seul. » C'était un homme d'une grande valeur morale et qui avait reçu dans sa plénitude la grâce de la foi. Plus tard, il interrompit sa carrière avant le terme de l'âge et alla s'installer dans une résidence de montagne afin de s'y livrer à la méditation. A l'époque dont je parle, j'eus bientôt l'occasion de lui confier la direction des Affaires criminelles et des Grâces. Je le remplaçai alors auprès de moi par Maurice Aydalot. J'avais introduit également dans mon équipe des magistrats plus jeunes, le rigoureux Jean Cannone, dont la famille était très liée à la mienne, et le séduisant André Touren qui devait faire une belle carrière à la tête de plusieurs directions, puis comme premier avocat général à la Cour de cassation. Originaire du Midi, précédemment en poste à Aix-en-Provence, il était amicalement lié avec Vincent Delpuech qui fut toujours pour moi un ami fidèle et dont l'influence au parti radical était forte (il s'agrégeait, le cas échéant, au petit groupe des magots de M. Queuille). Vincent Delpuech avait fait l'année précédente, en 1950, le voyage inaugural du paquebot *Liberté*. J'étais l'hôte officiel de cette expédition, en tant que ministre du Budget, conjointement avec Gaston Defferre, lui-même ministre de la Marine marchande. Defferre et Delpuech se considéraient avec hostilité à cause de l'antagonisme de leurs intérêts dans la presse phocéenne. Je décidai de les réconcilier. Je les entrepris d'abord chacun séparément, puis je les mis en présence et ils conclurent sans peine un accord qui mettait fin à une insupportable belligérance. Ruy Barbosa et d'Aguesseau sont de bon conseil.

Je gérais mon ministère avec la facilité que me donnait une grande expérience des choses et des gens de justice. Certains gardes des Sceaux n'ont aucune formation juridique, d'autres sont issus des juridictions administratives ; or, ce qui compte place Vendôme, c'est la justice judiciaire. Je tenais chaque jour conférence avec l'un de mes directeurs, parfois avec tous. Je recevais beaucoup de magistrats. J'inspirais confiance à ceux que l'on appelle chefs de cour, c'est-à-dire les premiers présidents et les procureurs généraux, et l'un ou l'autre venait rituellement m'entretenir de ses problèmes, presque chaque jour, à l'heure lucernaire. Je recevais aussi, bien sûr, les avocats, les notaires, tous les conseillers de justice. Je présidais des banquets, je procédais aux nominations. Le hasard fit que j'eus à pourvoir les plus grands postes, d'où s'ensuivirent des promotions en chaîne (1).

(1) Le procureur général Frette Danicourt quitta la Cour de cassation et je le remplaçai par Besson, procureur général de la Cour de Paris, celui-ci par Béteille. Je

Mon occupation la plus régulière était ma participation, chaque semaine, à la réunion du Conseil de la magistrature qui prenait les décisions les plus importantes et était consulté sur bien des sujets. Cette mission me permettait de rencontrer régulièrement le président de la République. De ce fait, la situation de garde des Sceaux pouvait être tenue pour un tremplin politique ; je n'avais pas envisagé, au départ, cet avantage caractéristique de l'emploi.

Avocat de profession, Vincent Auriol présidait les séances du jeudi avec naturel, avec simplicité, souvent avec bonhomie, sans jamais manquer à la dignité de sa fonction. Parfois il haussait le ton, il relevait ses sourcils en accent circonflexe et proférait une affirmation autoritaire ou s'accordait la licence d'un emballement méridional dont il gardait le contrôle. Nos relations étaient excellentes et je crois que cette expérience le confirma dans l'opinion favorable qu'il avait de moi. Il me dit, par la suite, qu'il avait été très sensible à une certaine réaction de ma part. A propos d'une affaire dont j'ai oublié les circonstances le président, dans un mouvement d'indignation, s'était écrié : « Je m'engage à ne jamais faire usage de mon droit de grâce dans des cas de ce genre. » Je le repris avec déférence, mais avec fermeté : « Vous n'avez pas le droit, monsieur le président de la République, lui dis-je, de prendre des engagements sur la manière dont vous exercerez ou n'exercerez pas le droit de grâce. C'est un droit de nature, en quelque sorte, mystique, dont vous n'êtes que le dépositaire et qui doit toujours, à n'importe quel instant, pouvoir être exercé de libre façon. » Je lui racontai à ce sujet une anecdote vécue. Elle concernait un malfaiteur, Boyer, que mon beau-père. Sylvain Meyer, avait eu l'occasion de connaître dans sa jeunesse, ce qui avait attiré son attention, et la mienne, sur son cas. Ce criminel devait être conduit, un certain matin, à la guillotine. Son pourvoi en cassation avait été rejeté et son recours en grâce pareillement. Tout était prêt et les bois de justice étaient en place dans la cour de la prison. Cependant, la veille de ce jour, Gorguloff avait commis son agression sur le président Paul Doumer qui expira dans la soirée. L'avocat de Boyer, Me Idzkowski, intervint aussitôt. se démena comme un beau diable et obtint du parquet général et du garde des Sceaux l'annulation du supplice. Motif : pendant quelques heures, la France se trouvait sans président de la République. Donc, aucune personne n'avait qualité pour prendre une mesure de grâce, alors que le compte des heures, voire des minutes, laissait encore la

fis nommer à la Cour de cassation le procureur de la République Vassard. bon résistant, qui fut remplacé à son poste par Maurice Aydalot dont l'autorité ne cessa de s'affirmer jusqu'au moment où il quitta la carrière comme premier president de la Cour de cassation.

possibilité de décommander la funèbre cérémonie. Le président de la République, bien qu'il eût déjà étudié le dossier, reçu l'avocat et refusé le sursis, aurait pu, jusqu'à la dernière seconde, penser soudain à Boyer et modifier sa position. Par conséquent, un droit essentiel du condamné se trouvait paralysé. Le bien-fondé de cette argumentation fut reconnu. De ce fait, Boyer sauva sa tête car il est de règle coutumière que, quand une exécution est reportée, on s'abstient de la programmer à nouveau. C'est là encore un élément charismatique ou, si l'on préfère, « eucharistique » dans ce droit spécial qui est celui de la mort infligée par la justice des hommes.

Quel juste est assez Dieu pour rendre la justice ?

J'avais adopté comme règle de conduite de ne jamais intervenir dans le déroulement et dans la conclusion des affaires judiciaires. Je savais par maints exemples que la moindre immixtion d'un ministre dans une procédure, même si les motifs en sont excellents, peut comporter pour lui de grands risques ; je l'avais vu moi-même et tout récemment avec la démission d'André Marie et avec la demande de la Haute Cour pour Jules Moch. Le ministère de la Justice est un faux bon ministère : on s'y croit « peinard » et tout d'un coup il y a... la tuile !

C'est une situation paradoxale et qui est due en partie à une certaine confusion dans l'esprit du public. Le garde des Sceaux est hiérarchiquement chef du parquet ; le ministère public, comme son nom l'indique, se trouve placé sous les ordres du gouvernement. On ne saurait invoquer ici le thème de l'indépendance de la justice, thème qui d'ailleurs était lié, lors de sa formulation, à l'existence d'un Etat monarchique. Il importait de faire échec, au moins dans ce domaine, à la règle du bon plaisir et de minimiser le principe traditionnel selon lequel le roi, en tant que seigneur haut justicier de tout le royaume, pouvait juger de tous les procès et prononcer toutes condamnations (1). Les choses peuvent être vues autrement dans une démocratie où le pouvoir exécutif provient du peuple ; quoi qu'il en soit, l'indépendance en question ne peut être que celle du juge proprement dit, c'est-à-dire du magistrat de jugement. Le terme de magistrat étant également appliqué aux membres du parquet et les deux carrières étant communicantes, il en est résulté une équivoque.

J'avais donc parfaitement le droit, si je le jugeais bon, de donner telles ou telles instructions, comme de requérir un renvoi ou, au

(1) A la condition cependant, s'il s'agissait de la peine capitale, de la faire exécuter en sa présence. Ainsi la mise à mort de Concini sur l'ordre de Louis XIII, celle du duc de Guise sur l'ordre de Henri III.

contraire, un non-lieu. Toutefois, étant donné la méfiance de l'opinion et la malignité des milieux politiques, le ministre qui s'engage sur un tel terrain peut être aisément suspecté d'agir par faveur ou par calcul. Les procureurs généraux sont, sauf exception rarissime, des hommes d'expérience et des esprits pondérés. Le mieux est de leur faire confiance. Je me limitais à prendre connaissance personnellement des dossiers les plus importants et je n'y trouvai jamais l'occasion de révoquer en doute les conclusions qui m'étaient proposées.

Le corps de la magistrature éprouvait, à des degrés divers, un certain sentiment de malaise, ou plus exactement de solitude, de « séclusion ». Il se sentait « à part » dans l'ensemble de la fonction publique et comme « en l'air » dans l'ensemble du corps social dont il lui appartenait pourtant d'assurer une fonction essentielle. Il intégrait toujours certaines données de prestige issues du temps des cours de Parlement, et reconnaissables notamment à l'uniforme de la robe, noire ou rouge, à la dentelle du jabot et aux rangs d'hermine. Mais où était le temps où l'on pouvait parler de l' « hôtel du président » ? A la différence des recteurs, des préfets, de certains généraux, les chefs de cour n'ont pas de résidence de fonction ; à la différence de plusieurs grandes administrations, les Finances, les Travaux publics, les magistrats ne reçoivent aucun supplément de rémunération ou pourcentage, même sur les amendes ! Ils vivent dans la familiarité des avocats mais ils ne peuvent mener, faute de moyens, le même train de vie que la plupart de nos confrères. Un chroniqueur judiciaire, habitué à frayer, sur le sable des plages de luxe, avec les maîtres du barreau, s'était écrié : « Est-ce que les magistrats se cachent pour se baigner ? » Ils ne se cachent pas mais, pour beaucoup, les vacances posent des problèmes. Il faut aussi compter avec les contraintes, en province surtout. Le magistrat doit être prudent dans le choix de ses relations, non seulement éviter les compagnies douteuses mais même s'abstenir de s'agréger à des coteries s'il ne veut pas s'exposer à des interpellations familières : « Et à propos, où en est l'affaire de notre ami Un tel ? »

Je réfléchis à ce que je pourrais faire de plus utile dans ce poste et je retins un premier objectif qui était d'améliorer la situation matérielle des magistrats.

Je n'avais pas la naïveté de penser que ce malaise dormant pouvait être traité de façon adéquate par le seul octroi de quelques avantages indiciaires mais cependant l'amélioration du niveau de vie était la première mesure à prendre et celle qui rencontrait relativement le moins d'obstacles.

Contrairement à mon attente, les plus fortes objections émanèrent d'André Marie qui craignait des répercussions dans le milieu de ses propres et nombreux agents. Dans notre pays, les diverses catégories de fonctionnaires s'épient avec vigilance et, dès que l'on fait droit à une revendication quelque part, on entend tinter une forêt de sonnettes. Je parvins néanmoins à faire entendre à mon prédécesseur que, puisqu'il avait été garde des Sceaux, il était l'homme le mieux placé dans le gouvernement pour comprendre le problème de la magistrature et pour m'aider à le résoudre.

J'avais acquis, par ce premier résultat, la confiance de mon petit monde et il m'était dès lors possible d'élaborer un plan qui nécessitait beaucoup de réflexion et de ménagement. L'axe de ma conception était la distinction entre la fonction de jugement et celle de ministère public. Je pensais organiser un large recours, pour les juridictions de jugement, à un personnel extérieur au recrutement initial de la carrière. Les avocats, les notaires, les praticiens du droit qui n'avaient pas envisagé d'adopter d'emblée la profession judiciaire étaient souvent disposés, dans une certaine période de leur maturité, à en concevoir les agréments et à en rechercher les avantages. Eux-mêmes faisaient alors bénéficier la fonction judiciaire d'une valeur dont elle ressent bien la nécessité, l'expérience ; « On n'apprend pas à juger en jugeant ». A plus forte raison, on n'apprend pas à juger de cas difficiles, à contenu humain, sur le seul fondement des études théoriques ou des espèces de jurisprudence désanimées, collées dans un herbier.

Ce mode de recrutement, déjà en usage dans la magistrature, pouvait être amplifié, systématisé et comporter des modalités souples. Les uns seraient incorporés dans la carrière à partir du moment où ils y entreraient, fût-ce à quarante ou cinquante ans. Les autres recevraient des contrats par périodes renouvelables ou même seraient appelés pour le temps d'une session, comme cela se fait en Angleterre. Naturellement, les juges de « jugement » continueraient d'être recrutés, pour une importante partie, parmi les magistrats de profession, mais à partir seulement d'une certaine ancienneté. Pendant leurs premières années, les jeunes magistrats seraient affectés au ministère public. De la sorte, leur expérience ne serait pas en retrait de celle de leurs collègues.

La branche du ministère public pourrait être recrutée à travers l'E.N.A. : je n'avais pas pris là-dessus une décision formelle. Elle ferait l'objet d'une spécialisation plus poussée, notamment pour la comptabilité et le droit financier. Le mieux serait, me semblait-il, de faire assurer l'instruction par les substituts eux-mêmes.

Je ne me suis plus occupé de ces questions depuis lors. Je persiste à penser que les directions sur lesquelles je travaillais demeurent les bonnes.

Mes prisons.

Si mon autorité trouvait ses limites auprès des services judiciaires, par suite de l'institution du Conseil de la magistrature et également de l'esprit de corps et du tabou de l'indépendance, elle reprenait toute son envergure vis-à-vis de l'autre grand service dont j'avais la charge, l'administration pénitentiaire.

Je n'étais qu'à moitié le ministre de la Justice, j'étais à 100 % le ministre des Prisons. C'est donc là que s'ouvrait pour moi un vaste champ expérimental pour une politique carcérale nouvelle dont je ressentais la nécessité sans pouvoir encore en tracer le schéma. Il fallait d'abord me mettre dans le bain. Je programmai, à partir du début de janvier, une série de visites dont je fis les trois premières. J'inspectai de fond en comble la Santé, Fresnes et la Roquette. J'avais quelque peu fréquenté ces établissements comme avocat mais le moins possible, car je ne m'y sentais pas à l'aise. J'y reconnaissais cette odeur indéfinissable qui prend aux narines et qui d'ailleurs n'est pas nauséabonde, mais que je trouvais, malgré l'emploi massif des aseptiques, rebutante.

Bien des visages revenaient à ma mémoire : Arnoud, le bijoutier, meurtrier de son fils, suicidé en prison ; Julien, le Marseillais, officier de marine, mon premier acquittement : « J'ai compris que vous étiez un bon avocat, m'avait-il dit, lorsque j'ai su que vous descendiez à l'hôtel de Noailles. » M. de Courville, drapé dans une couverture verte, un beau visage, avec une couronne de cheveux blancs, fourvoyé dans l'affaire de Mme Hanau ; sa fille, la très mondaine et charmante animatrice de la Petite Scène, Mme Jean Rivain, me conduisait à Fresnes dans une belle voiture. C'était un cas de prévention abusive et Jean Michel le fit acquitter sans peine. Mes amis aussi : Jacques Roberty, toujours égaré dans des affaires qui tournaient mal, fêtant le soir de sa libération, dans son appartement de la rue de la Cavalerie (si bien nommée dans son cas), avec ses deux maîtresses appartenant à la plus haute société, naguère enragées de jalousie mais qui avaient conlu, pendant sa détention, l'union sacrée et étaient devenues inséparables. T. S..., pincé, pendant la guerre, pour être sorti d'une routine d'escroquerie qui était de tout repos si l'on n'y mettait pas de fantaisie. Il achetait des faux dollars à 25 %, les vendait à une poire, allait de lui-même voir la victime, lui exposait qu'il s'était fait rouler et lui proposait de partager la perte par moitié ; son bénéfice était chaque fois de 25 %. Un jour où, sortant avec une nouvelle cavalière, il était pressé de se procurer du numéraire, il avait commis l'imprudence de s'adresser à un portier d'hôtel et il s'était retrouvé en prison sans avoir eu le temps nécessaire pour sa manœuvre. Je lui apportais divers objets de ravitaillement (ce que je ne faisais pas d'ordinaire, il y avait pour cela des confrères spécialisés, hommes ou femmes, que l'on appelait les avocats-bidons). Dans sa nouvelle résidence, il continuait de diriger sa vie selon ses habitudes de raffinement et ma collaboratrice avait couru tout un après-midi le Paris de l'Occupation afin de trouver une orchidée noire pour fêter l'anniversaire d'un soir d'amour. Il est bien regrettable que T. S... n'ait pas été coffré pour une longue période. Il aurait ainsi évité d'être capturé par les Allemands et de disparaître sans laisser de trace. Je me souvenais également d'A. H..., emprisonné pour quelques mois par les Allemands, relâché comme citoyen helvétique. « J'étais dans la première cellule de la galerie que l'on montrait aux visiteurs, me disait-il ; on me demandait rituellement : " Etes-vous juif ? " Je répondais non. » Il ajoutait avec un gros rire : « Le questionneur disait alors : " Avec la gueule que vous avez ! " » Arrêté de nouveau bien plus tard, c'est lui qui avait mis au point un système de conversation par talkie-walkie avec une amie qui venait s'installer dans sa voiture au long d'une rue latérale.

Je me rappelais le laisser-aller qui avait accompagné l immédiate après-guerre. Un de mes clients, poursuivi pour collaboration économique, se faisait attendre au parloir. Il me rejoignait transpirant et soufflant : « Excusez-moi, maître Faure, j'étais au football... » Je revoyais aussi mon collaborateur, Raymond Cohen Molina, que j'envoyais souvent à ma place et qui s'était fait pincer pour avoir remis à un détenu... une pastille de saccharine alors que d'autres apportaient des repas complets. Enfin, *the last but not the least*, le charmant gardien de prison Vallet qui était mon client dans le civil comme architecte et qui parvint à la notoriété comme organisateur et bailleur d'une cellule transformée en chambre d'amour.

Ainsi certains parvenaient-ils à se prémunir contre l'infortune du héros de l'affaire Maurizius qui se trouva impuissant au sortir de son injuste détention (1).

Oui, la politique pénitentiaire pose des problèmes variés. Cependant, à chaque visite, je me sentais l'esprit plus distrait. Déjà, à la fin de décembre, on avait donné le ministère Pleven pour fragile. Le 3 janvier, une longue corrida avait commencé à l'Assemblée. Elle devait se terminer le 7 par la mise à mort. Je n'étais plus appelé à rester longtemps le concierge de la colonne Vendôme.

(1) Le thème principal de la réforme que j'envisageais consistait à réserver l'institution carcerale aux violents et aux asociaux, l'ensemble des autres cas pouvant être traités selon des méthodes mieux adaptees.

CHAPITRE XXV

LES JOURS DE NOTRE DESTIN
OU
UNE FAILLITE NON DÉCLARÉE

« Le revenu national forme un tout qui est distribue entre trois destinations : la consommation qui est le présent, l'investissement qui est l'avenir, et les dépenses de sécurité (Défense nationale) qui sont la garantie de l'un et de l'autre.

« ... Ce qui est pris pour la sécurité doit nécessairement échapper à la consommation et à l'investissement et il importe de ne sacrifier ni la consommation pour la masse laborieuse ni l'investissement qui est la consommation du lendemain. L'équilibre des comptes est devenu un équilibre des choix. »

Edgar Faure
Exposé à l'Assemblée nationale
(18 mai 1951)

« Si la situation est une situation grave, ce n'est pas de ma part que les avertissements ont manqué. A peine étais-je de retour d'Ottawa, j'ai réuni une conférence de presse au cours de laquelle — on me l'a d'ailleurs reproché — j'ai emprunté à un journaliste que je ne connais pas une excellente formule en déclarant que *les jours de notre destin* n'étaient pas loin. »

René Mayer
Discours à l'Assemblée
(16 novembre 1951)

Le fond des choses en économie.

Mes nouvelles occupations, mon voyage tenaient mon attention éloignée des problèmes économiques. Rien, d'ailleurs, ne l'y ramenait. La vie du gouvernement et du Parlement semblait délivrée de cette obsession. Les socialistes avaient, comme par surprise, arraché à l'Assemblée une innovation sociale : l'échelle mobile. Je n'en étais point choqué. René Pleven n'avait pas osé poser la question de confiance, mais il comptait sur le Conseil de la République pour bloquer l'affaire : « Il existe, Dieu merci, une seconde assemblée. » Et l'on s'occupa d'autre chose.

On se serait cru au beau fixe.

Mais c'était la « bonace ».

René Mayer apparut le 16 novembre comme l'albatros qui annonce la tempête. Il présenta un exposé long, minutieux et loyal. Je fus atterré.

Le discours faisait apparaître non seulement la gravité de la situation, mais le désenchantement et l'impuissance des gestionnaires.

Le vice-président du Conseil chargé de l'ensemble de l'économie et des finances (il dirigeait une équipe de neuf ministres ou secrétaires d'Etat) luttait, si l'on peut dire, sur trois fronts : le budget, les prix, le commerce extérieur.

Le déficit budgétaire était d'autant plus impressionnant qu'il était impossible de le chiffrer, à cause de la masse en fusion que faisaient les crédits militaires. Nous en étions restés à 720, et nous en avions le vertige. On parlait de 950, mais les demandes des ministres dépensiers, présentées d'ailleurs comme provisoires et gonflables, étaient bien supérieures (1). Dans la psychose créée par le « danger soviétique », les financiers se trouvaient frappés d'hébétude devant les militaires.

La hausse des prix internationaux entraînait celle des prix intérieurs. Le gouvernement ne faisait rien pour la freiner. Bien loin de là, il avait commis la faute impardonnable de l'accentuer en augmentant les prix qui dépendaient de sa propre décision. Or, il avait encore la possibilité de donner un coup de frein sur l'acier car *les règles du pool n'étaient pas alors en vigueur :* il n'en fit rien.

La menace la plus grave, quoique la moins apparente pour le profane, était celle du commerce extérieur. La balance était rompue à notre détriment et nos échanges se soldaient en déficit croissant. Nos réserves s'épuisaient à vue d'œil.

La principale erreur de René Mayer, qui avait été un ministre courageux aux Finances, était de traiter avec un excès de révérence les institutions internationales ; il en avait la pratique et se comportait un peu à leur égard avec le scrupule de bonne éducation qui caractérise les membres d'un club. Or, s'agissant d'intérêts vitaux

(1) Ces chiffres sont établis sans aide extérieure supplémentaire, étant observé que si celle-ci intervenait elle servirait a financer encore un supplément, et qu'il n'en résulterait donc aucune diminution de charge réelle. Georges Bidault réclamait, pour les dépenses métropolitaines, 1 040 alors que René Mayer proposait 660. René Pleven arbitra à 880 à quoi il fallait ajouter 330 pour l'Indochine soit 1 110 !

pour notre pays, il ne fallait pas hésiter à bousculer la convention... et les convenances ; il aurait fallu suspendre dès le mois d'octobre les étapes déjà franchies de la libération des échanges et les mécanismes de l'Union européenne des paiements.

Mais il n'avait pas osé. Et, jusqu'à l'heure du départ, il n'osa pas.

René Pleven partageait la même psychologie et souffrait du même handicap. Ils avaient acquis l'un et l'autre une formation internationale. Ils avaient sucé « le lait de la louve américaine ».

Le libre-échangisme était pour eux un dogme.

Il ne doit pas y avoir de dogme en politique : moins encore en économie.

Le déficit budgétaire, la hausse des prix, le déséquilibre de la balance, ce sont des airs connus. Le discours de René Mayer ne bouleversa pas le grand public, il ne jeta qu'un trouble léger dans la plupart des âmes parlementaires.

Car il ne mettait pas tout à fait les points sur les i.

Les initiés ne pouvaient s'y méprendre.

On allait, à toute vitesse, vers la double faillite. La cessation des paiements à l'intérieur : naturellement, l'Etat ne cesse jamais de payer, il faudrait augmenter les avances.

Le ministre soulignait que le plafond de ces avances n'avait pas été relevé depuis longtemps.

Mais on ne pourrait pas procéder de même à l'extérieur. Faudrait-il demander le moratoire ?

Deux allusions, dans ce discours, retinrent plus particulièrement mon attention.

D'une part, il précisait loyalement que la détérioration n'était apparue qu'au cours du second semestre : il exonérait ainsi de toute responsabilité la gestion de Maurice Petsche, à laquelle j'avais été associé.

L'autre allusion était plus mystérieuse. « Si la situation est une situation grave, ce n'est pas de ma part que les avertissements ont manqué. » Que voulait-il dire par là ? Etait-ce une critique alors discrète — *gentleman's desagreement* — à l'égard de René Pleven ? « A peine étais-je de retour d'Ottawa, j'ai réuni une conférence de presse au cours de laquelle — on me l'a d'ailleurs reproché — j'ai emprunté à un journaliste que je ne connais pas une excellente formule en déclarant que *les jours de notre destin* n'étaient pas loin. »

Qu'était donc ce destin dont les jours étaient proches ?

Celui du gouvernement, sans doute ?

Je ne savais pas alors qu'il s'agissait aussi du mien.

***

Pour conclure, le vice-président du Conseil annonçait quelques lignes de direction.

Il y avait, bien sûr, l'aide américaine, espoir suprême et suprême pensée. Le lait de la louve.

Mais les Américains posaient comme condition préalable et *sine qua non* un effort fiscal français. René Mayer indiqua d'ores et déjà le chiffre : 200 milliards (il sera réduit à 60).

Ce plan me parut pécher davantage par défaut que par excès, malgré les criailleries qu'il suscitait de toutes parts. La suggestion d'un supplément de pression fiscale terrorisait les modérés gouvernementaux et « alibisait » les réfractaires. Afin d'améliorer l'ambiance, l'équipe gouvernementale mit en avant une proposition confuse de loi-cadre, destinée à permettre la diminution des charges de la Sécurité sociale et à agir sur le déficit de la S.N.C.F., deux célèbres tartes à la crème.

On s'empressait de préciser qu'il ne s'agissait nullement d'une délégation de pouvoirs ni davantage d'un transfert de compétence mais, selon une formule très alambiquée, de « définir exactement ce que l'on veut », et, le Parlement ayant fixé le cadre et les limites, de laisser au gouvernement la charge de l'exécution !

Comprenne qui pourra, et vote qui voudra !

Ce premier débat trouva sa conclusion le 21 novembre dans l'adoption d'un ordre du jour comportant la confiance, ce qui, à défaut de toute précision, pouvait être considéré comme un simple salut de politesse ; il ne fut accordé que par une majorité relative et un très court avantage : 246 voix contre 228, le R.P.F. votant contre et les socialistes s'abstenant.

Paul Antier s'en va.

Un accident, fort de significations et de significations fâcheuses, survint au lendemain de ce scrutin.

Paul Antier, ministre de l'Agriculture en exercice, avait fait presque ouvertement campagne contre le gouvernement auprès de ses amis et nous avait enlevé plusieurs voix ; il se refusa à démissionner et René Pleven décida de l'exclure par acte d'autorité. Il me manda aussitôt pour étudier avec moi la régularité de l'opération. Je lui donnai une réponse affirmative. Le président du Conseil, qui nommait les ministres, avait le droit de les écarter, en vertu de la règle de la correspondance des formes. Cependant le problème du contreseing se posait, car aucun décret ne paraît avec la seule signature du président et Paul Antier se refuserait (bien sûr) à contresigner lui-même son décret de révocation. Qu'à cela ne tienne !

Pour qui sont faits les sceaux ? A quoi sert, en tant que tel. celui qui les garde ? Le contreseing nécessaire ne pouvait etre que le mien (j'eus l'occasion, plus tard, d'utiliser cette procédure à mon bénéfice et de faire contresigner par mon garde des Sceaux. Robert Schuman. l'éviction de mes ministres R.P.F.).

Paul Antier était un homme difficile, qui attirait souvent la raillerie, car beaucoup de personnes le tenaient pour dépourvu de toute compétence, voire de tout sérieux, et le prenaient pour un pur et simple démagogue. Ce jugement m'a toujours paru sommaire. Ses défauts et ses lacunes ne devaient pas faire oublier ses qualités et ses singularités. Ce greffier de campagne avait trouvé le moyen de traverser le Congo à la nage pour rejoindre la France Libre. Cette démonstration de patriotisme et d'énergie m'avait incité à porter sur lui un jugement plus nuancé que ne le faisaient nombre de nos collègues. Il avait sans doute manqué de loyauté envers un gouvernement dont il faisait partie, mais c'était selon nos propres critères et non pas selon les siens. On ne pouvait lui reprocher d'avoir agi par carriérisme : il était déjà ministre de l'Agriculture et ne pouvait espérer une promotion à un poste plus élevé. Il croyait sincèrement que le gouvernement devait se retirer, laisser la place à un autre, et puisque les méthodes de la persuasion ne réussissaient pas, il avait employé celle de la sape ; de même, sa démagogie, qui devait le conduire à s'instituer le coadjuteur de Pierre Poujade, n'était-elle pas inspirée par l'ambition personnelle. Il croyait de toute son âme à la *vox populi*. Il croyait que la révolte du papetier de Saint-Céré exprimait un mouvement populaire profond, comme l'avait été le gaullisme et, en fait, bien que la comparaison soit excessive et choquante, il faut reconnaître que le poujadisme n'a pas été seulement un accident ou un épiphénomène.

Paul Antier aimait certes intriguer, agir dans la coulisse. Mais il était capable d'éclat aussi bien que de complot.

Après son élimination du cabinet, il ne se tint pas pour battu. Désavoué par la majorité de son groupe, il fomenta une scission et constitua un second groupe paysan, prêt à faire tomber ses 16 voix dans l'urne contre le gouvernement.

Pendant les six semaines qui suivirent l'intervention alarmante, sinon alarmiste, de René Mayer, le gouvernement demeura passif. Il ne songea pas à tirer parti du cessez-le-feu intervenu en Corée le 27 novembre. Il présenta à l'Assemblée une demande de douzième provisoire pour le budget militaire tout en se déclarant incapable de fixer le montant de ses prévisions. On votait à part les crédits métropolitains et ceux de la guerre d'Indochine (officiellement présentés comme budget des Etats associés).

Edouard Daladier ne laissa pas passer l'occasion de se présenter en fin stratège. Il proposa l'abandon du Tonkin en même temps que le recours à l'O.N.U., et opposa à la doctrine du général de Lattre de Tassigny... celle de Lyautey.

Pierre Mendès France s'oppose...

Le 30 décembre, le débat langoureux et parfois cocasse trouva son plus haut période avec l'intervention attendue sans doute, mais non moins sensationnelle, de Pierre Mendès France. Le théoricien des options nécessaires et des incompatibilités absolues alla cette fois, comme il l'avait d'ailleurs annoncé au congrès radical de Lyon, jusqu'à l'extrême pointe logique de son offensive : l'opposition.

Appuyé sur une documentation impeccable, pulvérisant les objections (même celles que je crus devoir lui faire sur un point de détail et qu'il retourna), incisif jusqu'à la morsure, dans son dialogue avec le président du Conseil (dont il n'oubliait visiblement pas le rôle en 1945), Pierre Mendès France fit grande impression sur l'Assemblée et recueillit des applaudissements en provenance de nombreux bancs.

Je subissais plus que tout autre sans doute (mais il faut tenir compte de l'ascendant personnel et de l'amitié) l'attraction de cette force qui s'affirmait et s'avançait dans la permanence de sa solitude et dans la progression de son audience. Quand je parle de solitude, je n'ignore pas que le P.C. soutenait aussi la thèse de la mise à fin de la guerre d'Indochine. Mais il le faisait pour d'autres raisons et en envisageant des modalités de pur délaissement.

L'un de ses orateurs, Pierre Cot, qui n'était qu'un compagnon de route, membre du groupe des progressistes et resté foncièrement radical, adoptait une analyse identique à celle de Mendès et s'exprimait par cette formule très « mendésienne » : « Il faut choisir entre les investissements et les armements ! » Cependant, tout ce qui émanait plus ou moins du parti communiste était frappé d'un tabou et cette proximité, loin de renforcer Pierre Mendès France, était pour lui un élément de faiblesse.

Je me sentais personnellement dans une position assez voisine de celle de Mendès quant à la doctrine, mais en divergence quant à l'application. Alors qu'il parlait des options, j'avais moi-même adopté la formule de *l'équilibre des choix*. J'avais rappelé dans mon discours-bilan du 18 mai que tout ce qui allait à la Défense était nécessairement prélevé sur la consommation et sur l'investissement, et émis le vœu que ce prélèvement fût contenu dans des limites raisonnables.

Nous vivions encore, il ne faut pas l'oublier, dans la période de l'hégémonisme stalinien et je ne me résignais pas aisément à l'idée de lui abandonner sans coup férir l'Asie du Sud-Est et toute sa population catholique.

Au contraire, je ne voyais que des avantages à un gros effort d'économie portant sur la partie métropolitaine et classique des plans de réarmement. Je ne croyais pas un seul instant à l'hypothèse tout à fait improbable d'une attaque soviétique contre la France.

Le danger éventuel ne pouvait venir que d'une crise économique intérieure et de ses implications sociales. Dans ce cas, le désordre et le mécontentement pourraient être mis à profit par les activités d'ici... et d'ailleurs. Il importait donc de consolider notre front économique. Il me paraissait à tout prendre plus délicat et plus dangereux d'abandonner la défense de l'Asie que de soumettre à des critères de modération et de rationalité le réarmement de l'Europe pour lequel, au surplus, la contribution nouvelle de forces militaires allemandes représentait un renforcement non négligeable.

Ainsi, tout en admirant Pierre Mendès France, son courage, sa lucidité, son talent, n'étais-je point disposé à le suivre dans l'opposition et il ne me le demandait nullement. Il y avait entre nous un accord tacite sur le respect de nos positions réciproques, sur la considération de nos rôles respectifs, avec la certitude que pour l'essentiel et sur les concepts nous nous rencontrerions toujours. Nous avions pour l'instant chacun une sorte de spécialité, moi-même dans les postes ministériels, lui dans l' « ailleurs », comme dirait Michel Jobert, un peu comme un régulier et un séculier agissant dans des mondes différents sous l'égide de la même croyance fondamentale.

Malgré la conjonction des critiques, l'impératif Défense joua pleinement et le gouvernement obtint, sur ses deux budgets militaires, une majorité supérieure à 500 voix. Sur la partie métropolitaine. les socialistes, qui avaient demandé une amputation de 200 milliards, votèrent comme un seul homme. Les votes négatifs, qui ne dépassaient pas la centaine, émanaient des communistes et assimilés. En revanche, la minorité de refus, sur les crédits des Etats associés, se chiffrait à 109 voix, ce qui reflétait un succès significatif, en dépit de son etroitesse, pour la position mendésienne.

Le fond des choses en politique.

Où en sommes-nous donc, en ce début de l'année bissextile 1952, alors que la IVe République s'attend à voir disparaître son neuvième gouvernement qui n'a pas même atteint son premier semestre d'existence ?

Nous observons la permanence de cette situation paradoxale, que nous avons déjà signalée comme la cause principale de l'instabilité. Les dernières élections législatives, puis aussi les cantonales ont confirmé dans le pays le glissement à droite — qui est plus exactement un rétablissement qu'un glissement — et qui eût été plus accentué encore sans la loi des apparentements. Or, cette dynamique sensible dans la profondeur ne se traduit pas aisément en surface dans les mouvements de la vie parlementaire et de la gestion gouvernementale.

L'explication de cette anomalie est d'ailleurs apparente : c'est la stratégie intransigeante du R.P.F., qui persiste à refuser de jouer le jeu du régime. La législature s'était ouverte sous l'impression du discours du général de Gaulle à Bagatelle, mettant dans le même panier les « séparatistes » (communistes) et les tenants de « l'immobilisme » (qualification dont il faut bien souligner l'injustice) et donnant rendez-vous au peuple de France... sur les Champs-Elysées. A quoi, par une procédure vraiment inhabituelle, Edouard Herriot avait cru devoir répliquer dans son discours de clôture, du haut de son fauteuil présidentiel et enveloppé dans la dignité de sa fonction, en déplorant « qu'un soldat respecté ait lancé un défi à la République »! Peu auparavant, une dernière passerelle avait été coupée entre le R.P.F. et le parti radical, médiateur par vocation, lorsque le congrès de Paris avait interdit à ses membres la double appartenance.

Dans l'optique du recul, nous voyons clairement aujourd'hui qu'aucune combinaison ministérielle ne pouvait être durable, puisqu'elle se trouvait placée en dehors du jeu logique des forces déterminantes. Pratiquement, le concours que pouvait apporter à un gouvernement la droite non gaulliste (numériquement indispensable) ne pouvait être que fragile et rétractable, car cette droite, déjà biologiquement hostile à la fiscalité, vivait dans la panique d'être tournée, électoralement, par la démagogie du R.P.F.

Mais nous comprenons aussi que les dynamismes profonds sont, à la longue, incoercibles. Si des leaders comme le général de Gaulle et Edouard Herriot sont capables de tenir leurs positions sans esprit de recul on ne peut faire le même crédit à toute une centurie parlementaire. Pour reprendre une image que nous avons précédemment citée, le manteau pourpre de l'intransigeance, comme le *paludamentum* des Anciens, n'appartient qu'au généralissime.

De même que les radicaux avaient été sensibles à l'attraction du R.P.F., les élus de cette formation, dont beaucoup étaient des notables locaux, des conservateurs et des centristes, n'étaient pas insensibles, en sens inverse, aux séductions et aux ronronnements du pouvoir. Ils révéraient le général de Gaulle et acceptaient en tout point son programme mais une stratégie fondée sur l'isolement et sur la politique du pire entrait mal dans leurs catégories mentales. On commençait de s'attendre à quelques mouvements de ce côté-là.

L'avertissement subtil des gaullistes.

A une date que je n'ai pas notée, mais qui se situe dans les derniers jours de 1951, Edmond Barrachin m'aborda dans les couloirs et me demanda un instant d'entretien. « Il viendra un jour, me dit-il en substance, où nous modifierons notre comportement et où nous accepterons de soutenir un gouvernement, probablement sans y entrer. Dans cette hypothèse, la personnalité qui aurait notre préférence, je te le dis sans ambages, ce serait toi. Cependant, l'heure n'est pas encore venue, je tiens à t'en prévenir pour que tu puisses en tenir compte comme il te conviendra. Même avec toi cela ne marcherait pas, ce serait trop tôt ! »

Je n'avais pas attaché grande importance à ce propos, car il me paraissait peu probable que l'on fît appel à moi si vite.

Il résultait de cet avertissement qu'une tension se manifestait au sein du groupe R.P.F. Cette tension pouvait aboutir, soit à un ralliement total (mais qui exigerait plus de temps en raison de la position du général), soit à un fractionnement et à une scission. Barrachin jouait la première carte (et c'est pourquoi il souhaitait que ma candidature ne surgisse pas trop vite). Il dut se résigner à abattre la seconde.

La situation politique, au début de 1952, devait être tenue pour transitoire et ne se prêtait pas à des calculs à long terme.

La réapparition du spectre.

Cela, le président du Conseil, de son côté, le sentait bien. Aussi pouvait-on discerner dans son comportement un certain relâchement de la volonté de vivre. René Pleven était un remarquable « monteur » de ministères, il disposait d'une extraordinaire technique pour traiter les difficultés, en faire un paquet, réussir son investiture et appliquer le miniprogramme qu'il avait échafaudé. C'est exactement ce qui était arrivé lors de son ministère de 1950 : mais déjà à cette époque, quand il avait senti que l'ambiance ne le portait plus, il s'était en quelque sorte laissé glisser sans même attendre d'être renversé selon les règles. Il était en train de suivre un circuit assez analogue au précédent. On peut reconnaître dans une telle attitude, sinon un certain défaut d'opiniâtreté (bien naturel chez un homme aussi doué pour la médiation), du moins un don intuitif lui permettant d'aménager sa sortie de la manière la plus favorable dès l'instant qu'elle lui paraît impossible à éluder.

Cette fois-ci il avait, dans un premier temps, tenu son contrat en réglant le problème scolaire par la mixture d'un texte gouvernemental (devenu la loi André Marie) et d'une proposition parlementaire (devenue la loi Barangé).

On avait vu soudain resurgir, au cours de longs et épineux débats, des fantômes que l'on croyait exorcisés. Ainsi le député socialiste Deixonne, spécialiste du combat laïque, et qui chargeait tellement son jeu que, s'il s'était agi de théâtre, il n'aurait trouvé d'engagement que pour des tournées de province, n'hésitait-il pas à prédire l' « écrasement prochain du cléricalisme ».

Ce qui apparaissait surtout, c'est qu'il existait à l'Assemblée une majorité dont le concours épousait les scrutins intervenus sur ces projets (sur le principal 313 voix contre 255, avec l'abstention de tous les membres du gouvernement).

Or, le ministère Pleven eut encore l'occasion d'accomplir une tâche fort heureuse en faisant voter la constitution du pool du charbon et de l'acier, expérience pilote issue des imaginations conjuguées de Robert Schuman et de Jean Monnet. Ici nous trouvons une majorité de rechange car les socialistes, la plupart européens, s'y réintègrent et les R.P.F., à l'instigation du général de Gaulle (ils l'auraient sans doute presque tous votée s'ils s'étaient prononcés d'après leur jugement personnel), s'en excluent (en même temps que quelques spécimens de la droite vraiment rétrograde).

Il existait donc bien, dans l'Assemblée élue en 1951, deux majorités législatives différentes.

Ce qui veut dire qu'il n'existait pas une majorité gouvernementale.

La preuve en fut donnée dans les premiers jours de 1952.

La désignation.

La reprise du débat le 3 janvier commença par une nouvelle question de confiance, celle-ci encore à blanc et à vide, aussi oiseuse que celle du 21 novembre, après quoi huit questions furent posées en rafale sur un article relatif à la S.N.C.F., et d'autres se référant à la Sécurité sociale et à certaines questions annexes.

Seul le texte concernant la S.N.C.F. présentait un minimum de consistance. Un projet de loi, établi par Antoine Pinay, alors ministre des Transports, prévoyait un certain nombre de mesures en vue de la réorganisation des transports ferroviaires et routiers. On précisait que le gouvernement pourrait rendre exécutoire par décret tout ou partie des dispositions contenues dans ce projet. Encore ne disposait-il de cette délégation que pour quatre mois (intervention de François Mitterrand et de Maurice Faure) et il lui était interdit de toucher au régime spécial des retraites des agents — qui était le seul point sensible du sujet !

Etait-ce vraiment la peine de ressusciter le régime si souvent décrié des décrets-lois pour un objet d'aussi faible envergure ? N'était-il pas plus opportun de faire venir tranquillement en séance le projet Pinay et de le faire voter morceau par morceau, en posant autant de fois qu'il faudrait la question de confiance et en négociant chaque fois pour éviter les accidents... ferroviaires ?

Par contraste, l'article suivant, concernant la Sécurité sociale. était visiblement anodin. Il disposait que le gouvernement déposerait dans un délai de six mois (réduit là encore à quatre !) un projet de réforme, etc.

Faire une loi pour dire qu'on fera un projet de loi, voilà de quoi rêver !

Le vote eut lieu le lundi 7 janvier. Dès le premier scrutin, la majorité constitutionnelle (341 voix au lieu de 313) tomba comme un couperet.

Vincent Auriol reprit sa lanterne, comme Diogène, et entreprit, à nouveau, de chercher un homme ; il paraissait résolu, cette fois, à ne pas s'en tenir aux chevaux de manège. Pour le parti socialiste il ne convia pas Guy Mollet mais Christian Pineau, qui se récusa rapidement. Alors, d'un tour audacieux et qui créa de la stupeur, Vincent Auriol se tourna vers le R.P.F. qui n'avait jamais connu cet honneur et fit venir Jacques Soustelle. Celui-ci réunit seulement quelques amis, s'abstint de consulter son groupe pour ne rien compromettre et renonça. Paul Reynaud, convoqué ensuite, s'en tint à une conversation d'une heure et conclut qu'il fallait faire l'union nationale, mais que l'heure n'en était pas venue. Revint Georges Bidault, qui prit vingt-quatre heures pour consulter ; enfin, la journée du vendredi fut inaugurée par un radical : non pas Henri Queuille (qui en éprouva de l'irritation) mais le président du groupe, Yvon Delbos, lequel n'occupa que la matinée. Dans l'après-midi, le président de la République décidait de s'adresser coup sur coup à un autre radical : le garde des Sceaux qu'il voyait place Vendôme chaque semaine. Selon le cérémonial traditionnel la limousine de la présidence vint me chercher à mon domicile, où elle me ramena après l'entretien. Ma surprise n'était pas totale car Jean Letang m'avait prévenu, la veille ou le matin, de l'imminence de l'appel. Ce diable d'homme avait des correspondants placés en des points stratégiques.

Vincent Auriol semblait accablé par cette nouvelle crise. Sa santé déficiente le rendait nerveux : « Je ne vous demande pas une réponse tout de suite, m'exposa-t-il. Voici ce que je vous suggere. Vous êtes rompu aux finances. Vous avez l'habitude de traiter les problèmes sérieusement et méthodiquement. Vous allez consacrer votre samedi et votre dimanche, voire votre lundi, à consulter toutes sortes de personnes compétentes : non point des parlementaires mais de grands techniciens. Vous vous ferez une idée de la situation et des moyens de la débloquer. Et alors vous reviendrez me voir, et nous parlerons. »

Il avait assuré la tranquillité de son week-end.

Je passai le mien en visites, audiences et consultations, comme il me l'avait conseillé.

Mais il me suffit d'une seule demi-heure pour être fixé sur l'essentiel.

J'étais appelé comme syndic d'une faillite qui n'avait pas été déclarée.

CHAPITRE XXVI

UN TOUT SEUL DEMANDE 313

Le tribunal des magots.

Je procédai à mes consultations avec la minutie d'un académicien qui fait ses visites (à ceci près que, pour la plupart, c'étaient mes interlocuteurs qui se dérangeaient). Je vis naturellement les trois mages, les autres dirigeants d'établissements tels que Crédit foncier, Crédit agricole, banques nationalisées et même le président de la Banque de Paris et des Pays-Bas, Monick, le syndic des agents de change, les directeurs de ministères, le président du Conseil économique et social qui était Léon Jouhaux, Jean Monnet et son adjoint Hirsch, des amis personnels, appartenant aux milieux syndicalistes, tel René Richard, de Force ouvrière, également Jacques Rueff, François-Didier Gregh et d'autres.

Charles Brune qui était ministre de l'Intérieur me fit passer, avec une caisse de vin d'Arbois, les fiches des Renseignements généraux. Les réactions de l'opinion publique dégageaient un préjugé très favorable à ma désignation : ma jeunesse, ma nouveauté relative — par rapport aux têtes d'affiche interchangeables — enfin la méthode des entretiens techniques faisaient bonne impression.

Je ne pouvais manquer de voir Henri Queuille, d'abord en privé, à son domicile où je trouvai dans son accueil en famille la nuance d'encouragement et d'affection que j'espérais, puis, le lundi, à son bureau du ministère d'Etat, en présence des magots. Ici, l'atmosphère n'était pas chaleureuse et la conversation languissait. Léon Martinaud-Déplat émettait de temps en temps une réflexion ambiguë, sur quoi chacun restait silencieux pendant quelques minutes, comme pour déguster ce mets rare et parvenir à la substantifique moelle de ce qui n'avait pas été dit. J'avais l'impression de comparaître devant un conseil de famille, où tout le monde reconnaissait mes qualites précoces mais où l'on me trouvait encore un peu jeune pour prononcer mon émancipation. Les coadjuteurs du président Queuille, plus que lui-même sans doute, pensaient qu'à lui seul appartenait la solution de la crise. L'appel que m'avait fait Vincent Auriol dérangeait leur stratégie; d'ailleurs il y avait toujours quelque chose qui dérangeait leur stratégie, de telle sorte qu'il ne leur fut jamais possible de la conduire jusqu'à son terme. En réalité, Vincent Auriol ne tenait pas — ou ne tenait plus — à la solution Queuille et, de fait, il n'y recourut pas lors des crises qui suivirent. Les magots lui en tenaient rancune et Henri Queuille lui-même parlait du « roi de France » sur le ton de l'agacement. Venant après le clin d'œil à Delbos, l'apparition d'un second radical rendait difficile, même si je devais renoncer, le recours immédiat à un troisième personnage du même parti. Les magots pensaient, sans l'exprimer trop clairement, que je m'étais laissé manœuvrer et que Vincent Auriol avait usé de machiavélisme en imaginant cette mission d'expertise qui donnait à mon intervention la consistance d'un tour de piste. Si j'avais eu l'inspiration de me récuser sur-le-champ, il aurait été possible de piquer aussitôt la carte suivante dans le même jeu. Désormais, il était impossible de faire sauter la coupe.

Quant à ma part de responsabilité personnelle, ils sentaient bien qu'ils n'auraient pas pu me manipuler aujourd'hui comme ils l'avaient fait du temps de Jules Moch : « Maintenant, Edgar, c'est ton tour; alors quand il va te proposer, tu vas dire... » Enfin, pouvait-on me faire le moindre grief de ne pas avoir joué un jeu dont on n'avait pas cru bon de m'expliquer les finesses ?

Léon Martinaud-Déplat qui, à travers ses obscurités, était le plus clair, ne voulait pas me dire franchement qu'il fallait renoncer. Pour lui, le dégât était fait. Dès lors, il se demandait s'il était préférable de couper tout de suite ou s'il valait mieux me laisser quelque peu manœuvrer au bout de ma longe. Il fallait surtout éviter que je tente l'investiture car, si je la tentais, je pouvais aussi l'obtenir.

Jacques Duhamel guettait mon départ dans le bureau-antichambre où se tenaient des secrétaires perpétuellement inoccupées. Il m'entraîna, en me prenant familièrement le bras, comme il le faisait souvent. surtout dans les moments décisifs. Il mourait d'impatience et d'inquiétude, craignant que je me laisse faire quelque coup fourré. « Ne soyez pas naïf, me dit-il, Martinaud va vous perdre. Vous savez bien que c'est un torpilleur de première force. — Je ne l'ignore pas, dis-je, et j'y ai réfléchi... Je crois que je peux disposer d'une arme secrète. »

Cette arme secrète, l'idée venait seulement d'en prendre tournure dans mon esprit, pendant que j'achevais de me convaincre de l'hostilité tacite des magots. C'était, tout simplement, de proposer à Martinaud-Déplat, sans barguigner, un poste considérable. Il avait été pourvu d'un vague secrétariat d'Etat au temps de Daladier, mais il y avait quinze ans de cela et il n'était redevenu député que depuis six mois. Un demi-portefeuille ne suffirait pas à l'attacher, mais un ministère, et un grand, pouvait le neutraliser pour quelque temps. Léon Martinaud-Déplat était fait pour le ministère de l'Intérieur : vocation et ambition l'y portaient. Cependant je craignais de placer dans ses mains tous les ressorts de police pour lesquels il n'avait que trop de goût (j'ignorais alors jusqu'à quel point). Et puis, à l'Intérieur, Charles Brune était solidement accroché ; si je l'enlevais de là, il faudrait le mettre ailleurs. Conclusion : seul mon poste actuel était vraiment disponible. Léon Martinaud-Déplat, garde des Sceaux, pourquoi pas ? Il était bon juriste et il ne détestait pas la parade, la solennité. Ce n'était pas dans ce poste que ses dispositions d'esprit rétrogrades pouvaient faire grand mal. Cette suggestion que je me faisais à moi-même me parut sensationnelle ; ma bienveillance innée me laissait même penser que je pouvais en escompter de la gratitude. En fait j'y gagnais, certainement, mon billet d'accès aux quais. N'était-ce pas l'objectif ?

« Il faut aller de l'avant », m'exhortait Jacques Duhamel. Jacques Fourcade annonça sa visite avenue d'Orsay pendant le repas et fit irruption dans la salle à manger. « Regarde une seule chose, me dit-il, ton extrait de naissance. Les choses ont changé ; maintenant, Edgar, quand le maître d'hôtel passe le plateau, on se sert. »

Le lendemain mardi, Pierre Mendès France venait déjeuner. Ce rendez-vous avait été fixé depuis quelque temps. (Il faut croire qu'il y a peut-être un sort entre nous car il se trouva que je l'invitai plus tard pour le 13 mai 1968 !)

La presse et les médias ne tenaient pas garnison avenue d'Orsay. Pierre Mendès France fut très touché de ce que, dans une journée pareille, j'eusse tenu à maintenir notre rencontre.

Il me confirma, lorsque je lui posai la question pour la forme, qu'il ne lui serait pas possible d'entrer dans mon gouvernement. Il me promit de me faire bénéficier de ses conseils chaque fois que je le jugerais nécessaire, ce qui advint, en effet. Je lui proposai, de mon côté, de prendre la présidence d'une commission que j'envisageais d'instituer et qui aurait comme objet d'établir les comptes de la nation. Il en fut enchanté. « L'ignorance de nos compatriotes est colossale, me disait-il, et ils n'ont à peu près aucun instrument de documentation. »

J'apportai mon accord dans l'après-midi au président de la République. J'avais, d'ores et déjà, acquis la conviction que l'investiture ne me serait pas refusée. En dehors de la parade que j'avais imaginée à l'encontre des intrigues radicales, je m'étais assuré, au cours de ces journées, un appui décisif. Je tenais en mes mains un atout que personne ne soupçonnait.

Guy Mollet imprévu.

L'appui, c'était celui du groupe socialiste qui me paraissait acquis plus sûrement et plus solidement que je ne pouvais initialement l'escompter.

L'atout, c'était la nuance particulière des relations qui s'étaient établies entre Guy Mollet et moi.

C'est une grande erreur que de croire, comme trop de personnes y penchent, que les valeurs de sentiment sont exclues de la politique ; que celle-ci se décompose en une série de parties jouées par des robots de chair et de sang, attentifs seulement à la computation des probabilités. Dans ces tout derniers temps, l'importance qu'a prise, dans les destinées de la France, la rivalité inexpiable de Jacques Chirac et de Valéry Giscard d'Estaing n'a pas manqué de mettre en valeur l'intrusion de l'irrationalité passionnelle dans la mathématique politique.

Il n'y a jamais eu rien de passionnel, je m'empresse de le dire, entre Guy Mollet et moi mais il y eut ce que je pourrais appeler quand même un coup de foudre de sympathie, d'estime personnelle, de contact humain, de connivence amicale.

J'avais toujours été attiré par ce personnage auquel s'attachait, d'après mon estimation, une force mystérieuse. Comment ce militant de base, arrivé à la députation, ainsi que bien d'autres, grâce aux chances de l'après-guerre, avait-il pu réussir, dans un si rapide assaut, à déboulonner Daniel Mayer, le favori et le coadjuteur du tout-puissant et vénéré prophète Léon Blum ? Sans doute Guy Mollet n'avait pas attaqué Léon Blum fonctionnellement (le P.S. n'ayant pas, d'ailleurs, de président), mais il l'avait affronté idéologiquement, sur un terrain où l'auteur de *l'Echelle humaine* pouvait paraître inexpugnable. Et Guy Mollet avait choisi, pour justifier cette opposition, des thèses maximalistes dans le marxisme qui n'allaient pas tellement dans le sens de l'Histoire.

J'avais été impressionné par ce coup de force. Quand j'avais eu l'occasion d'approcher Guy Mollet, il était vice-président du Conseil dans les cabinets de Pleven et de Queuille. Il ne concordait pas avec le portrait robot que l'on pouvait se faire de lui d'après les circonstances de son avènement dans le parti. On imaginait une sorte de Numa Roumestan et l'on découvrait un parlementaire anglais sur la voie de l'accession à la pairie. Il était toujours impeccablement vêtu de costumes et de manteaux parfaitement taillés, sans aucun signe extérieur de recherche. Son raffinement apparaissait, mais seulement pour des observateurs tant soit peu attentifs, à quelques traits : il portait des lunettes d'écaille naturelle claire, dont la teinte était parfaitement choisie pour s'accorder à la carnation de son visage et à ses cheveux blonds, soigneusement peignés, dont l'ordonnance ne subissait jamais la moindre anicroche. Il maniait un fume-cigarette assorti dans lequel il plaçait des cigarettes anglaises de marque forte, Capstan ou Navy Cut. Il affectionnait les chapeaux noirs, de bonne forme et d'impeccable mesure, avec des coiffes blanches immaculées, et il portait des foulards de soie dont la pliure savamment calculée détachait toujours la même lisière autour de l'échancrure de son revers.

On a beaucoup parlé, tantôt de sa force de caractère, tantôt de son adresse, voire de son astuce, mais je pense que sa principale qualité était le charme. Il affectait le plus souvent une expression fermée, indéchiffrable ou bien encore une mine sévère, grondeuse qui évoquait alors le pion, mais quand il abandonnait ce masque et qu'il renonçait pour un temps à son contrôle un peu crispé, on découvrait une expression de bienveillance, de confiance et parfois d'ingénuité.

Nous étions du même âge et cette particularité, jointe au parallélisme de nos carrières — nous affrontâmes l'un et l'autre, à quelques mois d'intervalle, l'épreuve de l'investiture — fut sans doute à l'origine du préjugé favorable que lui inspirait ma tentative. Il éprouvait encore l'amertume de son précédent échec et il voyait dans mon succès qui serait obtenu grâce à son concours une fraction de revanche personnelle.

Au surplus, la formule politique que j'incarnais s'accordait totalement à ses vues. Il essayait de dessiner pour le parti socialiste une voie originale, ni l'opposition, ni la participation, ni le soutien au coup par coup comme dans le cas du ministère Pleven, mais un soutien stable, structuré, le soutien contractuel. Il était resté fidèle à un certain idéalisme dogmatique (sa position au Congrès de 1946 n'était pas de pur opportunisme). Au fond de lui-même il demeurait choqué par la « participation » d'un parti révolutionnaire à un gouvernement bourgeois. En même temps, il souhaitait le maintien de la troisième force, il abhorrait les communistes et il militait pour l'Europe.

« Tout de même, vous avez du culot », me dit-il quand je lui fis part de ma décision. Et aussitôt : « Pourquoi est-ce qu'on ne se tutoierait pas ? » Ce que nous fîmes.

Un milliard par jour.

— Combien le Trésor perd-il chaque jour ? me demanda Vincent Auriol.

— Un milliard : la crise coûte cher. C'est un luxe !

— ... qu'une démocratie ne devrait pas se permettre. Il faut aller vite ! Quand comptez-vous vous présenter devant l'Assemblée ?

C'était le mardi. J'aurais voulu disposer d'un peu de temps pour composer mon discours. Mais le vendredi était un jour incommode. Jacques Duhamel et également Raymond Marcellin — qui s'était désigné comme mon chef d'état-major parlementaire — me poussaient l'épée dans les reins. Pour un peu, ils m'auraient contraint à « plancher » dès le mercredi : pour le discours, on s'arrangera ! Cependant le mercredi était consacré aux funérailles nationales du général — devenu le même jour maréchal — de Lattre de Tassigny. « Jeudi prochain, après-demain », répondis-je.

Si encore j'avais pu tout de suite, en rentrant, me mettre au travail ! Mais non, il me fallait revoir — officiellement — les délégués des groupes que j'avais, pour la plupart, officieusement rencontrés. Et comparaître devant un nouveau « Cadillac (1) ». Les risques de ce côté étaient dissipés par l'ouverture que j'avais faite à Martinaud-Déplat.

J'attendis, en fait, l'après-midi du mercredi 16 janvier pour me mettre effectivement au travail. Blot et consorts avaient commencé à élaborer un projet que je trouvais d'une extrême fadeur. Je décidai de tout écrire moi-même, ou plus exactement de tout taper car j'avais gardé l'habitude de composer directement à la machine. Je fis installer ma portative sur mon bureau avenue d'Orsay et parvins à composer une introduction à mon goût.

Je tenais à présenter de façon évidemment resserrée ma philosophie de l'action politique. Je ne puis mieux la définir aujourd'hui qu'en me référant aux thèmes de Popper que je n'avais pas alors le bonheur de connaître (aucune de ses œuvres n'avait encore été traduite en français). Mon exposé pouvait se reporter à ce que l'on a appelé (et j'ai souvent moi-même utilisé cette expression, sans être sûr de l'avoir inventée) *le radicalisme de gestion*. Elle a l'inconvénient de ne pas faire suffisamment apparaître que ce gestionnisme n'est pas seulement pratiqué, pragmatique et empirique, qu'il procède

(1) On appelle ainsi, en souvenir d'une motion qui avait jadis été présentée par les radicaux de cette localité girondine, la réunion traditionnellement tenue, en période de crise ministérielle, par les députés et les représentants des militants siégeant en commun. (On craignait en effet, en raison de précédents, que les députés se laissent trop aisément séduire par des offres ministérielles.)

d'une philosophie et à la fois d'une anthropologie et d'une épistémologie. Je pensais que la politique, pour être bienfaisante, et autant que possible créatrice, doit s'éloigner de l'apriorisme, de ce qui est dogmatique, absolutiste. Il faut se méfier du schéma complet, arrêté comme une architecture, car la nature et l'histoire ne procèdent pas ainsi et l'esprit humain ne peut avancer qu'en tenant compte de sa fragilité, par petits pas, par tâtonnements, par expérimentation

J'étais ainsi conduit à m'opposer au marxisme bien qu'il fût issu d'une inspiration initialement généreuse, parce qu'il prétend fournir à la fois une explication totale de l'histoire, une prospective rigoureuse, et un ensemble de préceptes de comportement « hors lesquels point de salut » (ce que l'on appelle, un peu pédantesquement, un « holisme ») — aboutissant ainsi à l'inverse de son objectif proclamé et à la dérision de son auréole morale.

Quant au schéma gaulliste, je n'en étais séparé ni par aversion de doctrine ni par objection de conscience, mais c'est lui qui se séparait alors de tous ceux qui n'acceptaient pas de s'absorber dans son intransigeance et dans son intégrisme.

De la part du général de Gaulle ce comportement était certes compréhensible, du fait même de la réussite légendaire de sa première mission historique. Quand je l'ai mieux connu par la suite, j'ai fait l'hypothèse que l'heure du second appel n'étant pas encore venue il avait adopté à sa façon une attitude qui le conduisait à se tenir disponible pour ce *dies incertus*.

A défaut d'une philosophie contemporaine capable d'utiliser les découvertes de la science moderne pour en déduire une typologie de société, j'avais trouvé, grâce à Jacques Duhamel, une excellente citation chez Montesquieu : « Rien n'est plus facile pour un homme dans une certaine place, écrivait le châtelain de La Brède, que d'éblouir par un grand projet. Ce ne sont pas les moyens qui doivent être brillants, c'est la fin. La vraie politique est d'y parvenir par des routes obscures (1). »

Dans cet esprit de modestie et d'efficacité, je proposai aux groupes de la majorité de se mettre d'accord sur un *plan d'action trimestriel*. J'étais attiré par la notion de calendrier, que j'ai appliquée à deux reprises en 1953 et qui dénote une certaine similitude entre ma démarche intellectuelle et celle de Pierre Mendès France. J'aurais dû limiter mon effort personnel à la rédaction de ces thèmes généraux et travailler ensuite sur le projet de mes collaborateurs, mais je

(1) Je n'employai pas cette citation dans mon discours lui-même, bien que l'idée m'en fût initialement venue. Je la gardai en réserve pour ma réponse mais elle illustre fort bien la philosophie de mon introduction.

voulus traiter moi-même de l'ensemble et je m'exposai à la fatigue et au dérapage.

Mon épouse et ma fille observaient avec consternation les rafales successives des feuillets qui, à peine sortis du crépitement de la machine, étaient happés par une main secourable et transférés aussitôt dans la pièce voisine où s'affairaient mes plumitifs, occupés à corriger, recoller, recomposer.

Je m'arrêtai dans la nuit, accablé, ayant trop présumé de mes forces et n'ayant pas assez présumé (c'est bien là l'un de mes défauts caractéristiques) des capacités des autres.

« Je pense, me dit franchement et froidement Robert Blot, que notre discours était meilleur que le vôtre. »

Je ne commis pas la même erreur lors de ma seconde investiture.

L'ordalie de la solitude.

Sous l'empire de l'ancienne Constitution — nous en sommes toujours là en 1952 — le président désigné se présente seul devant l'Assemblée nationale. Aucun ministre ne peut lui tenir compagnie puisqu'il n'en a encore désigné aucun ; aucun membre de son cabinet, aucun fonctionnaire ne peut, comme c'est l'usage dans les débats, venir s'installer dans son dos. Personne donc, pour rompre le « sort » de l'isolement, pour lui glisser un feuillet, pour l'amuser d'une boutade, pour le ranimer d'une bourrade, pour le réconforter d'un chuchotement. Un seul *parmi* tous, ce qui paraît vouloir dire *contre* tous ; il ne peut ni plaisanter ni sortir pour fumer une cigarette. Il ne peut parler qu'à voix forte et pour toutes les travées. Les assistants de l'hémicycle, les visiteurs dans les tribunes le regardent regarder, bouger, noter, bâiller, respirer. Ils l'écoutent (ou pas) quand il parle. Ils l'épient quand il prend des notes. De cet homme seul monte silencieusement l'appel à la fois arrogant et angoissé : « Un tout seul demande 313... 313... 313 », c'est-à-dire « Qu'attendez-vous pour me donner le pouvoir puisque je vous dis que j'en suis digne ? » Epreuve surhumaine, a-t-on pu dire. Ordalie difficilement supportable, et d'ailleurs parfaitement inutile puisque, de toute façon, il faudra bien qu'une fois investi il revienne pour la photo de groupe, à la merci du second vote. La logique appelle la réforme et la philanthropie l'exige. Elle est en marche et c'est même moi qui, comme par compensation, en aurai l'étrenne en 1955.

Etait-ce donc vraiment une expérience terrifique ? Je vous dirai très simplement que je ne l'ai point ressentie comme telle et que, très exactement, du point de vue du moi conscient, du moi *du pinceau supérieur*, je ne l'ai pas ressentie du tout.

Je suppose que ce fut, physiquement, nerveusement, moralement, une journée de forte fatigue et de très haute tension, après quelques-unes et avant quelques autres : j'en eus bien la preuve lorsque, une semaine plus tard, je fus affecté par une indisposition heureusement surmontable. Mais sur l'heure, je pourrais dire comme le guillotiné : « On ne sent rien. »

Il s'opère — j'en ai connu d'autres exemples — quelque chose comme un dédoublement de la personnalité.

On dit généralement de moi que je parle bien et que je lis mal. Ces formules ne doivent pas être entendues d'une façon catégorique. Il peut m'arriver de bien lire. Mais cela suppose que j'aie élaboré moi-même le texte dans l'esprit du style oral et que je le connaisse très bien, de sorte que je me trouve placé à la frontière entre la lecture et la déclamation.

Mais je ne me trouvais dans aucune de ces situations. Mon texte, à l'exception de son exorde — un peu ésotérique pour mon public — n'était pas issu d'un seul jaillissement de l'inspiration. Il comportait des juxtapositions de style, des rapiéçages et des raccords.

Je viens de le relire et, ma foi, je le trouve meilleur que je ne le croyais ! Je constate aussi qu'il fut coupé d'applaudissements et qu'on fit un succès, au moins d'estime, à un certain nombre de formules, dont quelques-unes me paraissent aujourd'hui assez bonnes, voire percutantes : « Il n'y a pas un parti des impôts contre un parti des économies. » Je note également que déjà, dans cette occasion, j'ébauchais le thème du marché commun européen.

Dans l'ensemble, ce n'était pas le meilleur de ce que l'on pouvait attendre de moi. Cependant, ma réussite n'était pas attachée à la qualité de ma performance. Les groupes qui me soutenaient n'avaient pas comme principale motivation de décerner une palme d'or à la rhétorique.

Pour moi, soucieux de parvenir toujours au *climax,* habitué comme avocat à associer l'impact de la plaidoirie au gain du procès, la demi-conscience que j'avais d'un demi-échec créait une préoccupation latente dont je ne pouvais complètement me défaire pendant que j'écoutais les intervenants.

On n'observait pas dans le ciel du Palais-Bourbon les mouvements de l'orage. Cette séance était marquée par une sorte de bénignité générale. Je n'étais pas soutenu par des équipes ardentes, mais ma personnalité n'éveillait nulle part l'antipathie. On me considérait comme un ministre très sérieux, comme un orateur généralement brillant, comme un collègue serviable, comme un homme de bonne compagnie. L'opposition communiste s'exprima avec modération, par la voix de François Billoux que je connaissais depuis Alger, le R.P.F. par Edmond Barrachin et Gaston Palewski dont les critiques ne visaient pas mon personnage, ni même spécifiquement ma tentative. Plutôt que de s'en prendre à moi, le premier ferraillait avec le président des indépendants, Jacques Chastellain (qui lui avait demandé, dans une question alambiquée, s'il accepterait un autre président que de Gaulle, à quoi l'orateur répondit qu'il refusait toute exclusive), et le second avec Robert Schuman, qu'il interrogeait sur la politique étrangère, alors que rien n'indiquait qu'il en aurait la charge dans mon gouvernement. Quant à l'orateur des indépendants, le même Chastellain, il s'en prenait à son tour, pardessus ma tête, à l'orateur socialiste Gazier, en exposant toutes ses alarmes quant à l'échelle mobile. Le porte-parole du M.R.P. était un député peu connu du grand public mais très influent et spécialiste des affaires sociales. C'était lui qui dirigeait la délégation que j'avais reçue la veille. Il était parfaitement satisfait de ma position sur l'échelle mobile ; il m'apportait, de son ton bonhomme et rugueux, l'accord de son groupe. C'était M. Moisant, le futur — et bien involontaire — « tombeur » d'Antoine Pinay.

Le moment essentiel pour moi était l'intervention socialiste. Le discours d'Albert Gazier me sembla dur et comminatoire, plus encore dans la sécheresse de ton que dans le contenu de ses exigences. En sus de l'échelle mobile (qui ne posait pas de difficultés) il réclamait la réglementation des ententes (j'avais prévu ce chapitre dans mon programme), une réforme fiscale (j'y pensais aussi, mais laquelle ?), une nouvelle politique du crédit (je préconisais des procédures de sélection mais sans dirigisme) et, tout à trac, la fermeture des marchés de l'or qui m'apparaissait comme une mesure aussi inopportune que possible.

Je conçus une inquiétude passagère mais les connaisseurs me firent savoir que la rigueur et la maussaderie de Gazier étaient les meilleurs signes du monde. Les socialistes étaient tenus de se montrer quelque peu méchants puisqu'ils avaient décidé de se rallier. Cela faisait partie de leur système mystérieux de conventions.

Jean Courtois, mon rival malheureux en 1946, devenu secrétaire du groupe socialiste, grimpa jusqu'à la tribune des auditeurs où se trouvait Lucie. « Je veux être le premier à vous annoncer, madame Faure, que cet homme qui m'a battu va recevoir les voix du groupe socialiste et que j'en suis personnellement satisfait. »

La séance fut suspendue dans un grand calme et les groupes s'égaillèrent dans les couloirs sans donner de signes de passion, ni même de *suspense*. On considérait mon succès comme acquis, la longueur de la crise avait fatigué les parlementaires et leur inspirait de l'inquiétude sur les réactions de l'opinion publique. Il était peu probable que, dans ce tout premier débat, les radicaux se divisent. Le bloc socialiste-M.R.P. s'était gaillardement reconstitué autour d'un président radical qui, chose assez rare, acceptait et même revendiquait l'échelle mobile. Le maintien du R.P.R. dans sa ségrégation volontaire n'étonnait pas. Il s'était abstenu pour Pleven et il paraissait désormais certain qu'il ne voterait pas pour moi, mais son attitude, dût-il voter contre, ne pouvait affecter l'issue du débat.

Ce que l'on aurait voulu sans doute, c'était un peu moins de grisaille, un peu plus de panache. Mais la journée n'était pas finie.

Un contrat trimestriel n'est pas un plan quinquennal.

Raymond Lindon, avocat général, que j'avais pris auprès de moi dans les derniers temps à la Justice, me dit, en réponse à une question de ma part sur mon discours : « Tu n'es pas fait pour briller à l'écrit. Maintenant, tu as l'oral devant toi ; c'est ton affaire ! » Mes collaborateurs, ma fille Sylvie elle-même me rassuraient ; ce n'était pas mal du tout. Lucie se dévoua pour me dire toute la vérité, plus que la vérité : « Tu as été mauvais, il faut remonter la côte. Mets-toi en colère, je t'en prie, mets-toi en colère ! »

J'ai horreur de me mettre en colère, mais il paraît que mon talent y gagne. Il faut donc suivre ce conseil : mais sur quoi et contre qui me mettre en colère ? (Tout le monde il était beau, tout le monde il était gentil.) Personne ne m'avait accroché. Les orateurs les plus opposés n'avaient laissé apparaître aucune hostilité, ni même aucune pugnacité. Je n'avais nulle raison de m'emballer contre les communistes ; il n'y avait pas une voix à gagner de cette manière.

Restait donc le R.P.F. Dans ma réponse, je m'efforçai de monter le ton lorsque je me référai aux propos de M. Barrachin et je parvins à obtenir un certain effet d'autostimulation par la citation itérative de son nom : « Je dirai à M. Barrachin... » « Eh bien, monsieur Barrachin ? » La sonorité appelait et m'appelait au combat. Edmond Barrachin m'avait, sans malice, raillé sur mon calendrier trimestriel. « M. Barrachin me fait remarquer qu'un contrat trimestriel n'est pas un plan quinquennal. Sur ce point, monsieur Barrachin, vous m'avez entièrement convaincu ! »

On souriait et je sentais peu à peu l'adhésion qui circulait dans mon auditoire, qui enroulait ses fils magiques sur toute l'étendue de ma majorité potentielle, l'isolant ainsi des deux oppositions.

La situation me rappelait vaguement l'exposé budgétaire impromptu de fin 1949.

J'abordai le thème de l'Indochine et le remuement de mes pensées m'apporta soudain une citation de Shakespeare : « Nous portons notre deuil en noir, que ne le portons-nous en sang ? » Cette guerre, nul ici ne souhaitait qu'elle se prolongeât et certes celui-là ne l'avait pas souhaitée, qui en avait assuré le commandement dans une heure décisive et que le peuple français, la veille même du jour où je parlais, venait de conduire à sa glorieuse sepulture.

Le gouvernement de la République se faisait taxer d'impuissance, d'impéritie, de fragilité. Eh bien, ce gouvernement sans consistance avait nommé le général de Lattre de Tassigny.

« M. Edgar Faure, note André Siegfried, va répondre avec un tel talent et un tel ton de profonde conviction que l'Assemblée, jusque-là distraite, prêta l'oreille. Le président désigné avait visiblement remporté une grande victoire personnelle. » Je faisais le plein : 401 voix. Seuls les 101 communistes votaient contre, le R.P.F. se cantonnait dans l'abstention, ainsi qu'un indépendant et un paysan.

On croit chaque fois que la section du parcours que l'on vient de terminer est la plus dure. Le vendredi, je détendis quelque peu le rythme. J'allai rendre visite au président de la République, ce qui mit en fureur mon patron Henri Queuille. « C'est du temps perdu ! Qu'avez-vous besoin, maintenant, du roi de France ? »

Je pensais que je bouclerais mon ministère sans trop de peine, que je le limiterais à une trentaine d'unités, que j'adopterais des méthodes plus modernes, que je resterais dans mon appartement et que je réglerais la plupart des problèmes par téléphone. Illusion !

Ceux que l'on envisage de prendre veulent vous voir, ceux que l'on ne veut pas voir demandent à être reçus, les leaders et les représentants des partis soutiennent les uns, excommunient les autres et interfèrent à tout propos. Il fallut bien me réinstaller place Vendôme pour la journée du samedi, puis la soirée, puis la nuit et ne rentrer qu'à l'aube avenue d'Orsay, après avoir commis une erreur impardonnable dans une addition.

Vous avez dit quarante ?

Je m'étais mis à part, ainsi que mon secrétaire d'Etat Bernard Lafay, pour le calcul des dosages. J'oubliai de nous réintégrer. Je croyais être parvenu au total de 38, ce qui, après tout, n'avait rien de catastrophique puisque le précédent cabinet chiffrait 37.

Mais la presse rectifia elle-même. Nous étions 40 !

Cela n'avait, bien sûr, aucune importance. D'autres pays ont des gouvernements plus nombreux. Cependant, c'était là un de ces tabous auxquels l'opinion française, par l'effet d'une certaine démagogie d'inspiration réactionnaire, demeure sensible. La courbe de faveur que j'avais acquise dans les premiers jours s'infléchit soudain dans les rapports des Renseignements généraux. D'autre part, le chiffre de quarante, malgré la référence de l'Académie française, présente un certain aspect ridicule, peut-être à cause de l'an quarante, et il rappela fâcheusement aux pamphlétaires les quarante voleurs d'Ali Baba. Etait-ce un mauvais présage ? Mon ministère dura quarante jours.

*
* *

On comprend mal la difficulté de certains exercices, même si on est du métier, quand on ne les a pas accomplis personnellement. J'en avais vu, pourtant, naître des ministères et j'avais marqué ma surprise des manques de sang-froid et des phénomènes de confusion que j'avais constatés à diverses reprises. Mon tour était venu de m'exposer à ces moments de faiblesse.

La difficulté était accrue, dans mon cas, du fait que je n'étais pas chef de parti, ni même chef de clan. J'étais un isolé qui avait besoin de tout le monde. Chaque partenaire contrarié regimbait et semblait me dire : « Comment, vous me refusez cela, après ce que j'ai fait pour vous ? »

Un nouveau président doit faire entrer dans son ministère quelques amis sûrs ; ils lui seront bien nécessaires. Pour les caser, il faut libérer des places (à moins d'en créer). Chaque sortant se considère comme inamovible. Son groupe fera objection à son départ sauf, à la rigueur, s'il est remplacé par un collègue de ce même groupe. Or, je n'étais pas un « patron », je n'étais pas non plus un homme nouveau, surgi du froid, en rupture avec la gestion précédente et qui façonne son équipe à sa guise, comme ce sera le cas pour Pierre Mendès France. J'étais déjà un pilier de la République, j'avais appartenu à tous les gouvernements qui s'étaient succédé au cours des trois dernières années. Il m'était difficile d'expulser des hommes avec qui je voisinais depuis longtemps, avec qui j'avais réglé des budgets, mené des combats, marqué des points et compté des coups.

Mes amis : il me fallait Bernard Lafay, mon colistier de Paris 1945, mon associé de toujours, et Raymond Marcellin dont l'aide m'était précieuse. Tous deux vinrent auprès de moi à Matignon comme secrétaires d'Etat à la présidence. Il y avait Edouard Bonnefous ; il était président de la commission des Affaires étrangères, il ne se contenterait pas d'un demi-maroquin. Je songeai à ressusciter pour lui le ministère du Commerce. Il se trouvait que son père l'avait occupé ; il l'accepta de bon gré. Je ne pouvais me passer de Paul Coste-Floret, bien qu'il fît problème du côté des socialistes depuis l'affaire des généraux et que, corrélativement, son crédit fût contesté au M.R.P. Or je ne pouvais le replacer à la France d'outre-mer, d'ailleurs tenue par Louis Jacquinot, ami de longue date. En revanche, je disposais pour lui de l'Information dont le ministre était alors Robert Buron. Or, je souhaitais réinstaller Robert Buron quai Branly : il connaissait très bien les affaires économiques et je ne voyais pas de meilleur titulaire pour ce poste très exposé. Je pensai encore à deux amis radicaux, moins proches de moi sans doute mais avec qui j'entretenais des relations cordiales, et qui n'appartenaient à aucune secte ; ils pouvaient être pour moi de bons équipiers : ce ne fut d'ailleurs pas le cas. L'un était Jean Masson, député-maire de Chaumont, dans la Haute-Marne, avenant, intelligent, sensible, d'une belle présentation ; l'autre, Lucien Bégouin à qui me liait la camaraderie de l'immédiate après-guerre et qui avait réussi à enfoncer son coin en Seine-et-Marne, en prenant le risque de se présenter en second de Michel Clemenceau, alors P.R.L. (1) Bégouin me demandait beaucoup de services, ce qui, selon la formule de Labiche, m'avait beaucoup attaché à lui. Il m'avait, en 1950, invité aux cérémonies de Meaux, où j'avais lancé le slogan « la Marne du franc », et j'en avais gardé un bon souvenir. Le premier alla à l'Enseignement technique, alors conjoint avec la Jeunesse et les Sports, l'autre, en fin de compte, aux Travaux publics. J'aimais beaucoup le sénateur Georges Laffargue qui tenait une forte position dans le parti radical. Il avait fait plusieurs tours de France pour soutenir nos candidats. Il était apprécié pour son éloquence très aisée, humoristique, avec des mots à l'emporte-pièce, on aimait sa belle tête à chevelure blanche et on s'amusait affectueusement de la manie qu'il avait de marquer ses effets oratoires par des mouvements en souplesse de tout le corps. On l'appelait parfois, pour cette raison, la danseuse. Il avait une certaine expérience des gestions économiques et je le chargeai de préparer une réforme fiscale.

J'avais conçu l'idée d'introduire dans le gouvernement une femme parlementaire. Il y avait peu de précédents mais, tout récemment encore, celui de Germaine Poinsot-Chapuis. Je pensai tout naturellement à Suzanne Crémieux-Schreiber, égérie du parti radical depuis la IIIe République, que l'on avait encore photographiée en naïade à l'occasion d'un congrès tenu à Cannes. Ce n'était plus une jeune femme mais elle était toujours belle et dotée de fortes qualités intellectuelles, d'une parfaite distinction, du don de persuader et du sens des écheveaux politiques. Elle était fort tentée d'accéder au rang gouvernemental, ce dont elle n'eut pas d'autre occasion, et je peux lui rendre ce témoignage qu'elle refusa par pure abnégation. Elle craignait de causer à René Mayer, qui partait lui-même sur un demi-échec, une peine trop vive. Elle me conta par la suite que, lorsqu'elle avait parlé avec lui, à la fois de mon offre et de son refus, elle avait vu des larmes dans ses yeux. J'étais allé personnellement

(1) Parti républicain de la liberté — formation tenue pour la plus conservatrice.

rendre visite à René Mayer et lui demander, pour la forme, s'il envisagerait de garder une place dans mon cabinet. Il répondit à mon attente en se récusant et il me dispensa ses encouragements, avec des conseils pragmatiques sur la manière de réussir : « Il faut manger des biftecks, me dit-il, et boire du bordeaux. »

Le chiendent, dans le secteur des choix affectifs, c'était Jacques Fourcade. Après son échec électoral de 1946, il avait réussi à se faire nommer conseiller de l'Union française, par désignation de son groupe politique et, une fois dans cette place, il était parvenu à se faire porter à la présidence.

Par la suite, une ouverture s'était présentée dans son département des Hautes-Pyrénées et, bénéficiant de la réputation de son père, de ses amitiés, de sa prestance et de son titre, il avait été élu à l'Assemblée nationale. Cependant, il s'était exposé à la vindicte des radicaux de ce lieu dont le chef de file était René Billières ; ils lui reprochaient d'avoir manqué à une promesse qu'il aurait faite, lors de son élection à la présidence de l'Assemblée de Versailles, de ne pas se présenter aux législatives. Je n'ai jamais eu de précision à ce sujet, n'ayant entendu que les imprécations, et je suis incapable de dire de quel côté étaient les torts. Ce qui est certain, c'est que le conflit et la rancœur dépassaient de beaucoup la simple fâcherie : il n'est pas exagéré de parler ici de haine. J'avais sous-estimé cet élément passionnel.

Je tenais beaucoup à faire une place à Jacques Fourcade dans mon ministère. La raison pour laquelle j'y tenais beaucoup c'est que, lui-même, il y tenait beaucoup plus encore et sa femme Irène davantage. Nous étions liés d'amitié avec leur ménage et j'ai évoqué déjà de nos souvenirs communs.

C'était un homme de belle culture, principalement littéraire, et un orateur de grande classe, mais qui se libérait difficilement du ronron traditionnel de l'éloquence judiciaire. Je pensais que son expérience de président l'avait habitué à maîtriser ce que son esprit pouvait avoir de biscornu et de saugrenu, et à camoufler son goût excessif pour la mystification. Ses capacités étaient réelles et il aurait été injuste de le classer d'après ses boutades et ses manies.

C'était compter sans les radicaux. Rameutés par Billières qui connaissait ou devinait mon intention, ils commencèrent, dès le début de la soirée, de tirer au canon de marine. M. Queuille d'abord, puis le président Herriot lui-même m'alertèrent et entreprirent de me dissuader de ce choix. En revanche, je croyais pouvoir compter sur l'appui d'Albert Sarraut qui avait succédé à Jacques Fourcade à l'Union française et qui était intervenu à plusieurs reprises en sa faveur auprès de moi, en tout dernier lieu alors que j'étais en train de dîner. Or, l'autorité d'Albert Sarraut sur les milieux radicaux était considérable. Patatras ! Impitoyablement harcelé, il se déjugea de la manière la plus pitoyable en téléphonant, affolé, peu avant minuit, pour me supplier de ne rien faire de ce qu'il m'avait demandé avec insistance deux ou trois heures auparavant. Il me restait une carte à jouer et je la croyais décisive : nommer également Billières à un poste ministériel et même à un poste plus important. Il n'y avait rien là d'anormal car René Billières avait une bonne étoffe de ministre, comme on le vit plus tard. Mais Billières préféra se récuser et renoncer à sa propre nomination, plutôt que de laisser la voie libre pour un compétiteur détesté.

D'autres, sans doute, auraient abandonné sans remords. Après tout, je ne devais rien à Jacques et mes scrupules amicaux pouvaient être balancés par un *non possumus* émanant de mon propre groupe ; ce concert d'opposition, englobant le meilleur soutien de mon candidat, constituait une excuse honorable. Cependant, cette attitude ne me plaisait pas.

Je recourus donc à une procédure qui comportait en quelque sorte une transaction avec moi-même, et résolus de proposer à Jacques Fourcade un secrétariat d'Etat. Si son orgueil le poussait à le refuser, je pourrais me dire en conscience que je lui avais, en prenant des risques personnels, fait une offre positive. Si, en revanche, il l'acceptait, je ferais valoir aux radicaux que le poste dont je disposais en sa faveur n'était vraiment pas de premier plan et qu'il serait excessif de me bouder pour cela.

Je fis venir Jacques et, pris à mon propre jeu, je tentai de le convaincre, encore que l'intérêt de ma tranquillité fût de n'y point parvenir.

« Je vais te nommer, dis-je, secrétaire d'Etat aux Travaux publics. Tu peux te tailler une spécialité ; je pense à l'aviation civile et je peux en parler à Pinay que je compte maintenir à son poste. Tu serais, dès lors, un véritable patron, dans une branche qui est importante et tournée vers l'avenir. » Il refusa.

L'amour-propre buté est toujours de mauvais conseil. Eût-il réagi autrement, Jacques se serait trouvé placé aux côtés d'Antoine Pinay qui fut appelé à me succéder.

Cette affaire m'avait occupé absurdement pendant une partie de la nuit ; elle avait accru ma fatigue et assombri mon humeur.

Un concours auquel je tenais tout particulièrement, bien qu'il ne fût pas de mes intimes, était celui de François Mitterrand. Je l'avais beaucoup apprécié tout au long de nos relations et notamment dans les gouvernements où nous avions cohabité : le premier gouvernement Queuille, le gouvernement Pleven de 1950. Nos positions étaient proches et en même temps le plus proches possible de celles de Pierre Mendès France. Je lui proposai un ministère d'Etat qu'il accepta volontiers. Nous nous trouvions d'accord pour envisager que je lui confierais, selon la conjoncture, certaines missions de confiance et j'en eus très rapidement l'occasion avec les affaires tunisiennes. J'en parle d'autre part (1).

Je tenais également beaucoup à Pflimlin ; je ne pouvais le maintenir dans les fonctions que lui avait confiées Pleven, le Commerce extérieur, puisque Robert Buron prenait l'ensemble des Affaires économiques. Je le nommai lui aussi ministre d'Etat, avec vocation spéciale pour les affaires européennes. Comme cependant Robert Schuman se montrait très susceptible sur la plénitude de ses attributions internationales et que ni Pflimlin ni moi-même ne souhaitions le heurter, le titre spécial qui lui fut décerné se référait au Conseil de l'Europe.

A part les nominations et les changements que j'ai indiqués, ce ministère était la photographie du précédent. Les partants étaient René Pleven et René Mayer, auxquels j'avais offert, pour la forme, une participation qu'ils avaient, comme je l'escomptais, déclinée et dans le second rayon, Emile Hugues, François Delcos, Robert Bruynel.

Tel qu'il était, le ministère Edgar Faure s'inscrivait dans la succession des gouvernements de la France. J'étais effectivement le président du Conseil des ministres de la République française. « Pour si peu d'un temps si bref. »

(1) Cf. chapitre suivant.

CHAPITRE XXVII

LA CRISE TUNISIENNE ET LE PROJET MITTERRAND

La première et sans doute la plus grave préoccupation qui s'imposa à moi n'était pas d'ordre financier ou économique. C'était la crise survenue en Tunisie, et qui atteignit son paroxysme au lendemain de mon investiture.

La situation dans la régence n'avait cessé de se dégrader au cours des sept dernières années et sa détérioration avait pris un rythme accéléré au cours des sept dernières semaines. Les dirigeants français n'avaient tenu aucun compte du caractère spécifique de l'Ifriqiya et des relations de parenté presque siamoise qui avaient existé au cours des siècles entre la Tunisie et la Libye. Bachrouch, au cours de l'ultime conversation que j'avais eue avec lui, m'avait sérieusement alerté sur ce sujet : « Tout dépendra, me disait-il à propos des relations franco-tunisiennes et du rythme que devait prendre leur mutation, de la décision qui sera adoptée pour l'ancienne colonie italienne. Quel statut lui sera-t-il assigné ? Colonie, protectorat, mandat, indépendance ? Les Libyens ont été, depuis toujours, des voisins malchanceux et des cousins indigents, il n'y a jamais eu chez eux la moindre culture ni la moindre aisance. Voyez donc dans les *Chroniques* d'Ibn Khaldoun, que je vous ai prêtées, le parallèle historique de nos peuples, et aussi l'enchevêtrement de leurs histoires. Si, demain, ces semi-barbares reçoivent des droits nationaux, des prérogatives civiques que l'on nous refuserait, la situation sera explosive. »

Encore pensions-nous, en fait, que la Libye n'accéderait pas rapidement à l'indépendance. Un régime de mandat, une sorte de condominium international nous paraissait le plus probable.

En septembre 1948, comme j'avais manqué d'un cheveu (et de mille kilomètres) mon entrée au gouvernement, le président Henri Queuille m'avait introduit dans la délégation française à l'O.N.U. La session se tenait à Paris, dans des bâtiments échafaudés autour du Trocadéro. Je suivais le matin le « briefing » que nous donnait au quai d'Orsay l'excellent ambassadeur Broustra, qui faisait le tour des sujets avec un sérieux infaillible (sa femme était l'héroïne d'un livre d'Emmanuel Berl qui porte comme titre un prénom, *Sylvie*), assisté de François de Rose, qui, non moins compétent, pratiquait le « point d'ironie ».

J'allais, dans la journée, siéger dans diverses commissions ou naviguer dans les couloirs. J'obtins ainsi quelques aperçus assez peu encourageants sur l'évolution du problème libyen. Ce fut cependant un coup de théâtre, lorsque, le 21 décembre 1949, l'assemblée générale, à laquelle bien imprudemment, les quatre Grands (éprouvés, il est vrai, par leur fractionnement) avaient confié le soin de régler ce problème, adopta le principe de l'indépendance.

Bourguiba ne manqua pas de saisir la chance qui lui était ainsi offerte. Il s'en vint proposer à Paris, en avril 1950, un plan qui, compte tenu au surplus de l'accord d'association vietnamien, survenu entre-temps, n'était pas déraisonnable. Telle fut aussi la réaction de Robert Schuman, qui nomma peu après un nouveau président général en Tunisie en la personne de Louis Périllier, qui était proche de lui comme I.G.A.M.E. (1) et préfet de son département de la Moselle.

Le ministre lui-même fit, au mois de juin, au cours d'un banquet à Thionville, une déclaration précisant que la mission de M. Périllier était de mener la Tunisie à l'indépendance. Devant les réactions, il fit diffuser un commentaire explicatif et atténuatif qui insistait sur la nécessité de longs délais pour parvenir à cette finalité. La nomination de Louis Périllier suscitait la grogne de la gent diplomatique, mécontente de voir lui échapper un poste si apprécié. Robert Schuman en conçut au fond de lui-même le phénomène de la conscience malheureuse. C'était un homme sans arrogance, porté au scrupule, et le reproche qu'on lui adressait de façon plus ou moins voilée de s'être laissé déterminer par des considérations personnelles et subjectives ne le laissait pas indifférent. Cet état d'esprit explique sans doute en partie qu'il ait marqué quelque hésitation dans son soutien aux initiatives de M. Périllier.

La tâche du nouveau résident général était difficile puisqu'il devait lutter sur deux fronts et affronter chaque jour la coalition objective des extrêmes. Il faut dire qu'il déploya, dans ces circonstances, une remarquable habileté manœuvrière. Après de nombreuses péripéties, des aller et retour politiques, les grèves alternées des

(1) Inspecteur général de l'administration métropolitaine, titre précurseur de celui de préfet de région.

fonctionnaires tunisiens (qui trouvaient qu'on ne leur donnait pas assez de places) et des fonctionnaires français (qui jugeaient qu'on donnait trop de places aux Tunisiens), après une grève d'ouvriers agricoles qui dégénéra en incidents violents, puis, selon le cycle connu, en répression brutale, le résident général parvint à réaliser un accord avec le bey en février 1951.

Le Premier ministre tunisien assure désormais la présidence de son propre Conseil, lequel comprend un nombre égal de ministres français et tunisiens, mais ne voit plus siéger en son sein ni le résident, ni le secrétaire général, ni le général, ni l'amiral. Quant à la fonction publique, on s'est mis d'accord pour réserver aux Tunisiens les trois quarts des emplois subalternes, les deux tiers des emplois moyens, la moitié des emplois supérieurs ! A côté de ces décisions importantes, diverses dispositions étaient prises, qui nous paraissent aujourd'hui dérisoires, mais qui allaient dans la bonne direction : on retirait le visa au secrétaire général pour le donner au résident en personne et le veto était supprimé... mais remplacé par l' « assentiment préalable ».

Cependant de nouvelles difficultés s'engrenèrent. Les groupes nationalistes tunisiens se livraient entre eux aux surenchères et les représentants des français poussèrent la hardiesse jusqu'à avancer le concept de la co-souveraineté. Le Premier ministre, M. Chenik, franchit un pas décisif, en remettant, au nom du bey, une note relative aux « modalités de réalisation de l'autonomie interne ».

Il demandait essentiellement : un gouvernement entièrement tunisien, l'élection d'une assemblée représentative tunisienne, enfin une plus forte proportion de fonctionnaires nationaux. En revanche, le maintien de la compétence française en ce qui concernait la diplomatie et la défense n'était pas mis en cause. Il s'agissait bien d'autonomie et non point encore d'indépendance.

M. Périllier cherche une issue avec une énergie proche du désespoir, avec une audace proche de l'imprudence. Il contemple le monde autour de la France, la situation dangereuse que crée la guerre prolongée au Vietnam, le bouillonnement marocain, la guerre diplomatique entreprise par l'Egypte et il sait que, dans quelques semaines, la Libye sera indépendante et souveraine. Il pense que l'on peut convaincre le gouvernement français de fixer enfin sa démarche. Il sait que Robert Schuman accepte l'idée de l'indépendance et qu'il a même prononcé le mot. Il sait que René Pleven est l'homme de Brazzaville. Il connaît mes sentiments personnels. D'autres ministres n'ont pas d'opinion bien précise, mais ils peuvent être influencés par des contacts directs. De leur côté, les ministres tunisiens ne souhaitent pas la crise et Bourguiba demeure fidèle à la méthode des étapes. D'où une idée : si les ministres tunisiens venaient à Paris, s'ils voyaient leurs homologues français, en amis en collègues ? Nous, ministres français, nous rencontrerions des hommes imprégnés de notre culture, aimant notre pays, qui ne demandent que des choses raisonnables, un pays, une patrie, un gouvernement. Le contact humain peut modifier bien des choses.

Les ministres vinrent, ils rendirent les visites, multiplièrent les contacts et attendirent. On comprenait qu'ils se contenteraient de quelques concessions qui leur permettraient de rentrer chez eux sans perdre la face.

Telle pouvait être la portée de la réponse, que l'on attendit assez longtemps, à la note de M. Chenik, datée du 31 octobre. Cette réponse vint enfin, sous forme d'une lettre du 15 décembre, signée Robert Schuman, et que je ne lus pas sans surprise.

Ce document rappelait, avec hauteur, l'œuvre accomplie par la France en Tunisie ; il présentait le principe de la participation des Français au fonctionnement des institutions politiques comme étant la conséquence normale de leur contribution au budget de l'Etat tunisien. C'était un exposé parfaitement clair et logique de l'intégrisme conservateur. Cette doctrine prétendait justifier, par les services rendus et les charges assumées, la *dépossession*, au bénéfice de la puissance protectrice, de la souveraineté des nationaux sur leur propre sol. C'est, dans toute sa franchise, rarement admise jusqu'ici, la définition, en quelque sorte simoniaque, d'un colonialisme qui ose dire son nom. On achète avec les biens, donc avec l'argent, le droit, c'est-à-dire l'esprit.

Je m'interrogeai, au cours des semaines qui suivirent, sur l'étrange attitude du ministre des Affaires étrangères. Il ne s'agissait nullement d'une conversion, comme on put s'en convaincre par la suite, en lisant sa diatribe parue dans les colonnes de *la Nef*. J'ai appris un peu plus tard que Robert Schuman s'était vu mettre le marché en main. En substance : « Ne vous occupez plus de l'Afrique du Nord et consacrez-vous à vos affaires européennes ; à cette condition, elles marcheront bien. » Il fit la part du feu et décida de sauver ce qui était l'œuvre de sa vie.

Je me souviens d'avoir été particulièrement choqué par l'ambiance des deux conseils qui se tinrent les 15 et 24 décembre 1951.

J'assistai à une véritable explosion de sarcasmes et même de fureur à l'égard de l'équipée des ministres tunisiens et notamment de son inventeur, le résident général. Son départ était tenu pour acquis et aucune attribution nouvelle ne fut évoquée. Quelqu'un fit même remarquer qu'il faudrait sans doute le recaser plus tard mais que ce ne serait évidemment pas dans un poste de très haut échelon (gros rires).

Une telle attitude me parut marquée d'une lourde erreur ; en dehors de la personnalité du résident, elle affectait gravement le prestige de la fonction. Ce n'était pas un personnage particulier qui subissait une disgrâce individuelle, c'était l'image même du représentant supérieur de la France qui était placée dans le médaillon du discrédit. On croyait pénaliser le sortant, on dévalorisait la série de ses successeurs (1) puisque, en chaque nouvel arrivant, on pourrait imaginer un « dégommé » en puissance (si l'on peut s'exprimer ainsi).

Le nouveau résident général devait être nommé lors du second Conseil le 24 décembre. A mon arrivée, je compris qu'il y avait de l'incident dans l'air. La séance commença avec un peu de retard : Robert Schuman nous fit connaître qu'il avait reçu de M. Voizard, pressenti pour ce poste, une lettre dont il nous donna lecture. Son ton, assourdi et inexpressif comme à l'ordinaire, faisait particulièrement ressortir l'extravagance de ce document (rédigé, nous dit-on, sur le conseil peu avisé du général Juin). M. Voizard avait été fâcheusement impressionné par le traitement réservé à M. Périllier. Il exposait avec lourdeur et naïveté qu'en présence des responsabilités et des aléas de l'emploi qu'on lui proposait, il lui paraissait normal d'obtenir quelques garanties préalables pour le jour où il serait appelé à quitter ses fonctions (qu'il ne détenait pas encore). Il demandait, en conséquence, la promesse d'un poste de conseiller d'Etat — suggestion, qui, en soi, n'aurait rien eu de déraisonnable si elle avait été présentée autrement qu'à un moment intempestif et sous une forme comminatoire. Je me décidai à prendre la parole. Il s'agissait de la dignité de l'Etat, dont le garde des Sceaux pouvait se tenir à bon droit pour dépositaire. Le gouvernement ne pouvait accepter d'être mis par un de ses agents dans une telle position de marchandage. A l'impertinence, on ne pouvait répondre par la veulerie.

Il n'y avait pas grand-chose à dire pour la défense de M. Voizard et personne ne se fit son avocat, bien qu'il ne manquât pas d'amis dans le Conseil. Robert Schuman feignit aussitôt de considérer que l'affaire était classée sans suite et, comme on sort un lapin d'un mouchoir de soie, il proposa son candidat de substitution, M. de Hautecloque, alors ambassadeur de France en Belgique, qui fut accepté dans l'hébétude générale. Je connaissais ce diplomate pour l'avoir rencontré à Bruxelles où j'avais passé presque toute une

(1) Par la suite, j'ai tiré la leçon de cette expérience et j'ai toujours tenu à ce que les titulaires des grands postes extérieurs soient assurés d'un départ honorable. C'est ainsi que j'ai volontiers accordé au gouverneur général Léonard la première présidence de la Cour des comptes, que j'ai nommé M. Lacoste, lors de son départ du Maroc, à l'ambassade d'Ottawa, et que j'avais proposé à M. Grandval, qui n'a pas compris mon geste, l'ambassade de Moscou.

journée avec lui. C'était un homme de haute taille, affable, mondain, doué d'une parfaite aisance et le fumeur de pipe le plus acharné que j'aie connu. Il tenait le tuyau serré entre ses dents quand il se présentait dans un salon et l'enlevait à peine de sa bouche pour baiser la main des dames. Je n'appris que beaucoup plus tard que, dans une étape précédente de sa carrière, en Syrie, il s'était révélé comme un praticien de la politique d'intimidation et du coup de force.

Par une coïncidence qui échappa, il faut bien le dire, à la plupart de mes compatriotes, la même journée du 24 décembre 1951 vit, à Paris, le triomphe du colonialisme dur et, à l'O.N.U., la proclamation de l'indépendance de la Libye. La malice de l'Histoire est faite de ces coïncidences, et de l'aveuglement de ceux qui les regardent sans les voir.

La diplomatie du croiseur.

M. de Hautecloque devait prendre ses pouvoirs à partir du 1er janvier, selon la décision du Conseil des ministres. Cependant, il n'arriva à Tunis que le 13 et dans des conditions singulières : à bord d'un bâtiment de la marine de guerre qui portait le nom de *Marceau*. Quand on l'interrogea sur cette parade quelque peu désuète : « Ce sont, répondit-il, les ordres de mon gouvernement. » Je n'ai jamais pu savoir d'où venait cette suggestion étrange.

Dans l'intervalle, le gouvernement Pleven était tombé le 7 janvier. Je ne fus moi-même pressenti que le 11, je donnai mon acceptation le 15, je fus investi le 17 et mon gouvernement fut constitué au petit matin du dimanche 20 janvier.

En considérant la double vacance du pouvoir français à Paris et à Tunis, les dirigeants tunisiens, toutes tendances unies cette fois, le bey et ses ministres, Bourguiba et son rival dans le Destour, Ben Youssef, s'affairaient à préparer une relance stratégique. Impressionnés par la décision de l'O.N.U. concernant la Libye, ils pensèrent tout naturellement à solliciter de cette instance internationale un appui à la revendication tunisienne. Ils décidèrent toutefois, avant de déclencher une telle action, d'attendre la venue du nouveau représentant de la France.

On se doute de l'effet que produisit sur eux l'arrivée carnavalesque du résident général, faisant revivre, en plein milieu du XXe siècle, la diplomatie dite de la canonnière, avec un certain supplément de tonnage. C'était pourtant un croiseur « léger ».

M. de Hautecloque présenta au bey ses lettres de créance dès son arrivée et les ministres lui furent présentés. Les Tunisiens ne purent percevoir ni dans sa contenance protocolaire ni dans sa conversation elliptique aucun indice qui pût améliorer la pénible impression produite par la sécheresse du refus français — et aggravée par l'épisode du navire de guerre. Aussi, dès l'après-midi du même jour, les deux principaux ministres, Salah Ben Youssef (Justice) et Badra (Affaires sociales), prirent l'avion pour Paris. Le lendemain 14 ils se rendirent au secrétariat des Nations unies pour y déposer, au nom du gouvernement tunisien, une requête officielle de saisine de l'organisation.

Le même jour, M. Chenik publiait un communiqué destiné à minimiser l'incident et précisant que l'adresse à l'O.N.U. ne comportait aucun caractère d'hostilité à l'égard de la puissance protectrice. Le secrétariat de l'O.N.U. remit tout simplement la requête au représentant de la France, puisque celle-ci, comme le rappelait le Quai d'Orsay, était chargée des relations extérieures de la Tunisie. Il relevait, en même temps, l'absence d'apposition du sceau beylical. La prudence élémentaire conseillait de prendre l'affaire avec sang-froid, la fusée aurait fait long feu. Tout au contraire, le résident général et son mystérieux correspondant du ministère jugèrent que le moment était particulièrement bien venu pour pousser à l'épreuve de force. M. de Hautecloque multiplia les coups de poing : demande de rappel immédiat des deux ministres perturbateurs, demande tendant de surcroît au renvoi du cabinet Chenik ; interdiction, le 16 janvier, du congrès du Néo-Destour qui devait s'ouvrir le 18 ; enfin décision de placer en résidence surveillée à Tabarka M. Habib Bourguiba et quelques-uns de ses compagnons. Cette mesure ne fut exécutée que le 19, mais en fait j'en fus informé dès le 17, jour même de ma déclaration d'investiture. J'en avais pris acte, sur le moment, sans aucun commentaire, puisque mon cabinet n'était pas entré en fonctions (1). On m'expliqua qu'il s'agissait de prévenir des désordres ; je n'avais pas de peine à pressentir que l'effet contraire se produirait. Dès le 21 janvier des troubles éclataient dans diverses localités et le 22, à Sousse, la ligne de la tragédie se trouvait franchie.

En présence d'un rassemblement nombreux et houleux, le colonel Durand, qui, comme beaucoup d'officiers, se sentait proche de la population tunisienne et en était estimé, se porta lui-même au-devant de la foule, pensant que ce geste produirait un apaisement. Deux coups de feu furent tirés et il fut sauvagement achevé à coups de matraque ; on ne put jamais découvrir le responsable de cette action. Le lendemain, trois gendarmes furent tués à Mekhnine.

Dès avant ce drame, l'opinion parlementaire avait commencé à s'émouvoir, de façon d'ailleurs inégale. Les ultras, qui se situaient au

(1) Je tins à marquer par la suite la ligne de partage des responsabilités.

R.P.F., mais aussi dans mon propre groupe et au R.G.R., jugeaient les circonstances propices à une politique musclée, telle que la souhaitaient le résident général et ses correspondants du Quai. Ils entendaient faire pression dans ce sens sur mon gouvernement et s'alarmaient des opinions libérales que j'avais toujours exprimées sur les affaires des protectorats. En sens inverse, le parti socialiste préconisait la poursuite d'une politique de réforme, préparant à tout le moins l'autonomie interne, et ne refusait pas d'inclure dans son champ de vision la perspective d'indépendance, inscrite d'ailleurs dans la Constitution. Il faut bien dire aussi que nombre de nos collègues étaient portés à sous-estimer la gravité des circonstances et attribuaient aux agitations chez les « Arabes » un caractère folklorique. Je fus très frappé de constater qu'un homme comme Edouard Herriot qui avait fait montre d'une exceptionnelle clairvoyance, proche de la translucidité, en politique internationale n'échappait pas lui-même à cet état d'esprit. Comme j'exprimais ma préoccupation, dans les journées qui précédèrent mon investiture, devant le comité « Cadillac », il me dit à la sortie, en baissant la voix pour éviter de me porter préjudice (il soutenait en effet ma candidature) : « Faure, ne vous faites pas trop de souci sur la Tunisie. » Et pourtant, me disais-je, il connaît la question, il parle même l'arabe !

Quand j'y réfléchis, il m'apparaît que là où j'avais vu contradiction, il y avait au contraire explication. Edouard Herriot se montrait infaillible là où son jugement n'était pas obscurci par les préjugés. Il est difficile, même à un grand esprit, d'échapper à l'influence interne de l'idée préconçue, retranchée au cœur d'un code personnel des informations initiales. Edouard Herriot raisonnait au sujet du monde musulman, selon le système référentiel qu'il devait à ses rapports, comme officier, avec les « bons tirailleurs », les sidis, les turcos, les ordonnances, les sous-officiers méritants.

Succès au Parlement.

J'acceptai sans hésitation que le premier débat parlementaire suivant (de tout près) la constitution de mon cabinet fût consacré à la Tunisie. Le lundi, en fin d'après-midi, je réunis mon premier conseil de cabinet (1) et quelques-uns de mes collègues, notamment Pierre Montel, marquèrent un certain étonnement (élogieux d'ail-

(1) Je pris, dès lors, l'habitude, a laquelle je restai fidèle lors de mon second gouvernement, de réunir le conseil de cabinet (à Matignon) tous les lundis après-midi et le Conseil des ministres le mercredi matin, date habituelle (à l'Elysée) sous la présidence du président de la République.

leurs) devant mon sang-froid. A vraı dire, je n'avais pas besoin d'affecter la confiance, je la ressentais profondément. La certitude que j'avais de la justesse de mes vues, mon attachement profond à une politique de juste mesure et d'évolution, prudente mais résolue, ne pouvaient pas ne pas forcer l'approbation. Je me retrouvai plus tard dans une situation analogue, mais avec des circonstances beaucoup plus éprouvantes, à propos de l'affaire marocaine, en 1955. Je ressentis la même assurance et elle se trouva pleinement justifiée.

J'attachais une particulière importance à la position du parti socialiste : non pas seulement parce que son soutien était nécessaire à la survie du ministère, mais aussi et surtout parce que, si la France devait réussir la grande mutation de l'Empire en Union, cela ne pouvait être obtenu *qu'avec l'appui du grand parti de la gauche*. Le même raisonnement était valable pour un sujet assurément moins grave, celui de la crise économique et financière, aussi avais-je tenu à élargir la majorité en récupérant le groupe socialiste lors de mon investiture.

S'il ne s'était agi, de ma part, que d'un calcul empirique et utilitaire, j'aurais pu, au contraire, saisir l'occasion, jusque-là inespérée, de procéder à un transfert de majorité vers la droite qui aurait même eu l'avantage d'être plus « structurellement » durable. La situation tunisienne permettait de redistribuer les cartes. Si je m'engageais dans la voie autoritaire il n'était pas « politiquement » douteux que le R.P.F., comme un seul homme, m'apporterait son soutien. Cela se vit bien lors du débat du 22 janvier. Mais ce revirement idéologique m'était, comme on l'a bien compris, totalement impossible. La même situation se présenta plus tard avec le Maroc.

A la veille du débat, je tins à avoir des entretiens approfondis avec les représentants socialistes, puisque ce groupe m'avait assuré d'un soutien, non pas à éclipses, mais en quelque sorte contractuel. Guy Mollet connaissait très peu les affaires de l'Afrique du Nord où il n'était jamais allé et s'en remettait à la compétence d'un collègue de son propre groupe, Robert Verdier, homme remarquable par sa finesse et sa conscience ; il nous fut aisé de constater l'identité de nos vues.

La survenance des événements de Sousse créa un climat émotionnel nouveau, mais elle ne modifiait pas nos positions sur le fond.

Il était, naturellement, impossible de déterminer le détail des circonstances et d'identifier les coupables. J'étais bien certain que cette abominable action ne pouvait être rattachée, comme certains le croyaient, à l'inspiration ou à l'initiative de Bourguiba, car rien ne pouvait davantage contrarier ses plans qui consistaient à procéder à pas mesurés. Je ne pense pas davantage que l'on puisse envisager une provocation machinée par certains ultras (hypothèse qui se rencontra dans d'autres circonstances). On ne peut exclure ni l'intervention du hasard absolu ni la réaction individuelle d'activistes survoltés, d'irresponsables issus de la populace, mais l'hypothèse la plus vraisemblable me paraît être celle d'un complot ourdi par les adversaires acharnés que Bourguiba rencontrait au sein même du Destour.

Ce serait la plus grande erreur, pour un homme d'Etat, que de modifier une ligne politique, soigneusement élaborée, pour céder à l'impulsion de la sensibilité et de la colère, si légitime soit-elle en présence de semblables forfaits.

L'épreuve parlementaire fut passée aisément car j'avais pour moi deux atouts : la force d'une conviction véritable qui impressionne toujours et, d'autre part, au service de cette conviction, une grande maîtrise de l'idéologie et de l'expression. Je me montrai catégorique dans le rejet de la notion de *co-souveraineté :* c'était là l'essentiel pour nos partenaires tunisiens car, si ce mot n'était pas inscrit dans la fâcheuse lettre du 15 décembre, il en était la clé implicite et nul n'avait osé le rejeter ouvertement. Pareillement, dans la confirmation de la politique des réformes et dans la référence expresse, positive cette fois, à *l'autonomie interne* (double satisfaction pour les Tunisiens) avec rappel de la Constitution — qui désarmait les opposants français. En revanche, j'affirmai le maintien de la présence française, en soulignant notamment sa nécessité stratégique : nous étions encore en position de guerre froide et la sécurité du « monde libre » allait être à l'ordre du jour de la Conférence de Lisbonne, ainsi que des débats sur la C.E.D. Le terrain était solide ici pour tout le monde, puisque le dernier mémorandum tunisien reconnaissait dans ce domaine les droits et les intérêts de la France. Enfin, je rappelais le problème de l'organisation municipale et de la participation des Français (qui, sur ce point, n'étaient pas écartée par nos partenaires). Une commission mixte avait été prévue pour préparer un règlement de ces questions, il fallait la mettre au travail dès que possible.

En conclusion, je refusai les deux politiques extrêmes, celle de l'abandon et celle du coup de poing sur la table : « Elles sont plus proches l'une de l'autre qu'on ne le croit souvent. » Le *Journal officiel* mentionne des applaudissements prolongés, englobant la plupart des socialistes et même une partie du R.P.F. Ce groupe, divisé, demanda une suspension de séance. *L'Année politique* note : « A la reprise, M. Soustelle tente d'embarrasser le président du Conseil par une série de questions. » Il demandait notamment si ma politique s'inscrivait dans le cadre du document français du 15 décembre, alors que toute la signification de mon effort était évidemment de m'en dégager. Il me suggérait aussi, quoique sous forme interrogative, de m'engager à ne négocier « avec aucun des responsables de la situation actuelle ». J'appréciai, en mon for intérieur, toute l'ironie de cette question : à l'égard de qui devais-je prendre un engagement négatif ? Quels étaient donc ces responsables ? Devais-je promettre de ne pas converser avec les assassins du colonel Durand ? On visait, bien sûr, Bourguiba que je ne connaissais pas encore personnellement. Or, Bourguiba n'était pas responsable de la rupture, il avait tenté de l'éviter, ni de l'émeute — on l'avait mis hors d'état de la conjurer. Aucune personne tant soit peu consciente de la réalité ne pouvait douter d'un fait très simple, à savoir que rien ne pouvait être négocié sans l'accord de Bourguiba : il y a, dans toutes les conjonctures analogues, un homme clé et, la plupart du temps, un seul.

Jacques Soustelle laissait ainsi apparaître, dans cette occasion, quelle était sa tendance profonde bien que l'on ait pu en douter parfois dans la suite, ou qu'il ait pu en douter lui-même. Il s'affirmait, d'autre part, comme un dialecticien redoutable, à l'égal des meilleurs spécialistes de la technique américaine dite *cross-examination.* Je compris aussitôt que la seule façon que j'avais de me dégager du piège serait de ne pas y entrer. Je me rappelai, par une association d'idées bizarre, le substitut Brugier, lors du procès de *la Gazette du franc,* homme taciturne, aux prises avec des avocats tels qu'Henry Torrès et se contentant, à chaque passe d'armes, de se référer à sa procédure. « C'est dans mon réquisitoire », ressassait-il imperturbablement. Cet exemple me sembla bon pour cette fois. Je renvoyai l'interpellateur à mon discours qu'il venait d'entendre et qu'au demeurant tout le monde pouvait lire. Malgré une grande part d'improvisation, dont j'avais usé à mon ordinaire, les assemblages de mots et les choix d'expressions avaient été opérés avec une telle minutie qu'on ne pouvait déplacer un élément sans faire crouler l'ensemble. Le R.P.F. décida de voter contre, ainsi que les communistes, et je ressoudai ma majorité de prédilection comprenant les autres groupes.

Je n'ignorais pas que cette majorité portait en son propre sein des éléments de désintégration, à savoir ceux de mes collègues, principalement des radicaux et aussi quelques P.R.L., qui avaient partie liée avec le *lobby* réactionnaire d'Afrique du Nord. Bien que ce groupe de pression, dont on put voir au cours des années suivantes la force considérable d'intrigues, fut surtout alerté à l'égard des affaires marocaines, il lui avait paru opportun, à l'époque, de durcir les positions et ce fut d'ailleurs l'une des causes, sans doute la principale, de ma chute. Cette tendance s'exprimait par différents orateurs. Le soin que ces hommes prenaient de l'Afrique du Nord s'associait à leur souhait de me voir prochainement mordre la poussière et de se livrer à nouveau à leur jeu favori de Kriegspiel. La tendance réactionnaire qui animait certains activistes se manifestait en général de façon cohérente, sur des thèmes qui paraissent, à première vue, éloignés les uns des autres. Ainsi les antilibéraux pour les problèmes africains étaient-ils à peu près tous des adversaires de la construction européenne, et tout particulièrement de la C.E.D. Ce projet audacieux, mais téméraire, les rebutait et les effrayait, pour la même raison qui leur faisait appréhender la moindre modification apportée à la situation des pays de protectorat. Cette double disposition trouvait son incarnation exemplaire chez Marcel Boussac et chez son grand ami, le maréchal Juin.

Un plan sur trois lignes.

Profitant de ce répit, je m'appliquai aussitôt à traiter le problème selon les trois lignes directrices qu'il me paraissait comporter. En tout premier lieu, il fallait prendre des dispositions pour maintenir l'ordre à tout prix. L'option des réformes supposait le retour au calme. Je me souviens d'une conférence que j'eus avec M. de Chevignê, secrétaire d'Etat à la Défense, en présence de Maurice Schumann, secrétaire d'Etat aux Affaires étrangères. Il s'agissait de recenser les renforts dont nous pouvions disposer dans les hypothèses les plus fâcheuses.

Nos moyens étaient fort limités, et je fus même surpris de constater qu'il nous faudrait éventuellement déplacer le régiment de spahis stationné à Senlis. C'est à ce moment-là que je pris la mesure de ce que pourrait être un embrasement général du maghreb, au cri de la Djihad. J'eus l'occasion d'y repenser par la suite. Je fis partir sur-le-champ les renforts dont on pouvait disposer sans créer une atmosphère de panique et je donnai les instructions les plus détaillées pour que la plus grande prudence fût observée. Comme, d'autre part, ma prise de position avait disposé les esprits vers un certain apaisement, ces moyens permirent de rétablir approximativement le calme; les manifestations de masse cessèrent mais on continua de signaler quelques actes de sabotage.

Il était tout aussi urgent de mettre fin aux gaffes de la Résidence et d'opérer une double action psychologique. Faire comprendre à M. de Hautecloque que la politique de la canonnière était passée de mode et qu'il ne devait pas s'obstiner à proposer des mesures de force, telles que l'arrestation du Premier ministre. Faire comprendre au bey et aux nationalistes tunisiens que la position de notre gouvernement était désormais fixée, qu'elle ne comporterait plus de vacillation et qu'elle rejetait le double jeu. Je fis adopter par le Conseil des ministres, le 25 janvier, une note destinée au bey : il se voyait prié de retirer sa requête à l'O.N.U. et de rappeler ses ministres qui demeuraient sans raison à Paris. Nous confirmions en même temps nos assurances et nous omettions l'exigence — exprimée pendant l'interrègne — du renvoi du gouvernement de M. Chenik. Je décidai enfin de recourir à une procédure inhabituelle. J'envoyai à Tunis Jacques Duhamel, directeur adjoint de mon cabinet, lequel était particulièrement qualifié pour cette mission délicate. Je pensais, de surcroît, que son très jeune âge ménagerait la susceptibilité de M. de Hautecloque : ce fut presque le cas. Il devait remettre la note, non point directement au bey, mais au résident général. Il pourrait ainsi lui faire connaître, avec tous les commentaires opportuns, les intentions du gouvernement, et recueillir ses observations et ses suggestions. Dans ma pensée cette démarche était destinée à faire admettre par M. de Hautecloque le caractère irréversible de ma position. Elle était d'autre part conçue de façon à faire impression sur le bey et sur les Tunisiens et à leur montrer que je suivais personnellement l'affaire. Je savais, en effet, qu'ils me faisaient confiance mais ils redoutaient que, comme cela s'était déjà produit et se produirait encore, les impulsions de Paris fussent déformées et neutralisées par les échelons intermédiaires. J'avais obtenu, sur cette mission, l'accord de Maurice Schumann qui, du consentement de Robert Schuman, suivait l'affaire pour le Quai d'Orsay et avec lequel, après un moment de flottement, j'avais réalisé un accord complet. Quand je lui avais dit, justement après notre inquiétant entretien sur les forces disponibles : « Pourquoi ne pas envisager un accord avec le Néo-Destour ? », il m'avait répondu sur-le-champ, d'un air ferme : « Je ne comprends pas ce que cela veut dire. — Eh bien, lui dis-je, je vais t'expliquer mon point de vue. » J'admis, d'ailleurs, comme il le souhaitait, que notre ouverture soit entourée de toutes les précautions nécessaires. Maurice Schumann proposa que Jacques Duhamel ne parte pas seul pour Tunis et que sa mission soit doublée par la présence de Jean Laloy, ministre plénipotentiaire, ce qui était une excellente idée, non seulement à cause de la valeur personnelle de ce grand diplomate, mais parce qu'il n'était pas inutile enfin de faire apparaître à tous les regards la solidarité de l'hôtel Matignon et du Quai d'Orsay.

La mission Laloy-Duhamel.

Les contacts entre le résident général et nos émissaires, bien que ceux-ci fussent l'un et l'autre de parfaits tacticiens, n'alla pas sans certains nœuds de tension. M. de Hautecloque était un homme d'une incontestable loyauté et il n'y avait pas à craindre de sa part un geste d'insubordination mais il était d'une opiniâtreté peu commune, comme on en eut par la suite quelques preuves regrettables. Cette péripétie dérangeait les plans qu'il continuait de préparer sur la même lancée ; il éprouvait de l'irritation de se voir presque mis en tutelle et il dit un moment à Jacques Duhamel, en explosant : « Si c'est ma place que vous voulez, vous pouvez la prendre ! »

La visite de Duhamel et de Laloy se plaçait le 26 janvier. L'audience fut demandée le lendemain. Le bey, qui avait adopté comme tactique de faire quelque peu languir le représentant de la France, le reçut le 30, en présence d'ailleurs du Premier ministre Chenik.

S'il était possible au président du Conseil et à ses ministres de donner plus de force aux positions adoptées par le gouvernement et de tenter de dissiper la méfiance du côté tunisien, en revanche ni Maurice Schumann, ni moi-même, ni davantage M. Laloy ou M. Duhamel ne pouvions surveiller personnellement les opérations de maintien de l'ordre. Elles prirent le tour le plus fâcheux pendant ces quelques journées de délai : ce fut ce qu'on appela le « ratissage du cap Bon ». Le nombre des victimes n'en fut pas exactement établi : 5 selon les Français, 30 selon les estimations tunisiennes. Là-dessus, la grève générale fut déclenchée le 1er février, les commerçants musulmans firent grève à leur tour jusqu'au 5, les « échauffourées » et les « nettoyages » se répondirent.

En présence de cette situation troublée, il ne nous était pas possible de lever immédiatement les mesures d'éloignement qui avaient été prises, et plus particulièrement celle qui concernait Bourguiba. D'où une certaine impression de blocage. Mais, avec le concours de Maurice Schumann et de Duhamel, je m'étais résolu à pousser plus loin notre stratégie et à l'affiner. Le problème se définit maintenant par une double donnée, acceptée implicitement par les deux parties. Bourguiba doit négocier avec nous, nous devons négocier avec lui, cependant personne ne peut prendre l'initiative et le contact ne peut être établi directement. Dès lors, s'impose le recours à un élément interposé, lequel ne peut être que le chef du gouvernement tunisien, car il est notre interlocuteur normal, institutionnel. Cet interlocuteur doit aussi être un homme nouveau, pour un rôle nouveau. A travers une série d'informations recoupées et de communications discrètes, l'accord se fit sur la personnalité de Tahar Ben Amar qui était président de la Chambre d'agriculture et qui bénéficiait d'un crédit personnel dans tous les milieux.

Tahar Ben Amar accepta de se rendre à Paris, où je le reçus moi-même. Il me donna son accord et, sur notre recommandation, il prit un certain nombre de contacts préparatoires. M. de Hautecloque, de son côté, était venu dans la capitale dès qu'il avait été en possession de la note du bey ; il avait rencontré le ministre Robert Schuman, le président Auriol et d'autres personnes. Il s'employait à argumenter en faveur d'un parti de force et à saper plus ou moins ouvertement la solution Ben Amar. J'étais moi-même pris par les débats de la C.E.D., puis par la Conférence de Lisbonne et je ne pouvais pas le surveiller comme il l'aurait mérité. Dès que je fus de retour, je l'invitai à déjeuner en tête à tête. Il me fit alors une curieuse suggestion : « Je suis absolument convaincu, me dit-il, que la situation peut se détendre le plus aisément du monde. Je vous demande de me laisser faire et je vous propose d'avance de me désavouer si j'échoue. Je place deux sentinelles à la porte de M. Chenik et, en quarante-huit heures, tout est réglé. Si les choses ne marchent pas comme je le pense, vous proclamez votre surprise, vous décidez mon rappel et j'affirme que j'ai pris l'affaire à mon compte, sans vous en référer ni même vous en informer. » Je me permis la liberté de plaisanter un peu : « Vous êtes venu sur un croiseur, lui dis-je, vous vous contentez maintenant d'une force de démonstration plus modeste. Deux factionnaires, vraiment ? A la diplomatie de la canonnière, nous substituons en somme la diplomatie de la sentinelle ! »

M. Tahar Ben Amar investi et désavoué.

J'ignorais alors, et je ne l'appris que plus tard, en lisant dans *la Nef* un article de Georges Izard (1), que M. de Hautecloque avait eu l'occasion, au cours de sa carrière, alors qu'il était jeune diplomate en Syrie, de participer à l'arrestation d'un membre du gouvernement de ce pays. Suivant une faiblesse bien connue de la nature humaine, il était porté à rééditer à la première occasion son expérience précédente. Je lui dis en concluant : « Votre scénario peut avoir son mérite ; mais il ne sera pas tourné. Le chef du gouvernement de la France et le résident général ne peuvent apparaître dans des rôles de comédie italienne, je ne vous vois pas en Scapin, je m'imagine moins encore en Pantalon ! Je ne sais pas si je désavouerais un fonctionnaire qui refuserait d'obéir, car cela peut poser différents problèmes. Mais en fait vous ne me désobéirez pas, car je vous interdis de le faire. »

M. de Hautecloque attirait la sympathie, sa prestance, son aisance lui donnaient un charme auquel beaucoup de personnes étaient

(1) Cahier n° 2, nouvelle série 1953

sensibles ; j'aurais aimé le rallier a mes conceptions, mais je voyais bien que je n'y réussirais pas. Il me regardait avec, dans ses yeux plissés, une nuance de malice matoise. Il m'assura qu'il suivrait à la lettre mes instructions sur le projet Ben Amar et je suis persuadé qu'il l'aurait fait si je n'avais pas été renversé. Il s'exprima plus ouvertement avec M. Maurice Schumann et lui fit connaître, en termes non déguisés, la raison de l'antipathie instinctive que lui inspirait notre protégé pour des raisons qui tenaient notamment à la différence de leurs habitudes dans le domaine des sentiments.

Le lendemain de ma chute, alors que j'expédiais encore les affaires courantes, je pus lire une dépêche du résident général, dans laquelle il exprimait sa surprise de voir M. Tahar Ben Amar déployer une activité pour laquelle il ne semblait nullement qualifié. Il priait le gouvernement de l'autoriser à mettre fin à toute équivoque sur une prétendue mission dont se targuait ce personnage suspect ! M. de Hautecloque ne manqua pas de proposer au gouvernement qui succédait au mien le synopsis que j'avais rejeté et auquel il n'avait pas changé un iota. C'est ainsi que, dans les journées des 25 et 26 mars, les informateurs se demandèrent avec perplexité ce qui se passait en Tunisie. Les autorités françaises s'abstenaient de toute communication. Je reconnus là le processus de camouflage recommandé par le résident général en vue de laisser à Paris la possibilité de désavouer son représentant ; l'affaire fut enfin endossée, mais quelques doutes apparurent dans les commentaires des partis politiques libéraux (M.R.P., socialistes).

On savoure aussi, à ce propos, l'habile formule employée par l'excellente publication de *l'Année politique* : « Il a reçu le 22 mars l'accord du Conseil des ministres et il reçoit dans la journée du 25 mars l'approbation du ministère des Affaires étrangères. » On comprend que ni Robert Schuman ni Maurice Schumann n'aient cédé de bon cœur.

En 1954, après les déconvenues accumulées pendant deux ans, c'est le plan Faure-Schumann qui sera à son tour sorti du placard et c'est tout naturellement à M. Tahar Ben Amar que l'on s'adressera à nouveau. Le hasard des choses, ou la malice du destin, me fit ainsi retrouver, en février 1955, dans mon bureau de Matignon que j'avais réintégré, l'homme que j'y avais reçu trois ans auparavant presque jour pour jour et nous fûmes appelés à reprendre, comme si rien ne s'était passé, le dialogue interrompu entre l'ancien président français — qui l'était redevenu — et le futur Premier ministre tunisien qui, de son côté, l'était effectivement devenu.

Tout en élaborant avec Maurice Schumann et mes collaborateurs la solution progressiste qui passait par Ben Amar et par Bourguiba, je concentrais ma pensée sur un troisième aspect du sujet qui dépassait les deux autres à la fois dans l'espace et dans le temps. Il fallait voir au large du problème spécifique de la Tunisie, il fallait considérer, à ce propos, l'avenir de ce que j'appelais l' « ensemble français » (de préférence au terme d'Union française dont la définition était déjà enfermée dans des structures trop rigides).

J'appliquai la politique libérale avec lucidité et parce qu'aucune autre n'était concevable. Je ne partageais pas les illusions généreuses de certains de mes amis qui allaient répétant que les Tunisiens se contentaient de ceci et de cela : je savais à coup sûr qu'il faudrait bientôt ceci, plus cela, etc. Je pensais que cette puissante machinerie, engagée dans un dynamisme que nous avions sagement accepté d'accompagner, ne pourrait se trouver miraculeusement stabilisée en équilibre sur un point intercalaire de son parcours.

L'autonomie ne peut être qu'une étape.

Nous avions reconnu l'objectif de l'autonomie, il serait certainement atteint avec des étapes plus courtes que nous ne l'envisagions. Le rythme ne manquerait pas de s'accélérer. Dans cette autonomie, nous avions cherché à sauvegarder, pour les Français, certains privilèges. Il ne me paraissait pas impossible d'obtenir, voire de maintenir, une participation aux conseils municipaux, laquelle serait cependant toujours minoritaire.

Sur le plan international, l'autonomie interne nous permettrait de garder la maîtrise de la diplomatie et de prolonger l'occupation des bases stratégiques (en fait, Bizerte), mais pour combien de temps ? Et pour quoi faire ? On pensait tout naturellement au statut d'Etat associé, adopté pour le Vietnam mais qui était jusqu'ici dépourvu de consistance. On ne pouvait guère imaginer qu'un pays parvenu à se gouverner lui-même nous laisse longtemps disposer à nous seuls de la partie essentielle de sa souveraineté. Il était bien certain que la Tunisie, après l'autonomie, s'acheminerait vers l'indépendance. Dès lors, un statut spécial des Français manquerait de support. Et si nous gardions des droits privilégiés on ne pourrait refuser de les octroyer à d'autres étrangers, Italiens, Libyens, etc., ce qui parviendrait à rétablir le régime anachronique des *capitulations*.

Le grand plan de la véritable communauté.

Depuis longtemps, je pensais qu'il faudrait poser le problème d'une autre manière. De même que les lois modernes de la lutte font apparaître qu'il ne faut pas résister à une prise mais bien se préparer à reprendre l'initiative, de même il ne fallait pas s'attacher à retenir la domination morceau par morceau, mais tenter de créer quelque chose de nouveau. Il fallait associer quelqu'un à cette recherche. Je pensai à François Mitterrand qui avait accepté d'entrer dans mon gouvernement comme ministre d'Etat et dont les attributions n'avaient pas encore été spécifiées. J'avais tenu à sa présence et cette formule le rendait tout naturellement disponible pour des missions comme celle-ci. Maurice Schumann ne pouvait nullement s'en formaliser puisqu'il ne s'agissait pas d'empiéter sur la compétence propre du « Département ». François Mitterrand joua donc auprès de moi un rôle analogue à celui que, plus tard, lors de mon second ministère, je confiai à Léopold Sedar Senghor. L'un et l'autre étaient pleinement qualifiés pour travailler à ce plan de grande envergure qui aurait maintenu en faveur de la France un rôle exceptionnel et qui aurait, dans une large mesure, changé la face du monde. J'aurais été heureux de voir associés nos trois noms dans cette œuvre qui n'avait point de précédent et qui aurait pu augurer un cycle bienfaisant de coopération inter-étatique. De basses manœuvres, de chétives intrigues, la conjonction des esprits sans lumière et des ambitions sans conscience ont ruiné, à deux reprises, ce grand projet.

François Mitterrand parvint à la conclusion que l'on devait agir sur le levier de la nationalité. C'était, en effet, le moyen le plus simple, le plus accessible à la fois à l'esprit et à la pratique, et je pense qu'à ce moment et sur ce sujet c'était le meilleur choix. (Par la suite, j'envisageai de recourir à la correspondance des statuts privilégiés, en même temps qu'à une association d'Etats.) En prévoyant la possibilité pour les Français d'accéder à la nationalité tunisienne, dans certaines conditions de résidence et d'ancienneté, on désarmait la critique et l'on donnait une base naturelle à l'exercice, par nos compatriotes, des droits civiques tunisiens. Cette solution devait cependant comporter, d'une part, la possibilité de double appartenance, d'autre part, des mesures de symetrie en faveur des Tunisiens installés dans la métropole. A partir de cette conception, François Mitterrand put tracer le schéma de deux assemblées tunisiennes, l'une élue à la fois par les Tunisiens et par les Français à double nationalité, l'autre constituant une sorte de conseil économique consultatif à représentation professionnelle où les Français seraient normalement introduits sans que le problème politique fût posé. Le plan prévoyait en même temps un jeu de conventions dans les domaines stratégique, monétaire, minier, culturel. On voit quelles perspectives pouvait appeler une pareille ouverture que rien n'empêcherait d'adapter par la suite à tout ou partie des territoires placés dans la mouvance française.

François Mitterrand pensa que nous ne devions pas priver nos successeurs de la possibilité de connaître, sinon d'utiliser, ces travaux et, en plein accord avec moi, il adressa, le 21 mars, un mémoire aux membres du gouvernement et à un certain nombre de personnalités. Par coïncidence chronologique (on en trouve décidément à chaque pas), cette même date du 21 mars fut celle où le gouvernement opta pour une politique d'inspiration tout à fait différente, à savoir le plan du résident général, le scénario que j'avais appelé *la diplomatie du factionnaire*.

CHAPITRE XXVIII

LE DÉCIDEUR

Cinq options pour quarante jours.

Je me trouvais placé, du fait de mon investiture, au sommet de la pyramide des responsabilités nationales.

Sous le régime constitutionnel de la IVe République, c'est en effet le président du Conseil et non le président de la République qui tient le rôle qu'exprime si bien aujourd'hui un vigoureux néologisme : le *décideur*.

Vincent Auriol, lui, ne détenait de sa haute magistrature que des compétences très limitées, et, pour l'ensemble des domaines de la gestion politique, son autorité était seulement morale.

La mienne était juridiquement complète : je n'avais aucune obligation de tenir compte de ce que disait le président de la République ni davantage des objections faites par tel ou tel de mes ministres, puisque je détenais, ainsi que nous avions pu le voir à propos de Paul Antier, la faculté de les remplacer tous.

En fait, le président exerce son pouvoir de décision en collaboration avec chaque ministre, et pour les affaires les plus importantes dans une sorte de symbiose avec l'organe collégial du Conseil. Mais j'ai pu constater, par expérience, que c'est le président qui oriente vraiment la politique, à condition qu'il aspire à tenir effectivement ce rôle.

On peut sans doute être un *décideur* dans un simple poste ministeriel mais dans la mesure où il s'agit des questions essentielles, on ne décide pas seul. Le président a son mot à dire — le dernier (et éventuellement le Conseil autour du président). Le caractère du ministre, le crédit qu'on lui accorde peuvent aboutir à lui laisser une part très importante, voire en fait, mais toujours avec certaines limites, la totalité de la décision.

Dans mon cas, un tel pouvoir ne m'avait jamais encore appartenu.

car le ministre du Budget, quel qu'il soit, ne peut agir à l'échelon des décisions directrices de la politique que conjointement avec le ministre des Finances, et légèrement en retrait par rapport à lui. Plus tard, je fus appelé à exercer lesdites fonctions de ministre plein. des Finances et des Affaires économiques, dans les deux gouvernements de Joseph Laniel et Pierre Mendès France, et de m'y comporter réellement en décideur, tout en demeurant placé sous un certain contrôle.

Mon premier gouvernement, malgré sa brièveté, m'a donc permis de réaliser une expérience nouvelle. Et en même temps de constater que j'étais adapté à ce rôle. Je suis par ma nature un homme de décision, plus encore sans doute qu'un homme d'expression et de proposition.

L'hémorragie.

En sus de l'affaire tunisienne, il me fallait dessiner des lignes de solutions pour cinq problèmes : l'hémorragie des devises, l'échelle mobile, l'armée européenne, les relations franco-américaines, l'équilibre budgétaire.

Je franchis les quatre premiers obstacles. Le cinquième me perdit.

La décision la plus urgente concernait l'hémorragie de nos deniers et la détérioration de notre balance. J'avais pu donner, dans mon discours du 13 mai 1951, des chiffres rassurants. Mais six mois avaient suffi pour qu'il n'en restât pratiquement rien. Nos réserves en devises avaient fondu, de 553 000 000 à 91 000 000 de dollars, l'excédent qui s'était maintenu jusqu'en octobre avait fait place à un déficit de 184 000 000 de dollars, supérieur à nos disponibilités, et qui, si la tendance n'était pas inversée, allait nous contraindre à régler en or ou en dollars (ce que je pus éviter).

Robert Buron vint me voir, l'un des tout premiers matins, dans l'appartement de Matignon. Notre entretien ne dura que quelques instants. Il fallait recourir à la méthode chirurgicale et comme j'eus souvent l'occasion de le dire, par la suite : « La main du chirurgien ne doit pas trembler. » Une sorte de « respect humain », comme on dit au catéchisme, la crainte de paraître un mauvais clubman dans les relations internationales, avait détourné nos prédécesseurs de l'opportunité d'agir en temps utile. Je pris aussitôt la décision de signifier à nos partenaires la suspension de la libération des échanges, qui avait atteint 75 %, ainsi que de notre *membership* de l'Union européenne des paiements. Il fallait bien revenir, sans y mettre de superstition, au régime des contingents et des accords bilatéraux. L'hémorragie fut dès lors arrêtée.

L'échelle mobile devant les immobilistes.

L'affaire de l'échelle mobile se présente à ma mémoire comme le pot-au-noir du navigateur. Pourtant ce devrait être un bon souvenir, puisque j'obtins un succès de principe ; je fus ainsi à l'origine d'une institution qui dure encore et qui a constitué le support de tous les progrès de la politique sociale-salariale (S.M.I.C., etc.).

La fâcheuse impression qui s'y rattache est due au fait que j'éprouvai, de façon à peu près concomitante, un accident de santé comme je n'en ai connu que rarement dans le cours de ma carrière (mais toujours en relation avec une tension psychique exceptionnelle).

En fait, et fort heureusement, l'épreuve physique précéda, quoique de peu, l'épreuve politique : ce qui me donna le répit d'un week-end pour me mettre en état de combattre.

Le vendredi 1er février, j'étais invité à déjeuner avec Anthony Eden à l'ambassade de Grande-Bretagne. Je retrouvai avec plaisir cet homme d'Etat dont la séduction était extrême et dont, le plus souvent, je partageais les vues ; je me souviens que figurait au menu un *irish stew* que je mangeai de bon cœur, mais auquel j'attribuai par la suite, sans doute à tort, mes infortunes. Dans l'après-midi, je fus pris d'une sorte de malaise, qui s'accompagnait d'une impression d'angoisse générale. Il passa et revint au cours de la nuit. J'hésitais à déranger une sommité médicale. Soudain l'inspiration me saisit : s'il était inconvenant d'appeler un médecin, je pouvais convoquer à tout moment un ministre. Mon secrétaire d'Etat à la fonction publique ferait bien l'affaire puisque, comme on dit dans le Midi, il était docteur.

Bernard Lafay qui, après une longue interruption d'exercice, n'était plus tellement sûr de ses capacités thérapeutiques, mit quelque temps à venir : il se fit accompagner d'un de ses collègues, médecin des hôpitaux, du nom de Hillement. Ils m'examinèrent, palabrèrent, et conclurent que j'étais en proie à une crise de coliques néphrétiques ; il fallait, dans l'immédiat, me libérer de la souffrance par une piqûre. Aucun de mes thaumaturges n'avait songé a se procurer l'équipement nécessaire à cet objet ; il fallut donc appeler un troisième officiant, en l'espèce un neveu de Bernard, médecin lui-même, qui exerçait à Paris, et qui fit le nécessaire.

Je me trouvais entièrement rétabli lorsque, le mardi, les travaux parlementaires reprirent mais je me sentais affaibli et démoralisé par le régime très strict que l'on m'avait prescrit. Je commis l'erreur de m'y conformer scrupuleusement pendant tout le cours du mois de février.

Je posai la question de confiance dans la soirée du mardi. J'étais monté à la tribune et je crus utile de tenir quelques propos avant de prononcer la formule sacramentelle. Ayant termine mon exposé, je ne pensai plus à accomplir le rite, descendis tranquillement et me dirigeai vers mon banc. Paul Devinat agitait les bras comme un sémaphore et se fit comprendre à demi-mot. Je rebroussai chemin et remontai les échelons. « J'avais oublié, commençai-je sous les rires de poser la question de confiance ! »

Cette question portait seulement sur l'urgence que je demandais pour l'examen du nouveau projet que mon gouvernement avait déposé. Ce projet consacrait la règle de l'automatisme ; comment et pourquoi parler d'échelle mobile s'il n'y a pas d'effet automatique de l'augmentation des prix sur les salaires ? J'avais prévu le pourcentage raisonnable de 5 % après un délai d'un mois. Cependant, la seule idée de cette garantie produisait un effet d'enragement chez la plupart des modérés, ainsi que chez un certain nombre de radicaux animés soit par leurs convictions réactionnaires, soit par le dépit personnel de n'être pas ministre.

Ce vote de confiance — qui était le premier — me fut favorable (1) mais avec une marge étroite et des particularités inquiétantes : assuré des voix socialistes et M.R.P., je n'obtenais que 16 indépendants sur 54, alors que le groupe disposait de 6 représentants dans le gouvernement. Trente radicaux se réfugiaient dans l'abstention, ce qui était apparemment une figure intermédiaire de ballet, et laissait présager qu'au tour suivant ils auraient fait totale volte-face. Leur chef de file était naturellement Daladier mais on remarquait aussi le nom de François Delcos, ancien président du groupe, proche des tendances socialistes, et membre loyal de l'équipe Queuille ; personnage pondéré et sympathique mais furieux de ne pas avoir été maintenu par moi à un demi-poste ministériel qu'on lui avait confié dans les gouvernements précédents.

Le vote obtenu marquait un point de non-retour, mais je n'eus pas la satisfaction de voir le projet poussé jusqu'à sa forme définitive pendant le cours de ma gestion. La discussion des articles, qui se poursuivit à la fin de février, juste avant le débat financier, aboutit à une sorte de cacophonie. La droite réussit à éluder toute application de l'échelle entre 5 et 10 et la gauche à faire litière du délai-sauvegarde d'un mois. Un radical obscur et malveillant, du nom de Degoutte – pourtant élu dans le Rhône, département d'Edouard

(1) 292 contre 275 et 42 abstentions.

Herriot — poussa l'intrigue jusqu'au point de présenter, « au nom du groupe radical tout entier », un contre-projet qui reprenait purement et simplement le texte défiguré du Conseil de la République, contre lequel était, en fait, posée ma question de confiance! Cette palinodie réunit 100 voix contre 524. Le projet fut adopté, à ce stade (c'est-à-dire avec une exigence minima de 10 %) par une forte majorité car les communistes rejoignirent le P.S. et le M.R.P. ressuscitant de façon éphémère le tripartisme. Par une ironie du sort, c'est le gouvernement de mon successeur, Antoine Pinay. qui finit par obtenir le vote de la loi, en rétablissant l'échelle à 5 % au lieu de 10 (mais en portant à quatre mois au lieu de trois l'intervalle nécessaire à deux modifications successives). Le chef de file des modérés fut contraint de refuser les semelles de plomb que lui proposaient ses troupes et de chausser mes propres bottes. Il dut comme je l'avais fait moi-même, poser la question de confiance contre le texte du Conseil de la République. Le Conseil lui-même « s'arrangea » pour ne pas se prononcer à la majorité absolue. La droite, soucieuse de ne pas gêner son héros mythique, laissa passer dans une indifférence complice une réforme dont elle avait naguère dénoncé, sur le mode majeur, les risques désastreux.

L'armée européenne.

Ceux qui avaient pu penser, dans l'affaire de l'échelle mobile, que la vigueur combative de mon talent oratoire s'était émoussée furent sans doute surpris de me retrouver « au mieux de ma forme », comme on dit, lorsque, peu après, l'ordre du jour appela le grand débat tant attendu sur la Communauté européenne de défense. C'est dans cette occasion que Robert Buron me dédia une de ses meilleures boutades : « Edgar Faure va se surpasser sur l'armée européenne et cela pour deux raisons : il est contre et il ne connaît pas le dossier. »

Cette épreuve me donna l'occasion d'une collaboration confiante avec Pierre Mendès France dont les avis me furent précieux et le concours décisif.

« Il n'est pas possible, me dit-il dès le début, il n'est pas pensable que la France fasse échouer cette formule qu'elle a inventée et qu'elle a fait accepter par nos partenaires. Vis-à-vis de l'Angleterre et de l'Amérique ce serait une véritable catastrophe. »

Il connaissait beaucoup mieux que moi la psychologie des Anglo-Saxons et je fus très attentif à cet avertissement.

Le débat commença, à titre exceptionnel, dans l'après-midi du lundi 11 février, car il fallait prévoir du temps et je comptais partir pour Lisbonne a la fin de la semaine. Au cours des premières journées, on entendit plusieurs des meilleurs orateurs du Parlement. *Pour,* ceux qui croyaient plus ou moins au danger soviétique (lequel du vivant de Staline ne paraissait pas si chimérique) ; *contre,* ceux qui croyaient encore au danger allemand (ce qui me paraissait une vue quelque peu démodée) avec, comme on pouvait s'y attendre, des interventions « sensibilistes » comme celle de notre collègue déporté, M. Heuillard.

Lorsque je pris la parole, le mercredi 13 février, peu avant onze heures du soir, je crois que je parvins à éviter les redites et à cerner le problème sur ses éléments essentiels et originaux, en répondant à celles des objections qui ne tenaient pas au passéisme historique et aux réflexes sentimentaux.

1re objection : « Attendons l'Angleterre, on ne peut pas faire l'Europe sans elle. »

Ma réponse : « Croyez-vous que vous amènerez plus facilement l'Angleterre à quelque chose qui n'existe pas, qu'à quelque chose qui existe ? »

2e objection : « Il n'y a pas de risque d'agression » ou « Mieux vaut prendre le risque » ou enfin « Seules comptent la défense périphérique et l'arme atomique. »

Ma réponse : « Si ces objections sont valables, elles excluent la défense européenne, mais elles excluent tout aussi bien l'utilité de l'armée nationale. »

3e objection : « Suspendons le projet pour faire un dernier appel au désarmement. »

C'était là la thèse la plus dangereuse, personnifiée par Jules Moch, qui, depuis peu, avait été chargé d'une mission relative au désarmement, à la grande fureur de Guy Mollet. « Quelle idée funeste ! Jules Moch est un esprit systématique, me disait-il. Quand il était à la Défense il ne pensait qu'à surarmer tout le monde et alors il aurait sans doute accepté l'armée européenne ; aujourd'hui il ne pense que désarmement. »

Ma réponse : « Cette attitude serait contraire aux chances du désarmement, car si nous prononcions un « dernier appel » nous ne pourrions plus en lancer un autre. La constitution de l'armée européenne apparaîtrait comme le glas de la politique de désarmement que nous devons au contraire poursuivre sans relâche. »

J'insistai enfin sur la nécessité de faire un effort positif : la solution de facilité c'est l'attentisme. « Est-ce que, vraiment, il y a une loi qui veut que l'imagination créatrice ne puisse s'exercer utilement que dans le mal ? »

La vérité m'oblige à dire deux choses ; tout d'abord et sans fausse modestie, que cette intervention fut tenue par tout le monde comme une sorte de chef-d'œuvre.

La seconde, c'est qu'elle ne produisit aucun résultat si ce n'est dans l'ordre de l'estime. Chacun s'entêtait dans sa position, les polémiques prenaient des tours de plus en plus abrupts, et lorsque je posai la question de confiance à cinq heures et demie du matin, la situation apparaissait comme fort préoccupante. Cette impression ne cessa de s'accentuer pendant le temps mort que nous avions respecté jusqu'à la reprise des débats, prévue pour le 15 février dans l'après-midi.

Le risque se précisa sous une forme que nul n'avait pu prévoir.

Le groupe socialiste comportait une majorité favorable à l'armée européenne, mais aussi une opposition nombreuse et fort résolue. L'idée vint naturellement aux leaders des deux tendances de préconiser l'abstention générale du groupe qui évitait une cassure prématurée. Or, si cette suggestion venait à être réellement appliquée, notre échec était acquis, car nous perdions toutes les voix du groupe et nous ne pouvions obtenir une majorité avec seulement le M.R.P., une partie des radicaux et une fraction des indépendants, contre le bloc R.P.F.-communistes, augmenté des dissidents radicaux et modérés.

Avant l'ouverture de la séance, Pierre Mendès France vint me trouver au bureau présidentiel de l'Assemblée et me convainquit d'engager une nouvelle négociation avec Guy Mollet. Je fis reporter par délais successifs la séance jusqu'à dix heures du soir. La décision du groupe socialiste avait été prise au vu de l'ordre du jour qui avait été déposé au nom des formations de la majorité gouvernementale. Guy Mollet et Pierre Mendès France se mirent d'accord avec moi pour conclure qu'une seule solution pouvait être envisagée. C'était le retrait de l'ordre du jour tel qu'il était déposé et sa substitution par un autre texte dans lequel seraient précisées diverses modalités de précautions et de garanties qui pourraient rassurer les socialistes marginaux et donner prétexte à un nouveau vote. Ce document fut mis au point ; il prévoyait quatre dispositions complémentaires :

— un appel pressant serait adressé à l'Angleterre ;

— les unités ne seraient mises en place que progressivement ;

— le caractère exclusivement défensif du Pacte atlantique serait réaffirmé ;

— aucun contingent allemand ne serait recruté avant la ratification du traité.

A la séance du soir, j'annonçai le retrait de la question de confiance, ce qui ne s'était jamais vu. La discussion reprit sur la base du nouvel ordre du jour dont la priorité fut votée par 50 voix de majorité (326 contre 276) à 3 h 40.

Cependant, le R.P.F., enrageant de voir lui échapper le triomphe négatif dont il se délectait déjà, multipliait les embûches de procédure et les tentavives de sabotage. Lorsqu'il demanda un scrutin public à la tribune, je craignis les effets à cette heure matinale de l'absentéisme. Il me restait une carte maîtresse. Je la jouai. Je posai derechef, mais cette fois sur le second texte, la question de confiance que j'avais retirée avec le premier, achevant ainsi de donner toute sa singularité à un épisode qui était sans précédent et qui est resté sans analogue dans l'histoire des Républiques. Le vote ne pouvant intervenir que le mardi 19, le gouvernement l'emporta par 40 voix, 327 contre 287, avec dans l'opposition 20 voix socialistes, 10 radicales, 34 paysans et indépendants.

Si je n'avais pas suivi le conseil de Pierre Mendès France et si je ne m'étais pas engagé dans cette stratégie inédite, la défaite était donc certaine. J'avais gagné et je ne me sentais pas éloigné de tirer quelque fierté d'un bon discours et d'une habile manœuvre. Néanmoins mes adversaires étaient parvenus à m'appauvrir d'une denrée précieuse. Mes réserves de temps s'épuisaient. Je savais que déjà une sorte de conjuration se préparait, qui visait à détacher une partie du R.P.F. pour soutenir un gouvernement de bonne droite. Personne, d'ailleurs, ne me voulait de mal. Et il fallait encore me laisser le temps (encore lui...) de remplir suffisamment les caisses.

Avril au Portugal... en février.

J'avais la chance d'être accueilli dans la capitale portugaise par mes excellents amis, Jacques et Chantal Dumaine, qui m'installèrent très confortablement dans une jolie chambre de leur résidence. J'occupai le même appartement plus tard, lorsque je me rendis à Lisbonne, à la Pentecôte de 1974, pour saluer le président de la jeune démocratie.

Robert Schuman était aussi venu et j'avais tenu, par délicatesse, à lui laisser le titre de chef de la délégation ; il n'en attendait pas moins. Il habitait lui-même l'ambassade et j'appris avec attendrissement que pour son petit déjeuner il prenait un grand bol de chocolat.

Georges Bidault, en sa qualité de vice-président du Conseil, ministre de la Défense nationale, avait tenu à faire également le voyage. Il tomba malade le jour même de son arrivée et garda désormais la chambre. Je ne le vis pas. La délégation comprenait aussi Maurice Bourgès-Maunoury, que j'avais désigné comme ministre de l'Armement, ce dont je me félicitais, car il pouvait ainsi suivre de près les importants problèmes d'équipement dont Georges Bidault n'était guère porté à assimiler les données technico-économiques. Maurice Bourgès-Maunoury appartenait, comme Félix Gaillard, à l'équipe de René Mayer ; il m'avait donné un témoignage d'attachement auquel j'avais été sensible. Dès le premier débat qui avait suivi mon investiture (la Tunisie, je crois), il était venu me trouver dans le bureau ministériel du Palais-Bourbon, où je griffonnais quelques notes, et m'avait dit avec simplicité : « Je ne sais pas si c'est à cause de l'âge, mais je me sens concerné par ton affaire ; je souhaite que tu réussisses. » Il m'apporta en effet une collaboration discrète et loyale.

Lorsque j'entrai dans la salle de séance, où le Conseil atlantique — puisque tel était son nom — tenait officiellement sa neuvième session, l'impression que j'éprouvai fut celle de l'effarement. Le paysage offert à mes regards était celui d'une très grande table, disposée en fer à cheval. Les assistants étaient répartis par grappes autour des pancartes désignant les quatorze délégations présentes (la Turquie venait tout juste d'être admise dans l'organisation du traité). Beaucoup d'autres personnages se trouvaient assis sur des sièges, rangés tout le long des murs, un peu en arrière, enfin les interprètes occupaient leurs réceptacles vitrés. Combien étions-nous au total ? Cent vingt à cent cinquante assistants dont trente-cinq ministres. Chacun de ceux-ci prenait la parole à son tour et les débats progressaient avec lenteur.

J'imaginai, en contraste, l'homme que tout désignait comme notre adversaire putatif, le maréchal Staline, non pas à une large table de conférence, mais à son poste de commandement, entouré seulement de ses téléphones, de ses affidés et de ses sicaires. Quelle différence de méthode, et, sans doute, d'efficacité ! Fallait-il regretter notre système ? Si risible qu'il parût, pouvait-on faire autrement ? « C'est l'ordinaire faiblesse des démocraties... » On discutait gravement au sujet de la Corée, de l'Egypte, de l'Indochine, et surtout de l'Espagne, dont le concours pouvait être bien utile, mais dont le régime... On évoquait aussi le problème conjugué des effectifs et des dépenses ; on prévoyait, pour commencer, 50 divisions en Europe, puis 85 à 100, 4 000 avions. Ces chiffres qui s'établissaient déjà en retrait sur les prévisions initiales provoquaient le scepticisme général. Sur le plan financier, un rapport avait été établi par un comité de sages, composé de trois personnes : l'Anglais Edwin Powell, l'Américain Harriman, le Français Jean Monnet, qui s'adjoignaient un représentant de chaque puissance intéressée quand ils en étudiaient le cas.

J'avais tenu à assister à cette réunion de parade dans une seule intention. Je voulais présenter une intervention de principe que je concevais comme très courte afin de souligner que la conjonction des efforts militaires, même sous la forme la mieux intégrée, n'était pas la seule stratégie à agencer pour la démocratie occidentale. Il fallait porter notre action sur le plan économique et social, tout particulièrement en faveur des pays du tiers monde, en situation d'arriération et de misère, car c'était auprès de leur population que la propagande communiste pouvait s'exercer avec le plus d'effet. A quoi serviraient nos formidables équipements militaires si, par la seule intervention des spécialistes de l'*agit-prop*, l'expansionnisme soviétique faisait tomber des nations entières dans sa mouvance ?

Avant même de dire « Monsieur le président » selon l'usage, j'avais compris que j'allais prêcher dans le désert. Je le fis quand même, pour le plaisir de m'exprimer et pour l'apaisement de ma conscience.

La partie véritable se poursuivit dans la coulisse. Mes interlocuteurs étaient Harriman et Snyders, enfin, pour la conclusion, Acheson.

M. W. Averel Harriman me fit la plus agréable et je dois dire la plus chaleureuse impression ; c'était un homme de vaste culture et un politique de grande capacité, il y joignait la flamme de la conviction et une disposition personnelle aux relations humaines, à l'amitié.

M. Snyders appartenait à une espèce très différente ; il n'avait rien de l'homme du siècle des Lumières, ni de l'intellectuel bostonien. C'était un banquier de province que le général Eisenhower avait, pour quelque raison personnelle ou électorale, investi de la charge de secrétaire d'Etat au Trésor. Un jour que je m'étais efforcé de suivre un exposé qu'il était venu présenter à Paris dans un de ces banquets peu gastronomiques que les Américains appellent « repas à plat unique », j'avais dit en sortant : « J'ai de la peine à suivre M. Snyders en raison de mon mauvais anglais. » Mes amis américains s'esclaffèrent à qui mieux mieux : « Croyez-vous que l'anglais de M. Snyders soit un bon anglais ? »

M. Snyders s'exprimant par onomatopées et n'ayant aucun rôle décisif, je parvins à m'entendre avec Harriman, puis avec Acheson. M. Acheson a publié un livre de souvenirs dans lequel il s'exprime assez durement au sujet de Georges Bidault mais il a bien voulu relater l'excellente impression que je lui fis en tant qu'homme d'Etat.

Il m'est fort agréable de lui retourner ce compliment.

Il faut dire que je ne comptais pas seulement sur mon charme personnel. L'assurance que je donnai à mes interlocuteurs de notre volonté d'équilibrer le budget les détermina à nous consentir l'appui maximum que nous pouvions raisonnablement demander.

Le problème pour moi était d'obtenir *quelque chose de plus* que l'aide militaire proprement dite, laquelle ne pouvait en aucune partie être employée *pour des objectifs qui ne soient pas strictement des dépenses d'armement*.

Mes collaborateurs, en liaison avec des experts américains désireux de nous aider, étaient parvenus à mettre au point une formule subtile, qui permettait de dépasser nos plafonds et nos pourcentages ; il s'agissait, pour les U.S.A., de nous passer, à nous Français, des commandes d'un certain type appelées *off shore*.

Ces commandes nous seraient payées en bel et bon argent américain. Nous avions, en contrepartie, à livrer le matériel correspondant. Voici cependant qu'intervenait un mécanisme original. Ce matériel, on nous en faisait cadeau, on nous le rétrocédait à titre gratuit ! Comme, de toute manière, nous aurions eu besoin de matériel, l'opération se soldait pour nous par un bénéfice pur et simple. La nature même de cette transaction faisait qu'elle ne pouvait être extensible à l'infini. Je fus bien aise d'en tirer une somme de 200 millions de dollars, soit 70 milliards de francs.

Mes interlocuteurs m'assurèrent une nouvelle tranche (1) d'aide (normale) mais qui ne serait réglée que pour le deuxième semestre car il fallait attendre les votes du Congrès américain. Le résultat du voyage atteignait donc 105 milliards de francs pour l'équilibre financier, en budget et en trésorerie.

C'étaient là des vacances bien gagnées.

Le Grand Plan.

Le principal objet de ma présence à Lisbonne allait bien au-delà de l'obtention d'un secours indispensable pour la trésorerie intérieure et extérieure de la France. J'avais décidé, après mûre réflexion, et en entier accord avec Robert Schuman, de définir envers nos amis américains une nouvelle position de la France et de les placer dans l'étau d'une option décisive. Mon analyse de base était en somme identique à celle de Pierre Mendès France, mais j'en tirais d'autres conclusions.

Puisque nous ne pouvions cumuler l'effort de défense en Europe et la poursuite de la guerre en Extrême-Orient, il importait de savoir si l'affaire d'Indochine était purement française, ou si, au contraire, elle intéressait la stratégie atlantique, auquel cas nous étions en droit, en quelque sorte, de « l'otaniser ». Si la réponse était négative,

(1) Je précise, sans entrer plus avant dans la technicité touffue du sujet, qu'il s'agissait là d'un supplément par rapport à un premier supplément qu'avait obtenu sur le papier René Mayer, et dont une partie avait été payée avant son départ : j'obtins le déblocage d'une nouvelle tranche de 100 millions de dollars, soit encore 35 milliards de francs.

la France devait, et nul dès lors ne pourrait lui en faire le moindre grief, tenter la négociation, en allant jusqu'à l'extrême des concessions. Si, au contraire, nous ne pouvions obtenir une conclusion honorable, alors il faudrait sans doute continuer, mais cela ne pourrait être qu'au détriment de notre contribution européenne. Toutes nos capacités financières et militaires seraient concentrées sur le seul front oriental (réellement ouvert) et nous nous limiterions sur le front (purement hypothétique) de l'Europe à une présence symbolique.

Dans cette optique, le nœud gordien de l'armée européenne se trouvait tranché, sans douleur et sans équivoque. La France ne pouvait entrer dans la C.E.D. que si elle était libérée du poids spécial de l'affaire d'Indochine. D'une part, il n'était pas question d'organiser la défense de l'Europe en laissant un vide au cœur de l'Europe, on ne saurait défendre l'Allemagne (qui serait la première attaquée) sans les Allemands. On n'aurait pu contester ces données de bon sens. Mais d'autre part, la France ne pouvait entrer dans une intégration militaire où elle, puissance victorieuse, serait « subalternisée » par rapport à la puissance vaincue d'hier, et que l'on voulait naguère encore démilitariser pour vingt-cinq ans. « Il ne faut pas, écrivai-je dans mon mémorandum (dont certaines formules ont été reprises dans mon rapport de 1953 au Congrès radical de Bordeaux) que l'armée européenne devienne — selon l'expression de M. Boothby — une unité de puissance qui serait en dernier lieu dominée par l'Allemagne... »

A la négociation ainsi engagée, je donnai, pour mes collaborateurs et pour moi-même, cette désignation un peu ambitieuse : le Grand Plan ou le Plan Général.

Nos interlocuteurs américains comprirent très bien cette position et je fus assuré que mon insistance ne leur avait nullement déplu. Ils promirent une étude rapide de mon mémorandum. Nous tenions beaucoup à obtenir une limite de date, et finalement il fut convenu que nous serions fixés dans le cours de 1952, au plus tard, par conséquent, avant le 1er janvier 1953. Je m'abstins cependant par la suite, dans un souci de convenance diplomatique, de mentionner cette précision jusqu'à ce que le moment se trouvât écoulé. C'est ce qui explique que je n'en parlai pas à l'Assemblée de 1952, mais seulement lors de mon exposé du 21 mai 1953. En fait je n'obtins la réponse que lorsque je pus rouvrir le dialogue après avoir repris ma place au ministère des Finances dans le gouvernement de M. Laniel. On verra comment satisfaction complète fut alors obtenue dans le courant de l'été suivant.

Avant de rentrer à Paris, il me parut convenable de rendre visite au dictateur du Portugal, Salazar, dont nous étions les hôtes et dont personne ne se souciait. Je me rendis aupres de lui en compagnie de Jacques Dumaine. Je vis un homme sans âge, tout de noir vêtu, avec un visage de curé paysan ; il s'était fait une grande réputation d'économiste, mais sa conversation tenait en quelques recettes ménagères. J'avais entendu parler de lui par une charmante amie, la romancière Christine Garnier, qu'il invitait chez lui pour les vacances et à qui il téléphonait tous les jours ; il semble qu'elle était son principal lien avec le monde contemporain. Il est vrai que pour apparaître auprès de lui, sur la couverture illustrée de son livre elle avait fait choix d'une toilette très 1900, avec de longs gants et une ample capeline ; ainsi, cette jeune et jolie femme de lettres pouvait-elle passer pour contemporaine de la société que connaissait et révérait le meilleur économiste de Coimbra, la célèbre université lusitanienne dont la cantate estudiantine a donné cette merveilleuse chanson : « Avril au Portugal ».

CHAPITRE XXIX

ME SERAIS-JE TROMPÉ... POUR UNE FOIS ?

(Bien sûr, mais en définitive c'était mieux ainsi.)

Le général Eisenhower vint me rendre visite à l'hôtel Matignon, tout souriant à son ordinaire. Je savais par divers rapports qu'il portait parfois des appréciations peu nuancées sur la politique française, dont il comprenait difficilement les fluctuations et la discontinuité. Il me dit en substance qu'il était satisfait de la conférence de Lisbonne, qu'il me tenait en grande estime et que c'était bien dommage, pour une fois qu'on tenait un bon président français, de penser qu'il n'allait pas faire long feu.

Tel était à peu près le sens de ses propos laudatifs et sibyllins. J'avais gardé le bureau qu'occupaient mes prédécesseurs, au rez-de-chaussée, donnant sur le jardin. C'était d'ailleurs une installation tout à fait incommode. Tout l'espace à main droite étant neutralisé par une très grande pièce destinée aux conseils de cabinet et à diverses réunions, le salon situé à gauche étant nécessairement exposé aux va-et-vient des visiteurs, je ne disposais pas des dégagements nécessaires pour grouper autour de moi, comme j'aime le faire, mes principaux collaborateurs.

Une petite porte, au fond, ouvrait sur un réduit occupé par un ascenseur qui assurait une communication discrète avec l'étage.

Félix Gaillard, secrétaire d'Etat perpétuel (« J'ai horreur de déménager », me dit-il par la suite pour expliquer son maintien dans le ministère Pinay), était le principal utilisateur de cet engin. A tout instant, il surgissait silencieusement dans mon dos, un dossier à la main. Cette sensation m'horripilait ; de temps en temps, je poussais une targette qui bloquait l'issue ; il faisait alors le grand tour, apparaissait de face par la porte de droite et me regardait avec commisération.

Le général considéra les dimensions de la pièce, la disposition des meubles et l'exposition à la lumière qui était médiocre. « Vous avez le jour devant les yeux pendant que vous travaillez, me dit-il. Ce n'est pas là une bonne formule, il est préférable d'être assis de côté, l'éclairage venant de la gauche. »

« Je suis entièrement de votre avis, lui dis-je, aussi sérieusement qu'il avait parlé lui-même. Je n'ai jamais eu de ma vie une table de travail située de cette manière absurde. Le plus souvent, je me place de façon à être éclairé sur la gauche, mais ce peut être discuté et une dame oculiste que j'ai consultée m'a recommandé, au contraire, l'éclairage par la droite. On pourrait également envisager de se tenir le dos au jardin. Si je n'ai pas modifié cette situation, c'est que le temps m'a fait défaut et, maintenant, je crains de n'en plus avoir beaucoup. »

Eisenhower fixa ensuite la grande tapisserie qui occupait le panneau situé derrière mon siège. Elle se distingue par son principal personnage, un homme à tête de grenouille, presque entièrement émergé et dont le monstrueux orifice buccal est béant, ce qui laisse supposer qu'il est en train de pousser un cri.

« Quel est donc cet homme, me dit le général, qui semble dans une situation malheureuse ? Tout le monde semble s'acharner contre lui.

— C'est un sujet allégorique, lui dis-je, c'est le président du Conseil qui a été représenté de cette manière.

— Allez-vous être renversé ? me dit-il en me quittant, comme si la réponse n'était pas douteuse.

— On le dit. Ce n'est pas certain, c'est seulement probable. Si je m'en sors, vous verrez, quand vous reviendrez, mon bureau sur le côté et sans doute aussi une autre tapisserie. »

Quand je revins, trois ans plus tard, j'allai m'installer au premier étage.

L'examen des projets financiers — ma cinquième urgence — commença le mardi 26 février. J'avais pu mettre la dernière main à mes comptes et remplir le blanc des crédits militaires. Je demandais un effort fiscal considérable. J'étais parti de l'idée que les difficultés seraient les mêmes à partir d'un certain montant et qu'il fallait donc tenter la chance d'assurer notre tranquillité définitive (1).

(1) J'avais évalué à 400 milliards les possibilités d'emprunt, ce qui était raisonnable, et j'avais retenu pour l'équilibre 20 milliards d'économies et 20 milliards de recettes à attendre de la lutte contre la fraude.

Le gouvernement Pleven-Mayer avait demandé 200 milliards pour seulement 160. Mon addition, pour la couverture du budget de base, se montait à 246 milliards, mais j'avais inclus 53 milliards de dégrèvements en vue d'encourager la productivité, de ranimer le marché financier, etc. Il avait fallu aussi rectifier et « sincériser » le budget militaire car les premières prévisions n'avaient pas tenu compte de la hausse des prix survenue depuis juillet 1951 et les dépenses d'Indochine avaient été sous-estimées : i

C'était un bon budget pour copie de concours à l'Ecole des sciences politiques.

Il m'était nécessaire d'aller vite, car la trésorerie était à sec. J'aurais pu, sans doute, faire voter un texte législatif (car on ne pouvait procéder autrement) permettant d'augmenter le plafond des avances de la Banque de France au Trésor, plafond beaucoup trop bas et qui n'avait pas été réévalué depuis longtemps, comme l'avait souligné René Mayer. Cependant, il s'attachait à ce sujet une sorte de superstition que je n'étais pas loin de partager : c'était la *planche à billets* et le gouverneur de la Banque se montrait résolument hostile à cette procédure. Je me décidai donc à la solution de panache qui était de faire voter d'abord les recettes.

Il n'aurait servi de rien de poser une question de confiance de principe comme mon prédécesseur l'avait fait à deux reprises. Je décidai de poser la question sur les textes et comme il n'était pas alors possible de procéder par vote bloqué, il fallait donc la renouveler sur chacun des dix-neuf articles, ce qui, avec le vote sur l'ensemble, faisait un compte rond : vingt (1).

Cette méthode simplifiée fit que le débat se limita, en fait, aux explications de vote qui prirent place dans la soirée du 28 au 29 février, puisque nous étions dans une année bissextile.

Un seul exposé fit sensation : celui d'Edouard Daladier, non point par l'intérêt de ses propos, réduit à son ordinaire démagogie antifiscale, mais par le fait même de sa participation personnelle et physique à l'exécution d'un gouvernement dirigé par un membre de son propre parti. Jusqu'alors, il avait surtout travaillé dans les coulisses ou paradé devant les auditoires faciles des congrès. *Le Monde* releva cette outrance. Je suppose que je l'avais enragé par l'impossibilité où je m'étais trouvé de prendre au sérieux ses interventions devant le groupe : il avait parlé à plusieurs reprises d'*open-market*, se gargarisant de ce terme technique et persuadé de se qualifier par un tel langage comme une compétence en économie. Les hommes se renouvellent rarement et ne se corrigent jamais, dit-on; cet amateurisme pédantesque faisait partie intégrante du personnage. Avant la guerre, il avait imaginé dans une intervention officielle de proposer l'adoption d'un système monétaire original sous le nom, qui avait secoué de rire l'hémicycle, de *monnaie*

---

me fallut, bien à contrecœur, rabattre sur les investissements et, malgré cela, augmenter de 55 milliards le total des recettes demandées.

Quant au choix des ressources, j'avais estimé que les modalités les plus simples seraient les moins discutées et les moins douloureuses. Je proposai donc d'augmenter les impôts personnels de 10 %, les impôts indirects de 15 % et les sociétés de 32 à 40 %.

(1) On me railla là-dessus.

fondante. En fait, une expérience de ce genre avait bien été tentée, à une certaine époque, dans un village autrichien appelé Worgl, sans qu'on puisse lui attribuer un intérêt autre qu'anecdotique.

François de Menthon et Christian Pineau vinrent apporter le soutien de leurs groupes respectifs, le M.R.P. et le parti socialiste. On remarqua l'absence de toute intervention radicale en faveur du gouvernement à direction radicale. L'agression du « taureau du Vaucluse » n'en prit que plus de relief.

Le premier vote concernait le montant des dépenses militaires ; il me permit d'obtenir une majorité écrasante : 512 voix contre seulement 104.

La seconde question de confiance portait sur l'augmentation de 15 % des droits indirects, cette mesure prévue spécifiquement en vue d'assurer l'équilibre du budget militaire dont les dépenses venaient d'être avalisées. Si l'on s'en tenait à la logique, c'était le point sur lequel nous avions le plus de chances de gagner et c'est pourquoi nous avions eu soin de le placer en premier. D'autre part les recettes proposées (les impôts indirects) étaient moins épineuses que l'augmentation des impôts directs. Ce calcul fut déjoué. Nous perdîmes par 309 voix contre 283. La marge était faible : 26 voix ; il aurait donc suffi d'en renverser 14 ou de gagner sur les abstentionnistes. 28 radicaux se prononçaient contre, 7 s'abstenaient, je gardais donc la majorité nominale de mon groupe (68 membres et 8 apparentés).

Je réunis aussitôt le ministère en conseil de cabinet. Nous ne nous trouvions pas, en effet, en présence d'une conjoncture comportant la disparition automatique du ministère. La majorité absolue de votes négatifs, exigée par la Constitution, était de 313 voix et 309 seulement s'étaient exprimées *contre :* il fallait, si nous devions partir, décider nous-mêmes de notre démission.

Je n'avais pas manqué d'envisager la situation qui se serait présentée dans l'hypothèse où certaines de mes vingt questions auraient été votées, d'autres rejetées. Si nous avions pu enregistrer une alternance d'échecs et de succès, je me proposais de surseoir à la démission et de rouvrir une négociation générale, dans laquelle il eût été possible de transiger sans perdre la face.

Cette porte de secours se trouvait close et je devais en tirer les conséquences. Quelle figure aurait pu faire notre gouvernement s'il avait persévéré, alors qu'il n'avait aucune possibilité d'assurer, fût-ce partiellement, l'équilibre budgétaire ? Personne, au reste, n'opina dans le sens de notre maintien.

Il était près de quatre heures du matin quand je me présentai a l'Elysée. Le président s'était endormi sans attendre d'être informé de l'issue du scrutin qui pouvait d'ailleurs se prolonger jusqu'à l'aube (et même bien au-delà ; chaque vote donnant lieu à un pointage qui exigeait un délai d'une heure). J'ignore s'il avait donné des consignes pour être réveillé en cas de coup dur. En fait, il nous fit attendre quelque peu. Quand il nous reçut, il ne semblait pas encore tout à fait réveillé et je remarquai qu'il n'avait pas songé à remonter ses bretelles sur ses épaules ; leurs boucles rondes dépassaient sous son veston ; il était d'une humeur exécrable et il insista sur le fait que nous demeurions chargés des affaires courantes, mais seulement de celles-ci, au sens propre et restrictif de ce terme. Nous ne devions prendre aucune initiative sujette à la moindre marge d'interprétation (il aurait pu cependant en juger autrement puisque nous n'étions pas *constitutionnellement* renversés).

Je lui fis part de la nécessité de recourir à des avances de la Banque si l'on ne voulait pas, dans un jour d'échéance, voir interrompre les paiements de l'Etat : il en convint d'assez mauvais gré.

Je négociai sans difficulté avec Wilfrid Baumgartner l'octroi d'une avance de 25 milliards à échéance de quinze jours et je me rendis devant l'Assemblée nationale afin de faire ratifier cet accord très passager.

C'est ici que se place un incident, en lui-même tout à fait chétif et qui fit l'objet à l'époque d'une interprétation déformante.

A la suite de la chute du gouvernement et de l'octroi d'une avance de trésorerie, le gouverneur de la Banque de France m'adressa une lettre dans laquelle il exprimait, d'un ton doctoral, une série d'observations critiques sur les errements de la gestion financière. C'était un rappel, en partie judicieux, en partie prudhommesque, des règles de l'orthodoxie telles qu'on les explique dans les facultés.

M. Baumgartner me dit qu'il avait déjà libellé, dans un passé récent, des documents de ce genre, que mes prédécesseurs ne les avaient pas publiés, qu'il me laissait le soin d'apprécier ce que je devais en faire. Vu à distance il ne m'apparaît pas que son attitude soit sortie des limites de la convenance, quoi qu'elle fût imprégnée d'une rigidité de maître d'école dont il eût pu se départir, dans la circonstance. J'étais, et je demeure convaincu que ses intentions à mon égard étaient exonérées de malveillance. Je ne puis lui faire qu'un grief, c'est qu'il avait pensé à lui, et non pas à moi : il avait voulu soigner son image de marque et avait négligé mon instantané de sortie.

Je pris la décision immédiate de publier cette lettre, ce qui était sans doute une erreur tactique ; mais j'agissais en conformité avec mes règles personnelles de comportement. Le public a le droit de savoir tout ce qui se passe. Une communication adressée par le gestionnaire (durable) de l'Institut d'émission au titulaire (passager) de la plus haute charge gouvernementale ne peut être tenue comme une sorte de billet doux qui reste une affaire personnelle entre les correspondants. L'émetteur et le destinataire sont des hommes publics et responsables, ils sont comptables, à tout instant, de leurs gestes.

Je communiquai donc de moi-même à la presse le message du gouverneur. Il fut, à la légère, interprété contre moi. Je pouvais difficilement dire que des avertissements de ce genre avaient déjà été délivrés et qu'ils avaient été mis sous le coude. Je me trouvais dans la position d'un élève morigéné par un pion en même temps qu'il était mis à la porte par le proviseur.

En revanche, mes amis considérèrent cette correspondance comme une « vacherie » de la part de Wilfrid Baumgartner : « le coup de pied de l'âne », dirent-ils.

En lisant le Journal de Vincent Auriol, je relève que je lui avais tenu des propos amers à l'égard du gouverneur, mais non point spécialement sur cet incident. Je pensais qu'il avait joué une partie, peut-être pour faciliter la venue de Paul Reynaud, auquel il était très attaché. Je ne retiens pas aujourd'hui cette version, et moins encore l'hypothèse de sa connivence avec les préparateurs de la solution Pinay. Quoi qu'il en soit, je ne lui marquai point de rigueur et je pris même sa défense devant mes amis.

De tout cela sortit un bien et je fus, quoique indirectement, récompensé de ma bonne conduite. Baumgartner se sentit quelque peu gêné à mon égard et me sut gré de la confiance que je lui avais témoignée. Aussi, lorsque je pris à nouveau la direction des Finances et de l'Economie, trouvai-je en lui cette fois un homme tout disposé à m'apporter son concours, non pas seulement sous forme de « lip-service », mais de façon pratique et concrète.

Ce qu'il fit.

Le moment est venu de m'interroger. Moi qui avais toujours raison, me suis-je trompé ? Ou bien, ma chute est-elle due, tout simplement, à l'impulsion suicidaire de l'échec ?

On me permettra de relever que, jusqu'à ce jour précis, je n'avais point commis d'erreur substantielle. Ma gestion de 1949 à 1951 ne prête à aucune critique et mérite sans doute des louanges à partager équitablement avec Maurice Petsche.

Au cours des cinq semaines précédant le débat fatal, j'avais exercé pleinement et à bon escient ma mission de décision. J'avais mis l'affaire de Tunisie sur la bonne voie (il ne m'appartenait pas de conjurer son déraillement ultérieur), j'avais réglé, pour l'essentiel, l'échelle mobile : j'avais consolidé l'armée européenne ; j'avais sauvegardé par des mesures énergiques notre position extérieure ; j'avais obtenu des U.S.A. un concours maximum, j'avais posé les jalons d'une opération décisive dont je pus, à mon retour, recueillir les fruits.

Or, on pourrait estimer que la demande adressée à l'Assemblée, sans lui laisser le temps de souffler, de quelque 250 milliards d'impôts ne pouvait tourner qu'au désastre.

Cependant, ce jugement est sommaire. Si j'avais gagné — et je pouvais gagner — on aurait salué mon offensive téméraire comme un exploit de stratégie napoléonienne.

D'autre part, j'avais la possibilité de réviser mes projets en cas de succès seulement partiel.

Mes prédécesseurs avaient chuté de 100 voix, le parti socialiste leur faisant entièrement défaut. Je n'ai chuté que de 26, son appui m'étant assuré.

Aurais-je pu tenter de remonter ce handicap en procédant avec plus de souplesse ?

J'avais sans doute le tort d'accorder trop de crédit aux tenants de l'orthodoxie et tout particulièrement aux « mentors » de mon ministère. J'appris par la suite à leur faire une confiance moins absolue. Mais il me fallut attendre mon retour aux commandes pour connaître à la fois la règle des circuits et cette sorte de « patriotisme » des hauts fonctionnaires qui les porte à soutenir toujours leur ministère et pas toujours leur ministre, voire à sacrifier celui-ci à celui-là.

Cela dit, je pense que le succès eût été, de toute façon, improbable.

Du point de vue de la dynamique politique, la tendance dominante depuis quelques années déjà devait nécessairement conduire à l'expérience de la droite.

Je m'étais attiré des hostilités par mon combat pour l'échelle mobile, par ma position sur la Tunisie et surtout, semble-t-il, par mon succès dans l'affaire de l'armée européenne (1).

Notons encore que la prochaine combinaison était déjà prête. Des personnalités influentes s'étaient entendues pour préparer la venue au pouvoir, enfin, d'un gouvernement dirigé par un homme d'Etat modéré. Je dois dire que je ne connais pas les noms des principaux protagonistes ; je sais seulement que leur mandataire était Jean Jardin car il me l'a dit plus tard. Il ne s'agissait pas d'ailleurs d'une opération spécifiquement dirigée contre moi, mais on me jugeait trop compromis, pour l'heure, avec la gauche, trop jeune également, car il s'agissait de personnages appartenant à d'autres générations, dont les principaux avaient joué un rôle sous Vichy et que rassurerait la présence d'un président qui avait débuté sous la IIIe République. Ils étaient très attachés à une politique qui eût été plus en

(1) Telle est la thèse soutenue avec beaucoup de force par Georgette Elgey.

retrait sur les novations sociales, plus favorable à des mesures empiriques, moralement contestables mais financièrement efficaces, la principale étant l'amnistie fiscale, notamment pour les capitaux placés à l'étranger et dont on pourrait ainsi assurer le retour sans accident. Or, on savait bien que je ne pouvais être l'homme de cette politique.

Le succès de l'entreprise ne dépendait que d'un pointage. Il suffisait d'obtenir un supplément de suffrages dans les rangs du R.P.F., collection hétéroclite à l'intérieur de laquelle des tiraillements se faisaient déjà sentir. Les conversions avaient été préparées une à une. Le moment était venu.

* * *

Vincent Auriol appela d'abord Paul Reynaud puisque le vent soufflait à droite. Paul Reynaud qui se trouvait en Angleterre revint pour procéder à ses consultations mais, en présence de l'opposition formelle des socialistes, il renonça, tout en lançant un appel solennel à l'union nationale et en l'assaisonnant de quelques formules dont on pouvait déduire qu'il se tenait en réserve. « J'ai dénoncé depuis quatre ans, rappelait-il, une politique dont la classe ouvrière ne cesse de faire les frais... il fallait demander de plus grands sacrifices aux " privilégiés ". » Il prenait garde de ne pas se solidariser avec la démagogie antifiscaliste : « La catastrophe monétaire serait le plus cruel impôt pour les humbles. »

Vincent Auriol fit alors appel à un autre indépendant, Antoine Pinay. Ce choix provoqua un effet de surprise. Vincent Auriol ne croyait nullement à la réussite du ministre des Travaux publics. On lui avait suggéré ce nom, mais il ignorait complètement que toute une opération avait été discrètement préparée. Il n'avait pas tiré de déduction (pas plus que moi-même) du nouveau comportement adopté, au cours des dernières semaines, par le ministre des Travaux publics. Il pensait que, mis au pied du mur, Antoine Pinay se récuserait. J'en avais la preuve car Vincent Auriol avait prévenu officieusement François de Menthon que son tour allait venir aussitôt après. François de Menthon s'était immédiatement préoccupé de s'assurer d'un local pour ses consultations et il s'était entendu avec Paul Coste-Floret qui devait mettre à sa disposition son propre ministère. Paul Coste-Floret m'avait lui-même, sur-le-champ, fait part de ce détail.

Pourquoi l'appel à Pinay ? C'est que celui-ci avait, pendant toute la durée de mon ministère et meme, semble-t-il, un peu avant, multiplié les appels du pied. Cet homme ordinairement réservé, qui ne parlait que des sujets de sa compétence et avec sobriété, que nul n'avait songé à prévenir de la dévaluation quand il était aux Affaires économiques, avait pris depuis peu une assurance toute nouvelle ; il intervenait dès qu'il s'agissait d'impôts et lançait des formules lapidaires apparemment contradictoires. Il pensait que, pour tout arranger, le meilleur moyen était d'éliminer la fraude, à quoi il ajoutait aussitôt que le meilleur moyen d'éliminer la fraude, c'était de l'amnistier. Sans doute, une amnistie, dans un premier temps. pouvait permettre d'assainir l'atmosphère, après quoi il serait plus aisé d'exhorter les contribuables à faire preuve de civisme. Encore aurait-il fallu, pour y parvenir, éloigner les tentations de fraude... Il était certain d'autre part que l'amnistie, en débarrassant les corps de contrôle de tous les dossiers en cours, leur permettrait de mieux se consacrer à la détection des infractions futures : c'est là en effet ce qui se passa, mais avec, comme perspective, l'explosion poujadiste qui faillit ébranler la République.

Vincent Auriol, que ces propos agaçaient, décida de prendre au mot celui qui les tenait avec tant d'insistance. Il pensait que c'était une marotte.

C'était un programme.

CHAPITRE XXX

LA DÉMISSION DU MINISTÈRE PINAY
et
L'ÉBAUCHE D'UN PACTE GOUVERNEMENTAL ENTRE PIERRE MENDÈS FRANCE ET EDGAR FAURE

Antoine Pinay me fit penser à une formule russe qui fut appliquée notamment à Pierre le Grand... et à Pouchkine : « L'homme qui s'est cassé en deux. » Elle définissait un personnage qui, dans l'occasion d'une ligne brisée de son destin, apparaît comme très différent de ce qu'il était ou de ce qu'on croyait qu'il fut.

On le tenait pour un esprit sérieux, appliqué, assidu, doté d'une intelligence solide, mais sans brio, capable de s'exprimer, mais sobrement et se limitant à parler des choses de sa spécialité. Ambitieux, sans conteste, mais non point des tout premiers rôles. Discret, réservé, parfois jusqu'à l'effacement.

Voici qu'on découvrit un jouteur, un improvisateur de reparties, un battant. Avec son chapeau toujours impeccable, acheté chez son ami Fléchet, avec ses petites moustaches, son allure bonhomme, son goût des formules proverbiales, Antoine Pinay s'éleva, d'un bond, au sommet du *hit-parade* de la popularité.

Ce qui fut plus remarquable, c'est que l'épreuve de l'investiture ne l'en fit pas descendre.

Sans doute, on pouvait penser que sa métamorphose était due, pour une large part, à une relève de son entourage. « L'équipage fait le capitaine. » A la place de ses anciens assistants qu'il incrimina de trahison parce qu'ils étaient demeurés en fonctions avec son successeur Chatellain, il trouva, ou on trouva pour lui, deux échantillons sensationnels de l'Inspection des Finances.

L'un, Henri Yrissou, de surcroît esprit politique et même homme politique — il lui advint d'être député-maire de Gaillac — dont j'ai eu l'occasion d'apprécier les brillantes manifestations d'intelligence et de courage (1) joignant à ses qualités d'esprit une exceptionnelle force morale.

(1) Cf. tome II.

J'aurai l'occasion de parler de lui à propos de la question Marocaine.

L'autre, M. de Libersart, connu pour avoir porté à sa perfection un certain style de concours que l'on appelait même dans son milieu le style Libersart dont le modèle demeure cette formule bien contrastée : « Il vaut mieux se laver les dents dans un verre à pied que de se laver les pieds dans un verre à dents. »

Certes, des collaborateurs de cette trempe, auxquels d'autres s'adjoignirent, notamment Partrat, de la Cour des comptes, Arasse, agrégé de lettres, étaient capables de préparer des discours pour le patron et de lui apporter des idées directrices, autant que des expressions balistiques. Cependant, je suis persuadé que la politique financière d'Antoine Pinay ne pouvait lui être totalement dictée ; dans une large mesure, elle était réellement la sienne.

C'est ce qui fit sa faiblesse.

Le groupe qui avait souhaité son avènement disposait des moyens nécessaires pour orchestrer une belle campagne de publicité mais on sait que la publicité ne réussit que si le produit s'y prête.

Ce qui était le cas.

Antoine Pinay fut le chef du gouvernement le plus populaire de la IVe République avec Pierre Mendès France. L'un et l'autre comptèrent trop sur l'appui de l'opinion. Ils lui lancèrent, l'un et l'autre, le jour de leur immolation, un ultime appel, mais que pouvait-elle pour eux ?

Cette méthode contribua au lustre de leur gestion, mais aussi à en raccourcir la durée. La classe politique est un corps intermédiaire, selon l'expression du président de Lavit. Les intermédiaires n'aiment pas qu'on se passe de leur entremise car, dès lors, ils n'ont plus de raison d'être.

Le nouvel Antoine Pinay surprit ceux qui connaissaient l'ancien. Je le connaissais un peu. Il ne me surprit qu'un peu.

Les aspects nouveaux que révélait la personnalité du président Pinay n'avaient point pour corollaire l'abolition rétrospective de la formation qu'il devait aux étapes antérieures de sa carrière. Il était entré dans la vie politique sous la IIIe et il conservait les conceptions dominantes de cette période en matière d'économie.

Conseiller général en 1934, député en 1936, sénateur en 1938, il avait atteint sa maturité politique à une époque où l'on révérait encore l'orthodoxie poincariste (pourtant prolongée par un cycle de dépression générale) où Laval, soutenu par les modérés, poursuivait son entreprise déflationniste par l'amputation des revenus, où Pierre-Etienne Flandin stigmatisait le « matérialisme sordide des masses » ; il avait gardé la culture et les référentiels de cette époque. La stabilité monétaire était pour lui le dogme, le niveau de la production lui apparaissait comme une donnée secondaire, il avait le culte de la stabilité, fût-ce au mépris de l'expansion, fût-ce au risque — et tel fut bien le cas — de la stagnation. Un dialogue très significatif se noua à l'Assemblée nationale entre Pierre-Henri Teitgen et lui. Pierre-Henri Teitgen ayant tout naturellement — mais peut-être non sans intention — évoqué la période de l'entre-deux-guerres, caractérisée par une « agonie lente de la France » (image qui était rigoureusement conforme à la réalité historique), Antoine Pinay se sentit piqué au vif, répliqua à cette « allusion sévère » en évoquant le sacrifice de la génération du Feu et en taxant d'audace et d'imprudence la politique suivie depuis la Libération.

Il n'était pas de ceux que préoccupait, comme Maurice Petsche et moi-même, le souci obsessionnel de surmonter le grand creux de 1938 et de nous retrouver, pour en repartir, au *climax* de 1929!

Fidèle à la philosophie du libéralisme de l'avant-guerre, il était l'un de ces esprits qui pensent que les phénomènes économiques ressortissent au pur mécanisme des intérêts et qu'il ne convient pas d'y introduire des jugements d'appréciation morale ou sociale. Non pas d'ailleurs qu'il fût personnellement indifférent aux uns et aux autres, car il était bon et droit, mais parce que ces interférences ne pouvaient, à son estimation, que gêner le choix des décisions opérationnelles. Pour un peu, il aurait pu dire : « C'est avec les bons sentiments qu'on fait les mauvaises finances. »

Dans l'ensemble de la politique ainsi conçue, on peut distinguer deux grands volets que nous appellerons respectivement : les expédients et les incantations.

Les expédients.

En tout premier lieu, Antoine Pinay fit voter au Parlement une amnistie totale en matière fiscale, aussi bien en ce qui concernait les fraudes commises à l'intérieur de la France que les mouvements ou placements délictueux de capitaux français à l'étranger. Cette mesure procédait d'un esprit laxiste qui ne choquait pas beaucoup sous la IIIe République, mais qui rencontrait déjà de fortes réactions en 1952 et qui paraîtrait aujourd'hui intolérable. Ce fut d'ailleurs dans le programme de M. Pinay l'étape la plus malaisée à franchir.

La majorité du groupe M.R.P. s'installa dans l'abstention ainsi que celle du groupe R.P.F. En revanche, les dissidents du R.P.F. se retrouvèrent tous à l'appel avec sept convertis de plus, en tout trente-quatre.

La deuxième pièce était celle du Grand Emprunt, éternelle tarte à la crème de la gestion facile, et qui, cependant, ne fit pas appliquer ce terme à la politique d'Antoine Pinay. Les financiers expérimentés savent qu'un grand emprunt est le plus souvent pure affaire de parade et de publicité. Les capitaux ne sont plus guère thésaurisés (ou alors ils sont stérilisés) et ils se répartissent dans une série d'emplois à court, moyen ou long terme. Pour souscrire aux grands emprunts, les faiseurs de placements sont obligés de retirer d'ici ou de là les disponibilités qu'ils veulent investir de cette manière. Le seul effet favorable peut être de consolidation : l'apport d'argent frais est faible.

Il faut reconnaître que M. Pinay avait un motif particulier d'escompter de l'emprunt un avantage réel, c'est que cette formule était justement prévue pour tenter les spéculateurs amnistiés, les rapatrieurs de capitaux vagabonds.

Cette seconde partie du plan Pinay était marquée du même laxisme que la première. Les titres comportaient à la fois une garantie en or (qui se révéla par la suite incroyablement onéreuse) et une exonération des droits de succession. Cette fois, à l'évasion fiscale *amnistiée* s'ajoutait l'évasion *légitimée par anticipation.* L'emprunt Pinay fut le placement favori des grands malades. Acheté souvent la veille des décès, parfois le jour même, voire dans les minutes suivantes, il permit d'alléger considérablement les charges des héritiers et de faire échapper à l'emprise du fisc une forte partie des rentrées attendues au titre des droits de succession.

Cette seconde innovation avait soulevé elle-même bien des réserves, notamment à la commission des Finances où le scrupuleux Barangé s'était dressé comme la statue du Commandeur. Cependant, la question de confiance avait regroupé la majorité. Pierre Mendès France avait voté contre. J'eus le tort de ne pas l'imiter. Je craignais que l'on imputât ce geste à la mauvaise humeur.

Les résultats de l'emprunt firent l'objet d'appréciations variées. Il fit rentrer 195 milliards en numéraire, dont 16 souscrits en or (34 tonnes), le reste en papiers variés qui se revalorisaient ainsi aisément : je me croyais revenu à l'histoire financière de l'Ancien Régime ! Succès ou échec ? Je pense que la vérité est entre les deux. Cette politique était socialement négative car les classes populaires sentaient bien que seules les catégories les plus aisées de la société pouvaient en tirer avantage. Il faut sans doute saisir là l'une des raisons de la tension qui commença dès lors à se manifester et qui devait aboutir à la situation explosive de l'été 1953. Les travailleurs se persuadèrent que « les gouvernements » pratiquaient une politique de classe, réservant leurs faveurs aux privilégiés et aux combinards, alors qu'ils refusaient d'augmenter les bas salaires et qu'ils laissaient rétrécir la rémunération afférente aux heures supplémentaires. Toutefois, cette réaction ne se manifesta que plus tard et sous une forme confuse, alors que le ministère de M. Pinay avait depuis quelque temps cessé de vivre, et il ne fut point rétrospectivement mis en cause. Dans un premier temps, cette politique, appuyée sur une sorte de *charisme* et sur la répétition de slogans éveillant des échos lointains, avait reçu un accueil favorable, non seulement dans les milieux financiers et la haute bourgeoisie, mais dans la petite bourgeoisie provinciale et jusque dans les milieux humbles.

La politique mythique.

Parallèlement à la politique du double expédient et même en fait déjà antérieurement à la mise en œuvre de celle-ci, se poursuivait une politique des incantations. L'opinion se trouvait assez disposée à entendre le langage du nouveau président et cela précisément parce qu'elle en était restée aux notions et références du passé, dont il était lui-même imprégné. Le public français était peu informé des réalités économiques : chacun répétait ce qu'il avait toujours entendu. On ne connaissait pas l'approche macro-économique, avec les précisions et les calculs qu'elle comporte : on en restait (sans d'ailleurs le savoir) à l'approche macro-économique qui consiste à raisonner à partir de l'analyse des réactions personnelles d'un agent économique individuel. On s'en tenait aux fables de La Fontaine et à la philosophie exposée par Emile Augier dans *le Gendre de M. Poirier*.

La politique mythique était une politique essentiellement monétariste, entièrement ordonnée autour de la fascination du franc, considéré comme une sorte d'entité indépendante des données concrètes de la production et des échanges. Par un incroyable paradoxe, on voyait ainsi refleurir, autour de l'impératif sacré de l'emblème monétaire, ces valeurs spirituelles et morales dont la politique de l'amnistie et de l'emprunt faisait si bon marché. Ici, les maîtres mots étaient la confiance et le civisme. La maxime de base pouvait être traduite par un bref dialogue :

Le président : — Je suis pour le franc. Etes-vous pour le franc ?

Le chœur : — Oui !

Le président : — Donc, vous êtes pour moi.

Pour Antoine Pinay, le franc se défendait sur le front des prix. Il fallait les contenir et même, si possible, les faire baisser. De la sorte, on pourrait bloquer pratiquement les salaires ce qui aurait en sus l'avantage d'éluder toute application de cette échelle mobile que le président, sur les objurgations du M.R.P., fut obligé de faire voter.

Les réquisitoires habituels contre le dirigisme et le contrôle revinrent à la mode, on lança des campagnes de propagande et des baisses promotionnelles avec le concours des organisations de commerçants qui jouaient le jeu. C'était tant sur le savon, tant sur les fils à tricoter, tant sur les pommes de terre, tant sur les fromages, etc. Après tout, Léon Blum lui-même n'avait pas dédaigné le lancement spectaculaire d'une baisse générale par pourcentage. De quoi pourraient se plaindre les socialistes ?

Il faut rendre à Antoine Pinay cette justice qu'à la différence de certains de ses imitateurs il s'abstint d'accorder aucune augmentation sur les prix et tarifs dépendant de la puissance publique.

Cette méthode verbaliste et mythologique parut d'abord obtenir quelque succès. Sous l'effet de la baisse des prix internationaux, déjà amorcée de mon temps, les prix de gros baissèrent de 7 à 8 % sur l'année, mais les prix de détail demeurèrent stationnaires. Encore fallut-il les y aider par des mesures autoritaires, notamment le blocage au niveau maximum dès le 31 août, puis le retour à la mesure, dirigiste par excellence, de la double étiquette.

En conclusion, on peut admettre que, sur le front des prix comme sur celui du recours à l'épargne, l'expérience appelait un jugement mitigé.

L'échec.

Là où l'échec apparaissait certain et même véritablement désastreux, c'était pour tout ce qui avait trait aux ressorts vitaux de l'économie, la production intérieure et les échanges internationaux avec, comme conséquence, la fragilité de la trésorerie interne et externe.

A l'égard des deux éléments moteurs dont l'action synectique, si elle est exactement mesurée, assure le succès, l'un, la consommation, était, par cette politique, formellement rejeté ; l'autre, l'investissement, sinon tout à fait méprisé, du moins entièrement méconnu. Encore les choses auraient-elles été pires sans l'esprit d'initiative et d'indiscipline de Félix Gaillard.

Le secrétaire d'Etat m'exposa, un jour que nous déjeunions en tête à tête, que lui, ancien collaborateur de Jean Monnet au Plan, n'avait pu se résoudre à voir plafonner trop court les équipements des entreprises publiques ; en conséquence, il avait pu par des moyens indirects, principalement par le crédit, leur assurer un supplément suffisant (1).

En ce qui concerne les salaires, le gouvernement proclama qu'ils

(1) C'est le passif ainsi constitué qui exigea des remboursements élevés en février-mars 1953, rendant nécessaire le recours d'urgence aux avances et provoquant ainsi, à court terme, la chute du gouvernement Mayer.

ne devaient connaître de hausse que dans les conditions prévues par la loi sur l'échelle mobile, soit 5 %. Or, ce chiffre ne fut jamais obtenu. Le salaire horaire, en conséquence, ne s'améliora que de 2 %, mais la masse salariale globale n'atteignit même pas ce niveau en raison d'un certain chômage partiel et de la diminution des heures supplémentaires.

Sur l'ensemble de l'année, l'indice s'affaissa de 151 en janvier à 145 en décembre. A la fin de 1952 la situation apparaissait comme tout à fait préoccupante dans les industries de transformation, automobiles, pneumatiques, industries chimiques, phosphates, textiles, d'où la fermeture provisoire d'usines ou mises en ralenti du travail.

Cette situation ne pouvait manquer de se répercuter sur le commerce extérieur, malgré un certain nombre de mesures destinées à favoriser l'exportation.

Il est illusoire de croire que l'on peut donner un coup de fouet au commerce extérieur quand la production industrielle s'engage dans la dépression. L'affaiblissement du marché intérieur ne permet pas d'abaisser les coûts marginaux. D'une façon générale, le dynamisme est une donnée globale de l'économie.

Les infidélités de la trésorerie.

Le déficit de la balance commerciale s'accroît sensiblement et constamment. Il atteint le double vis-à-vis de la zone dollar (60 à 120 milliards) et nous passons au rouge vis-à-vis des pays de l'O.C.D.E. Il faut prendre des mesures pour limiter les importations et elles se répercutent nécessairement au préjudice de la production. Il faut même rationner les touristes. Nous n'assurons nos paiements extérieurs que par divers expédients : utilisation de certaines quantités d'or, reçues au titre des réparations, emprunts à court terme du type dit « swap » avec l'U.E.P., etc.

Enfin, la trésorerie interne donne à son tour, selon la charmante expression de Jean Boissarie, des signes d'infidélité. L'emprunt ne suffit pas à couvrir le déficit budgétaire résiduel, les recettes, par suite de la stagnation, n'atteignent pas les montants prévisionnels. Au mois de novembre, il faut bien lancer un nouvel appel au crédit, sous forme d'une émission de bons du Trésor assortie de divers avantages et d'un prêt obtenu d'un consortium de banques suisses pour escompter des bons du Trésor !

Lorsque le gouvernement dépose, fin novembre, le projet de loi de Finances et que, malgré l'anémie économique, il retient dans ses prévisions un progrès de 3 % du revenu national, l'euphorie est dissipée et le mythe s'essouffle. Néanmoins, le ministre défend avec énergie et habileté sa politique. Après avoir tout misé sur la stabilité, il annonce qu'il va, maintenant, miser sur la relance. On ne sait pas trop comment d'ailleurs, puisque les facultés de l'épargne sont visiblement épuisées et que le gouvernement ne se résigne pas au recours fiscal qui serait le démenti de son chant triomphal. On envisage quelques mesures de fortune — ou d'infortune — une majoration des droits sur les alcools et surtout le transfert au régime général de la Sécurité sociale d'une majoration (0,75 %) de la cotisation patronale pour les allocations familiales. C'est là agiter le chiffon rouge devant le M.R.P. D'autre part, Antoine Pinay demande qu'on l'autorise à appliquer par décret une réforme fiscale de son cru. Les parlementaires craignent de se voir dessaisis de leur droit fondamental et les innovations précédentes du président du Conseil les incitent à se méfier de ce « bloc enfariné ».

Après une discussion confuse, le président pose deux questions de confiance dans le vide, voit sa majorité réduite à neuf voix, enfin s'entête à choisir comme prochain obstacle l'article relatif aux allocations familiales. Le spécialiste Edouard Moisan, qui m'avait naguère annoncé l'adhésion de son groupe, porte cette fois à la tribune le couteau du sacrificateur : il annonce l'abstention du M.R.P. Pinay se lève, se fâche, annonce sa démission, s'en va. Vincent Auriol le reçoit, l'écoute, diffère ses réponses, convoque et consulte (je suis notamment entendu par lui). Le lendemain, il accepte.

Dans le courant de l'année 1952, Emile Roche prit en main l'organisation du Congrès radical qui devait se tenir à Bordeaux et dont il comptait faire un événement. Il vint me proposer de présenter un rapport sur la politique extérieure et la défense nationale : j'acceptai avec joie cette occasion qui m'était donnée de faire « ma rentrée »... en sortant de ma spécialité financière. Au demeurant, la politique intérieure et la politique économique ne polarisaient plus l'attention des radicaux, pour la plupart convertis à la Nouvelle Economie Indolore. Le projet d'armée européenne serait au centre des polémiques dont on pouvait prévoir le ton passionnel. Il m'appartiendrait de présenter la thèse dominante du parti radical.

Je m'attardai jusqu'à la fin du mois de septembre à Port-Lesney où je m'occupais des affaires locales et où je travaillais minutieusement à mon rapport. Je complétais mes connaissances sur l'évolution récente des relations internationales. Je pesais les données du problème et je traçais les lignes qui devaient dessiner la figure d'une si originale création. J'avais rédigé mon texte avec le plus grand soin, dans un style qui me permettrait de me tenir très proche, pour un sujet si délicat, de mon discours écrit que je finis par connaître assez bien pour éviter, comme on dit, de « pomper ».

Ce fut, en effet, un congrès très réussi et, une nouvelle fois, le Big Old Party réalisa l'exploit d'apparaître comme le centre de l'animation politique nationale. Conformément au schéma type, les thèses antagonistes et la thèse médiane y furent toutes trois exposées, avec des succès équilibrés. C'était en somme la survie de l'ancienne rhétorique avec la majeure, la mineure et la sorbonique. On raille souvent le parti radical sur ce trait, qui paraît comique mais qui, en réalité, est inhérent à sa nature et constitue sans doute la justification profonde de sa permanence. Les radicaux ne sont pas unis par l'identité des opinions, mais bien par une certaine similitude d'approche, par un style de pensée critique, par une sorte de sens familial ; ils peuvent ainsi réaliser, dans un milieu imprégné, malgré tout, de sympathie entre les personnes, les confrontations des contraires et opérer les recherches de synthèse.

Retenu par un deuil familial, je n'avais pu me rendre au congrès qu'à la fin de la première journée, le vendredi. Ce fut pour recevoir, comme une douche glacée, le discours de Daladier, négativiste ainsi qu'à son ordinaire mais qui trouvait dans ce sujet un terrain favorable à son talent, puisqu'on n'était plus obligé de proposer quoi que ce fût et que l'on pouvait se délecter à détruire.

Le lendemain, il appartint à René Mayer de présenter, avec des moyens oratoires différents et moins bien adaptés à l'auditoire, un plaidoyer très solide. Je pris la parole moi-même à quatre heures de l'après-midi et je crois pouvoir dire que je fus plébiscité à l'applaudimètre. C'est le lendemain, lors du banquet de clôture, qu'Edouard Herriot inventa à mon intention une formule qui m'a souvent été rappelée depuis, celle de l' « intelligence diabolique ».

Cependant, le grand intérêt du Congrès de Bordeaux pour moi ne se plaça pas dans mon intervention, ni d'une façon générale dans les débats. L'essentiel se passa dans la coulisse. J'eus de longues conversations avec Jean-Jacques Servan-Schreiber et avec Pierre Mendès France, conversations auxquelles s'associait Jacques Duhamel, alors très lié avec J.-J. S.-S.

Jean-Jacques Servan-Schreiber estimait le moment venu de nouer entre Pierre Mendès France et moi une véritable alliance, un contrat d'association politique à objectif gouvernemental. Nous étions des amis de longue date, animés par les mêmes convictions. Si des divergences pouvaient apparaître entre nous sur certains points, il n'y avait qu'avantage à cela car nous serions ainsi mieux placés pour serrer de près les difficultés et pour parvenir aux solutions optimales.

Nous devions nous préparer à asseoir notre influence

dominante sur le parti radical et, soit par ce moyen, soit autrement, assurer en commun, pour son salut, le gouvernement de la France.

Jean-Jacques pensait même que ce serait plutôt à moi qu'il appartiendrait d'assumer la présidence. Je suscitais moins d'hostilité, j'appartenais à l'*establishment,* j'étais de caractère conciliant. Quoi qu'il en fût, l'option pouvait jouer indifféremment dans les deux sens, l'accord demeurait le même, il ne comportait pas de subordination fonctionnelle.

Pierre Mendès France s'était rallié à cette vue.

Il fut d'ores et déjà décidé que notre coalition trouverait une première occasion de s'affirmer à la faveur d'une grande manifestation qui devait être prévue pour le jubilé (en fait un peu avancé) parlementaire de Pierre Mendès France. Il serait célébré à Louviers, avec tout l'éclat opportun et les médias lui donneraient toute la résonance convenable. Je présiderais cette fête, aux côtés de son héros, et nous procéderions ainsi, en quelque sorte, au lancement de notre fusée.

CHAPITRE XXXI

LE MAL DES MINISTRES et L'HÉMORRAGIE DU TRÉSOR PUBLIC

Jacques Soustelle au téléphone.

C'est à Jacques Soustelle que, après avoir brièvement consulté Guy Mollet pour s'assurer du refus socialiste, Vincent Auriol décida de faire appel : il le fit chercher à Lyon par avion, le soir du réveillon.

Le président pressenti m'appela le lendemain au téléphone à Megève où j'étais allé prendre quelques jours de vacances avec ma famille. Je me sentais l'âme parfaitement tranquille car, depuis mon contrat moral avec Pierre Mendès France, j'étais résolu à n'entrer dans aucun gouvernement autre que le sien — ou le mien. J'avais conçu, depuis la période d'Alger, la plus haute estime pour Jacques Soustelle. J'admirais de remarquables qualités d'action chez un homme qui était par vocation un intellectuel. Aussi ne manquai-je pas d'être flatté quand il me dit que, s'il constituait un gouvernement, il tiendrait absolument à mon concours. Etant donné que l'éventualité de son succès m'apparaissait, comme à lui-même, assez peu probable, je pouvais me dispenser de le peiner par un refus prématuré.

Après sa renonciation, Vincent Auriol appela Georges Bidault qui obtint auprès du R.P.F. le préjugé favorable. Le parti socialiste confirma son retrait, ce qui ne pouvait étonner personne. La difficulté vint des modérés de droite, peu sensibles aux titres de résistance et qui gardaient au M.R.P. une solide rancune pour la part déterminante qu'il avait prise dans l'échec et la rupture de l'expérience Pinay. De toute façon, le M.R.P. portait, de ce fait, une marque de gauche, qui aurait rendu insolite la présence d'un de ses leaders à la tête d'un cabinet de réconciliation de la droite.

René Mayer aux commandes...

Georges Bidault se retira sur la pointe de ses petits pieds et Vincent Auriol appela René Mayer qui avait eu onze mois pour se remettre de l'échec du ministère Pleven qui était aussi le sien (je parle à la fois de l'échec et du ministère).

Ancien ministre du général de Gaulle, René Mayer n'avait rien qui pût rebuter les gaullistes et, en tant que radical, il avait droit à la reconnaissance de la droite pour le soutien indéfectible que le Big Old Party avait apporté à Antoine Pinay. En revanche, il n'avait jamais eu la cote d'amour chez les socialistes, mais cela n'avait plus d'importance. Quant aux M.R.P., certains nourrissaient des réserves à son égard, non pour aucun motif précis, mais à cause de son abattage, de son assurance, de quelque chose de seigneurial dans son allure. Un seul sujet faisait problème et créait le suspense. C'était l'armée européenne, enfant de Pleven, recueilli, adopté et légitimé par Robert Schuman, mais qui suscitait toujours l'allergie des gaullistes. Ceux-ci ne voulaient pas encourir le reproche d'avoir abandonné la foi en même temps qu'ils se libéraient de la règle. Ils entendaient demeurer fidèles au maître dès lors qu'ils n'étaient plus tenus de lui obéir.

René Mayer se tira de cette difficulté avec l'aisance qui était sa qualité dominante, en promettant vaguement la réouverture d'une négociation qui tendrait à des protocoles additionnels et à une association plus étroite de la Grande-Bretagne. En fait, son principal atout consistait dans le remplacement de Robert Schuman par Georges Bidault que le M.R.P. ne pouvait en aucune manière récuser, mais dont la conviction européenne passait pour moins exigeante. Le M.R.P. marcha à deux voix près, le R.P.F. à quatre voix près. *Le soutien sans participation* de l'aile droite avait remplacé celui de l'aile gauche à un an d'intervalle, la symétrie de mon ministère était ainsi renversée. Il était dès ce moment-là apparent que le cabinet de René Mayer serait encore une formule de transition, car la poursuite de la dynamique devait logiquement conduire le R.P.F., une fois franchi le délai de convenance (un délai de viduité pour ainsi dire), à passer du pudique soutien à la franche participation.

La politique prend le pas...

Ce qui me parut surprenant à l'époque — et me paraît stupéfiant aujourd'hui — dans la période du ministère Mayer c'est que, dès ses débuts — et il en fut de même par la suite — des problèmes proprement politiques qui n'intéressaient que très médiocrement le pays occupèrent tout le devant de la scène, reléguant à l'arrière-plan la situation économique, alors que s'aggravait le marasme dû à la « stagflation ».

Sans doute il serait injuste de dire que René Mayer ne marquait aucune préoccupation des problèmes économiques et financiers. Cependant, on ne voit guère apparaître dans ses propos la gravité de la situation. Il avait cru devoir introduire, dès la première phrase de sa déclaration d'investiture, un hommage à l'œuvre d'Antoine Pinay et cette palinodie l'empêchait d'enchaîner sur une description véridique de la crise. Autre contradiction : personne n'osant remettre en question le tabou antifiscal du gouvernement précédent, le nouveau président se trouva conduit, d'une part à proclamer la nécessité d'éliminer l'inflation budgétaire et, d'autre part, à ne suggérer que des solutions dérisoires. On bloquerait tout simplement 86 milliards sur les dépenses civiles (les investissements et la reconstruction étaient heureusement à l'abri de cette mesure mais cette exclusion soulignait le caractère fictif du blocage) et 36 sur les dépenses militaires ! Pour faire un semblant d'habillage, il fut prévu que l'on ferait voter des articles-cadres portant sur les réformes fiscales et sur la Sécurité sociale et que, si ces articles n'étaient pas adoptés dans un certain délai, le gouvernement serait autorisé à procéder par délégation. Un tel dispositif ne pouvait faire illusion à personne.

Dès le début, le gouvernement de René Mayer fut marqué par une sorte de signe du destin. Il subit un accident dont il ne se releva pas complètement : il en garda ce que l'on appelle, en législation sociale, une incapacité permanente partielle. Il s'agit de l'épisode connu sous le nom d'affaire Boutemy.

L'affaire Boutemy.

André Boutemy, homme de belle prestance, au visage pétillant d'intelligence et d'ironie, doté d'un caractère audacieux qui incitait ses amis (il en avait de très sûrs, étant lui-même fidèle en amitié) à faire l'éloge de ses qualités de décision et de courage, et ses adversaires à parler de pur cynisme et de monumental toupet, avait commencé sa carrière dans l'administration préfectorale. Il avait été nommé par le gouvernement de Vichy préfet du département de la Loire puis, en juillet 1944, préfet du département du Rhône, ce qui lui donnait qualité de préfet régional. Dans la période qui suivit la Libération, vers la fin octobre 1944, André Boutemy avait été arrêté sur l'ordre de son successeur à Saint-Etienne, le nouveau préfet de la Loire, réputé comme syndicaliste communiste, M. Montjauvis. Cependant, l'Union des syndicats du département du Rhône était intervenue en sa faveur et, en juillet 1945, la Cour de justice de Paris avait rendu un non-lieu, conçu en termes parfaitement justificatifs pour l'intéressé. A la différence de son intime ami Paul Demange qui, lui, avait été déporté, il ne retrouva pas de poste et quitta la fonction publique. Il obtint alors une situation des plus importantes comme homme de confiance du Patronat français, chargé de diriger la stratégie de cette organisation dans les affaires politiques et plus spécialement électorales. Il exerçait ainsi cette sorte de ministère qui consiste à dispenser les appuis financiers pour les partis, leurs candidats, leurs élus. Ce n'était pas là son unique travail et ses conseils ou ses interventions étaient sollicités pour bien d'autres sujets. Néanmoins, ce rôle de distributeur était le plus flagrant, le plus fascinant aussi par l'imagerie qu'il comporte et il colla définitivement à son personnage.

Cet emploi, aux aspects discrets, secrets et multiples, convenait à sa curiosité d'esprit, à son appétit d'influence, à son entregent, à son habileté, à son sens des relations humaines. C'était un bon vivant et un convive des plus agréables. J'ai toujours observé chez lui un tonus élevé, auquel sans doute n'était pas étranger son goût prononcé pour le whisky, dont il faisait chaque jour une consommation exceptionnellement abondante, du moins pour un amateur que nul ne vit en état d'ébriété et dont la conversation ne perdait jamais le ton de l'aisance, ni l'art de la repartie.

Un homme qui avait choisi par vocation une des rares carrières où persiste le port de l'uniforme et où la parade absorbe une bonne moitié du temps, férié aussi bien qu'ouvrable, ne pouvait s'accommoder durablement de la délectation de l'influence dans l'humilité de la pénombre. Quand il compta un nombre suffisant d'années intercalaires, il saisit l'occasion de s'engager dans la *troisième chance* en se faisant élire sénateur du département de Seine-et-Marne, où il disposait d'une belle propriété. Les parlementaires de la majorité lui firent bon visage car il comptait dans leurs rangs nombre d'obligés, mais son ascension suscitait une onde de réticence et de méfiance. Les artistes professionnels n'aiment pas beaucoup qu'un imprésario apparaisse soudain sur les planches pour présenter à leur place un numero à succès.

J'ai observe cette réserve à l'égard des leaders patentés qui franchissaient la ligne de démarcation entre le syndicalisme et l'électoralisme, tels Litalien (Transports) et Blondelle (Agriculture) ; aucun de ceux-ci ne vit s'ouvrir devant lui la perspective d'une promotion ministérielle. Dans le cas d'André Boutemy il existait, pour certains, un motif plus particulier de prévention (toujours l'image du payeur) mais en revanche, et peut-être de ce fait, on le redoutait davantage et les opposants ne tenaient pas à se découvrir. Dès lors se pensait-il sans doute plus estimé, mieux protégé, en tout cas mieux accepté qu'il ne l'était réellement.

L'ambition d'un sujet doté de ces fortes qualités et capable de tels rebondissements ne se limite pas aux barreaux intermédiaires de l échelle. André Boutemy était le conseiller très écouté d'Henri Queuille qui, malgré ses habitudes casanières et frugales, venait parfois prendre « les œufs au bacon » dans l'appartement de Boutemy, rue Pergolèse. Le sénateur de Seine-et-Marne participait de plus en plus aux conciliabules des magots. Il s'était d'autre part lié et, semble-t-il, de façon plus intime encore, avec le *coming-man* René Mayer et avec son amie Suzanne Schreiber-Crémieux, elle-même sénateur du Gard, indéfectible égérie du parti radical. André Boutemy avait certainement apporté un utile concours à René Mayer lorsque celui-ci avait occupé d'importants postes ministériels, mais c'est surtout lorsqu'il fut question de la présidence du Conseil que ce spécialiste incomparable de l'information et du *go between* put donner toute la mesure de son efficacité combinatoire.

René Mayer conçut alors le projet de s'assurer, par un coup d'éclat, l'exclusivité de ses irremplaçables services. Il suffisait de faire de lui un ministre ! Il lui confia d'emblée un portefeuille — non pas certes de tout premier plan — mais cependant considérable et qui pouvait constituer une nouvelle plate-forme : la Santé publique.

Cette nomination surprit et choqua même les esprits les plus blasés. On aurait pu surmonter les objections tenant à Vichy et au C.N.P.F. si le titulaire avait présenté de confortables états de service parlementaires, ou quelques titres ou œuvres d'intérêt public, mais comme ce n'était pas le cas, on ne pouvait se défendre de l'impression que l' « inauguration » ministérielle d'André Boutemy n'avait justement d'autres motifs que ceux qui auraient dû conduire à la juger indésirable.

L'investiture de René Mayer avait été acquise selon les modalités prévues par le texte initial de la Constitution de 1948 (la révision allait intervenir prochainement) c'est-à-dire sans que fût connue la composition du gouvernement. Si la liste avait dû être communiquée, les réactions auraient été immédiates et son investiture aurait pu être compromise. Mais dans ce cas il se serait gardé d'une action aussi téméraire.

Applaudissements sur quelques bancs à droite.

En raison même du fait que l'investiture n'était pas donnée à une équipe, mais à un homme seul, l'usage s'était établi de procéder, lors d'une réunion ultérieure de l'Assemblée, à des interpellations sur la composition du gouvernement. Cette épreuve n'allait pas sans risque. Henri Queuille et André Marie en avaient fait l'expérience amère, que l'on avait vus tomber dans la trappe après quelques jours seulement. Cette fois René Mayer bénéficiait d'un délai de quinzaine car l'Assemblée devait, à cette époque de l'année, désigner son bureau et organiser le travail de ses commissions. Sans doute pensa-t-on que, passé ce délai, les esprits se seraient accoutumés à ce que cette nomination pouvait avoir d'insolite.

René Mayer, et surtout son ministre, avaient en l'espèce gravement sous-estimé la pugnacité des communistes. Leur groupe, de toute façon, n'aurait pas laissé passer l'occasion qui lui était offerte d'attaquer à la fois le gouvernement et le patronat et de le faire au nom de la cause sacrée des martyrs de la Résistance. De surcroît, le député Jean Prouteau avait eu affaire personnellement à André Boutemy, en 1942, et lui en avait gardé une rancune inexpiable. Ce fut lui qui mena l'offensive, dès le 22 janvier. Il s'en prit au ministre, dans des termes d'une extrême violence, l'incriminant pour une grave affaire survenue dans le Rhône et où des résistants avaient trouvé la mort.

Le président du Conseil tint à se charger lui-même — comme c'était d'ailleurs son rôle — de la défense de son ministre. Il invoqua le non-lieu rendu en faveur de l'ancien préfet du Rhône et obtint le renvoi par une belle majorité, 386 voix, à peine 5 de moins que lors de l'investiture. Mais les chiffres ne disent pas tout, et ceux-là ne voulaient rien dire. Ce qui était important c'était, si l'on peut dire, le « climat » de la séance, une atmosphère lourde à couper au couteau ; on sentait physiquement l'épaisseur du silence sur les bancs de la majorité pendant la plaidoirie de René Mayer. Puis, lorsque Charles Lussy, président du groupe socialiste, orateur courtois et écouté, prit la parole, des murmures étouffés, des sourires, des mimiques complices accueillirent ses propos dont les traits ironiques étaient autant de flèches empoisonnées.

La malchance d'André Boutemy tenait, en dehors de toute considération sur le fond de l'affaire, à sa spécialisation professionnelle : personne ne voulait avoir l'air de soutenir un homme dont la fonction la plus voyante était de distribuer des enveloppes.

Six jours plus tard, par une fâcheuse coïncidence, l'ordre du jour appelait un débat sur la Sécurité sociale. On y discutait precisément un projet tout à fait caractéristique de la méthode adoptée par le gouvernement et qui consistait à tirer en longueur la solution des problèmes en proposant des mesures apparemment destinées à l'accélérer. Dans ce cas, on prévoyait que, si le gouvernement s'avisait — et l'on ne pouvait pas dire s'il le ferait ou non — de déposer une lettre rectificative à un projet émanant de son prédécesseur, et si cette lettre rectificative (éventuelle ou hypothétique) n'était pas examinée par le Parlement dans un délai de trois mois, alors le gouvernement disposerait du pouvoir d'assurer lui-même une réforme dont il n'avait ni arrêté le principe ni défini les contours. Or, la commission s'engageait d'autre part à respecter, en tout état de cause, le délai fort raisonnable qu'on lui assignait.

Ce mélange d'autoritarisme conditionnel et de palinodie précautionneuse me laissait rêveur. N'était-ce pas dévaluer l'acte législatif que de faire voter une loi pour dire à l'Assemblée de ne pas traîner les pieds dans son travail ? On aurait pu, du coup, faire l'économie de ce débat, et peut-être éviter par la même occasion, ce qui fut probablement le moment le plus pénible de la vie parlementaire sous la IVe République.

Car, cette fois, les ondes de violence parvinrent à la résonance de l'hystérie. André Boutemy, chargé du département de la Santé, se trouvait être le ministre compétent pour tout ce qui concernait la Sécurité sociale (il aurait été plus habile, dans ce cas, de rattacher ce secteur au ministère du Travail, détenu par le tranquille Paul Bacon). Il se trouvait donc au banc du gouvernement, ce qui permit à Jean Prouteau de lui dire que sa place était plutôt à celui des accusés. Les communistes avaient trouvé une astuce ; ils déposèrent une motion incidente tendant à suspendre la séance pendant vingt-quatre heures, en signe de protestation contre la présence de M. Boutemy. Dès le début de l'incident fusent les pires injures : « Taisez-vous, assassin ! » crie le général de Joinville. « Qu'il montre ses mains, elles sont rouges du sang des patriotes ! » « Bandit, canaille, tueur ! » Dans un premier temps, le président prononce contre Prouteau la sanction du rappel à l'ordre, avec inscription au procès-verbal, et décide que ses paroles ne figureront pas audit procès-verbal. « Il a peut-être encore un revolver avec lequel il a tué des patriotes ! » s'exclame derechef Malleret-Joinville. Après un intermède du rapporteur, l'incident rebondit. René Mayer qui assiste Boutemy demande pour lui la parole ; le ministre tient à s'expliquer. Dans une atmosphère de confusion, André Boutemy monte à la tribune.

Il commit alors une erreur tactique, inspirée sans doute par sa connaissance de la petite histoire parlementaire. Jadis, le général de Galiffet, tenu pour responsable d'une répression sanglante et devenu ministre de la Guerre, avait été accueilli, à son apparition dans l'hémicycle, par les cris de « assassin ! » Il avait pressé le pas en disant seulement « Voilà, voilà ! » Boutemy affecta de prendre les injures en dérision ; il riait et lorsque les communistes se mirent à chanter *la Marseillaise*, il fit le signe de battre la mesure. La fureur redoubla chez les opposants, et les députés de la majorité prirent des mines pincées. André Boutemy se montra alors un tacticien habile. Comme sa voix était couverte par le tumulte, il se pencha sur le rebord de la tribune, fit signe aux sténographes et leur dicta mot par mot, sans que nul autre pût percevoir ses paroles, le texte de sa déclaration : il était ainsi sûr qu'elle serait reproduite intégralement au *Journal officiel* et que la presse pourrait la prendre en compte. Il cita quelques lignes de son non-lieu en précisant que 62 commissions rogatoires avaient été ordonnées dont 27 pour la seule affaire (à la vérité terrible) dite de Monchal-Pernissière. Il cita un texte des syndicalistes du Rhône qui lui savaient gré d'avoir, « par sa fermeté dans les négociations avec les autorités allemandes », obtenu la libération de leurs camarades arrêtés.

Quelques parlementaires dévoués au gouvernement apportèrent, cette fois, leur soutien moral au ministre, en contre-invectivant les communistes et en les invitant à se rendre à Moscou. Cependant, l'ambiance générale est bien traduite par cette simple mention du compte rendu à la fin de l'intervention de Boutemy : « Applaudissements sur quelques bancs à droite. »

Cette affaire me rappelait quelque peu celle d'André Marie, suscitée par le non-lieu de Sainrapt et Brice, à ceci près que le cas d'André Marie, lui-même résistant et déporté, apparaissait en or massif par comparaison à celui de l'ancien préfet de la Loire. Dans les deux cas, le dénouement fut emprunté à un scénario identique, la démission pour raison de santé, et je pense vraiment que, ni pour l'un ni pour l'autre, il ne s'agissait d'un simulacre. Les circonstances de grande tension entraînent presque toujours des effets pathologiques dont la gravité s'accentue quand le sujet éprouve, de surcroît, déception et humiliation. A quoi s'ajouta, très vite, pour André Boutemy, la sensation et la conviction qu'il était devenu un fardeau pour toute l'équipe et que le président, son chaleureux ami, après avoir pris assez imprudemment des risques pour l'embarquer, ne pouvait se sauver lui-même qu'en le faisant passer par-dessus bord.

Le « mal des ministres » survint à point pour dénouer la situation. Quarante-huit heures après l'affreuse séance du 28, la seconde lecture du budget de l'Assemblée avait déclenché une nouvelle offensive. Emmanuel d'Astier de La Vigerie, progressiste, prenait le relai de Prouteau et le député-capitaine Dronne, premier officier français entré à Paris sur un char d'assaut, annonçait la défection d'un certain nombre de gaullistes. L'Assemblée refusait de renvoyer à la suite un nouveau jeu d'interpellations. Le ministre de la Santé publique s'alita et sollicita son *exeat*. René Mayer commit à son tour la lourde erreur de préciser, à l'adresse de l'Assemblée nationale, que son ministre était vraiment malade... « et qu'il venait de s'en assurer lui-même ».

Puisque j'en suis venu à parler d'André Boutemy, je veux aller un peu plus loin dans le récit que je lui consacre. Il réagit à son infortune avec une énergie et une intelligence qui dénotaient en lui une personnalité exceptionnelle. Il s'accrocha à son mandat sénatorial en consolidant sa situation locale par une activité incessante, surmontant le discrédit qui aurait pu coller à sa personne du fait de sa disgrâce. Il travailla avec acharnement en commission, il parvint à obtenir un poste de président d'un sous-groupe auquel il donna une importance imprévue. Il imagina une stratégie d'une extrême finesse, afin de se rétablir dans une situation qui pût lui ouvrir à nouveau les avenues du pouvoir ministériel. Sa mésaventure était imputable à la hargne des communistes... *français* et il savait qu'il n'avait pas la moindre chance de la dissiper. Mais il pouvait tourner l'obstacle en obtenant l'appui des communistes *russes* et c'est là-dessus qu'il échafauda un plan de longue haleine, mené à la perfection. Peu à peu, et profitant de toute occasion, il s'insinua dans les bonnes grâces de l'ambassadeur d'U.R.S.S. Serge Vinogradov s'était lui-même lancé à la conquête de Paris, il s'attachait à pénétrer les milieux des grandes affaires et de l'aristocratie qui voyaient avec enchantement apparaître devant eux cet homme élégant et sympathique et qui, loin de tenir un couteau entre les dents, maniait ses couverts avec délicatesse.

André Boutemy devint pour Vinogradov un incomparable conseiller et son introducteur dans les hautes sphères du grand patronat et auprès des professionnels de la politique. Vinogradov organisa à l'intention du ménage Boutemy un voyage en U.R.S.S. où les plus agréables égards furent assurés à ces hôtes de choix. Il n'est pas sûr que Vinogradov, malgré sa rouerie, ait percé le calcul d'André Boutemy ; en tout cas il lui portait une réelle amitié et je sais par expérience personnelle que pour lui ce n'était pas un vain mot. Il me dit un jour d'un ton triomphal en me parlant de leurs relations : « Vous savez, nous sommes passés au *tu*. » Le sénateur de Seine-et-Marne n'eut pas le loisir de retirer les fruits de cette remarquable entreprise. Un jour qu'il revenait d'une cérémonie de 14-Juillet où il s'était tenu en plein soleil, il annonça à sa femme qu'il allait prendre quelque repos et il traversa, pour gagner sa chambre, la grande pièce du rez-de-chaussée. Il posa le pied sur la première marche de l'escalier et tomba frappé à mort.

La planche ne fait plus... impression !

La poursuite du déficit budgétaire et le prolongement de la récession économique ne pouvaient manquer de cumuler leurs effets négatifs au détriment de la trésorerie interne et externe. Les expédients sur lesquels on avait vivoté tant bien que mal pendant les derniers mois de 1952 n'étaient pas indéfiniment renouvelables. Force fut de recourir à des avances supplémentaires de la Banque de France. On put observer que le tabou qui s'était attaché depuis longtemps à cette procédure avait perdu de sa force répulsive. Jadis, des formules telles que « crever le plafond », « manier la planche à billets » créaient des ondes de méfiance. La politique incantatoire avait eu au moins pour effet d'endormir la sensibilité du public à cette imagerie jadis redoutable. « Sans impôt, sans douleur », on vous le dit. De quoi donc pouvez-vous vous plaindre ?

C'est ainsi qu'un premier texte, présenté fin janvier, passa comme une lettre à la poste : par une combinaison habile entre le relèvement du plafond et les achats de bons, il permettait d'obtenir 50 milliards qui semblaient ne faire que 25. Cependant, l'indice de janvier 1953 pour la production industrielle faisait apparaître la dure réalité de la « stagflation » : 144 contre 151 l'année précédente.

A ce rythme, les recettes fiscales, prévues pour 1953 dans le budget Pinay-Mayer, comme devant comporter une plus-value de 3 % seraient au contraire, d'après les calculs des spécialistes de la prévision, en moins-value de 4 %, l'écart totalisant ainsi 7 % !

Les indépendants qui tentaient de perpétuer le mythe faisaient valoir la stabilité des prix et une partie de l'opinion se laissait prendre à ce leurre. Les Français sont souvent plus sensibles au mouvement des prix qu'à celui de l'expansion qui, en réalité, est la clé de la vitalité économique. Or, les prix de détail ne montaient pas, effectivement. Mais, en fait, ils auraient dû baisser car les prix de gros, eux, marquaient un taux de diminution très net : de 150 à 140 ! La non-répercussion de cette baisse équivalait à une hausse. Le phénomène passait inaperçu du grand public. C'était là, pour le gouvernement, une chance dont il aurait pu tirer un meilleur parti.

Je me tenais à l'époque quelque peu en retrait des affaires financières (j'étais devenu président de la commission des Affaires étrangères), mais il me parut cependant nécessaire, dans une intervention modérée, de prendre acte de ces tendances. Je pensais que la réussite de la Marne du franc dont le mérite me revenait pour une bonne partie et la mission sacrificielle que j'avais accomplie pendant la brève période de mon gouvernement me donnaient le droit et le devoir de ne pas m'installer dans le silence. Je vois, en feuilletant *l'Année politique* de 1953, qu'un discours, que j'avais prononcé à Lons-le-Saunier, le 22 février, n'avait pas manqué de résonance. Je soulignais le double dérapage des prix français, les prix de gros baissant moins chez nous qu'à l'échelon international et les prix de détail résistant à la baisse des prix de gros (français). Je soulignais que les deux phénomènes fâcheusement caractéristiques de 1952, le déficit budgétaire et la récession économique, se poursuivaient « dangereusement » au début de 1953.

L'indice de février ne marqua aucun progrès sur celui de janvier (ni les suivants, d'ailleurs) et, dès le mois de mars, les milliards recueillis en janvier chez M. Baumgartner n'étaient plus que « l'ombre du pendentif et l'odeur de la bague ». Il fallut une convention et une nouvelle marge de 80 milliards, sans davantage de contrepartie, bien sûr. Les scrupules d'Edgar Faure étaient bons pour les temps révolus de l'année dernière.

L'urgence fut telle que l'on ne put attendre le retour de Wilfrid Baumgartner qui participait au voyage d'inauguration d'un paquebot (dont j'avais moi-même fait l'aller) et où se donnait, justement, ce soir-là, un bal travesti qui fit fureur. J'appris par la suite, grâce à un de mes directeurs, que cette affaire s'était présentée dans des conditions insolites. Il était possible de gagner du temps et de permettre ainsi au gouvernement d'éviter ce qui fut pour lui un grave handicap auprès des Américains, au moment même où son président et ses principaux ministres se rendaient à Washington dans l'espoir d'y trouver le salut. Toutefois, en sauvant le ministère, on prenait le risque de compromettre le crédit des entreprises nationalisées dont il faudrait reporter les échéances. Les « grands commis » de la rue de Rivoli décidèrent, selon leur doctrine confidentielle et inébranlable, de sacrifier le ministre au ministère. On boucla les conventions et on dut faire voter la loi tambour battant. Cette fois la commission des Finances sortit de la discrétion de bonne compagnie qu'elle avait observée au début du ministère, et commença de regimber. René Mayer, qui était plus prompt à la colère qu'on pouvait le croire d'après sa contenance majestueuse, sentit l'aiguillon et, renonçant au pacte de silence qu'il avait tacitement conclu avec la droite, il déclara tout de go qu'il portait encore les valises de M. Pinay et qu'il courait après les crédits qui avaient été refusés à M. Edgar Faure. Evoquant les 150 milliards que je demandais treize mois auparavant : « Nous continuons, dit-il, de courir après. » Jules Moch traduisit, sans susciter de démenti : « Vous êtes le syndic de la faillite de M. Pinay » et il regretta que le syndic n'ait pas cru devoir procéder, selon l'usage de cette corporation, à l'établissement d'un bilan sincère.

Pierre Mendès France reprit sensiblement le même motif, mais avec modération. Il suggéra même au président du Conseil de recourir aux décrets-lois. Sa suggestion n'eut pas d'écho. Le gouvernement, sur ce texte de nécessité et presque de routine, vit sa majorité s'amoindrir à 257 voix contre 221.

René Mayer avait toujours attaché beaucoup d'importance aux problèmes de trésorerie. Assuré de 80 milliards nouveaux, il crut qu'il pouvait respirer. Le gouvernement, au lieu de prendre une initiative rapide, de passer à la *blitzkrieg*, s'installa dans des tranchées dont il n'eut plus l'occasion de sortir.

Le serpent du complot communiste et les pigeons aux petits pois de Jacques Duclos.

Il faut dire que le président et son équipe furent confrontés à des sujets qu'ils ne pouvaient éluder et qui consommaient leur temps.

Il y eut d'abord, au cours de ces premières semaines, l'affaire dramatique des criminels de guerre d'Oradour, condamnés comme responsables du massacre et qui étaient, sous l'uniforme du Reich, des soldats originaires des départements annexés incorporés de force. Une vague d'indignation et de colère souleva l'Alsace et Pierre Pflimlin fit retentir sa protestation passionnée. Le gouvernement se décida à passer l'éponge. Dans des conditions juridiquement, et même moralement, critiquables, mais politiquement contraignantes, on fit voter une loi d'amnistie pour ce même crime auquel une autre loi, toute récente, avait opposé le sceau d'infamie de l'imprescriptibilité. Le président du Conseil avait suivi personnellement cette affaire et s'en montrait légitimement angoissé (1). Moi-même qui pourtant avais représenté la France à Nuremberg, je ne pus critiquer sa décision.

En revanche, il aurait pu s'épargner d'autres soucis et éviter certaines occasions de gaspiller ses efforts et son crédit. Ainsi, la résurgence de ce serpent judiciaire qu'était le complot perpétuel des communistes, à propos duquel il eût sans doute été mieux inspiré de dire « Gare aux gorilles » plutôt que « Gare aux pigeons ».

Cet épisode remontait à l'année précédente. Le génie policier du préfet Baylot, vieux militant socialiste engagé dans un aveugle fanatisme anticommuniste, avait déclenché une vaste opération contre le parti, à la suite des manifestations qui avaient accompagné

(1) Robert Buron, *op. cit.*

la visite à Paris du général Ridgway. On avait inculpé et arrêté Jacques Duclos et l'on avait fait grand bruit de la découverte, dans sa voiture, d'un couple de pigeons qu'il avait reçu en cadeau et qu'il destinait à son garde-manger. « Je pensais, précisa-t-il, avec le sang-froid du grand criminel, les accommoder aux petits pois. » On n'hésita pas à présenter ces chétives volailles comme des pigeons voyageurs par lesquels le parti aurait pu faire passer des messages — pourquoi pas jusqu'à Moscou ? Et la droite goba cette ânerie qui rappelait la période héroïque du siège de Paris et de Gambetta. Même quand on mit une sourdine à l'affaire des pigeons, Jacques Duclos, malgré l'immunité parlementaire et en l'absence de toute incrimination sérieuse, fut maintenu en geôle. Le professeur Pasteur Vallery-Radot qui avait été appelé en consultation auprès de lui vint me voir et me demanda d'intervenir d'urgence, car l'état de santé du prisonnier d'Etat lui paraissait préoccupant. Je fis cette demande sans succès ! Le soir même, ou le lendemain, au hasard d'une conversation dans un dîner politico-mondain, lorsque j'avais dit : « Il serait fâcheux pour le gouvernement que Duclos vienne à mourir en prison », la femme d'un très haut fonctionnaire m'avait répondu : « Mais puisque c'est un communiste ! » Cela m'avait conduit à considérer comme nulles les chances d'une intervention auprès du ministre et à apprécier le climat d'exaltation qui régnait à la préfecture de police. Peu après, la Chambre des mises en accusation distribua au parquet, au gouvernement dont il dépend et à l'Assemblée qui n'avait manifesté que peu d'émoi, une salutaire leçon de droit, de procédure et de convenance, rappelant le principe d'inviolabilité des parlementaires et soulignant l'inexistence des charges (arrêt du 1er juillet 1952). Non seulement elle ordonnait la mise en liberté du député de la Seine, mais elle prononçait d'office la nullité des actes de poursuite et d'information.

Il ne restait plus qu'à laisser oublier cet épisode peu glorieux de sectarisme et de sottise. Cependant, la procédure engagée par le gouvernement précédent ne concernait pas le seul Duclos et des demandes de levée d'immunité parlementaire avaient été déposées contre quatre autres députés dont Léon Feix (1).

On pouvait penser que le gouvernement de René Mayer aurait la sagesse de ne pas faire resurgir cet encombrant dossier qui semblait oublié. Bien au contraire, pour quelque obscur motif de propagande politique et de division syndicale, on imagina de le réactiver. Une sous-commission parlementaire s'était inopinément réunie en jan-

(1) La différence de procédure s'explique par le fait que, contrairement a Jacques Duclos, ces parlementaires n'avaient pas éte arrêtés sur-le-champ et ne pouvaient se voir appliquer la procédure des flagrants délits.

vier pour procéder à l'audition des intéressés qui crièrent au procès d'opinion. On aurait pu en rester là, d'autant que la procédure était frappée de la même irrégularité et que la demande de la justice militaire ne répondait pas, comme le relevait le rapporteur, aux critères de sérieux et de loyaute exigibles dans de semblables affaires. L'examen du rapport fut cependant renvoyé à une date ultérieure et indéterminée, à la suite d'une sorte d'imbroglio, car l'Assemblée était saisie, à la même époque, d'un texte général relatif aux immunités parlementaires — texte qui ne pouvait s'appliquer à l'affaire en cours en raison de la non-rétroactivité des lois. Et voici que, le 24 mars, l'action judiciaire qui semblait assoupie se remit en marche contre les inculpés *non parlementaires*. A cette date, les juges d'instruction du tribunal militaire lancèrent des mandats d'arrêt contre les dirigeants de la C.G.T. dont plusieurs furent arrêtés alors que d'autres, parmi lesquels Benoît-Frachon, prenaient la fuite.

Le jour même où l'on discutait de la seconde convention avec la Banque de France, le président du Conseil se trouva ainsi appelé à répondre, non seulement à la fureur des communistes, mais aux protestations mesurées des socialistes exprimées, cette fois encore, par le courtois et souriant Charles Lussy. « Nous n'éprouvons aucune tendresse pour les staliniens, précisait l'orateur socialiste, mais pourquoi le gouvernement ne s'occupe-t-il pas plutôt de la misère et du chômage ? » A quoi René Mayer crut devoir répondre sans sourciller, mais contre toute vraisemblance, que le gouvernement n'avait exercé aucune pression et que toutes ces initiatives provenaient des libres décisions des magistrats !

Croyez-vous à la relance ?

Nous étions le 24 mars. Le lendemain, René Mayer qui s'était rendu précédemment dans sa circonscription, à Sétif, pour y prononcer un discours sur l'armée européenne, puis à Londres, pour s'entretenir du même sujet avec les dirigeants britanniques, s'envola pour les Etats-Unis, accompagné de ses trois principaux ministres : Affaires étrangères, Finances, Etats associés. Comme dans la chanson, « toute la famille était là ». Pour un peu, la France aurait été gouvernée depuis Washington, d'autant que le quatuor prolongea son séjour pendant une bonne quinzaine. A son retour, le gouvernement comptait un plein trimestre d'existence pendant lequel il n'avait pratiquement rien fait. Maintenant, il était bien tard. Il n'avait plus que quelques semaines à vivre, il ne les mit pas davantage à profit.

Ce comportement de René Mayer peut surprendre étant donné la grande qualité intellectuelle (et, bien sûr, morale) de l'homme et la crainte me vient que la part de ce récit qui lui est consacrée apparaisse comme trop critique. En fait, l'explication est double. René Mayer, en dépit de sa formation et de sa compétence, demeurait foncièrement un homme de la IIIe République. Il avait vécu les principales phases de sa vie active entre l'avant-guerre, période pendant laquelle on vivait dans la récession sans même s'en apercevoir, puis les années de guerre, où le problème du taux du P.I.B. ne se posait pas, enfin celles de l'immédiate après-guerre où l'on faisait flèche de tout bois. L'image d'un monde où l'économie devait et pouvait suivre un rythme régulier de développement annuel n'entrait pas dans son système de conceptions. On s'en rend parfaitement compte en lisant les souvenirs de Robert Buron qu'il avait eu la bonne idée de prendre comme ministre des Affaires économiques et qui était, lui, un expansionniste, mais dont il n'écoutait pas les suggestions. Il a été plus séduit, expliqua Buron, par le mot *relance* — présenté comme une traduction française de *new deal* — que par la chose elle-même. En revanche, le ministre indique qu'il trouvait son président tout ragaillardi et coopératif dès que l'on revenait à une bonne question d'école, telle que la réglementation des ententes. Il faut dire, à la décharge de René Mayer, que le même état d'esprit animait — ou plutôt désanimait — les grands commis des Finances dont René Mayer, grand commis lui-même, mais d'une autre administration, aurait estimé inconvenant de combattre les préjugés.

Corrélativement, le président du Conseil n'arrivait pas à assimiler les nouvelles nécessités de la politique sociale et tout particulièrement son articulation et son interaction avec le développement économique. Ainsi l'avais-je entendu de mes propres oreilles, au cours d'un banquet de l'Union des industries exportatrices, présidé par mon vieil ami Alterman, condamner comme une novation bien fâcheuse le S.M.I.G. ! Il n'était pas conscient du rôle moteur que pouvait jouer une certaine augmentation du pouvoir d'achat, à la condition d'être couplée avec un effort d'investissement d'une importance au moins égale et de préférence supérieure. En fait, il était obsédé par deux données qui lui apparaissaient comme les clés de toute politique économique : la trésorerie à l'intérieur, l'aide américaine à l'extérieur. Avec les avances, on pouvait durer. Avec l'aide, on pouvait « s'en sortir ». Je ne méconnaissais pas moi-même l'importance du recours américain, mais je le limitais à sa mesure et je l'inscrivais à sa place dans l'ensemble d'un schéma général. J'ai decouvert depuis, en lisant les notes de Robert Buron, le projet précis qu'avait conçu René Mayer, ce qui me permet aujourd'hui de comprendre cette sorte d'apathie et de fatalisme qui donnaient au principal ministre technicien de la France le visage inattendu de *l'Indifférent* de Watteau.

L'oncle d'Amérique.

Robert Buron nous révèle en effet que son président du Conseil avait conçu un plan sauve-tout qui consistait à obtenir des Américains une aide spéciale... pour la construction en France. Conformément à la psychologie de sa génération, il croyait au rôle incitateur de l'industrie du bâtiment (quand le bâtiment va, tout va), et il n'avait pas tort puisque j'en fis moi-même, avec succès, un des leviers de la relance (pas l'unique cependant). Il lui semblait d'autre part que seule une forte injection de capitaux pouvait procurer une animation nouvelle à ce secteur et que seuls nos Alliés pouvaient nous apporter des moyens d'une envergure suffisante. L'utilisation du 1 % lui paraissait une méthode insuffisamment rapide et il n'eut pas l'idée, à vrai dire originale (nous la trouvâmes à plusieurs), du recours discret aux moyens monétaires. La conclusion était donc d'une imparable logique mais elle avait le défaut, comme Robert Buron le lui fit remarquer, d'être totalement irréaliste. Il s'obstina toutefois, d'où la longueur de son voyage. Il faut dire que les Américains ont pour habitude, voire pour système, de ne jamais opposer une fin de non-recevoir à une proposition nouvelle. Ils affectent, au contraire, d'être agréablement surpris et vivement intéressés. On emporte donc une impression optimiste. A la seconde rencontre, ils prétendent n'avoir pas tout compris dans le détail, ou bien un nouvel interlocuteur survient, pour lequel il faut recommencer la démonstration. On convient donc d'étudier la chose et, en attendant, on vous demande de poursuivre la discussion sur l'ordre du jour initial. A la troisième tentative, les sourcils se froncent, les visages se crispent et on vous fait comprendre, avec des degrés de ménagement variables selon la place hiérarchique occupée par le demandeur, qu'il faut en revenir aux choses sérieuses, c'est-à-dire au programme planifié par l'interlocuteur américain et auquel il n'a pas changé un iota.

A son retour, il apparut qu'il n'avait rien obtenu, sans doute parce qu'il n'avait pas demandé ce qu'il fallait demander. L'opinion publique américaine avait d'ailleurs été fâcheusement impressionnée, à la différence de l'opinion française, par le nouveau recours à la planche à billets coïncidant avec l'irruption, sur le territoire américain, d'un peloton de quatre ministres quêteurs. Le président Eisenhower qui inaugurait ses fonctions présidentielles en recevant pour la première fois un chef de gouvernement étranger, n'entendait certes pas rebuter ses visiteurs qui étaient tous tenus pour des atlantistes solides et des amis fidèles de l'Amérique. Cependant, il devait tenir compte des réticences populaires et parlementaires. Il était lui-même, comme j'avais pu m'en assurer, fort sévère vis-à-vis des institutions françaises et de leur instabilité. Il avait mal ressenti l'échec de mon gouvernement, survenant après la Conférence de Lisbonne, et déploré le refus ultérieur de tout effort par la France, alors que nous avions obtenu le concours américain en considération même de nos bonnes résolutions. Il voyait dans cette palinodie assez courante de notre vie parlementaire quelque chose d'analogue à une filouterie d'aliments. Aussi était-il décidé à se montrer généreux pour ce qui concernait les paroles, mais circonspect pour les actes et parcimonieux pour les chiffres. « Finalement, les ministres français obtiennent des satisfactions d'ordre moral et politique. » Cette satisfaction consistait essentiellement dans l'annonce d'une conférence au sommet qui se tiendrait aux Bermudes, au mois d'octobre suivant. Cependant, le quatuor ne revint pas entièrement bredouille car Robert Buron, à lui tout seul, avait réussi à obtenir un financement de quelques milliards de francs pour un fond d'encouragement à la productivité.

Il arrive que la foi soit récompensée (surtout quand il ne s'agit que d'une obole).

CHAPITRE XXXII

1788 : LES DUUMVIRS DE LOUVIERS

On trouvera peut-être un effet de répétition entre mes deux exposés de Louviers (22 mars) et de l'Assemblée nationale (21 mai) où je reprends, avec quelques variantes, celui de Bordeaux (18 octobre) qui se rattache lui-même à un passage essentiel de mon « discours de congé » (29 février 1952). Il s'agit, dans ces quatre documents, du thème fondamental de la « double négociation » avec les Américains puis avec nos adversaires sur l'Indochine. Certains penseront que je ne me *renouvelais* pas beaucoup. Cependant, je ne pouvais passer sous silence aucune de ces prises de position.

D'autre part, et bien qu'on parle quelquefois de l'art de la politique, celle-ci ne doit pas être appréciée d'un point de vue artistique. La répétition, que l'on proscrit dans les œuvres de fiction, doit au contraire être estimée et louangée dans l'action d'un homme public. Un chef de gouvernement est comptable de la clarté et de la constance de sa pensée. La versatilité et la fantaisie ne sont pas pour lui des qualités à cultiver. Pour mon propre cas, l'ironie du sort m'a exposé parfois à la critique de légèreté, alors qu'on pourrait plutôt me faire grief d'un entêtement systématique et d'un certain excès d'opiniâtreté.

Président de commission.

Après la chute de mon gouvernement, je n'avais pas trouvé de place disponible à la commission des Finances, et j'étais entré à la commission — presque aussi appréciée — des Affaires étrangères. Au début de 1953, un heureux concours de circonstances me permit d'en occuper, sans coup férir, le fauteuil présidentiel. Ce poste avait été tenu, pendant des années, par Edouard Bonnefous, qui s'y trouvait merveilleusement à l'aise, à la fois par sa formation d'historien et de politologue, et grâce à cet ensemble de traits, qui, depuis le langage jusqu'au maintien, composaient en lui un personnage typique —

voire archétypique — de grand diplomate. Il avait eu comme successeur Jacques Bardoux, membre de l'Institut, grand-père de Valéry Giscard d'Estaing (auquel il légua sa circonscription du Puy-de-Dôme). Jacques Bardoux était un charmant vieux monsieur perpétuellement affable et affairé, que l'on rencontrait sans cesse trottinant dans les couloirs, et dont la loquacité était proverbiale. En commission, son interminable exposé introductif et ses commentaires dilués produisaient sur ses collègues un incoercible effet de lassitude et d'agacement. Aussi avais-je reçu la suggestion de présenter, lors du renouvellement, ma propre candidature. Je craignais de heurter les commissaires du groupe modéré. Je m'étais donc récusé, et bien m'en prit, car son propre groupe ne renouvela pas la désignation de Jacques Bardoux. (Il parvint cependant à se faire rétablir, Chastelain ayant accepté de se démettre mais trop tard pour qu'il pût se porter à nouveau candidat à la présidence.) Je fis aussitôt connaître mes propres intentions (ce qui, soit dit entre parenthèses, est une règle constante de carrière politique). Certains croient que le secret peut leur être avantageux : c'est une lourde erreur. En se déclarant le premier, on obtient souvent un effet dissuasif. Ainsi Yvon Delbos, qui attendait d'être comme on dit en Amérique porté par un « draft » de ses amis, accepta, d'ailleurs de bonne grâce, de me laisser le terrain. Je fis en un record de temps un maximum de visites personnelles. J'étais assuré de l'appui du M.R.P. grâce à Alfred Coste-Floret, et j'obtins, grâce à Gaston Palewski, et après une conférence-express le matin même de la séance, l'appui de la plupart des gaullistes. Les socialistes présentèrent Daniel Mayer, et les communistes le vétéran Marcel Cachin, qui, heureusement, se maintint jusqu'au bout : nous étions en plein dans la période tendue des rapports entre les deux partis. Cependant, deux commissaires communistes, au dernier tour, décidèrent quand même d'apporter leur voix à Daniel Mayer (ils en furent d'ailleurs blâmés « au sommet »). Je fus élu par 22 voix sur 44, contre 17 et 5.

Etait-ce un signe du destin ? D'après mon association avec P.M.F., je pouvais être appelé à diriger le gouvernement, ou à prendre le portefeuille des Affaires étrangères. J'occupais désormais une position parlementaire stratégique de premier plan, et j'aurais tout bénéfice à me familiariser avec les dossiers des relations internationales, en un temps où de grands changements se dessinaient.

La mort de l'antéchrist.

Dans la soirée du 4 mars, le monde apprit avec une intense émotion (point nécessairement imprégnée de tristesse) que Iossip

Vissarionovitch Djougachvili, plus connu sous le nom de Staline, venait d'être frappé d'hémorragie cérébrale (en fait depuis trois nuits et deux jours) et qu'il était entré dans le coma, dont il sortit le lendemain pour mourir. Le ministre français de la Défense nationale fit mettre les drapeaux en berne sur les bâtiments militaires. Cette décision fut âprement contestée jusque dans l'hémicycle du Palais-Bourbon.

J'avais été sur-le-champ interrogé, comme quelques autres personnalités politiques, sur les conséquences que l'on pouvait attendre de la disparition du maître de toutes les Russies. Je n'hésitai pas à dire pour ma part que ce n'était pas un épiphénomène et qu'on pouvait désormais s'attendre à une très nette évolution de la position soviétique dans les affaires du monde.

Je pensai que quand un homme avait apposé sur son temps une marque si formidable, les choses ne pouvaient continuer après lui comme elles étaient avec lui. Les extravagances criminelles du maréchalissime n'étaient alors que très imparfaitement connues. Cependant, Staline était à mes yeux le responsable de la guerre froide, celui qui avait brisé le charisme de Nuremberg, le rêve de voir coexister et s'associer deux grands humanismes, un humanisme d'esprit libéral et un humanisme collectiviste. J'avais cependant soutenu, même à l'époque du *climax* des antagonismes, qu'il fallait, inlassablement, tenter la chance de la compréhension, poursuivre la politique de la passerelle. En octobre 1952, au Congrès de Bordeaux, j'avais rappelé les principes qui inspiraient mon obstination. J'employai à cet égard une formule à laquelle je trouve aujourd'hui la résonance du « popperisme » : « Nous ne pouvons avoir aucune certitude quant à la possibilité de négocier utilement, mais nous n'avons pas non plus la certitude absolue et anticipée de la vanité de nos efforts. » J'allai plus loin : « Même si nous étions sûrs de l'échec de toute négociation, il faudrait négocier quand même car l'offre de négociation — et les Russes, dans leurs méthodes inlassablement répétitives, le savaient bien — a valeur de propagande. Ne laissons pas mobiliser la paix par les responsables du danger de guerre. »

Après la mort de Staline, les perspectives de négociations, sinon de rapprochement, ne pouvaient être taxées d'irréalisme.

Non pas, sans doute, qu'il faille attribuer à la personnalité isolée d'un homme exceptionnel la capacité d'inventer l'histoire et de contrarier la grande détermination des forces profondes. Mais de tels hommes, et le cas de Staline était sans doute l'exemple le plus « forcé » de cette situation, représentent une forme extrême, une tension crispée du mouvement qu'ils incarnent. Cette tension ne peut être permanente ; elle attend le moindre signe pour se relâcher.

Dès lors, je voyais mieux se profiler la perspective d'un règlement indochinois, que j'avais moi-même entrepris de préparer dans mes contacts de Lisbonne. Le changement que nous espérions désormais de la politique russe améliorait le pari que je faisais, et selon lequel, dès l'instant que nous serions assurés d'un relais financier suffisant pour notre effort militaire, les chances d'une négociation monteraient en flèche.

Nous n'allions pas tarder à être fixés quant aux novations que l'on pouvait escompter à la suite de la mort du Satan géorgien. La démonstration fut faite lorsque la nouvelle direction soviétique démonta d'un coup la stupéfiante machination du prétendu complot criminel tramé contre Staline par ses propres médecins, les spadassins en blouse blanche. (Certains de mes amis praticiens français croyaient dur comme fer à cette farce sinistre.)

La présidence de la commission des Affaires étrangères n'était pas, comme on dit, un *fulltime job,* néanmoins c'était une occupation non négligeable, et dont bien des aspects étaient des plus intéressants. En dehors des séances et de leur préparation, elle donnait lieu à des rencontres, et à de nombreuses réceptions officielles. Le président, du moins lorsqu'il appartenait à la majorité gouvernementale, était censé recevoir en confiance tout le matériel des dépêches diplomatiques. En réalité les documents vraiment confidentiels et, de ce fait, presque toujours les plus importants, étaient parfois escamotés et le plus souvent ils nous étaient transmis avec un tel retard qu'ils avaient, comme on dit, laissé pousser leur barbe.

Ce nonobstant, une littérature abondante demeurait à ma disposition, je la recevais deux ou trois fois par semaine sous la forme de liasse épaisse, consolidée de temps à autre par des rapports si volumineux qu'il fallait les présenter sous cartonnages.

Je passai des soirées entières à dépouiller cette documentation et je l'emportai souvent avec moi quand je prenais le train. Je posai au fur et à mesure sur la banquette les rames de feuillets que Pierre Jeambrun ramassait et replaçait en ordre, après un clin d'œil indolent aux intitulés. Je prenais le plus souvent un réel intérêt aux messages détaillés des ambassadeurs, aux rapports de synthèse. Je me souviens du service remarquable qu'envoyait du Caire Maurice Couve de Murville.

C'est également dans ce tas que je découvris les excellents rapports de Travers sur la Chine populaire. Mais je ne savais pas alors quel en était l'auteur ; je ne le découvris que par la suite, à l'occasion de mon voyage en Asie. M. André Travers était entré dans la diplomatie par la voie latérale, à l'époque du gouvernement de Tchang Kaï Chek replié à Nankin. Il avait épousé une fille du Ciel, maîtrisait parfaitement le mandarin et tirait sa principale fierté de son érudition dans le domaine de l'opéra chinois, dont trois cents œuvres lui étaient familières. Toutes ces qualités auraient pu coexister sans entraîner avec elles la force d'analyse, le don de la synthèse, et la capacité de l'exposition. Ses travaux me furent d'une grande utilité lors de mes voyages en Chine ; je lui en ai déjà marqué ma reconnaissance, je le fais ici à nouveau. Il est également l'auteur d'un récit romancé publié sous un pseudonyme. Il a vécu un drame familial, avec la mort de sa belle-sœur, frappée à vingt et un ans d'un accident cardiaque dans un camp de « remoulage » pour la jeunesse étudiante.

Vers le 15 mars, l'occasion me fut donnée de participer, avec Lucie, à une croisière de prestige organisée pour l'inauguration d'un paquebot dont j'ai oublié le nom. Les premières escales étaient Lisbonne et Rabat. J'estimai normal de mettre à profit ma présence dans la capitale marocaine pour m'entretenir avec le roi Mohammed V que je connaissais à peine. Je ne l'avais vu que lors d'une audience protocolaire, où il m'avait remis les insignes de la grand-croix du ouissam-alaouite. C'était en 1950, à Marrakech, où je m'étais rendu pour présider au tirage de la loterie.

Le roi nous reçut dans sa villa et, le soir, le bâtonnier Bayssière nous mena à un dîner intime où nous conviait, sur sa suggestion, le prince héritier Moulay Hassan. Des politiciens calomniateurs et des agents « manipulés » me firent plus tard, avec autant d'effronterie que de sottise, l'étrange grief d'avoir pris de tels contacts, qu'ils qualifiaient de clandestins, voire liés à des questions d'intérêt, alors que j'avais agi au grand jour, en ma qualité de président de la commission des Affaires étrangères, auprès de souverains légitimes protégés de la France. J'avais d'ailleurs eu l'occasion, avant mon départ, de consulter Maurice Schumann sur l'opportunité de ces contacts auxquels il m'avait encouragé.

Nos interlocuteurs nous firent part des inquiétudes que leur inspirait la tension persistante — et même aggravée — qu'entretenaient certains responsables de l'administration de la police, qui excitaient le Glaoui, pacha de Marrakech, à préparer un coup d'Etat en vue d'un changement dynastique. J'avais déjà capté des rumeurs relatives à ce complot, et j'en avais fait l'un des thèmes de mon article publié au mois de février, dans le numéro spécial de *la Nef*. Le sultan ne concevait pas l'éventualité de son élimination. « J'ai vu passer beaucoup de monde ici, me dit-il, mais je suis resté et je resterai. »

Un peu plus tard, j'allai rendre visite au président Vincent Auriol et je lui narrai les entretiens que j'avais eus avec Mohammed V et Moulay Hassan, ainsi que les étranges dessous que laissaient entrevoir certaines manigances. « Il semble que nous ne puissions exclure, lui dis-je, la tentative d'un " coup " par un petit clan d'irresponsables. Ce serait une folie. — Ce serait un crime », rectifia le président de la République.

Quelques mois seulement nous séparaient de l'événement auquel nous avions la naïveté de ne pas croire.

Les hommes de volonté et le jubilé de Pierre Mendès France.

Ce fut une belle journée ensoleillée que celle du dimanche 22 mars 1953, qui avait été choisie pour la célébration, à Louviers, du jubilé parlementaire de Pierre Mendès France. A vrai dire, cette date était fixée selon une conception un peu fantaisiste de l'institution jubiliaire. La durée habituellement retenue est celle du quart de siècle ; la première élection de P.M.F. ne remontait pas à vingt-cinq années, ni non plus au chiffre plein de vingt ans (les *vincennales* des Anciens) mais, bizarrement, à vingt et un ans : aux scrutins du 1er mai (mais oui !) et du 8 mai 1932.

Mon souvenir me ramenait à l'époque de mes débuts au Palais et de la conférence Molé-Tocqueville, quand notre jeune confrère prenait la décision insolite de s'inscrire au barreau de Louviers afin de donner quelque crédibilité à une candidature dont les chances paraissaient assez minces. Je me voyais discutant avec lui au sortir de notre hémicycle joujou de la rue des Saints-Pères, nous rendant à quelques pas de là, selon le rite, chez Lipp.

« Je pense que je vais abandonner la politique, m'avait-il dit un soir. — Mais que feras-tu ? — Je me consacrerai au Palais et je poursuivrai mes études économiques. » C'est pourtant de cette ville, de son barreau où n'étaient inscrits en le comptant que deux avocats, de ce tribunal miniature dont son prédécesseur et concurrent malheureux, Alexandre Duval, avait eu l'idée (pour lui catastrophique) de faire rouvrir le prétoire décrépit fermé depuis les décrets de Poincaré, qu'avait pris son élan une carrière dont, en célébrant le passé, nous préparions à ce jour le nouvel épanouissement.

La grande fête républicaine du 22 mars s'inscrivait dans le mouvement d'une stratégie fort méthodiquement préparée à la suite du contrat de Bordeaux par l'équipe de Jean-Jacques Servan-Schreiber. Celui-ci avait ouvert la campagne en publiant, quelques jours auparavant, un important article dans *le Monde :* il s'agissait de faire sortir la politique française de sa routine et de ses ornières, de préparer un « new look », de promouvoir une équipe résolue. Je devais par mon discours de Louviers prendre le relais de ce thème. Après quoi, dans quelques semaines, l'opération serait poursuivie par le lancement spectaculaire de l'hebdomadaire *l'Express*, appuyé sur *les Echos* que dirigeait le père de Jean-Jacques. Ce projet avait été agité pendant les vacances d'hiver de Megève. J'en avais été informé à cette occasion puisque je me trouvais sur place (j'avais passé le réveillon chez les Servan-Schreiber) mais je n'avais pas participé à son élaboration. J'avais préparé avec beaucoup de soin mon discours de Louviers, trop peut-être. L'excès d'élaboration, chez moi, aboutit souvent à alourdir mes textes et rend plus malaisée leur exploitation rapide par les médias. Pour l'essentiel, il comportait trois motifs symphoniques.

Dans un premier temps, je reprenais l'analyse de la situation actuelle, caractérisée par l'inflation, bien que celle-ci fût moins apparente du fait du maintien de la stabilité des prix. J'avais fait le diagnostic précis de ce type de malaise qu'on a appelé depuis la *stagflation* (le mot n'est pas de ma plume).

A l'analyse succédait la proposition. Je reprenais mon cheval de bataille, le syllogisme de Lisbonne, lequel correspondait parfaitement à la thèse mendésienne sur l'impossibilité pour la France de cumuler les charges de la défense européenne et de la guerre d'Indochine. Je rappelais que la question avait été exposée à nos alliés américains par Robert Schumann et par moi-même. Je précisai que nous avions demandé une réponse avant la fin de l'année, que ce délai avait été tacitement accepté, et qu'il était dépassé depuis trois mois.

« La solution d'appui demandée pour l'Indochine devait intervenir en cours d'année. A (cette solution) était subordonné notre engagement définitif au programme de réarmement européen et notre participation à la Communauté européenne de défense »...

« Or jusqu'ici seule une brève communication de l'O.T.A.N. nous a indiqué que le problème de l'Indochine était l'objet d'une étude approfondie des Services Américains » (1). Je précisais que je m'étais abstenu d'insister sur ce point par convenance diplomatique, pendant le cours de l'année écoulée.

Enfin, mon troisième volet était consacré à une philosophie de l'action politique, dans l'esprit de l'article de Jean-Jacques Servan-Schreiber. J'ajoutai une distinction de mon cru entre les hommes de bonne volonté et les hommes de volonté (après tout la bonne volonté n'est autre chose que la somme des bonnes intentions dont est pavé l'enfer).

L'index de la presse résume en ces termes la leçon qui se dégageait de cette journée et l'interprétation que lui donnèrent les milieux politiques.

(1) Index quotidien de la presse française, lundi 23 mars 1953.

Vers un regroupement des hommes de volonté : Mendès France et Edgar Faure...

... les observateurs considèrent (le discours) comme le prélude d'un regroupement autour de MM. Edgar Faure et Pierre Mendès France d'un certain nombre d'hommes « valables et de volonté » et non pas seulement d'hommes de bonne volonté ».

Dans ma conclusion je marquai que, dans ma pensée, le rôle de rassembleur de ces hommes appartenait au premier chef à Pierre Mendès France « de par l'exemple de rigueur, d'honnêteté et de foi de sa carrière ». « Beaucoup d'entre eux, ajoutais-je, et moi-même sommes prêts à vous aider. »

Peu de jours après Louviers je publiai dans *le Monde* un article où je traitais le sujet du malaise des institutions sous le titre : « La crise de la démocratie ».

Pierre Mendès France approuva mon analyse et par la suite il a soutenu les projets de réforme constitutionnelle mais il était porté à attribuer moins d'importance à la modification du texte qu'à « des changements dans la psychologie, dans les habitudes, dans les mœurs... ». C'est ce qu'il tint à exposer en publiant à son tour un article dans le même journal le 10 avril suivant.

Les mouvements sociaux et la grève « dépressive » de Renault.

Quand le quatuor gouvernemental revint de son voyage aux Etats-Unis, on commença de voir que le gouvernement de René Mayer s'acheminait doucettement vers une fin sans drame, une sorte d'euthanasie.

Le mécontentement des travailleurs commençait de se manifester sous forme d'une série de grèves dont seule la division antagonistique entre les différentes centrales syndicales freinait le développement. De leur côté, les milieux agricoles qui, dès le début, s'étaient montrés les plus réfractaires à l'expérience de M. Pinay (les producteurs agricoles montrent toujours de la méfiance à l'égard des politiques fondées sur la compression des prix car ils en sont les premières et les plus constantes victimes) s'engageaient sous le mot d'ordre dit de l'action civique dans de véritables préparatifs de combat. Je reconnaissais là le phénomène à la fois politique et sociologique dont j'avais fait l'expérience en 1951 lors des élections dans le Jura. Cette tendance s'était épanouie au Congrès de la F.N.S.E.A. tenu en février sous l'impulsion de René Blondelle mais elle maintenait d'assez bonnes liaisons avec le ministre Camille

Laurens. Fin mars, le parti paysan de Paul Antier s'engagea dans une opération de surenchère, réclama un renversement total de la politique économique et agita la menace de retirer ses ministres. Cependant ce ne fut pas un ministre « rural » qui démissionna, mais bien Pierre Montel, secrétaire d'Etat à l'Air, mécontent de l'insuffisance de ses crédits. Il le fit à la date du 12 mai qui était celle de la rentrée parlementaire, peu de jours avant la chute du ministère : dernier et fâcheux présage.

La grève des Usines Renault qui dura plus d'un mois et ne se termina que le 14 mai méritait de retenir l'attention par ses aspects mystérieux et nouveaux. Elle provenait de la base et prenait de court les grandes centrales syndicales. Comme elle avait pris naissance dans un atelier de sellerie où un syndicat indépendant était bien placé, on émit diverses hypothèses romanesques, mettant en cause les rivalités de direction ou des intrigues gaullistes; mais nous pouvons y voir aujourd'hui tout simplement la première manifestation du *spontanéïsme* qui devait marquer l'explosion sociale de l'été 1953 (la même veine ayant affleuré à nouveau en surface en 1968). Ce sont des types de manifestations liés à l'effet doublement *dépressif* (politiquement et psychologiquement) des politiques déflationnistes.

La vie parlementaire connut encore une période de répit, fin avril et début mai, pour les élections municipales. J'étais réélu fort aisément à Port-Lesney. René Mayer trouva encore le temps de faire adopter par son conseil le projet de révision constitutionnelle préparé par Paul Coste Floret et dont on ne voyait guère l'urgence et de prendre personnellement en main la grève de la marine marchande : il rendit lui-même le 18 mai l'arbitrage qui mettait fin à un long et difficile conflit. Il se retrouvait enfin à merveille dans son rôle de prédilection, celui de grand gestionnaire d'un ministère technique.

La fin de l'hibernation.

René Mayer se décida à reprendre l'offensive, si l'on peut employer ce terme à l'égard d'une action dont le style tenait plutôt du fatalisme que de la pugnacité. Il prit, d'une part, les 12 et 13 mai, des décrets opérant un certain nombre de retranchements dans les dépenses publiques, mais on ne pouvait guère parler ici d'économies car le montant en était absorbé presque entièrement par d'inévitables augmentations de charges (S.N.C.F., aide à l'exportation, etc.). Il déposait, d'autre part, sur le bureau de l'Assemblée un nouveau projet financier dans lequel il rectifiait les prévisions financières dont l'optimisme initial se trouvait gravement démenti, par l'évolution négative de la conjoncture. La principale pièce de son nouveau dispositif consistait dans le recours aux décrets-lois. « espoir suprême et suprême pensée » des gouvernements successifs et qui leur fournissait une typique occasion de suicide. Dans l'espèce un article 2 prévoyait des plafonds de dépense et par conséquence des volumes d'économies successifs pour les budgets 1953 et 1954.

Une telle méthode permettait de limiter à un chiffre insignifiant le montant de l'effort immédiat, évitant ainsi de déchaîner les criailleries (il s'agissait seulement de 8 milliards) et de reporter le gros des abattements sur l'exercice suivant, ce qui laissait le temps de voir.

A l'occasion de ce débat qui paraissait devoir se conclure par la chute du gouvernement Mayer, je décidai de monter à la tribune pour la première fois depuis la séance mémorable du 29 février 1952. Le moment parut venu de donner la publicité légitime du *Journal officiel* aux critiques et aux propositions que je formulais dans mes articles et dans mes interventions diverses.

Ce fut sans doute l'un de mes meilleurs exposés non ministériels et quand j'eus l'occasion de le relire j'en ai éprouvé un certain contentement. Cependant, il me faut aussi reconnaître que je rendais des verdicts et que je dispensais des leçons avec un peu de sévérité, voire avec une pointe d'arrogance.

Je commençai comme il se devait, en rassurant René Mayer sur le sujet même du débat : « Je voterai l'article 2 » et je faisais valoir qu'il ne comportait réellement aucun danger mais par là même je reconnaissais implicitement son caractère anodin et par conséquent son insuffisance. Je faisais éloge au gouvernement du juste effort qu'il avait entrepris quant à la *sincérisation* (cependant, cette expression même indiquait que la sincérité n'était pas acquise au départ !).

« Il y a toujours dans les prévisions budgétaires des possibilités d'erreurs dans les deux sens ; le plus grave c'est quand les erreurs s'additionnent au lieu de se compenser, ce qui est le cas avec la sous-estimation des dépenses et la surestimation des recettes. »

Au cœur des difficultés il y a la récession économique et cette récession j'en donne cette fois la cause et le chiffre. La cause, c'est le bloquage des investissements, opéré l'annee précédente. Or, tout bloquage devrait logiquement être suivi d'un débloquage.

Le chiffre : on a bloqué 95 milliards et on n'en a débloqué que 17 !

Enfin je reprenais le rappel du plan Faure-Schuman de Lisbonne, avec les précisions de date : l'année en cours. J'insistai sur la nécessité de faire apparaître notre ferme volonté d'accorder leur pleine indépendance aux différents Etats. Il ne s'agissait plus d'une affaire française mais d'une affaire interalliée. « Il faut dès lors que, par une confrontation de nos vues, nous sachions si nous devons aborder la négociation, car, s'il y a lieu de le faire, il faut le faire ensemble, ou envisager l'internationalisation, ou accroître l'effort militaire. »

En conclusion, j'attirais l'attention du président du Conseil sur la nécessité de mettre mieux en rapport l'énergie des solutions avec la gravité des problèmes. « Il peut y avoir une certaine confusion, à l'heure actuelle, entre l'hygiène et la chirurgie. »

Mon discours ne contribua en rien à la défaite de René Mayer qui fut acquise le même jour à la forte majorité de 328 voix contre 244, mais il faut bien reconnaître qu'il ne lui apportait aucun soutien. En réalité, mes propos ne lui étaient pas destinés. La polémique se poursuivait au-dessus de sa tête (et cette réflexion s'applique, non seulement à mon intervention, mais à plusieurs autres). A quatorze mois d'intervalle, le dialogue se poursuivait entre Antoine Pinay et Edgar Faure, entre la politique volontariste de l'expansion, qui accepte, en contrepartie, les sacrifices, et la politique confortable du refus des sacrifices, qui accepte, en contrepartie, « l'hibernation ». Mais l'hibernation n'a qu'un temps. Je la définissais ainsi : un état « où la maladie n'est arrêtée dans ses signes extérieurs que parce que le malade est en état de vie diminuée. De sorte qu'il est dans l'alternative rigoureuse ou de garder l'immobilité, ou de retomber dans le mal ».

Une autre hypothèse peut aussi se présenter : c'est que le malade se mette à ruer... sur son brancard. C'est ce qui venait de se produire. Il faut, alors, changer de médecin.

CHAPITRE XXXIII

L'ÉCHEC TRIOMPHAL DE PIERRE MENDÈS FRANCE ET L'AVÈNEMENT MODESTE DE JOSEPH LANIEL

Sic itur ad astra

Un véritable conte de fées.

Paul Reynaud pressentait-il qu'il serait le premier appelé par Vincent Auriol après l'ouverture de la crise ? Peut-être. En tout cas, il savait, comme tout le monde, que son nom figurait parmi les premiers de la liste des *papabili.* Il nous avait invités à déjeuner, Pierre Mendès France et moi, quelques jours avant le débat qui devait être fatal à René Mayer. Nous étions entre hommes, dans la salle à manger élégante de son appartement de la place du Palais-Bourbon. Il nous exposa que nous formions à nous trois la seule équipe capable de rénover la gestion des affaires publiques. On comprenait qu'il avait suivi les comptes rendus de Louviers, et qu'il avait conçu le projet bien compréhensible de transformer le duumvirat en triumvirat. Nous suivions avec intérêt ses propos, toujours stimulateurs, et nous ne sentions pas d'allergie à l'égard de ses suggestions. Nous avions pensé d'ores et déjà à quelques participants pour le ministère des « hommes de volonté », notamment Robert Buron et François Mitterrand. Paul Reynaud pouvait fort bien être retenu et son âge, soixante-seize ans, ne nous paraissait pas y faire obstacle. Pierre Mendès France qui l'avait approché sous la IIIe République ne pouvait manquer de nourrir un préjugé favorable à l'égard d'un homme qui avait symbolisé la Résistance à l'esprit de Munich, et qui portait sur l'économie, malgré quelque divergence entre nos vues respectives, les regards d'un homme de notre temps. Au surplus, ils avaient connu tous deux la persécution. En le quittant, nous échangions des propos favorables à certaines formes de collaboration avec lui, sans donner cependant à notre entente les aspects structurels qu'il eût voulu envisager. Nous demeurions réservés à l'idée, non expressément formulée d'ailleurs, qu'il pût assurer lui-même la direction d'un gouvernement où nous entrerions tous deux à titre de brillants seconds.

Vincent Auriol avait d'abord convoqué Guy Mollet puis Andre Diethelm, mais c'était moins dans l'intention de les pousser à l'investiture que pour leur faire entendre ses coups de semonce. Au premier, il demanda de faire en sorte que les socialistes, puisqu'ils se refusaient à gouverner eux-mêmes, renoncent à empêcher les autres d'assurer le fonctionnement de la machine démocratique. Quant à Diethelm, qui était le président du groupe parlementaire des anciens R.P.F., débaptisé par l'injonction du général de Gaulle et devenu U.R.A.S. (1), il lui fit observer que lorsque l'addition de deux oppositions (socialiste et gaulliste) incapables de s'entendre pour gouverner, en venait à se conjuguer avec une troisième (le P.C., non désigné) pour bloquer le régime, cela créait une situation bien fâcheuse. Il donna à ses propres déclarations, dans l'un et l'autre cas, une publicité fracassante.

Ayant ainsi déblayé le terrain, informé l'opinion, et libéré sa conscience, il pouvait enfin se tourner vers son favori Paul Reynaud, dont le choix entrait dans la dynamique continuée du glissement à droite. Sorti de l'Elysée le 26 mai à onze heures trente, le doyen des postulants montra qu'il était aussi le plus fougueux, en annonçant qu'il se présenterait devant l'Assemblée nationale le lendemain mercredi 27 dans l'après-midi. Dès la fin de la journée, Louis-Gabriel Robinet, rédacteur en chef du *Figaro*, dont l'influence ne s'exerçait pas seulement par ses éditoriaux, écrits avec clarté et sur un ton d'évidence (et qui avaient inspiré à Jacques Soustelle son allusion ironique aux « robinets officieux ») me téléphonait sur le ton de l'euphorie. Il était représentatif de toute une catégorie de l'opinion parisienne qui choyait Paul Reynaud à cause de son exceptionnel talent, de son patriotisme, du fait aussi que c'était quelqu'un dont on entendait parler depuis longtemps, ce qui rassure toujours, enfin du style « conservateur anglais », tranquillisant les capitalistes et les persuadant en même temps qu'ils devenaient des hommes de progrès, dès l'instant qu'ils soutenaient un chef de file clairvoyant et novateur.

Tout était réglé dans son esprit grâce au triumvirat dont Paul Reynaud lui avait déjà fait la confidence. « Vous aux Finances et

(1) Dans un communiqué daté du 6 mai le général avait rendu leur liberté aux parlementaires élus sur son nom. Le R.P.F. ne devait pas se compromettre avec le régime : « Il faut préparer le recours » était sa conclusion.

Mendès à l'Economie, vous serez ainsi, en quelque sorte, ses deux bras droits. — Plus exactement, rectifiai-je, ses deux bras gauches. Personne n'a jamais eu deux bras droits, mais saint Ovide avait deux bras gauches. » Je me montrai réservé sur le fond.

Paul Reynaud, dont il se confirmait qu'il s'était préparé à son destin, avait conçu un plan mirobolant mais qui se ramenait, comme il arrive souvent, à une fausse bonne idée, et qui fit sa perte. Il accordait leur juste importance aux problèmes qui étaient à l'ordre du jour et au vice inhérent au régime que j'avais récemment évoqué en mentionnant la « crise de la démocratie ». Mais au lieu de présenter tout simplement la réforme des institutions comme une pièce essentielle et urgente de son programme, il émit l'extravagante prétention de mettre en mouvement la procédure exceptionnelle de révision... *avant* de fixer la composition de son gouvernement. Tout devait être bouclé par les deux Assemblées en huit jours ! Il faut dire que le texte à voter était simple : il prescrivait la dissolution automatique si un gouvernement était renversé avant de compter dix-huit mois d'existence. Cependant, quelle que fût la brièveté du délai fixé pour examiner et voter un texte aussi facile, la France se trouverait placée dans une situation tout à fait paradoxale. Elle disposerait en effet d'un président du Conseil sans gouvernement, et, d'autre part, d'un gouvernement au complet (l'ancien, composé de ministres chargés des affaires courantes) mais dépourvu de chef, l'ancien président ne pouvant coexister avec le nouveau.

Mendès France prit la parole pour approuver la réforme, je partageai son avis mais ne dis rien. Les groupes étaient divisés et tous les parlementaires médusés. L'affaire ne s'annonçait plus très bien quand le président désigné reprit la parole assez tard dans la soirée. Je m'attendais de la part du grand débater à un festival de formules, et j'éprouvai une déception. Il commit même une lourde gaffe. Evoquant les extraordinaires développements de la technologie dans le monde contemporain (ce qui, en soi, n'était pas une mauvaise façon de « placer » le sujet) et énumérant, notamment, les nouveaux engins de destruction, bombes et fusées, il eut cette réflexion malheureuse : « C'est un véritable conte de fées. »

Dans les couloirs, en attendant les résultats du pointage, qui ne faisaient plus de doute, ses collaborateurs réunis autour de Lecat et de Devaux, atterrés, disaient : « Il est trop vieux. »

L'Eure éblouissante...

C'est à Pierre Mendès France que, contre l'attente générale, Vincent Auriol fit appel en second. Le président de la République, dans ses carnets, Pierre Mendès France, dans des notes remises à Jean Lacouture, ont retracé et commenté le dialogue qu'ils poursuivirent dans cette occasion. Pierre Mendès France avait déjà décliné diverses désignations, et l'on pouvait se demander si une perpétuelle disposition au refus n'était pas un des traits de son caractère impérieux et perfectionniste. Cependant les liens qu'il avait établis avec Jean-Jacques Servan-Schreiber avaient provoqué certaines modifications dans sa conduite ; il dépouillait peu à peu « le vieil homme » et laissait parler le « cœur nouveau » (1). Jean-Jacques Servan-Schreiber lui avait fait valoir qu'il suffisait pour la France d'un seul homme de génie, adonné à l'intransigeance, que ce rôle était parfaitement tenu par le général de Gaulle et que Mendès France devait se trouver un autre emploi, qui pouvait être celui d'un personnage de gouvernement. Aussi, après avoir tenté d'obtenir un report de quelques jours, qu'Auriol lui refusa (on le comprend car il lui eût été moralement impossible d'appeler deux fois une telle personnalité) Mendès se résolut à se présenter devant l'Assemblée, tout en estimant que ses chances de succès étaient nulles.

Je suivais sa tentative avec un sentiment chaleureux de participation et d'engagement personnel ; je m'identifiais à lui, selon ce que l'on appelle, pour le cinéma, le phénomène de l'option. Je ne connaissais que vaguement les intrigues qu'ourdissaient contre lui les caciques du radicalisme, car, connaissant ma position, ils se gardaient bien de m'inviter à leur congrès de sorcières. Je m'efforçai de lui porter un concours utile par les conversations dans les couloirs. Il ne me consulta pas sur la teneur de son programme, auquel il travaillait avec lenteur et application, en la seule compagnie de quelques collaborateurs.

Son discours était clair, fortement pensé, bien composé et ordonné, sans aucun artifice et même sans recherche d'originalité. Je l'avais, à plusieurs reprises, jugé meilleur. Ses amis et lui-même s'accordaient pour trouver que ce texte était « valable », mais qu'il n'apportait rien de bien neuf (Lacouture), voire qu'il exprimait beaucoup de banalités (Pierre Mendès France).

Plutôt que de banalité, je dirai : absence d'apprêt, absence d'effet. Et là fut sans doute sa principale vertu. Il était parfaitement *accessible.* Le grand public des profanes est toujours enchanté quand il constate qu'il comprend aisément tout ce que dit un homme dont la réputation est celle d'un grand cerveau et d'un incomparable technicien. « Serais-je vraiment aussi intelligent que ce maître de l'intelligence ? Si je le suis, c'est donc grâce à lui. » Son paragraphe de conclusion dans lequel il évoquait la jeunesse, et qui m'avait paru

(1) Expressions empruntées au langage de Blaise Pascal.

un bon « topo » du genre le plus conventionnel, creva les nuages et le porta vers les astres.

Parce que c'était cela, justement que beaucoup de personnes avaient envie d'entendre. Cela, tout simplement, sans autre précision, ni complication, de même que l'année précédente, il faut bien le reconnaître, Antoine Pinay avait mis « dans le mille » en disant qu'il était pour le franc et qu'il ne fallait pas augmenter les impôts.

Le discours de 1953 a pâti, dans l'opinion publique, de sa comparaison avec celui de 1954, qui fit plus forte impression et fut d'ailleurs couronné par le succès. Cependant, quand on relit le premier (ce que je viens de faire), on peut lui rendre justice sur ses deux très grandes qualités : tout ce qui est dit est précis. Le langage est continûment ferme. Quant au fond, il se montrait volontairement discret sur l'Indochine : il entendait reporter à l'automne le débat sur la C.E.D. et laisser au Parlement une pleine liberté de décision : en conséquence, il précisait assez curieusement que s'il était conduit, par hypothèse, à poser la question de confiance et si, par hypothèse, la confiance était refusée, il ne serait pas fait usage du droit de dissolution. Pour ce qui concernait l'économie, il entendait, comme René Mayer avait tenté de le faire, recourir aux décrets-lois ; il déclencha même un mouvement d'hilarité à l'extrême gauche en précisant que les décrets ne deviendraient définitifs qu'après leur ratification... mais qu'ils seraient immédiatement exécutoires.

L'ensemble de ses propos concernant l'économie, sans rien contenir de surprenant, apparaît comme incomparablement plus étoffé que ce n'était le cas dans les textes de ce genre (ainsi par ses développements sur l'exportation, sur l'agriculture, sur la recherche : « La France n'a reçu aucun prix Nobel depuis 1937 » !).

A la manière de ce héros d'André Gide qui aimait dire « Ce que l'homme a de plus profond, c'est sa peau », je dirai : ce que ce discours avait de plus profond, c'était son *ton !* La manière même dont il disait aux parlementaires : « Soyez sérieux ! Vous êtes libres de ne pas me suivre, mais si vous me suivez, ce sera dans la mauvaise comme dans la bonne fortune tant que je n'aurai pas trahi des engagements qui forment contrat. »

Tel quel, l'effet de ce discours sur l'opinion publique dépassa les prévisions les plus optimistes. Il obtint également une forte résonance sur les travées de l'Assemblée, principalement auprès des députés de la base, les *députés du banc* selon l'expression anglaise de *back-benchers.* Aussi, malgré les manœuvres des pontifes et des hommes d'appareil, ne manqua-t-il que de treize voix la majorité constitutionnelle. Avec 301 voix, il réintégrait dans la majorité les socialistes, contrariant ainsi la dynamique droitière ; on ne comptait que 119 opposants, dont une poignée de paysans démagogues et le groupe communiste, qui avait d'ailleurs hésité sur sa conduite et que cette affaire troubla en profondeur.

La fin du duumvirat.

Le lendemain, ou le surlendemain (je ne puis préciser ce point davantage), Pierre Mendès France demanda à me voir et se rendit à mon appartement de l'avenue d'Orsay. Je compris aussitôt qu'il s'agissait pour lui d'une sorte de démarche protocolaire et je lisais sur son visage la préoccupation, voire le contrecœur. Il m'exposa que le succès de sa tentative auprès de l'opinion créait, par ses proportions, une situation entièrement nouvelle, dont il avait le devoir de déduire les conséquences. L'une des plus importantes me concernait personnellement et lui inspirait des regrets. Je ne doutais point là-dessus de sa sincérité. « Je ne pourrai pas, me dit-il, entrer comme ministre dans un gouvernement, en fait dans un gouvernement que tu formerais, puisque les autres hypothèses ont toujours été exclues de mon esprit. Nous avions envisagé au cours de cette dernière période une formule alternative. Si c'était moi, tu venais à mes côtés. Mais si c'était toi, mon concours te serait pareillement acquis. Or je dois te dire, en franchise, pour éviter tout malentendu, et pour que tu n'encoures pas le risque de te déterminer par erreur, que ce schéma n'est plus aujourd'hui réalisable. Je dois garder intact ce capital considérable dont je dispose désormais. Il peut m'être nécessaire d'un jour à l'autre et il faut donc qu'il ne soit pas compromis. Je perdrais mon prestige, je rentrerais dans le rang, aux yeux du public, si j'agissais d'une autre manière. Cela veut dire, bien sûr, que tu es entièrement libre à mon égard. Je trouverais normal que tu acceptes la présidence, et je t'aiderais alors de mon mieux, mais sans pouvoir participer. Tu peux également entrer dans un autre gouvernement, et je ne saurais t'en faire le moindre grief. »

Il ne m'était point malaisé de discerner, à travers ce propos, l'influence de Jean-Jacques Servan-Schreiber. Je ne pensais d'ailleurs pas qu'il fût animé contre moi d'un préjugé hostile. J'avais jugé, après Louviers, et surtout avec le lancement de *l'Express*, qu'il ne me montrait pas autant de chaleur que j'aurais pu en attendre de sa part depuis les accords de Bordeaux, conclus à son initiative. Mais cela ne voulait pas dire que je lui fusse devenu antipathique. Tout simplement, il revenait aujourd'hui au « président » de son rêve, le seul et unique Mendès, puisque ce rêve perdait son caractère chimérique et entrait dans le domaine du projetable. Jean-Jacques Servan-Schreiber m'avait appelé dans son jeu parce qu'il apercevait, pour ce qui concernait l'ascension de Mendès, divers aléas. D'une part, il pouvait y avoir dans l'extraordinaire personnalité de celui-ci, à côté de tant d'aspects positifs, une sorte de complexe apparenté à celui qu'on a baptisé du nom de Pierre Schlemil ; cette tendance s'était déjà manifestée dans le passé et elle se réaffirma par la suite. Mendès pouvait se récuser (et dans ce cas Jean-Jacques Servan-Schreiber voulait disposer d'une formule de substitution — ou de simulation), il pouvait également ne pas être appelé ou ne pas être investi. C'était cette dernière éventualité qui avait pris forme. Mais nul n'avait prévu les circonstances qui l'accompagneraient et notamment qu'il y aurait, dans l'échec formel, un si fort dosage de réussite substantielle.

La démarche de Pierre Mendès France me contraria, me désappointa, et je puis dire qu'elle me peina ; pourtant, quand je l'eus entendu, je constatai que je n'éprouvais point de véritable surprise, et qu'en tout cas je n'étais pas choqué. Ce qu'il disait était raisonnable et je ne me sentais pas en droit de faire prévaloir mon sentiment sur le sien, car je n'aurais pas été assuré d'apprécier le problème avec une suffisante objectivité.

Lucie, quand je lui fis part de cette conversation, montra moins de sérénité. Elle pensait que j'aurais dû engager une discussion. Elle comparait l'attitude de Pierre Mendès France à la célèbre anecdote des deux jumeaux. Elle craignait aussi, non sans raison, que mon goût de l'action — pour ne pas dire du pouvoir — m'entraînât à accepter un poste dans un gouvernement qui, par hypothèse, ne serait pas un gouvernement Mendès France. Quant à tenter une expérience Edgar Faure, si j'en étais sollicité, elle pensait que la non-participation de Pierre Mendès France ferait de lui, même contre son intention, un pôle de rassemblement à vocation forcément oppositionnelle. Ses partisans attendraient ma chute même si lui ne la souhaitait pas.

Le cas de conscience pour moi ne se présenta pas tout de suite. Vincent Auriol appela en effet Georges Bidault qui, de toute évidence, ne m'inviterait pas à le rejoindre et dont je ne souhaitais pas moi-même devenir le coadjuteur. Je gardais mon respect pour l'homme, une certaine admiration (intermittente) pour le styliste (parfois inégal à lui-même) et d'après mes souvenirs de 1949-1950 il pouvait faire le prototype du bon chef de file pour un ministre des Finances. En revanche, ses positions en politique étrangère, sur l'Union française, sur les protectorats avaient suivi une tendance inverse des miennes. Ou peut-être serait-il plus exact de dire que l'évolution des circonstances conduisait chacun de nous à mieux définir sa propre identité : « tel qu'en lui-même »... Le discours de présentation de Georges Bidault débutait par une parfaite analyse de la situation nationale, caractérisée par le déficit intérieur, le déficit extérieur, et la récession économique. La partie constructive était plus faible. Avec quelques tartes à la crème du genre « sélection des investissements », « l'assainissement des secteurs de distribution », la réforme des inégalités fiscales, le foyer pour tous et le taudis pour personne, avec une tonalité prononcée d'équipe paroissiale, elle se ramenait à une demande de délégation de pouvoirs plus drastique encore que les précédentes, car les décrets ne seraient soumis au Parlement qu'un an après leur publication, et ils seraient donc (théoriquement) inamovibles pendant cette durée. Sur les problèmes extérieurs, le président s'exprimait avec précaution, et n'écartait aucune des perspectives à la mode, telle la conférence à quatre, « dès que » la paix *entrevue* « d'honneur et de justice » : on verrait bien tout cela... aux Bermudes. Sur les affaires d'Afrique du Nord, il replaçait au premier plan les élections municipales, privilégiant ainsi la réclamation des Français ; je notais avec intérêt une précision que je crus, à tort, rassurante : mener à fond les deux tâches qui nous incombent, *avec le concours des souverains,* mais il ajoutait une réserve qui eût dû m'alarmer : « qui ne *sauraient refuser* ».

Dans sa conclusion, une formule merveilleusement taillée révélait l'ambiguïté de sa philosophie : « L'ordre est la splendeur de la justice. »

Son succès fut médiocre auprès des radicaux et de l'U.D.S.R. mais très net à l'U.R.A.S.

Il ne lui manqua qu'une voix.

André Marie vint ensuite et m'adressa aussitôt un pressant appel. Il avait bien redressé sa situation politique depuis l'épisode Saint-Rapt et Brice. Il avait trouvé à l'Education nationale (un peu comme Pleven à la Défense) le grand emploi qui répondait à sa véritable vocation, laquelle n'était pas, quoi qu'il en pensât, celle de Premier ministre. Je sentis que, s'il avait accepté sa désignation, c'était surtout par une sorte de fidélité envers son personnage tel qu'il se contraignait à se le représenter, voué aux ambitions les plus hautes.

Je décidai que je pouvais répondre à ses invites et François Mitterrand, dont la position comptait beaucoup pour moi, fit de même. Nous nous trouvions placés dans des situations analogues vis-à-vis du phénomène mendésien. Nous avions pensé que nous serions associés à Pierre Mendès France soit dans un ministère Pierre Mendès France, soit dans un ministère Faure-Mendès France. Or voici que ces deux éventualités étaient écartées, peut-être pour un temps assez long. Devions-nous nous installer auprès de lui, dans l'attente, et constituer une équipe complète de rechange ? Cette solution pouvait être envisagée. En fait, aucun de nous ne l'adopta. Mais il faut tenir compte aussi d'un élément particulier : Pierre

Mendès France lui-même, non seulement ne nous le demanda pas, mais il ne le souhaitait pas; il n'avait pas besoin de « grand vicaire » (1) pour une période indéterminée d'attente, l'isolement convenait mieux à son prestige, que Jean-Jacques Servan-Schreiber l'incitait à ne partager avec personne. Ainsi ce ne serait pas une formation de relève qu'on attendrait, mais l'homme providentiel et irremplaçable. Cette vue orgueilleuse des choses était plutôt celle de ses conseillers que la sienne. Comme il était conscient de nous causer quelque préjudice en renonçant à une sorte de contrat, il se serait fait scrupule de nous imposer l'éloignement du pouvoir, qu'il acceptait lui-même avec une fortitude assez rare au sein de la classe politique gouvernementale. Il pensait d'autre part que la présence dans d'autres ministères (qu'il concevait comme devant être de simples échelons intercalaires) d'hommes qui lui étaient dévoués, pouvait être utile, à la fois pour sauvegarder l'essentiel et pour préparer les transitions. Robert Buron note cet état d'esprit : « Je lui avais téléphoné, écrit-il, au sujet de la participation d'Edgar Faure et de François Mitterrand au Cabinet qu'André Marie s'efforçait de constituer, participation qui me paraissait de nature à hypothéquer dangereusement l'avenir. Il avait défendu ses amis à coups d'exemples historiques, ne négligeant pas le cheval de Troie, mais rappelant surtout le rôle des antimunichois Paul Reynaud, Mandel et mon cher Champetier de Ribes, au sein du gouvernement Daladier en 1938. »

L'exemple auquel Pierre Mendès France se référait d'habitude ne figure pas dans cette énumération (peut-être parce qu'il n'évoquait pas grand-chose pour Robert Buron). C'est celui du ministère Sarrien qui introduisit Clemenceau dans la cellule du pouvoir.

Un républicain de bonne souche.

Pierre Mendès France était d'autant plus favorable à notre participation au ministère André Marie que le président désigné avait son estime et son amitié, en raison de ses titres de résistance, de sa déportation, de son talent, et aussi de tout ce qui les rapprochait : la IIIe République, le barreau, la Normandie. André Marie passait pour un « homme de gauche », d'un type seulement teinté d'archaïque. Au travers même de ce qu'il y avait chez lui d'un peu démodé, sa manière de s'habiller, ses plaisanteries régimentaires, sa voix de stentor, son style déclamatoire, son goût de la sculpture du XIXe siècle, son engouement pour les théâtres nationaux, leurs coulisses et leurs pensionnaires, il évoquait la grande

(1) Expression employée par Jean Lacouture. J'y reviendrai.

tradition des bâtisseurs et des constructeurs de la République. Je l'imaginais sous le second Empire au sein de ce petit groupe de parlementaires libéraux, avocats comme lui, les défenseurs des grévistes et des pamphlétaires, les contestataires du Corps législatif, groupés autour de Jules Favre.

En matière économique, je pouvais être assuré d'avoir les mains libres puisqu'il me faisait confiance. Sur les autres grands sujets, il ne donnait pas l'impression de se tenir à des opinions bien arrêtées, mais ce fait même n'était pas négatif, car ainsi nous ne nous heurterions pas chez lui à des barrages psychologiques. Son type d'intelligence ne le portait pas vers des positions conservatrices. Il aurait aimé être unanimiste, mais à défaut d'y parvenir il pourrait se satisfaire d'être un progressiste de large ouverture. On pouvait atteindre sa sensibilité en parlant de paix perpétuelle, d'aspiration aux progrès humains, d'indépendance, de résistance à l'oppression, de dignité et de promotion de l'homme. Je pense pouvoir caractériser d'un mot sa philosophie en disant qu'elle était *hugolienne*.

André Marie m'apparut à la fois triomphaliste (ce qui était assez fréquent chez lui dès que quelque circonstance l'y disposait) et désemparé. La fermeté enthousiaste de sa résolution faisait contraste avec l'embarras total où le plaçait l'absence des collaborations nécessaires et son ignorance de la situation réelle des principaux problèmes, à l'exception de ceux de son ministère, lesquels n'étaient pas à l'ordre du jour.

Il ne disposait plus d'aucune équipe utilisable. Son directeur de cabinet était un énarque érudit et bégayant, membre du Conseil d'Etat, mais animé d'une passion exclusive pour la pédagogie qui le porta par la suite à un grand poste international dans cette spécialité. Ses collaborateurs politiques n'étaient que des couloiristes de faible envergure ou des rédacteurs et commis électoraux.

Je disposais, pour ma part, avec Blot, Duhamel et Lecarpentier, d'un agglomérat de compétences dont on ne pouvait trouver l'équivalent sur le marché de Paris. A mon premier signe, ils débarquèrent sur le terrain comme un stick de parachutistes. Alors s'engagea une sorte de ballet sur le thème de la « double déclaration ». Mes atomiques (tel était le nom que l'on donnait déjà à mon équipe à Nuremberg, et que je m'amusais quelquefois à employer pour celle de mes ministères) tentaient de s'emparer du président désigné pour lui faire avaliser quelque texte ou préciser quelque orientation mais il n'avait jamais le temps de lire celui-là ou il n'était pas en état d'énoncer celle-ci. Il leur échappait sans cesse pour s'adonner à ses réceptions, intrigues et téléphonages. Il embauchait à tour de bras ses ministres, au risque de surnombre, pour assurer son score, et il avait eu l'idée de demander à chacun d'eux, à la fois pour le flatter et pour l'aider dans son propre travail, d'exposer dans un « papier » la manière dont il concevait la problématique de son département éventuel.

De leur côté, mes assistants échafaudèrent tant bien que mal, plutôt bien que mal, si l'on considère l'incertitude dans laquelle ils opéraient, un document complet, dont je venais de temps à autre suivre l'élaboration, tout en m'informant des nouvelles, des réactions et des pronostics et en dispensant à l'occasion au président entr'aperçu mes exhortations et mes encouragements. J'allai me coucher, fourbu, entre trois et quatre heures du matin, sans pouvoir me défendre d'une appréhension. C'était en effet le moment ou commençaient d'arriver les compositions des élèves-ministres, qu'André Marie parcourait à la hâte et remettait à mon comité de rédaction, en le suppliant d'incorporer le plus possible de cette substantifique moelle dans les creux de leur propre travail, dont il faisait en même temps le dithyrambe. Blot, Duhamel et Lecarpentier, au bord de la syncope, coupaient, découpaient, collaient et recollaient, ici une phrase d'Un tel, là tel paragraphe d'Un (autre) tel, à des endroits où la soudure et l'emboutissement ne formaient pas de trop grossiers contrastes.

La Seine... Inférieure.

André Marie lui-même n'avait pas pu prendre un instant de repos. Il lui fallait lire, relire et assimiler tant soit peu de ce patchwork. Il avait, de surcroît, commis l'imprudence de réclamer pour le débat d'investiture la séance du matin, où les députés apparurent eux-mêmes par vagues successives, mal rasés et pas tout à fait éveillés. Comme la question du logement s'était vu réserver une place de choix dans l'ensemble, car elle figurait sur plusieurs textes raccordés, l'orateur était appelé à mentionner fréquemment le problème de l'habitat, et les loustics scandaient ce mot en lui adjoignant le nom du candidat, composant ainsi un calembour dépourvu de toute finesse.

Ces conditions ne se prêtaient guère au dégel des socialistes, qui était notre principal objectif. Dès lors, les M.R.P. n'éprouvèrent aucune gêne à concilier toutes leurs tendances dans une décision d'abstention générale du groupe. Réduit au soutien des R.G.R. et des indépendants, mais avec l'appui des gaullistes des deux fractions, André Marie obtint encore 272 voix contre 209. Malgré la fatigue et l'impréparation, il avait répondu avec drôlerie à la convergence des critiques. On lui reprochait la facilité : « Qui donc veut 250 milliards d'impôts ? » Une campagne d'officieux et de sycophantes de différents bords s'était déchaînée contre lui dans les couloirs, comme cela avait été le cas, peu de jours auparavant, pour Pierre Mendès France, qui l'avait fustigée de la tribune. André Marie proposa qu'on leur donne le mois double ! On jouait alors à Paris une charmante pièce de théâtre intitulée *l'Heure éblouissante.* Les plaisantins sortirent de l'hémicycle en chuchotant : « Après l'*Eure* éblouissante, nous avons eu la *Seine-Inférieure* (1). »

Après Bidault, Marie. Ces scènes de passe-boules suscitèrent une vive irritation dans le public, aux yeux duquel Pierre Mendès France avait apporté l'image d'un style nouveau. Vincent Auriol recourut à sa dernière recette qui consistait à réunir en un colloque solennel les présidents de groupes et les anciens présidents du Conseil. J'étais invité en cette dernière qualité. Il aimait beaucoup parader devant un parterre de grosses têtes, qui ne pouvaient faire autrement que d'écouter ses réprimandes et ses bougonneries, puisque nous étions ses hôtes. Son idée était d'obtenir de nous l'élaboration d'un programme commun de gouvernement de salut « républicain et national ». Personne ne prit au sérieux cette suggestion, mais nul ne crut possible de s'y dérober. J'eus l'impertinence de lui citer, en aparté, une formule de Montesquieu : « Il semble que les grandes têtes s'étrécissent lorsqu'elles sont assemblées, et que là où il y a le plus de sages, il y ait aussi moins de sagesse. » La sagesse ne nous manqua pas, du moins celle de nous en tenir à des généralités sans consistance concrète. Paul Reynaud, au bénéfice de l'âge, se chargea de lui remettre, dès le lendemain matin dimanche, notre insipide copie.

« Pourquoi pas vous, monsieur ? » On vit reparaître M. Pinay, son chapeau de chez Fléchet, sa petite moustache et ses lapalissades taillées en proverbe. Cependant, on ne peut pas faire plusieurs fois, avec la même personne, le coup de *l'homo qualunque* et le Français moyen cesse de paraître tel quand sa représentativité l'élève si haut au-dessus de sa moyenneté. L'U.R.A.S. pensait que M. Pinay s'était mal conduit à son égard, et lui en tenait rancune. Le M.R.P. avait conscience de s'être mal conduit envers M. Pinay et ne le lui pardonnait pas. La dérobade simultanée de ces deux formations entraîna le désistement à contrecœur du Cincinnatus de Saint-Chamond. On commença à dire que mon nom était le prochain de la liste.

(1) Tel était le nom du département qui a été baptisé depuis la Seine-Maritime.

Joseph le Silentiaire.

Joseph Laniel me demanda un rendez-vous et vint me voir en compagnie de son homme de confiance, André Bougenot.

Cet André Bougenot était svelte, distingué, d'un physique avenant, avec de beaux yeux et une fine moustache. Toujours tiré à quatre épingles, il semblait jouer le rôle feutré du séducteur, qui est en général secrétaire d'ambassade dans le théâtre de Georges de Porto-Riche. Il n'avait cependant pas choisi la carrière d'un Don Juan, mais il évoluait dans les choses de la politique avec la délicatesse et la subtilité que l'on apportait à la Belle Epoque au traitement des affaires de cœur. Il avait été longtemps journaliste et ses éditoriaux qui paraissaient dans *la Liberté* étaient écrits à la perfection. Je les appréciais d'autant plus qu'il y faisait souvent mon éloge, alors que je ne le connaissais pas encore, ou à peine. Il était devenu le conseiller de Laniel, qu'il ne quittait pas d'une semelle et qui ne faisait rien sans lui. Laniel ne s'exprimait que rarement et seulement par quelques mots chaque fois. André Bougenot, par compensation, parlait presque sans arrêt avec un débit d'une régularité constante et sur un ton de voix monocorde, comme font souvent les agents des services secrets, qui cherchent à obtenir chez l'interlocuteur un léger effet hypnotique.

Joseph Laniel devait sa notoriété, dans la classe politique, à la fidélité qu'il avait témoignée à Paul Reynaud (dont il avait été précédemment le secrétaire d'Etat) lorsque celui-ci se trouvait en détention dans les casemates du gouvernement de Vichy. Il avait été par la suite désigné sans difficulté comme membre du Conseil national de la Résistance, pour lequel on cherchait, par souci d'équilibre, des représentants de la droite, où les postulants n'étaient pas en très grand nombre (1). Il était ainsi devenu, lors de la création du P.R.L., une figure notoire de ce mouvement et l'on avait pu croire qu'il serait le premier président du Conseil de cette tendance, mais Antoine Pinay lui avait coupé l'herbe sous le pied.

Je me demandais parfois comment un homme aussi taciturne — je l'appelais Joseph le Silentiaire par référence à Jean le Silentiaire, qui était parvenu à se taire pendant quarante-cinq ans — avait pu aborder la première étape de sa carrière politique, car enfin le mot de parlementaire procède du verbe et l'épreuve du suffrage universel suppose une certaine disposition à la rhétorique, au sens le plus

(1) Nous n'entendons pas ici dire d'une façon générale que les gens de droite étaient moins résistants que les autres ; il y eut des héros dans tous les camps ; nous ne parlons que du personnel politique de la droite plus porté à la collaboration ou du moins au neutralisme.

général de ce terme. Laniel me conta plus tard — c'était là son récit favori et avec lequel il charmait ses nouveaux auditeurs — comment sa candidature avait été à l'époque décidée à la dernière minute. L'essentiel de sa campagne électorale s'était poursuivi à l'occasion de quelques enterrements, survenus fort à propos dans le bref délai dont on disposait. Joseph Laniel, déjà bien connu dans la région, homme de forte carrure et de belle prestance normande, n'avait eu que la peine de se poster, en tenue de cérémonie, à la porte des cimetières, tenant dans sa main gauche ses gants noirs et son chapeau à bords roulés et à donner consciencieusement à chaque défilant la « poignée » de condoléances accompagnée d'une légère inclinaison du menton. Sans doute était-il parmi tous les candidats aux élections dans la France entière celui qui disait, et pour cause, le moins de sottises. C'est à juste titre qu'il se vantait d'être avare de promesses. Pour promettre, encore faut-il « causer » ! Cela dit, Joseph Laniel était capable d'improviser normalement dans une conversation directe ou même dans une réunion peu nombreuse (un Conseil des ministres par exemple) ; ses interventions étaient aussi limitées que possible en nombre de phrases, ses phrases en nombre de mots. Il était toujours précis et assez souvent percutant. En revanche, il était frappé d'une véritable inhibition quand il s'agissait de prendre la parole devant un auditoire dépassant quelques dizaines de personnes. Il lui fallait alors recourir à la lecture, même s'il s'agissait d'un seul mot. J'ai vu Laniel, dans l'impatience générale, et au désarroi du président Le Troquer, attendre sans broncher que Bougenot lui passe un feuillet sur lequel il avait écrit : *oui*. Laniel prit le papier, posa ses yeux sur le texte, et prononça *oui*, sans même ajouter : *monsieur le président*.

Laniel le Silentiaire n'était pas pour autant un sot, un être borné comme on s'est souvent plu à le dépeindre. La méchante formule de François Mauriac sur la dictature à la tête de bœuf (adaptation de l'ancien adage de la bêtise au front de taureau) était parfaitement injuste. C'était un homme fin, très attentif, doué d'un grand bon sens, qui se distinguait par la conjugaison de deux traits qui sont généralement tenus pour peu compatibles : il était influençable et opiniâtre.

André Bougenot m'exposa, pendant que Joseph Laniel opinait du chef, que l'un de nos deux noms allait sortir du chapeau. Il proposait, en conséquence, que nous passions un accord direct. Celui des deux qui serait appelé bénéficierait de l'appui de l'autre, auquel il réserverait un poste de premier plan auprès de lui. Le sentiment qui dominait en moi était celui de la surprise. Je ne pensais pas que Joseph Laniel serait appelé. Je ne le voyais guère en président du Conseil. Je crus donc que Bougenot et lui faisaient du ***wishful*** *thinking*, je ne fis point d'objection à leur suggestion et sans doute pouvaient-ils considérer qu'il y avait acquiescement de ma part. J'ai appris par la suite, en consultant les Mémoires d'Auriol, que celui-ci s'était proposé d'appeler Laniel « par courtoisie » et moi tout de suite après. Bougenot était donc fort bien informé. Peut-être si j'avais pris l'affaire plus au sérieux, aurais-je émis des réserves. Je considérai surtout que je m'étais assuré un soutien pour l'éventualité (probable) de ma candidature, et nous nous quittâmes, les meilleurs amis du monde.

Joseph Laniel fut en effet appelé le mercredi 24, il se présenta le vendredi matin 26, il prononça un discours honnête, et, selon sa propre indication, modeste, bien rédigé par André Bougenot, texte qui se qualifiait par sa clarté, et surtout sa concision. Il représente trois pages du format de *l'Année politique* contre six en moyenne pour les autres candidats et huit et demie pour Pierre Mendès France. Les interventions qui suivirent furent peu nombreuses et surtout peu substantielles. Je me demandai comment le Silentiaire allait se tirer de l'épreuve de l'oral. Il le fit à merveille, à la manière de l'historiette du fils du gangster qui se présente au baccalauréat et qui, au retour, répond fièrement à son père : « Ils se sont mis à quatre pour m'interroger et je n'ai rien dit. » Il se contenta d'un signe de tête négatif à l'adresse du président et on passa immédiatement au vote. Laniel obtint 398 voix. J'en avais moi-même compté 401. La différence, c'est que j'avais eu tous les socialistes, et que lui, il avait tous les gaullistes.

Le glissement à droite était enfin accompli.

Mon retour rue de Rivoli.

Le soir même, je me rendis auprès du président, qui me reçut dans son grand salon bourgeois, en compagnie de Bougenot. Nous étions assis côte à côte dans des fauteuils Louis-XV : la masse de Laniel semblait écraser la soie. Il régnait dans la maison un calme parfait. Le rite des concertations n'était pas encore engagé. Bougenot m'exposa que le président m'offrait le grand portefeuille des Finances et des Affaires économiques. Je ne marquai pas de chaleur car je me sentais plutôt attiré vers la négative. Le fait même que le gouvernement soit si nettement pour la presse et pour l'opinion, marqué à droite, ne laissait pas de me contrarier et de me diviser contre moi-même. Dix-huit mois après avoir été le dernier recours de la gauche, devais-je m'assumer comme le premier appui de la droite ? Mon épouse Lucie était résolument hostile à mon engagement dans le ministère. Elle rêvait toujours de mon association avec

Pierre Mendès France. Elle pensait que, si j'entrais dans le cabinet Laniel, je serais exposé à prendre la responsabilité de mesures impopulaires, compromis dans une faillite gouvernementale, montré du doigt par les démocrates, honni par les ouvriers, vilipendé par l'Histoire (j'exagère, bien sûr). Pour ma part, je ne tenais pas à perdre la face devant elle. Nous étions étroitement associés. Elle m'avait soutenu dans les épreuves de ma première presidence, et les thèmes qu'elle développait exprimaient les conceptions d'une sorte de fraction de moi-même. Cependant je ne partageais pas vraiment son appréciation. La situation ne me paraissait pas catastrophique. j'avais dans l'esprit des orientations qui devaient me permettre de l'améliorer à coup sûr. Ma très grande confiance dans mes capacités techniques de gestion me conduisait à penser que je tirerais toujours de toute situation un meilleur parti que quiconque. Toutefois le désir de montrer que je pouvais parfaitement renoncer au carriérisme l'emportait dans ce débat intérieur, et je fis effort pour me détacher de l'emprise. J'expliquai longuement à Laniel que je le soutiendrais de toute manière ; qu'il lui fallait compter des amis sûrs à l'extérieur du gouvernement ; qu'à la différence des autres je ne lui en voudrais pas de ne pas me prendre puisque c'était moi qui proposais de me récuser. J'insistai sur le fait qu'il n'était pas de son intérêt de m'avoir comme ministre des Finances ; que j'étais mal vu de certains clans à droite, que j'étais favorable à de grands changements dans les orientations politiques dominantes, à la paix en Indochine, à l'évolution des protectorats, etc.

Je me tus enfin, craignant presque de l'avoir convaincu. Après un silence, il parla, à sa manière, très laconique :

— Si nous étions dans la situation inverse, Edgar, je ne vous refuserais pas, dit-il seulement, et il rentra dans son mutisme.

— Mais, Joseph, répondis-je, je n'ai pas dit que je refuserais. J'étais embarqué. Je devais maintenant aviser à ne pas me sentir trop isolé dans l'équipage. Je pus faire désigner auprès de moi mon cher Bernard Lafay, et je lui confiai le secrétariat d'Etat aux Affaires économiques. En dépit, ou à cause de son absence de formation spécialisée, il s'en tira à merveille, comme je l'avais prévu. Il avait la qualité essentielle à un tel poste : le sens des contacts humains. Il me fallait absolument un portefeuille pour Paul Coste-Floret, que le M.R.P. ne soutenait pas. On lui trouva la Santé publique. J'essayai de convaincre Jacques Chaban-Delmas, dont la personnalité aurait fait poids, mais, après avoir donné l'impression et presque l'assurance qu'il accepterait, il se livra à une de ses opérations-glissades dont il a le sens. Il me prit à part dans l'agitation générale de la nuit décisive. Il m'exposa qu'il préférait se réserver pour mieux tenir en main sa troupe et garder son auréole auprès du général, qu'il nous aiderait beaucoup plus de cette façon-là. Enfin il me recommandait de prendre à sa place Edouard Corniglion-Molinier, général de réserve, grand-croix de la Légion d'honneur. J'éprouvais la plus grande sympathie pour cet attachant personnage, que j'avais connu avant la guerre alors qu'il quittait son étude de notaire pour porter d'un coup d'aile André Malraux jusqu'aux pays de la reine de Saba. Par association d'idées, je le voyais toujours en héros de Pierre Benoit, sinon à la découverte de l'Atlantide, du moins à la recherche de quelque Antinéa, et je lui donnais quelquefois, comme mot de passe, le titre du roman anglais d'où fut tirée l'aventure *She (who must be obeyed).*

L'affaire essentielle pour moi, dans la composition du ministère, c'était la présence de François Mitterrand. J'y tenais beaucoup : d'abord parce que s'était instituée entre nous une relation confiante, et aussi parce que, à nous deux, il serait incomparablement plus facile qu'à chacun isolément de constituer, dans ce ministère droitier, une force polaire d'orientation, et le cas échéant, de résistance.

Joseph Laniel n'avait pas la même raison que moi de tenir à François Mitterrand, mais il appliquait loyalement notre contrat et il lui offrit le poste honorable (quoique les attributions en puissent paraître minces) de « ministre délégué au Conseil de l'Europe ». François Mitterrand, de son côté, éprouvait à l'égard de Laniel des réticences qu'il n'avait pas manifestées lors de la tentative d'André Marie; cependant, sur mon insistance et sur celle de Jacques Duhamel, il se décida à accepter. Je respirai.

Paul Reynaud toujours disponible.

Au cours de la dernière journée, Joseph Laniel me demanda de me charger d'une mission délicate, dont il ne pouvait se résoudre à s'acquitter lui-même. Je soupçonnai ce jour-là qu'il y avait dans son caractère, en amont de l'obstination et du laconisme, un certain fond de timidité. Il s'agissait de Paul Reynaud, son ancien patron. Joseph Laniel, qui lui avait toujours manifesté tant de dévouement, souhaitait maintenant se libérer de cette tutelle qui lui paraissait paralysante, et il cherchait les moyens de ne pas s'en encombrer comme ministre. Il n'osait pas l'affronter. « Paul Reynaud, m'exposa-t-il, a une idée fixe; il veut les Affaires étrangères et n'acceptera aucun autre poste. Donc, vous allez lui dire que je ne peux absolument pas, pour des raisons de dosage, et à cause de l'acharnement du M.R.P., qui y voit une chasse gardée, lui confier le Quai. Vous ferez semblant de vous enquérir de ses autres souhaits, il refusera. Revenez vite. » Il avait hâte que j'en aie terminé avec cette corvée. Moi aussi, bien sûr.

Me voici, filant chez Paul Reynaud, au volant de ma voiture personnelle (à cette époque, les présidents de commission ne disposaient d'aucune commodité particulière). A peine entrai-je dans le salon et faisais-je mine d'ouvrir la bouche, le maître de céans me prenait les deux mains dans les siennes : « Je vous mets tout de suite à l'aise. Dites au président que je ne veux pas l'abandonner. Je le remercie de ses efforts pour me donner le ministère des Affaires étrangères mais il faut être réaliste et je ne veux à aucun prix lui compliquer la vie. J'accepte le poste de vice-président du Conseil. » Je m'empressai d'aller « rassurer » Joseph le Silentiaire, il avait déjà embauché Henri Queuille et Pierre-Henri Teitgen comme ministres d'Etat, il décida de les promouvoir au titre de vice-présidents, en même temps qu'il nommait Paul Reynaud ; il aurait donc trois vice-présidents et il ajouterait, pour faire bon compte, deux ministres d'Etat.

Il faut reconnaître que Paul Reynaud était un homme de ressource. De même qu'il nous avait gentiment forcé la main pour entrer dans le ministère, de même il s'arrangea très vite pour s'attribuer une compétence propre. Il sauta sur l'affaire du Cambodge, qui prenait une fâcheuse tournure. Il n'y avait pas de ministre compétent pour l'Indochine, mais un simple secrétaire d'Etat qui, auprès du président du Conseil, était chargé des Etats associés. C'était Marc Jacquet, l'un des nouveaux consulaires issus de l'U.R.A.S. (R.P.F.). Jacquet n'osa pas disputer le Cambodge à Paul Reynaud. Peut-être même se trouva-t-il bien aise d'être débarrassé d'un pays dont le souverain, Norodom Sihanouk, s'affirmait comme étant lui-même indépendantiste. Paul Reynaud saisit de la question l'un des premiers Conseils des ministres qui se tint en juillet au château de Rambouillet et qui était selon l'usage suivi d'un déjeuner. Le vice-président exposa avec minutie et clarté les données du problème. Il rappela que, dans une série de déclarations, nous avions réitéré l'assurance de notre volonté de reconnaître l'indépendance des Etats associés. Nous proclamions en toute occasion l'absence, de notre part, de toute prétention dominatrice, de tout intérêt national égoïste. Notre combat était défensif et collectif, nous n'avions d'autre but que de protéger ces peuples contre l'agression du totalitarisme étranger. Notre lourd effort de guerre était consacré aux grandes causes de la sécurité atlantique et du monde libre. Dès lors, il estimait que nous n'avions aucune raison de refuser à Norodom Sihanouk la reconnaissance de souveraineté qu'il demandait et le transfert de compétence qui en serait la traduction. Cela me paraissait couler de source. Cependant Vincent Auriol ne l'entendait pas de cette oreille ; il se gendarma, se prévalant de sa qualité de président et de garant de l'Union française, et, appuyé par Bidault et Teitgen, se référa à l'intangibilité de la Constitution. Je compris qu'il serait difficile de dégager la France du guêpier indochinois. Comment ces hommes accepteraient-ils de traiter avec l'agresseur, dénoncé comme tel, alors qu'ils se refusaient à traiter avec l'agressé dont nous étions les paladins ?

Je constatai que, depuis sa lutte contre l'esprit de Munich, Paul Reynaud n'avait rien perdu de sa lucidité ni de son courage. Et pourtant, des personnages de haut rang avaient compris tout de travers les enseignements d'une histoire encore récente. J entendis, alors que je m'acheminais vers la grande salle à manger, des ministres qui devisaient entre eux. « Toujours le même, disaient-ils, c'est comme en 1940 l'homme de la capitulation. » Ils se trompaient évidemment, quant à l'homme et quant à 1940, mais aussi quant au fait et quant à 1953. Tenir nos promesses et tenter de nous dégager de la péninsule asiatique, ce n'était pas capituler, mais survivre.

La rigidité du droit ne peut jamais contraindre l'évolution des faits, qui est le mouvement de la vie. Il fallut bien reconnaître l'indépendance du Cambodge. C'est ce que l'on fit après quelques futiles tergiversations. Le souverain du Cambodge avait fait pression sur nous par une suite de palinodies, quittant son royaume sans motif, y revenant peu après pour se barricader dans une sorte d'enclave frontalière. Il n'imaginait certainement pas le sort tragique qui attendait son pays et sa propre famille. quand le spectre du colonialisme aurait été exorcisé selon ses vœux.

Ce fut un heureux homme que le vice-président du Conseil, Paul Reynaud, en cet été 1953. Dans la plénitude de l'âge (soixante-dix-sept ans) il retrouvait la délectation du pouvoir, et avec la naissance de son fils Alexandre, que nous apprîmes à l'ouverture du Conseil suivant, il redécouvrit les joies de la paternité.

CHAPITRE XXXIV

LA RÉVOLUTION DE 1789 N'AURA PAS LIEU
LE GRAND PLAN

On recommence.

Je n'eus aucune peine à reconstituer mon cabinet. On prend les mêmes et on recommence.

Jacques Duhamel, tout en assurant les fonctions de directeur adjoint, consacrait une forte partie de son temps aux relations avec les journalistes. C'est là une formule excellente, car celui qui connaît les problèmes par le dedans de l'action a plus de facilités pour commenter une gestion qu'un collaborateur non technicien auquel il faut d'abord mâcher la besogne. Duhamel utilisait lui-même le concours de mon nouvel attaché Jean-Pierre Sussel, avec lequel il s'entendait à merveille. Enfin Jean-Raymond Tournoux, tout en poursuivant sa collaboration au *Progrès*, redevenait pour nous un assistant à temps partiel, précieux par ses qualités de détecteur d'information et la subtilité de ses avis. Je n'ai jamais connu un homme capable comme lui de faire circuler tant de secrets sans jamais trahir une confidence.

Edgard Pisani apparaît... et disparaît.

J'embauchai un nouvel élément en la personne du préfet de la Haute-Marne, Pisani, prénommé comme moi Edgard mais avec un d, et que j'avais rencontré, pour la première fois, dans des conditions pittoresques. J'étais arrivé un dimanche, en fin d'après-midi, a Chaumont, et je m'étais installé chez Jean Masson, mon ancien secrétaire d'Etat, qui en était le député-maire (nous devions partir de cette ville, le lendemain, pour faire un circuit de coopératives fromageres, *la région du gruyère,* dont le terminus était Lons-le-Saunier).

Le préfet, tout emoustillé à l'idée de recevoir un demi-ministre, téléphonait toutes les demi-heures pour savoir quand j'arriverais, et on lui répondait évasivement. J'avais vu en traversant la ville des affiches de cinéma, où *les Trois Mousquetaires* étaient programmés, et je proposai à mes amis Masson de passer notre soirée à ce spectacle. En conséquence, Jean Masson répondit à Pisani, lors de son appel suivant, que j'arriverais seulement le lendemain de bonne heure. Nous nous esclaffions en mangeant de savoureuses truites de rivière que mon hôte avait pêchées lui-même et que sa femme retournait sur le fourneau. Nous avions sous-estimé la capacité professionnelle des Renseignements généraux. A l'entracte un gardien se fraya un chemin jusqu'à notre trio, occupé à déguster des esquimaux, et nous apprit que le préfet nous attendait dans la rue, où, un peu confus, nous le rejoignîmes. Par la suite, à l'époque du ministère Mayer (où Jean Masson ne retrouva pas son poste), mon collègue avait organisé une grande réunion de radicaux, et l'avait placée sous ma présidence. Jean Masson était lui-même mendésiste, et cette manifestation, venant peu après le jubilé de Louviers, se situait dans le programme de la campagne du duumvirat. J'avais remporté, à ce moment-là, un succès particulièrement chaleureux, dont le *climax* avait été obtenu par un jeu de mots involontaire de ma part. « Nous voulons, martelai-je dans l'élan de l'improvisation, un gouvernement fort. » « Oui, oui, un gouvernement Faure ! » criaient les militants, ce qui m'allait au cœur. Edgard Pisani n'hésita pas, dans cette occasion, à organiser en mon honneur une réception où il déployait beaucoup de zèle et il me fit connaître ouvertement que son rêve serait de travailler auprès d'un patron comme moi. Je m'en souvins, ou plus probablement il m'en fit souvenir, et je l'appelai auprès de moi rue de Rivoli. Je le chargeai de diriger certains groupes de travail et de réflexion : c'était une tâche qui lui convenait à merveille, peut-être même trop. Edgard Pisani était, comme l'avenir devait d'ailleurs le confirmer, un réformateur vocationnel, porté à l'esprit de système et à une sorte d'exagération romantique. Il découvrait tout d'un coup quelque abus, installé de longue date, reconnu de tous, mais dont l'extirpation risquait d'être plus coûteuse que le maintien, et qu'il allait dénoncer à grands cris, comme une découverte qui pouvait hâter le salut de la France. Son agitation et ses clameurs paraissaient parfois fatigantes à mon âme blasée. Il était doté d'une forte capacité de travail, et il émanait de lui un ascendant d'autorité lié, disait-on, au port de la barbe. Tel quel, je pensais qu'il pouvait nous être précieux, à condition d'être suffisamment contrôlé, mais je ne pus le garder longtemps. La survenance des grèves conduisit le ministre de l'Intérieur à demander que tous les préfets se tiennent à leur poste. Comme j'avais déjà pris, pour lui être agréable, mon excellent préfet du Jura, Marcel Wiltzer, je ne pouvais en garder deux et libérai Pisani, qui me montra par la suite, au moins à certaines périodes, des renouveaux d'attachement. J'ai particulièrement pensé au personnage de Pisani, lorsque j'ai dressé, dans mon ouvrage consacré à Turgot, le portrait du comte de Saint-Germain, qui fut le ministre de la Guerre de Louis XVI et que je qualifiai comme type de « réformateur brouillon », définition qui serait d'ailleurs un peu sévère pour Pisani...

Le mystère du circuit.

D'une façon générale, j'entretenais des rapports confiants et très suivis avec les principaux directeurs, ce que je n'avais pas eu l'occasion de faire précédemment, puisque je n'avais été ministre de toutes les Finances que conjointement avec mon poste de président et pendant quarante jours. Je consultais souvent aussi, comme s'il eût appartenu à mon équipe, Adéodat Boissard, le gouverneur du Crédit foncier, qui était originaire de Nozeroy dans le Jura et qui avait l'apparence et le maintien d'un homme d'Eglise. Ce qui faisait l'originalité de Boissard, c'est qu'avec la compétence éprouvée d'un inspecteur des Finances, parvenu au niveau des mages, il gardait un optimisme de bonne sœur. Aussi sa compagnie était-elle pour moi, dans certaines circonstances, un réconfort.

Raymond Devaux, directeur de la Comptabilité, demanda à me voir dans les premiers jours de mon installation. Son but était, comme on dirait aujourd'hui, de me « mettre au parfum ». Il m'exposa qu'il avait pour moi beaucoup d'estime et de sympathie. Il m'avait vu à l'œuvre pendant des années rue de Rivoli et il m'était reconnaissant de mon comportement à l'égard de son ancien patron Paul Reynaud (1).

Comme, d'autre part, Dominique Leca, son ami intime, se trouvait auprès de Laniel, il avait toute raison de souhaiter le succès du gouvernement dont j'étais le meneur de jeu dans le domaine essentiel de l'économie. Il se proposait donc de me faire pénétrer les arcanes de la finance contemporaine, auxquels peu de personnes étaient initiées. Il me révéla que les grands directeurs de la rue de Rivoli formaient une sorte de pool, qui pratiquait, d'ailleurs dans les

(1) Il était avec Dominique Leca le plus ancien collaborateur de Paul Reynaud, et tous deux avaient été les héros ingénus de l'équipée espagnole de 1940, dont ils en subirent pendant longtemps les conséquences injustes.

meilleures intentions du monde, une politique autonome, et qui entendait disposer du *jus vitae necisque (1)* sur les ministres, dont les personnalites passagères n'étaient que de peu d'importance au regard de la permanence sacro-sainte de l'institution. C'est lui qui m'apprit que le « sanhédrin » avait sacrifié volontairement René Mayer pour défendre le crédit des entreprises nationalisées. Devaux souhaitait me mettre à l'abri d'un renouvellement de ce coup du père François. Il pensait, au surplus, que je n'avais pas été moi-même suffisamment « tuyauté » lors de ma première expérience gouvernementale.

« Il y a, me dit-il encore, un phénomène qui s'appelle le circuit, et qui domine le théâtre des operations. Sans doute, en avez-vous vaguement entendu parler, mais peu de ministres en ont exactement conscience, et même Paul Reynaud s'est refusé à en assimiler le mécanisme assez mystérieux. En un mot comme en cent, le principe est pourtant simple : *l'ensemble des sorties doit normalement se traduire par un mouvement comparable des rentrées.* Les fonds, qui, en provenance de caisses publiques, parviennent au terme d'un cheminement plus ou moins complexe jusque chez les particuliers, n'y dorment pas, hors l'hypothèse peu actuelle de thésaurisation. (Dans ce cas, d'ailleurs, la thésaurisation étant déflationniste, on peut, sans trop d'inconvénients, émettre des moyens de paiement supplémentaires, mais ceci est une autre affaire.) Ils en sortent donc, prennent différentes directions et vont apparaître dans les comptes des banques, les caisses d'épargne, les recettes de finances. *Tout ce qui vient à s'échapper doit normalement revenir.* Tant que le circuit fonctionne, tout baigne dans l'huile. Quand le circuit, pour une raison ou pour une autre (il y en a de variées, et le diagnostic est difficile), se trouve enrayé, alors tout ce que vous faites tombe à zéro, c'est la situation où nous nous trouvons aujourd'hui. Il faut donc rétablir le circuit. »

Il s'ensuivit entre nous une longue discussion technique, dont le détail n'a pas sa place ici, mais dont je tirai un grand profit. La leçon essentielle c'est que je me sentais désormais déterminé à ne plus me laisser « bluffer » par les techniciens de la rue de Rivoli et par les chapeaux pointus de la rue de la Vrillière.

Il ne me fallut que quelques jours pour faire le point de la situation, m'entendre avec Joseph Laniel sur les mesures d'urgence et les faire adopter par le Parlement.

(1) Droit de vie et de mort qui dans la première Rome appartenait au chef de famille à l'égard de toute sa parente.

Le triangle de la faillite.

J'exposai la situation à mes collègues et leur suggérai le 7 juillet, devant l'Assemblée nationale, de se représenter l'état intérieur de la France par la figure géométrique d'un triangle (1).

Il semble dérisoire, dans l'optique d'aujourd'hui, d'évoquer le chômage à propos d'une époque où il ne sévissait que de façon timide. Néanmoins, toutes choses doivent être envisagées dans leur mouvement tendanciel. Nous avions atteint un total de deux cent mille demandes d'emplois ce qui était inhabituel, et les chômeurs partiels se comptaient entre trois et quatre cent mille ; enfin partout, les heures supplémentaires se faisaient rares, ce qui affectait gravement la vie quotidienne des ménages. J'appris alors cette donnée souvent méconnue du problème social : la disparition des heures supplémentaires est le phénomène qui crée le plus de mécontentement, davantage sans doute que le chômage proprement dit. Car le chômage est perçu comme une sorte d'accident, auquel on tente de s'accommoder en attendant qu'une situation normale se rétablisse. Il n'intéresse d'autre part que les familles des sans-emploi. La suppression des heures supplémentaires concerne un nombre de personnes beaucoup plus élevé, et qui n'ont pas conscience d'être malheureuses. Elles ne comprennent pas pourquoi il leur faut désormais, sans que soit intervenue aucune circonstance particulière, subir des privations. *C'est avec les heures supplémentaires que la ménagère paie les traites des objets achetés à crédit.* Par ce biais, la faillite de l'Etat républicain engendrait celle de nombreux ménages ouvriers, dont beaucoup avaient cru, comme tout le monde, à la stabilisation postiche de 1952.

Le triangle fatal de juillet portait ses effets néfastes sur le point faible du Trésor public. Quand j'avais révélé, six mois auparavant, le « drame » de la trésorerie, on m'avait taxé ici et là d'exagération, voire de malveillance. Or qu'en était-il aujourd'hui ? René Mayer avait emprunté à l'institut d'émission vingt-cinq milliards en janvier (sans compter une somme égale de bons du Trésor !) puis quatre-vingts en mars qui étaient loin ; il me fallut, le 30 juin, le jour même de la passation des pouvoirs, obtenir cinquante milliards de plus,

(1) L'un des côtés était le déficit budgétaire (l' « impasse » était passée de 615 milliards à 804 en moins d'un semestre), un autre le déficit des comptes extérieurs (127 milliards pour le seul premier semestre, et, pour les seuls paiements européens, une accumulation de 829 millions de dollars d'arriérés).

Enfin, le troisième côté était celui de la récession économique. L'indice, pour l'ensemble du semestre, marquait une régression de 4,6 par rapport à l'année précédente, alors que les prévisions du gouvernement d'Antoine Pinay tablaient sur une augmentation de 3, l'écart étant ainsi de 7,6.

qui étaient déjà dus, et furent engloutis en quelques jours. Il m'était nécessaire, au 10 juillet, de disposer d'un supplément qui porterait le total des avances *dites exceptionnelles* à deux cent quarante, contre deux cents d'avances « normales ». En même temps, avec une économie exsangue, la masse des billets montait vers les cimes

Pourquoi l'essence ? Pourquoi l'alcool ?

« Pourquoi l'essence ? Regardez les routes. Pourquoi l'alcool ? Regardez les hôpitaux. »

Laniel ne pouvait pas changer un mot à ses textes, mais, en revanche, il lisait bien. Il « pompait » rapidement ses courtes phrases et les décochait vers l'hémicycle, comme des gamins qui s'amusent à projeter des billes avec leurs lèvres.

Notre stratégie de première urgence comportait deux projets. L'un consolidait les avances de la Banque, prévoyait leur amortissement en quatre ans, leur affectait une contrepartie de recettes nouvelles. Cinq francs sur l'essence et une forte majoration des droits sur l'alcool. Notre affaire passa sans réelle difficulté, avec une majorité réduite par rapport à l'investiture mais encore substantielle (313 contre 268). Les criailleries des démagogues cessèrent dès que le vote fut acquis. Je constatai alors un phénomène que j'eus l'occasion de vérifier par la suite. C'est qu'un ministre est toujours critiqué pour les mesures qu'il a proposées quand elles n'ont pas été adoptées, jamais pour celles qu'il a effectivement appliquées. On m'a souvent reproché ma boulimie fiscale de 1952, alors qu'aucun contribuable n'a jamais déboursé un sou de ce fait. Personne, en revanche, ne m'a jamais fait grief des 5 francs par litre d'essence, que tout le monde paya sans rechigner.

Notre deuxième pièce, qui passa dans la foulée, n'était autre qu'une délégation de pouvoirs. Tous nos prédécesseurs, pendant les longues crises, avaient avancé de tels projets en surenchérissant l'un sur l'autre. Il n'y avait donc aucune raison de nous priver de cette commodité. Je voyais cependant les choses d'une façon sensiblement différente de l'optique commune. Je n'envisageais pas de mettre à profit les décrets-lois pour faire passer des mesures impopulaires, dont le discrédit nous suivrait jusqu'au moment où nous serions contraints de battre en retraite, voire plus longtemps. L'avantage consistait seulement dans la rapidité manœuvrière. Je comptais en user, en principe, pour mettre en vigueur instantanément des décisions qui seraient, non pas mal accueillies, mais au contraire favorablement perçues. On en verra les exemples. D'autre part, je ne pensais pas principalement, comme on l'avait fait jusque-là, aux économies opérées dans les dépenses ou à des réformes concernant la fiscalité, mais d'une façon directive à *l'expansion économique,* dont j'introduisis l'expression dans la définition même des pouvoirs spéciaux. Nous nous donnions un délai assez court pour en faire usage (avant le 1er octobre 1953) et ils seraient soumis à la ratification du Parlement avant la fin de l'année. Ces dispositions raisonnables furent adoptées par 329 voix.

L'ensemble de ce train avait appelé des débats longs et animés, avec séances de nuit. Joseph Laniel, après ses propos introductifs, m'avait laissé le ministère de la parole. Cette bataille dialectique dont l'issue ne présentait pas de danger, mais dont le développement appelait sans cesse des interventions et des reparties, m'apportait une agréable sensation de joie et de puissance, comme en procurent les activités sportives. La presse émaillait ses comptes rendus d'appréciations favorables à mon égard.

*
**

Je ne savais pas d'avance ce que j'allais faire de ces pouvoirs. J'avais devant moi toute la période des vacances pour établir à loisir mes propositions, et en pousser l'exécution. Le ministère des Finances avait préparé à la demande de mes prédécesseurs une suite de projets. L'Administration avait sorti de ses placards un certain nombre de rossignols, qu'elle essayait toujours de placer à ses ministres kamikazes. Quand j'en fis la liste et que je la donnai à Jeambrun, il faillit en tomber de saisissement. L'ensemble comportait une densité de dérangement et de provocation très élevée pour un rendement aléatoire et une recette infime. Cependant le président Laniel et ses collaborateurs attachaient beaucoup d'importance à ce pseudo-réformisme dans lequel ils voyaient une sorte de substitut du mendésisme. Je ne tenais pas à braquer Joseph Laniel ni à passer pour un immobiliste ou un timoré : il serait temps de voir avant de s'engager. Il y avait d'ailleurs certaines mesures, qui, avec des nuances d'habillage, pouvaient être utiles, et certaines suggestions, que je n'avais pas insérées dans la liste horripilante, avaient leur mérite. Enfin, d'autres idées pouvaient apparaître. C'est ainsi que je fis constituer neuf groupes de travail dont les plus importants se réunissaient dans la grande salle à manger. J'allais les réconforter de temps à autre par quelques propos de circonstance.

Un nouveau départ.

Dès le début de notre collaboration et avant même de lancer nos premiers projets de loi qui n'étaient que de la chirurgie de campagne, j'avais eu avec Joseph Laniel une conversation substantielle sur le fond du problème. C'était un des rares hommes de sa génération qui raisonnait en termes d'expansion économique.

— Il faut, me dit-il, faire rapidement quelque chose pour relancer les affaires et en finir avec ce marasme. Je pense à une dévaluation.

— Il est exact, lui répondis-je, qu'une opération monétaire peut, et même doit, normalement, produire un effet d'animation ; mais cela pourrait n'être qu'un feu de paille. Les exportations seront plus faciles mais les importations seront plus coûteuses. Une dévaluation suppose un ensemble de conditions, politiques, techniques, psychologiques. Elle peut *s'inscrire* dans un plan mais elle ne peut pas *constituer* un plan. D'ici quelques semaines, je vous proposerai un ensemble de mesures qui pourront, ou accompagner une telle opération, ou la substituer et nous permettre de nous en passer jusqu'à nouvel ordre. Mais, en attendant, il faut que je vous parle d'une initiative qui doit être prise immédiatement et dont notre succès dépend en grande partie.

Je lui exposai alors la procédure que j'avais mise au point avec Robert Schuman, à partir du « syllogisme de Lisbonne » et de la négociation que nous avions entreprise avec le gouvernement américain.

— Une première chose doit être bien entendue entre nous, dis-je. Je ne donnerai pas un franc de plus pour les dépenses d'Indochine, quoi qu'il arrive.

— Il y a, dit Laniel, le plan Navarre.

Nous eûmes en effet ultérieurement une conférence sur ce plan. Le général Navarre, qui se tenait au tableau, nous fit un exposé très remarquable. Je conçus de lui la meilleure impression. J'appris par la suite qu'il ne faut pas se fier aux civils pour apprécier les qualités des militaires, car nous raisonnons d'après nos critères habituels, alors qu'il s'agit d'un domaine tout à fait différent de celui de nos propres compétences. Le maréchal Juin, qui ne parlait que par onomatopées et ne raisonnait que par lapalissades, était, semble-t-il, un bon chef de guerre.

— Ce plan est peut-être excellent, repris-je, et en tout cas il présente à mes yeux une vertu décisive : je puis vous assurer qu'il ne me coûtera absolument rien.

— ?

— Si un effort supplémentaire doit être fait, c'est l'Amérique qui devra le payer. Mais cela ne suffirait pas. Il faut prendre le problème dans son ensemble et le replacer à la date où je l'ai laissé. J'arrête une ligne sur le compte de février 1952, et je tiens en deçà, comme acquis, les 100 milliards de Lisbonne, obtenus d'ailleurs en partie par les *off shore.* Au-dessus de cette ligne, les compléments de passif apparus depuis, et ceux qui viendraient s'y ajouter, doivent nous être compensés. Cette opération se traduit par un triple avantage :

1° L'équilibre budgétaire ne sera pas perturbé par des charges nouvelles.

2° Nous recevrons en devises l'équivalent des dépenses faites en francs, nous améliorerons ainsi notre trésorerie intérieure et aussi

3° notre trésorerie extérieure puisque nous vendrons ces devises pour nous rembourser à nous-mêmes des francs. Nous pouvons également utiliser les devises pour payer nos importations et dès lors faire face aux suppléments de prix qu'entraînerait une dévaluation. Mais ceci sera examiné plus loin.

Grâce à Laniel, le plan de Lisbonne aboutit.

Le visage de Joseph Laniel s'était éclairé. Même si j'ai pu éprouver dans la suite de nos rapports quelques déconvenues, ce souvenir précis me suffit pour considérer que cet homme a été injustement méconnu. Je crois que je ne l'ai d'ailleurs jamais entendu parler aussi longtemps.

— Votre affaire est faite, me dit-il. Le général Eisenhower est mon ami personnel ; il me fait toute confiance... Et puis, nous avons un ami là-bas qui va régler tout cela sans problème.

Quand on a affaire à un personnage aussi avare de promesses que de paroles, on est toujours porté à le croire. C'est ce que je fis, et avec raison. Mes collaborateurs les plus proches, quand je les informai, levèrent les bras au ciel. « C'est le Père Noël ! » dirent-ils en riant. « Dans ce cas, répondis-je, nous l'appellerons *Santa Claus.* »

J'appris plus tard que la carte maîtresse de Joseph Laniel s'appelait Douglas MacArthur. C'était le neveu de l'illustre général, qui avait si bien gouverné le Japon après la défaite de ce pays, et qui quitta son poste sur un coup d'éclat, en rédigeant un document historique.

En petit comité, avec Blot et Leca, peut-être Bougenot et July, une courte note fut élaborée, donnant les indications essentielles, et nous permettant d'arriver à un compte global, qui était de 133 milliards de francs français. « Vous aurez quelque chose, me disaient mes gens, peut-être le quart, peut-être le tiers. » Mais Laniel se faisait fort pour le tout et je répondais majestueusement : le tout. Sur quoi

Joseph Laniel écrivit à Eisenhower une lettre personnelle très insistante et que je trouvai, dans sa sobriété, émouvante. Le tout fut remis par envoyé spécial à Douglas MacArthur.

La réponse nous parvint dans la deuxième quinzaine d'août ; elle était positive.

Une atmosphère tendue rue de Rivoli.

L'attente du miracle américain avait, je dois le dire, fortement soutenu mon optimisme pendant quelques semaines assez difficiles. Aux inquiétudes de nos amis, aux mises en garde, j'opposais une sérénité qui n'était pas factice. Quand la réponse de Douglas MacArthur fut dans la poche de Joseph Laniel, je sus que la partie était à moitié gagnée, et que l'autre moitié ne dépendait que de moi, ce qui était plus rassurant. C'était aussi pour moi une raison supplémentaire de ne pas quitter le gouvernement, malgré le grave mécontentement que j'éprouvais des très lourdes fautes qu'il avait commises, ou plus exactement couvertes, dans la question marocaine. Je ne pouvais donner à penser au public, encore fortement impressionné par les troubles sociaux, que je fuyais des responsabilités ministérielles parce que je ne me sentais pas capable de les assumer. Je ne pouvais pas non plus, sans injustice... envers moi-même, me priver des fruits d'un succès qui venait récompenser l'imagination et la persévérance.

Pendant cette période, je me rendais assez fréquemment, dans la soirée, chez Joseph Laniel où se tenait une sorte de conférence au sommet. En sus du président du Conseil et de son ministre des Finances, Wilfrid Baumgartner, le gouverneur de la Banque de France était toujours présent, ainsi que l'un ou l'autre des collaborateurs de Laniel, Bougenot ou Leca, ou les deux, et Pierre July. Notre petit comité siégeait au rez-de-chaussée de l'hôtel particulier de la rue Leroux, dans le bureau de travail de Joseph Laniel, où des fauteuils confortables étaient disposés. Mes regards se fixaient sur une grande vitrine où était présentée une très belle collection de papillons épinglés, de dimensions et de coloris variés, avec quelques spécimens d'une beauté surprenante. Ce spectacle heurtait toujours un peu ma sensibilité.

Je tenais le petit groupe au courant des principales mesures que j'envisageais dans mon domaine, et que j'évoquerai par la suite. Mais surtout nous commentions les perspectives générales de la situation, et tout particulièrement les conséquences à déduire de notre succès à Washington. Il fallait encore un délai pour matérialiser et chiffrer les décisions relatives au financement qui nous était consenti. Nos experts établissaient les documents justificatifs à l'usage de leurs homologues américains. Nous n'avions encore rien publié de cette nouvelle, qui, si bénéfique fût-elle, pouvait faire l'objet d'interprétations déformantes et de contre-attaques politiciennes.

Le Plan Général.

Un soir j'annonçai à mes interlocuteurs que j'avais élaboré un plan d'ensemble, tenant à la fois à l'économie et à la politique extérieure, et que je souhaitais le leur soumettre. Par la suite, cet ensemble de conceptions fut désigné pour moi-même et pour les quelques personnes dans la confidence sous les appellations : le Plan Général ou le Grand Plan.

Rarement dans ma vie j'ai eu l'occasion d'être écouté avec une telle attention. Sous l'effet de l'effort accompli, je ressentais quelque chose comme l'euphorie de l'inventeur, et je donnais l'impression d'être, comme on dit, en grande forme. Lorsque je m'arrêtais, afin de poursuivre une réflexion qui me venait à l'esprit, et de mieux préciser la proposition qui allait suivre, je sentais autour de moi des mouvements d'impatience. « Continuez, président, me disait Wilfrid Baumgartner, quelle est l'étape suivante ? » etc.

Le schéma du Plan Général était celui-ci :

L'accord obtenu d'Eisenhower nous procurait 133 milliards, acquis une fois pour toutes, plus une sécurité totale pour l'avenir, car tout supplément, notamment en raison des aléas du plan Navarre, serait automatiquement pris en charge. Tout cela était bel et bon. Mais fallait-il s'en tenir là ? Non pas. Nous ne devions pas prendre le risque d'apparaître comme des marchands qui auraient fait une bonne affaire avec le sang de leurs soldats et des vies humaines (si injuste qu'eût été cette déformation, certains esprits malveillants n'hésiteraient pas à l'insinuer). La sécurité qui nous était ainsi assurée et fort légitimement, car on ne pouvait pas demander à la France de se ruiner pour une cause qui n'était désormais plus la sienne, n'était pas une fin en soi, mais un dispositif indispensable pour la poursuite des objectifs qui justifiaient tant de peines, d'épreuves, et de dépenses : c'est-à-dire la paix, avec le droit des Etats indépendants à disposer d'eux-mêmes.

Dès lors je proposais une rencontre officielle et spectaculaire entre les deux chefs de gouvernement qui venaient de conclure cette entente, Joseph Laniel et le général Eisenhower

Il fallait modifier entièrement notre manière de procéder. Nous avions pris l'habitude de présenter les arrangements financiers de la façon la plus discrète possible, de tenir tout cet aspect des choses dans une sorte de pénombre, de n'en parler que par chuchotement, et comme il s'agissait de chiffres et de données techniques comme les *off shore,* seuls les spécialistes s'y intéressaient et y comprenaient réellement quelque chose. Il fallait désormais abandonner cette méthode furtive, qui semblait sous-entendre des connivences peu honorables. Qu'y avait-il d'infamant à se défendre contre l'agression en Indochine de même que l'on se défendait, à grand renfort de publicité, contre l'agression en Corée ? Qu'y avait-il d'infamant à ce que, dans une alliance défensive, le partenaire qui disposait de la plus haute puissance économique apportât sa contribution en moyens financiers, alors que l'autre apportait la sienne en effectifs et en sacrifices ?

Ces tractations et ces arrangements ne pouvaient apparaître comme des marchandages sordides, ainsi que le laissaient parfois entendre nos détracteurs, dès l'instant qu'ils ne seraient point dissimulés, mais proclamés bien hautement au contraire et placés dans la pleine lumière de nos intentions irréprochables et de nos justifications aveuglantes.

Pour cela, un moyen simple et imparable. Celui que je proposais. Les deux présidents feraient une déclaration sensationnelle en deux points :

1°) Le soutien des U.S.A. était acquis à la France, laquelle serait dès lors en état, sans compromettre son économie, de résister à l'agression aussi longtemps que celle-ci se prolongerait.

2°) Notre but étant la paix, nous invitions nos adversaires à ouvrir des pourparlers et nous leur fixions déjà la date et le lieu où ceux-ci pourraient commencer (sauf à négocier, s'il y avait lieu, des rectifications à ce sujet).

Je pensais que l'invitation devait être adressée directement à ceux qui nous combattaient, et que les conversations devaient se poursuivre entre les seuls pouvoirs combattants, la France et le Viêt-minh. L'intervention des U.S.A. dans la déclaration commune était seulement destinée à exprimer leur soutien et à confirmer leur garantie. Pour la suite, le contact direct me semblait infiniment préférable à la formule alambiquée des conférences entre grandes puissances. On pouvait nous opposer que cette méthode comportait une reconnaissance implicite de l'existence du Viêt-minh que nous avions toujours affecté d'ignorer. Mais les arguties juridiques n'étaient pas de mise. Le Viêt-minh existait puisqu'il guerroyait. Nous ne lui reconnaissions aucune autre qualité que celle de belligérant, qu'il détenait en fait.

Cela dit, la présentation du plan pouvait naturellement recevoir des modulations selon le point de vue qu'exprimeraient les Américains lorsqu'ils en seraient saisis. Comment le Viêt-minh lui-même accueillerait-il notre proposition ? On n'en pouvait rien savoir, mais nous jouions sur le velours et... sur les deux tableaux. S'ils refusaient, nous en prenions acte, devant l'opinion mondiale et tout particulièrement devant l'opinion française, déjà fortement troublée ; dès lors nous pouvions continuer le combat sans rongements de conscience, comme disent les Russes. Si, au contraire ils venaient, il pouvait en résulter quelque chance d'aboutir à un armistice. Depuis la mort de Staline, la politique de l'U.R.S.S. donnait certains indices d'assouplissement (notamment en ce qui concernait le point significatif de l'Autriche).

Avant, cependant, de savoir ce que penseraient les Russes, il faudrait d'abord savoir ce que penseraient les Américains. Joseph Laniel se donnait de sérieuses chances d'amener à nos vues le général Eisenhower, en s'appuyant tout d'abord sur l'influent Douglas MacArthur.

La monnaie... au bout.

Non sans un certain étonnement, je constatai que tout le monde était d'accord avec mes propositions et que personne ne soulevait la moindre objection, qu'il s'agissait même de quelque chose de plus qu'un préjugé favorable, c'était une véritable décision qui m'apparut confirmée à notre rencontre suivante, et où je poussai alors ma botte la plus fine. Si notre plan s'exécutait, à tout le moins jusqu'à la rencontre au sommet, avec l'invitation officielle aux négociations, alors, dans le climat ainsi créé, nous procéderions à une opération monétaire, à une dévaluation qui pourrait être présentée, sans soulever de scepticisme, comme une stabilisation proprement dite marquant le retour à la sincérité, ainsi que nous l'avions fait pour le budget. Cette idée enchanta Joseph Laniel, qui était attaché à la conception de la dévaluation comme moyen principal de la relance. Assez curieusement, telle sera aussi, l'année suivante, la position de Pierre Mendès France, et je devais alors me trouver avec lui en divergence comme je l'avais été avec Joseph Laniel quoique dans des conditions assez différentes.

Il fut décidé, au cours de la même réunion, la seconde, qu'un calendrier serait aussitôt établi, et Wilfrid Baumgartner insista pour que je fasse les premières suggestions à ce sujet. Une date encore indéterminée, mais située entre les 22-23 septembre et les 3 et 4 octobre fut envisagée. Je devais entre-temps, au cours de la seconde semaine de septembre, annoncer un certain nombre de mesures que j'étais en train de mettre au point, et qui seraient favorablement accueillies par la presse et dans l'opinion. La période optimale pour la rencontre avec le général Eisenhower se placerait à huit ou dix jours d'intervalle par rapport à cette première préparation d'artillerie. La question se posait de savoir si nous laisserions passer, dans l'intervalle, quelque indication préalable sur l'accord financier-militaire auquel les services respectifs des deux parties mettaient la dernière main ou si nous nous réserverions le bénéfice d'une totale surprise. Nous laissâmes en suspens le problème des modalités.

Ainsi le plan Faure-Schuman était parvenu à une heureuse conclusion et un nouveau plan, que nous aurions pu appeler le plan Laniel-Faure, était sur les rails. Cependant j'avais omis, dans mes calculs, volontairement d'ailleurs, et j'avais donc sous-estimé une tierce partie qui ne pouvait demeurer très longtemps hors de la manœuvre : c'était le ministre des Affaires étrangères, Georges Bidault. J'avais tendance à le tenir pour quantité négligeable, en raison de ses habitudes d'intempérance et de ce caractère farfelu qui s'imprimait de plus en plus à son personnage, mais il gardait pourtant sa force, et, contrairement à ce que je supposais, Joseph Laniel n'était pas de taille à le manier aisément. Ce fut plutôt le contraire qui se produisit.

En attendant... les Bermudes.

Je pris, dès le début de septembre, quelques mesures importantes, notamment quant à la baisse des prix, mais, pour la suite de mon programme, je dus subir quelques retards qui en échelonnèrent la publication jusqu'à la fin du mois. Je pensais néanmoins que nous pouvions déjà nous occuper de fixer une date avec les Américains ; il me fallut bien prendre conscience alors d'un certain flottement. Joseph Laniel était un homme que je ne pouvais pas bousculer et auquel il n'était pas question de demander une précision entre deux portes. Le sujet super-confidentiel de notre Grand Plan ne pouvait être abordé qu'à l'heure vespérale, dans l'intimité feutrée de la rue Leroux, et sous la protection des insectes aux ailes diaprées. Je compris, par des propos de Pierre July, que Laniel avait tenté une ouverture auprès de Georges Bidault, et qu'il avait été fort mal reçu. Or Georges Bidault était tout de même le chef de file du M.R.P. et on ne pouvait en aucune manière l'évincer du Quai d'Orsay. Je n'avais pas de raison de précipiter les choses, car la reprise s'annonçait, et je détenais les clés de la contrepartie. Il n'y aurait pas de dévaluation si je n'obtenais pas d'abord l'opération prévue de redressement international. Au fur et à mesure que je faisais sortir mes décrets — bas salaires, organisation des marchés, détaxe des investissements — et que je lançais ma nouvelle formule sur la construction, je tentai d'obtenir quelques précisions de la part de Laniel lui-même et de ses proches collaborateurs. Finalement, il se révéla pratiquement impossible de demander au président américain une rencontre à deux et à bref délai, du fait qu'une conférence à trois était prévue depuis longtemps et qu'elle devait avoir lieu au mois de décembre aux Bermudes. Tous les présidents pressentis, et notamment Pierre Mendès France, avaient souligné l'importance que pourrait revêtir cette rencontre. Laniel pouvait donc très bien y jouer le rôle pour lequel se préparait Pierre Mendès France, celui de promoteur des négociations de paix. Si nous insistions pour une rencontre préalable à deux, nous viderions de toute substance le sommet des Bermudes. Tout cela était vraiment raisonnable. Mais peut-être aussi étions-nous dans une de ces situations historiques où l'on gagnerait à ne pas être trop raisonnable.

Je n'étais pas encore sûr que Joseph Laniel ait vraiment abordé Georges Bidault sur ce sujet. Peut-être avait-il jugé préférable d'attendre l'occasion qui lui serait donnée, en tout cas aux Bermudes, d'aborder directement Eisenhower. Georges Bidault, de son côté, n'avait aucune considération pour Laniel, et n'attachait pas la moindre importance à la réunion des Bermudes qui était, à ses yeux, une concession de pure forme faite à l'utopie pacifiste. Buron cite à ce sujet un propos significatif du ministre des Affaires étrangères : « Il n'en voit guère l'utilité (de cette réunion) mais il ne peut ni ne veut s'opposer à ce qu'une occasion soit donnée au président Laniel de développer ses talents oratoires et diplomatiques. »

La dévaluation n'est pas un préalable nécessaire.

Je me fis rapidement, trop rapidement peut-être, une raison. Après tout, on pouvait bien attendre la réunion des Bermudes pour lancer une offensive de paix et la présence anglaise ne serait pas un obstacle, bien au contraire. Sans doute je ne pourrais pas attendre jusque-là pour enregistrer dans mes écritures l'appui financier américain ; mais je ne forcerais pas sur la publicité. L'argument de la solidarité ainsi démontrée ne perdrait pas pour autant sa valeur. Pour ce qui me regardait, j'étais délivré des facteurs d'incertitude qui s'attachaient à l'éventualité d'une opération monétaire. J'avais promis d'y procéder si le plan était appliqué. J'étais dorénavant délié de tout engagement. La conviction se renforçait en moi au fil des jours que la dévaluation n'était nullement un préalable nécessaire pour la réanimation de l'économie. Bien au contraire, l'amputation (fût-elle plus nominale que novatrice) de la valeur du franc, par l'élément de trouble qu'elle apporterait dans les affaires et dans l'opinion, serait plutôt un obstacle qu'un adjuvant pour la politique d'expansion dont j'avais désormais élaboré toutes les pièces.

Les gouvernements parallèles.

Tout se passe comme si le gouvernement était scindé en deux ministères distincts, chacun ignorant l'autre. L'un de ces ministères est placé sous ma haute et totale direction. Je travaille en collaboration étroite avec plusieurs ministres qui pratiquement ne dépendent que de moi et n'en réfèrent qu'à moi. Je mentionne pour mémoire le plus proche, le secrétaire d'Etat au Budget, Henri Ulver, issu de l'U.R.A.S. Il était arrivé rue de Rivoli précédé d'une réputation mitigée, exprimée par le surnom que lui avaient donné, disait-on, ses collègues de la Bourse du commerce où il était, autant qu'il m'en souvient, titulaire d'une charge de courtier : « Ulver dans le fruit ». A en juger par l'expérience de ma collaboration avec lui, ce bon-méchant mot ne répondait à aucune réalité. J'étais parfaitement satisfait de lui comme le fut plus tard Pierre Mendès France qui le nomma ministre de l'Industrie. Mon autre secrétaire d'Etat, Bernard Lafay, travaillait en liaison constante avec mon cabinet. Il était assisté lui-même d'un collaborateur de premier ordre, le docteur Theil. Tous deux faisaient merveille dans leurs rapports avec les professions du commerce, et tout particulièrement de l'alimentation, dont la bonne volonté fut un atout de première force pour notre succès. Bernard Lafay avait même réussi à obtenir une très bonne liaison avec le terrifique patron des bouchers, Drugbert. Le ministre de l'Agriculture, Houdet, opérait en conjonction avec Jacques Duhamel, qui bénéficiait de la confiance des professionnels agricoles : d'où la réussite de l'expérience nouvelle de l'organisation des marchés, origine de l'incomparable F.O.R.M.A. Je voyais plus rarement Jean Louvel, le ministre de l'Industrie, mais son directeur de cabinet, Ambroise Roux, faisait une parfaite équipe avec Blot. (Je songeai par la suite, sur la suggestion de Blot, à prendre Ambroise Roux comme directeur de mon cabinet à la présidence mais celui-ci ne put accepter car il avait déjà amorcé son passage dans le secteur privé où l'on sait qu'il fit une carrière exceptionnelle.)

Enfin, je pouvais considérer deux hommes comme étant, à des titres différents, des membres de mon petit gouvernement. L'un était Jacques Duhamel, dont l'autorité était plutôt celle d'un secrétaire d'Etat que d'un directeur (adjoint) de cabinet. L'autre n'était autre... que Wilfrid Baumgartner lui-même. Le temps était bien lointain — à dix-huit mois seulement d'intervalle — de nos rapports courtois mais guindés, lors de ma première expérience et de sa fameuse lettre. J'ai dit que ce geste ne révélait pas de sa part, comme on l'a souvent cru, une intention malveillante, mais il est certain que, s'il avait éprouvé pour moi une disposition vraiment coopérative et amicale, il aurait eu assez de jugement pour s'en dispenser. Quoi qu'il en soit, ce souvenir me donnait, dans une certaine mesure, barre sur lui. D'autre part, l'intimité des séances tenues chez Laniel, lors de l'élaboration du Grand Plan, créait entre Baumgartner et moi un sentiment de familiarité et, dirais-je, de connivence. Ainsi m'apporta-t-il un précieux concours dans deux affaires essentielles pour moi, et qui furent parmi les principaux moteurs de la relance. l'abaissement du taux d'escompte et le financement supplémentaire de la construction par le réescompte.

Une politique paradoxale...

Les mois d'octobre et de novembre furent une période d'occupation intense, mais euphorique. Délivré des décrets-lois qui avaient dû être bouclés vers la fin septembre (il y en avait cent quarante mais seuls deux ou trois avaient une réelle importance), je m'employai à la préparation, puis à la présentation du budget. Je surveillais l'application des mesures essentielles de mon programme de relance sans dévaluation, et je continuais de multiplier les contacts. Le travail de préparation des dossiers m'était grandement facilité par mon équipe, de sorte qu'il me restait beaucoup de temps à consacrer à des déjeuners, en groupe ou intimes, à des réceptions de délégations ou de particuliers, à des visiteurs, à des déplacements, enfin à une énorme besogne de récolte d'informations et de campagne d'explications. C'est ainsi que je pouvais alimenter ma politique, vérifier l'impact de mes décisions, les rectifier et les compléter selon les données recueillies.

Je me livrais à cette activité avec d'autant plus d'entrain que les résultats en étaient perceptibles. Je dois dire qu'au début j'avais éprouvé quelques difficultés avec mon entourage et avec mes directeurs les plus proches. Les « financiers », de formation orthodoxe, ressentaient un véritable désarroi en considérant la série des solutions que j'adoptais, en contradiction systématique avec les pratiques traditionnelles et les conclusions routinières des services. Ils étaient effrayés du coût de ma politique, tel qu'ils le chiffraient, et m'accusaient de gaspillage ou de démagogie. Ils n'apercevaient pas que ce bon argent qui sortait était destiné, soit à faire marcher les affaires, et alors il rapporterait lui-même du bon argent en plus grande quantité, soit à maintenir le moral de secteurs entiers (les agriculteurs, les petits salariés) et par là même à les inciter à la consommation.

Si les financiers orthodoxes, d'opinion généralement conservatrice, étaient atterrés par des raisons d'appréciation technique, certains collaborateurs personnels, qui approuvaient mes solutions se lamentaient de me voir engagé de plus en plus profondément dans une entreprise droitière, solidaire d'un gouvernement qu'ils tenaient toujours pour conservateur malgré l'audace des novations que j'accomplissais. Jacques Duhamel, c'est surtout à lui que je pense (Jean-Pierre Sussel raisonnant par écho de Duhamel), était partagé entre la joie que procurait à son caractère dynamique une activité permanente et récompensée, et la souffrance qu'il éprouvait de se sentir naviguer sur des eaux de plus en plus éloignées du port où la flotte mendésienne, toujours au mouillage, attendait l'heure d'appareiller.

couronnee par le succes.

Au fil des semaines, je sentais autour de moi moins de reserve, moins de crispation, car le succès quand même, cela se sent, et avant que la démonstration en fût officiellement apportee par les chiffres, l'atmosphère laissait percevoir à des signes subtils le changement des esprits. La fatalité de la chronologie était rompue. 1789 ne viendrait pas.

Les indices d'octobre et de novembre vinrent me justifier dans mes options et me confirmer dans mon optimisme. Cependant il fallait les lire avec soin pour les apprécier à leur valeur, ce qui fait que beaucoup de personnes n'aperçurent pas le mouvement dans la période même où il se prononçait. Les indices, en effet, aussi bien pour le P.N.B. *sans* que pour le P.N.B. *avec* bâtiment, étaient équivalents à ceux de l'année précédente ; on aurait pu en conclure qu'il n'y avait pas de progrès.

Pour juger sainement de la différence, il fallait considérer les indices des mois précédents, ceux d'août et de septembre, car ils avaient, à la suite des grèves de l'été, marqué une forte dépression. Il avait donc fallu d'abord remonter la pente. C'est en décembre seulement que le décrochage apparaîtra clairement, l'indice 1953 montant à 150 par rapport à 145 pour 1952. La déflation fut alors conjurée.

Pendant tout ce temps, Joseph Laniel me laissait travailler comme je l'entendais. A la tête de son second gouvernement, il gérait l'ensemble des affaires dont je ne m'occupais pas, en particulier la question d'Indochine et les relations extérieures. Il faisait face à de longs débats au Parlement, notamment sur l'armée européenne au Conseil de la République, et sur l'ensemble de l'Europe à l'Assemblée nationale pendant dix jours.

C'était la principale force de Laniel que personne ne croyait à sa durée et, partant, personne ne jugeait nécessaire de manier le bélier. On pensait qu'il se désagrégerait tout seul. Les hommes politiques des deux bords continuaient de raisonner et de spéculer d'apres le tableau de la période qui avait suivi immédiatement la fin des grèves. Ils ne suivaient pas assez lucidement une politique dont certaines parties d'ailleurs leur étaient à peine connues (ainsi le succès de la négociation américaine sur lequel je m'étais abstenu de mettre le projecteur). Ils n'apercevaient pas ma politique comme une construction d'ensemble, un schéma complet en application progressive, et par le fait même que les principales mesures échappaient à l'orthodoxie ils attribuaient à l'empirisme de la nécessité ce qui était le résultat d'une planification méditée. Ainsi ne sentirent-ils pas que le terrain commençait de bouger sous leurs pieds.

Le stress des Bermudes.

Je pris rendez-vous avec Joseph Laniel avant son départ pour les Bermudes. Ce n'était plus la saison des conciliabules *top secret* dans la pièce aux papillons, et Wilfrid Baumgartner n'était pas convié. Rétrospectivement, il me sembla que le président du Conseil marquait moins de chaleur pour le Plan Général mais sur le moment je n'en fis pas l'observation. Il s'affirmait toujours résolu à attirer Eisenhower sur le terrain que nous avions choisi, et il éluda ma question sur la manière dont il s'y prendrait pour convaincre Georges Bidault, ou le contourner. Je me sentis rassuré, et fis part de mon optimisme à Pierre July, qui ne le partageait pas, mais il n'attachait pas la même importance que moi à l'épisode en préparation. Je pense aussi que la non-résistance de Laniel à Georges Bidault dans l'affaire marocaine lui faisait mal augurer de l'énergie qu'il mettrait à imposer ses vues personnelles dans la perspective du règlement indochinois. J'aurais dû logiquement faire le même raisonnement que lui. En réalité Joseph Laniel n'était aucunement incapable de penser et de se décider par lui-même, mais il avait auprès de lui deux ministres qui, pour des raisons différentes, lui en imposaient, et il trouvait naturel de s'en remettre à chacun d'eux pour ce qui concernait les affaires de sa compétence. Cependant, il n'avait aucune raison de me leurrer et je suis persuadé qu'il aurait fait vraiment un effort s'il n'en avait été subitement empêché.

Arrivé le 4 décembre aux Bermudes, Joseph Laniel se trouva aussitôt en état de malaise, mais parvint à garder contenance ; il assista à la réunion où il laissa parler Bidault, ce qui pouvait paraître naturel dans une séance introductive. Le soir, une pneumonie se révélait, due, supposa-t-on, aux méfaits de l'air conditionné et Laniel s'abattit pour plusieurs jours, non seulement incapable de quitter la chambre, ou même le lit, mais hors d'état de tenir une conversation avec un interlocuteur qui se serait rendu à son chevet. Cet accident fut si sérieux que lorsque Eisenhower, le 8 décembre, quitta les Bermudes et Georges Bidault en même temps que lui, Joseph Laniel ne put les imiter, et prit sur place quelques jours de repos forcé. Winston Churchill, qui le considérait comme son hôte sur cette terre britannique, tint à rester auprès de lui jusqu'à son rétablissement. On remarqua la différence de tonalité dans les messages que Georges Bidault adressa respectivement à Winston Churchill (remerciement courtois) et à Eisenhower (chaleureusement amical).

Je supposai que Joseph Laniel avait été terrassé par une crise psychosomatique, sous l'effet du blocage qu'il éprouvait à l'idée d'entrer en conflit avec son ministre, et d'engager contre lui une négociation si délicate. D'où le stress qui, en le contraignant au repos absolu, lui procurait la fuite. De telles interprétations paraissent aujourd'hui de plus en plus probantes.

Lorsque Joseph Laniel revint à Paris, la classe politique s'intéressait exclusivement à l'élection présidentielle pour laquelle lui-même et Georges Bidault étaient les candidats que l'on s'attendait à voir arriver en tête.

Je renonçai dans mon esprit à poursuivre le projet échafaudé en septembre, l'occasion s'était dérobée trop longtemps. Je me disposais à forcer l'allure sur la voie des progrès où j'étais déjà fortement engagé.

Le redressement était à ma portée, et même plus que le redressement. Je ne perdais pas de vue la nécessité de préparer un règlement de l'affaire indochinoise ; je me réservais d'user à ce sujet des possibilités que me donnait ma situation de membre du gouvernement et aussi du crédit croissant qui s'attachait à ma réussite.

QUATRIÈME PARTIE

(Août 1953 - Juin 1954)

CHAPITRE XXXV

LES MÉSAVENTURES DE PARIS ET LES MALAVENTURES DE RABAT

Intermezzo : août 1953.

Le souci d'apporter quelque méthode dans notre récit nous a conduit à enjamber — chronologiquement — une période où la vie du gouvernement se trouva mise en péril par l'irruption de circonstances qui n'avaient été ni programmées ni prévues.

Il nous a en effet paru indispensable d'évoquer selon un trait continu toute la partie de notre politique qui se rattachait au plan initial de Lisbonne et qui, après le succès (tardif) de ce plan, s'est poursuivie, sous la forme d'une seconde étape, jusqu'au dénouement (décevant) de la Conférence des Bermudes.

Nous devons donc revenir maintenant quelque peu en arrière.

Le mois des turbulences.

Août fut le mois des turbulences. Ce terme me paraît convenir à deux séries d'épisodes — les grèves en France, le coup de force du Maroc — qui ont entre eux ce trait commun qu'ils n'étaient pas prévisibles et que personne n'en assumait clairement la responsabilité. En cela, ils évoquent la survenance des calamités naturelles, ou bien ces espiègleries des déesses et des dieux par lesquelles les auteurs de l'Antiquité expliquaient les caprices de l'Histoire. Ces événements étaient « dérangeants »; on aurait pu croire qu'ils avaient été déclenchés par une volonté mystérieuse, dont le seul dessein était de contrarier M. Laniel et de gêner M. Edgar Faure. (Et, en fait, c'est bien à cela qu'on pensa au début.) Le mouvement de grève ayant pris naissance dans les centres de tri, on supposa que l'instigateur pouvait être Roger Duchet, précédent ministre des P.T.T. (On dit aujourd'hui P. & T. et nous croyons plus commode d'employer ici ce nouveau sigle bien qu'il soit anachronique.) Ils nous dérangeaient, en effet, et tout particulièrement, ils *me* dérangèrent, à ce point que la première série — les grèves — faillit briser l'élan (encore imperceptible) du redressement et que la seconde — le Maroc — faillit provoquer mon départ du ministère.

Les instituteurs sont-ils paresseux ? Les facteurs sont-ils sédentaires ?

Parmi les dossiers-marottes de l'administration des Finances, que les services « refilaient » systématiquement à tout nouveau ministre et qui surgissaient, pour ainsi dire, d'eux-mêmes en bondissant quand il y avait du décret-loi dans l'air, figurait la « tarte à la crème » de l'élévation de l'âge de la retraite pour certaines catégories d'agents qui, parce qu'ils étaient qualifiés d' « actifs », la prenaient à cinquante-cinq ans.

Or, les spécialistes du budget estimaient que les instituteurs et les facteurs auraient pu allonger leur activité de cinq ans sans courir, de façon habituelle, le risque de tomber d'épuisement. Mes prédécesseurs avaient effectivement retenu ce projet en vue d'un prochain train qui, par suite des crises, n'était jamais parti. Les collaborateurs de Laniel, examinant eux-mêmes les textes tout préparés, avaient adopté d'enthousiasme celui-là, et mes « financiers » en étaient enchantés. Un tel travail préalable est le plus souvent poursuivi, en effet, à l'échelon des équipes, avant même que le ministre ait pu lui-même se faire une opinion.

C'est — il m'en souvient bien — pendant le week-end du 2 au 4 août que j'entrepris une étude réfléchie des textes retenus. Il y en avait une pile, toute disposée en bon ordre en vue du prochain Conseil interministériel. L'affaire des retraites m'inspira aussitôt le doute. Mon expérience me permettait de savoir qu'une suggestion de ce genre, apparemment raisonnable, était le type de la fausse bonne idée. Quand on propose, comme la chose la plus naturelle du monde, de mettre fin à une pratique visiblement erronée, il faut se méfier, car si l'abus était évident et s'il était facile d'y mettre fin, la réforme ne nous aurait pas attendus.

Je réfléchissais au cas de l'instituteur. J'ai quelque raison de le bien connaître. Je savais qu'un instituteur, parvenu à cinquante-cinq ans, peut être encore un homme très actif, puisque mon grand-père, à soixante-dix ans, m'emmenait avec lui faire la traversée de Narbonne pour réceptionner à la gare des wagons de carbure. En revanche, personne ne pense que les instituteurs sont des paresseux et des tire-au-flanc. Puisqu'ils n'ont pas demandé d'eux-mêmes la modification de ce classement, il doit y avoir une raison.

Du point de vue du jugement politique, les instituteurs sont nombreux et influents, les postiers aussi. Est-il sage de les tracasser ?

Je réservai ce dossier et, le lundi matin, je donnai les instructions suivantes : on peut rallonger en effet l'âge limite de cinq ans, mais seulement de façon facultative. Celui qui préfère tirer parti du régime actuel pourra continuer à le faire librement. Je crus que cette formule était suffisante pour éliminer les critiques. (En fait, le système en vigueur serait resté de toute façon applicable aux personnes déjà entrées dans la fonction, car on ne pouvait pas modifier rétroactivement leur statut sans encourir le reproche de méconnaître les droits acquis.) Je demandai d'autre part à mes collaborateurs de consulter officieusement les syndicats intéressés et de leur soumettre plus précisément ma proposition. Ma prudence parut exagérée et l'on me jugea pusillanime. Nous avions du temps devant nous puisque le Conseil des ministres prévu pour l'adoption des textes devait avoir lieu le samedi suivant 8 août. Joseph Laniel lui-même commençait, ce même lundi, une série de consultations car, malgré le recours à la procédure expéditive des décrets-lois, personne ne devait être pris de court.

Que se passa-t-il ? Quelqu'un mit en circulation un exemplaire du texte initial établi pour les services, avant la correction que je lui avais apportée, exemplaire qui n'avait aucune valeur et qui était d'ailleurs, bien que cela semble risible à dire, un document confidentiel. Il fut remis, dans une intention évidemment malicieuse, à des syndicalistes P. & T. et déchaîna une fureur plus ou moins spontanée. En dehors même du fond du problème, le facteur, personnage très typique de l'imagerie villageoise, se crut désigné comme un profiteur et, pour ainsi dire, cloué au pilori. Des débrayages partiels eurent lieu dès le 3 août. La C.G.T. appela ses adhérents à une journée d'action pour le 4. Les autres syndicats s'en tinrent à un arrêt de travail d'une heure. On voit que l'affaire n'était pas prise au tragique et l'atmosphère ne semblait pas propice à l'insurrection.

Cependant, le 4 août, les postiers F.O. de Bordeaux décidaient de transformer le mouvement qui avait été largement suivi en une grève illimitée et, le 5 août, la Fédération nationale F.O. des postiers élargissait cet ordre à la France entière. La C.G.T., prise au dépourvu, tenta de suivre le mouvement, alors que la C.F.T.C. conseillait de « ne pas trop débrayer ».

L'objectif retenu pour justifier la grève comportait la « lutte contre les décrets réactionnaires » (sans autre précision) mais aussi des réclamations d'indemnités qui étaient en attente : indemnité mensuelle d'uniforme, indemnité dite de sujétion spéciale.

Le ministre des P. & T., Pierre Ferri, député de Paris et membre du groupe gaulliste orthodoxe, avait décidé de prendre une première portion de vacances avant le Conseil ; il fut rappelé d'urgence et reprit possession de son bureau sous le contrôle des grévistes. Dans tous les événements tant soit peu insolites de l'histoire, la tentation est naturelle, pour le responsable « bousculé », de former l'hypothèse d'un complot. L'esprit humain trouve une sorte de repos dans la croyance qui attribue à tel ou tel acteur particulier un rôle qui revient, en réalité, le plus souvent, à la conjonction de forces diverses et obscures (1). Dans l'affaire d'août 1953, on soupçonna tout naturellement Roger Duchet, le précédent ministre, d'être l'âme du complot, parce qu'on savait qu'il entretenait de bons rapports avec les syndicalistes : il les recevait avec force amabilités. N'allait-il pas, me signala-t-on, jusqu'à préparer à leur intention des fauteuils bien confortables, avec des cigarettes à leur portée, petit détail qui est d'un grand prix dans de semblables contacts ?

Rien ne donne crédit à la fable d'un Duchet agitateur clandestin. En revanche, il semble qu'il avait à peu près promis la prime de sujétion, sans que la décision fût officielle, et les personnels craignirent d'en être, après son départ, frustrés.

La division qui régnait entre les diverses centrales avait jusque-là freiné les mouvements dans ces secteurs. Elle apparut tout d'un coup, au contraire, comme un facteur de surenchère (que l'on veuille bien excuser cette expression !). La C.G.T. qui se voyait à la traîne voulut rattraper son retard ; elle demanda 7 000 F par mois et une prime de fin d'année de 20 000 F. Après des extensions variées au cours du mercredi 5, la grève se généralisa à l'ensemble des Postes le jeudi 6. Les quatre centrales établirent un front commun, appelèrent à une grève de vingt-quatre heures dans toute la fonction publique, de quarante-huit heures au Gaz et à l'Electricité, tinrent un meeting commun à la salle Wagram, créèrent un Comité d'action pour un front uni des grèves.

Dès lors les services publics sont presque entièrement arrêtés partout et la grève commence de faire tache d'huile dans le secteur privé où la situation est confuse, en raison de la difficulté de discerner les arrêts de travail volontaires et les diminutions d'activité imputables aux vacances.

C'est dans une atmosphère lourde d'inquiétude et de nervosité que se tinrent, le vendredi 7 août, la réunion du Conseil supérieur de la fonction publique, sous la présidence de Pierre July, où tous les

(1) Pour ne faire allusion qu'aux sujets que j'ai personnellement étudiés, cf. notamment le complot imaginé par Turgot lors de la guerre des farines, le « complot anglais » dans l'esprit de Law, etc.

délégués syndicaux quittèrent la séance et, le 8, celle du Conseil des ministres destinée à l'adoption du premier train de décrets.

Sur mon terrain, j'avais décidé de limiter les risques, et, sans attendre la séance du 8 août, j'avais retiré tout simplement l'affaire de la retraite des actifs et des sédentaires. J'avais même rengainé sans barguigner ma proposition de retraite facultative bien qu'elle fût plus favorable aux agents que le « statu quo », mais dans de pareilles circonstances il est préférable de ne donner aucune sorte de prise à la polémique. J'appliquai le remarquable conseil donné à son mari par lady Winston Churchill : « Ne vous mettez jamais dans un cas où vous soyez obligé de donner une explication sur votre conduite. » Pareillement, j'émondai de l'ensemble des textes tout ce qui pouvait prêter à la moindre doléance et c'est une série parfaitement anodine que nous fîmes paraître d'urgence, pour garder la face, au *J.O.* du 10 août (l'imprimerie n'étant pas en grève). Mais cela n'avait plus aucune importance. La grève était lancée et n'avait pas besoin de sujets pour se nourrir : *consuming flame that needs no food.*

Je me souviens avec amusement de cette étrange période (mais cet amusement est peut-être une addition interprétative de la mémoire). Prévoyant que je devrais passer à Paris une bonne partie de l'été, j'avais recommandé à Lucie de ne pas m'attendre et elle s'était installée chez Suzanne Blum à la Gaïole où je me proposais de la rejoindre pour de longs week-ends (j'avais compté sans la grève des transports). Nous étions alors sur le point de déménager et de quitter notre appartement de l'avenue d'Orsay (devenu trop étroit car Agnès grandissait et mon beau-père, devenu veuf, allait venir habiter avec nous) pour un nouvel appartement que nous avions trouvé au 83 de l'avenue Foch et dont les dimensions nous convenaient. Ce choix n'était pas des plus heureux car le nom de l'avenue Foch comporte une résonance de snobisme et de vie luxueuse qui nous fut reprochée bien injustement. En fait, cet immeuble avait été occupé par le ministère des Prisonniers qui venait seulement d'arrêter son activité. Il appartenait à une compagnie d'assurances et il nous fut aisé d'obtenir une location pour un appartement situé assez bas (au premier étage) et du côté non ensoleillé de l'avenue. Nous bénéficiions du voisinage de Jean Monnet installé au quatrième. En août 1953, notre emménagement n'était pas terminé. Je disposais d'un petit appartement à l'entresol du Louvre, pas très commode et exposé aux moustiques, où il m'arrivait de passer la nuit à l'occasion mais je résidais plus habituellement à l'hôtel Trianon-Palace à Versailles, où je retrouvais la fraîcheur et où je pouvais travailler dans un cadre plus favorable à la méditation. Le matin, je regagnais Paris au volant de ma voiture personnelle et il m'arriva plusieurs jours de suite de prendre en auto-stop des passagers, le plus souvent des secrétaires ou dactylographes qui se rendaient à leur bureau. J'étais moins connu alors que je ne le fus depuis (la télévision étant moins répandue). J'ai pu, de la sorte, me faire une opinion sur le type de réaction du public en présence d'une grève. Dans un premier temps, ce sont les grévistes qui ont tort et l'on approuve le gouvernement de résister. Dans un second temps, c'est le gouvernement qui a tort, car il apparaît comme responsable du prolongement de la situation. La faute s'est inversée.

Les communications téléphoniques étaient interrompues, sauf motifs légitimes dont les permanents des grévistes se faisaient juges. J'avais droit, en principe, depuis mon poste ministériel, à toute transmission réputée officielle mais, lorsque j'appelai Lucie à Antibes et que nous nous trouvions en ligne, je commis l'imprudence de dire « chérie » et nous fûmes aussitôt coupés. Quant à une échappée vers le Midi je ne pus, pour tous comptes, en accomplir qu'une seule, grâce à un avion qui faisait une tournée circulaire et qui, après avoir conduit Paul Coste-Floret à Montpellier et je ne sais plus qui ailleurs, put me déposer à Nice. J'ai gardé le souvenir d'un merveilleux repas dans un mas de la région, en compagnie du président du Conseil général des Alpes-Maritimes, Roubert, et du préfet Pierre-Jean Moatti, accompagné de sa femme Isabelle. Le préfet faisait lui-même la cuisine, avec un talent peu commun.

Joseph Laniel et son entourage persistaient à attribuer la grève pour partie à un complot, mais cette explication s'émoussait.

Ils crurent que le mouvement, puisqu'il était sans raison, serait sans durée (la proposition contraire eût été plus logique). Ils appliquèrent en conséquence la célèbre formule : « J'ai choisi la politique de la fermeté, c'est la plus facile. » J'ai encore dans l'œil le camion de la Radio, installé sur le gazon du parc de l'hôtel Matignon, et dans l'oreille le ton de mon président, frappant l'accent de chaque syllabe : « Je dis non à la grève. » Il est toujours dangereux de dire « chiche » et ce commandement fit plutôt l'effet inverse de celui qui était recherché. Pierre Mendès France, dans son exposé devant le Congrès radical de septembre, présenta une analyse des mouvements sociaux d'août 1953 en appuyant sur deux aspects : « Ce n'étaient pas, dit-il d'abord, des grèves politiques, ni exactement des grèves professionnelles. » Cette affirmation était tout à fait exacte. Mais il ajoutait : « C'étaient les grèves de la tristesse, du désespoir, du découragement », et, ici, il y avait une partie de vérité mais les choses étaient plus complexes.

Ces grèves, nous l'avons déjà dit, étaient l'aboutissement de la politique de déflation inaugurée, dix-huit mois auparavant, par mon successeur à la présidence. La déflation crée toujours, à un certain terme, une morosité générale (due notamment, dois-je le rappeler, à la restriction des heures supplémentaires). Il est d'ailleurs curieux que la grève ait éclaté dans le secteur public où les répercussions de cette politique étaient les moins sensibles : mais il faut tenir compte des interpénétrations entre milieux professionnels différents, à un niveau social commun. Si ce phénomène est issu de la tristesse, il ne se développe pas dans et vers la tristesse, mais plutôt dans une direction opposée. C'est un défoulement, un défi. Si la période des vacances rend plus sensibles certaines inégalités des conditions et peut aviver des réactions de jalousie, elle dispose également à une recherche de compensation ceux qui sont demeurés au travail. La grève apparaît alors comme une occasion de congé supplémentaire, comme un divertissement, comme une « bonne rigolade », presque comme un canular.

La négation ne suffisait pas, ni davantage les réquisitions qui furent irrégulièrement suivies. Il fallait, évidemment, négocier.

C'est à ce moment précis que reparut dans ma vie Valéry Giscard d'Estaing. Depuis notre première rencontre, en février 1949, chez nos amis Lhoste, il avait pris l'habitude de me rendre, à intervalles de trois à six mois, des visites régulières, dont je tirais toujours agrément. Cette fois-ci, les circonstances fournissant d'amples sujets à un échange de vues, je fus frappé par la coïncidence de ses réactions avec les miennes. Tout inspecteur des Finances qu'il fût, il voyait les choses en *politique.* Je décidai aussitôt de l'introduire dans mon équipe où, bien que disposant déjà de fortes compétences, un cerveau de plus ne serait pas superflu et où il pouvait, en raison de ses origines, m'aider à faire face à la guérilla des orthodoxistes qui parvenaient à trouver quelque complaisance même chez des hommes aussi « faurisés » que Blot et Lecarpentier. Jacques Duhamel, portant la marque légèrement suspecte du Conseil d'Etat, pourrait être ainsi étayé par un véritable « financier ».

Charles Gombault demanda à me voir et j'allai dîner avec lui près du ministère, au café de Rohan, avec Lecarpentier et Giscard. J'avais à la main un roman de la Série noire que je posai sur un guéridon avec les journaux, et le patron, venu me saluer, s'émerveilla en lisant sur la couverture le titre qui lui parut mystérieusement accordé aux circonstances : « Et cela s'appelle *Donnant donnant* », souligna-t-il d'un air recueilli. Charles Gombault voulait attirer mon attention sur la gravité de la crise : « Si les choses vont ainsi, dans quelques jours, il n'y aura plus de ministère Laniel. » Il fut agréablement impressionné par la personnalité de Valéry et par les positions qu'il adoptait dans cette affaire. Le contraste était frappant entre le mécanisme de pensée de Giscard, procédant d'une politique moderniste de l'économie, et celui de l'excellent Olaf Lecarpentier qui exprimait de la façon la plus intelligente possible le référentiel incoerciblement borné des caciques et des classiques de la Rue de Rivoli. J'indiquai à Gombault, qui eut l'occasion de me faciliter certains contacts, quelles étaient mes positions.

A partir de ce point, deux tactiques parallèles s'engagèrent. Je tentai la négociation du côté des P. & T. et des socialistes, en m'appuyant principalement sur un ami de jeunesse, du nom de René Richard, un géant bon vivant et fort parleur, ingénieur de profession, qui se consacrait entièrement à des activités syndicales chez les cadres F.O. et qui était devenu membre, puis vice-président du Conseil économique. Chaque fois que nous nous rencontrions, nous évoquions immanquablement nos vacances communes à Aulus-les-Bains, et tout particulièrement un bal travesti en costumes de papier, où nous nous étions déguisés à quatre garçons en moines déchaux, nous noircissant au charbon les pieds et les mains et même, Dieu sait pourquoi, la figure. C'est le genre d'anecdotes qui procure, pour la durée de la vie, un sentiment de complicité et le souhait mutuel de se rendre service. René Richard habitait, à une faible distance de Paris, à Chartrettes, une maison rustique et confortable où il rentrait tous les soirs et où il bénéficiait, grâce aux soins de son épouse, d'une excellente table. Nous en fîmes l'expérience, pour un contact confidentiel, avec un autre F.O. et avec des parlementaires socialistes.

Cependant, André Bougenot fit échouer mon ouverture car il avait lui-même engagé des pourparlers par l'intermédiaire du ministre du Travail, Paul Bacon, avec le syndicalisme — encore chrétien — de la C.F.T.C. Joseph Laniel refusa d'appliquer la première partie de mon plan, qui était une rencontre à quatre entre lui-même (que j'aurais assisté), Guy Mollet et Albert Gazier. Il m'objecta l'inconvénient qu'il voyait à mettre en valeur des leaders de l'opposition politique qui avaient lancé une campagne de signatures en vue de forcer la convocation anticipée du Parlement.

Finalement, après un premier échec le 17 août, un contact officieux fut réalisé le 21 août chez Pierre July. Les syndicats C.F.T.C. et F.O. obtinrent satisfaction sur tous les points, y compris sur la prime de sujétion pour les P. & T. ainsi que sur la levée de toute sanction, l'échelonnement des retenues pour journées de grève (pratiquement réduites à la pure fiction), etc. Il y eut encore plusieurs jours de flottement car la base avait débordé les syndicats, notamment aux P. & T. où elle avait formé un comité de grève baptisé, par antiphrase, intersyndical. Le 25 août, enfin, la reprise fut générale. Le mois avait été pratiquement perdu.

***

C'est dans la pleine période de la tension sociale en France que la conjuration marocaine avait engagé son entreprise. Quand elle parvint à ses fins avec le départ de Mohammed V, le 20 août, le gouvernement était encore empêtré à Paris par le règlement des grèves. Il est probable que les meneurs avisés de l'opération avaient tenu compte de la situation intérieure en France, qui leur apparaissait comme favorable à leurs agissements, pour précipiter l'exécution de leur plan. Faut-il, comme on l'a fait, aller plus loin et supposer que les premiers arrêts de travail, survenus dans des conditions assez mystérieuses, auraient été délibérément provoqués, grâce à quelque complicité, par les affidés de l'affaire marocaine ? Je pense qu'à défaut de tout élément concret de preuve cette hypothèse, fort séduisante pour les esprits attachés à une présentation synoptique des événements, ne peut être scientifiquement retenue. En revanche, j'ai toute raison de penser qu'entre le 17 et le 21 août un *deus ex machina* fit traîner volontairement les choses afin de retenir sur place Pierre July et de me gêner moi-même dans mes réactions. Autant il était difficile à Roger Duchet de fomenter après son départ une grève d'un mois, autant il était aisé à une personne « dans une certaine place » (comme disait Montesquieu) qui, bien entendu, n'était pas Roger Duchet, de faire traîner un rendez-vous décisif pendant quarante-huit heures.

* * *

Peu après mon installation rue de Rivoli, j'eus l'occasion d'accorder une audience au général Guillaume qui vint à la tête d'une nombreuse délégation de « responsables » économiques du Maroc. J'avais déjà eu l'occasion de rencontrer le résident général, peu de temps avant sa nomination, chez mon ami René Julliard qui avait publié un de ses livres, consacré à l'Armée rouge. Je ne pouvais manquer de nourrir un préjugé favorable pour un militaire qui était écrivain et qui avait pris la peine d'apprendre le russe (il était d'ailleurs polyglotte et connaissait également l'arabe). Je m'étais donc réjoui de sa nomination mais, par la suite, j'avais conçu quelques doutes, notamment en raison de l'affaire des émeutes de Casablanca et de diverses anecdotes le concernant. « Je leur ferai manger de la paille », avait-il dit dans une certaine circonstance, à propos des opposants et je savais aussi qu'on l'appelait le général Tagine, à cause de la méthode qu'il avait adoptée d'assister à de nombreux repas dans les tribus. Cependant, la responsabilité des plus lourdes erreurs pouvait incomber à des échelons moins élevés que le sien et j'entendais me garder de tout jugement téméraire.

Il était venu me demander un appui financier pour régler divers problèmes de ravitaillement et notamment la fourniture de céréales à l'approche du ramadan. J'avais pris toutes les mesures qu'il souhaitait. Par la suite, il revint pour m'exprimer ses remerciements car tout s'était passé à merveille. Il se trouvait de nouveau de passage à Paris, à la veille de se rendre à Vichy pour y suivre une cure thermale. Cette fois, nous étions tête à tête et le problème de la situation politique au Maroc fut abordé, sans doute par moi. « En effet, me dit en substance le résident général, certains activistes projettent de provoquer un changement dynastique. Ils avaient même imaginé de faire cette opération pendant la crise ministérielle, mais je m'y suis opposé. » Je fus donc de ce fait entièrement rassuré sur les appréhensions que j'avais conçues et qui étaient exprimées dans mon article de *la Nef (1)*.

Je dois dire que lorsque j'eus, plus tard, l'occasion de rappeler cet entretien au général Guillaume — c'était au cours du procès en diffamation que j'avais intenté contre le député Schmittlein (qui fut condamné) et où le général avait été cité comme témoin — il démentit m'avoir tenu ce propos. Comme nous étions dans le prétoire et que ce détail n'avait pas de portée dans la cause, je n'insistai pas mais le fait est parfaitement exact. Je l'avais d'ailleurs mentionné expressément à l'époque dans ma lettre à M. Vincent Auriol (2).

Contrairement aux assurances qu'ils avaient données au général Guillaume, les conjurés prirent l'offensive pendant son séjour en France. Le Glaoui entreprit au début d'août une tournée spectaculaire et se rendit avec ses guerriers à Rabat où l'intérimaire du résident, M. de Blesson, qui était dévoué à sa cause, le reçut avec une « pompe inusitée » (3).

Les informations que je regroupe ici ne sont venues à ma connaissance qu'après le coup de force. Dès le 4 août, le ministère des Affaires étrangères réagissait aux nouvelles qui lui parvenaient et formulait une mise en garde dans un style académique : « notre autorité, précise-t-il... que ne manqueraient pas de compromettre des initiatives téméraires si nous avions la légèreté de les laisser commettre ». Un certain répit s'ensuivit. Le 11 août, Mohammed V se décida à envoyer un message au président de la République et à publier concomitamment un communiqué. Dans ces documents, il dénonçait les menées subversives dirigées contre lui et les encouragements que donnent, à ces menées, certaines autorités françaises. Le sultan tint à marquer sa défiance envers le résident général, en

(1) Voir p. 592.
(2) Voir ci-après.
(3) *L'Année politique 1953.*

recourant pour son message à une procédure de transmission tout à fait inhabituelle. Il le remit, en effet, à un député U.R.A.S. de passage, l'aviateur Clostermann, auteur du best-seller *le Grand Cirque*, et qui se faisait élire à chaque législature dans une circonscription différente. Le Glaoui contre-attaqua le 13 août par une déclaration menaçante : « Il est trop tard, je ne peux plus rien arrêter. » Le même jour, le général Guillaume, qui avait été chapitré la veille par Georges Bidault et Joseph Laniel réunis, débarqua à Rabat. Dans la nuit du 12 au 13 août le ministère, par surcroît de précaution, adressait au résident général un câble qui porte l'heure de 3 h 40 et où les points sont sur les i. « L'entreprise (des comploteurs) est " intempestive " », elle « contredit l'attitude constante de la France », elle « signifie un retour à la féodalité », « ce serait " une abdication de la France que de consentir à cette déchéance ". »

D'autre part, le ministère apprécie avec sévérité les méthodes qui sont en honneur à la Résidence : « Dans la conversation téléphonique qui a eu lieu entre MM. de Blesson et Vimont, à la demande de celui-ci (donc de Paris), je regrette de noter d'importantes lacunes (donc de Rabat). Ces procédures où le silence, la contradiction et les vérités incomplètes sont alternativement employés, ne peuvent qu'appeler la méfiance. »

Nous sommes encore à une époque où la dépêche diplomatique est considérée comme un genre littéraire. On ne peut qu'admirer la manière dont est placé le mot « méfiance ». On peut le rattacher directement et exclusivement à M. de Blesson, seul nommé, mais on peut le rattacher à un « ensemble de procédures » qui ne suggère pas nécessairement la responsabilité d'un homme seul, plutôt celle d'une équipe et rien n'interdit d'en étendre l'ombre portée jusqu'au chef de l'équipe, le résident général lui-même. Comprenne qui pourra. S'incrimine qui voudra.

Dans la journée du 13, le résident général poursuivit de longs contacts avec le sultan et, tirant parti de la situation de faiblesse où celui-ci se trouvait placé, lui fit signer un accord en neuf points qui consignait l'essentiel des réformes souhaitées par la France, jumelant cependant celle de la justice avec celle des municipalités, selon le vœu des Marocains. Tard dans la soirée (23 h 10) le général Guillaume câbla pour rendre compte de la signature du sultan mais en mettant en évidence toutes les circonstances qui pouvaient permettre de réduire la portée de cet accord et de passer outre à l'armistice. Le sultan aurait déclaré à M. de La Tour du Pin (un des plus acharnés affidés du complot) : « C'est un ultimatum, je cède à la force », et Moulay Hassan aurait plaisanté. Le résident général affirme que les chefs de l'opposition (c'est-à-dire les conjurés du

Glaoui) tiendront... « ce succès pour négligeable » et ne se « résigneront » pas à « renoncer ».

Le ministère réagit durement et câble dès 0 h 45. Il tient un compte limité au plus juste des réserves qu'aurait exprimées le sultan (s'il reprend sa déclaration, la France peut remettre en cause les données de son accord) et il marque son opposition formelle au coup de force qui est visiblement en préparation : « Toute politique particulière sera sanctionnée, même et surtout en cas de succès. » Il juge sévèrement « une manœuvre qui se couvre de l'amitié française, mais dont les buts *archaïques* ou *financiers* n'ont pas la sympathie du gouvernement »...

Le terme d'*archaïques* se réfère au Glaoui et à son folklore, le terme *financiers* vise Marcel Boussac dont on croit, généralement, que l'attitude passionnée dans cette entreprise est liée à son affaire de textiles. J'ai assez bien connu par la suite Marcel Boussac et je pense qu'il n'était pas exclusivement ni sans doute principalement inspiré par des considérations tenant à un avantage financier personnel. Il identifiait tout naturellement l'intérêt de sa propre firme aux intérêts généraux de l'économie française, lesquels, bien entendu, ne pouvaient se dissocier de l'impératif national supérieur. La désignation d'un nouveau souverain qui serait une marionnette manipulée par la puissance protectrice, c'est-à-dire en fait par le contrôleur Boniface, âme du complot, fournirait l'occasion immédiate d'une révision du traité d'Algésiras. En dehors de cette partie « rationnelle », si l'on peut employer cette expression pour un projet si extravagant, du plan Boussac, on distinguait, dans la psychologie de cet homme singulier, une large part d'inspiration due à des facteurs d'influence d'un ordre très différent. Marcel Boussac, et plus encore son épouse, la cantatrice Fanny Heldy, étaient littéralement fascinés par le Glaoui, le seigneur de l'Atlas, comme ils l'étaient d'ailleurs aussi bien par l'Agha Khan, ce *dieu vivant,* dont ils étaient devenus les familiers et les courtisans éblouis. Ni l'aristocratie française ni les hautes figures du pouvoir politique, dont Marcel Boussac avait sans relâche et avec un succès constant recherché la compagnie, ne leur semblaient revêtir un ascendant comparable. A leurs yeux, l'Agha Khan et le Glaoui présentaient le prestige bivalent de personnages mythiques, sortis en robe orientale d'un antique opéra, pour apparaître, l'instant d'après, en jaquette et tube gris au pesage de Longchamp.

Alphonse Juin, maréchal de France, de surcroît académicien, ne parvenait pas tout à fait à ce niveau de prestige qui transcende l'époque, mais il n'en était pas éloigné.

Lequel des trois, Marcel Boussac, le Glaoui, le maréchal, a-t-il pris la part principale de l'événement ? Selon la plus grande ligne de vraisemblance, la décision est collégiale et la responsabilité est indivise. Le véritable décideur se place sans doute à l'échelon immédiatement inférieur et tout désigne Boniface. C'est lui, en effet, qui était le plus convaincu et peut-être le seul illuminé. Il avait conçu le projet de faire du royaume du Maroc un ensemble de départements français, à l'image de l'Algérie. En attendant, c'est encore lui qui avait préparé l'éviction de Mohammed V et qui dénicha son remplaçant en la personne de Moulay ben Arafa. Il se trouvait placé au niveau décisif à la fois sur le plan de l'initiative (qui montait ensuite jusqu'au trio Glaoui, Juin, Boussac) puis, quand elle en redescendait, sur celui de l'exécution elle-même, pour sa compétence et son « savoir-faire expéditif ».

*
* *

Du point de vue du gouvernement, les vingt-quatre heures de la journée du 13 août réglaient entièrement le problème. Il avait tiré un parti bénéficiaire d'un mouvement déclenché à son insu et poursuivi contre son ordre, après quoi il entendait désavouer et renvoyer dans leurs foyers ceux qui avaient été, comme disent les marxistes, ses agents et ses alliés *objectifs*. Mais ceux-là, ou plus exactement le quatuor qui les dirigeait, ne l'entendaient pas de cette oreille. Pour eux, les concessions du sultan apportaient la preuve de sa perfidie (que ne les avait-il consenties plus tôt ?) en même temps que de sa faiblesse et leur entreprise, loin d'être périmée, approchait du triomphe. Un grand rassemblement de chefs tribaux se tint dans une atmosphère d'exaltation. Le meneur de jeu, Boniface, et son coadjuteur, un certain Vallat, les haranguaient en arabe : pour les calmer, nous dit-on sur le moment. Mais qui dispose d'une relation authentique ? Tout au plus leur a-t-on demandé sans doute de patienter quelques jours, avant leur victoire complète.

D'ores et déjà, ils avaient acclamé, comme l'imam des croyants, Moulay ben Arafa qui était l'oncle de Mohammed V. C'était l'introniser comme souverain puisque ces deux qualités sont indissociables. Mais ce point fut laissé dans l'ombre et l'ensemble de l'information fut habilement voilé.

Dès le début de la semaine décisive qui s'écoula entre le 10 et le 17 août, mon attention avait été alertée par la presse et par diverses informations émanant de journalistes, de l'éditeur René Julliard, du bâtonnier Yves Baissières et, malgré les assurances du général Guillaume, à moi personnellement données, je commençai à redouter quelque fâcheuse surprise. Les grèves pouvaient fournir l'occasion que les affidés avaient laissée passer avec la crise ministérielle. Je demandai un rendez-vous à Laniel qui me reçut le jeudi 13 août, le jour même où Guillaume rencontrait le sultan. Il m'affirma (comme je le rappelle dans ma lettre du 26 août) que les instructions données au résident général excluaient la déposition du sultan, mais prévoyaient la nécessité de réformes d'inspiration démocratique. Là-dessus, j'allai rejoindre ma famille pour le week-end du 15 août.

Le lundi, Pierre July me demanda de le voir d'urgence et nous prîmes rendez-vous pour déjeuner à *la Fontaine Médicis,* un restaurant situé en face du Luxembourg et qui me rappelait un souvenir scolaire (c'est là que ma mère m'avait emmené, le jour du baccalauréat). Pierre July était accompagné d'un de ses amis, membre de son cabinet, le commandant (depuis colonel) Salvi, officier de méharistes, bon connaisseur du Maroc, justement effrayé par l'opération en cours. Mes interlocuteurs m'apprirent les rebondissements des 14 et 15 août. Ils se proposaient de faire échouer le complot et je leur donnai tous mes encouragements. Leur raisonnement était simple et leur stratégie la seule qui se pût concevoir. On ne pouvait arrêter la machinerie qu'en lui opposant une force de résistance sur place. Pierre July se proposait de se rendre à Rabat comme envoyé spécial du gouvernement. Le général Guillaume avait pu, dans son personnage résidentiel, jouer le double jeu, mais il était militaire et ne désobéirait pas à un ministre. Laniel, déjà pressenti, avait paru accepter ce plan et l'on comptait sur moi pour le raffermir dans ces dispositions. Ce qui préoccupait surtout Pierre July, c'était la réunion qu'il devait présider le lendemain, afin de terminer la négociation avec les syndicats et de mettre le point final à la grève. On pensait que les choses tiendraient jusque-là et qu'il pourrait être à Rabat le jeudi 18 août.

On sait que la réunion échoua, sans doute par l'effet d'une délicate manœuvre. Georges Bidault refusa la mission July. Joseph Laniel, qui n'osait pas briser sa résistance, fut trop heureux de tirer argument de l'échec du rendez-vous syndical pour garder Pierre July à Paris. Le ministre des Affaires étrangères, dans son langage sibyllin, laissait entendre que tout allait rentrer dans l'ordre et Joseph Laniel, encore englué dans la prolongation des grèves, ne demandait qu'à se livrer au *wishful thinking.*

Plusieurs conseils se tinrent les 19 et 20 août. Les grands sujets de l'actualité s'y enchevêtrèrent. Les données relatives à l'affaire marocaine sont décrites dans ma lettre du 26 août à M. Vincent Auriol : en m'y référant, je suis sûr d'éviter toute confusion.

« Lors du Conseil des ministres du 15 août, écrivais-je, les membres du gouvernement se sont trouvés en présence d'une sorte d'ultimatum. » Georges Bidault indiquait qu'on ne pouvait arrêter le mouvement que par les armes, qu'il était impossible de tirer sur ces Marocains, nos amis, et que d'ailleurs si l'ordre en était donné il ne serait pas exécuté. Aucun ministre ne préconisa le recours à cette méthode ; il était évident que la Résidence avait les moyens d'éviter cette manifestation et qu'elle ne l'avait pas fait.

Il fut décidé à ce moment que le général Guillaume allait repartir pour Rabat (il venait de faire un voyage éclair à Paris), « muni des toutes dernières instructions gouvernementales ». Cette formule alambiquée nous laissa croire qu'il était chargé de reprendre la situation en main. Je me méfiais et j'essayai d'obtenir l'envoi d'un ministre sur place (je parlai d'abord de Bidault mais je pensais, bien sûr, à July).

J'ai fait, ainsi que vous vous en souvenez, une tentative pour obtenir du gouvernement qu'il envoie sur place le ministre des Affaires étrangères ou un autre de ses membres pour s'assurer d'abord de l'exacte exécution de nos instructions, ensuite pour prendre, s'il le fallait, ses décisions sur place en conséquence des événements et de la réalité des différents périls que l'on ne pouvait qu'entrevoir. Cette suggestion n'a pas été acceptée.

Le lendemain, jeudi 20 août, nous fûmes informés de l'échec de la dernière mission du général Guillaume et je pense qu'il apparaissait dès lors clairement que cette mission n'était en réalité qu'une sorte de précaution à l'usage des membres du gouvernement français. Nous étions en présence d'une machine bien montée, parvenue au dernier période de son fonctionnement et que dès lors personne n'était plus en mesure d'arrêter.

Mon récit se poursuivait dans les termes suivants :

Au cours de cette seconde séance du même jour, en fin d'après-midi, nous avons appris que le sultan avait été déposé et qu'il était d'ores et déjà en route pour la Corse. Ainsi le Conseil n'a pas été appelé à prendre dans cette affaire une décision libre et une véritable initiative.

L'autorité de l'Etat s'est trouvée réduite à néant et le gouvernement n'a eu qu'à entériner, dans des conditions dérisoires, l'exécution d'un plan arrêté sans doute dans ses moindres détails et appliqué avec une véritable perfection technique par des personnalités irresponsables ou par des agents insubordonnés.

La séance continua. Je quittai la salle et me rendis dans la pièce voisine où je fus aussitôt rejoint par Pierre July, François Mitterrand et également par le ministre de l'Agriculture, Houdet, qui partageait notre sentiment, ce que j'avais ignoré jusqu'alors. Tous s'adressaient à moi comme à leur chef de file. J'éprouvais la tentation de faire un geste qui ne pouvait être que la démission. Mais il m'apparut que, dans la situation économique et sociale où nous étions engagés, cette position ne serait pas comprise par l'opinion française, fort mal informée du problème marocain. J'aurais été soupçonné d'avoir saisi le premier prétexte venu pour me dégager d'une situation difficile. J'exposai les éléments de la décision à mes collègues ; aucun ne me conseillait le départ. J'étais soucieux de ne pas me dissocier de ce que ferait François Mitterrand. Lui-même souhaitait ne m'apporter nulle gêne, d'autre part il pensait qu'une crise proprement dynastique, telle qu'elle venait de s'ouvrir, n'était pas un bon terrain de conflit. Il lui paraissait préférable de prendre position de demandeurs et de réclamer un changement d'ensemble de la politique suivie en Afrique du Nord, en Tunisie aussi bien qu'au Maroc. François Mitterrand connaissait à fond le problème tunisien qu'il avait étudié avec moi comme ministre de mon premier gouvernement. Il se sentait là sur un terrain solide.

Il donna en effet sa démission à quelques semaines de là. Nous avions entre-temps rédigé ensemble une lettre où nous demandions que soient éloignés du Maroc les fonctionnaires indisciplinés qui avaient, à tout le moins, facilité la perpétration du coup de force, MM. de Blesson, Boniface et Vallat. Nous ne reçûmes aucune réponse.

J'avais également rédigé avec soin, dans les jours qui suivirent le 20 août, une lettre que j'adressai à Vincent Auriol et dans laquelle je confirmais ma protestation, en même temps que j'exposais les motifs qui m'empêchaient de donner ma démission. C'est le texte que je viens de citer. Le président de la République en accusa réception dans des termes inhabituels. Non seulement il m'assurait de sa pleine compréhension, mais il me notifiait que mon texte serait annexé au procès-verbal du Conseil des ministres. Je n'ai eu connaissance, ni avant ni depuis, d'aucun autre cas dans lequel cette procédure aurait pu être appliquée et j'ignore encore à ce jour en quoi elle consiste matériellement.

Je crois devoir terminer ce chapitre en citant l'introduction et la conclusion de ma lettre (dont les parties narratives ont déjà été inscrites dans ce chapitre) ainsi que la courte et forte réponse de Vincent Auriol :

« Monsieur le Président,

« Je considère comme un devoir de conscience et de fonction de m'adresser à vous en vos qualités de Président de la République et de Président de l'Union française, représentant la permanence de nos institutions et assurant ainsi un élément de continuité à l'action des différents gouvernements dont vous présidez les débats.

« L'objet de la présente communication est de confirmer de la façon la plus expresse et la plus solennelle qui me paraisse compatible avec les exigences de la conjoncture et avec la règle de la solidarité gouvernementale les graves préoccupations et les réserves complètes que m'inspirent les récentes décisions concernant la situation du Maroc.

« Aux considérations qui précèdent, il serait normal que je trace comme conclusion mon propre retrait du gouvernement. Je ne puis le faire dans les circonstances actuelles car il m'est impossible d'abandonner les responsabilités du département des Finances qui peut m'appeler à tout instant, soit à justifier ma propre action des semaines passées, soit à en assurer la poursuite. Ma décision pourrait être de nature à causer un réel préjudice aux intérêts du pays et elle pourrait, d'autre part, apparaître comme un désaveu à l'égard de Monsieur le Président du Conseil que je ne songe nullement à incriminer.

« J'entends, d'autre part, me conformer à l'appel que vous nous avez adressé en termes très nobles en vue d'assurer la solidarité gouvernementale mais, ayant eu l'honneur de collaborer avec vous pendant plusieurs années, au cours de différents gouvernements et même, dans une brève période, en tant que Président du Conseil, j'ai tenu à vous faire part directement des opinions dans lesquelles je persévère et des sentiments qui m'animent et dont je suis assuré que nul ne les comprendra mieux que vous. »

Réponse de Vincent Auriol, en date du 29 août 1953.

« Mon cher Président,

« Je vous accuse réception de votre lettre du 26 août et vous donne acte de vos réserves, protestations et opinions relatives à la déposition du Sultan du Maroc et, surtout, aux conditions et circonstances dans lesquelles s'est faite la déposition.

« Je comprends " mieux que personne " — en effet et vous savez pourquoi — votre douloureuse crise de conscience.

« La noblesse de vos sentiments et de votre attitude, votre haute conception du devoir, votre abnégation, la confiance, enfin, que vous me manifestez, me touchent profondément et m'émeuvent.

« Croyez, cher Président, à mon affectueuse estime et à ma fidèle amitié. »

signé : « Vincent Auriol. »

P.-S. « Je joins votre lettre et copie de la présente au procès-verbal officiel de la séance du 20 août. »

Mes adversaires politiques qui, deux années plus tard, déclenchèrent contre moi une campagne de dénigrement, allant parfois jusqu'à la diffamation, pénalement sanctionnée (affaire Raymond Schmittlein), ne pouvaient ignorer la position que j'avais prise en 1953. Sans doute, le texte intégral de ma lettre du 26 août ne fut publié que plus tard, mais l'existence en était connue dans les milieux politiques; au surplus, le numéro de *la Nef* avait eu beaucoup de retentissement et on pouvait se le procurer le plus aisément du monde. Etant donné que j'avais désapprouvé la déposition du sultan, on devait bien s'attendre, lors de mon retour au pouvoir, à ce que je rouvre le dossier du problème dynastique. J'ai toujours été surpris de constater que mes adversaires, et souvent beaucoup de mes amis, me considéraient comme un homme versatile, alors que je ne parviens pas à découvrir un seul sujet sur lequel j'ai marqué une variation de doctrine pendant tout le cours de ma carrière. Je ne suis nullement l'ennemi, à priori, de toutes les variations. Il se trouve seulement que je n'en ai jamais accompli aucune et, pour cette raison, je ne trouve pas normal que l'on m'en impute. Il m'advint, un jour, de répondre à un interviewer qui me posait, selon l'usage, le fameux questionnaire de Proust, que ma principale qualité était la *constance* et que mon principal défaut était *l'obstination,* formule inspirée de la célèbre lettre des *Liaisons dangereuses.* Savez-vous quelle fut sa réaction ? Il crut que je plaisantais. Et pourtant !

CHAPITRE XXXVI

LE PLUS FACILE, C'EST TOUT DE MÊME DE RÉUSSIR

J'ai gardé un très bon souvenir de cette période de l'été et du début de l'automne 1953, malgré la longue épreuve des grèves, les difficultés et les contrariétés de toutes sortes, le scepticisme général qui accueillit mes premiers efforts de remontée, le sarcasme des uns, le fatalisme des autres et l'apitoiement des meilleurs. Car je manœuvrais sur un terrain connu, j'utilisais des armes dont le maniement n'avait plus de secret pour moi, et j'éprouvais une sorte de jubilation à penser que, de quelque manière qu'un problème vînt à se poser, personne ne pouvait trouver une meilleure solution que celle que j'imaginerais. Je m'appliquais à moi-même la citation d'Emerson : « Celui qui sait composer le meilleur sermon, celui qui sait construire le meilleur piège à rat », etc. Non seulement je me sentais sûr de la victoire, mais le combat lui-même était pour moi vivifiant, il me procurait une délectation sportive, l'impression d'enrichir ma personnalité et d'amplifier mon personnage.

En fin d'après-midi, j'allais souvent passer quelques instants dans un de ces groupes amicaux de Parisiens sans vacances que l'on appelle les « aoûtiens », et comme cette coutume se prolongea en septembre, nous nous donnions plaisamment l'appellation de « septembriseurs ». C'était le plus souvent chez notre amie américaine, Elleonore Johnson, blonde translucide en tunique blanche, dans son jardin de la rue de la Faisanderie, tout proche de l'hôtel qui me rappelait l'amitié de Petsche et le dernier repas que j'avais présidé avec Simone. Notre hôtesse irradiait déjà des bonheurs que lui donnait la perspective de réaliser bientôt, par son quatrième mariage, le rêve de son premier amour. Par une circonstance curieuse, on n'offrait dans cette maison cossue que du whisky de marque canadienne, Seagram ou Canadian Club. Il passe pour être plus stimulant que les autres, et je me plaisais à penser qu'il favorisait mon inspiration. Un jour, je trouvai toute la maison occupée à écouter une émission que j'avais enregistrée dans l'après-midi. Le maître d'hôtel et la femme de chambre vinrent m'en faire un compliment enthousiaste dont la sincérité me toucha.

« Tout est facile, ô mon Dieu, hormis de résister à ta volonté. » Contrairement à ce que l'on pense d'ordinaire, la clé du succès n'exige pas toujours que l'on rame à contre-courant. Il ne faut pas hésiter à suivre, quand l'occasion s'en présente, la pente douce de la facilité.

Je pense pouvoir formuler ainsi que suit un mini-répertoire de bonnes recettes.

1°) Il faut toujours se fier aux indications qui viennent du bon sens :

Cela paraît enfantin, mais il faut souvent du courage, plus exactement de l'audace, non pas pour appeler à soi ces données, qui sont immédiates, mais pour en tirer les conséquences logiques. Précisons ici que le bon sens ne doit pas être confondu, comme cela arrive souvent, avec une *vision prosaïque des choses.* Le bon sens peut conduire à ce que le cardinal de Retz appelle le *jugement héroïque* et qui consiste, selon sa définition, à distinguer *l'extraordinaire de l'impossible.* Nous n'hésiterons pas à donner un exemple qui peut surprendre : celui du général de Gaulle. Quand le général de Gaulle prononce le discours du 18 juin, il distingue l'extraordinaire de l'impossible, car constituer un gouvernement français à Londres, c'est en effet extraordinaire (et comme il le démontre, non pas impossible) ; or, cette décision héroïque procède d'une appréciation de bon sens, dont il donne d'ailleurs tous les éléments : l'Amérique et la Russie ne sont pas encore entrées en guerre, etc., et qu'il me résumait un jour, au cours d'une conversation directe, en disant : « C'était trop gros, l'Allemagne avait trop gagné, ce n'était pas normal... »

2°) Il ne faut jamais retenir les arguments des techniciens quand ils aboutissent à une solution qui est contraire à ce que recommande le bon sens.

3°) Cela ne veut pas dire que les techniciens sont inutiles. Il faut obtenir d'eux, de préférence par la persuasion, qu'ils mettent dans une forme techniquement adaptée les solutions que le bon sens impose et que la technocratie rejette.

4°) Tout mouvement de revendication dans sa première pulsion d'exigence ou de rejet, émanant de l'ensemble d'un secteur, doit être immédiatement pris en compte et il faut tâcher de lui donner soit une réponse favorable, soit en tout cas une certaine satisfaction (il en est ainsi même et à fortiori quand ce mouvement se définit comme irrationnel car il procède alors d'une raison d'autant plus redoutable qu'elle est cachée et peut-être inconsciente).

5°) Il faut éviter les conflits ou du moins les résoudre le plus tôt possible car la prolongation d'un conflit est généralement plus onéreuse qu'une mesure même onéreuse permettant de l'éviter.

6°) Il ne faut jamais hésiter à se porter d'un point sur un autre quand un danger survient ici où on ne l'attendait pas ou bien quand une chance se présente là où on ne l'avait pas entrevue. La plus grande faiblesse pour un gestionnaire politique, comme pour un médecin, ou un avocat, c'est la *crainte d'être dérangé ;* il faut être, selon l'expression russe difficile à traduire, *povorot livy :* prêt au tournant.

7°) Enfin la septième recette exige sans doute un plus grand effort d'application. Il s'agit d'être toujours attentif à une articulation cohérente entre les mesures que l'on peut être appelé à prendre dans des occasions successives et dans des secteurs différents. Notre époque est celle des systèmes au sens systémique et non plus au sens systématique. Les actions combinées offrent plus de garanties d'efficacité que la simple juxtaposition d'initiatives conçues isolément les unes des autres. La cohérence ne doit pas poser concrètement de problème : car le même esprit, procédant à partir d'une approche permanente et suffisamment élevée, imaginera des solutions qui seront toutes intégrables dans le même ensemble logique. S'il en était autrement, cela devrait lui donner à réfléchir. S'il n'est pas sensible à cet aspect c'est qu'il n'a pas de vue générale, qu'il est donc un gestionnaire borné ou cynique, les deux pouvant aller de pair et dans ce cas nous n'avons pas de conseils à lui donner. En d'autres termes, il faut que toutes les décisions émanant du même ministre puissent au fur et à mesure être placées sur un arbre commun et constituer un *plan.* Les meilleurs plans se conçoivent *a posteriori* plutôt qu'*a priori.* En fait, la méthode que j'ai suivie et que je préconise conduit à élaborer d'abord, de façon expérimentale, quelques éléments, à construire l'ébauche d'une figure d'ensemble et sur ce premier schéma à établir une construction plus importante qui sera véritablement le plan.

Si la méthode qui se ramène à aligner des décisions sans s'assurer de leur cohérence, méthode qui est en fait absence de méthode, limite gravement les chances de succès, on ne saurait, en revanche, recommander, sauf dans certains cas limites, de procéder à partir d'un plan entièrement préconçu. Le premier style révèle un praticien de médiocre envergure, le second dénonce une tendance à l'utopie et au dogmatisme et une insuffisante docilité envers l'expérience. La disposition dogmatique a de surcroît l'inconvénient de rendre le décideur moins attentif aux problèmes imprévus et aux suggestions qui résultent de la cavalcade des circonstances.

Une politique économique ne surgit pas toute prête de l'intellect d'un ministre comme Minerve tout armée du cerveau de Jupiter. Mon expérience antérieure m'avait doté de quelques notions essentielles, je disposais même de projets plus ou moins élaborés ; elle m'avait convaincu du primat de l'expansion et surtout elle m'avait procuré la liberté et la confiance en moi en présence des tabous et des mythes. L'économiste le plus compétent ne peut pas préfigurer une gestion sur un tableau noir. On ne gouverne qu'en gouvernant.

A l'exception de quelques amateurs motivés, chacun suppose que le récit d'une politique financière ne peut que distiller l'ennui. Parviendrai-je à surmonter cette prévention ? Ne peut-on trouver quelque chose de romanesque à cette lutte d'une intelligence humaine, isolée et lucide, contre les éléments plus ou moins déchaînés, contre un ensemble de forces non pas toutes sans doute systématiquement hostiles mais, dans la meilleure hypothèse, méfiantes et réservées ? Pour la plus grande part, et à l'exception, bien entendu, des opposants organisés, syndicaux ou politiques, ces forces ne sont pas identifiables avec précision : elles ne sont pas animées par une volonté centrale, consciente ou même décelable ; elles sont ballottées et agitées par des accumulations de besoins, d'aspirations, de souffrance, d'intérêts qui les rendent tantôt imprévisibles, tantôt incontrôlables mais non pas indéchiffrables, peu accessibles à l'influence de la pure raison raisonnante mais n'appuyant jamais de tout leur poids des revendications absurdes. Car les Français sont généralement sensés et modérés, laissant une grande faculté de manœuvre au ministre solitaire et subtil comme le mythique « privé » de Hadley Chase. J'avais de mon côté, pour reprendre une définition célèbre, la supériorité d'une « pensée qui se pense » sur une « pensée qui ne se pense pas ».

Ma politique économique peut être comparée à une stratégie qui utiliserait quatre unités (je disais quelquefois quatre cavaliers).

L'une destinée à demeurer figée sur place, et même, de préférence, à se tenir un peu en arrière de ses positions initiales, c'est celle des prix. *C'est le cavalier immobile.*

Deux autres, progressant à des allures modérées : les *salaires,* pas trop vite, et *l'exportation,* aussi rapide que possible, mais qui ne peut jamais prendre une allure très vive.

Enfin, il y eut *la charge de la brigade légère :* la partie la plus originale, avec ses deux thèmes : l'escompte et l'investissement.

CHAPITRE XXXVII

LE CORPS DE BATAILLE

I

LE CAVALIER IMMOBILE ET LA POLITIQUE DES PRIX

Le bon sens et l'expérience indiquent que l'on n'est jamais sûr de pouvoir conjurer toutes les causes des hausses des prix. Aussi une politique sérieuse de stabilité suppose-t-elle trois conditions de base — que l'Etat ne pratique lui-même aucune hausse pour les prix des services et des prestations qui dépendent de son autorité — qu'il refuse toute mesure de hausse dans les domaines soumis à son contrôle — enfin, qu'il s'arrange pour disposer d'une certaine marge d'actions en baisse.

Je n'eus aucune peine à tenir ferme sur le premier point, ce que n'avaient pas toujours fait mes prédécesseurs, et ce que ne firent guère mes successeurs. Le deuxième me posa un problème délicat, sur lequel je reviendrai. Quant au troisième point, j'avais en poche, lors de mon retour, une formule inconnue et imparable, résultat de travaux et de contacts antérieurs.

Je m'étais lié, dans mon cadre lédonien, avec les dirigeants de la Fédération professionnelle de l'épicerie en gros, dont le président, révéré et estimé de tout le commerce français, s'appelait Edouard Duhem. J'ai déjà évoqué la silhouette noble de ce géant presque aveugle, présentant une extraordinaire ressemblance avec le maréchal Pétain. Par lui, je connus le petit cercle de ses intimes, parmi lesquels se recrutèrent ses successeurs, notamment M. Viaud, aujourd'hui décédé, Maurice Labruyère, toujours vivant et bon vivant, et son secrétaire général, Roger Durand, qui, par la suite, décida d'entrer lui-même dans la profession. A dates fixes, Edouard Duhem réunissait son équipe autour d'une très bonne table, dans quelque nouveau restaurant d'apparence modeste. Selon un rite immuable, il nous conduisait ensuite dans son bureau, rue Vernet, où il sortait gravement d'un tiroir quelques bouteilles sélectionnées d'alcool blanc avec les petits verres. Tout en procédant à la dégustation, nous poursuivions rituellement des échanges de vues qui portaient sur la crise du commerce de gros et sur la nécessité d'une adaptation fiscale, seul moyen d'assurer la survie de cette branche utile et respectable de l'économie à l'échelle humaine.

Plus tard, lorsque j'occupai la Rue de Rivoli, je me penchai longuement, avec Maurice Labruyère, sur les modalités pratiques de la réforme envisagée. Robert Blot prit intérêt à cette cause, et après de multiples consultations de spécialistes, une formule se dégagea et s'imposa. En attendant la T.V.A., qui devait assurer la principale mission d'une fiscalité soucieuse de l'économique, la meilleure formule nous parut être celle d'une taxe unique portant sur un certain nombre de produits alimentaires de grande consommation. Ainsi se trouvait élégamment résolu le problème de la parité fiscale entre les différents secteurs, grossistes, succursalistes, coopératives, puisque c'était la marchandise qui payait et qu'elle ne payait qu'une fois. Je décidai de mettre en application ce système qui avait l'avantage de permettre d'obtenir, de façon quasi automatique, une baisse des prix à la consommation. Il suffisait pour cela de procéder à un jeu de coulisse sur le montant de la taxe.

M'étant assuré le concours des professionnels de l'épicerie, je pouvais dès lors faire appel à leur bénévolat pour une action « promotionnelle » de baisse comportant de surcroît un sacrifice temporaire sur leurs marges. Je fixai un pourcentage total de 10 % dont 6 % par diminution de la taxe, et 2 % à la charge des détaillants.

L'homme ne vit pas seulement... d'épicerie. Bernard Lafay avait réalisé l'entente cordiale avec la profession, très susceptible, de la boucherie, dont l'homme fort, qui s'appelait Drugber, s'affirma disposé à répondre à notre appel au civisme. Il nous fut donc possible, par voie d'accord amiable, de réaliser, à partir du 8 septembre, une autre baisse de 10 % qu'on appela plus ou moins ironiquement « *opération bifteck* ».

Fort de ces réalisations concrètes, j'entrepris une offensive de persuasion auprès de tous les fabricants de produits manufacturés. S'ils voulaient éviter le débordement des salaires, ils devaient m'aider à agir sur les prix. J'obtins ainsi un palmarès de 300 articles. J'attachai enfin tous mes soins à fignoler une légère baisse indicative et au moins symbolique sur l'automobile alors que le Salon allait s'ouvrir et que tout le monde s'était accordé à prophétiser une grimpée.

De larges secteurs de l'opinion commençaient de se montrer sensibles à notre stratégie. Il fallait éviter de rompre l'élan. Je dus m'arc-bouter pour briser la contre-offensive haussière qui se prononçait, par une fâcheuse coïncidence, sur le front de la sidérurgie. Les aciéristes formaient une équipe résolue, soudée autour de présidents successifs qui étaient des personnalités de valeur exceptionnelle, M. Ricard, puis son successeur M. Ratty. Ils revendiquaient le statut européen de la C.E.C.A. pour procéder librement à la hausse de leur matière première. Je décidai de résister, car seul un endiguement sans aucune faille pouvait me permettre de réussir cette première partie, dirai-je préalable, de mon grand projet de relance. Je m'efforçai de me boucher les oreilles pendant que mes interlocuteurs développaient des arguments dont je ne pouvais méconnaître ni la pertinence juridique ni la justification économique sérieuse. Mais c'est, me répétai-je, l'un des avantages d'un esprit toujours ouvert au raisonnement et à la critique de pouvoir, en cas de nécessité, s'y fermer sans hésitation. « Nous sommes libres, me disaient les sidérurgistes, de fixer des prix sans l'accord du gouvernement français ; nous préférons, certes, travailler en harmonie avec vous... mais si nous ne pouvons nous entendre, alors nous serons obligés d'utiliser la plénitude de nos droits.

— Vous pouvez, en effet, très bien le faire, répliquais-je, en gardant comme eux le visage souriant, car le prix de l'acier est libre mais le prix des objets fabriqués avec de l'acier ne l'est pas. C'est un peu la situation décrite par Eugène Brieux dans sa pièce *la Robe rouge :* la justice est gratuite, mais les moyens pour y parvenir ne le sont pas. Vous pouvez donc augmenter le prix de l'acier, mais moi je bloque le prix des casseroles, et de tout engin ou ustensile fabriqué avec votre matériau. Personne n'achètera de l'acier cher pour en faire des articles bon marché. »

Je résolus ce conflit par une procédure quelque peu audacieuse. Mes interlocuteurs me firent remarquer, d'après les graphiques, que leurs activités étaient engagées sur une pente déclinante. Cette situation se prolongeait et s'accentuait alors que sur bien d'autres points apparaissaient des signes de reprise, ou plus exactement de « prise » (car les progrès se manifestaient au-delà des indices obtenus dans le passé). « Il faut nous aider, me dirent-ils, et puisque vous persistez à bloquer nos prix, nous allons vous demander autre chose. Nous pouvons nous rattraper sur le marché extérieur ;

donnez-nous une prime à l'exportation. — Vous voyez bien, leur dis-je, que ma tactique n'est pas mauvaise. Vous me suggérez de vous donner une aide à l'exportation, pour que vous puissiez proposer à vos acheteurs étrangers un chiffre plus bas que celui que vous appliquez en France : c'est parce que ce prix est comparativement trop élevé. Si j'avais suivi votre revendication, il faudrait donc vous donner une prime encore plus forte. » Je me montrai ainsi disposé à leur accorder un préjugé favorable.

Ce fut une levée de boucliers dans tous les services et mes meilleurs collaborateurs faillirent s'étrangler. Comment un ministre qui passait pour un économiste à peu près compétent pouvait-il faire sienne une hérésie aussi évidente que d'encourager l'exportation d'une matière première ! « Il faut pousser l'exportation des produits les plus élaborés, rappelaient-ils, et faciliter au contraire *l'importation* des produits bruts. — Je n'ignore rien de cette finesse, répondis-je, et je puis même préciser qu'un certain Buckley (1) l'a définie au XVIe siècle par ce qu'il a appelé le *carré magique.* Ma question est la suivante. Vous rejetez leur proposition, quelle est la vôtre ?... Alors, si vous n'avez rien d'autre à suggérer, je vais leur donner satisfaction. »

Ce que je fis malgré les clameurs et je m'en trouvai bien. Car, par la suite, lorsqu'on me chercha querelle à ce sujet, il apparut que cette fameuse — et absurde — prime à l'exportation de l'acier n'avait jamais été payée. Les sidérurgistes s'étaient trouvés ragaillardis par ma réponse favorable, et bientôt, par l'effet de la reprise, leurs ventes reprirent un mouvement ascendant.

Toute politique des prix suppose la prise en considération d'un prix essentiel, qui est celui de l'argent ; il est évident qu'on ne peut maintenir des prix stables avec l'argent plus cher. Quelques personnes étaient attentives à ce sujet, notamment Albert Caquot, qui en faisait son leitmotiv, mais aucun ministre, jusque-là, n'avait songé à en tirer des conséquences pratiques, comme je l'exposerai au chapitre suivant.

(1) Avant lui, ces sujets étaient traités avec simplisme par les premiers dégrossisseurs du mercantilisme. On exporte tout ce qu'on peut, clamaient-ils, et on n'importe rien du tout. C'est la bonne manière pour un Etat de faire fortune, car l'or est la seule richesse, et on ne peut en gagner que par le solde positif du commerce international. Ledit Buckley, bien qu'il fût, comme tous les « sachants » de son époque, imprégné du préjugé de l'or — seule valeur — affina cette analyse grossière en distinguant quatre situations (exportation des produits finis — importation des matières premières et l'inverse).

II

LES SALAIRES ET LES REVENUS

La politique des prix conduit tout naturellement à la politique des salaires qui sont le prix du travail. Je dois reconnaître que je n'avais encore aperçu que de façon imparfaite le rôle de la consommation dans le mécanisme de la relance. Sans doute, j'avais tenu ferme sur ma position favorable à l'échelle mobile, mais j'étais plus sensible à l'aspect moral et humain du problème qu'à son aspect proprement économique, voire économétrique.

Pour toutes causes confondues, je ne pouvais envisager la moindre baisse du pouvoir d'achat. Mais j'étais plus hésitant quant à la perspective d'une hausse des salaires réels. Si je me décidai à prendre une mesure allant dans cette direction, ce fut principalement en vue de satisfaire une revendication pressante et d'éviter un conflit onéreux. C'est l'expérience qui m'a révélé par la suite que cette concession était, en réalité, un facteur positif de ma politique et qu'il aurait été opportun de la consentir, même si elle ne nous avait pas été pratiquement imposée.

En fait, la revendication, telle que l'exprimait la C.F.T.C., dont le gouvernement avait fait son interlocuteur privilégié, et qui, forte du prestige que lui avaient procuré les accords, exerçait une sorte de *leadership* syndical, portait dans l'immédiat non pas sur une revalorisation générale des salaires mais sur *l'amélioration des bas salaires*.

Cependant, elle comportait le recours à la procédure du relèvement du S.M.I.G. qui était de nature à entraîner un effet automatique de haussement général. La C.G.T., sans contredire la C.F.T.C., omettait le qualificatif restrictif de *bas* et la Confédération générale des cadres demandait de façon pas très claire « que la mesure sollicitée ne nuise pas à la hiérarchie professionnelle ».

Je discutai plusieurs jours avec mes collaborateurs sur la meilleure stratégie. Personne ne pensait que l'on pouvait refuser une amélioration qui avait été à peu près promise, mais tout le monde tenait pour certain que la poussée sur le S.M.I.G. serait répercutée à travers tout le grillage. Un matin, en parlant avec Blot, il nous vint à l'esprit que, puisqu'il fallait le faire, on devrait le faire, mais qu'on n'était pas obligé de l'appeler de telle ou telle façon. « Qu'importe le nom ? disait Shakespeare, ce que nous appelons la rose aura toujours son doux parfum. » En l'espèce, le nom importait beaucoup ; au lieu de procéder par relèvement du S.M.I.G., je pris la décision d'allouer une prime qui était uniforme jusqu'à 23 350 francs puis dégressive jusqu'à 28 400 (indices 100 à 130 et 130 à 162). Cette mesure s'appliquait à tous les personnels de l'Etat et des entreprises nationalisées. Pour le secteur privé, M. Georges Villiers, avec qui je m'étais longuement entretenu, mandait à ses adhérents qu'ils étaient priés, à dater du 1er octobre, de fixer le plancher des salaires à 100 francs de l'heure.

Ces décisions, minutieusement pesées, suscitèrent des protestations unanimes, mais nous assurèrent tout le répit dont nous avions besoin. Au cours du dernier trimestre, la commission des conventions collectives s'évertua à élaborer un budget type qu'elle fixa enfin à 25 160 francs par mois.

L'économie reprenait son souffle et le point de non-retour était franchi lorsque se termina cette année, qui fut la plus mouvementée de toutes celles que je vécus au palais du Louvre. L'octroi de la prime et les diverses augmentations qui en résultaient n'avaient nullement engendré les effets désastreux que mes collaborateurs les plus orthodoxes se complaisaient à décrire. J'en vins à penser que, tout au contraire, les incidences en avaient été bénéfiques. N'était-ce pas logique ? La relance par la consommation devait être le corollaire et le complément symétrique de la relance par l'investissement. Pourquoi ne pas adopter une formule toute simple, qui était de les équilibrer ? Le calcul pondéré de ces deux éléments essentiels fut retenu comme étant à la fois un moyen et un objectif pour le plan que j'avais dans l'esprit, et qui fut *le plan de dix-huit mois*.

III

LES POUCES VERTS — L'ORGANISATION DES MARCHÉS AGRICOLES

En même temps que le problème des salaires industriels, et dans des conditions comparables, c'est-à-dire à chaud, il me fallait résoudre la question des prix agricoles qui déterminent le salaire des agriculteurs. Là encore l'année 1953 marquait sa singularité et sa fébrilité car nous nous trouvions en présence d'une véritable crise de surproduction à la fois dans le domaine des céréales et dans celui de la viande.

Les excédents de viande, qui m'avaient permis de régler aisément la négociation du bifteck, se traduisaient par des baisses catastrophiques au niveau des prix à la production. Je n'avais pas besoin de longs rapports pour être informé de ce marasme car, à chacun de mes déplacements dans le Jura, j'en étais le témoin atterré. Mes électeurs paysans me faisaient connaître leur mécontentement et leur tristesse, le plus souvent avec la modération que leur inspiraient leurs bons sentiments pour moi, mais parfois avec une vivacité peu habituelle dans cette population d'esprit raisonnable et de mœurs paisibles. Je fis face à la crise par la création d'un *Fonds d'assainissement de la viande ;* ce fut l'un des éléments précurseurs de l'organisation des marchés agricoles, qui fut mise en place progressivement et qui devait aboutir au F.O.R.M.A. Créé le 30 septembre 1953, ce fonds se vit doter de ressources régulières par une loi du 13 novembre, votée à l'unanimité : ce fut là un de mes premiers succès dans la recherche des majorités d'idées (1). Je veillai personnellement à obtenir ou à élargir certains débouchés. Tout d'abord, je recourus naturellement à la recette classique des achats par l'intendance (5 000 tonnes en octobre) mais surtout je m'appliquai à développer l'exportation, et je découvris un nouveau marché ; celui de l'Union soviétique.

Un jour, je rencontrai dans l'escalier d'apparat du Cercle interallié, à l'occasion d'une réception, l'ambassadeur d'U.R.S.S. Serguei Alexandrovitch Vinogradov, qui partait alors que j'arrivais, et lui proposai, d'emblée, de « m'acheter » cent mille tonnes de viande. « Pourquoi pas ? » me dit-il. C'est ainsi que je m'ouvris par un coup d'éclat la carrière de maquignon international.

Mes relations avec S. A. Vinogradov avaient été très vite des plus cordiales ; ma connaissance quoique imparfaite (surtout quant à la conversation) de la langue russe, a toujours été pour moi un atout auprès des interlocuteurs soviétiques (j'ai même noté par la suite que, chaque fois que Vinogradov m'avait tenu des propos sortant du style conventionnel, c'était lorsque la conversation se déroulait en russe). Je m'employais, vers la même époque, à faciliter les échanges entre nos deux pays, en tentant de nous libérer des contraintes absurdes que nous imposaient certains accords dits du Cocom. Les Américains pensaient briser la puissance soviétique en posant des obstacles aux ventes de certains produits assez arbitrairement classés dans la catégorie des matériels à utilité militaire (directe ou indirecte). Le bon sens indique que toutes fournitures peuvent apporter une contribution à l'effort de guerre, et je m'efforçais d'assouplir ces règlements inutiles et vexatoires. De cela aussi M. Vinogradov m'était reconnaissant.

Le marché fut passé effectivement et rapidement.

(1) Je note en passant que j'ai pu obtenir, par la suite, l'unanimité parlementaire, non seulement pour une politique concernant l'Education nationale, ce qui est bien connu, mais aussi, à diverses reprises, pour ma politique agricole (ainsi la loi sur l'élevage de 1967).

La surproduction de céréales exigea de ma part une décision de principe. Mes conseillers financiers considéraient que l'Etat n'avait aucune raison de se tenir pour responsable de ce phénomène, dont l'aléa n'a jamais pu être scientifiquement maîtrisé et qu'il fallait donc laisser les producteurs régler le problème comme ils le pourraient. Non seulement les technocrates estimaient que l'état des finances publiques ne permettait pas de nouvelles dépenses, mais ils pensaient que, toute question de coût mise à part, on créerait, en prenant en compte les surplus, un précédent déplorable. J'adoptai, comme on peut s'y attendre, la position inverse.

La prévention générale des inspecteurs des Finances contre les réclamations des exploitants m'engagea à charger spécialement de tous ces problèmes Jacques Duhamel, parce que, appartenant au Conseil d'Etat, il échappait plus aisément à cette intoxication.

Je maintins donc la garantie de l'Etat, qui, à mon avis, était implicite dès lors qu'il y avait un Office des céréales ; toutes les quantités furent payées et je pris les mesures nécessaires pour liquider à perte nos excédents sur les marchés étrangers. Ces « bradages » nous rapportèrent des devises, dont nous avions grand besoin, et quant à leur coût pour les finances publiques, il se trouva facilement résorbé puisque l'ensemble du budget fut exécuté... en équilibre ! Une bonne politique produit elle-même ses propres chances. Elle a des « pouces verts ». Tout lui réussit. Des opérations qui, considérées isolément, apparaîtraient comme négatives, s'intègrent dans un ensemble dont le solde général est positif.

« Tout est facile, ô mon Dieu. » Comment et pourquoi aurais-je résisté aux justes demandes des producteurs qui ne voulaient pas avoir travaillé pour rien ? Pourquoi aurais-je refusé une politique qui me rendait populaire, puisque, en affrontant l'impopularité, pour me donner le prestige d'un courage stérile, j'aurais porté préjudice à l'ensemble de l'économie ? On redoute la démagogie chez les hommes d'Etat. Elle peut, en effet, être mauvaise conseillère. Mais il est un autre danger, moins aisément aperçu, c'est celui de la *démagogie à l'envers :* la tentation que peut éprouver un homme d'Etat de se montrer rigoureux à tout prix et d'aller à contre-courant. Les situations doivent être examinées objectivement, et le risque de déplaire peut être pris à bon escient, mais il ne doit pas être recherché.

L'agitation qui s'était déclenchée à la base se prolongea encore quelque temps, car les effets des mesures que nous prenions (mesures fort techniques : doublement de la taxe de résorption, exemption des charges sociales et fiscales) n'étaient pas immédiatement perceptibles, et les paysans tenaient pour postulat que seules les démonstrations de force pouvaient impressionner les gouvernants (cette technique n'était pas nécessaire dans mon cas). Mes amis s'inquiétaient, mais je demeurais parfaitement serein, puisque je travaillais en confiance avec les grands dirigeants professionnels et en tout premier lieu avec le remarquable animateur des producteurs de blé, M. Deleau, dont l'autorité rayonnait bien au-delà du secteur céréalier. C'est avec lui que je fis la première mise au point de l'organisation d'ensemble qui permit de préparer l'Europe agricole.

Tel était l'objet de plusieurs décrets du 30 septembre : des Conseils nationaux consultatifs étaient créés, avec participation des professionnels, pour tous les produits agricoles de base, et des dispositifs étaient prévus en vue d'assurer une certaine régulation des prix. Nous avions poussé l'audace jusqu'à élaborer une définition doctrinale du juste prix d'Aristote que nous appelions le *meilleur prix :* celui qui est le plus bas possible pour le budget du consommateur, mais en même temps suffisamment élevé pour assurer au producteur une juste rémunération de son travail. En même temps, les textes prévoyaient un ensemble de mesures d'application et d'adaptation, notamment pour rationaliser les circuits de distribution (éternel sujet, il faut bien le dire) et pour encourager les techniques modernes de transport et la *chaîne du froid* (1).

Cet ensemble de mesures, dont l'importance a généralement échappé aux profanes, a constitué l'une des premières figures de ce qu'on peut appeler le libéralisme organisateur.

On voit comme nous étions éloignés du schéma classique, (que je devais illustrer plus tard par une querelle avec Michel Debré) et selon lequel les Finances et l'Agriculture s'opposent comme chien et chat. Le ministre de l'Agriculture de Joseph Laniel était M. Houdet, sénateur de Seine-Maritime, ingénieur en chef du génie rural, homme aussi remarquable pour l'agrément de sa compagnie que pour la sûreté de sa compétence, et qui, en dehors de sa spécialité, se distinguait par la finesse et le courage politiques, comme il apparut par sa position résolue sur le Maroc. Il aurait fait un excellent président de la République, type IVe.

M. Houdet se considérait un peu comme mon ministre adjoint, et il considérait Jacques Duhamel comme son propre sous-secrétaire d'Etat. Nous formions tous trois une parfaite équipe. Quand la crise

(1) C'est dans cet ensemble que s'intégrait le Fonds d'assainissement de la viande, auquel il est fait allusion ci-dessus. Le marché du vin exigea un travail d'élaboration intense, qu'assumèrent Mayoux et Duhamel.

fut conjurée, une petite cérémonie nous réunit dans ce salon du ministère de l'Agriculture qui devait, quelque treize années plus tard, être le mien. En présence de deux ou trois dirigeants agricoles, nos grands intimes, M. Houdet remit à Jacques Duhamel les insignes du Mérite agricole.

CHAPITRE XXXVIII

LA CHARGE DE LA BRIGADE LÉGÈRE

L'élément essentiel d'une politique de relance — on le sait de reste aujourd'hui — c'est l'investissement.

J'étais revenu rue de Rivoli avec quelques mesures déjà toutes prêtes, d'autres me furent inspirées par les circonstances. Il m'arrivait le plus souvent de faire un amalgame entre le plan préalable et les suggestions improvisées. Dès mon bref séjour de 1952, j'avais mis en chantier la taxe à la valeur ajoutée, formule spécifiquement favorable à l'expansion économique, du fait qu'elle permet d'éviter la pénalisation des investissements par la cascade des impositions. Je fis reprendre et pousser le projet qui posait beaucoup de problèmes dans le détail ; je comptais qu'il serait voté en même temps que le budget et qu'il comporterait, dès l'exercice suivant, un vigoureux effet stimulateur.

Ce fut le cas. Mais le hasard d'une information recueillie me conduisit pour mon plus grand bénéfice à l'anticiper. C'est ici le lieu de souligner le rôle qui revient, pour la réussite d'une gestion, au fortuit, ou plus exactement à l'attention que le gestionnaire porte au fortuit.

Tout au long du mois de septembre, je consacrais plusieurs heures de chaque journée à recevoir de nombreuses personnalités et à m'entretenir librement avec mes visiteurs. Je quittais alors mon bureau et m'asseyais auprès d'eux sur l'un des fauteuils qui entouraient un guéridon, proche de la baie vitrée, où étaient disposées les cigarettes.

J'écoutais inlassablement, bien que mon naturel me porte plutôt à disserter. Un jour, je recevais M. Métral, qui était président d'une organisation de métallurgistes. C'était un homme de haute taille, doté d'un visage aux traits tourmentés, dont l'expression était à la fois affable et narquoise. Il manifestait toujours une belle assurance, et on le rencontrait fréquemment dans les cérémonies et manifestations les plus diverses. Mes collaborateurs du ministère exprimaient à son égard un jugement très réservé, c'est le moins que l'on puisse dire. Et je dus bien constater que leur défiance n'était pas sans motif, car, à peu de temps de là, il fut effectivement compromis dans une affaire de dommages de guerre, pour laquelle on l'accusait d'avoir fourni des attestations de complaisance.

« Eh bien ! président Métral, lui demandai-je selon une formule rituelle d'entrée en matière, comment se porte votre profession ? »

Je m'attendais à des indications optimistes, ou du moins confiantes, car l'état d'esprit de mes interlocuteurs, à cette période, était généralement orienté vers des perspectives favorables. Tout au contraire, M. Métral prit une physionomie de catastrophe et me tint des propos alarmistes. Tout allait mal, et de mal en pis, dans son secteur. J'étais tenté de ne voir dans ce propos que simple jérémiade, comme j'en entendais beaucoup, mais il me fournit à l'appui de sa morosité un argument qui me fit impression : « Votre prédécesseur, René Mayer, me dit-il, a déposé un projet qui tend à diminuer de moitié la taxe à la production, quand elle porte sur des investissements. — Je compte, lui dis-je, faire davantage et établir un système rationnel qui écartera désormais la superposition d'impôts. — Voilà qui est fort bien, me dit M. Métral, mais en attendant le vote du projet Mayer ou éventuellement du projet Faure, les industriels retardent tout simplement leurs commandes, puisque, dans un avenir assez rapproché, ils pourront payer moins cher. »

Quand mes principaux collaborateurs se réunirent autour de moi, à la fin de la journée, selon l'habitude, je leur fis part de cette observation, qui me paraissait mériter l'attention la plus aiguë et la solution la plus prompte. Ce fut un éclat de rire général : M. Métral ne pouvait pas être pris au sérieux.

« C'est vous, leur dis-je, qui n'êtes pas sérieux ! Il est vraisemblable que beaucoup d'acheteurs préfèrent attendre quelques semaines, voire quelques mois, pour économiser une charge qui représente 10 % du prix. Naturellement, tous n'auront pas ce réflexe qui dépend de leur appréciation sur un risque monétaire, mais il nous est impossible d'évaluer le nombre des commandes manquées ou du moins retardées. Nous allons très simplement inverser la procédure. Puisque nous avons la possibilité de procéder par décret, je vais appliquer immédiatement la remise de moitié mais seulement pour une période de six mois. Les acheteurs bénéficieront tout de suite de la réduction des prix ; si au contraire ils ne se décident pas, ils prennent le risque de payer plus cher d'ici le prochain semestre. »

Ainsi fut fait. Les commandes affluèrent, comme il était aisé de le prévoir et le bon sens comme toujours l'emporta sur la technocratie.

Par sa rapidité, et si je puis dire, par son élégance, cette opération s'apparente à celle qui fut réalisée au cours des mêmes journées, sur l'escompte, et qu'au risque de susciter l'ironie je considère comme la partie la plus « romantique » de ma gestion.

Stabiliser les prix, me disais-je parfois, c'est bien ; et si l'on pouvait les baisser ? Or, quel est le prix qui exerce le plus d'influence sur le mouvement général des affaires ? C'est le prix de l'argent, c'est le prix du crédit. Investir, c'est la clé de l'expansion ; mais, pour investir, il faut financer, c'est-à-dire qu'il faut, d'une manière ou d'une autre (les particuliers, l'Etat), emprunter. Comment peut-on emprunter beaucoup ? Quand le taux est faible.

L'idée me vint ainsi, un peu comme l'amour selon la théorie stendhalienne de la cristallisation, non pas d'un coup mais peu à peu, de baisser le taux de l'escompte, qui dépend de la décision des pouvoirs publics. C'était un taux clé à partir duquel toutes les perceptions financières s'orientaient à la hausse ou à la baisse. Dans une vue orthodoxe, la fixation d'un taux élevé d'escompte est le signe de la sacro-sainte rigueur, c'est le label des grands ministres impitoyables. Mais quant au fond des choses ? A quoi sert donc la cherté de l'argent (car on voit bien à quoi elle nuit) ?

L'explication officielle, c'est la nécessité de décourager la spéculation sur la monnaie. Les spéculateurs empruntent pour jouer à la baisse du franc. Un taux élevé rend l'opération plus onéreuse, et peut les dissuader.

Autre aspect de l'affaire : un intérêt plus rémunérateur attire les capitaux étrangers, dès lors les devises rentrent, la balance s'améliore en même temps que la trésorerie accroît ses aises, etc. Je ne trouvais pas ce discours bien convaincant.

Certes, nous étions dans une époque particulièrement exposée à la sensibilité monétaire. Beaucoup de personnes souhaitaient une dévaluation, et presque tout le monde la tenait pour inévitable. Le président Laniel, nous l'avons dit, inclinait dans ce sens parce qu'il ne voyait pas d'autres moyens d'assurer la relance ; son frère René qui le poussait assidûment dans cette voie commit lui-même l'erreur de prendre des positions imprudentes à la baisse : pour lui c'était un moyen et il n'en voyait pas d'autre de rétablir, sinon les affaires de la France, du moins les siennes. On pouvait donc penser que la spéculation était en éveil, et qu'une baisse des coûts la stimulerait. Cependant, le mécanisme de l'escompte ne profite pas normalement aux capitaux spéculatifs. (On n'avait pas encore institué le système actuel de connexion généralisée, que je considère comme pernicieux.)

A quelques jours de l'ouverture du Congrès du parti radical, ce projet que j'avais dans l'esprit se fit soudain plus insistant. Si je passais immédiatement à l'exécution, ce serait un agréable présent à apporter à mes congénères, toujours tiraillés entre diverses tendances, et auprès de qui le gouvernement Laniel, marqué « à droite », fustigé par François Mauriac dans *l'Express* sous le slogan peu charitable de « la dictature à la tête de bœuf », ne bénéficiait pas d'un grand prestige. Un tel calcul peut paraître mesquin ou suspect Là encore, je veux tenter de dissiper les mythes. Pour un homme politique le souci de plaire et d'être approuvé ne s'apparente pas à la trahison, ni même le plus souvent à la faiblesse. Tenir compte de l opinion n'est pas la preuve détestable de la facilité, ce peut être le signe de la sagesse. L'opinion ne se trompe pas toujours et elle est fréquemment bonne conseillère. Ce n'était pas absurde pour Henry Ford de penser que ce qui est bon pour la General Motors est bon pour l'Amérique. Ce n'était pas absurde, pour Edgar Faure, de penser que ce qui était bon pour le parti radical était bon pour la France.

Wilfrid Baumgartner se trouvait en Amérique, où il s'était rendu pour la réunion du Fonds monétaire international (la situation intérieure française était encore trop tendue pour qu'il me fût possible d'y paraître en personne ce que je pus faire en 1954). Je téléphonai au premier sous-gouverneur M. Salte, homme fort distingué, connu pour ses orientations socialistes (fait assez rare parmi les fonctionnaires de cette classe et de cette spécialité), et lui dis que je me proposais de venir le voir dans la journée. Il s'exclama, et protesta qu'il souhaitait se rendre lui-même auprès de moi, ce qui était, évidemment, la procédure normale. Mais je m'étais mis dans l'idée de renverser le protocole. C'était pour moi une très ancienne recette, apprise au cours de ma carrière d'avocat, qu'il est toujours bon de se déranger quand on est demandeur. J'exposai à M. Salte que je m'ankylosais et que j'éprouvais le besoin d'un peu d'exercice ; qu'au demeurant il était naturel que le locataire de la rue de Rivoli marque de temps en temps sa déférence à la vieille dame de la rue de la Vrillière. Je fis donc le déplacement.

— Je pense, dis-je au sous-gouverneur, que le moment est venu de faire quelque chose pour le taux de l'escompte.

— Cela ne me surprend pas, dit M. Salte avec un sourire de connivence.

Là-dessus la discussion s'engagea sur le chiffre. Je parlai de un point : mon interlocuteur pensait que c'était bien gros, il avança 0,25, ce qui me parut chétif et finalement nous nous trouvâmes d'accord sur un demi-point. Il suffisait de faire entériner cette décision par le Conseil général de la Banque, que l'on pouvait convoquer d'heure à heure.

« Eh bien ! voilà qui est réglé », dis-je en prenant congé et je crois que j'avais déjà la main sur la poignée de la porte quand j'ajoutai, machinalement : « Donc, trois et demi ! »

Je découvris alors avec stupeur le malentendu qui avait jusque-là imprégné notre entretien. C'est par pur hasard que je n'avais pas avancé le mot de baisse ; je ne supposais pas que quiconque pût s'y tromper, à plus forte raison un esprit comme M. Salte, homme de gauche, donc supposé enclin à tout ce qui pouvait favoriser une relance de l'économie.

Le premier sous-gouverneur parut consterné de cette méprise. Il croyait, dur comme fer, que je voulais augmenter le taux de l'escompte, ainsi que le préconisaient les orthodoxes et les rigoristes. Il s'avisait que je voulais le réduire. En présence d'une requête aussi inattendue il ne pouvait lui-même prendre de responsabilité. Il fallait donc attendre le retour de M. Baumgartner, avec lequel, pensait-il, je ne manquerais pas d'aboutir à un accord.

L'attente fut courte, car Wilfrid Baumgartner devait rentrer sous quarante-huit heures, la veille de l'ouverture du Congrès à Aix-les-Bains. Je fis dire à son secrétariat que je le priais de déjeuner avec moi. Le matin du mercredi, on m'avisa que l'avion qui le ramenait avait dû prolonger de plusieurs heures l'escale de Gander en Terre-Neuve (à l'époque les avions ne pouvaient accomplir le trajet d'une seule traite). Je le fis quérir à l'aéroport et conduire directement au restaurant Laurent où une table à deux couverts était retenue dans un encorbellement qui nous assurait la discrétion. Le gouverneur était encore sous l'influence dépressive des aléas de son voyage et malgré la chaleur et l'animation de la salle il semblait frigorifié. Je fis de mon mieux pour le ranimer et le stimuler et, tandis que nous dégustions la poule au gros sel — que l'on me servait d'autorité dans ce restaurant depuis qu'un jour je l'avais fait substituer à une autre spécialité volatile — je l'entrepris sur le taux de l'escompte. Je bénéficiais toujours auprès de lui du crédit en compte courant que m'assurait son attitude ambiguë lors de ma première chute, et j'obtins son accord dès l'arrivée du dessert.

Je crois que l'annonce des 3 1/2 « dégela » aussi le Congrès et elle fit un effet en profondeur sur l'ensemble de l'opinion des classes moyennes. Les dénigreurs de Joseph Laniel (et de son gouvernement) ne prêtèrent pas suffisamment d'attention à ce phénomène.

Ils en accordèrent moins encore à la mesure qui intervint peu de temps après : elle ne donna lieu, il est vrai, à aucune publicité et aujourd'hui encore elle demeure superbement ignorée dans la plupart des ouvrages consacrés à cette période (je viens de vérifier qu'elle ne figure pas dans *l'Année politique* pourtant si remarquablement documentée). Mesure qui marqua pour ainsi dire le point d'arrivée de la *Charge de la brigade légère* et qui emporta la décision de la bataille : il s'agissait *du financement de la construction par le réescompte.*

Il me faut revenir ici un peu en arrière pour indiquer que, sensible au slogan qui avait scandé mes années d'apprentissage, « Quand le bâtiment va, tout va », j'avais porté, dès mon retour, une attention particulière au secteur de la construction. Une loi du 11 juillet 1953 avait organisé le système de prélèvement du 1 % sur les salaires, puis des décrets du 9 août, des 9, 10 et 30 septembre, avaient fixé une série de modalités complémentaires (1) en même temps que nous prenions des mesures pour les loyers (2) ainsi que pour la simplification de la lourde bureaucratie et des contentieux. Cependant, au-delà de cet ensemble déjà substantiel, je cherchais à mettre au point quelque innovation de grande envergure. Lorsqu'il me parut certain, à la fin septembre, que le Plan Général ne pourrait être appliqué (ou du moins qu'il serait fortement retardé) et qu'en conséquence je renonçai à procéder à la dévaluation, je décidai de trouver quelque équivalent, et je m'attachai à l'idée que c'était dans ce domaine du bâtiment qu'il fallait pousser la pointe de l'offensive. Je m'adressai derechef à Wilfrid Baumgartner et je lui parlai en toute confiance. « Je ne ferai pas la dévaluation, lui dis-je, ou alors je ne la ferai que bien plus tard, en conséquence il me faut imaginer autre chose, qui puisse, comme l'aurait fait la dévaluation, engrener la crémaillère de l'expansion. Cela doit bien exister. Pour l'industrie, nous avons la détaxation des investissements, qui va marcher pendant six mois, et ensuite nous nous engagerons dans le mécanisme de la T.V.A. Pour les constructions, nous avons prévu le 1 %, mais il me semble qu'il devrait être possible de lancer un programme supplémentaire, de mettre au point un financement par tranches, sans pour autant aligner de nouveaux crédits budgétaires, d'abord parce que je n'en ai plus le moyen et aussi parce que je ne veux pas déraper vers le socialisme d'Etat. Ne peut-on faire quelque chose avec l'escompte ? »

Le gouverneur avait assisté à toutes les soirées euphoriques de la rue Leroux, il comprit parfaitement ma position sur la monnaie, et

(1) 9 août : autorisant la Chambre de commerce à percevoir la cotisation des employeurs ;

9 septembre : leur permettant d'entreprendre la construction de logements, d'obtenir des prêts, d'émettre des emprunts ;

9 août : attribution de prêts d'Etat aux fonctionnaires ;

19 septembre : formation professionnelle de main-d'œuvre pour le bâtiment, pour la S.N.C.F. (transformation du 1 %) ;

30 septembre : fonds libre des Caisses d'épargne.

(2) Décret du 9 août : rattachement du loyer au S.M.I.G., assouplissements pour les nouvelles locations, contributions plus élevées ou plus réduites pour les propriétaires au Fonds national d'amélioration de l'habitat.

ne la contesta pas un seul instant. Quant à la relance, il m'apporta, cette fois encore, son appui en mettant au point un mécanisme semi-monétaire. Il consistait à organiser le réescompte par la Banque de France d'effets de commerce émis pour des opérations de construction. Le réescompte exige trois signatures. On disposait déjà des deux premières, celle de l'emprunteur et celle du Crédit foncier. Il suffisait d'admettre comme troisième signature... celle du sous-comptoir des entrepreneurs ! Dès lors l'Institut d'émission pouvait émettre les billets nécessaires à l'opération.

C'était une trouvaille extraordinaire que de faire réescompter le sous-comptoir par le Crédit foncier et celui-ci par l'Institut d'émission ; disons-le franchement, c'était une augmentation des avances, qui se passait de toute loi, de tout décret, de toute décision. On pouvait dire que c'était de l'inflation. La chose n'était pas techniquement douteuse. Mais cette inflation était appelée à se résorber automatiquement et même au-delà, par l'effet des paiements des loyers (1), dès que les immeubles seraient effectivement bâtis. Il s'agissait en somme d'une avance *revolving,* qui, à partir du même taux, pouvait produire plusieurs fois la mise initiale, avec, de surcroît, l'effet du coefficient appelé *multiplicateur*. Nous choisîmes comme volant le chiffre modéré, mais substantiel, de cent milliards. L'association du bon sens, de la volonté politique et de la technique supérieure produisait là un effet exemplaire. J'éprouvai une véritable gaieté dès que cette décision fut prise, car le succès était assuré, et ce succès était celui de la France. C'était comme si j'avais pratiquement augmenté de 15 % le montant total de l'impasse (650 milliards). Le nouvel investissement dépassait d'un tiers le total des crédits d'H.L.M. (75 milliards). Cette mesure audacieuse passa presque inaperçue. Seul, le terrible Pellenc, au Sénat, détecta cette anomalie et cria, non sans quelque raison, à l'inflation. Mais comme il ne cessait de s'insurger et de morigéner sur les sujets les plus divers, personne n'en tint compte.

Après la charge de la brigade légère, il fallait faire avancer l'infanterie et occuper le terrain. Le budget m'en fournissait l'occasion. Je présentai honnêtement à l'Assemblée un schéma où je prenais en compte une expansion de 3 % pour l'exercice de 1954. Cette prévision se révéla d'une extrême prudence, puisque en fait il nous fut possible de dépasser 8 % (le taux avait été négatif en 1952, année de la mirobolante expérience « sans douleur, sans impôt »). Le budget put, d'autre part, prendre en compte une économie de 82 milliards de crédits militaires, en conséquence du succès du plan

(1) Ou, à plus forte raison, de la vente des appartements.

de Lisbonne et de la correspondance Laniel-MacArthur (1). Je pense cependant que, même si nous n'avions pas obtenu cet exceptionnel succès, j'aurais pu encore, grâce à l'ensemble des autres dispositions, boucler un budget expansionniste. En sus des initiatives majeures rapportées ci-dessus, trois mesures complémentaires furent mises en œuvre simultanément.

L'allégement de l'impôt sur le revenu.

Résultant notamment de l'élévation du plancher (de 180 000 a 220 000, puis réduction de moitié de 220 000 à 260 000) et de l'octroi d'un nouvel abattement de 10 % pour les salariés : j'estimai cette mesure bien préférable à une augmentation des salaires, puisqu'elle ne comportait aucune charge supplémentaire pour les entreprises, et ne pesait pas sur les prix de revient. Je me gardais d'ailleurs de la tentation démagogique qui conduit à ne pas détaxer (ou même, comme on le voit aujourd'hui, à surtaxer) les hauts revenus ; ainsi avais-je prévu, d'une façon générale et sans limitation, un abattement de 4 000 F applicable à chaque part. Il était normal de procéder de la sorte, puisque je recherchais un résultat qui n'était pas seulement philanthropique, mais proprement économique (2).

L'encouragement fiscal à l'investissement et à l'épargne.

Je pouvais enfin me livrer à cette expérience dont je rêvais depuis longtemps. Est-il normal de frapper de la même manière les revenus qui sont dépensés et ceux qui, étant épargnés, ne comportent pas d'effet inflationniste ? Il fut donc prévu d'accorder l'exonération de la surtaxe progressive à toute la partie des revenus qui n'était pas remise en circulation, non seulement lorsqu'elle serait employée à financer les investissements mais tout aussi bien — et c'était là l'audace de la simplicité du schéma — lorsqu'elle était affectée à des emplois tels que *l'achat de bijoux, de tableaux, d'objets de collection* (domaines dans lesquels l'inflation de la demande n'a aucun incon-

(1) 123 milliards d'économie par transfert.

(2) Nous étions dans une période où l'orientation keynésienne pouvait être adoptée sans réticence et sans fioriture, puisque nous demeurions affrontes à une demande de création, c'est-à-dire que tous les suppléments de production produits par les investissements devaient naturellement rencontrer des débouchés. La même politique — comportant création de revenus sans augmentation de charges — est encore bien plus opportune de nos jours, alors que la demande de création a fait place à une demande d'entretien.

vénient d'ordre économique). Naturellement, le revenu ainsi « gelé » redevenait imposable dès l'instant qu'il serait « désépargné » (1).

La débudgétisation et le financement privé des investissements publics.

J'avais décidé de procéder officiellement à la *débudgétisation* des investissements qui figuraient jusque-là au budget de l'Etat, où ils n'avaient pas normalement leur place. Dans le marasme exceptionnel de l'après-guerre, ces investissements, quoique normalement rentables, n'auraient pas pu être financés sans l'intervention de l'Etat qui prenait la responsabilité d'y faire face par tous les moyens. Il allait d'ailleurs continuer à tenir ce rôle, mais il agirait désormais seulement comme collecteur et distributeur de l'épargne, en attendant le jour où il pourrait s'effacer du circuit. On peut penser sans doute, et cela fut dit à l'époque, qu'il s'agissait d'une innovation purement comptable. Elle n'en était pas moins, de mon point de vue, significative. Il fallait bien marquer une étape préparatoire du retour au fonctionnement normal du marché. En même temps, il fallait adopter une méthode pédagogique à l'égard de l'opinion, qui ne s'embarrassait pas de distinctions, pour elle subtiles, et persistait à considérer l' « impasse » comme un simple déficit. Une correspondance que j'échangeai à quelque temps de là, dans *l'Aurore*, avec Jules Romains, me permit de constater à quel point il était difficile de faire admettre des notions pourtant claires, mais rompant avec la routine, par un esprit dont l'invention et la profondeur avaient inspiré une œuvre incomparable (2).

Budgétisés ou non, les investissements et, d'une façon générale, l'impasse exigeaient des ressources financières. Je me refusai à envisager le lancement d'un nouveau grand emprunt. Il aurait eu pour moi l'avantage personnel d'une forte publicité, grâce aux larges distributions qui sont prévues dans de telles occasions, mais la

(1) En fait, cette mesure fut enterrée par mes successeurs, mais on peut en retrouver l'inspiration dans la détaxe des objets d'art au titre de l'impôt sur la fortune.

(2) La partie « budgétisation » de l'impasse s'établissait ainsi à 381 milliards dont 96 milliards devaient être directement empruntés (avec la garantie de l'Etat) par les sociétés nationalisées. Le reste englobait les crédits H.L.M. (75 milliards), la reconduction des crédits d'investissements variés de l'année précédente (162 milliards) plus un effort nouveau de 48 milliards. En revanche, 102 milliards d'investissements sans rentabilité (suffisante) et 313 de dommages de guerre (non récupérables) demeuraient inscrits à l'intérieur du budget.

Le chiffre de 48 milliards d'investissements par relais public peut paraître faible, il etait cependant substantiel, et s'accroissait du supplément prévu pour les nationalisées. L'ensemble n'aurait toutefois pas répondu à mon ambition s'il n'y avait eu les 100 milliards de la construction, assurés avec le concours de la Banque de France.

formule me paraissait trop onéreuse et l'expérience récente de M. Pinay s'était révélée bien décevante (le coût réel, qui était catastrophique (1), n'apparut que plus tard). Je m'attachai à mettre au point une formule plus discrète et plus sûre. Ce fut celle des *bons d'investissements* (2). Complémentairement, je me préoccupais d'accroître les ressources des compagnies d'assurances, qui formaient un réservoir aisément disponible, notamment pour les emprunts des entreprises nationalisées. En concertation avec les professionnels, il fut possible de mettre au point une formule très affinée d'assurance sur la vie (3). Ces recettes, qui ne prêtaient à aucune critique d'ordre moral, obtinrent un plein succès. L'aisance de la trésorerie fut assurée dès lors, et pour toute la durée de ma gestion directe ou indirecte, c'est-à-dire pour plus de deux ans.

Quand je récapitule l'ensemble de ces actions, et que j'en présente l'éloge sans doute un peu appuyé, on se demande sans doute pourquoi l'Assemblée nationale ne m'accueillit pas à ses séances par le triomphe réservé à l'imperator victorieux. Je dois dire que j'étais honorablement traité par mes collègues, qui me considéraient presque tous avec sympathie, mais que les mérites de ma politique ne leur apparaissaient pas alors comme fulgurants. « Ce ne sont pas les moyens qui doivent être brillants, c'est la fin. » La commission des Finances s'avisa de chicaner la débudgétisation. Les escarmouches se succédèrent, selon l'usage, sur les budgets, notamment celui des Travaux publics, qui fut retardé par sollicitude pour les « petits cheminots », sur celui de la Télévision, où je parvins enfin, quoique avec beaucoup de peine, à obtenir la majoration de la taxe radio en vue de financer l'équipement, sur celui des Anciens Combattants, qui exigea des concessions, enfin et surtout, sur le budget de l'Education nationale qui donna lieu à des cascades de récriminations, et qui fut renvoyé huit fois. De ce fait, il fallut bien lui appliquer la procédure du douzième provisoire (que je n'aimais guère) comme d'ailleurs au budget, toujours traînard et contentieux de la Défense. Pour tout le reste, la loi de Finances fut bouclée le 28 décembre. L'année se terminait dans des conditions exceptionnellement favorables. Les

(1) Par la possibilite qu'il offrait d'une évasion fiscale pour un grand nombre de successions.

(2) Qui étaient à échéance de dix ans, procuraient *sans indexation* un interêt modéré (5 %) mais présentaient l'avantage immédiat et non scandaleux d'être exonérés de l'impôt direct sur le revenu.

(3) Cette formule comportait à la fois une réévaluation des primes payables en cours de police mais aussi une forme d'indexation du capital payable en fin de contrat : il ne s'agissait, bien sûr, de rien d'analogue à une formule de rattachement à l'or, qui a éte retenue à diverses reprises et qui a abouti à des enrichissements sans cause mais d'une indexation par rapport à la valeur moyenne des titres que les compagnies elles-mêmes detenaient dans leurs portefeuilles.

affaires reprenaient à plein, l'indice de la production s'élevait à 150, cinq points au-dessus de la moyenne de 1952. Les prix de détail s'inscrivaient en baisse sur la moyenne de 1952 alors que les prix de gros restaient stationnaires (or les prix de détail se détachent souvent en hausse du mouvement des prix de gros). Le cours du napoléon, qui s'était élevé jusqu'à 3950, se stabilisait entre 2900 et 3000. Notre plus grand succès était sans conteste celui que nous marquions sur le plan éminent et déterminant des échanges internationaux. Les exportations augmentaient nettement, alors que le freinage des importations continuait, grâce aux mesures drastiques que j'avais prises quant à la libération des échanges. Pour la première fois depuis longtemps, *la balance commerciale s'était établie en excédent au mois d'octobre.*

Sans doute, nos partenaires nous considéraient toujours comme le mauvais élève de l'Europe. Alors que la Grande-Bretagne avait poussé de 68 à 75 son taux de libération des échanges, je m'étais limité, le 25 septembre, au geste symbolique d'un taux de 8 %. La France avait reçu injonction de libérer elle-même 75 % et elle devait fournir, avant le 1er mars, un rapport à l'O.E.C.E. sur les mesures qu'elle comptait prendre dans cette vue. Vive le rapport ! me disais-je. J'étais résolu à m'accommoder encore pendant quelque temps du bonnet d'âne : le redressement économique de la France me paraissait plus important que le certificat de bonne conduite et la croix d'honneur de l'école primaire libre-échangiste. J'avais bien mérité. en revanche le bon point représentant la Dame assise. la République (1).

(1) Voir le Prologue.

CHAPITRE XXXIX

LE TREIZIÈME COUP DE MINUIT

Que ceux qui sont nos bouffons...

L'Assemblée avait arrêté ses travaux pendant treize jours, entre le 15 et le 28 décembre, en raison de l'élection présidentielle, qui exigea, on ne l'a pas oublié, treize tours de scrutin. Le public passa de la curiosité bienveillante à l'irritation et à l'énervement, puis à la fureur, et bien que le candidat élu fût accueilli avec sympathie, les péripéties du scrutin suscitèrent un mécontentement durable, qui ne fut pas étranger à la désaffection dont souffrit la IVe République dans ses dernières années. J'avoue n'avoir jamais pu comprendre la violence et la profondeur de cette réaction : on n'observe rien d'analogue lorsqu'il s'agit des conclaves qui désignent le pape de l'Eglise catholique, ou même le patriarche des maronites. Ne peut-on admettre quelques tergiversations quand il s'agit de choisir selon une procédure démocratique le chef de l'Etat républicain ? Où se trouvait l'urgence, alors que les crises gouvernementales étaient généralement plus longues et que, d'autre part, dans la logique de la Constitution de l'époque, les pouvoirs du président de la République, sans être aussi dérisoires qu'on l'a souvent dit, n'étaient nullement comparables à ceux dont il dispose aujourd'hui ? Or l'élection directe, sous le régime de la Ve, comporte un *suspense* minimum de quinze jours.

Sans doute faut-il s'en tenir à l'explication du déphasage entre la psychologie du public et celle de ses représentants. Le peuple refuse tout ce qui, dans la vie parlementaire (ou ministérielle) lui paraît ludique, peu sérieux, peu rationnel. Il veut comprendre, et, s'il ne comprend pas, il pense que l'on s'amuse, et qu'on l'amuse, et qu'on s'amuse de lui. *Le Roi s'amuse :* mais le peuple-roi ne participe pas a cette conception du jeu. ou à la supposition qu'il s'en fait. Il ne veut pas de bouffons. ou du moins dirait-il comme Shakespeare : « Que ceux qui sont nos bouffons n'en disent pas plus qu'il n'est dans leur texte. »

« Quand le peuple cesse de comprendre, il cesse d'estimer » (1). Ce qui est *impénétrable* lui paraît *ironique :* il ne faut pas le surprendre ou le dérouter.

Il faut aussi discerner dans l'affaire de décembre 1953 un agacement suscité par Joseph Laniel, auquel on reprochait un excès d'obstination, un manque d'esprit sportif, « cela ne marche pas, il encombre, il n'a qu'à laisser la place aux autres ». Cela dit, on aurait pu s'attendre tout aussi bien à un effet inverse. La persévérance elle-même est une qualité. (On l'a vu dans le cas de François Mitterrand.) On aurait pu entendre des propos tels que : « S'il accroche, il a bien raison », « Il ne doit pas se laisser faire », « Il est toujours en tête », « Pourquoi est-ce qu' " ils " ne le laissent pas passer ? » En fait, Joseph Laniel, sans être détesté, n'était pas un homme populaire. Dans l'affaire des grèves, il s'était montré obstiné, mais pas jusqu'au bout. Le redressement qui venait de s'amorcer n'était pas encore très apparent ; au demeurant je devais moi-même constater par la suite que les Français sont beaucoup moins sensibles aux réalisations qu'aux promesses. Laniel pâtissait de sa propre typologie, de son insuffisance oratoire, de sa tenue réservée, de sa froideur, de sa taciturnité, et les campagnes de *l'Express* lui avaient porté un très grave préjudice.

Une ambition aussi haute et aussi opiniâtre peut étonner de la part d'un homme qui faisait carrière dans le style du silence, de la réserve et de la modestie. Cependant, il y était fortement attaché, et il la considérait un peu comme l'affirmation d'un droit. On ne pouvait comprendre Joseph Laniel si on ne prenait pas en compte ses expériences militaires, lesquelles avaient d'autant mieux façonné sa personnalité que celle-ci était exceptionnellement adaptée à ce modelage. Il y avait d'abord le cavalier Laniel (2), affecté, dans son âge de benjamin des recrues, au premier régiment de cuirassiers, qui tenait garnison à Paris, où il servait principalement comme unité de parade. Joseph Laniel avait fait son entrée dans la vie des cérémonies et des manifestations politiques alors qu'il tenait cette position latérale, installé carrément sur une forte bête, coiffé du casque, entorsé par la cuirasse de douze kilos, présentant le sabre avec la poignée au niveau de la jugulaire. Il y avait pris le suc de la discipline, celle qu'on accepte, celle qu'on impose, et, comme je connaissais ce détail, je ne pouvais m'empêcher de surimprimer

(1) Edgar Faure : « Des étrennes pour Bridoison » — *Le Figaro*, déc. 79.
(2) On dit « cavalier » pour désigner les soldats dans la cavalerie.

cette image sur celle qu'il donnait de lui, avec le même effet de masse et d'impertubalité. Un certain archaïsme de ses vues dans le domaine de la politique générale, par contraste avec ses conceptions économiques, imprégnées de modernité, reflétait sans doute l'aspect traditionnel d'une arme, dont, lorsqu'il y servait, les chefs enseignaient que la guerre serait gagnée avec les sabres, les mousquetons n'étant placés à la botte que par une concession à la mode. Il se trouvait aussi que Joseph Laniel avait devancé l'appel, et que, comme il n'atteignait pas tout à fait l'âge nécessaire, il avait obtenu une dispense de douze jours. Il avait suivi la formation d'officier de réserve, et il était devenu, à dix-neuf ans et demi, le plus jeune officier de l'armée française. Cette circonstance confirmait dans son esprit l'idée qu'il pouvait être appelé à tenir, dans d'autres activités, une place particulière. Son culte de la hiérarchie l'induisit naturellement à penser que les carrières politiques suivent les règles normales de l'avancement : après avoir été secrétaire d'Etat, ministre, il était devenu ministre d'Etat, maintenant président du Conseil. Dès lors il s'estimait comme normalement désigné, selon son système de valeurs, pour franchir l'échelon suivant, qui menait à l'Elysée. Il n'était pas le plus jeune, cette fois, mais il était le plus proche.

Si l'ambition de Laniel était parfaitement compréhensible, celle que je concevais pour lui était davantage sujette à interrogation. On me le demanda et je me le demande encore aujourd'hui : pourquoi ai-je mis tant de cœur à soutenir cette cause ? Je suis, en réalité, non pas sans doute « un grand sentimental », comme disait Eddy Constantine dans le rôle de Lemmy Caution, mais un sentimental quand même, et je m'étais affectivement attaché à Joseph le Silentiaire. Je lui étais reconnaissant de son soutien, de sa confiance, de l'entière latitude qu'il me laissait, me procurant ainsi l'avantage de ne pas travailler en solitaire, et en même temps de n'être soumis à aucune limitation de mon autorité. Une certaine inquiétude latente dans mon caractère, un doute intime que je m'efforce de maîtriser me portent à chercher un emploi de second, et cependant je ne puis supporter de ne pas agir à ma guise : Laniel m'offrait la conciliation de ces deux tropismes.

Je pensais, d'autre part, que Joseph Laniel possédait toutes les qualités nécessaires pour la première magistrature. Son caractère, son bon sens, sa lenteur elle-même étaient adaptés à cet emploi, tout orienté vers la représentation et l'arbitrage. Enfin, je m'étais découvert un véritable ami en la personne de Pierre July, un de ces amis qui avaient été tellement précieux à ma jeunesse, comme Henri Chavanet, mort si jeune, et Léon Alexandrov, qui vivait en Amérique, et j'étais soucieux de ne pas laisser dissocier notre équipe ; or il était entièrement dévoué à Joseph Laniel, comme il le fut par la suite, à mon égard.

Beaucoup de personnes supposèrent sans doute que je soutenais Laniel parce que je comptais, s'il était élu, être choisi par lui pour le remplacer à Matignon. Je ne pouvais écarter cette éventualité, mais là n'était nullement le motif de mon option. Je ne désirais pas vraiment reprendre la présidence, je tenais à rester à mon poste et à réussir mon contrat.

La question s'était posée d'une candidature radicale mais Edouard Herriot, à quatre-vingts ans passés, s'était récusé sans arrière-pensée, par une lettre solennelle, où il déclarait aussi renoncer à demander le renouvellement de sa présidence à l'Assemblée nationale. Lu par André Le Troquer le 1er décembre, ce message avait été accueilli par l'applaudissement unanime. Henri Queuille, qui n'était pas encore septuagénaire, pouvait tenter sa chance, mais il avait presque l'âge de Vincent Auriol, qui, lui-même, donnait comme motif de son abstention que, dans l'hypothèse d'un second septennat, il atteindrait ses soixante-dix-sept ans le jour de son départ définitif de l'Elysée. Dès lors, mon ancien patron ne pouvait pas se déclarer s'il n'était pas « drafté », selon l'expression anglo-saxonne. Or il faut bien dire que si quelques amis évoquaient vaguement devant lui cette éventualité, on ne sentait là ni insistance ni convergence. Les magots s'enfermaient dans le mutisme et guettaient les aléas du scrutin.

Yvon Delbos ne s'était pas installé dans leur jeu et, brusquant les choses, ils avait enlevé l'investiture du groupe. Personne ne lui donnait la moindre chance et je ne me sentais pas lié envers lui comme je l'eusse été avec Herriot ou avec Queuille. Sa désignation. obtenue le 15 décembre, n'avait d'ailleurs nullement impressionné André Cornu et Jean Médecin, tous deux R.G.R., qui avaient annoncé l'un et l'autre leurs candidatures. Au sein du groupe indépendant, Jacques Fourcade, à tout hasard, s'était mis sur les rangs. Les gaullistes présentaient Kalb, que j'avais connu à l'époque d'Alger sous le nom de capitaine d'Alsace. Du côté de l'opposition, René Naegelen avait été choisi par les socialistes et Cachin par les communistes.

Le seul candidat vraiment redoutable, en face de Joseph Laniel, était Georges Bidault, présenté par le M.R.P.

Les radicaux assurent l'élimination de Georges Bidault...

Le Congrès se réunit le jeudi au palais de Versailles, qui me rappelait le souvenir de la Haute Cour. On comptait en terminer le soir même ou dans la nuit, au plus tard le lendemain. La France serait dotée pour son week-end du deuxième président de la IVe République. A midi, quand la journée versaillaise commença, il y avait comme de la liesse dans l'air. Allait-on revivre les « feriae » de la IIIe ? De fait, un certain nombre de parlementaires, épris des anciennes coutumes, avaient retenu des tables pour leurs invités dans les grands hôtels. et le Trianon accueillait les habitués des grandes premières.

Notre ami Edouard Bonnefous, qui n'était point un élu d'avant-guerre mais dont le père avait été ministre sous le précédent régime (j'avais même comme jeune « républicain national » participé à un banquet qu'il présidait à l'hôtel des Réservoirs) nous avait invités ainsi que quelques autres ménages. Pierre Mendès France se trouvait soit parmi nous, soit à une table voisine, et je saisis l'occasion de m'entretenir avec lui de l'événement qui nous réunissait.

Ma présence dans le gouvernement Laniel n'avait en rien altéré le caractère très amical de mes relations avec Pierre Mendès France : elles étaient d'ailleurs liées à la « convention de liberté » que nous avions conclue à l'époque. Certains de ses amis au contraire, soit parce qu'ils ignoraient cette évolution de nos rapports, soit parce que l'excès de leur attachement pour lui les conduisait à déplorer mon succès dans un gouvernement où il ne figurait pas, me considéraient sans trop de bienveillance. Le caractère confiant de nos relations était apparu dans le souci que j'avais pris de nommer aux fonctions de commissaire général à la productivité — institution à laquelle les conclusions de la mission Buron ouvraient de nouvelles perspectives — un collaborateur intime de Pierre Mendès France, Gabriel Ardant, qui avait signé plusieurs ouvrages en collaboration avec lui. Gabriel Ardant était un économiste de grande valeur, exemplairement adapté à une telle mission. Pierre Mendès France m'avait su gré de ce geste. Lui-même m'avait téléphoné, un matin, spontanément, au cours de la période la plus difficile des grèves pour me rasséréner. Il pensait que je ne devais pas concevoir de soucis. La tension ne pouvait durer très longtemps. Quand le plus dur serait passé, je garderais la reconnaissance de la droite, et je n'avais pas à craindre de me faire des inimitiés à gauche. Au Congrès d'Aix, nous avions adopté des positions différentes, mais sans entrer en contradiction l'un avec l'autre. Je crois qu'il avait sous-estimé à ce moment l'importance du virage que j'avais imprimé à la politique économique mais je pense aussi que, s'il se fût agi de tout autre ministre que de moi-même, il n'eût pas manqué de concentrer un feu roulant sur la politique économique, ce qu'il ne fit jamais pendant ma gestion.

Au cours de cette conversation impromptue, je tentai de conduire Pierre Mendès France vers une position favorable à Joseph Laniel. Je comptais, dans cette vue, sur l'opposition farouche que lui inspirait la politique de Georges Bidault (dont le personnage, d'ailleurs, lui était sympathique). Je ne me trompais pas, mais son raisonnement n'était pas entièrement conforme à mes espérances. Il avait constitué un groupe discret d'intervention qui devait, au premier tour, pousser la candidature de Laniel, afin d'assurer son avance sur Georges Bidault. Cependant une fois Bidault disparu, il ne voyait aucune raison de soutenir Laniel, et il pensait qu'il faudrait s'enquérir d'un autre candidat. J'empochai avec philosophie ce premier résultat.

Les choses se passèrent, dès lors, comme prévu. Edmond Naegelen, candidat socialiste, arrivait légèrement en tête avec 160 voix, mais Laniel, en second avec 155, dépassait de 24 voix (d'origine visiblement radicale) les 131 de Georges Bidault. Les autres concurrents s'espaçaient ensuite. Au deuxième tour, les quatre principaux demeurant seuls en présence, Naegelen sortit premier avec 299 voix, Laniel suivit avec 276, Delbos avec 185 et Georges Bidault resta « dans les choux » avec 143 seulement ; il était désormais hors de course. La partie sembla gagnée pour le président du Conseil.

Elle était perdue.

... et quittent Joseph Laniel.

Deux paquets de voix devaient en effet lui manquer jusqu'au bout. D'une part, les amis irréductibles de Roger Duchet et d'Antoine Pinay. Duchet en voulait mortellement à Laniel de l'avoir écarté du gouvernement, Antoine Pinay supportait difficilement l'existence, à droite, d'un compétiteur qui, de surcroît, semblait réussir. Cette faction n'avait pas voté pour Laniel lors des deux premiers tours, et ne se rallia jamais.

L'autre groupe était celui de certains radicaux qui, eux, avaient voté Laniel deux fois mais uniquement en vue d'écarter Bidault. Ceux-là non plus n'entendaient nullement assurer le succès du président du Conseil. La totalisation de ces suffrages irrécupérables empêchait mathématiquement Joseph Laniel d'atteindre la majorité absolue, qui était nécessaire à quelque tour que ce fût. Laniel et Bougenot paraissent avoir sous-estimé à la fois le nombre de réfractaires et la force incoercible de leurs réactions de refus.

Au troisième tour, Laniel obtint 59 voix de plus, ce qui est mince au regard du total des voix de Bidault, désormais disponibles. Mais, en réalité, Laniel récupérait sur Bidault beaucoup plus de 59 voix. En revanche, il perdait entre 30 et 40 voix de radicaux qui s'étaient seulement prêtées et qui, logiquement, se reportaient sur

Delbos. Naegelen gagnait 14 voix, appartenant sans doute à des M.R.P. de gauche qui ne voulaient pas de Laniel et qui n'étaient pas attirés par le radicalisme traditionnel, donc laïque, de Delbos (1).

Delbos se retira après le troisième tour. J'assistai à la réunion des R.G.R. et je fus quelque peu désappointé. Les ennemis de Laniel ne se décourageaient pas, et, dépourvus de porte-étendard, ils cherchaient à mettre en piste un outsider. N'en trouvant aucun, ils se répartirent entre Naegelen, candidat socialiste, Delbos, qui n'était plus candidat, Cornu et Médecin, qui s'étaient retirés dès après le premier tour.

Ce quatrième scrutin est difficile à interpréter, mais il donne une impression pessimiste quant aux chances de succès de Joseph Laniel. Celui-ci, en effet, ne gagne que 50 voix sur les 225 d'Yvon Delbos, portion fort maigre ; Naegelen en reçoit 31, qui, désormais, lui resteront acquises. La masse des 144 voix restantes se répartit entre Delbos : 42 ; Jean Médecin : 45 ; et les divers, qui bondirent à 79, dont 35 Cornu. (Il y a trois votants en moins et un bulletin nul.) On ne peut dire cependant que la partie ne soit plus jouable car la majorité absolue étant de 460 voix (et elle descendra encore par la suite de quelque 20 voix), il ne manque à Laniel que 52 voix en présence d'une réserve de 166 voix ! Le total des irréductibles pouvant être évalué à 40 radicaux et 30 ou 40 modérés, il pourrait donc encore passer. Faut-il prévoir 124 refus définitifs ? Il ne semble pas. On ne peut donc faire grief au président du Conseil d'avoir persévéré, mais l'impatience et la déprime se laissent apercevoir.

Visite éclair à l'hôtel de Lassay.

Entre le troisième et le quatrième tour, Pierre July fonça sur moi : « Je te cherchais, me dit-il, allons vite ! — Mais où ? — A Paris, nous devons rendre visite à Edouard Herriot. Maintenant qu'Yvon Delbos n'est plus dans la course, Herriot doit lancer en notre faveur une exhortation aux radicaux qui forment l'un des partis du gouverne-

(1) Je crois que l'on peut établir l'analyse spectrale du scrutin — approximativement — de la manière suivante :

Bidault : 143 moins 14 vers Naegelen, moins 6 vers les divers.

Laniel : 276 + 123 = 398, moins 40 radicaux 358.

Delbos : 185 + 40 (radicaux) = 285.

D'après notre schéma, les irréductibles de droite sont, pour l'heure, en petit nombre. Leurs leaders ne tiennent pas à se mettre trop tôt en évidence. Ils représentent approximativement les 26 voix de « divers », 20 voix au deuxième tour, plus 6 qui s'étaient portées sur Bidault (mais qui ne voulaient se rallier ni à Naegelen ni à Delbos (au 1er tour 10 divers seulement, les autres ayant voté pour Fourcade ou pour Médecin).

ment. Comme tu es le principal ministre radical et que tu as le vent en poupe, tu nous accompagnes. »

Nous voilà partis dans la voiture présidentielle, escortés de motocyclistes. Georgette Elgey a pensé que nous voulions gagner de vitesse d'autres candidats, c'est-à-dire en fait le seul Naegelen, qui vint d'ailleurs le lendemain. Je ne fus pas informé de ce calcul et il me paraît improbable. Notre hâte s'expliquait suffisamment par la nécessité où nous étions de revenir à temps pour le tour suivant, car il ne s'agissait pas de perdre nos trois voix.

Nous trouvâmes un Edouard Herriot débonnaire et démobilisé, paraissant tout surpris de notre démarche ; nous faisions irruption dans une dimension du temps qui ne suivait pas le même rythme que le nôtre. Versailles vivait plus vite que Paris et le cœur de Joseph Laniel, malgré sa masse de calme, battait plus vite que, dans une autre masse de calme, celui d'Edouard Herriot (1). Je ne voyais pas trop ce que nous venions chercher, ni ce que j'étais venu faire moi-même dans cette galère. Pouvions-nous demander à ce monstre sacré de se muer en maître d'école, la férule à la main, et de faire défiler en rang les cancres de la place de Valois ? Peut-être s'agissait-il surtout pour Laniel de dissuader Herriot de toute velléité de sortir de sa réserve pour répondre à l'appel de la patrie, et de démontrer aux radicaux et aux divers irréductibles qu'il n'y avait pas lieu de compter sur le patriarche pour un ultime recours si le blocage continuait. Sur ce point, toute satisfaction nous fut donnée. Edouard Herriot proclama qu'il ne serait candidat en aucun cas : « Vous me voyez monter les marches de l'Elysée dans une petite voiture ? ». « Le résultat de notre démarche, me dit Pierre July, après le (relativement) décevant quatrième tour, sera sensible demain. » Il n'en fut rien.

L'hostilité de Le Troquer.

Les quatre premiers scrutins avaient occupé les journées de jeudi et vendredi, Le Troquer s'étant refusé à hâter le rythme. Tout le monde se retrouva le samedi matin, dans une atmosphère qui ne rappelait en rien celle du premier jour. Il y avait quelque chose d'étouffant dans ce palais de théâtre où se donnait indéfiniment le même spectacle pour les mêmes spectateurs. J'avais l'impression d'être enfermé avec quelque neuf cents personnes dans un huis-clos sartrien.

(1) Expression empruntée à Paul Valéry :
« Masse de calme et visible réserve » *(le Cimetière marin)*.

Deux éléments, à partir de cette phase, jouèrent de façon de plus en plus sensible contre la candidature Laniel. L'un était l'hostilité du président du Congrès, André Le Troquer. On disait qu'il ne se sentait guère d'affinités avec Joseph Laniel, mais la véritable raison de son hostilité était un sentiment de frustration. S'inspirant du précédent que constituait l'élection de Vincent Auriol, il pensait que la candidature prioritaire appartenait au président de l'Assemblée nationale. Cependant, celui-ci s'était lui-même récusé, pour des raisons qui tenaient à l'ethnologie de l'âge. Dès lors n'était-ce pas à son substitut, le premier vice-président, que devait revenir la première magistrature, bien qu'il portât l'étiquette socialiste qui n'était pas celle de la majorité du Congrès ? En faisant traîner quelque peu les choses, ne serait-il pas possible de les remettre dans leur position normale et de passer sur une différence, qui, après tout... ? Ce raisonnement qui ne manquait pas de valeur, joua, en fait, à l'avantage du vice-président... du Sénat.

Le démon mesquin.

Joseph Laniel avait un autre ennemi, plus redoutable que tous ses rivaux avoués ou virtuels, cet ennemi était une autre face de lui-même, c'était son frère René, sénateur de l'Orne. On sentait entre eux un principe de ressemblance tenant à la communauté du sang et qui s'exprimait par la perfection du contraste. René était aussi vulgaire que Joseph était correct et véritablement, malgré son épaisseur, distingué ; aussi agité que Joseph était calme : aussi loquace (sottement) que l'autre était silencieux ; aussi combinard et cynique que son aîné était intègre et scrupuleux. J'avais fait la connaissance du personnage quelque temps auparavant, alors que je n'étais pas encore particulièrement lié avec Joseph. René était venu me voir au ministère des Finances pour m'exposer un système qu'il avait mis au point pour favoriser la construction dans sa micro-région, et qui n'était d'ailleurs pas absurde. Deux choses m'avaient impressionné ; j'avais peine à comprendre comment un personnage aussi déplaisant avait pu recevoir l'onction électorale. D'autre part, ses manières étaient si caricaturales, sa composition était si chargée, qu'on ne pouvait parvenir à croire qu'il jouait au naturel. On pensait à quelque énorme blague, mise au point par un comédien expert et hors pair.

« Nous, Canadiens, me disait mon ami Jules Léger, ambassadeur du Canada, nous n'aimons pas les arbres, car derrière chaque arbre, il y a un Indien. » Derrière chaque colonne des galeries de Versailles, il y avait René Laniel. Il en surgissait, muni de sa canne à pommeau d'or, pour interpeller les chalands, et quand il m'adressait la parole, j'avais l'impression qu'il allait me prendre à la gorge. On le comparait d'habitude à un maquignon, mais cette classification ne suffisait pas à le définir. Quelque chose de sulfureux flottait autour de cette grande carcasse, qui me faisait penser plus précisément au maquignon décrit par Georges Bernanos dans *le Soleil de Satan*, et qui, sous ses aspects répugnants, incarne la tentation satanique. Cette image me vint à l'esprit alors que je me trouvais soudainement pris en trio entre lui et Jacques Duclos. Comme celui-ci le plaisantait sur son zèle, le sénateur de l'Orne lui rétorqua : « Vous n'avez jamais eu de frangin, vous ? » Georgette Elgey, qui en a tracé un portrait extraordinaire, avec « la chaîne de montre barrant le gilet, ses caleçons longs attachés à des ficelles, qui sortent du pantalon », lui attribue la manie de parler de « son frère » tous les huit mots mais, selon mon souvenir, c'est l'expression « frangin », ridiculement démodée, qu'il employait à son ordinaire. Ses vêtements noirs, sa calvitie, sa longue moustache accentuaient son apparence méphistophélique, et ses yeux lançaient des lueurs mais le regard malicieux de Jacques Duclos ne se dérobait pas et semblait le pénétrer jusqu'à l'âme, si l'on peut dire. René Laniel n'était pas le Malin, ni même un grand diable, plutôt un « démon mesquin », selon l'expression de Sologoub et il venait de trouver son exorciste.

Je compris par la suite que René Laniel traversait alors une période d'exaspération due à un certain déséquilibre mental et au fâcheux état de ses affaires. Il avait essayé de les redresser en jouant contre le franc, et mon refus de procéder à la dévaluation le mettait au seuil de la faillite.

Un homme de qualité.

Les anti-Laniel du R.G.R. décidèrent, pour le cinquième scrutin, de présenter un candidat officiel du mouvement et ils convainquirent Jean Médecin, qui avait tenté au premier tour une promenade de reconnaissance, de se mettre à nouveau sur les rangs, ce qu'il accepta. Le député-maire de Nice figurait l'archétype de ce qu'on appelle un « homme de qualité ». Il était de surcroît doué d'un exceptionnel talent d'exposition, tout en clarté et en finesse, qui s'accordait à merveille avec son personnage sobrement aristocratique. On dit que les Médecin viennent de Florence et que leur nom est une dérivation du célèbre patronyme des Médicis. Il y avait du Prince dans cet homme-là, mais non point du machiavélisme. Malgré l'improvisation de l'épisode, il s'éleva d'un bond jusqu'à 197 voix. Laniel décrocha de 408 à 374, Naegelen à 312, les divers à 38. Mais la pâte ne leva pas et lors du sixième tour, expédié le même jour, Médecin descendait à 171, Naegelen baissait encore un peu à 306, Laniel remontait à 397.

Le dimanche matin, retrouvant son élan, Joseph Laniel s'éleva a 407, puis au huitième tour, il atteignit son *climax*, 430 voix, à 25 voix de la majorité absolue (qui était abaissée à 455). Edmond Naegelen parvint au chiffre inespéré de 381, les divers se comptant 92, dont 25 portant le nom de Pinay et 14 celui de Jacquinot.

Laniel était-il élu ?

C'est ici que se place une petite énigme historique. Un certain nombre de bulletins au nom de Laniel auraient été laissés de côté, et placés dans les « divers », Le Troquer s'étant refusé à en tenir compte sous prétexte qu'ils ne portaient pas de prénom, alors qu'il existait deux parlementaires du nom de Laniel. Conséquence très grave : sans ce truquage, Joseph Laniel était élu au huitième tour. L'histoire paraît peu croyable, néanmoins ceux qui ont connu André Le Troquer pensent que ce genre d'incartade n'était pas invraisemblable de sa part.

Georgette Elgey a étudié la question avec minutie et elle a montré son scrupule en s'abstenant de trancher. Les éléments probatoires sont rares et insuffisants. M. Génébrier, préfet du département — mais qui n'avait pas accès à l'enceinte réservée — déclare que, selon une source sûre (mais qu'il ne peut désigner), Joseph Laniel aurait eu en réalité sept ou huit voix de plus que nécessaire. Il donne cependant une marque d'imprécision de terme quand il dit que les bulletins sans prénom auraient été tenus pour nuls par Le Troquer : dans ce cas, ils auraient été décomptés des suffrages exprimés, or il existe exactement 7 bulletins de différence entre le nombre des votants et le total des suffrages exprimés, alors que la fraude alléguée par le préfet devrait monter à 25 plus 7 ou 8 soit donc 32. Emile Blamont, secrétaire général, souligne, lui, qu'il n'a entendu parler de rien ; or, il se serait bien trouvé un agent des Assemblées pour signaler une anomalie aussi criante. Le sénateur Levacher de l'Eure, ami de July et grand partisan de Laniel, parla lui aussi de bulletins annulés : il déclara même, ce qui est impressionnant, l'avoir constaté, mais ne pouvoir indiquer le nombre. Pierre July, lui, a appris par des scrutateurs que plusieurs bulletins Laniel auraient été classés dans les « divers ». Les divers sont au nombre de 92 (1). Des bulletins de Laniel ont-ils pu être glissés dans cette masse ? On

(1) Et non pas 53 comme le pense Georgette Elgey.

constate, d'après *l'Année politique*, que 25 portaient le nom de Pinay. et 14 celui de Jacquinot. Il se trouvait donc des scrutateurs qui avaient fait le décompte de ces résidus. Auraient-ils laissé passer un paquet de 25 ou 30 au nom de Laniel ? A nous en tenir au chiffre minimum de 25, il faut tout de même considérer qu'un bulletin sur trois, approximativement, dans les « divers », aurait porté le nom de Laniel. Une telle situation pouvait-elle passer inaperçue ? Joseph Laniel lui-même, dans un livre de souvenirs (1) fait allusion à cet incident, et croit à sa réalité. Mais il n'en aurait été informé qu'un an plus tard ! Il suppose qu'il aurait dû atteindre une dizaine de voix d'avance, ce qui implique la disparition de 35 bulletins et non pas seulement de 25.

Il nous paraît vraisemblable, en conclusion, qu'André Le Troquer s'est livré à l'escamotage de quelques bulletins en les plaçant à la sauvette parmi les nuls ou parmi les « divers » mais cela ne pouvait aller plus loin. Il nous paraît tout à fait exclu qu'un paquet de 25 voix et plus se soit évanoui. Remarquons encore qu'il y avait auparavant lors du troisième scrutin, 79 des irréductibles qui ne voulaient ni de Laniel ni de Naegelen, lesquels étaient déjà, lors de ce tour, seuls en piste. Au huitième tour, Naegelen gagne près de 70 voix sur le troisième, il est très probable qu'elles viennent de suffrages portés sur Médecin et sur Delbos, homme de centre. Laniel lui-même gagne 22 voix, qu'on peut supposer de même origine. Les divers sont passés de 79 à 92, on ne peut guère attribuer à des Laniel non décomptés un chiffre supérieur à la différence qui est de 13 voix ! Encore faudrait-il supposer que les 45 voix de Médecin et les 42 de Delbos ne comportaient aucun irréductible anti-Laniel !

En conclusion, n'éprouvons nulle tristesse, nous qui l'aimions bien. Joseph Laniel n'a jamais été élu président de la République française.

C'est pour mieux te croquer, mon enfant...

Entre les deux tours du jeudi, une nouvelle farce avait été jouée : Antoine Pinay, craignant l'éclatement du centre des indépendants, avait accepté de se réconcilier solennellement avec son rival Joseph Laniel. Il lui donna l'accolade, sans enlever son célèbre chapeau Fléchet, précise Georgette Elgey, et cela se passait — détail qu'on n'invente pas — dans la salle des Maréchaux : « Embrassons-nous, Folleville ! » — « mais c'est pour l'étouffer » (*Britannicus*). Aussitôt réconfortés par cette parade foraine, Roger Duchet et Antoine Pinay

(1) *Jours de gloire et jours cruels* — Paris, Presses de la Cité — 1971, p. 200.

après avoir tenu une réunion des magots avec Henri Queuille et André Boutemy, conçurent le plan d'une nouvelle candidature de diversion. Celle de Pierre Montel, député du Rhône. Celui-ci éprouvait de l'amertume d'avoir été écarté de la compétition, car il avait nourri vaguement l'ambition romantique d'être le chef de l'Etat et il pensait même que les socialistes lui seraient reconnaissants d'avoir donné naguère sa voix d'outre-océan pour l'infructueuse tentative de Jules Moch. Au matin du lundi 21 décembre, le voici sorti d'un chapeau : peut-être pas celui de M. Pinay, qui s'en défend, mettons de Roger Duchet, qui n'en portait pas. Laniel redescend comme le seau dans un puits de 430 à 413 ; Naegelen lui-même perd quelques voix : 381 à 363. Montel s'élève à 103. Il se maintient, pensant que sa candidature, mieux connue, amassera de la mousse, mais il descend cette fois à 84. Le seau de Laniel ne remonte pas et baisse encore à 392 ; il a perdu 21 votants et on compte 48 suffrages exprimés en moins ; ces chiffres expriment une lassitude définitive et un blocage irrémédiable. Joseph Laniel finit par céder à la conjonction des instances et des ultimatums mais la tête haute, et il demanda à choisir lui-même son successeur. En fait, les indépendants se mirent d'accord sur trois noms : celui de Pernot, que Laniel préférait mais que l'on écarta en raison de son étiquette cléricale, celui de Jacquinot qui se présenta au onzième tour et échoua, enfin celui de René Coty, qui, au douzième, approcha la cible à onze voix près (il y avait encore 26 Jacquinot et 92 divers). Il fallut le treizième coup de minuit pour voir triompher, par 477 voix sur 684 votants, l'aimable sénateur de la Seine-Maritime. Nous sortîmes en récitant en son honneur la célèbre « Proclamation » de Fernand Desnoyers :

> *Habitants du Havre, Havrais,*
> *J'arrive de Paris exprès*
> *Pour mettre en morceaux la statue*
> *De Delavigne (Casimir).*
> *Il est des morts qu'il faut qu'on tue !*

C'est mieux que l'Elysée.

René Coty est tout de suite populaire, en raison de sa distinction et de son calme souriant, sa femme plus encore à cause de sa corpulence, de sa gentillesse, de sa simplicité, de ses connaissances culinaires, sinon de sa franche gourmandise. Alors pourquoi ce déchaînement de fureur qui persiste et qui porte des relents d'antiparlementarisme ? On ne voulait pas de Laniel, on ne l'a pas, on voulait une présidente aux fourneaux : la voici. On a prétendu déceler dans les treize tours de scrutin le signe de la décrépitude du régime, de la corruption des mœurs parlementaires. Plaisanterie ! Tout scrutin secret et personnel peut comporter ces aléas. La singularité de la situation tient simplement à la rencontre de la logique du système avec deux circonstances fortuites. Dans l'esprit des institutions de la IVe République, comme de celles de la IIIe, le président, personnage voué à un rôle décoratif et arbitral, est normalement choisi parmi les présidents des Assemblées parce qu'ils sont parfaitement préparés à ce genre de fonction et, de surcroît, parce qu'ils sont connus et appréciés des électeurs parlementaires. Inversement, dans l'esprit des institutions de la Ve République, on se prépare à la fonction de chef de l'exécutif, essentiellement active, par des postes de responsabilité opérationnelle, celui de Premier ministre ou d'important ministre. Ainsi Pompidou a-t-il normalement succédé à de Gaulle, Corrélativement Chaban et Poher, présidents d'Assemblée, qui auraient été parfaitement adaptés à l'élection type de la IVe, ont été éliminés par le suffrage universel. Valéry Giscard d'Estaing a été élu parce que, du fait de la récusation de Messmer, il apparaissait comme le principal ministre. En 1981, le pays souhaitait le changement, il n'a pu désigner un Premier ministre en exercice, mais il a élu le représentant de l'opposition, bien choisi par celle-ci, du fait qu'il était le seul à avoir exercé durablement d'importantes fonctions ministérielles.

Nous n'en sommes pas là en 1953, et la présidence ne devait pas normalement revenir à un homme de gouvernement tel que Laniel ou Bidault, voire Delbos, mais à un homme d'assemblée. Or, par coïncidence, Edouard Herriot a quatre-vingt-deux ans et Gaston Monnerville n'envisage pas la candidature. La place donc est vacante pour un vice-président ; Le Troquer est éliminé par sa position sur l'échiquier politique, tout rentre dans l'ordre. René Coty est le plus connu et le plus ancien des vice-présidents du Sénat. Le treizième coup de minuit pouvait être le premier carillon du réveil.

Ce qui était proprement admirable chez Laniel, c'était sa disposition à s'accommoder et même à se réjouir de ce que lui accordait le destin, ce qui est une forme du contentement de soi et une garantie d'équilibre mental. Il éprouvait une parfaite satisfaction d'avoir vu élire Coty, ce qui s'identifiait dans son esprit à l'avoir *fait* élire : il exposa à Jacques Duhamel que c'était encore plus important de fabriquer un président que de l'être soi-même. Pour un peu, il aurait présenté la répétition de ses propres candidatures comme un habile stratagème, élaboré tout exprès pour parvenir à ce résultat final.

Je me promenais auprès de lui, à peu de temps de là, dans les allées du parc de l'hôtel Matignon. C'était par une belle matinée d'hiver, aux alentours des fêtes, et nous prenions tous deux le grand air, avec la joie d'un pâle soleil. Je regardai le site autour de moi et le dessin de cette résidence qui avait été la mienne. « Je trouve ce cadre bien agréable », dis-je. Joseph Laniel hocha la tête : « Oui, souligna-t-il, c'est mieux que l'Elysée. »

CHAPITRE XI

LA RELANCE DE LA RELANCE
LE PLAN DE DIX-HUIT MOIS

Le 30 décembre, Vincent Auriol présida son dernier Conseil des ministres. La passation des pouvoirs était prévue pour le 17 janvier 1954. J'adressai une pensée émue à ce grand honnête homme qui m'avait fait confiance au point de me désigner comme chef du gouvernement de la France et qui était même disposé à le faire une seconde fois.

Joseph Laniel devait rituellement présenter sa démission au nouveau président de la République dès qu'il serait entré en fonction. Mais une procédure plus rapide et plus opportune fut arrêtée d'un commun accord entre les trois présidents. Dès le 2 janvier, Joseph Laniel proposa à Vincent Auriol, qui la refusa, la démission collective du cabinet.

Au cours de notre entretien dans le parc « solitaire et glacé » mais ensoleillé, il m'exposa le plan qu'il avait adopté à l'instigation de Pierre July et d'André Bougenot. Il se proposait d'assurer la « relance » de son gouvernement en brusquant les choses et en prenant de lui-même l'offensive. Dès le 6 janvier, il faisait convoquer le Parlement en session extraordinaire, et lui posait ouvertement la question de confiance. En somme, il sollicitait une nouvelle investiture. Il l'obtint ; il disposait, en effet, d'un atout maître, que ses adversaires — et même beaucoup de ses amis — n'avaient pas encore pleinement apprécié : c'était l'incontestable réussite du gouvernement dans le domaine dont j'avais assuré la charge, avec l'approbation et l'encouragement de mon président du Conseil, celui de l'Economie et des Finances. Quant au pays, on pouvait dire que, s'il n'avait pas encore pris claire conscience du redressement déjà intervenu, tout le monde pensait, plus ou moins confusément selon l'expression d'un chroniqueur, que les choses étaient en train de *bouger dans la bonne direction.*

Le débat fut ouvert par un député ami, qui joua le rôle de cheval de jeu, et qui s'en tira avec maîtrise. C'était Georges Delbez, professeur à la faculté de droit de Montpellier, dont le talent oratoire s'adaptait très bien à la tribune, et dont je pensais qu'il était sans doute promis à une carrière importante, ce qui ne fut pas le cas. Représentant de mon département natal, il s'affiliait à cette tradition languedocienne de la droite monarchiste, fort éloignée du fascisme, proche du peuple avec une nuance paternaliste, que je connais bien, et dont j'avais, dans ma jeunesse, goûté de façon éphémère la séduction élégante et démodée. Joseph Laniel prononça, dans cette occasion, son meilleur discours, et qui aurait pu être un très bon discours pour des orateurs plus réputés que lui. Je le dis avec d'autant moins de gêne que, si la substance m'en était familière, je n'en avais pas écrit une ligne : il avait d'ailleurs été composé en mon absence. Il était sans doute, du moins pour la plus grande part, dû à la plume incomparable de Dominique Leca, et je pense que sur ce sujet, dont je n'ignorais aucun détail, je serais moi-même difficilement parvenu à atteindre un tel dégré de précision et de percussion.

Joseph Laniel se défendit en contre-attaquant ceux qui critiquaient sa politique comme marquée, soit par l'immobilisme, soit par l'indifférence sociale. Les chiffres les plus frappants de son exposé concernaient l'aisance de la trésorerie intérieure (70 millions au lieu de 4) et surtout de la trésorerie extérieure. « Nous avons trouvé, à notre arrivée, des réserves pour *quinze jours,* nous en avons pour *quinze mois.* » « Réforme fiscale, budget voté, trésorerie renflouée, monnaie défendue... : voilà ce que certains journaux appellent *l'immobilisme gouvernemental.* »

D'autre part, 150 milliards de mesures sociales, 20 % de majoration de retraite des assurés sociaux, 10 % pour la retraite des vieux, plan quadriennal pour les anciens combattants, effort massif pour les H.L.M., relèvement de 10 % pour les rémunérations et les salaires les moins élevés, baisse du nombre des chômeurs partiels de 87 000 à 25 000, nombre des permis de construire en augmentation des trois quarts, assainissement des marchés agricoles, tout cela avec une baisse de 2,5 % des prix à la consommation. « Voilà ce que certains journaux appellent l'attitude négative d'un gouvernement réactionnaire. »

S'inspirant du conseil que je lui avais donné avec insistance, le président du Conseil soulignait que l'importance n'était pas dans les résultats, encore modestes, mais dans le *renversement de la tendance.*

Ce n'est qu'un commencement, mais il est incontestable.

Je fus heureux de l'entendre souligner la priorité de l'économique sur le financier : c'était un thème que nous avions spontanément adopté l'un et l'autre ; et je considérais que, en appuyant aussi fort sur le thème de la monnaie, il faisait comprendre aux initiés que le projet de dévaluation qu'on lui attribuait parfois encore était caduc.

Il n'eut garde d'omettre l'éloge que, bien évidemment, il me devait ; il le fit largement, en même temps qu'il affectait de tenir le Parlement pour le principal artisan de notre succès. Je retrouvai là le signe de cette modestie que l'on prisait chez lui, et qui était plutôt preuve de bonne éducation que de véritable humilité. Sa phrase était si joliment tournée et le « moi » si délicatement omis, que l'on eût pu croire qu'il ne s'attribuait d'autre mérite que celui d'une honnête entremise entre l'énergie talentueuse de son ministre et l'intelligence détermination de sa majorité parlementaire.

Mais on retrouvait la fierté paternaliste dans la manière dont, avec sa diction impeccable, il détachait les propositions et martelait les formules, appuyant ses meilleurs envois par un mouvement résolu de la tête, qui marquait une légère inflexion oblique avec un haussement du pariétal gauche, comme pour mieux offrir à l'opposition déconfite le visage d'un homme que le triomphe ne grisait pas et qui rayonnait de miséricorde.

Quelques plaisants ironisèrent dans les couloirs. « Tu ne te sens pas plus intelligent, toi, depuis le 1er juin ? » lançait à la cantonade Guy Petit. Mais l'opération était bien conduite, et la plupart des parlementaires réticents accusaient le coup. On leur avait dit des choses qu'ils n'étaient pas habitués à entendre, car ils n'avaient pas remarqué les signes du redressement, tout occupés qu'ils étaient à répéter leurs numéros et à ourdir leurs intrigues. Joseph Laniel avait demandé un vote sans ambiguïté, renvoyant les députés aux responsabilités qui seraient les leurs, non pas, selon le raisonnement ordinaire, s'ils renversaient le gouvernement, mais tout au contraire, si, n'ayant pas vraiment confiance, il leur manquait le courage de le condamner, car dans ce cas « vous seriez beaucoup plus coupables de le maintenir au pouvoir que lui d'y rester ». « Mieux vaut une crise ministérielle qu'un exécutif diminué. » Joseph Laniel fut suivi, sinon véritablement entendu. Il obtint 319 voix, chiffre sans doute inférieur à la « majorité introuvable » de sa mirobolante investiture, mais encore supérieur à l'étiage constitutionnel — il aurait donc pu être réinvesti — et les oppositions réunies ne dépassèrent pas 249 voix. L'U.R.A.S. avait voté presque entièrement pour. Donnée préoccupante pour moi : mon groupe continuait à bouder mon président, il n'y recueillait que 35 voix favorables sur 76, les autres votant contre (23) ou s'abstenant (13).

Joseph Laniel ayant réussi sa propre relance, je décidai de l'imiter : ce serait comme, de ma part, la *relance de la relance.* Je ne devais pas m'assoupir sur mon lit de lauriers. J'avais lu, jadis, dans un roman, une phrase qui m'avait fait impression, et que j'avais gardée dans mon petit répertoire de maximes personnelles : « Il ne faut jamais interrompre l'élan d'un succès. » Cette citation, dans son texte, se rapportait à une intrigue amoureuse, mais je la ressentais comme applicable dans toutes sortes de circonstances. Je n'avais pas cessé de réfléchir sur mes problèmes et j'apercevais diverses mesures susceptibles d'accentuer le mouvement en avant qui se poursuivait sur les impulsions initiales. Je prenais conscience de ce qui constituait un point faible dans cette gestion semestrielle, pourtant fort brillante et fructueuse. Je n'avais pas suffisamment mis en valeur la cohérence et la coordination entre les diverses initiatives qui caractérisaient l'action de mes quatre cavaleries. La première étape était franchie, il fallait me montrer désormais plus *planificateur,* et selon un terme pédantesque qui commençait de plaire, plus *systémique.*

L'idée de planification conduisait naturellement à évoquer le Plan proprement dit, sous sa forme concrète et administrative. Joseph Laniel n'avait pas cru devoir joindre les services du Plan au département dont j'avais la charge, car ce n'était pas l'usage. On mettait une sorte de superstition, déguisée sous une justification technocratique et « moderniste », à laisser le Plan rattaché à la présidence du Conseil comme si cela lui donnait de la magnitude, alors que ce sytème, au contraire, le relègue dans un rôle subalterne. Le président du Conseil qui pourrait faire face ou faire pièce au ministère des Finances n'en a pas le temps, et le commissaire au Plan, qui en a toujours le temps, mais n'en a qu'exceptionnellent le caractère ne peut, en aucun cas, affronter le Léviathan de la rue de Rivoli. Je n'avais d'ailleurs pas tenté de faire entrer le Plan dans ma compétence, car il avait été attribué à mon protégé Edouard Corniglion-Moliner, dont le ministère d'Etat n'aurait eu, sans cela, aucune sorte de consistance. Je ne voulais pas le peiner et, au demeurant, il ne me dérangeait en rien. Je ne consacrais qu'une faible attention aux travaux que poursuivait, sous la haute juridiction d'Edouard, le successeur de Jean Monnet, Hirsch, qui ne s'écartait pas d'une intelligente continuité. De temps à autre, Edouard Corniglion-Molinier demandait la parole au Conseil des ministres, il chaussait ses lunettes et il commençait de déplier un feuillet devant lui : c'était une note du commissariat au Plan qu'il lisait imperturbablement sans en sauter une ligne et sans y ajouter un mot. Bien que sa conversation fût des plus aisées, le ministre d'Etat ne pouvait présenter une communication politique autrement qu'en la lisant ; il surpassait même Joseph Laniel qui, au Conseil, parlait sans note. On écoutait Edouard Corniglion-Molinier avec une attention polie et personne ne faisait jamais de commentaires. Quand les services du Plan incitaient leurs ministres à intervenir, c'était pour formuler quelque suggestion qu'ils n'avaient pu faire aboutir auprès de moi par les voies normales. Leur insistance ne pouvait que me renforcer dans ma position négative. J'aurais pu être convaincu, mais je n'acceptais en aucun cas d'être tancé. J'adressais à Edouard Corniglion-Molinier un hochement de tête d'approbation amicale, et j'effaçais dans mon esprit toute trace de ce que je venais d'entendre.

Par la suite, Pierre Mendès France, lui, ne commit pas l'erreur habituelle. Justement parce qu'il accordait une grande importance au Plan, il ne le laissa pas dans la mouvance de Matignon et il le rattacha expressément à mon département ministériel.

Pour l'heure, je recherchais les moyens de bâtir une sorte de plan à moi, qui ne serait pas le Plan quinquennal, mais qui devrait s'articuler avec lui de quelque manière. Pourquoi d'ailleurs un Plan serait-il nécessairement quinquennal ? Nous avions emprunté aux Russes la durée en même temps que l'institution ; c'était le fameux « piatiletka » que tout le monde avait aux lèvres lorsque nous avions visité Moscou en 1931 (1). On peut bien envisager d'autres durées, soit plus longues (ainsi avais-je conçu pour l'Education nationale un plan de quinze ans), soit plus courtes, ce que je décidai de faire. Je pensai à un plan de deux ans puis à la formule intermédiaire de dix-huit mois, qui avait un double avantage. D'une part les Français sont habitués à ce type de durée parce que c'était, traditionnellement, celle du service militaire. D'autre part, la fin de cette période tomberait au milieu de l'année 1955, laissant encore un délai de dix à douze mois avant l'échéance normale des élections. Je sautai d'enthousiasme sur cette inspiration. Le Plan de dix-huit mois était né (2).

Quelques jours avant sa présentation, je décidai de couper court par une déclaration officielle, aux bruits de dévaluation qui recommençaient de courir, notamment en Allemagne. Sans doute les démentis, dans ce domaine, sont souvent accueillis avec scepticisme.

(1) Mot compose provenant de *piat* = 5 et de *let* = annee, signification approximative ; *petit cinq ans* (les Russes adorent ces diminutifs d'affection).

Ces analogıes militaires furent relevees par un commentateur ironique : « Cet ete, ecrıvait-il, M. Faure avait fait ses vingt-huit jours (allusion à mon programme de quatre semaines) maintenant, il va faire ses dix-huit mois.

Mais par le fait même que celui-ci allait être suivi d'une nouvelle relance, il serait certainement tenu pour sérieux. Je voulais ainsi décourager une fois pour toutes les spéculateurs, parmi lesquels je ne savais pas encore que René Laniel avait pris une si grande place avec une si folle imprudence.

Ce plan, qui fut approuvé par un Conseil des ministres du 4 février 1954, était d'abord et surtout un plan d'objectifs.

En dix-huit mois il prévoyait une augmentation de 10 % de la production, qui devrait passer de l'indice 150 à l'indice 165. Pareillement, le revenu national et par conséquent le pouvoir d'achat (moyen) des Français devrait s'améliorer dans la même proportion de 10 %.

Je pensais bien que ces progrès seraient atteints dans une période de temps inférieure à dix-huit mois, mais je préférais prendre une marge de sécurité. L'idéal, c'était le doublement du niveau de vie des Français en dix ans ce qui, compte tenu du coefficient exponentiel, correspondait sensiblement à 7 % par an et à 10,5 tous les trois semestres.

Quant aux moyens, ils existaient, ils avaient été testés et justifiés il suffisait d'en poursuivre l'application en marquant de nouvelles étapes successives.

J'avais déjà fait baisser le taux de l'escompte de 4 à 3,5 % ; je le fis descendre à 3,25 le 4 février, le jour même de l'adoption du Plan par le gouvernement. Enfin il fut ramené à 3 % à la fin de l'année (2 décembre 1954) achevant ainsi le mouvement dont j'avais défini l'ampleur depuis le mois de septembre 1953, au cours de mes conversations avec M. Salte et avec M. Baumgartner (1).

J'avais prescrit, pour six mois, la détaxation pour moitié des investissements : je prolongeai dans un premier temps cette mesure, qui allait venir à expiration, puis, dans un second temps, elle fut portée de 50 % à 100 %. Complétée par d'autres dispositions techniques allant dans ce même sens (2), cette mesure libérait 100 milliards qui devenaient disponibles pour de nouveaux investissements.

(1) En fait les problèmes relatifs au loyer de l'argent ne se limitent pas à la seule fixation du taux de l'escompte. Je fus conduit à prendre, dans le même sens, une série de décisions complémentaires, notamment en octobre 1954 (gouvernement Mendès France). Ainsi la baisse du taux des rémunérations perçues par les Banques sur les crédits d'équipement à moyen terme, ceux des organismes de réescompte, Crédit national et Caisse des dépôts, ceux de la Caisse des marchés.

Pratiquement les charges afférentes à ces crédits étaient alignées au « lit de Procuste » de 6 %.

(2) Détaxation des frais de fabrication pour le 1er juillet 1954 et des prestations de service pour le 1er janvier 1955.

Ce qui ne nous empêchait pas de prévoir pour ceux-ci de nouvelles impulsions directes.

J'avais prévu dans le budget de 1954 des crédits d'investissements en augmentation de 48 milliards par rapport au précédent exercice. Je décidai d'inscrire un supplément additionnel pour un montant sensiblement analogue (50 milliards) dont je mis au point la répartition, en ajoutant une tranche spéciale de 10 milliards pour l'Education et la Recherche. Enfin, je ne pouvais me dispenser de porter une nouvelle attention au domaine du logement, bien qu'il eût déjà été somptueusement traité, puisqu'il bénéficiait, en sus du 1 % et de l'augmentation de ses crédits, d'un mécanisme spécial de financement monétaire. Nous avions là de quoi pourvoir largement à la demande d'activité des entreprises, et, avec quelque décalage, à la demande de logements des particuliers. Cependant il fallait bien annoncer quelque chose de plus et je décidai de faire d'une pierre deux coups, si je puis dire, en apportant une réponse effective aux revendications soulevées par le mouvement généreux... de l'abbé Pierre. Je m'entendis avec le ministre de la Construction, Maurice Lemaire, lequel n'éprouvait qu'un faible enthousiasme pour cette campagne (1) en prévoyant un programme de douze mille logements d'urgence pour un financement de 10 milliards, qui, en fait, fut pris en compte par un relais compliqué afin d'éviter une surcharge budgétaire.

Telles étaient les mesures spécifiquement économiques. Je procédai de façon identique pour le volet social du Plan. Il n'était pas question de procéder à une augmentation générale et hiérarchisée des salaires selon les conclusions de la commission supérieure des Conventions collectives qui, partant de 54,48 au plancher, auraient provoqué un gonflement de moitié pour toute la masse salariale. Je procédai donc de nouveau, par décret du 7 février, à une augmentation différentielle et dégressive de 15 francs de l'heure qu'il était interdit de répercuter sur les prix, ce qui m'amena, bien à regret, a bloquer ceux-ci. Cette mesure intéressait les salariés disposant des rémunérations les plus faibles, soit environ 700 000, et comme je n'entendais pas écraser la hiérarchie, je procédai, pour les autres, selon une méthode qui parvenait au même résultat, mais sans effet sur les coûts de revient, c'est-à-dire, à nouveau, à un allégement de la fiscalité directe. Je n'ai jamais compris pourquoi ce système n'avait pas été utilisé davantage par mes successeurs. En fait, les ministres se limitent le plus souvent à faire, en soupirant, des aménagements

(1) Il s'agissait de constructions faites a bas prix, destinees a repondre a des urgences, et qui ne devaient pas tarder a se dégrader. Néanmoins il fallait donner une réponse minimale à cette demande spécifique et émouvante.

aux tranches et dans la limite de l'érosion monétaire, considérant la détaxe comme une concession inévitable, mais coûteuse et fâcheuse, au lieu d'en faire l'instrument actif et « intelligent » d'une politique d'expansion économique, soucieuse de stimuler la consommation sans peser sur les coûts.

Je pouvais désormais m'engager à nouveau dans la voie de la libération des échanges, comme on m'en pressait de toutes parts : M. Laniel, notamment, qui subissait les pressions internationales, insistait dans ce sens, mais j'entendais prendre mon temps, et éviter le renouvellement des erreurs qui avaient été commises en 1951, pendant le semestre où je n'étais pas présent rue de Rivoli. J'attendis le mois d'avril pour passer d'un grand bond à 53 %. Cependant un risque subsistait de voir les importations prendre un rythme et un développement excessifs, en raison d'une disparité de prix subsistante (j'avais fait établir par M. Nathan, directeur des relations commerciales extérieures, un rapport fort étudié sur ce phénomène permanent et préoccupant). Je décidai donc d'établir un système de garde-fou, et là encore l'habileté de Robert Blot me fut précieuse. Je me revois arpentant mon bureau pendant des quarts d'heure entiers, et répétant : « On ne peut pas abandonner le marché intérieur à cette sorte de *dumping.* Il faudrait augmenter les droits de douane. — On ne peut pas augmenter les droits de douane », répétait Blot de sa petite voix tranquille. « Alors, brusquai-je, tant pis on ne libère pas ! — On ne peut pas ne pas libérer, quand même. Nous aurons des mesures de rétorsion. Et, ce qui est pire, nous ne pouvons plus bénéficier de l'U.E.P. où nous sommes en rouge de 944 millions de dollars. — Que faire ? — Eh bien ! me proposa enfin Robert Blot, on pourrait faire comme pour les salaires, appeler les choses autrement. »

Nous décidâmes, puisque nous ne pouvions pas recourir ouvertement aux droits de douane, de créer *une taxe de compensation,* qui aboutirait au même résultat mais nous permettrait de faire traîner le contentieux. Ainsi se vérifiait la formule latine que j'ai toujours beaucoup appréciée, *nomina numina :* l'importance des mots... (contrairement il faut bien le dire à une autre citation de Shakespeare : « Qu'importe le nom... ») Et par la même occasion se confirmaient deux de mes maximes de sagesse :

— Quand on est devant un problème difficile, il faut recourir à une solution compliquée.

— Il ne faut jamais se mettre dans un cas où l'on n'ait rien à dire pour se défendre.

Notre décision fut prise le 6 avril et la taxe fixée à 15 %.

Nos partenaires furent satisfaits de voir que nous faisions quand même un effort, même si la taxe le rendait quelque peu fictif :

« L'hypocrisie est un hommage que le vice rend à la vertu » (1). Le 5 ou 6 mai suivant, les ministres de l'O.E.C.E. prirent note de nos efforts, nous demandèrent d'atteindre 75 % au plus tard le 1er novembre et voulurent bien considérer la taxe comme ayant un caractère temporaire.

Sur le plan intérieur, je n'eus à rencontrer d'objection que du côté de Marcel Boussac. Il m'invita à dîner et nous restâmes ensuite quelque temps installés dans des fauteuils, sur sa terrasse de Neuilly, après nous être enveloppés de burnous. « La taxe, lui expliquai-je enfin, est le plus sûr moyen d'éviter la dévaluation. On peut vivre indéfiniment avec des lunettes et des béquilles. D'ailleurs je pense qu'on pourra un jour les retirer purement et simplement. » Cet argument l'emporta.

Le taux de 65 % fut atteint au mois de septembre. Pour les 75 % je jugeai raisonnable d'attendre jusqu'au début de 1955. Plus tard, je parvins à 100 % et la taxe de compensation fut abolie. Mais je parlerai en temps voulu de ce jour de gloire. Notons simplement ici pour conclure que, à la fin du premier semestre de 1954 — c'est-à-dire pratiquement à la fin du ministère Laniel — l'*équilibre de la balance des comptes était établi*.

Mon plan fut bien accueilli. Je lui donnai plus de publicité que je n'avais cru pouvoir le faire pour le précédent (j'avais jugé prudent de m'inspirer alors de la maxime de Montesquieu). Certaines personnes crurent, ou feignirent de croire qu'il marquait un virage et une conversion alors qu'il s'agissait bien de confirmation et d'accentuation.

L'Express qui, à cette époque, suivait ma politique avec une évidente réserve, mais sans hostilité ouvertement déclarée, écrivait : « Il est heureux que l'accent soit enfin mis sur le problème de l'expansion économique. » Et, même : « On peut remarquer que la nouvelle politique du gouvernement marque une certaine soudaineté. » Or, depuis septembre, je n'avais cessé de m'y référer, non seulement par les propos, mais par les actes ! Il concluait cependant : « ces mesures, même modestes vont dans le bon sens », mais il laissait apparaître quelque scepticisme sur le « consensus » nécessaire à la réussite. Il posait à ce sujet deux questions :

... 1) « les entrepreneurs vont-ils profiter des avantages qui leur sont concédés ? »

A cela, je pouvais répondre affirmativement car j'avais constaté,

(1) Oscar Wilde.

historiquement, la force incoercible de l'esprit d'entreprise, qui le porte à profiter *toujours* des occasions qui lui sont offertes (1).

2) Dans quelle mesure les cadres vont-ils accepter un nouvel écrasement de la hiérarchie ?

On voit ici que le Plan n'avait pas été bien « lu » par tout le monde. Car l'écrasement de la hiérarchie était justement evité par la détaxe de l'impôt personnel progressif.

Une sorte de mini congrès du parti radical avait été prévu pour la mi-février ; il se tint effectivement du 11 au 14 mars et la journee décisive fut centrée sur l'affaire de la Communauté européenne de défense, où les positions antagonistes aboutirent, encore une fois, à un *stalemate*. Je profitai de cette occasion pour présenter mon plan de dix-huit mois. « Le Congrès radical a endossé sans réserve ni discussion, écrivait *l'Express,* son plan financier, après avoir entendu son discours, le plus marquant et le plus habile du Congrès. Tandis que les autres s'épuisaient dans les controverses sur la C.E.D., il n'en a pas dit un mot. »

Certains commentateurs, et bien entendu *l'Express,* ne manquèrent pas de relever que l'aisance de notre trésorerie extérieure et l'amélioration de la balance n'étaient pas sans rapport avec l'importance de l'aide américaine, elle-même liée à l'effort militaire que nous soutenions en Indochine. Il y avait du vrai en cela, et d'un point de vue strictement comptable on aurait pu inférer que la poursuite de la guerre était pour le ministre des Finances une opération profitable, qu'elle était, en somme ; notre meilleure industrie exportatrice. J'étais bien éloigné cependant de me féliciter de cette situation, ou même de m'en accommoder. Ce compromis cynique, au-delà même de toute appréciation morale, aurait révélé une vue bien courte des choses et une philosophie de mince étoffe. Sans doute, dans toute la mesure où nous étions placés sous l'étreinte de la nécessité (alors que nous avions renoncé à tout intérêt égoïste dans notre engagement), il était normal que nous recevions, par les soins des U.S.A., l'appui financier de la collectivité atlantique. Il n'y avait aucune honte à cela, et je m'en étais expliqué clairement, l'année précédente, en présence de Pierre Mendès France, lors de son jubilé de Louviers : « Je ne considère nullement comme humiliant pour notre dignité que la France, au regard des charges internationales qu'elle assume dans l'intérêt du monde libre, reçoive une aide

(1) Le gouvernement socialiste actuel peut méditer sur ce principe. Si les entrepreneurs ne suivent pas, c'est parce qu'ils ne voient pas d'ouverture, ce sera donc sa faute et non pas la leur.

extérieure. » Mais j'en avais précisé les conditions et les limites. « Cette aide extérieure ne devrait pas être comprise dans les comptes du *minimum biologique de notre économie.* Elle devrait (seulement) nous apporter un supplément de moyens par rapport à un équilibre initial nous permettant de compenser, soit dans notre niveau de vie, soit dans nos moyens d'expansion économique, un peu de ce que nous en retranchions pour assurer nos hautes missions humaines. »

Ce point de vue était toujours le mien et je souhaitais plus vivement que jamais voir mettre fin au plus tôt à une situation que je trouvais profondément malsaine, même du point de vue de l'optique monétariste où on l'aurait considérée comme présentant des avantages. Si la France était débarrassée du poids désastreux de cette expédition coloniale liquidative, elle récupérerait la plénitude de ses forces en hommes et en matériel, et elle serait en mesure d'établir de nouvelles conditions d'équilibre, fût-ce d'ailleurs en recourant alors à une remise en ordre monétaire. J'avais essayé d'obtenir ce résultat par ma proposition de septembre, mais, après l'échec de la Conférence des Bermudes, je ne me faisais plus d'illusion sur la possibilité d'agir par la voie de mon influence directe sur Joseph Laniel, relayée par celle qu'il pouvait avoir lui-même sur Georges Bidault. Il fallait renoncer à cette méthode. L'idée la plus simple était d'utiliser les moyens que me donnaient ma qualité de membre du gouvernement. et ma faculté d'intervention au Conseil des ministres.

Dès que le ministère Laniel eut passé le bain de jouvence de sa nouvelle investiture, je me fixai comme objectif d'influencer la position de mes collègues dans le sens de la recherche d'une solution négociée. Pierre Mendès France souhaitait, et non sans de bonnes raisons, que la France prît l'initiative de pourparlers directs avec Hô Chi Minh. C'était sans doute la meilleure procédure, cependant il était certainement impossible de la faire accepter par le gouvernement : même ses membres libéraux n'auraient pas suivi. Joseph Laniel et René Pleven, pour ne point parler de Georges Bidault, estimaient en effet que la moindre ouverture dans cette direction produirait à la fois sur la population indochinoise et sur l'armée française (composée uniquement, il faut le rappeler, de militaires d'active) des conséquences pyschologiques incalculables et incontrôlables. Je ne pouvais méconnaître la probabilité de ces risques, ni en faire l'exacte évaluation. La seule voie était donc celle d'une négociation internationale. Au demeurant, il nous était difficile de nous couper de nos alliés, et comment supposer que le Viêt-minh pouvait lui-même prendre des décisions autrement qu'en symbiose avec ses alliés russes et chinois ?

Or, l'opportunité de cette négociation internationale était saisissable. Une conférence s'était ouverte à Berlin le 26 janvier 1954 entre les ministres des Affaires étrangères des quatre puissances occupantes de l'Allemagne. L'ordre du jour n'était pas limité. et, en sus des problèmes concernant l'Allemagne et la sécurité, des sujets tels que la Corée et l'Indochine ne manqueraient pas d'être évoqués. C'est d'ailleurs en se référant à cette conférence et à toute l'importance qu'elle pouvait revêtir que Joseph Laniel, le 6 janvier, avait demandé à l'Assemblée nationale de lui confirmer un mandat sans ambiguïté.

J'insistai donc auprès du Conseil des ministres pour que cette chance fût mise à profit. On en parla à diverses reprises. J'apparaissais ainsi comme le chef de file de cette tendance.

Maurice Schumann qui, sans contrarier son ministre, s'appliquait à l'orienter dans le sens que nous souhaitions, tint à me faire connaître personnellement que le principe d'une nouvelle conférence, consacrée aux problèmes asiatiques — Corée et Indochine — était décidé. On annonça plus tard qu'elle se tiendrait à Genève, et la date prévue d'abord pour le mois de juin, ce qui nous paraissait bien tard, fut définitivement fixée au 26 avril, échéance plus rapprochée. mais qui nous laissait encore à franchir quelques semaines redoutables, car le Viêt-minh serait évidemment tenté d'en profiter pour améliorer sa position sur le terrain. Il n'y avait pourtant aucun moyen d'éliminer ce risque et la folie du choix qui avait été fait de Diên Biên Phu comme abcès de fixation n'était alors apparente que pour de rares initiés.

Je sentais que Joseph Laniel, tout ragaillardi par la décision qu'il avait prise, se trouvait de nouveau sur la bonne voie, celle que nous avions tracée ensemble en septembre 1953. Aussi s'exprima-t-il avec une grande résolution au cours d'un débat qui s'ouvrit le 5 mars devant l'Assemblée nationale : « Nous sommes unanimes, souligna-t-il, à souhaiter désormais régler le conflit par la voie de la négociation... C'est là une cause entendue, ce n'est plus la peine que personne vienne la plaider. »

Il précisa même en réponse à certains orateurs qui, tel Edouard Daladier, exprimaient le vœu qu'une trêve des armes puisse intervenir dans l'intervalle : « S'il arrivait qu'avant Genève nous recevions une proposition concrète, elle serait examinée dans l'état d'esprit que je viens de définir. »

Malheureusement, ce ne fut pas la trêve qui vint, mais, le 13 mars, l'assaut.

CHAPITRE XLI

LA PROSPÉRITÉ ET L'ANGOISSE

Nous étions entrés dans cette période singulière de la vie nationale qui coïncide approximativement avec les quatre premiers de mes dix-huit mois. Elle offre un contraste dont il est peu d'exemples au cours de l'Histoire. Alors que l'économie s'élance vers la prospérité, la nation s'enfonce dans l'angoisse.

Un poste militaire, fort éloigné de la métropole, occupé par des effectifs assez peu nombreux, se trouve encerclé par un ennemi dont nous avions sous-estimé la puissance de feu et, plus gravement encore, l'âme combattante. Autant que cette garnison chétive, c'est la France tout entière qui souffre de se sentir investie. C'est le colonel de Castries qui soutient le siège, mais c'est le gouvernement de Paris qui donne des signes de la psychose obsidionale.

En tant que ministre des Finances, j'étais membre du Comité de Défense nationale et je m'étais fait une règle de n'intervenir dans cette assemblée que sur les sujets qui pouvaient comporter des incidences budgétaires. Je fus conduit, dans cette période de tension, à modifier mon comportement au cours d'une réunion qui se tint le 6 février 1954 (1).

Pierre de Chevigné, secrétaire d'Etat à la guerre, et Marc Jacquet, secrétaire d'Etat aux Etats associés, venaient de rentrer d'une mission qu'ils avaient accomplie ensemble en Indochine. Les informations et les impressions qu'ils en rapportaient n'étaient guère encourageantes. Le général Navarre avait fait tenir à Paris, à la date du 1er janvier, un « rapport de situation » que l'on avait, en haut lieu, trouvé trop pessimiste : or, il demeurait, en fait, bien en deçà de la réalité.

(1) Les citations que je fais des procès-verbaux du Comité sont exclusivement choisies parmi ceux qui figurent déjà dans des publications.

Il avait prévu l'attaque de Diên Biên Phu comme devant avoir lieu dans la nuit du 25 ou 26 janvier. L'adversaire ne se crut pas obligé d'attaquer à la date prévue par nos services. Rien n'était arrivé, mais tout pouvait advenir.

René Pleven s'apprêtait à partir à son tour pour la même destination. Il avait primitivement formé le projet de faire ce voyage pour la fin de l'année ; il s'était attaché, par inspiration de patriotisme sentimental, à l'idée de passer le réveillon avec une unité de nos troupes « au front », puis il y avait renoncé et maintenant il souhaitait aller se rendre compte personnellement et sur place d'une situation qui le préoccupait gravement. Il n'écartait pas l'hypothèse selon laquelle les circonstances pourraient l'amener à prendre lui-même des décisions, et c'est dans cette vue qu'il avait souhaité ce qui était bien conforme à sa nature légaliste et scrupuleuse : connaître les positions du Comité et se faire mandater par lui. Cet organisme trop nombreux et mal vertébré était en effet, si étrange que cela paraisse aujourd'hui, la seule instance qualifiée pour prendre des décisions sur la conduite de la guerre, puisque les responsabilités se trouvaient écartelées entre la présidence du Conseil, le secrétariat d'Etat aux Etats associés, les quatre départements militaires, enfin le ministère des Affaires étrangères car les aspects militaires et diplomatiques ne cessaient de s'enchevêtrer. Le commandant en chef se trouvait placé en circuit permanent avec le Quai par l'intermédiaire de l'ambassadeur Dejean, qui avait le titre de haut-commissaire en Indochine et faisait en même temps fonction de conseiller politique du commandement.

C'est au cours de cette séance que se situe un extraordinaire dialogue, fort laconique, comme on peut le supposer d'après les personnages, et d'autant plus significatif : l'un se forçant pour prendre la parole, l'autre s'efforçant, pour ne pas la prendre, de faire semblant de n'avoir pas entendu. La question de Laniel était en réalité double :

1°) La position de Diên Biên Phu est-elle solide ?

2°) Est-il encore temps de l'évacuer ?

Je ne puis affirmer que la première partie ait été expressément formulée, mais elle était nécessairement et implicitement contenue dans la seconde.

Le maréchal Juin paraissait inattentif ou recueilli, le président réitéra son interpellation ; on entendit un grognement puis on comprit que la réponse était quelque chose comme : oui, bien sûr ! Après quoi, pour effacer l'impression de la réticence, il fit une allusion, que je ne suis pas convaincu d'avoir bien comprise, à la tactique, ou à la psychose, du hérisson.

Je pense que la question avait été soufflée a Joseph Laniel, et elle avait trouvé une résonance immédiate dans son propre personnage militaire.

Le peu qu'il avait pu apprendre de la situation, dont tout le monde sous-estimait les risques (le commandement français croyait dur comme fer que le Viêt-minh serait incapable d'installer des pièces sur les hauteurs dominant la cuvette) avait suffi à lui inspirer les plus graves appréhensions balistiques. Le capitaine d'artillerie de réserve se montrait, du premier coup, plus lucide que ne l'était le général d'armée, breveté d'état-major, commandant en chef en Indochine.

Je vis à la physionomie de Laniel qu'il n'était pas convaincu par l'affirmation qu'il avait arrachée à Alphonse Juin, et je crus même qu'il allait reprendre la parole. Mais il était déjà intervenu deux fois, et la triplication parut au-dessus de ses forces. Peut-être aussi comprenait-il qu'il n'y avait rien à faire. La commission d'enquête réunie plus tard sous la présidence du général Catroux arrêta des conclusions selon lesquelles, à partir du 20 décembre, aucune opération de repli ne pouvait être entreprise sans encourir le plus grand risque. En conséquence, elle décerna une réprimande au maréchal Juin pour la grave erreur d'appréciation contenue dans ses propos optimistes et légers du 6 février : en fait, cette bévue n'avait porté aucun préjudice à personne. On peut même supposer que le maréchal Juin ne se faisait pas lui-même d'illusion (ce qui apparaît d'après son hésitation) et qu'il a pris volontairement le parti de farder la vérité (ce qui ne pouvait avoir aucun inconvénient réel) plutôt que de déclencher la panique.

René Pleven, sans doute, ne se leurrait pas non plus car il insista sur le fait que, si Diên Biên Phu n'avait pas été occupée, Louang-Prabang serait tombée depuis deux mois !

Nous nous trouvions replacés dans l'état de la discussion qui avait eu lieu sept mois plus tôt, lors du comité tenu en juillet, et cette rétroperspective n'était pas rassurante. Déjà, lorsqu'il avait présenté son plan, Navarre avait estimé qu'il lui était difficile de comprendre dans ses objectifs la défense du Laos, et il avait sollicité à ce sujet une décision gouvernementale, qui n'était pas venue et qui ne devait jamais venir. A cette même époque, le commandant en chef avait dressé un état de ses demandes, qui étaient considérables aussi bien en effectifs qu'en équipement et en matériel. On ne lui accorda cependant qu'une faible partie de ce qu'il considérait comme indispensable. Or, cette fois, aucun motif de pénurie budgétaire n'était et ne pouvait être invoqué, car, depuis les accords MacArthur-Eisenhower, nous étions financièrement à l'abri et mon ministère se garderait bien d'élever un conflit. La principale raison du refus opposé aux réclamations du général Navarre nous paraît aujourd'hui extravagante : on redoutait de dégarnir, au profit de l'Indochine, le dispositif de défense européenne ! On se condamnait ainsi à perdre une guerre qui sévissait réellement, afin de ne pas compromettre nos chances dans une guerre imaginaire, dont le bon sens indiquait qu'elle n'éclaterait jamais ! En fait ces excuses, ces faux-fuyants, ces fausses bonnes raisons s'expliquent très simplement par la conviction, peu ou point consciente, qui avait gagné les principaux responsables militaires... et civils : que la guerre étant stratégiquement ingagnable, et la négociation politiquement impossible, la seule issue était la défaite. Chacun y concourait pour sa part sans s'en rendre compte.

L'erreur basique du général Navarre fut de ne pas exiger que ses missions fussent réduites dans la même proportion que l'avaient été ses demandes. La défense du Laos lui paraissait presque impossible dans l'hypothèse où il aurait obtenu tous les moyens qu'il jugeait nécessaires, comment pouvait-il l'assurer dès lors qu'il était réduit à la portion congrue ? Et cependant c'était au nom de cet impératif que l'on justifiait le choix d'une position que tout le monde tenait pour indéfendable.

Je décidai alors, contrairement aux dispositions qui étaient les miennes à l'ouverture du débat, d'intervenir et même de forcer. « La situation, dis-je en substance, est mauvaise au comptant et elle nous paraîtra pire si nous la considérons à terme rapproché. » J'indiquai que « j'avais quelque scrupule à aborder des questions sur lesquelles mes compétences n'étaient pas assurées, mais, en franchise, il me semble que la chute de Diên Biên Phu est certaine, et que tout le monde est à peu près de cet avis ». Ce propos parut surprendre mais je poursuivis aussitôt en formulant mes propositions : « Puisque René Pleven va se trouver sur place, pourquoi n'examinerait-il pas les possibilités de mettre fin à la guerre en engageant au besoin des conversations directes ou indirectes avec les insurgés ? » Après tout, une négociation pourrait être amorcée sans attendre la Conférence de Genève et elle pourrait l'être par Pleven, ce qui permettrait enfin — mais je ne donnais pas cette précision — de court-circuiter l'intransigeance et la rigidité de Georges Bidault. Au terme d'une discussion confuse il fut décidé que le Conseil faisait toute confiance à René Pleven. Cete conclusion qui n'écartait pas l'éventualité évoquée dans ma suggestion aurait dû me satisfaire. Cependant je sortis atterré de cette réunion. J'avais l'impression que j'avais vu toutes ces têtes se courber sous le vent de la défaite et qu'elles ne se redresseraient pas. La bataille de Diên Biên Phu, avant même d'être livrée sur le terrain, avait été perdue dans les âmes.

Le Comité se réunit à nouveau le 11 mars, au retour de René Pleven. Le ministre de la Défense nationale m'apparut comme un homme désenchanté plutôt que bouleversé. Il nous exposa que la situation n'avait pas changé sur le plan militaire mais qu'elle se détériorait sur le plan politique. Il n'envisageait pas de catastrophe, sauf cependant dans l'hypothèse d'une intervention ouverte des Chinois. Mais dans ce cas on pouvait raisonnablement escompter l'entrée en jeu, à nos côtés, des forces aériennes américaines. René Pleven nous fit connaître qu'il envoyait le général Ely aux U.S.A. afin d'obtenir des engagements précis sur ce point. Par la même occasion, le général Ely ferait connaître aux Américains « la vérité... véritable » sur une situation qu'ils étaient portés à considérer avec trop d'optimisme, car nous les avions intoxiqués avec les chimères du plan Navarre, de l'armée vietnamienne, etc., toutes choses auxquelles René Pleven lui-même avait persisté à croire ou à vouloir croire, jusqu'à ces dernières semaines. Enfin, le Comité de Défense nationale, qui n'avait jamais décidé grand-chose, décida de ne plus rien décider du tout : René Pleven fit désigner un « comité de guerre restreint » qui assumerait désormais, sous la direction du président du Conseil, la conduite de la guerre et arrêterait les instructions à donner au commandement.

Le nouveau Comité comprenait les ministres militaires, le ministre des Affaires étrangères, le secrétaire d'Etat aux Etats associés, et, à titre consultatif, les chefs d'état-major.

Tout se passa comme si le Viêt-minh n'avait attendu, pour déclencher l'épreuve décisive, que d'avoir en face de lui un organisme de décision. Quarante-huit heures après la réunion du Comité de Défense nationale, l'attaque était déclenchée et, quarante-huit heures après l'assaut, deux de nos points d'appui étaient coupés par l'ennemi. La bataille était considérée comme perdue. Le général Ely arrive à Washington, porteur d'une mission dont toutes les données sont périmées.

La période qui s'écoula entre le 15 mars et le 6 avril fut consacrée a une activité débordante et délirante, centrée sur la possibilité et l'opportunité d'une intervention directe des forces américaines dans la bataille (cette fois, en dehors de l'hypothèse de base d'une rétorsion à l'intervention chinoise dont il n'était plus question, et dont, visiblement, le Viêt-minh n'avait aucun besoin). Sous l'inspiration désordonnée du désarroi et du désespoir, le commandement alla même jusqu'à envisager le maquillage des avions américains aux couleurs françaises avec des équipages « anonymisés ». *Quos vult perdere, Jupiter dementat.* On admire cette suggestion quand on pense qu'il fallait des bombardiers susceptibles de transporter des bombes de 2 000 kilos, alors qu'après toute la frénésie de nos budgets militaires les nôtres ne dépassaient pas 300 kilos. Au même moment le chef d'état-major de notre armée de l'Air pensait que nos avions n'étaient pas adaptés à ce type de combat et, au demeurant, qu'il pouvait en avoir besoin pour la défense de l'Europe ! Nous retrouvons ici ce mythe de danger d'invasion de l'Europe, qui obsédait les experts et qui nous avait empêché de concentrer des forces suffisantes sur le seul théâtre où il se passait quelque chose.

Sous l'impulsion d'un « faucon » américain, l'amiral Arthur Redford, et sous le couvert du messianisme anticommuniste de Foster Dulles, on alla jusqu'à élaborer le plan d'une opération Vautour qui prévoyait la rotation de soixante forteresses volantes basées à Manille, lesquelles seraient escortées de 150 chasseurs de la VIIe flotte, et largueraient 450 tonnes de bombes à chaque tournée. Je n'appris que plus tard l'élaboration de ce projet, en même temps d'ailleurs que son rejet par le général Eisenhower. Le président des U.S.A. gardait, comme d'habitude, son sang-froid et il était bien certain qu'il ne prendrait pas le risque de braquer l'opinion publique — et l'opinion parlementaire — qui, après l'expérience si récente de la guerre de Corée, dont les U.S.A. avaient supporté presque entièrement le poids, se montraient ombrageuses à l'égard de toute nouvelle perspective d'engagement.

Si j'avais eu l'occasion de suivre cette affaire, j'aurais pu tenir compte au surplus d'un trait de la psychologie d'Eisenhower, que j'avais découvert par hasard, et qui a souvent été méconnu.

Le président m'avait narré, lors d'une de nos rencontres, que, s'il avait choisi la carrière des armes, c'était par pacifisme : c'était un esprit religieux, comme Foster Dulles, et on disait que ces deux hommes, qui gouvernaient le peuple le plus puissant du monde, pratiquaient en commun les rites de la dévotion. Mais, alors que Foster Dulles se livrait tout entier au mysticisme de l'anticommunisme, Eisenhower était d'abord un mystique de la paix. « J'abhorre la guerre, me dit-il, et j'ai pensé que c'était comme militaire que j'avais le plus de chance d'œuvrer pour sauvegarder la paix. »

On peut observer en effet que si Eisenhower a exercé le commandement pendant la guerre, ce n'était pas lui qui avait pris la décision d'engager les hostilités, que l'affaire de Corée fut déclenchée avant sa présidence, que, plus tard, l'expédition franco-anglaise de Suez suscita sa sainte colère. En dehors même de cette disposition morale, il était bien certain que ce chef expérimenté ne pouvait pas choisir d'entrer dans une bataille au moment précis où elle allait être perdue.

Le 6 avril, le plan Vautour — si fâcheusement dénommé — fut abandonné ; cependant les Français gardèrent jusqu'au bout, et même au-delà, le vague espoir de le voir réactiver. Les Américains s'engagèrent, et nous engagèrent, sur une autre voie, celle dite de l'*action unifiée*, qui aurait comporté une sorte de coalition entre les U.S.A., la France, le Royaume-Uni, les Philippines, la Thaïlande, l'Australie et la Nouvelle-Zélande. C'est ce thème qui devait plus tard, avec l'addition du Pakistan, prendre une figure concrète mais purement contractuelle, par le traité du S.E.A.T.O., conclu le 1er septembre 1954 et qui fut signé, pour la France, par Pierre Mendès France. Je ne pense pas que nos partenaires américains aient lancé leur projet dans la seule vue de nous apaiser et comme une sorte de leurre, puisque, en effet, ils le poussèrent plus tard jusqu'à une alliance formelle, mais personne ne pouvait sérieusement penser qu'un corps expéditionnaire aussi bigarré pourrait être constitué en temps utile pour influencer la bataille de Diên Biên Phu. Le gouvernement français, au surplus, au lieu d'accepter d'enthousiasme tout ce qu'on lui proposait, montrait quelque bouderie, craignant que la moindre ébauche de ce qu'on appelait l'« internationalisation » n'aboutît à affaiblir cette souveraineté que, sous le vocable d'Union française, nous cherchions à perpétuer tout en proclamant que nous y renoncions.

Ce plan d'action unifiée échoua lui-même devant l'opposition tenace de la Grande-Bretagne, opposition qui, plus tard, et alors que la Conférence de Genève était engagée depuis plusieurs semaines, fit l'objet d'une déclaration publique négative de Winston Churchill devant la Chambre des communes (1).

Le mardi 6 (ou 13) avril à la sortie de la réunion hebdomadaire du groupe radical, où nous nous trouvions ensemble, Pierre Mendès France m'interpella, et même m'agrippa, puis au moment où il allait commencer de me parler sur place, il pensa sans doute que le lieu ne convenait pas et il m'entraîna jusqu'à son bureau de président de la commission des Finances. Son visage revêtait une expression de densité, presque d'hostilité, que je ne lui ai vue que rarement. Il me fit asseoir dans le fauteuil des visiteurs, s'installa derrière son bureau et me dit à bout portant : « Ces hommes sont des criminels ; ils vont, ils veulent, déchaîner la guerre nucléaire. Tu ne peux pas être leur complice (2). »

Pour l'heure, je lui représentai que le comité de Défense nationale ne se réunissait plus, qu'un comité restreint tenait séance sur le rythme habituel, mais que je n'y étais pas convié, et qu'à ce jour je ne

(1) Georgette Elgey, p. 537.

(2) Il y a des « doublets » dans l'histoire, et il y en a dans les biographies, qui sont des tranches de l'Histoire. Au moment où je retrace cette scène, je me souviens d'une autre rencontre avec Pierre Mendès France, quatorze années plus tard, un lundi de mai 1968, dans le petit salon de mon appartement de l'avenue Foch. La physionomie de mon interlocuteur était pareillement fermée, presque menaçante. Malgré d'assez notables différences dans les événements, il y avait quelque similitude entre les situations. En 1954, on craignait la guerre. En 1968, on craignait l'émeute. En 1954, Pierre Mendès France me conjurait de m'insurger contre l'escalade nucléaire. En 1968, il me demandait de m'opposer à ce que fût verse le sang de la jeunesse.

disposais d'aucune information qui fût susceptible de justifier ses alarmes.

— Nos dirigeants, me dit Pierre Mendès France, veulent noyer leurs propres fautes et leurs responsabilités dans une guerre générale. Personne ne saura plus qui a commencé et qui a relancé. Voilà leur dessein.

Je lui répondis en substance : « Il y a un point où je peux me montrer formel, c'est l'hypothèse d'un recours à l'arme nucléaire car là, il y aurait véritablement escalade. Je ne saurais me solidariser avec une telle décision, avec une telle folie. Je puis t'en donner l'assurance. En dehors de ce cas précis, je ne puis envisager de me retirer du gouvernement : j'aurais peut-être dû le faire au moment de la déposition du sultan du Maroc. Aujourd'hui, j'aurais l'air de quitter, comme les rats, un navire en perdition. Les membres du gouvernement savent très bien que les jours leur sont comptés.

— Je ne te demande pas de démissionner, me dit Pierre Mendès France radouci, mais d'être vigilant.

— Je le serai. »

Ce fut justement le lendemain de cet entretien, donc le mercredi 7 (ou 14) avril que le sujet tabou fut abordé au cours de la séance du Conseil. On nous exposa brièvement qu'une aide avait été demandée aux Américains, que nous avions cru obtenir une réponse favorable, mais que toute l'affaire avait capoté, en raison de l'opposition des Anglais que les Américains avaient, bien à tort, jugé indispensable de consulter.

C'est dans cette occasion que j'entendis parler, pour la première et la dernière fois, de bombe nucléaire, et ce fut par une personne dépourvue de toute qualification pour le faire, Léon Martinaud-Déplat (1). Il demanda simplement, avec l'air futé de quelqu'un qui connaît le dessous des cartes, si l'on avait songé (ou si l'on pouvait encore songer ?) à suggérer aux Américains de mettre à notre disposition la « petite bombe », l'arme tactique. Me souvenant de mon entretien de la veille, je levai la main pour demander à mon tour la parole. Le président du Conseil balaya aussitôt d'un geste agacé à la fois l'intervention de Martinaud-Déplat et ma propre velléité d'y répondre. Il prononça une de ses formules laconiques, qui devait être : « Cela n'est pas en question » ou « Il n'est pas

(1) Je dois préciser que l'indication qui fut donnée par des journaux de juillet 1954 et qui se retrouve dans *l'Année politique*, selon laquelle l'ambassadeur Douglas Dillon aurait été convoqué à une réunion extraordinaire du Conseil des ministres français, tenue le dimanche 24 avril dans la soirée, est purement imaginaire. Je n'aurais certainement pas perdu la mémoire d'un épisode aussi singulier, mais j'ai tenu à procéder à des vérifications vis-à-vis de plusieurs de mes collègues du gouvernement Laniel, notamment Pierre July et René Pleven, qui se montrent tous deux résolument affirmatifs, c'est-à-dire négatifs : il s'agit là d'une pure invention.

question de cela » et il prit cette mimique qui lui était familière quand il entendait mettre un terme aux discussions, ce à quoi il réussissait toujours fort bien, car comme il advient chez les personnes taciturnes, le geste et l'expression chez lui étaient dissuasifs. Je jugeai inutile d'insister. Si les Américains nous refusaient un appui conventionnel, il me paraissait exclu qu'ils puissent nous accorder les moyens de l'Apocalypse nucléaire.

CHAPITRE XLII

SEIGNEUR, J'AI TOUT PRÉVU...

« ... pour une mort si juste. »

Racine (*Britannicus*)

Deux hommes près de nous vivaient ces longues semaines comme une interminable ordalie. C'étaient les « criminels » selon Pierre Mendès France, pourtant aussi honnêtes que lui, aussi consciencieux, aussi sincères qu'il l'était lui-même, ils avaient naguère pris les mêmes options, mené les mêmes combats. Ils le feraient peut-être à nouveau. L'optique diverge, on cesse de se comprendre, voire de s'estimer. Le président du Conseil et le ministre de la Défense nationale auraient suscité notre compassion si la dignité de leur attitude, leur fermeture apparente aux signes révélateurs des émotions n'avaient éloigné toute velléité de leur tenir un langage sentimental. Ils étaient atteints dans leur foi patriotique, qui était profonde, mais aussi dans leur système référentiel, qui était quelque peu anachronique. Ils vivaient la guerre coloniale en 1954 comme ils avaient vécu la guerre nationale en 1914 puis en 1940. Ils n'apercevaient pas les dissemblances qui mettaient en contraste ces deux séries d'événements, et ils manipulaient à contretemps les thèses du défaitisme et de l'héroïsme. « Ce sont les défaitistes, nous dit un jour Laniel, qui font courir le bruit que la saison des pluies va rendre intenable la position de Diên Biên Phu. En réalité, les boyaux sont en déclivité et l'eau s'écoulera. » Il croyait revivre l'expérience des tranchées. Pierre July et moi nous nous regardions interloqués. René Pleven pensait, de son côté, que le colonel de Castries était homme à se faire sauter la cervelle s'il devait capituler ; il en parlait avec des larmes dans la voix, malgré ses efforts pour traiter ce sujet avec flegme. « De tels événements, lui dis-je, sont vraiment très rares. Pendant la guerre de 1870, un général du nom de Ducrot proclama qu'il reviendrait victorieux ou mort. Cependant il réapparut, bien vaincu et bien vivant et se fit élire triomphalement à l'Assemblée législative : il contesta Garibaldi, dont il fit invalider l'élection, et s'en prit grossièrement à Victor Hugo, auquel il reprocha de ne pas parler français. »

Le colonel de Castries n'avait pas fait de rodomontades. Il revêtit son grand uniforme pour se constituer prisonnier, il n'avait aucune raison de mettre fin à ses jours et je me réjouis d'apprendre, à peu de temps de là, que ses épreuves avaient pris fin. On lui avait confié un commandement parce qu'il était bon cavalier et parce qu'il pouvait patrouiller en montagne mais il était totalement ignorant des problèmes que peut poser la tactique d'une guerre de forteresse qui etait celle dont on le chargeait. Il n'avait trompé personne là-dessus. Le gouvernement eut le grand tort de se prêter, sur une pression spectaculaire et publicitaire de la comtesse de Castries, à une palinodie ridicule, qui consista à parachuter au-dessus de la position, à défaut d'un ravitaillement plus utile, les étoiles de général de brigade, dont on ne voit guère à quelle nécessité particulière ou à quel exploit retentissant répondait leur collation précipitée (dans le double sens de ce mot).

Ce fut cette période si éprouvante pour le gouvernement dont il était le conseiller militaire et pour le régime qui lui avait conféré le maréchalat, qu'Alphonse Juin choisit pour déclencher une offensive sur le sujet de la Communauté européenne de défense. Il trouva immédiatement sur ce thème la liberté de propos et la fermeté d'opinion qui semblaient lui avoir manqué lorsqu'on l'avait interrogé sur Diên Biên Phu.

Un de ses amis, qui appartenait au cabinet de Joseph Laniel, pensait que le maréchal ressentait, à propos de l'Indochine, une crise de conscience ; non pas précisément de mauvaise conscience (car la responsabilité déterminante ne lui incombait pas) mais, dirais-je, de « conscience malheureuse ». Il se reprochait plus ou moins de n'avoir pas réagi avec plus d'autorité, de ne pas avoir crié un avertissement quand il était temps encore, de s'être laissé inhiber par une sorte de convenance dans un de ces cas où l'on doit aller jusqu'à faire fi de toute convention comme l'avait montré le général de Gaulle. C'est à cause de ce tourment intérieur et inavoué, pensa-t-on, qu'il s'était lancé dans la campagne anti-C.E.D. comme dans une diversion qui le protégeait des critiques... et du doute.

Une première fois, le 28 mars, Germain Vidal s'entremit pour arranger les choses. Un rendez-vous fut même pris à l'hôtel Matignon pour le mercredi suivant, 31 mars, mais la nouvelle transpira (on ne voit pas d'ailleurs pourquoi elle aurait dû être tenue secrète) et le maréchal refusa de s'y rendre, prétendant qu'on l'avait convoqué « comme s'il se fût agi d'un trompette ». Cette tournure de langage visiblement impropre était surprenante chez un académicien. On n'a pas l'habitude de convoquer des trompettes à se rendre auprès d'un chef de gouvernement : sans doute le maréchal avait-il dans l'idée que le gouvernement avait « trompetté » sa convocation.

Non content de cette déclaration provocatrice, le maréchal s'engagea dans la récidive, et ce, précisément le même jour, 31 mars, en se rendant à un banquet des anciens de Saumur, où il s'exprima avec la même impropriété de langage. « Je ne répète pas *deux fois* (sic !) la messe pour les sourds », affirma-t-il, alors que c'était exactement ce qu'il était en train de faire : répéter (une fois) son incartade du précédent dimanche. Sous le coup de cet affront, le président du Conseil, au lieu de ne faire semblant de rien (attitude que j'avais conseillée pour ma part) crut devoir réunir en fin de soirée le Conseil des ministres qui, sur sa demande, retira à Alphonse Juin non pas bien sûr sa dignité intangible de maréchal, mais sa fonction de conseiller militaire. Sanction dérisoire et même mesquine, puisqu'elle ne portait en fait que sur quelques commodités matérielles. Les graves propos du maréchal, son insubordination ostentatoire et la réaction du gouvernement qui les soulignait, les amplifiait et, aux yeux de certains, paraissait les justifier, aggravèrent les états psychologiques aberrants qui, sous l'effet de diverses circonstances, commençaient de se manifester dans certains milieux militaires, et que des groupes gaullistes sous la direction d'Alexandre Sanguinetti s'efforçaient à la fois de surexciter et, comme on dit, de « récupérer ». De là la scène d'hystérie qui éclata le dimanche suivant 4 avril lors d'une cérémonie à l'Arc-de-Triomphe. Joseph Laniel et René Pleven, qui y prenaient part, furent copieusement conspués. Le ministre fut même frappé par des officiers supérieurs. Se souvenant sans doute de l'apostrophe adressée jadis à Charles Floquet, « Vive la Pologne, monsieur ! » ils ponctuèrent leur agression de cette exhortation singulière : « Vive le maréchal de France, monsieur ! ». A défaut de la crucifixion, c'était, pour mes malheureux amis, la couronne d'épines et la coupe de fiel.

La position de Diên Biên Phu fut emportée le 56e jour qui suivit la première attaque (je pensai de ce fait aux *55 jours de Pékin,* film à grand spectacle retraçant les épisodes de la guerre des Boxers). On l'avait naguère tenue pour imprenable. On ne s'étonnait plus que d'une chose, c'est qu'elle eût pu résister si longtemps. On nomma plus tard une commission, présidée par le général d'armée Catroux, composée des généraux d'armée Vallin et Magnan, de l'amiral Lemonnier, ainsi que du général Lebeau, membre conseiller, et qui déposa son rapport le 3 décembre 1955, sous le gouvernement que je présidais. Cette commission pondéra ses conclusions de telle sorte que chacun reçut sa part de reproches avec un petit cornet d'excuses et que personne ne se vit attribuer l'entière responsabilité de la catastrophe. Le général Navarre avait eu le tort de maintenir son plan alors qu'on lui rognait ses moyens, et de disperser ses forces dans des opérations latérales, mais il ne connaissait pas l'Indochine et n'avait pas sollicité son commandement. Le général Cogny était taxé d'égocentrisme, il avait sous-estimé l'adversaire et méconnu les possibilités de l'artillerie, il avait laissé sans prescriptions suffisantes le commandant du camp, et il avait négligé le facteur essentiel de la bande d'atterrissage. Cependant il avait assuré le ravitaillement de la position, il manquait de réserves et ses fautes étaient couvertes par celles de ses chefs dont la principale avait été de le choisir. Il était bon à recycler dans le commandement d'une division. Le maréchal Juin lui-même avait eu le tort de donner des avis erronés dont nul n'avait heureusement tenu aucun compte et d'opiner sur une affaire qu'il ne pouvait suivre que de façon intermittente.

Il n'en reste pas moins ce fait frappant, impossible à escamoter, qu'un accord général s'est fait quant au choix, pour concentrer les forces principales du corps expéditionnaire, d'une cuvette dominée par des chaînes de hauteurs d'où l'ennemi nous tenait sous son feu sans possibilité de rétorsion ; et quant à l'opportunité de provoquer une épreuve de force sur une position caractérisée par sa faiblesse. Comment, dès lors, écarter l'explication de type psychanalytique, tenant à la fois au subconscient du chef lui-même, et à travers lui au subconscient collectif de la nation, à la volonté suicidaire de briser le syndrome de l'impasse ?

La fermeté est une grande vertu chez les caractères politiques. Laniel en était pourvu au plus haut niveau. C'est sans doute pour avoir méconnu, à la fois le rôle déterminant de cette qualité et le dosage exceptionnel qu'il en avait reçu, que tant de personnes daubaient sur lui et s'étonnaient de le voir toujours en place. *Impavidum ferient ruinae.* Les décombres de Diên Biên Phu ne l'avaient pas enseveli. Tout au contraire, il donnait l'impression d'un homme qui s'est libéré d'une pierre placée sur sa poitrine. Il prit un grand coup de respiration et s'apprêta à repartir, comme il l'avait fait au début de janvier.

La veille même de la catastrophe, le jeudi 6 mai, le gouvernement avait obtenu un vote de confiance, par 311 voix contre 262 sur... le renvoi des interpellations (en fait et grâce à cette procédure, les orateurs s'étaient déjà exprimés). L'affaire rebondit, comme c'était inévitable, en présence de l'événement, et le 14 mai, sur une nouvelle question de confiance, le gouvernement dut se contenter de la marge infime de deux voix.

Le même jour, le président convoqua le comité de Défense

nationale, qui décida d'envoyer sur place une mission composée des généraux Ely, Salan et Pélissier. Le général Navarre demandait trois divisions du contingent et imputait la chute de Diên Biên Phu... à la Conférence de Genève, sur quoi le général Ely remarquait : « Si le général Navarre peut dire que Genève l'a gêné dans la conduite de ses opérations, M. Bidault peut dire que la chute de Diên Biên Phu l'a gêné dans la conduite des négociations (1). » Je me souviens de deux particularités qui me stupéfièrent. L'une était l'optimisme de Joseph Laniel, qui pensait que le rapport de forces, effectifs et matériel, était en notre faveur, sans compter notre supériorité par l'aviation et par la marine. Je tombai des nues. Le président Coty fit justement remarquer que ces comparaisons numériques et quantitatives manquaient totalement de pertinence. Il observa que nous n'étions pas en présence d'un conflit international de type classique (comme l'était la Première Guerre mondiale dans laquelle l'esprit de M. Laniel continuait de se mouvoir à son aise) mais d'une guerre de revendication d'indépendance et il se référait, usant judicieusement des précédents historiques, aux guerres d'Espagne et du Mexique.

J'éprouvai quelque surprise en entendant Paul Reynaud, cet esprit pétri de modernité, qui avait insisté pour faire reconnaître l'indépendance du Cambodge et du Vietnam, s'enquérir de la possibilité d'un bombardement américain de la Chine par la bombe H. Edouard Corniglion-Molinier soutint le même point de vue.

Pour ma part, je m'abstins de relever ces propos, qui m'apparaissaient comme oiseux et irréalistes, et je centrai mon intervention, avec toute la vigueur possible, sur la nécessité de faire aboutir au plus tôt la Conférence de Genève. J'ignorais alors les conclusions que les généraux devaient rapporter de leur mission mais le simple bon sens indiquait qu'après la catastrophe du 7 mai notre position en Indochine était pratiquement intenable. Certains membres du comité, et peut-être Laniel lui-même, ayant fait valoir qu'il fallait nous organiser pour résister, car nos adversaires nous empêcheraient de nous dégager du piège, j'exprimai au contraire la conviction qu'ils seraient parfaitement satisfaits de nous voir évacuer le terrain et que donc ce risque majeur n'existait pas ; mais je pensais que l'on pouvait obtenir une solution plus favorable par la négociation. Je suggérai le choix d'un délai assez court, avec cette conséquence inévitable que, si aucun arrangement ne pouvait être conclu avant la limite fixée, il faudrait nous résoudre à renforcer notre résistance, ce qui impliquait l'appel au contingent. Cette position était conforme à celle que devait, par la suite, définir Pierre Mendès

(1) Georgette Elgey, p. 529.

France (laquelle, d'ailleurs, ne devait rien à mon inspiration, car il n'était pas informé de ces débats du comité).

Les généraux missionnaires arrivèrent en Indochine le 18 ; à leur retour à Paris, le 25, ils présentèrent leur rapport, duquel il résultait principalement que la position de Hanoi ne pourrait tenir plus de trente jours.

Les deux hebdomadaires « politiques » dont les circonstances favorisaient la diffusion, *l'Express* et *le Nouvel Observateur,* rivalisèrent d'efforts pour se procurer, en substance ou *in extenso,* le rapport des généraux et ils y parvinrent, en telle sorte que leurs numéros, parus le même jour, jeudi 27 mai, y consacraient l'essentiel de leurs informations. Cependant, *l'Express* publiait un texte présenté comme étant le rapport lui-même, alors que *l'Observateur* se contentait d'un éditorial de Roger Stéphane qui en donnait l'essentiel de façon cursive quoique complète.

Le gouvernement déclencha aussitôt contre *l'Express* les foudres de la saisie et de la perquisition. D'où venait la fuite ? Tout le monde répéta que le général Salan s'était rendu lui-même au journal pour, dans la nuit, corriger sur le marbre le texte qui lui était consacré. Il se confirma par la suite que le général avait bien revu les épreuves mais que le détail du « marbre » qui donne du piment au récit était inventé. La perquisition permit également de compromettre dans l'affaire — et peut-être était-ce le but réellement recherché — le secrétaire d'Etat Marc Jacquet. Un député communiste exposa lors des débats à l'Assemblée nationale que le ministre de l'Intérieur avait « piégé » son ingénu collègue. Marc Jacquet se tenait en liaison suivie avec l'équipe de *l'Express,* notamment par une abondante correspondance. Il reconnut sans peine qu'il avait inspiré un article daté du 27 février et où la politique du gouvernement était soumise à une vive critique. Prié de donner « spontanément » sa démission, il imita le type de comportement, fréquent en politique et qui se trouve illustré en littérature par un héros de *Maurin des Maures,* le maire de village qui, juché sur un âne, vient à être désarçonné, se relève avec dignité en disant : « De toute façon, je voulais descendre. » Marc Jacquet se défendait d'avoir divulgué le rapport du général Salan, ce qui paraissait plausible puisque le général l'avait communiqué lui-même. Le secrétaire d'Etat, découragé du rôle figuratif qu'il tenait dans l'équipe de Joseph Laniel et dont l'inconsistance contrastait avec les lourdes responsabilités qui s'attachaient à son titre, n'entendait pas se cramponner à son poste et trouva opportune l'occasion de s'en dégager. Il faisait partie du groupe recruté par Jean-Jacques Servan-Schreiber et il escomptait la venue prochaine d'un gouvernement Mendès France. (Cependant, le jour venu, Pierre Mendès France ne jugea pas possible de le prendre, compte tenu des conditions de son départ, mais il lui marqua de la bienveillance : « C'est le seul, me dit-il (des candidats qu'il n'avait pu retenir), auquel j'ai tenu à écrire. »

Joseph Laniel avait accepté avec soulagement le scénario du départ volontaire qui le débarrassait d'un collaborateur qu'il supportait difficilement. Par la même occasion il éloignait de son gouvernement, déjà bien affaibli, le soupçon du double jeu et du scandale.

Encore était-il difficile d'expliquer cette rupture par le simple fait d'une divergence de vues qui s'était déjà exprimée de façon transparente trois mois auparavant. D'où la « gaffe » — plus ou moins involontaire — d'un collaborateur de Matignon, laissant entendre qu'il ne s'agissait pas seulement de cela, puis tout de suite après, la sur-gaffe de Marc Jacquet, précisant : « Ma position personnelle est bien connue. *Elle motive beaucoup plus qu'on ne cherche à le faire croire la décision d'aujourd'hui.* » Cette formule alambiquée faisant nécessairement supposer qu'il y avait quelque chose de plus que cela.

A la vérité cette fuite, si elle était choquante, n'avait rien de criminel. Le gouvernement, adoptant un autre style, aurait pu tout aussi bien décider que le rapport des généraux serait porté à la connaissance de la nation. Un tel geste aurait permis l'ouverture d'un débat loyal et démocratique. Il y avait quelque chose de comique à cette poursuite de la violation du secret militaire par un Etat qui venait d'essuyer, sans que les indiscrétions et les médias y fussent pour rien, une écrasante défaite.

On s'en tenait, là encore, à un code et à un discours qui étaient tombés en désuétude. Ce n'était plus le *secret* qui était en cause, mais bien le *sacré.*

Par une coïncidence qu'il ne faudrait point confondre avec un hasard, c'est au cours de la même semaine que surgit un incident qui m'opposa avec fracas à l'équipe mendésienne de *l'Express.*

Depuis mon entrée dans le gouvernement Laniel, mes relations avec Jean-Jacques Servan-Schreiber étaient situées, comme ont dit dans le langage de l'automobile, au point *mort bas.* L'hebdomadaire évoquait de temps à autre les étapes de ma politique financière sans excès de laudation mais, il me faut bien le reconnaître (je viens de parcourir à nouveau la collection) sans réelle agressivité. Je considérais à l'époque qu'il aurait pu me soutenir avec plus de chaleur et je lui faisais grief de ne pas saisir toute l'envergure de mes décisions. Il semblait y voir surtout des recettes empiriques, d'ailleurs plutôt positives, qu'il opposait, en clair ou en filigrane, aux grandes réformes, parfaitement indécises d'ailleurs, auxquelles ne manquerait pas de se consacrer une politique vraiment digne de ce nom. Comment ces personnages ne voyaient-ils pas, pensai-je, que ma politique était elle-même profondément réformiste ? Cela dit, je n'avais pas de véritable grief à leur adresser. A la réflexion, je comprenais fort bien qu'ils se réservaient pour l'avènement, qu'ils appelaient de leurs vœux, et que j'accueillerais moi-même avec faveur, de leur héros mythique.

Leur attitude changea brusquement dans cette fatale semaine de la fin mai. Ils crurent bon de déclencher contre moi un tir de barrage prenant place précisément dans le numéro du 27 mai qui contenait la divulgation du rapport Ely-Salan. La chute du gouvernement Laniel semblait n'être qu'une affaire de jours et ils s'avisèrent de découvrir que je pouvais faire un Premier ministre très acceptable ! Ils m'identifièrent dès lors comme un concurrent pour Mendès et m'aperçurent comme un obstacle placé sur la voie royale au moment précis où elle leur ouvrait enfin la magnificence de ses accès.

La rédaction de *l'Express* fut alertée, semble-t-il, par une visite que j'avais faite à Georges Bidault : celui-ci était sur le point de repartir pour Genève et il me proposa de l'accompagner jusqu'à la gare. Tout le monde put nous voir deviser sur le quai. Quel était l'objet de ma visite ? J'en avais pris l'initiative parce que je trouvais, comme je l'avais déjà souligné lors du comité du 14 mai, que la Conférence de Genève avançait bien lentement et le moment m'avait paru opportun pour lancer une opération psychologique sur mon collègue des Affaires étrangères. Je n'avais obtenu aucun résultat quand j'étais passé par le relais du président Laniel ; pourquoi ne pas tenter la méthode du contact direct ?

Il ne me paraissait nullement impossible de reprendre, en l'adaptant au changement des circonstances, l'idée du Grand Plan de septembre 1953. Il s'agissait de s'appuyer sur les Américains pour mettre le Viêt-minh au pied du mur.

Il me paraissait nécessaire de donner aux Américains notre accord sans réticence sur leur projet de consortium militaire (thème de « l'action unifiée ») où eux-mêmes, les Anglais et nous figurions avec l'Australie, la Nouvelle-Zélande et le Siam, et en revanche d'obtenir des Américains qu'ils mettent tout leur poids dans la balance en vue d'un règlement rapide : car eux-mêmes, cela était bien sûr, souhaitaient une alliance, mais nullement une expédition. Je m'évertuai à éveiller chez Georges Bidault l'idée de jouer, dans cette circonstance, un rôle à la mesure de celui qu'il avait assumé au cours des précédentes étapes de sa carrière, d'abord comme président du Conseil National de la Résistance puis comme président du Conseil des ministres, en 1949-1950.

Une résurgence de sa mission historique était à sa portée. Il pouvait comprendre les hommes du Viêt-minh qui étaient, après tout, eux aussi, des résistants ; il pouvait comprendre les communistes puisque leurs représentants avaient siégé près de lui au C.N.R. ; *enfin, il pouvait parfaitement dialoguer avec les Soviétiques et c'était là la pointe de mon argumentation, puisqu'il avait accompagné le général de Gaulle lors de son voyage à Moscou en décembre 1944.*

Je pense que mon collègue accorda de l'intérêt à mes arguments, et surtout à celui-ci. Il m'assura qu'il n'entendait nullement saboter la Conférence, mais au contraire en assurer le succès dans le meilleur délai. Nous nous quittâmes cordialement, mais je compris que je ne l'avais pas « emballé ».

L'équipe de *l'Express* saisit le prétexte de cette rencontre pour présenter un véritable montage. Selon leur scénario, je souhaitais succéder à Joseph Laniel, j'avais bien des cartes en main, mais l'appui du M.R.P. pouvait me manquer, j'étais donc allé le négocier avec Georges Bidault, en lui promettant, à titre de contrepartie, de le maintenir à son poste.

Une vague d'indignation me submergea à voir que mon attitude était si grossièrement déformée. J'ai toujours mis un point d'honneur à me montrer d'une loyauté absolue envers les chefs des gouvernements auxquels j'ai collaboré. Ma visite à Georges Bidault était parfaitement connue de Laniel qui en approuvait les intentions. (J'observai la même attitude plus tard, envers Pierre Mendès France, qui en a témoigné, et envers Pierre Pflimlin, en refusant de prendre, en 1958, par scrupule envers lui, le contact qu'on m'avait proposé avec le général da Gaulle et qui aurait comporté mon maintien au ministère des Finances).

Je souhaitais très vivement, dans ce cas précis, la survie de Joseph Laniel avec qui je m'entendais à merveille et qui ne m'avait jamais contrarié dans ma gestion. Je ne tenais nullement à devenir président du Conseil, poste dont je n'avais pas gardé un excellent souvenir. Je ne tenais pas davantage à être l'homme qui célébrerait les adieux de la France à l'Indochine. Si je prenais demain la tête du gouvernement, il y aurait quelque jour des esprits confus pour dire : « Ah ! oui, Edgar Faure, le ministère de Diên Biên Phu, n'est-ce pas ? » Je n'avais qu'un seul objectif qui était de pousuivre jusqu'à son terme l'exécution du Plan de dix-huit mois.

Je viens de relire, au moment de rédiger ce chapitre, le numéro de *l'Express* daté du 29 mai et je dois dire que l'article de fond qui m'est consacré en page intérieure ne me paraît plus aussi perfide qu'il le demeurait dans mon souvenir. En réalité, tout le venin se trouve dans la couverture, qui comporte une photographie, accompagnée d'une légende, l'une choisie, l'autre composée, avec un art consommé de la perfidie. La photographie me représentait muni de lunettes que je ne portais plus depuis longtemps, avec une cravate en forme de petit nœud, mode à laquelle j'avais également renoncé, mise au surplus de travers. Il avait sans doute fallu de minutieuses recherches dans de vieux stocks d'effigies pour trouver le cliché susceptible de donner l'opinion la moins favorable de ma personne. Mon regard, saisi sous quelque lampadaire éblouissant, était figé dans l'hébétude et semblait marqué par le strabisme. Quant à la légende, c'était une citation (approximative) du *Britannicus* de Racine : clin d'œil de connivence culturelle au lecteur, qui devait se sentir flatté d'être tenu pour fin lettré. Elle se lit ainsi : « Oui, Seigneur, tout est prêt pour une mort si juste. »

Cette mort, c'est évidemment celle de Laniel, qui prend ici, assez curieusement, la place du tendre héros racinien. Et qui donc s'apprête à brandir le couteau du sacrificateur ? C'est moi, bien entendu, je présente ici les deux figures des protagonistes du crime. Si Laniel est Britannicus, ce n'est pas Bidault qui peut incarner Néron. Je suis à la fois l'empereur dément et débile et son favori Narcisse, organisateur du meurtre justifié. J'entrai dans une de ces grandes colères froides auxquelles je suis plus sujet qu'on ne le pense généralement. A cause de ma renommée de conciliateur, on me croit souvent faible et gentil, or je ne suis ni faible ni gentil, et si je suis conciliateur, c'est par raison, par vocation et par devoir. Ma force de caractère, dont je crois avoir donné quelques témoignages, ne me porte nullement vers les solutions de faiblesse, mais vers les solutions de paix. Je m'applique à éliminer autour de moi et en moi s'il le faut l'esprit de violence : mais pour être l'adversaire de la violence, il ne faut pas être démuni de force.

Un détail, qui semble de peu d'importance mais qui me parut symbolique, accentua mon mécontentement. Non seulement ce procédé révélait la malveillance mais il faisait apparaître le goût de l'à-peu-près, du truquage, commis sans nécessité, pour le plaisir ou par négligence, par le mépris réel que l'on ressent à l'égard du lecteur que, d'autre part, on courtise. Le vers de Racine, l'un des plus célèbres de son œuvre, était grossièrement et sottement tronqué. Qui donc pouvait croire que Racine écrivait platement « oui, tout est prêt », dans le langage des gens de maison ? Narcisse est un affranchi, mais ce n'est pas un « extra » qui vient annoncer que le moment est venu de se mettre à table. Alors que l'hémistiche authentique de Racine : *Seigneur, j'ai tout prévu,* appartient à une belle langue, dense et significative (Pierre Benoit l'a emprunté pour en faire le titre de l'un de ses romans), et il comporte, de surcroît, la revendication orgueilleuse de l'acte.

Au cours de la nuit du 30 mai, que je passai dans le train en revenant du Jura, je rédigeai de ma main une réponse, en me délectant de ma prose, comme j'ai souvent tendance à le faire : en relisant mon texte aujourd'hui, je le trouve trop virulent. Il est vrai que quelque chose m'échappe. Je pense que le numéro de *l'Express* que j'ai sous les yeux, et qui a été réimprimé après la saisie, n'est pas identique à la livraison initiale, et que quelques détails me concernant ont disparu (1). La « rédaction » montra, là encore, sa mesquinerie et son art de l'esquive en publiant ma lettre, non point à sa juste place, mais en petits caractères, sous la rubrique : « Courrier des lecteurs », et sous le titre : *Le deuxième pneumatique !* en la faisant précéder d'un message désagréable pour moi, et sans doute provoqué à cet effet sous la signature : *Michel Massenet,* lequel, si nous ne nous trompons pas de personnage, a acquis depuis de meilleurs titres à la considération.

J'ai cru longtemps que le montage du 29 mai était l'œuvre de Jean-Jacques Servan-Schreiber, et j'ai pensé que dans cette occasion, comme dans d'autres qui suivirent et dont certaines furent plus graves, il me poursuivait de son hostilité. J'ai compris depuis que la responsabilité de la couverture incombait à Françoise Giroud, ce qui explique assez bien à la fois le caractère « combiné » de l'offense et l'approximation du texte cité. Cela me peina, car j'avais toujours été très attiré par la personnalité de Françoise Giroud et je croyais avoir droit à son amitié, en tout cas à sa considération, pour lui avoir rendu un important service à l'occasion d'un problème familial. Très récemment j'ai découvert dans le livre de Jean Lacouture le texte d'une lettre qui fut adressée à mon sujet par la même Françoise Giroud à Pierre Mendès France, le 21 juin 1954, c'est-à-dire dans les tout premiers jours qui suivirent son investiture. Lu à dix-sept ans d'intervalle, ce texte m'a frappé de saisissement, tant il est imprégné d'hostilité et semble dicté par la rage de nuire. Bien plus tard, d'ailleurs, en 1976, alors que j'avais posé ma candidature à la présidence du congrès radical, Françoise Giroud se livra, à la tribune, à une telle diatribe, que je dus me résoudre à quitter la salle. On pardonne beaucoup au talent, le sien est souvent remarquable. D'un genre qui, justement, par son originalité, sa vivacité et son éclat suppose la combinaison d'ingrédients très variés. Un peu de haine, après tout, est peut-être nécessaire. Quelques grains sont tombés sur moi. Comme je suis un incorrigible optimiste, je me flatte de penser que peut-être il ne lui en reste plus, du moins quant à la portion qui m'était affectée : il faut aussi penser aux autres.

(1) On constatera que je réponds visiblement à une allusion précise faite à une rencontre avec Bidault, or, cette allusion ne figure pas dans l'article. Elle devait donc se trouver ailleurs.

Deux postes étaient désormais à pourvoir : celui du commandant en chef, car on ne pouvait songer à maintenir à son poste le stratège de Diên Biên Phu, et celui du secrétaire d'Etat. Notre politique (au sens complet du terme) en Indochine pouvait, par le seul fait de cette double désignation, recevoir une physionomie entièrement nouvelle. Je me présentai chez Joseph Laniel avec une proposition très ferme. Il fallait appeler le maréchal Juin, faire appel à son sens du devoir obtenir qu'à la fin de sa carrière et au risque de compromettre sa gloire il accepte la charge du commandement. Lui seul disposait auprès de l'armée métropolitaine et du corps expéditionnaire d'un prestige répondant aux exigences d'une situation de cauchemar. Il fallait bien convenir aussi que, malgré les déconvenues qu'il avait pu nous procurer, il disposait de l'art de saisir l'essentiel des situations et de les apprécier avec l'*uncommon common sense.* Les ouvrages relatifs à cette suite d'événements ne donnent qu'une vue imparfaite de la relation qui fut établie, dans cette circonstance, entre le gouvernement et le maréchal. Georgette Elgey attribue à Alphonse Juin un pur et simple refus, transmis dans ces termes par Joseph Laniel : « Oh ! non, m'a répondu Juin. Si vous arrivez à mettre sur pied une coalition internationale comprenant des unités de différents pays et qu'il faille que la France soit représentée par une personnalité militaire du rang le plus élevé, de façon à assurer l'ensemble du commandement, alors j'irai en Indochine, pas autrement. » Le récit n'est pas inexact, mais l'affaire n'est pas si simple. Dans un premier temps, le maréchal, reçu par Laniel, avait donné avec noblesse son acceptation. J'attendais, dans une autre pièce, en compagnie de Pierre July et de Germain Vidal et nous fûmes tous soulagés d'apprendre la conclusion positive de l'entretien. Nous pensions aussi — ce qui est normal pour des hommes politiques — à l'effet considérable que produirait sur l'opinion cette nouvelle quelques jours avant la reprise du débat à l'Assemblée. Le maréchal rentra chez lui, s'entretint avec sa femme qui, dit-on, lui déconseilla cet engagement ; dans la soirée, il fit connaître sa nouvelle position, sans doute de la façon qui est décrite ci-dessus. Nous étions encore là, et nous fûmes très désemparés (1).

Après Alphonse Juin, le général Kœnig fut vainement pressenti. Enfin Ely accepta avec discipline. Quant au choix du secrétaire d'Etat, Joseph Laniel, sans me consulter, désigna Raymond Schmittlein. Je n'avais pas encore eu l'occasion d'apprécier ce personnage à sa juste valeur, comme il me fallut bien y parvenir par la suite, lorsque j'en vins à le faire condamner pour diffamation. Néanmoins,

(1) Je tins compte de cet incident lorsque, par la suite je recommandai à P. M. F. de se faire accompagner à Carthage par le maréchal.

j'avais déjà sur lui une opinion très réservée. Agrégé de lettres, Raymond Schmittlein avait occupé des postes d'attaché culturel dans les pays scandinaves, et, dans cette occasion, il était devenu un agent de renseignements. Député de Belfort, inscrit au groupe gaulliste, il gardait des relations étroites avec certains services et appartenait au milieu décrit dans les romans de John Le Carré. En dehors de cela, c'était un homme poussé par une ambition effrénée et dépourvu du jugement le plus élémentaire. Il crut pouvoir accepter le portefeuille que lui proposait Laniel, mais ses amis se fâchèrent, peut-être aussi ses « contrôleurs » et il fit connaître sa « renonce » dans la même journée du 1er juin où le *Journal officiel* publiait le matin son décret de nomination.

C'est aux alentours de cette date qu'un de mes amis, ambassadeur dans un pays de l'Est, vint me voir et me tint ce langage : « Il se trouve que j'ai pu être assez bien informé des dispositions du gouvernement soviétique à l'égard du gouvernement français et au sujet de l'affaire d'Indochine. Les Russes n'ont aucune confiance en Georges Bidault, ils pensent qu il les a trompés, qu'il est leur ennemi. Ils ont tout d'abord, à Genève, poussé dans le sens de la négociation, et ils se sont efforcés d'amadouer les Chinois, qui, furieux du mépris dans lequel on les tient, refusent toute concession. Or, désormais, les Russes bloquent à leur tour, alors que, sans eux, tout le monde serait porté à la conciliation. Je ne peux pas aller dire tout cela à mon ministre : il penserait que je souhaite son départ.
— On ne peut, lui dis-je, appuyer une manœuvre qui, partie de l'étranger, aboutirait à désavouer un représentant de la France, mais j'ai une idée. »

Je m'entretins aussitôt avec Pierre July, sans donner tous les détails. « J'ai quelque raison de penser, lui dis-je, que les Russes voient rouge (cela n'est d'ailleurs pas étonnant !) quand ils se trouvent en contact avec Bidault. On ne peut pas le leur sacrifier. Mais on peut donner un rôle plus actif au nouveau titulaire des Etats associés. Il faut donc choisir quelqu'un qui sous-traite la négociation, et qui possède l'assurance nécessaire pour un tel rôle. — J'y ai réfléchi, me dit July, je pense à Frédéric-Dupont. » J'approuvai cette suggestion, car Frédéric-Dupont, mon ami de longue date, est un homme de bon sens, fin négociateur. L'expérience électorale, dont Bidault, élu à la proportionnelle, était dépourvu, peut être une excellente école de diplomatie. Joseph Laniel nomma Frédéric-Dupont et Pierre July et moi lui fîmes tout un « breefing » qui nous permit de constater une parfaite identité de vues. Ce parlementaire chevronné n'avait jamais obtenu une promotion ministérielle, bien qu'il en fût parfaitement digne. En fait, il ne s'était jamais appliqué à cette ambition, il s'était attaché presque de façon exclusive à rester au hit parade de la popularité auprès de ses électeurs du VIIe arrondissement et notamment de ses fidèles supporters, les concierges. Avocat de formation, il n'était pas attiré par la gestion administrative. On pouvait penser qu'il ne laisserait pas passer l'occasion qui lui était soudainement offerte d'entrer dans l'Histoire par la Galerie des glaces. Sa présence à la tête de la délégation française changea d'un coup l'atmosphère de Genève. Les négociateurs du Viêt-minh, enchantés de l'ouverture qu'ils trouvaient auprès des collaborateurs du nouveau ministre, firent prendre un long contact par l'un de leurs délégués, Ha Van Lan, avec le colonel de Brébisson : le 10 juin, comme un lapin d'un chapeau surgissait le modèle de la solution négociable, le partage. Frédéric-Dupont, avec l'habitude des réactions rapides que donne la pratique du barreau, examine la suggestion, la fait confirmer, se précipite à Paris, alerte le président du Conseil, et fait informer l'Elysée. Mais le cabinet de Georges Bidault, aussitôt prévenu, s'emploie à minorer l'affaire et à torpiller les initiatives du nouveau ministre, en le présentant comme un homme inexpérimenté, qui tombe dans tous les panneaux. La chute du gouvernement mit fin à cette querelle. Frédéric-Dupont ne garda de son bref ministère aucun titre de notoriété : il avait cependant rompu le cercle de la négation.

La sagesse populaire dit qu'un malheur ne vient jamais seul. Joseph Laniel en fit la cruelle expérience. Malgré son apparente insensibilité, il avait été, je le sais, bouleversé par la défaite de nos armes. Synchroniquement, il se trouva atteint dans ses affections familiales, et dans l'orgueil de son nom, auquel il était si jalousement attaché. Son frère, René, dont la paranoïa s'accentuait au fur et à mesure que se détériorait son crédit, vit péricliter, dans des conditions qui atteignaient son honorabilité, l'état de ses affaires. Le groupe des établissements qu'il dirigeait avec arrogance prit la décision singulière de le mettre « en congé ».

Son nom fut évoqué au cours de débats décisifs à l'Assemblée nationale : on lui adressa le reproche d'avoir usé et abusé de son mandat sénatorial et de sa fraternité présidentielle dans ses affaires privées, ce qui, semble-t-il, ne l'avait guère servi. Là-dessus, on me signala un jour que René Laniel, accompagné de sa femme, et véhiculant avec lui d'importants bagages, venait de s'installer dans un avion à destination d'un pays d'Amérique du Sud pour lequel il n'avait pris que des billets d'aller simple. Je pensai au scandale que pouvait déclencher un tel départ, qui prendrait les apparences d'une fuite. Je demandai aux officiers des douanes de faire descendre ces passagers et leurs bagages et de les retenir pour vérification. René Laniel n'insista pas et regagna son domicile. Je ne pus informer son frère qu'après coup. Il me remercia.

L'interminable débat sur l'Indochine, pareil à un serpent qui se mord la queue, vint a passer le 1er juin et fut en fin de séance renvoyé à huitaine.

Il reprit le mardi 8 juin par le discours de René Pleven. Ma présence n'étant pas indispensable, j'étais parti pour le Jura et le lendemain 9 juin je revins en voiture avec Lucie et mon attaché de presse Jean-Pierre Sussel. Nous nous arrêtâmes pour dîner au restaurant des Pléiades à Barbizon d'où Sussel téléphona à ses correspondants de Paris. J'eus moi-même au téléphone l'excellent Bernard Lefort, de *Franc-Tireur.* Georges Bidault avait prononcé l'après-midi le meilleur discours de sa carrière : ce diable d'homme pouvait toujours étonner. Pierre Mendès France, de son côté, avait provoqué l'impression inverse. Il s'était attaché à souligner l'absence de contact et les réticences de la délégation française envers les représentants de la Chine et du Viêt-minh ainsi que la désinvolture manifestée à l'égard d'un négociateur indien, qui eût pu nous apporter une aide non négligeable. Il avait proféré contre le gouvernement des jugements dépréciatifs exprimés sans précaution oratoire. Il avait choqué ses adversaires qui l'avaient vivement interrompu mais, de surcroît, il avait déçu ses amis. On estimait généralement qu'il avait commis une grave erreur en s'enfonçant dans la polémique au lieu de prendre l'attitude sereine de l'homme d'Etat au moment précis où le gouvernement allait s'effondrer sans qu'il fût besoin de s'acharner sur sa guenille. En bref, les journalistes parlementaires pensaient qu'il s'était placé de lui-même hors de rang pour la présidence dans une perspective rapprochée. On vit bientôt ce que valent de tels pronostics.

Laniel qui parla en dernier fut égal à lui-même. Malgré la remontee d'estime due à l'intervention de Bidault, la confiance fut repoussée par 306 voix contre 293. La majorité constitutionnelle qui entraîne de plein droit la chute du gouvernement n'était pas atteinte. Joseph Laniel se maintiendrait-il ? Juridiquement, il pouvait le faire. Moralement il m'apparut qu'il ne le devait pas. Je l'avais soutenu tout au long de ses épreuves avec une loyauté indéfectible, mais la même loyauté me recommandait de lui faire entendre un langage nouveau. Je fis connaître au Conseil qui se réunit pour délibérer aussitôt après le vote qu'il ne me serait pas possible de demeurer ministre dans un gouvernement désormais minoritaire; Léon Martinaud-Déplat, quoique pour des raisons différentes des miennes, adopta la même attitude. Il se trouva des « pousse au crime » pour suggérer à Laniel un scénario extraordinaire. Il se maintiendrait... pour mieux tomber. Il poserait une nouvelle question de confiance, un certain nombre de ses fidèles au

M.R.P. par exemple, voteraient contre lui, de telle sorte qu'il serait renversé, à la majorité constitutionnelle cette fois... et pourrait en conséquence prononcer la dissolution de l'Assemblée nationale. Cette tactique à la Diên Biên Phu ne fut heureusement pas retenue. J'avais souligné encore que je ne saurais m'y associer. Cependant, il semble que, dans un ultime effort, les autres obtinrent de Laniel un dernier sursaut et une nouvelle volte-face, et il donna instruction de faire convoquer à sa demande l'Assemblée nationale. Pierre July décida d' « oublier » d'exécuter ces consignes. Lorsque René Coty reçut le président sortant, le lendemain 13 juin à 12 heures, il put ainsi sans embarras lui faire connaître d'entrée de jeu que sa démission était acceptée avant que Laniel ait eu le temps d'articuler assez de paroles pour la présenter... ou pour l'éluder. Le président du treizième tour voyait s'ouvrir sa première crise.

CINQUIÈME PARTIE

(Juin 1954 - Janvier 1955)

CHAPITRE XLIII

LE GRAND VICAIRE

Voulez-vous la Marine ou l'Agriculture ?

La grande chance de Pierre Mendès France en juin 1954 c'était l'élection de René Coty en décembre 1953. Un autre président ne l'eût sans doute pas appelé, ou du moins ne l'eût pas appelé si vite. René Coty était bien disposé envers Pierre Mendès France pour deux raisons : ils étaient l'un et l'autre parlementaires normands, « comprovinciaux » comme on dit dans le langage de l'épiscopat ; ils s'étaient connus dès avant la guerre, ils s'étaient ensuite retrouvés à l'Assemblée nationale car René Coty avait été élu député avant de redevenir sénateur. D'autre part, si René Coty appartenait à la droite dite modérée, il n'y avait pas moins réactionnaire que lui, et pour ce qui concernait les problèmes dits coloniaux ou impériaux, il ne pouvait même pas être taxé de conservatisme.

Sous les apparences d'un demi-scepticisme de bon ton, René Coty était réellement et dans le plein sens du terme un homme de conviction, attaché aux thèmes du libéralisme et de l'humanisme, considérés sans doute dans une vision classique mais dont il apercevait plus clairement que la plupart des parlementaires de sa tendance les implications nouvelles et les exigences vigoureuses. Pour lui, le droit des peuples à disposer d'eux-mêmes n'était pas une théorie localisée dans l'histoire européenne du XIXe siècle et devenue désuète depuis l'unification de l'Italie par Cavour. Il comprenait fort bien qu'elle fût invoquée par les populations des continents « obscurs », africain et asiatique. Sa formation d'avocat le disposait à considérer avec attention et même sympathie la psychologie des hommes qui se consacraient à la revendication de l'identité nationale. Depuis son accession à la présidence, il avait l'occasion d'étudier — et il le faisait très consciencieusement — les dossiers des demandes de grâce. Il était très frappé de voir que des hommes s'exposaient au sacrifice de leur vie — et en tout cas de leur liberté — pour suivre leur idéal. (Il m'exposa plus tard que de telles informations l'avaient induit à épouser sans peine l'inspiration de ma politique au Maroc.) Pour ce qui concernait le Vietnam, ses conceptions étaient diamétralement opposées à celles de Joseph Laniel. Celui-ci revivait à l'heure de Diên Biên Phu le sursaut patriotique des « poilus » dans les tranchées de 1917. Pour René Coty c'était l'élan incoercible des volontaires du Viêt-minh qui devait inspirer nos réflexions. Il lui advint de me citer le mot de Jaurès, qui disait que les armées de la liberté étaient invincibles. Et, pour lui, la liberté qui rend invincible n'était pas dans notre camp (malgré la commode fiction de la défense du monde libre) mais dans le camp opposé. Lors du comité de défense du 15 mai, il avait aussitôt « contré » l'aberrant optimisme de Laniel. Il avait, peu après, bloqué toute velléité chez le président mis en minorité de se cramponner à la barre. Dès lors, c'est sans aucune réticence, mais de bon cœur qu'il avait appliqué, quant au choix du nouveau gouvernement la tradition de la IIIe, qui était d'appeler, pour constituer le nouveau ministère, le principal « tombeur » de l'ancien. Un jour où nous en parlions, la pièce de De Flers et Caillavet, *les Nouveaux Messieurs*, vint, par association d'idées, dans la conversation. Je l'avais vue au cinéma, et je lui fis remarquer que s'il avait suivi à la lettre cet exemple, il aurait adressé à Pierre Mendès France — plutôt que de lui offrir la présidence — la célèbre réplique : « Voulez-vous la Marine ou l'Agriculture ? »

La purge des hypothèques.

Je me trouvai de nouveau emporté par le phénomène de l' « option », de l'identification au héros. Je souhaitais le succès de Mendès, je le vivais. Amitié ? Concordance de vues ? Assurément. L'essentiel, c'est que je ressentais profondément le sentiment de la plénitude de la confiance. La personnalité de Mendès faisait tout naturellement surgir ce genre de gravitation chez ceux sur lesquels il avait occasion d'exercer son ascendant. Par là il peut certainement être comparé à de Gaulle, avec lequel il offrait un ensemble de points de ressemblance que j'ai eu l'occasion de souligner dans mon article : « Sa nuit n'a point d'ombre » (1). Ce charisme a sans doute motivé pour

(1) Publié peu de jours après la mort du général de Gaulle, il constituait une réponse à l'article de Mendès paru le lendemain même de l'événement. Pierre Mendès France n'en fut nullement contrarie.

une grande part les réactions positives des parlementaires. Certains agirent cependant pour d'autres considérations et parfois par le calcul machiavélien de l'hostilité. Peu avant la présentation, il me souvient que Léon Martinaud-Déplat, rencontré dans les couloirs, m'entraîna dans l'embrasure d'une des grandes fenêtres et m'expliqua son point de vue. Il ne comprenait absolument rien à la nature du lien sentimental qui m'attachait à Pierre Mendès France, et il me faisait part de ses propres raisonnements, comme si mon approche était analogue à la sienne. « Il faut, me dit-il en substance, que cette hypothèque Mendès soit levée. L'expérience sera faite, et elle ne durera pas longtemps. — En matière d'hypothèque, lui répondis-je, on peut en effet parler de " levée " et de " mainlevée ". Mais il y a également une procédure que l'on appelle la purge des hypothèques Et, dans ce cas, on ne sait pas exactement qui, en définitive, sera " purgé ". »

Pierre Mendès France n'était là en effet que pour une période relativement brève, mais ce que Martinaud ne voyait pas c'est que la courte période de Pierre Mendès France mettait fin définitivement à la sienne.

Le pari et le calendrier.

Il ne manquait à Mendès que 13 voix en 1953. C'était bien le diable s'il n'arrivait pas à les rattraper en 1954. Beaucoup de personnes s'étaient trompées, dans l'intervalle, en sous-appréciant ses chances de retour et de succès. Lui-même n'avait pas commis cette erreur ; il avait préparé son avènement avec une minutie que je ne soupçonnais pas et avec un optimisme volontariste qui déplaçait sinon des montagnes du moins les bulletins. Son discours du 9 juin avait été mal reçu mais on avait eu grand tort d'en déduire que sa cote était effondrée. C'était là plutôt au contraire un élément favorable, car il était peu probable qu'il soit deux fois de suite inférieur à sa mesure et ce recul lui permettait de provoquer une seconde fois la « divine surprise ».

Pendant les journées décisives de la présentation et de l'investiture, Pierre Mendès France s'installa à l'Assemblée nationale dans un local de deux pièces qui est en permanence réservé au gouvernement (l'une comme bureau du président, l'autre comme salle de conférences pour les ministres). Il y recevait les visites et il y travaillait avec ses collaborateurs ; il y prenait également ses repas, si l'on peut ainsi s'exprimer, car il s'alimentait principalement avec du lait. Sa prédilection pour ce breuvage est devenue célèbre par la suite mais ce n'était pas seulement une affaire de goût. Dans les périodes de tension nerveuse, il éprouvait une sorte de répulsion pour les nourritures solides et l'effort de la mastication lui était pénible. Il avait décidé de passer la nuit sur place et lorsque je vins le voir dans la soirée, je ne sais plus pour quelle raison, je vis qu'un lit était dressé au milieu du bureau présidentiel et que la couverture était faite. Je pensais à la chambre monacale que Lénine occupait. lors des journées décisives d'octobre, au couvent de Smolny, et ce rapprochement donnait au tableau que je contemplais une teinte d'irréalité et d'archaïsme.

On se demandait par quel prodige Pierre Mendès France pourrait parvenir à ressusciter à un an d'intervalle l'élan généreux qui avait accompagné sa première déclaration d'investiture. Aucun de ses amis ne doutait qu'il y réussît. Nous fûmes exaucés et en même temps surpris du moyen qu'il imagina. Il avait composé dans son bureau-cellule un très bon discours qui, quant au fond, ne différait guère du précédent, mais qui donnait l'impression de la nouveauté par l'accélération du rythme. La première fois on assistait à l'avance inexorable, à pas cadencé, d'une colonne d'infanterie : cette fois c'était l'élan de l'artillerie portée. Trois pages au lieu de six et voilà le secret du rajeunissement. Je pense que cet appel aurait de toute manière été entendu. Mais il y ajouta un élément supplémentaire, imprévu de tous et qui créa le choc. Ce fut la proposition solennisée d'un délai contractuel, la formule du pari-calendrier : « Le gouvernement se fixera et il fixera à nos adversaires un délai de quatre semaines. Nous sommes aujourd'hui le 17 juin. Je me présenterai devant vous avant le 20 juillet. En cas d'échec vous serez libéré du contrat. Le gouvernement remettra sa démission. »

J'avais pensé moi-même, l'année précédante, procéder par sommation, et j'aimais bien les calendriers (j'avais commencé ma remontée par le plan des quatre semaines, en août-septembre) mais je ne sais pas si j'aurais eu l'audace d'adopter cette formule. Elle pouvait présenter dans une négociation internationale des aspects négatifs. L'objection en fut faite ici et là. L'adversaire ne tirerait-il pas parti du « corner » dans lequel nous nous étions enfermés pour tenter de nous contraindre à accepter ses propres conditions ? *En fait ce danger n'existait pas, dès l'instant que la partie opposée souhaitait elle-même parvenir à un accord.* Les questions d'amour-propre et les préjugés que l'on pouvait qualifier d'affectifs avaient joué un rôle dans cette partie, j'en avais eu la preuve par les indications de l'ambassadeur. Les Russes et surtout les Chinois ne voudraient pas, en exposant à l'échec les négociateurs dont ils avaient souhaité la venue, encourir le risque d'un retour des hommes qu'ils tenaient en abhorration. Il m'apparut donc, et la suite confirma ce point de vue, qu'aucun risque ne s'attachait à cette méthode pour l'*extérieur*.

Quant a l'*intérieur* qui etait le premier parcours d'obstacles, l'effet fut foudroyant. Toutes les résistances se trouvèrent balayées. Toutes les réticences ravalées, confinées au huis clos du for intime.

Et dona ferentes...

Dès lors il n'existait plus pour le président désigné qu'un seul problème, celui de ses rapports avec les communistes ; c'est-à-dire celui de l'attitude qu'il adopterait en présence du soutien qu'ils n'allaient pas manquer de lui accorder ou, plus exactement, de lui assener. Les dirigeants du P.C. avaient l'année précédente essuyé quelques reproches de la base pour laquelle l'expérience Mendès avait quelque chose de « sympathique ». Ils n'allaient pas prendre le risque de compromettre derechef une tentative sérieuse de paix et celui plus grave encore de se voir imputer la responsabilité de ce gâchis. Et c'est justement ici qu'apparaissait pour nous le danger. A la première tentative, Mendès avait failli réussir sans eux, cette fois-ci il possédait la certitude de gagner sans leur concours les quelques voix manquantes (et sans doute davantage). L'accolade qu'ils s'apprêtaient à lui donner pouvait devenir l'étreinte où il serait étouffé. Les autres formations le guettaient à ce passage. Ses adversaires n'attendaient que l'instant où il paraîtrait compromis et un certain nombre d'hommes sincères et hésitants détermineraient leur position au dernier moment en fonction de l'opinion qu'ils se feraient de l'indépendance du président désigné à l'égard du Satan des steppes.

Mendès n'y alla point par quatre chemins : il fallait convaincre. Il fit donc connaître, dès sa présentation, en termes choisis et pesés, qu'il ne s'adressait pas aux communistes et qu'il récusait d'avance leur contribution. Il précisa habilement et sans les nommer que son appel s'adressait « à une majorité constituée par des hommes qui n'ont jamais directement ou indirectement épousé la cause de ceux qui nous combattent ».

Le discours — ce qu'on appelle parfois la partie écrite de l'épreuve, car il est entièrement rédigé à l'avance — avait été bien accueilli. Le pari avait suscité des réactions diverses mais où dominait, avec la surprise, une impression favorable. Quand vint le moment de l'épreuve orale, c'est-à-dire la réponse d'ensemble que fait le président désigné aux interventions des orateurs parlementaires, et que Laniel avait si aisément franchie par le silence total, Mendès se surpassa et je puis employer ce terme dans son sens précis, car s'il était un débatteur inégalable et toujours égal à lui-même il n'était pas toujours un orateur dans le sens « motionnel » du terme : il le fut cette fois. Et il trouva le moyen de se délivrer du sortilège du vote communiste en réitérant dans les termes les plus durs son refus du « cadeau empoisonné » de François Billoux. Il fustigea le parti qui a même refusé l'hommage à « Ceux qui pieusement sont morts pour la patrie ».

La victoire fut complète ; il n'y a que 47 opposants, les irréductibles de droite plus un unique M.R.P. On comptait, il est vrai, 143 abstentions. Le total des suffrages positifs est de 419. Ainsi, en défalquant les 95 voix communistes, la majorité constitutionnelle se trouva dépassée de 11 voix. Le double trait décoché au parti communiste avait été décisif mais il ne fut jamais oublié. Les organisations, surtout lorsqu'elles sont comme celle-ci à structure rigide et à direction hiérarchisée, sont des animaux doués de grande mémoire et susceptibles de nourrir de longues rancunes. En assurant son succès gouvernemental de 1954, Pierre Mendès France avait scellé son échec électoral de 1968.

J'attendais avec la curiosité que l'on devine le passage de son discours qui serait consacré à l'économie. Depuis des années, il se présentait et on le présentait comme le grand spécialiste de ce secteur, l'homme qui apporterait une vision nouvelle. On se souvenait de sa position de 1945, ambitieuse dans ses fins, mystérieuse dans ses moyens, alarmante pour ceux-ci, exaltante pour ceux-là sans que les uns et les autres puissent en discuter avec précision, faute d'éléments documentaires, mais dont on s'attendait qu'elle portât la technicité jusqu'aux confins du mysticisme et le radicalisme des réformes jusqu'à la semblance des révolutions. Comment allait-il traiter la gestion réformatrice et expansionniste dans son essence, mais soucieuse de prudence dans ses démarches et presque de pruderie dans son maintien que je poursuivais depuis plus d'un an et dont sa compétence ne lui permettait pas d'ignorer les premiers effets mais qu'il aurait pu être tenté dans une vue polémique de tenir pour empirique, voire pour laxiste ? Beaucoup d'hommes politiques, à sa place, auraient agi de cette manière. Ce fut pour moi l'occasion d'apprécier et même d'admirer chez lui — toute question d'intérêt égoïste mise à part — son extrême loyauté, son souci intransigeant de la vérité et aussi, car il y avait bien évidemment de cela, la confiance et l'amitié qu'il ressentait à mon égard.

« Action sur l'économie d'abord », précisait-il et il annonçait un programme cohérent de redressement et d'expansion, répondant ainsi à l'attente de ceux qui le voyaient sous les traits d'un messie. A l'audition de ce début la crainte me vint qu'il affectât de croire que tout devait être repris à zéro mais la seconde phrase me rassura et je dirai même qu'elle m'enchanta. « Ce plan, précisait-il, élargira et amplifiera tout à la fois les objectifs du plan de dix-huit mois amorcé par le précédent gouvernement et les moyens destinés à assurer son succès. » Compte tenu de la situation, cette formule me parut parfaitement équitable.

Les antrustions.

Pierre Mendès France avait souligné qu'il constituerait son gouvernement par une série de choix personnels concernant les hommes sans s'assujettir à la contrainte des dosages et sans se plier à la procédure des négociations avec les groupes. Je découvris qu'il avait poussé beaucoup plus avant que je ne le pensais l'élaboration de son ministère. Avec l'aide de l'équipe *Express* il avait sélectionné et testé un certain nombre de parlementaires qui étaient devenus ses fidèles, voire ses féaux et constituaient une sorte de vivier dans lequel il pouvait puiser. Ils ne furent pas tous compris dans le premier train ministériel, certains furent laissés en réserve pour les futurs remaniements.

J'appris de façon fortuite que, à la fin du débat, Pierre Mendès France avait fait distribuer par sa collaboratrice Léone Georges-Picot (devenue depuis l'épouse de Simon Nora) des convocations adressées à un certain nombre de ses fidèles (douze exactement) pour une réunion qui devait se tenir avant la proclamation du scrutin. Je pensai qu'il s'agissait d'une première ébauche du gouvernement et j'éprouvai un instant de surprise en constatant que je ne figurais pas au nombre des destinataires. Je compris par la suite qu'il s'agissait de cette équipe restreinte de provenance schreibeirienne et non d'une réunion de « pairs » comme le chiffre pouvait le donner à penser. Les pairs, c'étaient plutôt les têtes ministérielles chevronnées, Bourgès Maunoury et moi, ou même Claudius Petit, Maurice Lemaire. Les douze; c'étaient des parlementaires plus jeunes, moins expérimentés, même si quelques-uns avaient déjà reçu l'onction gouvernementale, les combattants entre les combattants, liés par l'hommage et par le serment, par la ***bruderschaft***. Je les comparais à cette catégorie particulière de compagnons, les *antrustions,* qui entouraient les rois à l'époque de la monarchie franque (comme compagnons de guerre, de conseil et il faut bien le dire aussi de ripaille et de beuveries, ce qui limitait ici l'analogie). Il était tout à fait dans le style de cette équipe, dans ce qu'on pourrait appeler son « dynamisme affectif », qu'il songeât ainsi à la réunir au cours de la nuit — le résultat devrait être connu à deux heures du matin — et que leur communion se célébrât alors que paraissait la première aurore.

La conception exigeante et sentimentale que se faisait Pierre

Mendès France d'une équipe ministérielle s'était affirmée d'une façon éclatante dans ce qui fut sans doute la suggestion la plus originale de son premier discours d'investiture. Il comptait, avait-il précisé alors, demander aux membres de son ministère de prendre l'engagement, s'il venait à être renversé, de ne point accepter de poste dans le gouvernement qui succéderait au sien ; c'était là une manière radicale de mettre fin à cette rotation de manège qui fit le discrédit de la IVe République. Cette déclaration d'intention parut plus incongrue que révolutionnaire, et suscita une réaction de rigolade plutôt que la réflexion qu'elle méritait. Désabusé par cet accueil, Pierre Mendès France ne la reprit pas dans son second discours, par lequel il ne cherchait pas à étonner mais à s'imposer, et qui était construit avec une grande économie d'argumentaire. Mais telle demeurait sans doute sa conception, et je pense qu'il existait un accord intime sur ce sujet entre lui et les « antrustions » (la situation étant différente, à ses yeux, pour les « anciens », qui étaient déliés du serment). Les affidés n'entendaient servir qu'un seul maître.

La soirée rue du Conseiller-Collignon.

Nous étions déjà le vendredi 18 juin — était-ce un présage ? — journée d'un illustre anniversaire. Mendès commença ses consulta tions de bonne heure. Je n'avais pas eu l'occasion d'évoquer avec lui la question de ma présence au gouvernement (elle me paraissait aller de soi). Je n'eus de ses nouvelles que dans la soirée ; il m'appela au téléphone et entra aussitôt *in medias res :* « J'envisage deux formules pour toi », me dit-il comme si nous reprenions une conversation déjà amorcée et dont ces propositions formeraient la suite naturelle. Je l'arrêtai cependant dès les premières phrases car j'avais gardé le souvenir d'un fâcheux précédent, lors du remaniement du cabinet de Georges Bidault. « Je pense, lui dis-je, qu'il est préférable de traiter cette question autrement que par téléphone, et je puis venir te voir immédiatement si cela te convient. » Il parut surpris dans l'instant (je compris pourquoi peu après) mais ce fut une pause à peine discernable et il me dit : « Bien, je t'attends. »

Je pris ma voiture que j'avais garée à toutes fins devant la porte de l'immeuble, et je me rendis rue du Conseiller-Collignon ; Pierre Mendès France consultait et recevait à son domicile, méthode dont je n'ai pas connu d'autre exemple, mais qui s'accordait avec l'affirmation de son nouveau style. (Les présidents s'installaient d'ordinaire dans des locaux ministériels, Guy Mollet avait choisi le siège de son parti, André Tardieu, avant la guerre, les salons du Royal-Monceau.) Dans la rue, les journalistes s'agglutinaient par grappes mouvantes autour des voitures et des camions-radio. A l'appartement, nul bruit, aucun signe d'animation. On m'introduisit directement dans le bureau. Il m'y rejoignit aussitôt et m'entraîna jusqu'au balcon : il faisait très chaud. « Je vois, me dit-il, deux possibilités. Je désire avoir près de moi un homme de grande autorité, qui puisse me remplacer à tout moment, car je me déplacerai beaucoup et il m'arrivera aussi de me consacrer pendant un certain laps de temps à un seul problème, sans m'en laisser divertir (c'était la méthode dite des *tiroirs*). Je pense donc à un vice-président du Conseil, mais il ne s'agit pas d'un titre honorifique et d'une fonction d'apparat, " potiche ", comme c'est souvent le cas, l'appellation même pourrait être changée. J'ai proposé cette mission à Gaston Monnerville, sans doute n'acceptera-t-il pas car il ne veut pas renoncer à sa présidence du Sénat, dont la durée lui paraît mieux assurée. A défaut de lui, je ne vois que toi qui réponde aux qualifications nécessaires. Si Monnerville accepte, ou si cette formule ne te convient pas, je te demanderai de garder ton portefeuille des Finances et de l'Economie, mais j'y adjoindrai le Plan, car cette dichotomie entre le Plan rattaché à la présidence et le poste de commandement de la rue de Rivoli, qui dispose des leviers, est une erreur. Tu pourras ainsi dominer l'ensemble du secteur, dont je n'aurai pas le temps de m'occuper pendant la première période. Plus tard, nous aurons l'occasion de collaborer, et je sais que je peux compter sur toi. » Je remerciai le président désigné de l'option qu'il me présentait, et où mon amour-propre toujours exigeant trouvait une satisfaction complète.

J'avais dans l'esprit une opinion arrêtée et entièrement négative sur tous les postes du genre ministre d'Etat ou vice-président du Conseil. Robert Blot m'avait inculqué son précepte, selon lequel un homme d'Etat ne devait jamais accepter un ministère qui ne fût pas pourvu d'un minimum de services et d'administration. Je déclinai donc le premier volet du dyptique. Mon désir le plus cher était de poursuivre le plan de dix-huit mois, et l'offre supplémentaire du Plan m'enchanta. J'avais craint que Pierre Mendès France ne fût alléché par la mode de la planification rattachée à la présidence, en quoi j'avais sous-estimé la sûreté de son jugement.

— Quel calme chez toi ! lui dis-je en prenant congé. Serais-tu seul ce soir ?

— Non ; « ils » sont tous réunis dans la salle à manger, expliqua-t-il.

Dans un mouvement de bonne humeur, je proposai d'aller serrer la main de ses collaborateurs, ou de ses équipiers, mais il sourit et me dit qu'il valait mieux m'en abstenir. C'étaient les « antrustions » qui étaient là, et je compris que mon entrée dans le gouvernement ne suffirait pas à désarmer leurs préventions, soigneusement entretenues par des procédés du genre de la « couverture » de *l'Express*.

J'ai trouvé un écho vraiment amusant de cet état d'esprit dans le récit consacré à cette période par Jean Lacouture : « On opposait à une politique empirique, pragmatique, proche du maquignonnage, une conception grandiose de l'économie, ordonnée d'après l'allégorie des comptes de la Nation. » Et pourtant, qui donc avait introduit l'économie moderne dans le palais poussiéreux de l'archaïsme orthodoxe ? Qui donc avait appliqué dans la vie les définitions keynésiennes ? Qui donc avait créé la commission des Comptes de la nation et en avait confié la présidence à leur maître à penser ? Ignoraient-ils que c'était justement leur nouveau collègue, auquel le poste de coadjuteur et de président en second venait d'être proposé par un homme dont ils auraient dû à tout le moins respecter le choix ?

J'entrai ainsi dans cette situation paradoxale que Jean Lacouture a définie en m'appelant « le grand vicaire ». Le maire du palais, qui n'avait que la confiance du roi, et que les grands officiers considéraient avec malveillance. En fait d'ailleurs, mes collègues du gouvernement ne tardèrent pas à modifier leur attitude à mon égard, car ils comprirent que je leur étais indispensable, et ils furent bientôt convaincus de ma loyauté. En revanche, j'aggravai, sans y penser, ma position vis-à-vis de Jean-Jacques Servan-Schreiber.

Pierre Mendès France me demanda un jour mon avis sur le projet qu'il avait conçu de nommer Jean-Jacques Servan-Schreiber secrétaire d'Etat à la Jeunesse. « Tu ne peux imaginer, me dit-il, les services que m'a rendus Jean-Jacques ! J'aimerais le voir participer au gouvernement. D'autre part, je pense que la création d'un secrétariat d'Etat, chargé spécialement des problèmes de la jeunesse, marquerait notre orientation et pourrait dégager un certain nombre de suggestions et d'innovations heureuses. » C'est sans aucune pensée de rancune ou d'animosité personnelle que je fis connaître à Pierre Mendès France mon sentiment négatif : « Ta situation parlementaire, lui exposai-je, est des plus fragiles. Il faut éviter de braquer le député moyen. La promotion ministérielle d'un non-parlementaire sera toujours mal accueillie. Ce fut le cas pour André Bougenot. De surcroît, s'il s'agit de Jean-Jacques Servan-Schreiber, il en résultera des réactions de rejet. Je pense donc que cette initiative serait imprudente et qu'en tout cas elle est prématurée. » Pierre Mendès France décida de surseoir, sans tout à fait abandonner le projet. Jean-Jacques Servan-Schreiber me déclara par la suite qu'il avait été informé de ma position et qu'il en avait conçu à mon encontre un grief durable.

« *Mais amusez-vous donc...* »

La constitution du gouvernement ne posa en fait qu'un seul problème, et il ne se posait qu'à ceux des ministres pressentis qui appartenaient au groupe parlementaire gaulliste : c'était celui de l'attitude que prendrait le général de Gaulle au sujet de leur entrée dans ce qui était toujours pour lui « le système ».

Si quelqu'un pouvait forcer le « blocus » dans l'esprit du général, c'était bien certainement Pierre Mendès France qui avait été son ministre, qui avait sa grande estime, et qui, soit par une rencontre spontanée, soit par l'effet de ce sentiment que les Anglo-Saxons appellent *hero-worship*, présentait avec lui des affinités de caractère et de comportement dont il n'allait pas tarder à donner de remarquables exemples. Cependant le général, sans fulminer d'excommunication et sans formuler d'exclusive, considérait avec un certain dédain le zèle de ceux de ses compagnons que tentait l'expérience mendésienne. A l'un d'eux, dont je recueillis les propos, il tint un langage dont je notai sur l'heure quelques expressions : « Mais amusez-vous donc, vous vous ennuyez », ainsi qu'une allusion à des « sphères différentes ». Jacques Soustelle était le plus fervent des « antrustions » gaullistes de Pierre Mendès France et il avait dit aux journalistes, en sortant, après moi, de la rue du Conseiller-Collignon : « Nous sommes là quelques-uns qui nous occupons de constituer un gouvernement. » Mais c'était aussi sans doute, et par l'effet de la même disposition psychologique, le plus scrupuleux des « compagnons », de sorte que, après avoir vu le général, il décida de ne pas entrer dans le ministère.

La liste fut bouclée, sans Soustelle, dans la journée du samedi et Pierre Mendès France se consacra immédiatement au problème de l'Indochine. Le dimanche matin je vins le chercher rue du Conseiller-Collignon et il m'entraîna au Bois où il désirait faire une promenade. Il avait déjà conçu un plan, dont il me fit part, sur la manière dont il comptait réactiver les négociations de Genève. La clé était entre les mains des dirigeants chinois, avec lesquels nous n'avions pas de relations officielles et ne pouvions en nouer, sous peine de nous aliéner gravement et irréductiblement les U.S.A. Or leur assentiment à la négociation était indispensable, et Pierre Mendès France dut déployer toutes ses forces de persuasion pour que le lien ne fût pas rompu. L'objectif était donc d'établir un contact dans le concret tout en maintenant le simulacre dans le droit. A partir du moment où un problème est correctement posé, il est en général assez facile à résoudre. Pierre Mendès France, avec le concours de ses collaborateurs personnels, avait établi un scénario impeccable. « Il est normal, m expliqua-t-il, que je me rende à Berne pour remercier les autorités helvétiques de l'hospitalité qu'elles accordent à la Conférence et à notre délégation. A cette occasion, il me sera aisé de recevoir sur terre de France, c'est-à-dire à notre ambassade, la visite du Premier ministre chinois, Chou En-lai. »

Alors que nous devisions en marchant dans les allées du Pré-Catelan, nous vîmes surgir Robert Marjolin, qui faisait lui-même une promenade solitaire, et sur l'invite de Pierre Mendès France il se joignit à nous. Pierre Mendès France nous proposa d'aller nous restaurer à la terrasse : c'était l'heure de l'apéritif. « Je me sens bien, dit le président. Je crois que je pourrai manger », et pendant que je me contentais d'un porto il commanda un sandwich à la viande qu'il déglutit et avala sans la moindre difficulté. « C'est la première fois que je prends une nourriture solide depuis quarante-huit heures », prononça-t-il avec ravissement.

L'état de grâce.

Il exposa son plan le mardi suivant au Conseil des ministres. Cette première réunion fut pour moi un spectacle extraordinaire et m'apporta une qualité d'émotion jusqu'alors inconnue et insoupçonnée. « Ce n'est pas une agence de gouvernement, pensai-je, c'est un état d'âme. » La disposition galvanique des « antrustions » se communiquait aux caciques par une sorte de communion des saints. Je me sentais soulevé d'un élan chaleureux et je comprenais qu'il en était de même pour les ministres les plus chevronnés, qui auraient pu être blasés par l'effet de l'expérience, et qui justement se trouvaient comme suranimés par le contraste de cette « expérience-là » avec les autres. Cet état de grâce se maintint pendant les premières semaines de la vie du ministère, jusqu'au moment où l'harmonie en fut rompue par la dispute de la C.E.D., et encore il en resta toujours quelque chose.

Le climat d'allégeance générale qui régnait dans les conseils n'était nullement exclusif de la liberté de discussion et de la franchise des propos. Pierre Mendès France exhortait chacun à s'exprimer, et l'on avait parfois l'impression d'assister à une séance de dynamique de groupe. Trois des « antrustions » intervenaient immanquablement et infatigablement sur tous les sujets, faisant l'historique des problèmes et mettant leur conscience à nu à tout propos. C'étaient André Monteil, Diomède Catroux, et Joseph Lanet. Quand la discussion tirait vers sa fin, je prenais généralement la parole. Je m'efforçais de faire une synthèse et de conduire vers une figure du problème où Pierre Mendès France pourrait poser aisément sa conclusion. « Toutes tes interventions, me dit-il un jour par la suite, étaient calculées au point le plus extrême de finesse pour me porter appui. »

A la fin de cette première séance, Pierre Mendès France nous fit une recommandation : « Il faut que tout le monde comprenne, nous dit-il, que nous ne sommes pas un gouvernement comme les autres, qu'il y a quelque chose de changé, de nouveau. Je partirai de Villacoublay pour la Suisse : il convient que vous soyez tous, sans exception, présents au moment de mon départ, à l'aérodrome. » Ce rituel fit impression en effet. Bien plus tard les journalistes s'en souvenaient et beaucoup croyaient qu'il s'était agi d'une manifestation spontanée. Au reste, elle aurait très bien pu se produire, et si le président n'avait rien dit, je pense qu'il n'aurait manqué que les plus timides.

Un discours ennuyeux...

Pierre Mendès France tenait beaucoup à pouvoir utiliser dans le secteur de l'Economie et des Finances la procédure des délégations de pouvoir. Il en avait découvert les mérites dans la période de la IIIe République où la pratique des décrets-lois s'était imposée aux gouvernements soucieux d'efficacité. Sous la IVe, il était possible de s'en priver mais il était commode d'y recourir, et c'est ce que j'avais fait avec Maurice Petsche, puis avec Joseph Laniel. Il faut bien savoir d'ailleurs ce que l'on peut et ce que l'on doit en attendre. Il ne saurait s'agir de manier les pleins pouvoirs pour violer le législateur et lui imposer des mesures qu'il n'aurait pas votées lui-même. En revanche, ils permettent de procéder avec une rapidité manœuvrière qui assure le plein effet des initiatives. Les réformes les plus importantes de ma gestion, telles que la taxe sur la valeur ajoutée, ont fait l'objet d'un vote législatif normal mais la délégation de pouvoir me permit par exemple d'appliquer sans délai la détaxation de 50 % des investissements et ainsi de faire repartir les commandes sans aucun décalage. Je préparai un nouveau texte de délégation en liaison avec le cabinet du président. Son conseiller en ces matières était Simon Nora, un crack de l'Inspection des Finances dont la compétence et la force d'invention se dissimulaient coquettement sous une composition de nonchalance et de dilettantisme qui lui permettait d'atteindre le maximum de résultats avec (en apparence) le minimum de forcing. Il régnait une parfaite entente entre nous comme aussi bien entre lui et mon cabinet. Je présentai mon texte à l'Assemblée dans l'après-midi du jeudi 5 août, par une journée torride. Les députés mécontents de siéger à cette date et par cette chaleur, se montraient alternativement ou cumulativement maussades et rigolards. Soucieux moi-même de briller aux yeux d'un président qui, a la différence de ses prédécesseurs, disposait d'une compétence exceptionnelle, je composai un discours très étudié, appuyé sur une documentation substantielle, vérifiée et chiffrée, imprégné de comptabilité nationale, et tout ruisselant de keynésisme. De ce fait, je parlai beaucoup plus longuement que d'habitude, et je me tins beaucoup plus près de mon texte que je ne le faisais d'ordinaire. En un mot comme en cent, je fus plutôt ennuyeux. Comme cela ne m'arrivait pas souvent, mes auditeurs furent persuadés que je le faisais exprès et m'accueillirent à leur tour par une attitude moqueuse, d'ailleurs sans nulle marque d'hostilité, car la plupart m'aimaient bien.

...et des pouvoirs superflus.

Cette nuance de réserve de la part de mon auditoire est finement exprimée dans une formule de *l'Année politique :* « Le discours de M. Edgar Faure, dont on connaît le brio oratoire, n'apporta rien de plus que ses précédentes interventions ou exposés à la presse... » En fait, j'avais surtout parlé pour mon président, et cet auditoire-là fut entièrement satisfait. « Le langage est nouveau, me dit-il, ils sont surpris, déconcertés, mais ils finiront bien par s'habituer à cette manière moderne et scientifique de traiter les problèmes de l'économie. » Plus apprécié que le mien fut sans doute l'exposé de Paul Reynaud : « L'intervention brillante et caustique » qui « cherche à établir un style de l'opposition selon la tradition britannique » et qui oppose à notre programme « séduisant et alarmant » « sa doctrine toute de rigueur et d'équilibre budgétaire ». Je vois par là rétrospectivement à quel point le plus moderne des anciens et d'un certain nombre de modernes demeurait englué dans les lieux communs de l'économisme orthodoxe, monétariste et, si je puis dire, « doloriste ». Je retrouvais le ton des ritournelles de l'ancien Baumgartner, le Baumgartner d'avant l'affaire du taux de l'escompte avec les leitmotivs de l'Etat qui vit au-dessus de ses moyens, des Français qui consomment trop, etc. *En finance, pensais-je, la véritable rigueur c'est de réussir.* La politique dite de facilité c'est-à-dire celle qui ne cherchait pas à faire souffrir les Français et qui jouait sur la relance de la consommation équilibrée avec celle de l'investissement était déjà en train de faire son œuvre et elle allait gagner son pari.

La loi financière, votée le 13 août, comportait par elle-même certaines dispositions techniques, consistant surtout dans des diminutions d'impôts, notamment pour l'encouragement à l'exportation, et elle fut prolongée tout au long des sept mois à venir par une série de mesures prises en conformité de la délégation, qui était donnée pour toute la période allant jusqu'au 31 mars 1954.

Toutes ces mesures furent d'une utilité avérée, mais aucune ne méritait d'être considérée comme sensationnelle. En fait, la délégation, si elle donne quelque facilité au ministre, n'est jamais vraiment indispensable. J'en tirai profit, parce que Joseph Laniel d'abord, Pierre Mendès France ensuite y étaient attachés, mais lorsque je pris moi-même la direction du gouvernement je m'abstins d'y recourir et je ne vis guère la différence.

CHAPITRE XLIV

TUNISIE
LA SECONDE CHANCE

Une épreuve de force et des signes de faiblesse.

Il nous faut revenir ici un peu en arrière et porter un regard cursif sur la suite des événements à partir du coup de force que le résident général avait pu enfin accomplir après la chute de mon gouvernement. Il n'avait pu s'en tenir littéralement à la diplomatie du « factionnaire ». Il avait dû, le 28 mars, expédier quatre ministres à Kibili. Sur quoi le bey, qui avait tenu plus longtemps que la chèvre de M. Seguin, consentit à capituler et à signer le décret qui faisait, selon l'usage, de M. de Hautecloque son ministre des Affaires étrangères.

En Tunisie, l'opération ne passa pas du tout. En France même, elle ne passa pas très bien. Antoine Pinay, quand il se décida à en parler, évoqua des justifications financières et comptables. La France indiqua-t-il, participait directement à concurrence de 30 % au budget tunisien et, pour le solde, 40 % des ressources étaient encore fournies par l'activité des Français dans la Résidence. A l'Assemblée nationale, le gouvernement mit en avant une argumentation plus habile en affirmant que la fermeté n'était qu'un moyen, l'objectif demeurant la réalisation des réformes que les agitations compromettaient.

Dès lors, il devenait essentiel, pour obtenir un minimum de crédibilité, de réunir la commission mixte dont on parlait depuis si longtemps. On crut trouver un Sésame en proposant mon nom pour la présidence de cet organisme. J'avais la confiance des Tunisiens et j'estimais qu'il était de mon devoir de me mettre à la disposition de mon pays, malgré la réserve que m'inspirait le choix malencontreux de la politique d'intimidation. Je donnai mon accord à Maurice Schumann qui tenait beaucoup lui-même à maintenir, sous cette nouvelle formule, notre association, mais je lui indiquai que, selon toute vraisemblance, les Tunisiens n'accepteraient pas de « collaborer ». Tel fut en effet le cas et la commission ne vit jamais la lumière du jour. Dès lors le gouvernement français, pour se justifier vis-à-vis de l'opinion mondiale et peut-être à ses propres yeux, octroya de lui-même une série de réformes dont, dans d'autres circonstances, on eût pu tirer de solides contreparties mais qui, dans ces conditions s'évanouirent en fumée. Ainsi renonçait-on au contrôle du résident général sur les arrêtés ministériels. Le Conseil législatif serait uniquement composé de Tunisiens. Enfin, et c'était le point le plus important sans doute, le *numerus clausus* était supprimé pour l'accès à la fonction publique. Tout cela sans aucun effet, ou plus exactement avec, pour seul effet, de braquer davantage nos partenaires, comme il était aisé de le prévoir.

Quand on s'est placé volontairement dans les conditions d'une épreuve de force, il est impardonnable de donner des signes de faiblesse, fût-ce parce qu'on éprouve des troubles de conscience. L'action du 25 mars, bouffonne dans son déroulement initial, dramatique dans ses conséquences ultérieures, avait le grave inconvénient de blesser le nationalisme dans sa fierté sans l'atteindre dans sa robustesse (1).

Les nationalistes engagèrent une double stratégie, à l'extérieur par les pressions, à l'intérieur par le désordre. Ils s'efforçaient d'agir sur l'opinion internationale, ils galvanisaient leurs amis arabes et asiatiques et assaillaient l'O.N.U. de requêtes présentées pour leur compte. Leur plus ardent protagoniste, le ministre des Affaires étrangères du Pakistan, n hésitait pas à faire le sacrifice de l'amour-propre national pour faire valoir l'injustice du traitement réservé à la Tunisie. « Si un pays aussi peu évolué que le mien, plaidait-il en substance, a obtenu la reconnaissance de sa souveraineté, comment la disputer à la Tunisie, héritière d'une civilisation ancienne et raffinée (2) ? »

A l'intérieur de la Régence, les grèves se succédaient, les attentats se multipliaient, créant une atmosphère d'insécurité générale. Bientôt, le terrorisme et le contre-terrorisme nouèrent leur engrenage fatal. Les tribunaux militaires siégèrent en permanence et condamnèrent à tour de bras. Sur ce fond d'écarlate, se poursuivaient.

(1) Le général de Gaulle, lui, ne commettait pas ce genre d'erreurs. Quand il lui advint, l'année suivante, de passer par la Tunisie au retour de son périple d'Afrique du Nord, il refusa, malgré les objurgations de ses amis, de prononcer la condamnation du Destour.

(2) Une comparaison analogue s'imposait pour la Libye. cf. chap. VI.

comme des pantomimes, des simulacres d'élection aux Conseils de Caïdat et aux municipalités.

La position de Robert Schuman.

Au cours du premier semestre 1953, mon épouse Lucie décida de consacrer un numéro de sa revue *la Nef* au problème des protectorats, Maroc et Tunisie. La situation de la Tunisie était notamment traitée par Georges Izard, Jacques Duhamel, Roger Stéphane, François Mitterrand. Roger Stéphane exposait les principales lignes de l'accord préparé de mon temps avec Tahar Ben Amar et citait une lettre de Habib Bourguiba exprimant un préjugé favorable au plan Faure-Mitterrand (1).

Le texte sensationnel de ce numéro était une introduction, en quelques paragraphes, intitulée « Nécessité d'une politique » et que Robert Schuman, alors ministre des Affaires étrangères, avait rédigée de sa main. Dans ce texte, l'illustre homme d'Etat abordait un sujet qui avait été jusqu'alors et qui fut par la suite inséré dans un tabou : la politique personnelle des résidents généraux. C'était *l'insubordination* de ces proconsuls qui était implicitement dénoncée à travers la référence *explicite* qui était faite à la subordination de la hiérarchie.

On discernait sans peine, dans le réquisitoire du chef de la diplomatie française, une allusion, pour le passé récent, à la diplomatie de la sentinelle pratiquée par M. de Hautecloque : on savait que Robert Schuman et Maurice Schumann avaient d'abord été tenus à l'écart de la machination. En même temps, on pouvait lire un avertissement prophétique relatif au coup qui se préparait de façon presque ouverte, contre le sultan du Maroc

De Hautecloque à Voizard.

En juillet 1953, M. Georges Bidault prit le ministère des Affaires étrangères dans le gouvernement de M. Laniel, en même temps que je me voyais confier le portefeuille des Finances et des Affaires

(1) Je saisis naturellement cette occasion d'exposer a nouveau ma conception sur l'ensemble des problèmes et, cette fois, de façon plus complète, car j'évoquais également la situation au Maroc et je faisais même état des rumeurs qui commençaient à circuler sur la préparation, là aussi, d'un coup de force. « Il importe, écrivais-je, d'éviter des actions désordonnées et des projets chimériques. Certains commentateurs parlent de la déposition du sultan qui serait d'ailleurs assurée, précisent-ils, non par les Français, mais par les Marocains eux-mêmes. C'est là evidemment une subtilité. » Cf. ci-dessus p. 486.

économiques. J'expose dans une autre partie de cet ouvrage les conditions dans lesquelles je tentai, sans succès, de m'opposer à l'opération de Rabat.

Après avoir déclenché, ou pour le moins couvert, des changements aussi spectaculaires dans l'un des protectorats, Georges Bidault ne pouvait se désintéresser du pourrissement de la situation dans l'autre. Fidèle à la méthode du contournement des problèmes par le déplacement des personnes, et ne voyant pas la possibilité d'exiler le bey comme on l'avait fait pour le sultan, il décida tout bonnement de nommer un nouveau résident général.

L'affaire fut évoquée au Conseil du 3 septembre. François Mitterrand n'avait pas encore quitté le gouvernement. Après le conflit intervenu sur le Maroc, je l'avais instamment prié de rester en fonctions, en tout cas de retarder son départ, afin que nous puissions former un noyau de résistance sur certains sujets, tandis que j'entreprenais l'œuvre de la rénovation économique. L'occasion nous fut ainsi donnée d'émettre communément nos réserves sur la politique de Georges Bidault et plus particulièrement sur la Tunisie qui était à l'ordre du jour. Nous préconisions de traiter le fond du problème, de confirmer l'objectif de l'économie, d'écarter la confusion persistante sur la souveraineté, enfin d'amorcer un processus de réconciliation et de conciliation dont on ne pouvait exclure le Néo-Destour. Nous ne nous faisions guère d'illusions sur ce combat. Nous ne tenions évidemment pas à voir maintenir en place M. de Hautecloque. Nous aurions souhaité que son départ fût l'occasion d'un redressement durable et non pas une simple figure de ballet.

Le Conseil nomma M. Voizard qui était certainement le meilleur choix technique que l'on pût retenir. Cette décision produisit dans un premier temps un effet de détente dans la Régence, non seulement parce que la position personnelle de M. de Hautecloque était devenue intenable, mais parce que son successeur, ayant été le collaborateur de Lucien Saint, bénéficiait, dès l'abord, d'un préjugé favorable et d'un réseau d'amitiés.

Et du terrorisme à la guérilla.

La politique de M. Voizard, à la différence de celles pratiquées par Hautecloque et par Guillaume, ne reposait pas sur le coup de force et n'était pas marquée par l'absurdisme. Je me pris à souhaiter qu'elle pût réussir et on eut quelquefois l'illusion qu'elle n'était pas dépourvue de chances. Cependant, je ne pouvais pas m'en convaincre car elle méconnaissait les données de fait dont j'avais acquis la certitude, principalement la force du sentiment « indépendantiste » dans l'ensemble du peuple tunisien, corollairement, la représentativité du Destour, la démonétisation des notables prudents, enfin le prestige personnel de l'homme clé, Habib Bourguiba. Mes pronostics pessimistes furent rapidement justifiés.

Je n'entrerai pas ici dans ce cycle d'histoire qui est assez bien connu et où je n'ai pas tenu de rôle personnel. Le ministère M'zali qui avait vu le jour dans une demi-euphorie sombra, après quelques mois à peine, dans le désarroi, le désespoir et la tragédie. C'est que, pendant le cours de sa brève gestion, on avait assisté à quelque chose de plus grave que la poursuite d'une détérioration. On peut évoquer ici le phénomène que les marxistes appellent le *passage du quantitatif au qualitatif*. La violence, de ponctuelle qu'elle avait été jusque-là, devenait structurelle et prenait le caractère d'une organisation paramilitaire. Au terrorisme avait succédé la guérilla. Peu à peu se formaient et s'équipaient, dans les régions du Sud, des troupes de fellagha, des « maquisards » qui atteignirent le chiffre de deux à trois mille hommes.

Pierre Mendès France prit le pouvoir à cette époque. Il se proposait de traiter les problèmes par ordre successif, en ouvrant chaque fois, selon son expression, un nouveau tiroir. (Cette méthode est d'ailleurs très discutable, comme l'expérience devait le montrer.)

Il avait prévu d'aborder l'Indochine et de mettre fin aux combats, puis de régler la question de l'armée européenne. La Tunisie vint s'intercaler dans ce programme où elle n'était pas initialement prévue. En fait, l'initiative ne vint pas du président lui-même qui n'avait jamais suivi de près les affaires d'Afrique du Nord : un scénario complet lui fut apporté par notre ami commun, Roger Stéphane, qui, lui, s'était toujours intéressé au grand Maghreb et qui venait d'y faire un séjour. Le schéma politique n'était pas difficile à trouver ; il suffisait de reprendre les choses là où je les avais laissées à mon départ de Matignon en 1952. M. Tahar Ben Amar était toujours disponible ; il avait gardé la confiance de Bourguiba et du Néo-Destour, le bey saisirait l'occasion qu'il n'espérait plus et l'on n'avait même pas besoin d'éliminer M. M'zali puisqu'il était déjà parti. Il suffirait de changer à nouveau le résident général. Là aussi, une solution était à portée de la main, non pas une désignation banale, mais un choix qui ferait sensation et qui porterait aussi un effet d'apaisement : celui qui consistait à appeler au poste de résident général le commandant supérieur des troupes.

L'imperator proconsul.

Le général Boyer de La Tour se serait senti parfaitement adapté au système en vigueur dans l'antiquité romaine, où les magistrats servaient indifféremment dans des fonctions civiles et militaires : préteur, commandant de légion, général, consul, imperator, etc. C'était un homme d'aspect truculent, au visage coloré, dont le regard exprimait alternativement la ruse du maquignon et l'autorité sarcastique de l'adjudant de quartier. Il possédait au plus haut degré l'art de rassurer ses interlocuteurs et de les induire à penser que, s'ils lui faisaient confiance, ils verraient la fin de leurs tourments. Il pouvait émaner de lui un véritable charme. C'était toujours le cas quand il attendait une nomination ou une récompense. Il avait brigué à diverses reprises des postes considérables que des hasards variés l'avaient empêché d'occuper, notamment le commandement en chef de l'Indochine. Enfin, il avait été nommé en Tunisie, poste plus ingrat que brillant : il remplaçait le général Garbay qui avait encouru l'hostilité des nationalistes et que l'on tenait pour très répressif. La désignation du général de La Tour, jumelée avec celle de Voizard, avait fait partie de cette opération séductrice dont il fallait bien enregistrer l'échec. Le général pensa qu'il pouvait la reprendre à son compte personnel, car il n'était point compromis dans l'imbroglio politique et il avait évité tout parti de brutalité dans le maintien de l'ordre. Roger Stéphane le persuada aisément (ou peut-être fut-ce l'inverse) qu'un chef militaire, apaisant par sa seule présence l'inquiétude de la population française, était de ce fait l'homme le plus qualifié pour assurer l'ouverture libérale et tendre la main aux nationalistes.

Pierre Mendès France décida, et je pense qu'il eut raison, de donner à cette opération d'ensemble un caractère théâtral. Jean-Jacques Servan-Schreiber, en spécialiste de l'information moderne, lui avait insufflé un certain goût pour le spectacle, voire pour la pompe, qui n'était pas, à l'origine, dans ses dispositions d'esprit. Ainsi prit-il la décision de se rendre personnellement à Tunis pour annoncer la nomination du nouveau résident et pour définir la politique de la France sous une forme solennelle et retentissante.

L'expédition fut préparée dans un grand secret, comme il s'imposait. Le Conseil, saisi d'une information générale sur le sujet, n'en fut point avisé. Pierre Mendès France me fit venir la veille et me mit dans la confidence. Je lui recommandai aussitôt d'obtenir le concours d'Alphonse Juin qui lui assurerait à tout le moins la neutralité des Français d'Afrique du Nord. Le président du Conseil avait eu de lui-même cette idée et la récupération était en cours. Un heureux concours de circonstances faisait que la maréchale était en déplacement et qu'ainsi Alphonse Juin échappait à une influence dont on pouvait craindre des effets négatifs. (Je gardais le souvenir récent de la déception que Joseph Laniel, André Bougenot et moi-même avions éprouvée quand, après avoir convaincu en fin d'après-midi le plus considérable de nos chefs d'armée de prendre le commandement de nos forces en Indochine, il s'était récusé dans la soirée, après un dîner pris à son domicile.)

Pierre Mendès France s'inquiétait des réactions de son ministre de la Défense, le général Kœnig. Il le prévint assez tard dans la journée et me demanda de le prendre en charge aussitôt après leur conversation. J'emmenai le vainqueur de Bir Hakeim dîner au ministère des Finances et je parvins à le détendre.

Le général Boyer de La Tour avait déployé un dispositif militaire sensationnel qui s'étirait depuis l'aérodrome jusqu'au palais de Carthage ; ainsi entendait-il à la fois garantir l'ordre par la densité du réseau et frapper les esprits par la magnificence de la parade. On pouvait saluer ici une heureuse mutation de la diplomatie de la canonnière : les moyens et l'éclat de la force étaient mis au service de la conciliation et de la paix. Pierre Brisson, de sa plume inimitable, consacra un éditorial triomphant à l'apparition olympienne du chef du gouvernement français. Cependant, nous ne devions pas tarder à constater que, dans les conditions du monde moderne, le « gestuel » compte, en définitive, assez peu.

Le voyage de Pierre Mendès France avait eu lieu le 31 juillet. Le 7 août, le ministère Tahar Ben Amar fut constitué. Il comprenait, en dehors du président, quatre néo-destouriens, quatre indépendants et un socialiste. Avec deux ans et cinq mois de retard, le plan établi à l'époque de mon premier gouvernement trouvait ainsi son application. Pouvait-on fermer la parenthèse et repartir comme si le mouvement n'avait pas été contrarié ? Il n'y a pas de page blanche en histoire. Ni l'apparition de Carthage, ni l'accord explicite du bey, ni la position favorable quoique prudente de Bourguiba, ni la constitution d'un gouvernement enfin représentatif, ni même l'engagement des négociations dont la séance d'ouverture eut lieu solennellement le 4 septembre dans Tunis pavoisée, avant de se poursuivre à Paris, ni davantage la position conciliante prise par les pays arabo-asiatiques aux Nations unies n'eurent d'effet pacificateur sur les zones contaminées par la guérilla. Bien au contraire, les actions prirent une vivacité accrue car chacune des parties belligérantes s'efforçait de tourner à son avantage les changements survenus sur le front politique.

Le commandement militaire français y voyait l'occasion de rétablir la situation en combinant le renforcement de ses moyens et l'offre traditionnelle de l'« aman ». Le secrétaire d'Etat, Jacques Chevalier, avait envoyé des renforts prélevés en partie sur les troupes revenant d'Indochine. Le général de La Tour, du haut de son assurance de baroudeur expérimenté, pensait que les fellagha tunisiens se prêteraient désormais aisément à la cérémonie de reddition-pardon qui faisait partie du folklore marocain. Cette stratégie aboutit à multiplier les accrochages et, par voie de conséquence, à augmenter le chiffre des pertes. On ne manqua pas de faire valoir, comme d'habitude, qu'elles étaient supérieures du côté adverse : ce qu'on oublie souvent de considérer dans de semblables cas c'est que les guérilleros recomplètent toujours aisément leurs effectifs décimés. Ce sont les armes qui recrutent les hommes.

D'autre part, les Tunisiens politiques, si portés qu'ils fussent vers la solution négociée, si contrariés qu'ils fussent par la persistance des combats, ne disposaient pas de la liberté morale qui leur eût permis de condamner leurs compatriotes. Ils étaient tenus par le lien profond, par la fibre organique de la solidarité de groupe. Le 4 octobre, le gouvernement tunisien, pressé de lancer un appel à la pacification, se borna à condamner les « actes de terrorisme individuel » et M. Masmoudi, ministre d'Etat, précisa : « Nos frères combattants, où qu'ils se trouvent, ont des droits sur nous. » Au début de novembre, la situation parut plus préoccupante encore, à la suite des troubles survenus en Algérie et qui constituaient bien, encore qu'on refusât de leur reconnaître ouvertement ce caractère, une explosion insurrectionnelle. Les hommes raisonnables des deux camps voyaient l'extrême nécessité d'une solution terminale, à défaut de quoi l'on pouvait craindre un embrasement général par jonction des foyers d'incendie. Cependant, et bien qu'ils fussent des deux côtés en position de décider (Pierre Mendès France à Paris, Bourguiba en Tunisie), on butait sur un obstacle absurde car il était difficile à chaque partie de faire le premier geste.

Les Tunisiens suggéraient un arrêt préalable des opérations militaires, le commandement français exigeait au contraire que les fellagha fassent d'abord leur soumission dont il entendait ainsi marquer le caractère symbolique et discrétionnaire.

C'est alors que plusieurs personnes vinrent m'entretenir de ce problème. En premier lieu Roger Stéphane qui avait été l'artisan de l'opération de Carthage. Et tout de suite après le président Tahar Ben Amar qui se souvenait de nos contacts de 1952 et qui vint me presser d'intervenir. Enfin, je dois mentionner ici, pour être complet, le nom de M. Salah Rachid dont on a beaucoup parlé à tort et à travers à propos de l'affaire du Maroc ou l'on a grossi son rôle alors que c'est justement à propos de la Tunisie qu'il eut surtout l'occasion de faire entendre sa voix. M. Salah Rachid était d'origine turque et sa famille avait des liens de parenté avec le roi Mohammed V auquel il montrait un dévouement passionné. Il connaissait bien la situation de la Tunisie. Il me fit demander de le recevoir d'extrême urgence pour un motif capital. Il craignait, me dit-il, une dégradation très rapide et ses amis marocains (il disposait d'une liaison avec l'exilé de Madagascar) redoutaient la répercussion que la guérilla du Sud tunisien pouvait, par polarité avec la rébellion algérienne, entraîner jusque dans le royaume hassémite où le pire dès lors pourrait être redouté. Cette communication me parut mériter toute notre vigilance.

La première urgence : faire cesser le feu.

J'eus à peine le temps d'aborder le sujet avec Pierre Mendès France au moment de son départ pour New York où il avait décidé de participer en personne à la session de l'O.N.U. Il était obsédé par le souci de conclure au plus tôt la négociation entreprise depuis deux mois avec les ministres tunisiens et qui achoppait sur des points jugés par lui secondaires ; il comptait brusquer les choses dès son retour. Il lui semblait préférable d'attendre jusque-là avant de tenter une solution sur le terrain. Toutefois, il me précisa que, puisqu'il me chargeait de son intérim pour la durée de son déplacement, il me laissait le soin de poursuivre mes contacts et, en cas de nécessité, de prendre toute décision.

Fort de cette assurance, je fis venir aussitôt Christian Fouchet qui avait la charge du ministère (nouvellement créé) des Affaires tunisiennes et marocaines et qui, du fait des informations qu'il recevait d'heure en heure, éprouvait lui-même de graves soucis. On prenait parfois Christian Fouchet, d'après son aspect extérieur et son ton de commandement, pour un homme d'esprit simpliste, épris de solutions d'autorité, mais il ne fallait pas se fier aux apparences. Il était observateur, réaliste et consciencieux ; il avait occupé des postes dans des pays variés : en Pologne, en Inde et il n'était pas insensible aux grandes mutations du monde moderne. Il avait épousé avec une totale conviction la politique d'ouverture adoptée par le chef du gouvernement et il ne nous fut pas difficile de nous mettre d'accord. Il nous paraissait plus périlleux de laisser chauffer à blanc des foyers d'incandescence que de voir traîner des discussions dans un bureau et nous pensions d'ailleurs l'un et l'autre que les ministres se garderaient bien de conclure tant que les fellagha seraient en armes. Profitant des renseignements concordants que nous tenions tous les deux de diverses sources, nous appelâmes à Paris le général Boyer de La Tour qui ne nous contredit point et les bases d'un protocole furent établies dans les journées suivantes. Pierre Mendès France, consulté par télégramme, développa ses réticences qui le conduisaient à une conclusion négative tout en me laissant juge, ainsi qu'il me l'avait dit, de décider dans le sens qui me paraîtrait le meilleur.

« *Les indications qui précèdent sont destinées à vous faire connaître mon état d'esprit en face de ces graves problèmes. Il va de soi que je vous fais toute confiance si des décisions urgentes étaient rendues nécessaires. Quoi que vous décidiez, je vous approuverai. Mais il me semble que nous devons orienter notre politique dans le sens cidessus.* »

Je me considérai comme suffisamment couvert par cette formule et je confirmai mes ordres à la grande satisfaction du ministre et du général.

Démentant les pronostics alarmistes de nos adversaires, dissipant les inquiétudes de nos amis, l'opération se déroula sans accrocs. Habib Bourguiba tenait ses promesses et démontrait son extraordinaire ascendant.

Une mission mixte de Français et de Tunisiens mit au point les modalités et assura l'exécution parfaite du mécanisme pacificateur. Les fellagha se présentaient aux points indiqués, remettaient leurs armes, recevaient reçus et sauf-conduits.

L'opération avait été programmée sur une courte durée, une décade allant du 30 novembre au 10 décembre. Les principaux chefs qui étaient Laschar Chraïti et Sassi Lassaoued se prononcèrent très rapidement en faveur de la « démobilisation » et leurs consignes furent suivies. Le dernier rebelle, Tahar Lassoued, attendit la date limite, mais il se trouvait dans un cas particulier, comme suspect d'avoir commis des meurtres pendant les négociations, aussi se vit-il imposer une reddition inconditionnelle. Le 11 décembre, le bilan s'établissait à 2 713 guerriers ayant fait leur soumission et à 2 105 armes rendues, la plupart en bon état. Je me souviens d'un propos tenu à l'époque par un de nos adversaires, mentionnant que les fellagha disposaient tout au plus de 50 000 cartouches. « Avec ces 50 000 cartouches, dis-je, on peut toujours tuer 50 000 Français et il est plus facile de recompléter des munitions que de ressusciter des trépassés. »

Le succès de l'apaisement, la poursuite des négociations permirent à la France d'obtenir, le 7 décembre, à la session de l'O.N.U., le report, puis l'ajournement des motions relatives à la politique tunisienne. Le 9 décembre, le débat s'ouvrait à l'Assemblée nationale sur la politique du gouvernement et il prit un tour de vivacité. Apres la série des interventions des jusqu'au-boutistes, attaquant pêlemêle les négociations et l'accord avec les fellagha, René Mayer présenta avec modération et autorité une série de critiques et d'avertissements. Il décida, cette fois encore, de voter pour le gouvernement (ce fut la dernière) et rallia un bon nombre de voix radicales, ce qui permit d'obtenir une majorité de 294 voix contre 265. Dans l'ensemble de la polémique, l'opération de l'aman n'avait pas été épargnée, mais on sentait que, sur ce point, les contestataires manquaient quelque peu de conviction. La double réponse de Mendès France faisant valoir d'une part que la guérilla était bien antérieure à son arrivée, et d'autre part posant la véritable question : « Valait-il mieux faire tuer de jeunes Français ? » fit impression même sur les esprits prévenus. Certains cherchaient à renforcer leurs objections et à justifier leur méfiance en faisant allusion à un accord secret, qu'il fut aisé de démentir. En réalité, chacun était surpris que tout se fût passé aussi bien.

Un théâtre d'ombres.

Le retour de l'ordre ne facilita pas comme nous l'avions espéré la conclusion des accords. Pierre Mendès France, dans son télégramme, avait évoqué avec optimisme la possibilité de conclure en quelques jours ! Les choses traînèrent jusqu'à son départ et même, comme je pus le constater, quelque temps au-delà.

Ces tergiversations, cette procrastination pouvaient être imputées à diverses causes. On ne saurait escamoter les difficultés proprement techniques des problèmes qui, vus rétrospectivement, nous paraissent chétifs ou fictifs, mais qui n'en étaient pas moins fort épineux : c'est justement sur le détail que les discussions sont le plus ardues. D'autre part, les Français avaient du mal à comprendre que la marge des négociateurs tunisiens était étroite. J'eus l'occasion d'expliquer un peu plus tard, lors de mon exposé devant l'Assemblée, que nous-mêmes n'avions pas intérêt à obtenir trop de concessions de nos partenaires car, au-delà d'un certain succès dialectique, nous prenions le risque de les compromettre aux yeux de leurs mandants et de leur retirer un crédit à défaut duquel, justement, ce que nous pouvions obtenir d'eux partirait en fumée. Enfin, il fallait surtout tenir compte de la présence en arrière-plan d'un homme, Habib Bourguiba, et d'une politique, la sienne. Il était illusoire de penser que les rapports franco-tunisiens pourraient être réglés sur la scène d'un théâtre d'ombres. Les ministres, Tahar Ben Amar, Masmoudi, Mongi Slim, n'existaient que par délégation et la solution finale serait retardée jusqu'au moment où Habib Bourguiba pourrait apparaître, tel le *deus ex machina*.

Pierre Mendès France avait accepté de rencontrer Bourguiba, mais de façon secrète, au domicile de Charles Gombaut, et la confidence fut bien gardée.

Il crut sans doute que ce geste serait suffisant et, de l'autre côté, on eut le tort de ne pas mettre les points sur les i. Pierre Mendès France s'évertua à hâter les négociations qu'il conduisait lui-même, au cours de séances qui se prolongeaient fort avant dans la nuit. C'est ainsi que l'occasion me fut donnée de lui téléphoner, vers les deux heures du matin, à l'hôtel Matignon, lorsque je fus informé de l'attaque dirigée contre moi par *l'Express*.

CHAPITRE XLV

LA CONTRAINTE DES FORCES COACTIVES ET LA MARGE D'INDÉCISION DE L'HISTOIRE

Tout se juge par défaut...

« Tout se juge par défaut jusqu'au moment où un grand homme apparaît. » Cette formule de Walt Whitman, que j'avais dédiée au général de Gaulle (1), trouvait tout aussi bien son application à la méthode de Pierre Mendès France, fort proche, sur ce point comme sur d'autres, de celle du général. Comme cela s'était produit pour l'Indochine et pour la Tunisie, Pierre Mendès France pensait que son irruption dans la procédure modifierait les données d'un vieux procès, parvenu à son point de blocage, celui de la Communauté européenne de défense. Etait-il indispensable de l'aborder tout de suite ? On voit aujourd'hui clairement qu'il eût été préférable de se donner un peu de temps.

Ce sujet ne comportait aucune contrainte comparable a celle qu'exerçaient la guerre ouverte en Indochine et la guerre larvée de la rébellion tunisienne. Cependant une double et très forte pression politique s'exerçait sur Pierre Mendès France. D'abord de l'extérieur : les Etats-Unis étaient attachés au traité comme Vénus à sa proie. Pierre Mendès France avait obtenu, grâce à son ascendant personnel auprès du général Bedell Smith, puis de Foster Dulles, l'aval de l'Amérique dans l'affaire indochinoise, et il se montrait soucieux de ne pas braquer nos puissants alliés dont l'attitude à son égard demeurait incertaine. L'insistance était plus forte encore du côté de nos partenaires européens et principalement de l'Allemagne. pressée de mettre fin à son statut de puissance occupée, résolue à réclamer son droit au réarmement si la C.E.D. n'était pas ratifiée

(1) « Légitimité de la France en guerre », *la Nef*, Alger, 1943.

dans les formes prévues par les textes. Cela dit, que pouvaient faire les uns ou les autres si nous refusions d'adopter le rythme qu'ils entendaient nous imposer ? Il semble que les Anglo-Saxons envisageaient de rendre leur bizone à l'Allemagne, nous laissant agir à notre guise pour la nôtre. Etait-ce si terrible ? Et il n'était guère concevable qu'ils décident, contre notre gré, du réarmement de nos ennemis d'hier.

D'autre part, les pressions intérieures : elles étaient fortes mais non pas irrésistibles. Les partisans les plus chaleureux de la C.E.D. au M.R.P. et à droite, ne figuraient pas parmi nos soutiens. Les radicaux et les socialistes étaient divisés en fractions sensiblement égales et auraient pu s'accommoder d'un sursis. Pierre Mendès France n'aurait pas été le premier à « laisser le cadavre dans un placard » : l'expression était de Bidault.

Mendès décida de tenter ce que l'on appelle, dans le langage du joueur aux courses, le coup de trois. On parlait depuis longtemps d'une conférence qui réunirait les puissances européennes signataires du traité. La date en fut fixée au 19 août, le lieu à Bruxelles, et le gouvernement accepta un débat devant l'Assemblée nationale pour le 24 août.

Présumant à l'excès des possibilités que donne le génie intellectuel de l'appréhension des problèmes (j'ai commis à quelques reprises, génie ou pas, une erreur analogue), sous-estimant aussi l'obstination de ses adversaires, ou surestimant leur capacité de saisir une occasion inespérée, Pierre Mendès France avait fait choix dès le début de son thème d'orientation. Il ne pouvait ni ratifier le traité tel quel ni le rejeter purement et simplement, car aucune de ces deux attitudes ne justifiait la maxime de Walt Whitman et même on peut dire qu'aucune des deux ne lui apparaissait véritablement satisfaisante, ce qui était aussi mon sentiment.

Il fallait donc trouver une formule différente : un compromis, une synthèse, un dépassement, « appelez-le comme vous voudrez ». Cependant aucune subtilité, aucun schéma transfigurateur ne pouvait changer le fait que le *refus du refus* de la Communauté européenne de défense ne pouvait être que l'acceptation d'*une* C.E.D. et qu'*une* C.E.D. quand elle existerait ce serait nécessairement *la* C.E.D. Mendès France et ses collaborateurs ne le comprirent qu'à moitié, car ils étaient emportés dans l'optimisme de l'élan créatif. Les partisans de la C.E.D., qui, eux, avaient tout intérêt à le comprendre, ne le comprirent pas du tout.

Les cédistes s'attachèrent à créer, contre leur intérêt le plus évident, une véritable intoxication. Ils crurent, firent croire et tentèrent de faire croire que la ratification française — la seule qui manquât — était dans la poche, que le traité, tel quel, était assuré d'une majorité au Parlement français, dès lors que le gouvernement le souhaiterait, ou, à tout le moins, n'y ferait pas obstacle. Pierre Mendès France et moi-même savions bien, nous, qu'il n'en était rien. Nous avions monté ensemble, en février 1952, notre manipulation de la question de confiance pour éviter l'échec qui sans cela eût été patent. Les quarante voix de majorité qui avaient été obtenues par cet audacieux stratagème étaient en réalité arrachées à des adversaires, au bénéfice d'une formule hybride qui avait permis au groupe socialiste de couvrir par un vote unique son irréparable division. Même si Mendès avait mis son autorité dans la balance, son prestige de pacificateur de l'Indochine, de promoteur de la dernière chance en Tunisie, il n'aurait pu obtenir la ratification du traité tel qu'il était. En proposant de le modifier, il tentait une opération comparable à celle de l'ordre du jour de 1952, et cette opération-là pouvait réussir. Elle *devait* réussir si elle n'avait pas été combattue justement par ceux qui y étaient intéressés et qui auraient dû être capables de feindre le mécontentement sans lui donner sa suite logique (tactique que les plus modérés parmi les adversaires avaient été, eux, capables de concevoir).

Un travail formidable...

Pressé par le temps, Pierre Mendès France se livra dans un secret absolu à un travail formidable, qui ne pouvait échapper au reproche d'être quelque peu bâclé, et qui se traduisait par une liasse de quelque cent cinquante amendements dont l'importance, comme on le conçoit, n'était pas uniforme. Cette façon de procéder pouvait susciter la raillerie, mais elle répondait à une utilité primordiale : si l'on voulait ménager des chances suffisantes de succès, il fallait donner l'impression que la part de la nouveauté, par rapport au texte initial, était considérable. Et comme aucune disposition particulière ne pouvait équilibrer le fait que la C.E.D. sortait des limbes pour entrer dans la réalité concrète de la vie, seule une formidable addition de ces clauses nouvelles pouvait créer l'illusion de la consistance de chacune. Le document d'ensemble fut présenté globalement et assez confusément malgré la clarté d'esprit de l'auteur à un Conseil des ministres tenu le 13 août. Un scénario ingénieux fut mis au point comportant le départ des trois ministres républicains sociaux qui symbolisaient la résistance de leur groupe à l'« européisation » : le général Kœnig, Maurice Lemaire et Jacques Chaban-Delmas. Plusieurs autres ministres du même groupe demeuraient, eux, à leur poste : Christian Fouchet, Diomède Catroux et Henri Ulver (ces deux derniers n'ayant rang que de secrétaires d'Etat). Les partants signifiaient par leur geste qu'ils ne pouvaient endosser la responsabilité du projet; mais il était prévu qu'ils reprendraient leurs portefeuilles lorsque l'affaire aurait été réglée par un vote (que l'on pouvait supposer favorable) de l'Assemblée. Cet accord ne comportait guère de tricherie, car le caractère provisoire de la démission ne fut nullement dissimulé. Les ministres ne furent pas remplacés, leurs départements respectifs furent simplement confiés à des intérimaires, et, de surcroît, chacun choisit son propre substitut, pour être sûr de retrouver ses dossiers en bon ordre. Jacques Chaban-Delmas, qui se trouvait assis près de moi, me parlait lui-même de son intérim : « Es-tu bien avec Mitterrand ? lui demandai-je. — Oui, très bien. — Alors, tu pourrais t'adresser à lui. » Finalement il désigna Maurice Bourgès-Maunoury.

Avant d'aborder le débat parlementaire, il fallait franchir l'épreuve de la réouverture de la négociation qui serait l'affaire de la conférence de Bruxelles. Dès le 2 juillet, le chancelier Adenauer avait fait connaître, dans une interview retentissante, que le traité était à prendre ou à laisser. A défaut de C.E.D., il affirmait qu'il faudrait bien créer une armée nationale allemande : il n'était pas question de reprendre des négociations sur un nouveau traité. Le 13 juillet Pierre Mendès France avait eu un long entretien avec Foster Dulles, qui, au début, avait adopté la même position, mais qui avait paru s'amadouer par la suite. « Pourquoi voulez-vous changer le traité, avait attaqué le secrétaire d'Etat, puisque la ratification est assurée devant le Parlement ? » Et il avait produit un décompte de voix dont il résultait qu'une nette majorité était acquise. Pierre Mendès France lui avait alors exposé patiemment que lui, Foster Dulles, ne pouvait connaître aussi bien que les hommes d'Etat français les arcanes de notre politique intérieure. Il avait démonté et démontré la psychose irréductible des rebelles socialistes. Le secrétaire d'Etat avait paru convaincu. Sans doute il ne l'était pas suffisamment, ou peut-être l'avait-on, depuis, de nouveau « désinformé », car le même décompte fallacieux continuait de circuler et ses instructions données à l'ambassadeur Bruce ne tinrent aucun compte du moindre assouplissement.

Je devais m'absenter le soir même du 13 août, jour du Conseil, pour prendre une courte période de vacances avec ma famille qui avait déjà quitté Paris. Nous avions loué une villa sur la côte italienne, en un lieu appelé Forte di Marmi, avec nos amis Guy et Laurette Dorget (Guy Dorget était alors consul général de France à Florence). Dans l'après-midi, Pierre Mendès France me fit connaître son intention de m'adjoindre à la délégation qui l'accompagnait à Bruxelles. Il devait être normalement assisté de Bourgès-Maunoury qui était ministre de la Défense, et de Guérin de Beaumont, secrétaire d'Etat aux Affaires étrangères. Ma compétence n'était pas requise car les problèmes en discussion n'étaient pas d'ordre financier, mais Pierre Mendès France désirait ma présence en raison du crédit dont je pouvais disposer dans une négociation internationale, et aussi parce qu'il aimait m'avoir auprès de lui pour me consulter. « Je ne voudrais pas être entouré seulement de cédistes de pleine obédience, me dit-il, et je crois que tu es considéré, malgré le vote de février 1952, comme penchant plutôt de l'autre côté. — J'ai conçu en effet, précisai-je, quelques réserves depuis cette époque, mais, de toute façon, je souhaite le succès de ta formule. Un clash sur le problème signifierait la condamnation de ton gouvernement et il faut que tu puisses continuer ton œuvre. Ce que je redoute surtout avec la C.E.D. et ce qui m'en a quelque peu éloigné au cours de ces derniers mois, c'est qu'elle nous rend plus difficile l'utilisation de notre armée en cas de troubles outre-mer, mais ta politique doit permettre d'éviter un engagement militaire trop prononcé. » (Peu d'entre nous songeaient alors à un grave risque algérien, nous n'étions pas suffisamment informés ; les personnes clairvoyantes se préoccupaient de la Tunisie, du Maroc évidemment, de Madagascar et de certains points d'Afrique noire).

Une lecture peu encourageante...

Je ne renonçai pas à mon départ, mais j'abrégeai mon séjour sur la Riviera italienne. Le 18 août, jour de mon anniversaire, j'allai prendre à Pise, dont je saluai la Tour penchée, un petit avion du G.L.A.M. qui me conduisit à Bruxelles où je retrouvai dans la soirée Jacques Duhamel. Nous résidions au Palace, car l'ambassadeur ne pouvait héberger tout le monde dans son hôtel de l'avenue Louise. Le lendemain, j'arrivai tout guilleret à l'ambassade, à l'heure du petit déjeuner, et je vis tout de suite qu'il y avait de la catastrophe dans l'air. Pierre Mendès France dépliait et repliait les journaux, passait et repassait de l'un à l'autre. Une offensive concertée était déclenchée dans la presse du matin. André Philip, socialiste et très européen, dans *Franc-Tireur,* Robert Schuman, le porte-étendard de l'Europe, dans *le Figaro,* mettaient en garde nos partenaires et, en termes plus ou moins voilés, les incitaient à résister à toute tentation de modifier le traité. C'était la position irréductible des jésuites : *sint ut sunt, aut non sint !* Il est bien évident que si ces articles paraissent le même jour, et justement ce jour-là, ce n'est pas l'effet d'une coïncidence. Les meneurs de jeu croient toujours à la possibilité. voire à la facilité, de la victoire parlementaire. Ils pensent que si nos partenaires durcissent leur position, Pierre Mendès France sera tenu de s'engager, et que le débat, d'ores et déjà fixé au 24, se terminera favorablement. Ce calcul absurde est accepté par les européistes français aveuglés par la ferveur de leur conviction et par l'impatience qu'ils éprouvent de sortir de l'impasse où ils se sont enfermés, de ministère en ministere depuis trois ans.

... et un entretien déprimant.

« Invisible et présente », très vite la puissance américaine, sans jamais devenir voyante, allait se faire un peu plus... visible. Pierre Mendès France apprit dans la soirée que David Bruce, ancien ambassadeur à Paris, représentant de l'Amérique à la C.E.C.A. venait d'arriver à Bruxelles où il devait coordonner et galvaniser la résistance des Cinq. Il chercha à établir le contact avec cet envoyé très spécial, qui se déroba et fit prétendre que, fatigué par le voyage, il dormait. Pierre Mendès France, dont l'anxiété croissait, parvint à atteindre un certain M. Tomlinson, qui accompagnait Bruce, et qui était fort connu à Paris, où il avait séjourné quelque temps. Il s'occupait de régler les problèmes financiers relatifs à l'aide américaine et faisait de son mieux pour nous aider. Maurice Petsche l'aimait bien et l'appelait par un diminutif (quelque chose comme Tommy).

Je n'avais point assisté à la première séance car la décision avait été prise, compte tenu à la fois de l'exiguïté des locaux et des effets bienfaisants que l'on attribuait à une atmosphère intime, de limiter les présences à deux personnes pour chaque gouvernement. N'ayant rien à faire je m'étais rendu au cinéma avec Jacques Duhamel ; la chance ne nous avait pas guidés, et nous n'avions pu voir qu'un misérable navet, dont j'ai oublié le titre : je me souviens d'une femme nue dans un paysage africain. Le vendredi matin, je vis Mendès, non pas à son petit déjeuner (il l'avait pris dans sa chambre) mais dans son bureau. Il paraissait fatigué et plus encore préoccupé, les yeux cernés, l'expression tendue. Son entretien avec Tomlinson s'était prolongé jusqu'à trois heures du matin. Je ne l'avais jamais senti aussi soucieux, même lors de la négociation indochinoise. Il m'expliqua que son interlocuteur s'était montré dur, fermé à tout compromis, à tout raisonnement, et ce n'était qu'un personnage de second plan qui prenait cette attitude intransigeante ! Pierre Mendès France me transcrivit certains de ses propos dont l'un n'a pas quitté ma mémoire : « Vous croyez que vos ministres vous soutiendront, disait-il, mais vous vous trompez. Ils donneront leur démission le 24 août. » Il parlait naturellement des ministres cédistes et le 24 août était la date prévue pour l'ouverture du débat parlementaire.

Un peu plus tard dans la matinée, je déambulais avec Maurice Bourgès-Maunoury dans la cour de l'ambassade qui forme un petit cloître. « Mendès voit les choses en noir, me dit-il, il pense que je vais démissionner. Il n'en est pas question, je n'ai rien à lui reprocher, il tient ce qu'il avait annoncé. »

La conférence devait reprendre à 17 heures et cette fois je devais y assister. Entre-temps, je me rendis à un déjeuner où j'avais été invité par Paul-Henri Spaak en compagnie de Guérin de Beaumont. Je connaissais bien le ministre belge des Affaires étrangères, il comptait sur mon esprit transactionnel, internationalement connu, pour améliorer la situation qui, la veille, lui apparaissait très crispée. Je lui dis que je comptais plus encore sur le sien qu'il ne comptait sur le mien car la stratégie adoptée jusque-là par les Cinq ne pouvait déboucher que sur la crise. Spaak lui-même me parut sincère dans sa volonté d'arrangement, il envisageait quelques concessions sur des points mineurs. Il semblait représenter le pôle de la conciliation, alors que son homologue des Pays-Bas, Beyens, diplomate d'origine, ministre non parlementaire, galvanisait le front du refus. Ces deux hommes, qui exerçaient des fonctions identiques dans des pays d'envergure comparable et qui étaient généralement d'accord sur le fond des problèmes, présentaient un double contraste : le Néerlandais arborait un perpétuel sourire et se confondait en effusions mais il se montrait opiniâtre et imperméable à l'esprit de transaction. Le Belge paraissait toujours préoccupé, souvent grave mais ses dispositions étaient le plus souvent conciliantes. Je me demandais s'il n'y avait pas entre eux une convention secrète pour le partage des rôles.

Ce conseil est très bon...

Je développai au cours de la conversation qui accompagnait un bon repas deux arguments qui me parurent porter quelque peu. Le premier se rattachait à mon expérience du débat de février 1952 où j'avais dû retirer et poser à nouveau, en termes différents, la question de confiance, bénéficiant d'ailleurs, à cette occasion, du conseil et de l'appui de Pierre Mendès France. Faute de quoi le projet aurait été désavoué dès cette date. L'autre était tiré de l'exposé présenté par Pierre Mendès France lui-même lors de son investiture manquée en 1953. J'y avais pensé au cours de la matinée et je m'en étais fait lire le texte au téléphone par un collaborateur de permanence demeuré à Paris. Cette déclaration démontrait la sincérité du président du Conseil dans sa position actuelle en faveur de la C.E.D., mais elle faisait aussi apparaître dès cette époque qu'une nouvelle négociation serait nécessaire. Il soulignait que les gouvernements français successifs et le Parlement lui-même avaient montre leur préférence pour l'incorporation des contingents allemands à une force internationale, plutôt que de voir reconstituer une armée allemande. « Cette solution est d'ailleurs plus favorable à l'indispensable réconciliation franco-allemande. » Il rappelait que c'était nous, les Français, qui avions amené nos alliés à cette politique. Mais il disait aussi : « Les traités qui nous sont soumis sont loin de correspondre à ce que le Parlement envisageait à l'origine... le Parlement ne connaît pas exactement les protocoles... », et il définissait de façon poignante la difficulté du choix pour nos compatriotes. « Il n'en est pas un parmi nous qui ne ressente à la fois les raisons qui militent dans l'un et l'autre sens... La division sur ce point, elle n'est pas entre les Français, elle est dans la conscience de chacun d'eux. »

Cette formule était d'ailleurs pleinement valable pour l'ensemble des grandes options de l'époque et notamment pour le problème colonial.

— Vous voyez, dis-je à Spaak, les positions de notre président ne sont pas manœuvrières. Elles expriment sa conviction. Si vous le suivez dans son approche il ne vous décevra pas. Il posera la question de confiance sur le texte revu et rectifié. Dès lors, il apporte les voix du gouvernement qui font déjà presque la balance, plus celles de quelques indécis et le succès est aussi bien assuré dans cette voie que l'échec dans l'autre.

Je laissai l'entretien flâner dans quelques digressions, puis, au moment du café, je pris une grande aspiration et je me lançai à l'attaque de la redoute.

— Cher monsieur Spaak, lui dis-je, je suis moi-même assez réticent sur le sujet de la C.E.D. mais je passerai là-dessus. Vous êtes, vous, n'est-il pas vrai, un partisan convaincu, un zélateur acharné de cette institution ?

— En effet.

— Alors je vais vous faire une recommandation, et croyez-moi elle est très précieuse. Je vous donne le moyen imparable de faire triompher une cause à laquelle vous tenez si fort. Si vous m'écoutez vous m'en serez reconnaissant à l'avenir.

— ?

— Vous allez entrer tout à l'heure dans la salle de conférences de votre ministère, vous allez chapitrer vos quatre collègues et vous allez accepter tous les amendements de Pierre Mendès France, vous m'entendez bien, tous, sans aucune exception. Ce soir, la C.E.D. va naître (j'entends bien qu'il faut quelques semaines pour la procédure mais ce délai n'est que de forme). Vous pouvez imaginer dès demain matin le nouveau drapeau de l'Europe des Six montant aux pavois de toutes les casernes. N'est-ce pas l'essentiel ?

Il parut suffoqué.

— Mais savez-vous, me demanda-t-il, combien de moyens de sortir de la C.E.D. ces textes donnent à la France ?

— Je ne le sais pas exactement, lui dis-je, car les textes, par souci de convenance envers nos partenaires, doivent encore être tenus secrets et les dossiers n'ont pas été diffusés. Je n'ai pu consulter qu'hier soir celui qui m'a été remis en ma qualité de membre de cette délégation et je n'ai fait que le feuilleter. Je n'ai nullement l'intention de me livrer à une étude exhaustive car cela ne servirait à rien et ce n'est pas moi qui dirige le débat pour la France. Vous me dites que nos amendements prévoient diverses échappatoires qui nous permettraient de sortir de la C.E.D. La question n'est pas de savoir si nous pourrons en sortir mais si nous allons y entrer. Vous savez que les institutions qui existent ont une force d'autoconstruction, une dynamique de survie. Si nous y entrons, croyez-moi, ce sera irréversible. Au demeurant, il faut prendre le risque !

Je m'amusai à terminer sur la conclusion de la célèbre lettre de Valmont : « Ce conseil est bon, très bon. Si tu le trouves mauvais, ce n'est pas ma faute (1). »

Paul-Henri Spaak fit plus tard allusion à cette conversation en présence d'un ami qui me relata ses remarques. « J'ai pensé qu'Edgar Faure plaisantait, qu'il donnait volontairement à ses propos une tournure provocante comme cela lui arrive souvent : oh ! que ne l'ai-je écouté ! »

Lorsque la séance reprit dans l'après-midi la règle du *numerus clausus* avait été levée et je pus occuper ma place au rang de la délégation française. La salle du ministère des Affaires étrangères où se tenait notre réunion était de dimensions relativement modestes eu égard au nombre des participants. Sans que notre position fût à proprement parler incommode, nous nous sentions resserrés, entassés, peu libres de nos mouvements et cela contribuait à l'atmosphère d'oppression et de malaise qui pesait sur nous (tel est du moins le souvenir que j'ai gardé). La mauvaise volonté, le présage de l'échec étaient presque physiquement perceptibles sous cette lumière blafarde et dans cette touffeur épuisante.

J'intervins plusieurs fois, en prenant garde de ne pas sortir des seconds rôles, et je pense avoir, à quelques reprises, amorcé un virage vers un rapprochement possible, mais ce ne fut que sur des points secondaires, et je dois bien reconnaître que mon entrée en lice ne changeait pas l'allure du tournoi. Le nombre des « issues » posées

(1) Laclos, *les Liaisons dangereuses*.

par les amendements de Mendès, l'apriorisme négatif des Cinq créaient une impression fastidieuse de redites et de monotonie.

La tristesse de l'échec.

J'étais arrivé à Bruxelles dans un état d'esprit serein, ne me sentant pas « engagé », mais peu à peu je me prenais au jeu et je frémissais de ne pouvoir davantage imprimer ma force de volonté sur le déroulement désordonné et sur le jeu chaotique de cet étrange colloque. Ma disposition naturelle et dirais-je organique à rapprocher des positions différentes et à voir les problèmes sortir de l'indécision me portait à m'attacher à une cause qui, jusque-là, m'inspirait plus de doute que d'enthousiasme, et je souffrais presque physiquement, comme on ressent le « préneige », de sentir l'imminence et l'inéluctabilité de l'échec.

Au cours d'un entracte, dans le salon voisin, le chancelier Adenauer m'attira sur un siège près de lui et, sortant de sa poche un petit papier qu'il mit sous mes yeux, il entreprit de le commenter dans un français hésitant. Je reconnus un pointage de voix à l'Assemblée nationale française ! Foster Dulles n'avait rien compris, ou rien transmis, David Bruce n'avait pas désabusé ses pupilles. On avait fait le coup à Mendès la première fois. Qu'on me le fasse à moi, Edgar Faure, cela passait les bornes ! N'avais-je plus la réputation d'un fin manœuvrier parlementaire ? Comment pouvais-je convaincre le chancelier de son erreur, là, en quelques minutes, alors que je ne parlais pas allemand, et que l'affrontement était déjà si avancé ? Cet incident m'a ancré dans la conviction que nos partenaires comptaient faire céder Mendès, et, s'il ne cédait pas, obtenir l'accord de l'Assemblée. Mais cet aveuglement n'était-il pas volontaire ?

La journée du samedi fut occupée par le travail des experts, selon l'usage des conférences internationales, mais, contrairement à cet usage, *ce n'étaient pas les experts qui décidaient.* Ils n'avaient pas pouvoir de maquignonner et de marchander entre eux comme d'habitude pour nous refiler le *package deal,* le paquet. Je reçus dans ma suite du Palace deux visites contradictoires : celle de Sauvagnargue, européen acharné, atterré justement de la rétrogradation subie par les techniciens qui seuls pouvaient sauver l'affaire ; celle de Parodi, adversaire résolu. L'un et l'autre me demandaient de mettre tout mon crédit dans la balance (du traité), mais chacun désignait un plateau différent. Nous nous rejoignîmes à 17 heures, une nouvelle suspension intervint, on se retrouva à 20 heures, et après sept heures de tâtonnements et d'ânonnements, la fatigue décida pour nous. Les groupes compacts des délégations se défirent. Une sorte de tristesse passa sur notre assemblée. Pierre Mendès France se leva de sa place et alla jusqu'à l'autre bout de la table, où se tenait Adenauer.

Il s'assit près de lui et commença de lui parler en allemand. Je ne savais pas que Pierre Mendès France connaissait cette langue ; en fait il n'en avait qu'une pratique imparfaite ; il voulait faire un geste d'amitié, peut-être de regret, peut-être guetter une reprise.

A la sortie du ministère belge, Pierre Mendès France s'engagea à pied dans la direction de l'ambassade de France qui n'était pas éloignée. Je marchais près de lui, d'autres suivaient, des collaborateurs de Mendès et aussi des journalistes, notamment mon excellent ami Raymond Hubert de l'A.F.P., mais oui, lui-même, l'ancien éditeur de *l'Ours en peluche,* l'auteur de *la Ballade du général Dourakine*, et de *la Fille de joie et l'Homme de peine*.

« Se sont rencontrés dans l'aube incertaine », disait ce poème ironique, et nous étions presque, nous aussi, dans l'aube incertaine. Je sentais que Mendès était profondément affecté de cet échec. Et cela, non pas seulement parce que c'était un homme qui n'aimait pas échouer, ou parce qu'il sentait que, dès lors, son expérience était condamnée à terme. Il y avait autre chose. Il avait le sentiment d'une injustice, d'un illogisme. Il avait fait ce qu'il fallait, ce qu'il devait ; il aurait dû gagner, il était injuste que le succès se dérobât, succès qu'il n'envisageait pas seulement pour lui, mais pour la France, pour l'Histoire. Le Tribunal du Destin s'était trompé, il y avait déni de justice. Et il y avait rupture de logique. *Si l'Histoire était logique, la C.E.D. eût été sauvée.*

C'est là probablement que gisait notre erreur.

Cette affaire est un des cas les plus nets que je connaisse où une grande cause paraît à la merci d'une chétive combinaison d'aléas accessoires.

Si David Bruce avait consenti à ne pas se coucher de bonne heure ou à se relever et s'il avait pu avoir lui-même, et non par l'intermédiaire de Tomlinson, un entretien complet et confiant avec Pierre Mendès France...

Ou si David Bruce, qui me connaissait bien et avec qui j'avais élaboré le sauvetage de la C.E.D. en 1952, avait eu l'idée de me voir et si j'avais pu essayer sur lui, plutôt que sur Paul-Henri Spaak, qui n'était pas le vrai maître du jeu, mon argument-boulet du « tout accepter tout de suite »...

Si, dans la nuit du 21 au 22, un éclair de lucidité avait saisi l'un et l'autre camp, peut-être même l'un ou l'autre, si l'on avait aperçu que, certains aménagements du texte étant déjà acquis, il n'était pas impossible de dégager des formules intermédiaires sur les autres et si l'on s'était donné quinze jours de répit, etc.

Une institution improbable.

Est-il possible de considérer qu'une option aussi considérable a vraiment dépendu de ce fétu de hasard ? A la réflexion et à distance il apparaît bien que non. La C.E.D. était *une institution improbable*, en tout cas prématurée dans l'état de la situation générale en 1954, alors que le processus de décolonisation, pour la France, était à peine amorcé. Elle n'était même pas recevable dans la conscience européenne malgré l'impression inverse que pouvait donner la position commune adoptée par nos partenaires. Nul n'avait vraiment ressenti la nécessité d'une armée européenne ; c'est la nécessité *d'une armée allemande* qui s'imposait aux esprits et qui, en réalité, s'imposait par la raison à ceux mêmes qui la rejetaient par réflexe sentimental. L'armée européenne n'avait surgi que comme alibi du réarmement germanique ; elle n'était pas aimée pour elle-même, elle n'était pas voulue pour elle-même ; elle n'était qu'un état de prise de conscience européenne... par l'Amérique. Et si nous scrutons justement la psychose de résistance provoquée par les projets de Pierre Mendès France, nous en venons à noùs demander si l'attitude unifiée des Cinq traduisait bien leur attachement à la C.E.D., s'il ne convient pas d'y lire la préférence intime pour une solution allemande directe.

D'un point de vue téléologique, on peut considérer que Pierre Mendès France avait été appelé pour terminer la guerre d'Indochine et pour, en même temps, selon la même dynamique, marquer une nouvelle étape de décolonisation sur le point alors le plus sensible, c'est-à-dire la Tunisie. C'était là deux exigences en profondeur et les contraintes de l'Histoire exerçaient leurs pressions vers ce double acheminement. Une combinaison analogue et tout aussi vigoureuse de forces coactives agissait pareillement en direction d'un réarmement de l'Allemagne mais non point spécifiquement de son réarmement *maquillé*. Cette force avait rencontré une première résistance sur son trajet normal, elle avait suivi la voie dérivée, s'était heurtée à un obstacle plus redoutable encore, avait glissé de nouveau et avait retrouvé son chenal naturel, le chemin désormais devenu libre vers le réarmement direct. Cela s'explique assez bien. La C.E.D. suscitait une double négation : celle des adversaires de tout réarmement allemand et celle des adversaires de l'Europe. Délesté de la contenance institutionnelle européenne, le train devenait beaucoup plus léger, il ne perdait rien de sa force de traction, due principalement a la motrice américaine, et il ne rencontrait plus qu'une opposition réduite, lassée et désabusée. Dès lors le convoi devait passer et il passa.

La différence entre les deux schémas dynamiques est facile à percevoir par une simple constatation d'évidence. L'Amérique (qui est ici le pôle de puissance irrésistible) ne pouvait pas faire une Communauté européenne de défense *sans la France,* mais elle pouvait à la limite faire une armée allemande *sans le consentement de la France.* Sans doute, une telle action aurait-elle entraîné de graves problèmes politiques. Mais elle était parfaitement réalisable et l'inertie ne pouvait suffire à la bloquer. C'est une loi de nature que l'on oppose toujours une moindre résistance à ce que l'on ne peut pas éviter. Il n'y avait aucun moyen de faire monter le drapeau européen au pavois des casernes françaises, pour reprendre l'image dont j'avais usé avec Paul-Henri Spaak, mais il y avait mille moyens d'obliger le gouvernement français à tolérer la réapparition des uniformes allemands dans les casernes... allemandes.

Comme le dit Montesquieu, à propos de la chute de l'Empire romain, *l'allure générale entraîne avec elle les accidents particuliers*

CHAPITRE XLVI

« L'ALLURE GÉNÉRALE ENTRAÎNE AVEC ELLE LES ACCIDENTS PARTICULIERS »

Faut-il dévaluer ?

Quelques heures après notre séparation nocturne, je rejoignis Pierre Mendès France dans son bureau de l'ambassade, où il m'avait donné rendez-vous. Une nouvelle réunion des ministres était prévue pour l'après-midi du dimanche, afin d'esquisser les termes d'un communiqué ; mais il s'agissait là d'un simple épilogue, où ma présence n'eût été d'aucun secours. Aussi avais-je prévu de partir dès après le déjeuner pour pouvoir assister, à Saint-Laurent-du-Jura, auprès de mon colistier Gilbert Bouvet, à la Fête du Sapin ; ainsi alternent les emplois du temps des hommes politiques dans les démocraties. Je trouvai mon président, cette fois, au mieux de sa forme. Une solution tranchée, même quand ce n'est pas de la façon la plus souhaitée, emporte toujours un effet d'apaisement psychologique, et Pierre Mendès France avait déjà mis au point, avec ses incomparables ressources d'énergie et d'invention, un schéma de remplacement.

— Je vais jouer sur l'Angleterre, me dit-il. J'avais déjà, à toutes fins, pris rendez-vous avec Winston Churchill. Je dois le rencontrer demain. Je me rendrai directement d'ici à Londres. N'est-ce pas un symbole ? Puisque la petite Europe se rétracte, nous allons nous adresser à une plus grande Europe, ce qui est d'ailleurs conforme à nos vues permanentes. Mais ce n'est pas pour cela que je t'ai demandé de venir. Je vais être bientôt allégé quant à la gestion des affaires extérieures qui me tient à la gorge depuis le premier jour. Je me propose donc de m'occuper de plus près avec toi du secteur de l'économie. Je pense que le moment serait venu de prendre une initiative d'envergure. En fait, une dévaluation qui serait l'indice d'un nouveau départ. Qu'en penses-tu ?

Je répondis sans ambages que rien ne me semblerait plus inopportun.

— J'ai déjà fait la même réponse, lui dis-je, l'année dernière a pareille époque à Joseph Laniel (la comparaison qu'évoquait ce rappel lui fit froncer les sourcils et j'esquissai avec un sourire un geste qui excluait toute assimilation) et cependant les circonstances pouvaient paraître, à ce moment-là, plus justifiées qu'aujourd'hui.

J'énonçai alors deux arguments, l'un technique, l'autre politique.

— Nous avons eu, depuis lors, le plan de dix-huit mois. En fait, ce plan a été amorcé avant même d'être annoncé, il est aujourd'hui dans la plénitude de son période et cela est impressionnant. Veux-tu considérer l'indice de production du mois de mai qui est le plus significatif puisqu'il s'établit avant le début des vacances. Il s'élève à 159, en augmentation de 12 points sur celui de mai 1953, ce qui correspond à une croissance de 8 % en moyenne annuelle extrapolée.

« Quant aux prix, ils ne bougent pratiquement pas. Les prix de gros sont stables sur la base du cours de 1953 ce qui est évidemment une circonstance favorable mais nous avons connu des époques où les prix de détail *montaient* alors que les prix de gros *baissaient!* Voyons maintenant les prix de détail. En juin 143,8, en juillet 141,9, moyenne de 1953 : 143,3. Les salaires haussent régulièrement, le pouvoir d'achat augmente, les impôts ont diminué et diminueront encore, les réserves se reconstituent, le commerce extérieur s'équilibre. *Ce n'est qu'un début.* A la fin du plan, et même avant, nous serons dans une situation exceptionnellement brillante et l'Europe, qui naguère nous traitait avec commisération, nous regardera avec envie. J'aimerais bien voir cela. Une opération monétaire peut tout bousculer et peut tout compromettre.

— Tu es un excellent gestionnaire, me dit Pierre Mendès France et, voyant mon expression, il ajouta, et même un peu plus que cela, je te l'accorde, mais tu sais bien que mon nom est associé, pour le pays, à l'idée d'une politique d'innovation, d'une politique de réforme.

— En fait d'innovation, lui dis-je, je pense qu'il est difficile d'en trouver une plus importante que celle qui consiste à passer d'un état de récession à un état d'expansion. Quant aux réformes, peux-tu en imaginer une plus formidable que celle qui est pratiquement passée inaperçue, sauf des spécialistes, la taxe à la valeur ajoutée ? Nous nous demandions presque chaque jour mes collaborateurs et moi si nous allions vraiment prendre le risque et nous avons attaché nos ceintures. Nous avons d'ailleurs, selon ma méthode résolument expérimentale, procédé par étapes et avec prudence. Cette réforme contient en elle-même une bonne moitié de la recette de l'expansion. Elle est productiviste, elle est « équipementière » Elle est en cours d'application et ses bénéfices vont se renouveler en un cycle autogénérateur.

— Il y a beaucoup d'autres choses à faire, dit Pierre Mendès France. La première impulsion devrait être monétaire.

Une demeure vertigineuse et mobile.

Je lui exposai alors mes objections tirées de la situation politique.

— Pour faire une dévaluation, lui dis-je, ou plutôt pour la réussir il faut disposer d'une large assiette, il faut avoir des assises solides. Or, ton gouvernement est un one-man-show, il repose sur la pointe de la pyramide et non pas sur la base. Certes, tu as suscité un grand élan de confiance dans la population, tous partis confondus, mais c'était dans une large mesure le cas d'Antoine Pinay et il n'a pas passé l'année. « Il a une demeure vertigineuse et mobile celui qui bâtit sur le cœur de la multitude (1). » Quels sont tes soutiens « institutionnels », si je puis dire ? Je ne parle pas du P.C. puisque justement tu le récuses et qu'il t'est dévoué comme la corde au pendu. Les seuls groupes qui participent en tant que tels à ton gouvernement sont les radicaux et les gaullistes. Les radicaux, tu les as inspirés, galvanisés, ils ont vu tomber sur eux les langues de feu de la Pentecôte mais ce n'est pas un parti à vocation monolithique et Martinaud attend son heure : on ne peut même plus dire « dans l'ombre » depuis votre algarade. Ce n'est pas davantage une formation disposant d'éléments solides et substantiels sauf dans quelques départements du Sud-Ouest. Quant aux gaullistes, ils se sentent portés vers toi parce que tu as quelque chose de gaullien que Laniel et Pinay n'avaient pas mais que de Gaulle aura toujours plus que toi. Ils t'entourent parce que le général s'est mis en congé d'irénisme et en demi-solde mais dès qu'il fronçera le sourcil on pourra dire « le maître est là ». D'ailleurs quel est celui qui éprouve pour toi l'attachement le plus sincère ? Jacques Soustelle, et c'est celui-là justement, et pour cette raison justement, qui t'a quitté sur le seuil de l'autel nuptial. Voyons maintenant la droite : tu n'y comptes que des appuis individuels. Les deux colonnes de la République, ce sont le parti socialiste et le M.R.P. Les socialistes votent pour toi mais ils ne participent pas et Guy Mollet redoute ton influence directe sur son couvent. Lui-même est très européen et t'en voudra de l'échec de la C.E.D. Le gros problème, à mon avis, c'est le M.R.P., parce que tout l'équilibre de la Quatrième a constamment dépendu de l'entente, toujours difficile, entre ces deux groupes, qui pratiquent des

(1) Shakespeare.

réactions alternées d'attirance et de contradiction. En réalité, le M.R.P. devrait être ton élément le plus sûr. Il est proche de toi sur le fond de la plupart des problèmes : il est progressiste, novateur, social, et puis, malgré les sarcasmes décochés par certains gaullistes, après le départ du général, contre le « parti » dit de « la fidélité », il est loyal. Ce qui l'a séparé de toi, c'est un double épiphénomène. Son attachement à son leader historique Georges Bidault, et le fait que celui-ci, contrairement à ce que l'on pouvait penser d'après le début de sa carrière comme directeur de « l'Aube », ait pris des positions véritablement réactionnaires sur les problèmes coloniaux. (En fait, nous pensions l'un et l'autre que Bidault, comme un certain nombre de résistants, se trompait d'une guerre et d'une insurrection. Il ne comprenait pas que les maquisards, en Indochine, ce n'étaient pas les légionnaires mais les Viets. Son exigeant patriotisme confondait le combat d'un peuple contre l'occupant avec le combat d'une armée professionnelle d'occupation contre les éléments de pointe de la population.) En réalité, c'est Robert Buron, c'est André Monteil, tes compagnons, qui représentent le mieux la « base » M.R.P. J'espérais que nous pourrions assurer la réconciliation grâce à la C.E.D. C'était une occasion idéale, et c'est une des raisons pour lesquelles je souhaitais l'aboutissement de la conférence ; malheureusement les choses ont plutôt pris une tournure inverse, on pourra sans doute faire une nouvelle tentative mais il faudra du temps. En attendant, tu n'es assuré ni de toute la droite, ni de toute la gauche, ni de tout le centre, ni de la troisième force. Sur un tel tableau, on ne pourrait jouer la dévaluation que si elle était rigoureusement nécessaire et je crois t'avoir démontré que ce n'était pas le cas.

Pierre Mendès France m'exposa qu'il comptait bien consolider la situation avec le parti socialiste. D'après quelques hommes liges qu'il avait à la S.F.I.O., le tournant devrait être prêt lors du prochain congrès, vraisemblablement au mois de novembre.

Je souhaitais qu'il eût raison, mais je pensais, dès lors, et l'avenir devait confirmer ce point de vue, qu'il sous-estimait la réelle maîtrise de Guy Mollet sur un parti dont celui-ci connaissait tous les rouages et auquel il se consacrait nuit et jour corps et âme, au point d'aboutir à une certaine inversion du rapport logique de la causalité finale. Le tropisme du pouvoir le portait davantage vers la cité Malesherbes que vers l'hôtel Matignon.

Pierre Mendès France soupesait mes objections, mais il n'était pas convaincu et il ne voulait pas l'être. Il sentait le besoin de compenser par quelque nouvelle initiative éclatante le déficit de prestige et le ralentissement du *tempo* qu'allait nécessairement entraîner l'échec de Bruxelles. Sous l'inspiration de l'équipe schreibérienne, il avait adopté une optique et une stratégie de mouvement, de rapidité, dont il appréciait dans ses premières actions l'efficacité et goûtait l'exaltation. Une diversion fulgurante sur le front des opérations économiques, où on ne l'attendait pas, et où il ne se passait rien de sensationnel, répondrait à l'impatience qu'il attribuait au public, et qui était d'abord la sienne. Mes arguments lui faisaient cependant impression et surtout il désirait me traiter avec égards et avec délicatesse. J'appréciai tout particulièrement dans ce cas précis cette sincérité et cette qualité de sentiments qu'il possède à un degré exceptionnel, et que l'on peut bien appeler la noblesse de l'âme. Il m'indiqua qu'il ne voulait pas me forcer la main, et de mon côté je lui fis connaître sans ambages que je ne pourrais pas prendre la responsabilité de la dévaluation même si son assiette politique se consolidait d'ici la fin de l'année. Mais je n'entendais pas faire obstacle à une décision qu'il jugerait nécessaire. Pas davantage le gêner par mon départ du ministère.

Une pairie sans duché...

— Tu pourrais me nommer ministre d'Etat, lui dis-je, je n'ai jamais accepté ce genre de poste, cette pairie sans duché, mais je le ferais volontiers pour toi, car je souhaite ton succès et, après tout, je me trompe peut-être mais je ne puis évidemment appliquer une politique économique et financière que je ne sens pas.

— Non, me dit-il, il n'est pas question que je te nomme ministre d'Etat car ce serait interprété comme un désaveu réciproque. Mais il existe une autre possibilité à laquelle j'ai d'ailleurs déjà pensé pour d'autres raisons. J'ai pris le ministère des Affaires étrangères en même temps que la présidence du Conseil pour assurer l'unité de commandement dans une période de crise ouverte. J'estime que, d'une façon générale, le chef du gouvernement ne doit pas détenir de portefeuille. Je pourrais donc te confier ma succession au Quai d'Orsay. Etant donné l'importance de ce département, personne ne peut considérer ce transfert comme comportant pour toi une diminution de prestige ou de responsabilité. A ce moment-là, je suivrais moi-même de près le secteur économique, avec un ministre titulaire qui serait plutôt un collaborateur pour moi. De toute façon, il est trop tôt aujourd'hui pour en décider, car il faut que je trouve une solution à l'affaire du réarmement allemand. Nous pourrons sans doute terminer l'année dans les conditions du « statu quo ». nous verrons où en sera ton plan. Je pense que tu as jusqu'ici joué sur le velours, car nous avions un grand retard à rattraper, mais d'ici peu ta relance va s'épuiser.

— Nous verrons, lui dis-je. J'ai conçu quelques procédés pour élargir les marges. Je te remercie pour ta proposition concernant les Affaires étrangères, j'y réfléchirai de mon côté puisque nous écartons l'urgence.

En cette fin de matinée du dimanche 22 août 1954, le ministère Mendès France était virtuellement défunt, et nous ne le savions ni l'un ni l'autre.

Il avait accompli son rôle historique. L'échec de la C.E.D. était un choc dont il ne se relèverait pas.

Pourtant il devait encore durer jusqu'à ce que les instruments juridiques nécessaires pour l'inéluctable réarmement allemand soient en bonne voie de constitution. A partir de ce moment il serait dans un état d'extrême fragilité qui le mettrait à la merci d'un léger déplacement de forces. Mon départ de la rue de Rivoli, dont nous avions admis le principe, devait représenter par lui-même la « masse additionnelle » qui suffirait à rompre l'équilibre.

Le pari de M. Tomlinson.

Pierre Mendès France n'avait vraiment pas besoin d'une dévaluation pour continuer à se mouvoir dans l'imagerie du sensationnel et sous les projecteurs de l'actualité. Le lundi, Winston Churchill l'accueillait à l'aérodrome et le conduisait à sa résidence de Chartwell. On pensa que quelque nouvelle combinaison était sous roche. L'ouverture du débat à l'Assemblée nationale avait été prévue pour le 24 août. Tomlinson avait annoncé pour ce même jour la démission des ministres « européens » du cabinet Pierre Mendès France. La date du 24 fut reportée au 28 et l'on entendit effectivement parler de démission dès le 27, lors d'un Conseil des ministres qui se tint ce jour-là.

Je remarquai avec une pointe de sarcasme : « Le seul " pari " tenu (puisque ce mot est à la mode) sera-t-il celui de M. Tomlinson ? » Personne ne parut comprendre et peut-être d'ailleurs personne ne comprit. Une dernière procédure fut imaginée qui consistait à provoquer, par une motion, le report de l'examen du texte afin de laisser une chance à une reprise des pourparlers (que ne l'avait-on prévu lors de l'échec de Bruxelles !). Moyennant cette assurance, les démissions furent différées. On entra dans un véritable imbroglio de chicane procédurière. La motion tendant au report, présentée par un M.R.P. du nom de Chupin et qui avait été retirée puis reprise, ne pouvait être mise aux voix qu'après la question préalable qui, elle, avait été déposée par le général Aumeran. On ne put trouver le moyen de faire passer en premier le mécanisme qui pouvait conduire à la conciliation. On n'aurait pu y parvenir que si le gouvernement avait posé la question de confiance... contre la question préalable en expliquant cette disposition drastique par la préférence qu'il apportait au sursis. Mendès ne s'y résolut point et je crois même, à la réflexion, que dans le tourbillonnement des escarmouches personne n'y pensa.

Adolphe Aumeran n'était pas un militaire d'active ; il avait accédé au généralat comme officier de réserve, ce qui est un cas assez rare dans l'armée de terre. Sans méconnaître ses autres mérites, on supposait qu'une certaine disposition au « fayotage » n'était pas étrangère à l'éclat de cette promotion. Affichant la plus farouche intransigeance quant au maintien du « statu quo » dans la France impériale, il incarnait l'opposition irréductible à la C.E.D. qu'il abhorrait principalement en raison de son caractère de nouveauté. Il eût aisément fait sienne la célèbre maxime : « Toute innovation est un égarement et tout égarement mène au feu éternel. » Le véritable orateur de l'anticédisme ne fut pas ce dur à cuire mais bien le président Edouard Herriot lui-même. On se souvenait du geste spectaculaire qu'il avait fait, entre les deux guerres, quand il avait quitté le fauteuil présidentiel pour « descendre » le ministère Caillaux par le coup d'estoc de sa terrible formule : « Pas vous ou pas ça. » Cette fois-ci il n'eut pas à quitter le perchoir — car il avait laissé depuis la dernière année la présidence à André Le Troquer — mais il produisit une sensation non moins forte en prenant la parole assis et de sa place. Son meilleur argument, en tout cas celui qui s'accordait le mieux à son registre, fut sans doute : qu' « une armée c'est une âme » et que celle-ci n'aurait point d'âme. Pour le surplus, il était difficile de considérer comme réaliste une position qui exclurait toute éventualité de réarmement allemand et qui postulait « que la paix s'assurerait d'elle-même ». Christian Pineau, socialiste, lui répondit avec la sobre élégance qui caractérisait sa manière de « debater », habitué aux sujets techniques ; il plaidait la réouverture des pourparlers mais il ne fut suivi que par une (forte) minorité de son groupe : 50 voix contre 53.

Au demeurant, aucun discours ne pouvait rien changer car chaque député avait depuis longtemps fait sa religion.

La question préalable tuait la motion préjudicielle. En conclusion d'un conflit titanesque où les principaux hommes d'Etat de l'époque avaient été amenés à prendre parti, le conflit s'achevait entre des champions obscurs. Aumeran l'emportait sur Chupin. La majorité fut de 319 voix contre 264 ; même si le gouvernement dans son ensemble (26 députés) avait voté contre, le résultat n'eût pas été changé. Dès le lendemain les adversaires de Mendès, le jugeant affaibli, pensaient à l'attaquer sur interpellation. Paul Reynaud encore et cette fois Antoine Pinay lui-même, croyant entendre le clairon de Déroulède sonner la revanche, menèrent l'assaut mais Guy Mollet dénonça l'opération de politique intérieure, confirma le soutien socialiste, et le renvoi des interpellations fut prononcé par 418 voix contre 162. Ce scrutin négatif et procédurier ne contredisait en rien ma démonstration sur la faiblesse politique du cabinet. Le 31 août, les « européens », Bourgès-Maunoury, Emile Hugues et Claudius Petit, comme par un jeu de bascule avec les départs gaullistes du 13 août, donnaient leur démission.

L'infaillible M. Tomlinson ne s'était trompé que d'une petite semaine. Il devait penser que, comme le brigadier de la chanson, l'Amérique a toujours raison.

La campagne de Londres.

Pierre Mendès France ne ralentit son rythme que pour quinze jours ; le temps d'attendre que Sir Antony Eden, au terme d'une tournée « européenne » à Bruxelles et à Bonn, arrive à Paris pour de courts et décisifs entretiens avec le président français.

Le 19 septembre, le président du Conseil se rendait à Nevers où il prononçait un discours préparatoire puis, le 20, à Strasbourg, où il présenta devant l'Assemblée consultative du Conseil de l'Europe les grandes lignes d'une nouvelle organisation européenne qui comporterait elle-même « certains éléments d'autorité et, pourquoi ne pas le dire, une certaine dose de supra-nationalité ». Le mot était donc prononcé et l'on voyait à quel point les intégristes de la Communauté s'étaient pris à leur propre piège. Ce schéma, dans l'esprit de Pierre Mendès France (et cet aspect des choses avait évidemment été envisagé par ses entretiens avec Churchill et Eden), devait introduire la participation la plus large de la Grande-Bretagne.

La solution de rechange préparée par Pierre Mendès France et Antony Eden comportait l'ingénieuse utilisation d'un certain traité de Bruxelles qui avait été conclu le 17 mars 1948 entre la Grande-Bretagne, la France et les Etats du Benelux pour former une sorte de cadre européen à vague compétence de défense militaire et de coopération économique. On ne s'en était plus occupé par la suite. Or, puisque l'on ne pouvait pas créer une nouvelle institution qui serait apparue comme un *remake* de la C.E.D., pourquoi ne pas radouber cette carcasse et tâcher de la faire flotter avec un équipage renforcé et quelques bons coups de peinture ? Il suffisait de transformer le quintette en ennéade, en ajoutant aux participants initiaux l'Allemagne et l'Italie et aussi, pour faire bonne mesure et brouiller les méfiances, les U.S.A. et le Canada. Tel fut l'objet de la conférence qui s'ouvrit dans la capitale anglaise la 28 septembre et qui, après force déclarations, conversations, projets, put se conclure le 3 octobre sur la finale euphorique qui reçut le nom d'accords de Londres.

La « campagne de Londres » de Pierre Mendès France fut un chef-d'œuvre de virtuosité stratégique ; on peut la comparer, du point de vue de l'art, à ce que fut la campagne de France, où éclata le génie militaire de Napoléon. En sept jours, le président français emporta ce résultat, à première vue inaccessible, qui consistait à « accrocher » la Grande-Bretagne à une structure européenne. Non seulement l'Angleterre, en même temps que les Etats-Unis, s'engageait à maintenir ses troupes sur le continent pendant cinquante ans (c'était en effet le terme ambitieusement fixé par le fantomatique pacte de Bruxelles, alors que le pacte atlantique plus précis et plus « engageant » s'en tenait à la durée de vingt ans chère à Alexandre Dumas) mais elle devenait membre de l'organisation dite du pacte de Bruxelles (dénommée plus tard l'Union de l'Europe occidentale). Sans doute les attributions de cette entité n'étaient-elles pas et ne furent-elles jamais très substantielles mais elles comportaient quelques sujets de concertation, notamment la contribution à la défense commune et les effectifs de défense intérieure et de police (cependant la Grande-Bretagne n'entrait pas dans la juridiction de l'agence créée pour le contrôle des armements). D'autre part on avait prévu un organe permanent, l'Assemblée consultative, dont le rôle fut purement académique et rituel. Quoi qu'il en fût, un pas avait été fait, et l'on peut supposer que, si le gouvernement Pierre Mendès France avait été assuré d'une plus longue existence, l'union aurait pris davantage de corps. Il nous paraît intéressant de noter que l'on parle aujourd'hui, après vingt-sept ans, de réveiller cette « belle dormeuse au bois » de la IVe République.

Pour obtenir ce résultat que nous sommes portés aujourd'hui à juger plutôt maigre, mais qui ne l'était pas à l'époque car il permettait de sortir d'une impasse et il prenait à tout le moins valeur de symbole, Pierre Mendès France dut faire preuve d'une patience qui n'était pas dans son caractère. MM. Spaak et Beyens, contre toute attente puisqu'ils avaient toujours préconisé l'appel à l'Angleterre, s'évertuèrent à placer des bâtons dans les roues comme ils devaient le faire plus tard avec un total succès lorsque le général de Gaulle présenta le plan Fouchet.

L'histoire se répète quelquefois. Ainsi les européens intégristes adoptèrent-ils envers le général de Gaulle, alors qu'il donnait les premiers signes d'une conversion, la même tactique rebutante qu'ils avaient expérimentée avec Pierre Mendès France. Cette attitude révèle, chez certains, une incorrigible maladresse, mais chez d'autres peut-être une insuffisance de sincérité. *Les plus dévots ne sont pas toujours les plus croyants.*

La réussite de Londres créa sur l'heure un élan d'enthousiasme chez les hommes les plus attachés à l'entente franco-britannique. Ainsi, René Massigli, qui était alors notre ambassadeur à Londres, ne put-il malgré sa légendaire réserve dissimuler son émotion. Ce fut l'occasion d'un mot, qu'on se rapportait, du nouveau secrétaire d'Etat aux Affaires étrangères, Roland de Moustiers : « Ah ! monsieur l'ambassadeur, pour vous quelle belle fin de carrière ! »

L'écuyer d'enfer.

Sans désemparer, Pierre Mendès France s'en vint dès le 7 octobre présenter les accords de Londres à l'Assemblée nationale qui, après cinq jours de débats et la question de confiance étant posée, les adopta par 350 voix contre 113 et 152 abstentions. Ce vote pouvait susciter une réaction d'optimisme (ce fut d'ailleurs la mienne), néanmoins le total des opposants en puissance était de 265, chiffre non négligeable. Le réarmement allemand se trouvait énoncé mais c'était en filigrane, il devrait par la suite faire l'objet d'un nouvel « instrumentaire » et les irréductibles pensèrent qu'avant sa mise en œuvre de nouvelles circonstances pouvaient surgir qui permettraient de l'éluder ou de le différer. En fait, à la suite des prises de position soviétiques, la résistance des « anti » s'organisait sur le thème d'une réunion au sommet des quatre grands. Il s'agissait d'une réunion qui devait se tenir *avant* la ratification de l'accord non encore matérialisé qui légitimerait la remilitarisation germanique alors que Pierre Mendès France acceptait de préconiser cette réunion mais *après* et sans certitude d'y parvenir étant donné la position négative exprimée formellement par les Anglo-Saxons.

N'importe ! L'élan était repris, le nouveau gué était franchi, l'état de grâce continuait. Les 15, 16, 17 octobre, Pierre Mendès France alla se faire acclamer par le congrès radical réuni à Marseille et dès le 19, tout juste une semaine après le vote de l'Assemblée, le chancelier Adenauer débarquait à Paris. De nouveaux rounds s'engageaient sur différents plans, d'abord bilatéralement entre Allemands et Français puis entre les représentants des quatre puissances, enfin encore une fois au niveau des Neuf. Aux accords de Londres succédaient les accords de Paris qui donnaient naissance, derechef, à l'Union de l'Europe occidentale et qui, sous cette arachnéenne couverture, permettaient l'émergence des contingents allemands. Cette disposition essentielle figurait dans un paquet d'ensemble où l'on trouvait la cessation du régime d'occupation en Allemagne, l'entrée de la R.F.A. dans le traité de l'Atlantique Nord, la révision du Conseil de l'Atlantique Nord, la création d'une agence de contrôle des armements, un accord franco-allemand sur le statut de la Sarre, etc.

Une seule des précisions arrêtées lors de la réunion de Londres avait disparu entre-temps, comme un ruisselet perdu dans le sable, et l'on n'en reparla jamais. C'était la clause qui prévoyait que le traité de l'Atlantique Nord devrait être considéré comme de durée indéfinie.

Sans doute les hommes qui gouvernaient le monde s'étaient-ils trouvés pris de frayeur devant la contemplation de l'éternité : *erudimini, qui judicatis terram.*

Ainsi que l'on devait s'y attendre, le gouvernement de l'U.R.S.S. fulmina contre les accords de Paris et, dans une nouvelle note datée du 13 novembre, il proposa de tenir, dès le 29 du même mois, la conférence générale européenne dont il avait déjà propulsé le thème, conférence qui s'étendrait aux Etats-Unis et à laquelle il souhaitait de surcroît, sans doute pour exaspérer les Américains, la présence d'un observateur de la Chine populaire. Le 20 novembre, Molotov, paraissant s'aviser de la brièveté ridicule des délais qu'il avait proposés, indiquait benoîtement qu'une date plus éloignée pourrait être aisément choisie... si la ratification des accords de Paris était elle-même ajournée.

Le 17 novembre, poursuivant son train « d'écuyer d'enfer », le président français apparaissait à New York où il recevait un accueil populaire enthousiaste. C'était l'hypostase internationale du phénomène de l'option qui dans le cas d'Antoine Pinay était demeuré confiné *intra muros.* Pierre Mendès France prononça le 22, devant l'Assemblée générale de l'O.N.U., un discours qui contient l'exposé le plus élevé de ses conceptions politiques et qui marqua (prématurément) le point culminant de sa carrière : nous y reviendrons. Sous son influence, la réponse des Occidentaux à Moscou fut moins raide que ne le souhaitaient nos partenaires ; cependant, elle ne prévoyait la possibilité d'une conférence au sommet qu'après une conférence préparatoire réunissant les quatre ministres des Affaires étrangères, laquelle ne pourrait d'ailleurs se tenir qu'après une série de préalables : c'était une fin de non-recevoir.

Un Soviétique très parisien.

Cette réponse fut datée du 29 novembre. Le même jour, l'U.R.S.S. réunit de sa propre autorité une « conférence européenne » — qui se trouva limitée à ses satellites.

Le débat de l'Assemblée nationale sur les accords de Paris devait venir au mois de décembre. Une épreuve redoutable se préparait, car les Soviétiques poursuivaient, et non pas seulement par leurs notes officielles, une campagne acharnée. Leur ambassadeur Sergueï Alexandrovitch Vinogradov était devenu l'homme le mieux informé de Paris, et l'un des plus influents. Il avait pénétré les arcanes de la vie parisienne jusque dans ses aspects mondains; il recevait beaucoup de parlementaires, d'intellectuels, d'hommes d'affaires qu'il séduisait par son charme, son rayonnement de sympathie, sa prodigieuse habileté. Beaucoup de gaullistes et de radicaux étaient impressionnés par la nouvelle position du problème, qui transposait l'affaire du réarmement allemand sur le terrain plus vaste — et plus propice aux manœuvres — des relations Est-Ouest. Or, le général de Gaulle et Edouard Herriot étaient, l'un et l'autre, toujours favorables à la « démystification » des cloisonnages et aux chances du dialogue ouvert. Au lieu de ressasser « l'uniforme allemand, jamais ! », on s'entendait dire par la voix suave du Potemkine de la rue de Grenelle : « Tout cela est à voir. Parlons d'abord. »

Je m'étais moi-même lié avec Vinogradov que je rencontrais assez souvent, et qui me donna, à peu de distance de là, une preuve d'amitié personnelle qui constraste avec l'image robotique que l'on se fait des grands commis soviétiques. Il était devenu intime avec André Boutemy et avec Gaston Palewski. Je mettais à profit mes rencontres avec lui pour améliorer ma connaissance du russe, ce qui paraissait parfois puéril à mon entourage, mais je remarquai un jour, en récapitulant nos conversations, qu'il parlait plus franchement et plus librement lorsque l'entretien se poursuivait dans sa propre langue. Le mécanisme des contrôles joue moins sûrement quand il ne s'appuie pas sur l'effort de la traduction.

Vinogradov était capable de se montrer brutal. Lorsqu'il présenta ses vœux à Pierre Mendès France, en suivant son tour, le 1er janvier, à la traditionnelle audience diplomatique, il lui décocha : « Je souhaite que vous puissiez travailler pour la paix en 1955 puisque, en 1954, vous avez travaillé pour la guerre. » Il se permettait cette insolence parce qu'il avait déjà computé la chute prochaine du gouvernement. Et c'est une litote de dire qu'il ne ferait pas le moindre effort pour la conjurer.

Pendant le cours du mois de décembre (le débat s'ouvrait le 20), les initiatives soviétiques se mirent à crépiter : notes, déclarations, messages, communiqués d'agences, le 9, le 15, le 16, le 20, le 25. Entre-temps la Grande-Bretagne, l'Allemagne, l'Italie procédaient successivement à la ratification. Les Etats du Benelux, instruits par l'expérience, s'installaient en position d'attente pour se déterminer aussitôt après la France, dont ils craignaient toujours quelque dérobade.

« Nous sommes arrivés, mais dans quel état ! »

Toute une compagnie de rapporteurs défila pendant quarante-huit heures à la tribune de l'Assemblée nationale après quoi la discussion générale s'étira encore sur trois jours, puis les chicanes de procédure surgirent. Le président du Conseil, mis en présence de motions préjudicielles et désirant poser la question de confiance, avait proposé, pour gagner du temps, que le délai franc de vingt-quatre heures commençât aussitôt après l'exposé de ces motions. Suggestion bien raisonnable car le délai de réflexion voulu par la Constitution doit s'appliquer logiquement au vote sur le fond plutôt qu'à de simples incidents d'audience, et au demeurant les députés avaient bien suffisamment réfléchi depuis le temps que le sujet était offert à leur méditation. Qu'avait-il dit là ! On eût cru se trouver aux Cinq-Cents le matin du 18-Brumaire. Enfin un interminable débat s'engagea, Pierre Mendès France présenta son exposé et reprit la parole à diverses reprises, de nombreux orateurs et notamment presque toutes les vedettes vinrent exposer, qui son état d'esprit (pour), qui son état d'âme (contre). La motion préjudicielle de Vincent Badie qui demeurait seule en instance et qui tendait à recourir au référendum fut rejetée sans peine et l'on en vint à la discussion des articles. Quand vint le moment de voter sur le premier, le président du Conseil tenta d'éviter la question de confiance. Il fit appel aux 350 députés qui s'étaient déjà déterminés pour l'approbation des accords de Londres et qui auraient dû logiquement se retrouver sur un texte qui découlait directement dudit accord, en tout cas sur l'article premier qui justement contenait les garanties. Il craignait de rétrécir sa majorité potentielle s'il mettait en jeu l'existence du gouvernement : certains, parmi ceux qui souhaitaient sa chute, pouvaient apporter leurs voix au projet afin de renforcer dans ce cas précis la force de négociation internationale de la France. Peine perdue. L'appel au M.R.P., principalement visé par cette tactique, fut vain. Après pointage, l'article fut rejeté par 280 voix contre 259. Le M.R.P. avait massivement voté contre ainsi que 25 radicaux et 25 U.R.A. qui justifiaient ainsi, malheureusement, mon pronostic du 21 août sur la fragilité de l'appui que l'on pouvait attendre de ces formations.

Pierre Mendès France ne se découragea pas et décida de faire poursuivre le débat sur les articles 2 et 3 bien que le rejet de l'article 1er leur ôtât toute signification (mais on pouvait reprendre l'article 1er par une légère astuce). La semaine avait passé à ces tergiversations et on remit au lundi 27 décembre le vote sur les amendements. On crut d'abord que le répit du week-end avait aggravé la situation. Certaines informations et notamment un communiqué du Foreign Office, faisant suite au vote négatif du vendredi, indisposèrent quelques députés qui y virent ou feignirent d'y voir d'insupportables ingérences.

Maurice Bourgès-Maunoury apporta son soutien mais « la mort dans l'âme » et un obscur A.R.S. du nom de Rousseau déclara qu'il votait la confiance à un gouvernement en qui il n'en avait guère. Cette fois pourtant, le gouvernement l'emporta au terme d'un scrutin vraiment curieux par 289 voix contre 251 et 78 abstentions. On sent qu'un travail important et minutieux a été accompli dans les coulisses. Un paquet de bulletins a viré du contre à l'abstention, un autre de l'abstention au pour (quelques-uns ont même fait l'itinéraire complet du contre au pour) (1).

Faut-il en déduire que ces conversions sont le produit normal de la question de confiance, donc qu'elles désignent des députés qui souhaitent éviter la chute de Mendès ? Sans doute. Mais nous ajouterons : pour l'heure seulement. Diverses pressions ont été exercées et une plus particulièrement par les meneurs de jeu américains du genre de Tomlinson et de ses émules qui exhortent les « atlantistes » à laisser faire Mendès pour assurer le vote des accords de Paris en même temps que pour lui en faire supporter tout seul l'entière responsabilité.

Un tel vote semble régler la question ? Que non pas ! Les adversaires résolus du président entendent faire montre d'une pugnacité égale à la sienne. L'article 1er est resté en panne, il est évident, d'après les derniers scrutins, qu'il va être voté. Cependant, la commission des Affaires étrangères refuse de le rapporter, le président doit déposer un projet différent (comportant, pour la bonne règle, une modification insignifiante). Ce remaniement appelle une nouvelle chicane : il faut, dit-on, un autre délai franc de vingt-quatre heures et le bureau, par souci de la forme, rend sa décision dans ce sens. Herriot intervient derechef, un nouveau débat s'est engagé où l'on entend ressasser de part et d'autre les mêmes arguments. Pierre Mendès France infatigablement réplique, rectifie, expose et insiste tout en se déclarant disposé à tenir juste compte de toutes les suggestions. Deux votes interviennent encore qui donnent des majorités assez réduites : 287 contre 256, puis contre 260.

Le gouvernement sortait épuisé et fourbu de cette longue et hallucinante querelle. Personne dans le camp du président ne songeait à réveillonner aux lampions.

Il y avait quelque chose d'irréel et au sens propre d'insensé dans

(1) M.R.P. pour + 11 contre – 11
U.R.A.S. pour + 4 contre – 7

cette succession de journées lourdes et de nuits blafardes, avec ces incidents qui broyaient du vide, ces amendements retirés et repris, acceptés puis abandonnés et qui s'effilochaient comme charpie. Ces redites recommençantes comme les ritournelles d'un orgue de Barbarie, cette sorte d'enragement monotone des irréductibles engrenés dans un *filibuster* à l'américaine avec le souci obsessionnel de gagner du temps... pour quoi faire ? Espéraient-ils que la conférence à quatre pourrait se tenir pendant la trêve des confiseurs ? Néanmoins, à y regarder de plus près, tout se passait comme si cette sorte de show apparemment incohérent et absurde qui tenait du happening et de la *commedia dell'arte* avait été ordonné avec rigueur par une tête pensante en vue d'un résultat qui, en fait, se trouvait atteint et qui était de réduire et de briser le crédit du gouvernement. Si l'on résumait toute l'affaire on le voyait sortir vainqueur d'un combat difficile, il avait résolu tant bien que mal le problème le plus épineux de l'après-guerre, il aurait pu triompher. Mais toute idée de triomphe, voire de simple succès, eût semblé incongrue dans la réalité des choses et dans la morosité des cœurs. On pouvait dire, parodiant le mot de Capus : « Nous sommes arrivés, mais dans quel état ! » L'opinion publique déconcertée et éberluée ne concevait pas, comme on aurait pu le croire, une réaction de colère contre les opposants, mais un mécontentement diffus qui portait sur l'ensemble du système et dont le gouvernement ne se trouvait pas immunisé, car c'était à lui qu'il appartenait d'apporter la clarté dans ces ténèbres et l'ordre dans cette confusion. On impute toujours la responsabilité d'une situation déplaisante à celui qui tient la vedette et qui semble détenir le pouvoir. Le prestige de Pierre Mendès France n'était pas aboli, il n'était sans doute que faiblement entamé auprès du « peuple des provinces », comme disait l'abbé de Véry. Mais dans les milieux parlementaires politiques et diplomatiques, dans les salles de rédaction, dans l'ensemble de la stratosphère parisienne, la conviction s'était doucement et lentement installée, comme une couche de rosée, que les jours du ministère étaient comptés.

D'autre part, les adversaires irrédentistes du réarmement allemand, dont certains d'ailleurs n'étaient pas des ennemis de Pierre Mendès France et ne lui en voulaient que de cela, ne se sentaient nullement découragés et bien au contraire ils ruisselaient d'optimisme. On savait depuis longtemps qu'au Sénat les réticences étaient encore plus fortes qu'à l'Assemblée nationale. Un second combat allait s'ouvrir contre un adversaire déjà épuisé et sur un terrain plus propice. C'est ce que me dit d'ailleurs Vinogradov dans les premiers jours de l'année, quand j'eus l'occasion de le rencontrer. « Le Sénat ne votera pas », m'affirma-t-il avec une assurance qui me rappela celle d'Adenauer à Bruxelles. Nous savions l'un et l'autre que j'allais prendre d'ici peu la responsabilité du Quai d'Orsay mais nous ignorions l'un et l'autre que c'était moi qui allais porter tout le poids de la bataille et assumer « l'âme du combat ».

CHAPITRE XLVII

LE SECRET DES POLICHINELLES

Examen de conscience.

Dans l'après-midi du dimanche 21 août, je partis de Bruxelles avec mon fidèle Jeambrun et je pris un beachcraft du G.L.A.M. qui nous conduisit à l'aérodrome de Tavaux, près de Dole. Je pensais à ma conversation de la matinée avec Pierre Mendès France et je me demandais si j'avais bien fait d'adopter une position aussi abrupte.

Devais-je me préparer à faire ma mutation vers le ministère des Affaires étrangères ? Le prestige de ce poste, la tentation de m'échapper de la routine, de dominer un secteur immense, où mon influence personnelle aurait sans doute moins de prix, mais où s'inscrivaient les destinées du monde, me poussaient à prévoir une réponse positive pour le jour où la question serait effectivement posée. En revanche, j'éprouvais quelque scrupule à abandonner mon plan de dix-huit mois et à perdre le mérite de son succès, soit parce que, après mon départ, il ne serait plus assuré, soit parce que, même s'il se confirmait et se prolongeait, le bénéfice n'en serait pas porté à mon compte.

Je cessai bientôt de soliloquer car nous venions d'entrer dans une zone tourmentée et une grêle vint crépiter sur la vitre de notre habitacle. De telles circonstances m'inspirent toujours une sorte de malaise que je combats par une recette imparable : la lecture. J'ouvris donc une « série noire » et je m'installai dans un monde imaginaire.

De Dole, je gagnai Saint-Laurent par la route et je pus assister, aux côtés de Gilbert Bouvet, à cette Fête du Sapin à laquelle il avait accordé tous ses soins. Cette réjouissance revenait tous les quatre ans, mais les traditions s'épuisent et cette célébration devait en fait être la dernière. Elle fut extraordinairement réussie, avec un cortège de chars superbes, illustrant des thèmes pittoresques et qui me parurent rivaliser avec le célèbre carnaval de Nice que je ne connais, il est vrai, qu'à travers quelques extraits de bandes filmées. Au vin d'honneur, parmi les maires et les notables, j'évoquai l'événement que je venais de vivre. Je dois dire qu'il ne passionnait personne et que mes propos n'éveillaient qu'un intérêt poli, dû principalement à ma participation personnelle à cette affaire. Quant aux réactions dans le petit public, elles étaient plus déconcertantes encore. Pierre Jeambrun avait eu la curiosité d'engager la conversation par-ci par-là et il ne rencontra aucune personne qui fût tant soit peu informée. Le sigle C.E.D. lui-même n'éveillait rien dans l'esprit de ses interlocuteurs : certains cependant croyaient qu'il s'agissait d'un label pour le fromage.

L'homme mystérieux de « l'Aurore »

A quelques jours de là, j'organisai dans mon appartement de l'avenue Foch une rencontre entre Pierre Mendès France et Marcel Boussac. Les deux hommes ne se connaissaient pas et je pensais que ce contact pouvait être intéressant et utile pour Pierre Mendès France, car l'idée était demeurée dans mon esprit que, si j'avais connu plus tôt le patron de *l'Aurore*, j'aurais pu sauver mon premier ministère. Ce qui m'impressionnait chez Marcel Boussac c'était, non pas sa réussite en affaires, mais le tracé continu et soutenu de ce qu'il fallait bien appeler, sinon sa carrière politique, du moins sa carrière *dans* la politique, qui avait fait de lui l'un des hommes les plus influents de la France au cours de la dernière décennie de l'avant-guerre et de la première décennie de l'après-guerre, sans qu'il eût jamais été ni un élu, ni un candidat, ni un militant ! Cette influence n'était pas liée à l'autorité qu'avait pu lui donner, à une certaine époque, sa mainmise sur le journal *l'Aurore*. « Ce diable d'homme, m'avait dit un jour Baumgartner, il y a en lui quelque chose qui m'échappe. Je l'ai vu en telle circonstance auprès de Tardieu, en telle autre de Léon Blum, en telle autre de Vincent Auriol et maintenant, je vois que vous le recevez souvent. » Marcel Boussac se passionnait pour les grands problèmes de la France et du monde, mais aussi pour ce rôle qu'il avait créé à l'intention de son propre personnage, à moins qu'il n'eût modelé son propre personnage pour le rôle : il était l'interlocuteur, l'inspirateur, le confident, le médiateur et, dans un certain sens, le « démarcheur » de telle ou telle idée auprès des personnalités capables de l'accueillir.

Tout récemment encore, un peu avant Bruxelles, il était venu me voir pour me parler de la C.E.D. à laquelle il se montrait farouchement opposé, sans doute sous l'influence du maréchal Juin qui était, avec le Glaoui et l'Agha Khan, l'un des personnages de sa Trinité personnelle.

Corrélativement, je considérais avec un sentiment proche de l'admiration le trait distinctif de la personnalité de Marcel Boussac, à savoir sa capacité infinie d'insistance véritablement mécanisée. Quand une voie lui avait été ouverte, il la fréquentait assidûment. Il me demandait souvent un rendez-vous d'extrême urgence, qui ne prendrait que quelques minutes seulement, et je le recevais de préférence le matin, juste après mon petit déjeuner, encore revêtu de ma robe de chambre. Son visage était perpétuellement crispé par sa concentration intense sur le sujet qui le motivait au moment présent et son expression tendue, presque chagrine, faisait toujours craindre l'annonce d'un péril ou le récit d'une catastrophe. Il paraissait pressé quand il arrivait, mais il ne se hâtait jamais de prendre congé et l'entretien le plus long ne lui inspirait aucune impatience. Je ne l'ai vu qu'une seule fois détendu et souriant : ce fut, plus tard, un jour où il m'avait attendu assez longtemps, à La Celle-Saint-Cloud, en compagnie de Duhamel et de Sudreau qui étaient parvenus à lui faire absorber un whisky. Pour la première et la dernière fois aussi, il me sembla qu'il était ouvert à mes conceptions politiques. Il me parut regrettable, par la suite, qu'il n'acceptât pas plus souvent un apéritif.

Il était rare que, dans le cours du même entretien, Marcel Boussac s'intéressât à plus d'un sujet. Il revenait inlassablement sur le même propos et il finissait par placer son interlocuteur dans une position en quelque sorte hypnotique. Ses démonstrations étaient fréquemment coupées des termes « permettez » et « monsieur ». Il était frappé d'une totale incapacité de comprendre que l'on pourrait ne pas partager son opinion lorsqu'il l'aurait clairement et complètement exposée ; si l'on ne se ralliait pas à son point de vue, il en concluait qu'il s'était insuffisamment expliqué et repartait à la charge. C'est là une qualité fort utile et qui m'a généralement fait défaut. notamment dans ma profession d'avocat. Je crains de déplaire et d'ennuyer en me répétant. C'est une lourde erreur. Si un raisonnement a convaincu d'abord, il n'y a pas d'inconvénient à le resservir. S'il n'a pas atteint son but, on peut toujours recommencer de courir sa chance, même si elle est infime ; il arrive aussi qu'un interlocuteur excédé fasse une concession pour mettre fin à la litanie.

D'une façon générale j'avais remarqué, dès avant la guerre, que les personnes qui pratiquaient l'insistance et que l'on considérait, pour cette raison, comme d'insupportables raseurs, figuraient sur le tableau des principales réussites professionnelles. Aussi m'étais-je appliqué à moi-même cette notation : « Il ne me manque qu'une chose pour réussir, c'est d'être emmerdant. » Je crains de n'avoir jamais pu surmonter tout à fait ce handicap.

Marcel Boussac avait longuement exercé sur moi sa pédagogie au sujet de la dévaluation, mais je ne le trouvais pas « emmerdant » car j'étais très préoccupé par le sujet et il y avait quelque chose de réconfortant dans cette conviction inlassable. Il croyait m'avoir convaincu, ce qui n'était pas exactement le cas. J'étais seulement satisfait de trouver une importante personnalité dont la position concordait avec la mienne.

Je pensais qu'il pouvait aussi, là-dessus, intéresser Pierre Mendès France, sinon l'influencer. Tel n'était pas cependant le principal objet de mon entremise. Boussac était en position de déterminer une dizaine de voix chez les députés modérés qui entraient, au sens romain du mot, dans sa clientèle et il importait qu'il fût bien disposé à l'égard du gouvernement. J'avais prévu de m'éclipser après avoir mis mes invités en présence et je les laissai en tête à tête. Quand je revis Pierre Mendès France et que je lui demandai son impression, il répondit : « Il ne m'a pas laissé placer un mot. » Quand je rencontrai Boussac à son tour et évoquai son entretien avec le président, il me dit simplement : « Il parle beaucoup. »

Remaniement.

A la mi-septembre, Pierre Mendès France procéda à un remaniement ministériel. L'occasion lui en était offerte par les deux départs successifs de trois anti-C.E.D., puis de trois pro-C.E.D. Les premiers auraient pu revenir tous, mais cela aurait paru choquant, aussi seul Jacques Chaban-Delmas réintégra-t-il son poste des Travaux publics, auquel il adjoignit l'intérim de la Reconstruction lequel, après le départ de Maurice Lemaire, était échu à Claudius Petit, désormais démissionnaire à son tour ! Chaban gardait ainsi une place soit pour un socialiste (car si le P.S. participait, il faudrait dégager des portefeuilles) soit, au pis aller, pour le même Lemaire qui revint en effet en novembre. Le départ d'Emile Hugues libérait la Justice. Pierre Mendès France y plaça Guérin de Beaumont qui était avocat de profession. Je le connaissais de longue date à ce titre et je savais, ce que beaucoup de personnes ignoraient, que Guérin était son prénom. « Je ne suis pas, me disait-il, un monsieur Guérin qui a acheté une terre de Beaumont pour s'anoblir. » M. Temple, député de la droite classique qui avait été préfet d'Alger sous Vichy et que Pierre Mendès France connaissait depuis l'avant-guerre, devint ministre en titre de la Défense nationale, poste dont il exerçait déjà l'interim. Jean Masson et André Monteil, précédemment secrétaires d'Etat, devenaient ministres pleins : Pierre Mendès France estimait, il me l'exposa un jour, qu'il était bon de faire des promotions à l'intérieur d'un ministère pour récompenser les meilleurs sujets. Roland de Moustiers, appartenant à une illustre famille du Doubs où l'on était parlementaire de père en fils et où trois frères siégeaient en même temps au Conseil général, prenait le secrétariat d'Etat libéré par Guérin de Beaumont et affirmait son intention de mettre à la disposition de Pierre Mendès France la caution qu'il représentait du fait de sa position bien connue comme atlantiste et comme européen. C'est un homme de valeur, chez lequel j'avais remarqué à différentes reprises une ouverture d'esprit vers les conceptions progressistes, plus spécialement sur le sujet des protectorats et des colonies.

Le remaniement affectait particulièrement mon secteur et le président ne manqua pas, avec sa prévenance habituelle, de me consulter en premier lieu. Il nommait Ulver, mon secrétaire d'Etat au Budget, au poste de l'Industrie et me proposait, pour le remplacer, la sénateur radical Gilbert Jules. Ce choix m'enchanta. J'ai toujours pensé que les avocats font les meilleurs ministres du Budget et souvent des Finances. Bâtonnier d'un grand barreau de province, Gilbert Jules était rompu aux techniques, essentielles pour son nouveau poste, de l'assimilation, de la négociation et du débat. Je tins à le garder auprès de moi par la suite car je pouvais me reposer entièrement sur lui. C'était un homme de haute taille et de belle prestance, qui dansait à ravir. Il me raillait, chaque fois qu'il en avait l'occasion, sur les insuffisances de ma chorégraphie et il me raconta qu'il avait, dans sa jeunesse, été sur le point d'embrasser, si l'on peut dire, la profession de danseur mondain, illustrée par un roman de Paul Bourget, l'une et l'autre aujourd'hui assez démodés. Une affaire épineuse pour moi était la volonté bien arrêtée de Pierre Mendès France de se débarrasser d'Henri Caillavet en tant que secrétaire d'Etat aux Affaires économiques. C'est moi qui lui avais proposé cette nomination à l'origine, car Henri Caillavet était un bon camarade, il avait l'esprit rapide et, lui aussi, une bonne habitude du barreau; il m'avait reproché amicalement de ne pas l'avoir pris dans mon gouvernement et dans celui de Laniel et il m'avait paru opportun de lui donner, cette fois, sa chance. Il jouait un rôle important dans la franc-maçonnerie et comme on estimait que cette confrérie devait toujours être représentée dans un gouvernement (en tout cas dans un gouvernement radical) il alternait, dans cette fonction fiduciaire, avec l'aimable Tony-Révillon, mon voisin de l'Ain.

Je n'avais aucun lieu de m'en plaindre, mais il avait perdu, je ne sais pourquoi, la confiance de Pierre Mendès France. J'exposai à mon président qu'on pouvait lui donner un autre poste, auquel cas je n'avais pas d'objection à faire, mais que son éviction totale me serait personnellement pénible et serait d'ailleurs très mal ressentie par le parti. Comme la Marine se trouvait libérée par le départ d'André Monteil, Caillavet y fut nommé. Je lui fis valoir qu'un secrétariat d'armée représentait pour lui à la fois une promotion flatteuse et une occupation enchanteresse. Il ne fut qu'à moitié convaincu, mais il accepta. On verra qu'il n'était pas au bout de ses épreuves.

Je tentai de faire désigner, à la place de Caillavet, un nouveau secrétaire d'Etat dont le dévouement me fût assuré, autant qu'on puisse tenir ces choses pour certaines. A défaut de mon incomparable Lafay dont Mendès ne voulait pas car il voyait surtout en lui un spécialiste des couloirs de l'Hôtel de Ville (ce qui n'était pourtant qu'un aspect occasionnel de son personnage), je fus sur le point d'obtenir la désignation de Roger Gaborit, professeur d'allemand et député de la Charente, homme franc et rude sur lequel je pouvais compter. Je téléphonai aussitôt, depuis le bureau même de Pierre Mendès France mais, par malchance, Roger Gaborit avait été tenté, en cette période de vacances, par le sport de la natation et je ne l'obtins pas dans l'instant. Peu après, cette candidature fut torpillée par quelque affidé de *l'Express* qui n'avait pas été satisfait du rapport de Gaborit sur la Convention de Bonn, présenté à l'occasion d'un débat sur la C.E.D. Ainsi voit-on que, pour arriver en politique, il est parfois préférable de ne pas savoir nager !

Craignant de ne pas trouver un collaborateur suffisamment « fauriste » ou de ne pouvoir faire agréer d'autre candidature, je décidai tout simplement de me passer de secrétaire d'Etat aux Affaires économiques et de tenir moi-même ce poste, ce qui écartait toute perspective de trahison ou même de discussion. Après le remaniement, je me rendis en principe chaque semaine dans le bureau ministériel du quai Branly, afin de ménager l'amour-propre des services et de suivre sur place la vie de cette étrange et intéressante maison.

Tourisme ministériel.

Vers la même époque, je poursuivis la politique du Plan de dix-huit mois en prenant par décret, dans le cadre des pouvoirs votés le 13 août, une série de mesures techniques, toutes en faveur des divers secteurs de l'économie, des P.M.E., des artisans, des exportateurs, des agriculteurs, des entreprises qui voulaient se regrouper ou fusionner ou acquérir des immeubles en vue d'une décentralisation (ces deux dernières catégories avaient été étudiées par le cabinet de Pierre Mendès France, de même qu'un ensemble de mesures qui furent prises en septembre pour diminuer la production d'alcool industriel à partir de la betterave et convertir en partie cette production vers l'industrie sucrière).

L'équipe de *l'Express* s'était appliquee, selon l'amusante expression de Jean Lacouture, à mener contre moi une *guerre picrocholine* et elle suivait avec vigilance mes initiatives, aisément qualifiées de démagogiques, politique de facilité, absence de vues générales, etc. Cependant, comme j'intercalais dans mes trains de décrets des textes auxquels le président tenait tout particulièrement, il était difficile à mes adversaires de centrer leurs offensives et Pierre Mendès France ne me désavoua jamais.

Pendant la deuxième quinzaine de septembre, alors que Pierre Mendès France menait la campagne de Londres, je me livrai aux agréments du grand tourisme ministériel, ordonné en cette occasion autour des pôles combinés de la Foire-Exposition de Montréal et de la session du Fonds monétaire international à Washington : je me pliai à l'excellent rite qui veut que les hommes d'Etat français fassent, le plus souvent possible, une étape au Canada quand ils se rendent aux « States ». Il était encore de mode de combiner les trajets aériens et les déplacements maritimes que Lucie et moi avions toujours appréciés. Nous partîmes du Havre sur un paquebot allemand qui nous mena à Toronto d'où notre expédition continua par les villes d'Ottawa et de Québec.

Pour occuper mon temps dans les transports canadiens, je m'adonnais à la lecture des publications de patronage qui constituaient alors le fond solide de la culture francophone et j'y prenais d'ailleurs de l'agrément. Il y avait dans ces romans et récits conventionnels à la manière de Delly quelque chose de reposant et de protecteur. D'une façon générale, l'archaïsme du Québec apparaissait comme un monde clos, merveilleusement immunisé contre les fracas et les rumeurs de la vie moderne. Maurice Duplessis, le Premier ministre, me reçut en séance du Conseil des ministres où je fus prié de prendre place et de siéger symboliquement. Cet homme d'Etat dont on parle aujourd'hui avec une nuance de dérision me rappelait quelque peu mon ami Paul Seguin, maire de Lons-le-Saunier, par son allure matoise, par une certaine méfiance à l'égard de l'accélération de l'histoire et enfin par son goût du calembour qui, chez Maurice Duplessis, exprimait à sa manière un attachement passionné pour la langue française : « Il ne faut pas confondre la race et la crasse », « Frédéric Dupont m'a dit : *je suis un homme sans parti(es).* Je lui ai répondu : *Comme je vous plains !* », etc.

A Montréal, je retrouvai le tumulte et — hélas ! — l'anglophonie.

Mais je me refusai énergiquement à employer, pour converser avec le standard de l'hôtel, la langue de Shakespeare. En même temps, il me fallait bien reconnaître que je ne comprenais pas toujours aisément les propos des Canadiens français. Les choses ont favorablement évolué depuis ce temps. Nos amis canadiens parlent le même français que nous et l'on n'est plus jamais rebuté dans les hôtels ou chez les commerçants de Montréal.

La Foire-Exposition était la plus considérable manifestation de ce genre qu'il m'était advenu de présider. J'en fis la visite avec entrain et minutie et je m'efforçai de seconder, par une présence appuyée dans les stands correspondants, la propagande du fromage de Comté, du vin d'Arbois et des produits régionaux français. Je pris la parole à l'issue d'un banquet qui réunissait un nombre exceptionnel de convives et j'obtins un vif succès par un discours dont je ne me souviens aujourd'hui que par un seul trait : il était certainement trop long (c'était mon point faible à l'époque).

Je redécouvris les Etats-Unis où je n'avais passé, et dans la seule ville de New York, que trente-six heures lors du voyage du *Liberté*. Nous fûmes, cette fois, hébergés à l'ambassade de Washington par le merveilleux Henri Bonnet que nous avions connu à Alger et par son épouse, Hellé, qui était une maîtresse de maison incomparable. Chaque soir, Hellé Bonnet attendait affectueusement notre retour, escortée de ses deux grands chiens, nous offrait un dernier verre et nous accompagnait à nos chambres, comme si nous venions d'arriver à l'instant.

L'impression la plus forte que je reçus de la vie américaine fut la qualité détestable de la nourriture, ce qui privait de toute une dimension mon univers personnel (1). Je n'avais plus à me poser la question qui, d'habitude, me divertit dans mes voyages : « Allons-nous faire un bon repas ? Qu'allons-nous avoir à déguster ? » Un problème particulier m'était posé par le café car je ne parvins jamais, en dehors de l'ambassade, à obtenir un breuvage qui méritât cette appellation. Je mis alors au point une méthode qui, par la suite, a grandement amélioré ma situation ; il suffisait de verser dans le café américain, tel qu'il était servi, un sachet de Sanka qui en relève nettement le goût. Le problème consiste à faire comprendre au service que l'on demande à la fois l'une et l'autre de ces prestations qui sont considérées rituellement comme exclusives l'une de l'autre. Si l'on veut du café sans caféine, comment peut-on prendre en même temps du « vrai » et vice versa ? Un tel état d'esprit m'est apparu comme le meilleur exemple de ce conformisme que Tocqueville, en

(1) Les choses ont beaucoup changé depuis lors.

1834, diagnostiquait comme la plus forte caractéristique de la démocratie américaine.

J'avais apporté tous mes soins au discours que je devais prononcer devant l'auguste assemblée du Fonds monétaire, mais la sensation ne s'attacha pas au fond de mes propos, d'ailleurs généralement appréciés. Je produisis l'événement en ceci que je me refusai catégoriquement à employer la langue anglaise et que je débitai mon exposé en français, ce qui ne s'était jamais entendu dans cette enceinte. Je fus d'ailleurs péniblement impressionné en constatant que l'on considérait comme une sorte de petit scandale le fait qu'un orateur s'exprimât, sur ce continent, dans la langue qui était celle de Pascal, de Montaigne, de J.-J. Rousseau, mais aussi de Dupont de Nemours et de Lafayette. On ne me dit rien de désagréable car j'attirais la sympathie et l'on affecta de tenir cette incartade pour une fantaisie de potache ou pour une infirmité culturelle guérissable. On comptait bien que, la prochaine fois... Je constatai avec satisfaction que la France était désormais bien considérée dans les milieux financiers internationaux. Le redressement que nous avions opéré au cours des douze derniers mois était beaucoup mieux perçu par les observateurs étrangers qu'il ne l'était par l'opinion française. En même temps, le gouvernement Pierre Mendès France récoltait, le plus souvent, un préjugé favorable, en dépit des réticences et des appréhensions qui persistaient dans les cercles gouvernementaux. Ainsi, je tirais doublement bénéfice des performances accomplies dans le domaine de ma propre gestion et de ma situation de ministre principal d'une équipe cohérente et énergique.

Une nouvelle affaire de fuites.

C'est alors que surgit un visiteur inattendu en la personne de Georges Degois, directeur général des Douanes, avec qui j'entretenais, dès avant mon accession à des postes ministériels, des relations cordiales. Il faisait partie d'un petit groupe de hauts fonctionnaires des Finances, tels que Roudier et Sadrin, issus pour la plupart de la Centrale et teintés de radicalisme, qui étaient si je puis dire mes « antrustions » de la Rue de Rivoli. Degois me demanda un entretien personnel qui eut lieu dans une des pièces réservées, à l'hôtel Mayflower, à la délégation française. « J'avais décidé, m'exposa le directeur général, de venir vous rejoindre afin de vous informer de vive voix d'un sujet très grave et à l'occasion duquel votre nom avait été mentionné. Entre-temps, d'ailleurs, vous avez été mis complètement hors de circuit. Voici ce dont il s'agit... »

C'était une nouvelle affaire de fuites qui rappelait la rocamboles que affaire Peyré. Depuis quelque temps circulaient sous le manteau des documents secrets, en fait des relations des séances du Comité de Défense nationale. On chuchotait à ce propos que Pierre Mendès France et Mitterrand entretenaient des liaisons avec des agents soviétiques ! C'est René Mayer qui avait pris sur lui d'informer Pierre Mendès France, bien qu'il ne fût pas de ses partisans, de ces détestables rumeurs. Une enquête fut aussitôt diligentée avec vigueur. Les soupçons se portaient sur le commissaire de police Dides, qui dirigeait du temps de Martinaud-Déplat et du préfet Baylot, l'un et l'autre fanatiques de l'anticommunisme et maniaques de l'intrigue policière, un réseau de renseignements autonome et semi-clandestin qu'il continua d'animer après le départ de ses chefs, et alors qu'il exerçait lui-même, au port de Gennevilliers, des fonctions sans rapport avec le Renseignement et le contre-espionnage. Dides fut interpellé à la sortie du ministère des Affaires marocaines et tunisiennes (on ne donna aucun renseignement relatif à la personne qu'il était allé voir) et l'on saisit sur lui des documents compromettants. On n'avait pas eu besoin cette fois, comme lors de l'affaire Peyré, de simuler une bagarre dans un autobus. Un journaliste du nom de Baranès, agent double, triple ou quadruple, si souvent « retourné » qu'il aurait pu aussi bien revenir à sa position initiale, fut interpellé, interrogé, et laissé en liberté par la justice militaire, exceptionnellement bienveillante dans ce cas. Il en profita pour prendre la fuite. Cependant, la D.S.T. (1), malgré la rupture de ce fil, parvint à remonter à l'origine des fuites qui se situait dans l'entourage de Jean Mons, ce haut fonctionnaire socialiste qui, après son départ de la Résidence générale de Tunisie, avait été placé au poste considéré et sédentaire de secrétaire général de la Défense nationale. Les documents étaient constitués d'après les notes de Mons lui-même et mis en circulation par deux de ses collaborateurs, fonctionnaires d'un certain rang, l'un et l'autre pourvus de l'apostille « cosmique » (2), qui agissaient pour des mobiles idéologiques, gauchistes et fumeux. Ils croyaient œuvrer pour la paix en refilant des dossiers à Baranès qui apparemment travaillait pour le journal *Libération* mais n'avait là qu'une couverture, à l'abri de laquelle il agissait pour le compte du réseau anticommuniste de Dides, fournissant ainsi à la fois la matière du délit et la dénonciation du délit. Les fuites n'ayant d'autre destinataire que le détecteur des fuites, cette activité pouvait indéfiniment tourner en rond en rapportant quelques profits, menus mais réguliers, une véritable « rente de situation » à Baranès lequel pouvait se croire protégé de tout risque

(1) Direction de la Surveillance du territoire.
(2) Admission aux documents secrets.

puisque rien ne sortait, à aucun moment, de ce circuit clos. Cet informateur qui n'informait personne pouvait même, et il n'y manqua pas, se prendre pour un bon patriote puisque, en organisant cette fausse transmission, il détournait les collaborateurs de Mons de se prêter, dans l'ivresse de leur idéologie, à de véritables fuites. Ce petit voleur rançonnait une belle compagnie de poires : Dides qui croyait découvrir les fuites qu'il provoquait, Turpin et Labrousse qui croyaient renseigner les communistes et qui ne renseignaient que les anticommunistes, lesquels n'étaient intéressés par ce matériel que parce qu'ils croyaient y trouver la preuve d'un espionnage communiste, etc., Martinaud-Déplat et Baylot qui se prenaient pour les maîtres du contre-espionnage et pour les pourfendeurs de l'anti-France, sans compter des imbéciles de toute volée, comme le député radical André Hugues, qui avait caché Baranès dans sa propriété de l'Yonne avant que celui-ci allât chercher refuge au monastère de la Pierre-Qui-Vire où il fut appréhendé le samedi 2 octobre (1).

Comment mon nom apparaissait-il dans un tel imbroglio? De façon toute simple. Les documents colportés se référaient à une série de réunions du Comité, formant une suite qui commençait sous le ministère de Joseph Laniel et continuait sous celui de Pierre Mendès France. Or, un seul ministre avait pu assister aux séances tenues sous ces gouvernements successifs, c'était moi-même. Baranès, soucieux de ne pas découvrir le secrétaire général qui était, par intermédiaire, son approvisionneur, m'avait plus ou moins mis en cause. Mes relations avec Roger Stéphane et avec *l'Observateur* qui me rendaient déjà suspect aux yeux de Martinaud et de ses séides, pouvaient donner à cette dénonciation du piment à défaut de vraisemblance. Outre qu'il était peu probable qu'un ministre ait pu rédiger lui-même, pendant le cours de chaque Conseil, des notes aussi étoffées (une telle activité écrivassière n'aurait pas manqué d'attirer l'attention et la suspicion) un détail suffisait à démolir ce montage. Le dernier compte rendu se reportait à une séance à laquelle j'avais assisté, mais seulement dans sa première partie, car justement je préparais mon départ pour l'Amérique. Et les notes portaient textuellement, vers le milieu du compte rendu : « M. Edgar Faure s'en va en claquant la porte. » En fait, si la porte avait claqué, ce n'était nullement par une action délibérée de ma part, je n'éprouvais aucun mécontentement, mais Jean Mons avait dû interpréter de travers ma sortie anticipée. Quoi qu'il en fût, il était bien évident que je n'avais pu moi-même rendre compte de mon

(1) Il imitait ainsi l'exemple d'un autre marginal, le député Raulin, dit Laboureur, impliqué dans la première affaire des fuites. Ce Laboureur était un psychopathe fabulateur, atteint du délire de persécution. Dans sa jeunesse alors qu'il occupait un poste à l'Action française à Rennes, il avait déjà simulé un attentat contre lui.

départ... et poursuivre la rédaction de notes sur une séance à laquelle je n'assistais plus. Le juge militaire n'avait pas eu l'astuce de faire cette simple vérification, tant était grande sa hâte de laisser en liberté l'indicateur du commissaire Dides.

A la fin de notre séjour à New York, Ludovic Tron, alors président d'une grande banque, et sa spirituelle épouse Janine insistèrent pour nous entraîner avec eux dans un voyage de quelques jours à la presqu'île du Yucatan. J'étais fortement tenté de m'assurer ainsi une rallonge de vacances, mais mes collaborateurs me représentèrent que, dans un ministère Pierre Mendès France, ce genre de fantaisie ne serait pas apprécié. Lucie fit donc seule la découverte du Mexique et je rentrai à Paris pour apprendre l'arrestation de Baranès. Le préfet Pélabon, directeur du cabinet de Pierre Mendès France, que j'allai voir à mon arrivée, me fit le récit de l'affaire qui était alors élucidée autant qu'elle pouvait l'être car on ne put jamais parvenir à déterminer de façon certaine ni les affiliations dominantes de Baranès ni le rôle exact de Jean Mons, entre une connivence moralement improbable et une naïveté mathématiquement incommensurable (1). Ce qui fut plus stupéfiant encore que cette fuite située au plus haut niveau et dépourvue de tout mobile intelligible, ce fut l'étrange réaction de toute la frange politique d'extrême droite, les fanatiques de l'anticommunisme et les dénigreurs de Pierre Mendès France, dont on aurait pu attendre une attitude de discrétion, sinon de contrition. Loin de se sentir mortifiés de l'étalage de tant de sottises et d'une certaine vilenie, les chevaliers du mac-carthysme français se dressèrent avec arrogance et clamèrent que le gouvernement avait démantelé un inestimable réseau de lutte contre le communisme. On sait que le commissaire Dides fut, après la dissolution de l'Assemblée, élu député de Paris.

(1) Par la suite, la bonne foi de M. Mons, homme entièrement estimable, fut définitivement établie.

CHAPITRE XLVIII

LE CHARME DE MARSEILLE
ou
L'ÉLU DU TOUT-PUISSANT

L'Élu du Tout-Puissant.

Le dernier trimestre de l'année 1954 fut pour moi une période de labeur continu et de satisfaction croissante. J'en ai gardé un souvenir particulièrement favorable.

Je dirigeais mon secteur avec la plus complète autonomie, comme au temps de Joseph Laniel, mais j'avais de surcroît l'avantage de me trouver au sein d'un gouvernement nerveux et actif dont j'approuvais toutes les options. Je n'étais pas très sensible à la guerre picrocholine dont parle Jean Lacouture. J'ai appris en lisant son livre que les collaborateurs de Pierre Mendès France émettaient des appréciations réservées sur la politique économique. Je me rappelle que, dans une seule occasion, un incident surgit entre mon président et moi à propos d'une affaire de paperasse, une note qui était partie et qui n'était pas arrivée, un malentendu entre cabinets, sans aucune gravité. Pierre Mendès France me parla sur un ton autoritaire et fit une allusion qui voulait dire en substance que les choses ne devaient pas se passer comme avant. « Si tu veux ma démission, lui dis-je, je vais te l'apporter de ce pas. » Il se radoucit aussitôt. Vérification faite, je n'étais pas en faute. D'ailleurs je ne l'étais jamais. Ce n'était pas l'effet de mon infaillibilité personnelle, mais la conséquence du travail impeccable de mon équipe technicienne, sous la direction de l'inflexible et infatigable Robert Blot.

On peut dire que le *climax* de l'expérience Mendès prit place à la mi-octobre 1954, et coïncida avec le congrès du parti radical. La conclusion, puis le vote des accords de Londres semblaient avoir compensé la perte de prestige qui avait suivi et sanctionné l'échec dela C.E.D. L'explosion de l'affaire des fuites avait creve un abcès. La participation des socialistes que Mendès venait de solliciter officiellement paraissait en bonne voie. La révolte algérienne ne devait éclater que quinze jours plus tard.

Le congrès se tenait à Marseille où j'arrivai avec Lucie dès la veille au soir. Nous descendîmes à l'hôtel de Noailles qui me rappelait des souvenirs variés. Mes débuts au Palais, à l'époque où j'aurais pu me diriger vers la carrière d'avocat d'assises et où j'étais venu faire une reconnaissance sur place avec mon client, l'officier de marine Julien, compromis dans l'affaire des faux bons de la Défense nationale, dite aussi du baryton Martini. Puis le matin de notre départ pour Tunis, lorsque j'avais failli perdre l'essentiel de mes biens, placés dans une sacoche oubliée sur un fauteuil du hall.

A l'hôtel de ville de Marseille, Gaston Defferre nous reçut avec une chaleureuse amitié. Pierre Mendès France l'avait pressenti comme ministre de la Marine marchande, poste qu'il occupait déjà quand nous avions fait le voyage du *Liberté.* J'abordais moi-même le congrès avec plus de sérénité que je n'avais jamais pu le faire. L'indice de septembre avait fait un bond à 157 (1) et, le 9 octobre, le salaire minimum garanti avait été relevé de 115 à 121,50 (2) soit 5 % (sans hausse de prix).

Mais l'attention des congressistes n'était pas polarisée par les problèmes de mon secteur. Comme il marchait bien, il n'intéressait guère. L'exposé que je ne pouvais éviter de présenter fut vigoureusement applaudi... chaque fois que je prononçais le nom de Pierre Mendès France. D'ailleurs, aucun discours ne déclencha la passion ni ne déchaîna l'ovation sauf, à la fin, celui de Pierre Mendès France lui-même et, plus encore, celui d'Edouard Herriot qui fit sensation en proclamant qu'il inclinait sa personne et sa carrière devant le nouveau Messie du parti radical.

Josué s'avançait pensif et frémissant,
Car il était déjà l'élu du Tout-Puissant (3).

Cette apostrophe du « président à vie » (car tel était bien le titre d'Herriot) fut un grand moment de théâtre.

A part ces minutes intenses, ce fut aussi un congrès où l'on n'écouta guère et où l'on intrigua beaucoup. La pièce se jouait dans les coulisses. La bataille faisait rage dans les couloirs. Pierre Mendès France se trouva placé entre les embrassades alternées des monstres

(1) Contre 138 en 1953.
(2) Pour la région parisienne.
(3) Alfred de Vigny.

sacrés, les Edouard qui avaient si longtemps nourri de leurs querelles l'animation du grand vieux parti. Edouard Daladier rencontrait enfin Edouard Herriot sur le terrain réconciliateur et engageait avec lui la compétition du zèle et de l'allégeance envers la nouvelle étoile. Le minotaure ne voyant toujours pas s'ouvrir devant lui les allées du ministère, se lassant d'être confiné dans un petit bureau de la place du Palais-Bourbon avec le titre de président du Rassemblement des gauches, avait conçu une ambition de rechange qui pouvait lui procurer une plate-forme de relais. S'enrôlant sous la bannière du mendésisme, il s'en désignait aussitôt comme le porte-étendard et n'hésitait pas à se présenter à la présidence du parti radical afin d'y incarner l'élan du renouveau, l'esprit de jeunesse, de rigueur et de compétence qui caractérisaient l'expérience mendésienne. On s'esbaudissait de voir ce revenant tout perclus d'occasions manquées et de batailles perdues adopté comme représentant qualifié de l' « aggiornamento » par les « antrustions » et par la nouvelle vague. Il portait l'offensive contre son disciple, son ancien secrétaire d'Etat, Léon Martinaud-Déplat, lui-même accroché à son poste comme un bernard-l'ermite. Pierre Mendès France, à mon grand soulagement, avait refusé de prendre ouvertement parti dans ce combat de fossiles, ce qui me mit à l'aise car sa neutralité me permettait de marquer ma fidélité à Henri Queuille et à son inséparable magot. Au surplus, Léon Martinaud-Déplat, malgré son anticommunisme farouche et ses délires policiers, présentait pour moi l'avantage de ne s'être jamais immiscé dans mon secteur et de ne pas proclamer des billevesées comme l'avait fait Edouard Daladier, dont l'incompétence en économie atteignait au risible mais ne laissait pas d'être dangereuse ; j'en avais fait l'expérience.

Notre clan avait l'avantage de tenir beaucoup de leviers, mais Daladier était lui-même entouré d'un certain nombre d'*apparatchiki* et soutenu par des fédérations du Sud-Ouest bien organisées. On finit par obtenir que le vote aurait lieu par mandats, ce qui nous donnait une forte prime. La fédération radicale-socialiste du Jura vit son effectif s'élever jusqu'aux étoiles ; encore était-ce l'un des cas pour lesquels ce montage était le plus décent. Le succès ne fut obtenu que par 746 voix contre 665, avec 10 divers.

La querelle des deux Edouard était bien terminée et les palinodies n'étaient plus de mise. La République sentimentale avait pris fin. On changeait de siècle.

J'allai sabler le champagne au quartier général des magots qui se tenait chez le sénateur Delpuech et où je retrouvai Martinaud, en compagnie du père Queuille, de son fidèle Boursiac, d'Emile Roche et de sa femme Sonia. C'était la maison où l'on trouvait la meilleure cuisine de la Côte, mais je n'en bénéficiai pas ce jour-là car je devais dîner dans un restaurant de la ville avec Pierre Mendès France et nos épouses, Lucie et Lily.

Marché conclu.

C'est dans cette occasion que le destin marqua un nouveau sceau sur notre proche avenir. La conversation vint tout naturellement sur le problème de ma situation gouvernementale que nous avions décidé de « geler » jusqu'au règlement de la question militaire européenne. Pierre Mendès France avait indiqué publiquement que lorsqu'il en aurait terminé avec cette affaire, selon la méthode des tiroirs qui lui était chère, il entendait se consacrer davantage à la politique économique et les personnes les mieux informées commençaient de s'interroger sur mon compte. Pourrais-je m'accoutumer à une sorte de duumvirat ou changerais-je d'affectation ?

— Je te dois une réponse, lui dis-je. La voici. Si tu tiens vraiment à cette formule, si tu penses qu'il y va du succès de ton expérience, je ne veux pas y faire obstacle. Je suis donc disposé à quitter la Rue de Rivoli et je te sais gré de m'avoir proposé une mutation comme celle-ci, car il est honorable pour moi d'accéder au Quai d'Orsay. Au surplus, les questions internationales m'attirent beaucoup. Je pense que cette solution n'est pas contraire à mon intérêt. Je crains seulement qu'elle le soit au tien. Pour moi, tout est en ordre. Il faut cependant que toi, tu réfléchisses, parce qu'au poste où je suis je rassure les animateurs économiques, je bénéficie d'une confiance générale non seulement dans les milieux patronaux et auprès des P.M.E., mais aussi bien dans certains cercles syndicalistes, à F.O., voire à la C.G.T. avec qui je peux passer certaines sortes de *gentleman's agreement.* La situation sociale n'est point tendue et l'on s'engage, en ce moment même, dans la signature des conventions collectives. C'est surtout du côté de la droite, des modérés, de la bourgeoisie, des possédants que l'inquiétude peut venir. Un certain nombre de députés se tiennent sur le fil du rasoir. Ils peuvent basculer. C'est à toi de réfléchir. La dévaluation, par exemple, peut te faire perdre l'appui de quelques élus influencés par Marcel Boussac.

— Je ne sais pas, m'exposa Pierre Mendès France, si je ferai effectivement la dévaluation tout de suite. J'attends, pour l'heure, la réponse des socialistes. Je l'espère favorable.

— Je te trouve optimiste, lui dis-je. Tu n'as qu'une seule manière d'aboutir, c'est de passer un accord avec Guy Mollet.

Je compris que sur ce point il ne transigerait pas. Il en aurait sans doute été ainsi même s'il n'avait pas sous-estimé l'obstacle. Mais il le sous-estimait grandement.

— Quoi qu'il en soit, avec ou sans eux, il me faudra faire un remaniement. Tu n'y seras pas inclus. Il faut que je termine avec le réarmement allemand. Cela exigera de nouveaux débats parlementaires. J'ai projeté également un voyage en Amérique. Je pense donc que tu pourrais garder ton poste actuel jusqu'en décembre, peut-être jusqu'à la fin de l'année, ce qui ferait une césure naturelle. Tu peux te préparer dans cet esprit.

Remaniement non-stop.

Comme il m'avait été aisé de le prévoir, le parti socialiste n'accepta pas la participation : on laissa traîner les choses jusqu'à un congrès extraordinaire qui fut tenu les 10 et 11 novembre et où l'on fit capoter l'affaire selon les meilleures règles d'un grand art. Pierre Mendès France procéda alors à un remaniement ministériel limité, en fait le quatrième. Maurice Lemaire retrouvait son ministère de la Reconstruction et du Logement. En sus de ce retour, on notait seulement la nomination de trois secrétaires d'Etat. L'un était René Billière, personnalité compétente et très estimée du parti, depuis longtemps attaché à Pierre Mendès France. Il fut chargé des relations avec l'Assemblée et de la Fonction publique. Ce choix était, à tous égards, parfait. Le second était moins attendu et le troisième surprenant.

André Moynet avait été élu dès le début de la IVe République député de Saône-et-Loire, comme colistier de Patrice Bougrain, personnage des plus sympathiques et aussi des plus fantaisistes, connu surtout pour ses tenues sportives (il était venu à l'Assemblée vêtu d'une élégante saharienne et les huissiers lui avaient protocolairement refusé l'entrée de l'hémicycle, puisque ce vêtement ne comporte pas de cravate). Il a depuis renoncé à la vie publique et pris le nom de Bougrain du Bourg. André Moynet s'intéressait moins à la politique qu'à l'aviation. Il était le pilote d'essai des avions Hurel-Dubois et, depuis, il a accompli des prouesses qui lui ont valu d'être décoré de la plaque de grand officier de la Légion d'honneur, que Valéry Giscard d'Estaing a tenu à lui remettre de ses mains. On n'avait point parlé jusqu'ici de lui comme ministrable et l'on n'en parla guère davantage par la suite. Cependant, sa jeunesse, sa sportivité, le don d'enthousiasme et l'aisance du contact, l'*aura* de son courage et de sa vocation le qualifiaient pour le poste qui lui fut assigné de secrétaire d'Etat chargé de coordonner l'action gouvernementale en faveur de la jeunesse. C'était, en somme, le ministère de la Jeunesse que Pierre Mendès France avait d'abord envisagé à l'intention de J.-J. Servan-Schreiber et dont il avait annoncé la création par une lettre adressée au journal *l'Equipe.*

M. Philippe Monin qui appartenait, comme André Moynet, aux indépendants, était nommé secrétaire d'Etat au Commerce. Il était président de la commission des boissons et sans doute Pierre Mendès France pensait-il qu'à ce titre il pouvait lui apporter une caution au moment où le président du Conseil comptait accentuer sa politique antialcoolique. Notre nouveau collègue devait sa notoriété à la distribution généreuse qu'il faisait d'un journal où on le voyait chaque semaine photographié en compagnie de personnages plus ou moins considérables. Il était de caractère liant et maniait aisément la flatterie la plus lourde, ce qui lui avait valu un certain nombre de sympathies dont, je dois le dire, la mienne. Philippe Monin ne sembla pas accueillir sa nomination avec les manifestations de joie et d'importance qu'une telle circonstance provoque le plus souvent et auxquelles on se serait d'autant mieux attendu de sa part qu'il était friand de la moindre publicité. Je crois même qu'il s'abstint de paraître au Conseil.

Cet exemple fait apparaître les aspects négatifs que pouvait revêtir l'engouement de Pierre Mendès France pour les nominations, en même temps que pour les transferts de postes, cette sorte de « bougeotte » qu'il imprimait à son ministère.

Le courage de prendre des mesures populaires.

La perspective de mon prochain transfert au Quai d'Orsay n'émoussait pas, bien au contraire, le zèle que j'apportais à ma gestion. Il m'importait d'avancer le plus vite et le plus loin possible dans la réalisation du Plan et dans le règlement de tous les problèmes que je voyais surgir ou que je venais à concevoir.

Mon principal souci me portait toujours vers tout ce qui procurait l'allégement des charges des entreprises, afin de favoriser à la fois la croissance de la production et le développement de l'exportation.

Une série de mesures furent prises au cours du trimestre à l'égard des investissements, de la construction de logements, de la conversion industrielle et de la déconcentration, ainsi que de la coordination des transports (ces deux derniers sujets traités en liaison étroite avec Matignon).

Je poursuivis et affinai l'organisation des marchés agricoles, en collaboration avec M. Houdet qui, sur ma suggestion, avait été maintenu à l'Agriculture.

Le drame algérien commence et nous ne le comprenons pas.

Au début de novembre, le gouvernement avait vu surgir devant lui une nouvelle suite de graves préoccupations : le début de la révolte algérienne. Je pense que nous avons *tous* sous-estimé l'événement. Les services de renseignements avaient très mal fonctionné. Organisés à partir d'un système traditionnel qui consistait à surveiller les agitations tribales, ils ne disposaient point d'antennes dans les milieux des jeunes gens et des adolescents où la mentalité insurrectionnelle apparaissait pour ainsi dire d'elle-même et où les liaisons et instigations extérieures ne tenaient qu'un rôle annexe, épisodique et léger. Je me souviens d'un entretien rapide que j'eus avec Pierre de Chevigné : « Cette fois, lui dis-je, je pense que la grande majorité de la population est avec nous. » Il me refroidit en disant : « Il en est toujours ainsi au début ; c'était la même chose en Indochine. Il ne faut pas se faire d'illusions, le processus sera le même. »

Une telle lucidité était rare. Le « juridisme » occupait mon esprit, ainsi d'ailleurs que ceux de Pierre Mendès France et de François Mitterrand. Nous étions cette fois, non pas à l'étranger, mais en terre française. Nous pourrions toujours tenter de régler le problème en reprenant les projets d'évolution que l'on avait laissés dormir, depuis le plan établi avant la guerre par Viollette et par Viénot, et remettre en honneur l'esprit du discours que le général de Gaulle avait prononcé à Constantine et dont j'avais quelque raison de me souvenir.

Quand j'eus l'occasion d'évoquer l'Algérie avec Pierre Mendès France, il émit l'avis qu'il fallait aborder le problème par le choix des personnes. Il entendait placer au gouvernement général un homme nouveau, capable de prendre la mesure de la situation et de proposer au gouvernement une politique. Dans cette vue, j'acceptai bien volontiers de réserver pour M. Léonard, actuel titulaire de ce poste et dont le mérite n'était pas en cause, la première présidence de la Cour des comptes qui allait se libérer. J'aurais sans doute souhaité disposer de cette haute charge pour un grand fonctionnaire des Finances, ce qui m'aurait permis de faire, comme on dit, un « mouvement », mais j'étais très attaché, comme je l'ai déjà mentionné, au principe selon lequel les hauts représentants de la France ne doivent jamais partir dans des conditions pitoyables, car leur successeur se trouve, de ce fait même et dès sa prise de fonctions diminué dans son autorité morale.

Cette décision ne fut appliquée qu'après plusieurs semaines car il fallait choisir avec soin le nouveau titulaire.

Ce même mois de novembre était l'époque de la présentation du budget. Celui que j'avais élaboré n'avait rien d'extraordinaire : toutes les mesures importantes que j'avais prises auparavant se trouvaient naturellement réfléchies dans leur traduction comptable. Investissement et allégement constituaient toujours les deux polarités de cette politique (1).

C'est une véritable bagarre qui accueillit les premiers fascicules venant en discussion, ceux des P. & T. La commission des Finances avait rejeté ce budget et mon adversaire communiste du Jura, André Barthélemy, petit homme sec avec des cheveux blancs et des lunettes à forte monture de plastique noire, généralement vêtu de costumes deux-pièces en velours côtelé et qui allait visiter le Louvre quand il était obligé de rester à Paris le dimanche, homme fort sympathique à la vérité, bien que j'aie eu avec lui un incident violent où les torts étaient partagés, menait l'offensive.

Pierre Mendès France avait adopté une attitude de principe qui était bien dans sa manière. On ne pouvait tolérer ces palinodies par lesquelles les députés, grâce au vote de motions préjudicielles ou au rejet de documents budgétaires, parvenaient à tourner ou à vider de toute substance les dispositions protectrices de la Constitution qui refusent au Parlement l'initiative des dépenses. Il annonça donc que la question de confiance serait posée dans tous les cas analogues, à commencer, naturellement, par celui-ci. Il l'emporta — largement — par 320 voix contre 207, mais il faut noter que le M.R.P. s'était raidi et que, malgré les observations de deux hommes raisonnables et de grand crédit qui étaient le rapporteur général Barangé et Robert Schuman lui-même, une forte majorité du groupe (55 sur 82) avait voté contre.

Pierre Mendès France eut encore à subir un affrontement parlementaire avant de pouvoir quitter le sol français. Il fit, le 12 novembre, renvoyer à la suite les interpellations sur les événements d'Algérie, par 312 voix contre 272. Plusieurs interpellateurs tentèrent de rattacher l'émergence de la révolte algérienne à la politique suivie en Tunisie. Ils ne se rendaient pas compte de l'extrême danger qu'aurait comporté la conjonction des deux mouvements.

Pierre Mendès France et François Mitterrand laissent apparaître dans leur intervention, à quel point ils sont inféodés, au point d'en être intoxiqués, aux catégories du droit, ce qui est également mon cas. Pour eux, l'Algérie c'est la France et la responsabilité des événements est, pour eux aussi, imputable aux incitations extérieures, notamment à l'Egypte qu'on met en face de ses responsabilités

(1) J'avais pu augmenter l'effort d'investissement (à financement public) de 687 milliards à 758, tout en acceptant un certain nombre de moins-values (relatives) des recettes.

L'ensemble des budgets de fonctionnement se trouvait en nette augmentation ainsi qu'à l'attitude insurrectionnelle du M.T.L.D. Rétorsion sur le plan externe, répression sur le plan interne demeurent les lignes directrices, mais en même temps des efforts considérables sont annoncés en vue d'assurer le progrès et le bien-être des populations. Il s'agit beaucoup moins de réformes que de crédits. Nous sommes tous tombés dans un second piège. Il résulte d'ailleurs directement du premier, le *juridisme* conduit à l'*économisme*. Etant donné que l'on se refuse à envisager le changement du droit, on ne peut procéder que par la modification du fait. On traite par les grands travaux et l'amélioration du niveau de vie un conflit qui trouve sa source dans l'aliénation nationale et dans le déficit de considération La prédominance donnée au critère formaliste conduit à la trans substantiation du moral au matériel. Ce faussement d'analyse engendrera, avec des aspects variés, toutes les politiques à venir, notamment le plan de Constantine et l'équipement du Sahara : seul Jacques Soustelle marquera, en en tirant des conclusions que l'on peut contester, un redressement de cette fausse logique.

Après cette dernière escarmouche, le président partit pour le Canada et pour les Etats-Unis. J'assurai son intérim et l'on put voir à cela que, malgré les bruits qui couraient sur nos divergences, je gardais toute sa confiance. C'est à ce titre que je fus appelé à régler l'affaire des fellagha en Tunisie, comme je l'ai exposé d'autre part.

Après le départ de Pierre Mendès France, François Mitterrand suivit devant le Sénat le débat sur l'Algérie et il s'exprima avec résolution sur la nécessité de poursuivre sans délai une politique de réformes. Il se refusait à la différer jusqu'à ce que le rétablissement de l'ordre eût été assuré, comme le souhaitaient un certain nombre de sénateurs, conduits par les élus algériens. Ce serait là, affirma le ministre, une singulière réponse à faire à un peuple demeuré calme en dépit d'un appel à la rébellion. Le gouvernement se résigna cependant à laisser passer un ordre du jour où figurait l'expression « nécessité primordiale » de rétablir l'ordre et la sécurité, mais où l'on mentionnait aussi le développement économique et social et la réalisation des réformes.

Les signes du déclin.

A son retour des U.S.A., Pierre Mendès France ne trouva pas de répit et se vit de nouveau entraîné dans son mode tourbillonnesque de survie gouvernementale. Il tint à présenter lui-même une réforme constitutionnelle, résultat assez maigre de longs travaux et conciliabules et que l'on qualifiait couramment de réformette. On faillit être obligé, par suite d'un championnat de chicanes, d'aboutir à un résultat qui rendrait indispensable le recours au référendum (procédure qui n'est nullement, bien que beaucoup de personnes le pensent, une invention gaullienne). Après cet intermède juridique. vint le débat attendu sur l'affaire des fuites. Ce fut une séquence longue et pénible, où le président du Conseil et le ministre de l'Intérieur se voyaient placés paradoxalement sous les flammes rampantes des soupçons et des insinuations, alors qu'ils avaient été les cibles de campagnes répugnantes et alors que les machinations tendant à leur perte avaient été pleinement dévoilées, leurs auteurs clairement démasqués et convaincus. L'atmosphère politique s'en trouva alourdie et les vapeurs sulfureuses d'un malaise confus s'infiltrèrent peu à peu jusque dans les zones de la calme province. L'ordre du jour gouvernemental marque un déclin dans le compte des suffrages : 287 voix contre 240, avec 11 abstentions. Cette tendance s'accentue et s'aggrave avec un autre scrutin qui suit un nouveau débat sur l'Afrique du Nord, où reviennent, le 10 décembre les interpellations qui avaient été précédemment renvoyées : 294 voix pour (7 de plus) mais 265 contre (25 de plus) — 60 abstentions. Un voyage à Pau pour parler de l'agriculture, encore un débat tendu, cette fois sur l'Indochine, avec une majorité améliorée mais non significative — le M.R.P. s'abstenant — et le président aborde, sans reprendre haleine, l'ordalie du réarmement allemand.

Le charme de Marseille était bien dissipé.

CHAPITRE XLIX

LA DERNIÈRE CLASSE
LA VICTOIRE SUR L'INFLATION

La Région et l'Europe : double relance.

Dans les premiers jours de décembre, je réunis mon équipe de conception et je lui tins ce langage : « Nous allons quitter le ministère à la fin de l'année, au plus tard dans le courant de janvier. Nous allons laisser une situation très satisfaisante, le Plan en bonne voie d'achèvement anticipé ; il suffit de maintenir le pilote automatique, la tâche de nos successeurs sera facile. Voyons cependant si nous n'avons rien oublié, si nous ne devons pas amorcer des actions complémentaires. Ici se pose la question dominante : L'expansion telle que nous l'assurons (et il s'agit, bien sûr, de l'expansion dans la stabilité) peut-elle continuer longtemps ? L'optique traditionnelle va dans le sens d'une réponse négative. Après une augmentation de la production, on devrait s'attendre à une crise, due à la surproduction ou à l'inflation. Mais je ne crois pas pour ma part aux fatalités L'expansion de l'après-guerre est un phénomène nouveau et sans précédent ; pourquoi s'accompagnerait-il du négatif qui accompagnait un phénomène ancien et différent ? La productivité permet de produire une quantité supérieure pour la même dépense globale, elle élève le niveau de vie sans peser sur les coûts et par conséquent sans provoquer ni un accroissement excessif des moyens monétaires ni un gel de la demande. Ce cycle peut se renouveler longtemps, sinon indéfiniment. On pensait jadis que les famines et les disettes étaient des fatalités périodiques ; aujourd'hui cette idée nous fait sourire. Pourquoi la périodicité des crises serait-elle une loi inéluctable ? Il n'y a pas de loi inéluctable en économie, pas plus qu'il n'y a de vérité absolue en science. »

Mais, pour la même raison, nous ne pouvions éliminer le risque.

S'il n'y a pas une loi des crises, il n'y a pas une loi des non-crises. On pouvait considérer, en bon sens, que jusque-là l'expansion se poursuivait assez facilement parce qu'il existait une marge suffisamment importante de demande à satisfaire ; il en serait sans doute ainsi quelque temps encore, mais, à partir d'un certain moment, on pouvait arriver à un point d'essoufflement. Quand tous les Français auront chacun une voiture, la demande d'automobiles cessera d'être élastique, même si l'on recourt au profil, cher à Ford, de *l'homme aux deux voitures*.

Nous nous arrêtâmes à la conclusion qu'il serait bon de dégager des moyens de relance, c'est-à-dire des augmentations virtuelles de demandes.

La première, qui fut immédiatement adoptée, était la relance par la *régionalisation*.

« Mais il n'y a pas de régions ! » remarqua quelqu'un. « Qu'à cela ne tienne, on peut en faire. Il existe déjà des structures ou plus exactement des modèles, ceux qui correspondent aux *Igamies* qui sont en somme des préfectures régionales, quoique seulement conçues pour marquer des zones d'inspection étendues sur un groupe de départements. Les igames, inspecteurs généraux de l'Administration, n'ont que des attributions impondérables. Ces régions correspondent grosso modo à d'anciennes provinces. »

Nous fûmes unanimes à constater que ces régions ne suivaient pas toutes le même rythme de développement économique. Certaines étaient avancées, d'autres passablement arriérées et amorties. Si l'on parvenait à stimuler et à accélérer le rythme des moins favorisées sans ralentir la marche des « pilotes », on pouvait dégager toute une « poche » disponible pour une demande supplémentaire. C'était un gros travail que de mettre cette innovation sur pied. Je souhaitais prendre date. Un décret du 11 décembre 1954 consacra la naissance de la nouvelle institution qui s'appela tout d'abord Commission régionale d'expansion économique.

La seconde relance envisagée, c'était l'Europe. Certaines personnes avaient proposé de créer des institutions économiques propres à l'ensemble européen, une sorte d'élargissement ou de duplication de la C.E.C.A. J'avais moi-même donné une indication dans ce sens dans mon discours d'investiture en 1952.

L'échec de la C.E.D. laissait un sentiment de vide. Le charbon et l'acier ne suffisent pas. L'armée, c'était l'utopie Les intérêts constituent un terrain solide et malgré leurs divergences on peut, la plupart du temps, composer : il n'en est pas de même des sujets passionnels.

Je conclus que cette suggestion était opportune. J'allais maintenant prendre la direction de la diplomatie et à ce titre il m'incomberait précisément de rechercher une relance européenne. Ce serait une chance inespérée que de la faire coïncider avec le second étage du plan de dix-huit mois.

— J'en parlerai à Mendès, dis-je en concluant. Il serait bon que la France reprenne l'initiative.

Je continuai de mettre au point toutes les mesures techniques qui pouvaient « sortir » avant mon départ. Le 31 décembre, après l'épreuve harassante qu'il venait de vivre, Pierre Mendès France tint à réunir un Conseil par lequel je fis entériner l'élévation à 75 % du pourcentage de libération des échanges, en même temps qu'un nouveau train de décrets, pris au titre de la délégation de pouvoirs du 13 août.

Un nouveau Conseil fut tenu le 5 janvier et adopta la décision inattendue de proposer le retour au scrutin d'arrondissement. Dans l'après-midi de ce même jour j'eus un long entretien avec Mendès qui me confiait son intérim pour le temps d'un déplacement qui devait le conduire en Italie et en Allemagne. C'est dans cette circonstance que fut évoquée à nouveau et confirmée de façon définitive ma mutation aux Affaires étrangères.

— Si je te demande effectivement de prendre ce poste, ce n'est pas seulement pour me donner les mains libres dans le secteur économique. Il est nécessaire que je fasse surgir quelque chose de nouveau ici, il faut un changement de main, une opération charme et tu me parais bien qualifié pour cela. Toutes ces manœuvres, ces sabotages ont obtenu un certain résultat. Il y a un creux. Les ambassadeurs ne viennent plus me voir. Je vais d'ailleurs commencer la reprise par un voyage chez nos principaux partenaires européens et je compte à l'occasion voir le pape. Dès que tu seras nommé, tu iras faire la tournée du Benelux, ensuite tu iras à Londres et tu passeras à nouveau sur mes traces à Rome et à Bonn. Sur le fond du problème je crois que nous n'avons pas grand-chose à nous apprendre. Je suis bien persuadé qu'il n'y a aucune discordance entre nous.

Le discours à l'O.N.U.

C'était peu dire que de noter une absence de divergence. J'avais étudié le discours de Pierre Mendès France prononcé à l'O.N.U. et je ne pouvais imaginer une expression plus juste et plus élevée de ce que devait être une politique internationale de la France. Je croyais y lire un exposé particulièrement réussi de ma propre pensée profonde.

Dans ce texte, Pierre Mendès France avait expressément prévu qu'aussitôt après la ratification des accords de Paris — il fallait en effet que les positions occidentales ne prêtent plus à aucun marchandage — le moment viendrait de réaliser le grand projet de la conférence à quatre : « Nous ne laisserons jamais s'accréditer l'idée que l'Occident refuse la paix ou qu'il écarte les occasions de rapprochement et de conciliation. » Il adoptait comme premier objectif la conclusion du traité de paix avec l'Autriche. Tel était aussi mon sentiment. Il accordait une grande importance au désarmement ainsi qu'à la solidarité qui devait se traduire par une aide (à travers l'O.N.U. selon lui) aux pays insuffisamment développés. Il se prononça dans ce domaine pour cette méthode expérimentale qu'il suspectait, assez curieusement, dans l'ordre économique : « sans dogmatisme, sans ambition démesurée, chercher comment et par quels moyens les pays peuvent s'aider l'un l'autre ».

Ces objectifs étaient les miens, il fallait y ajouter une réactivation de la Communauté européenne, sans doute par le marché commun. « Tu verras bien, me dit Mendès, au cours de tes visites. Selon l'atmosphère, tu pourras t'avancer plus ou moins et dans la direction qui te paraîtra recommandable. »

J'exposai alors à Pierre Mendès France que si ces nouvelles perspectives de coopération entre nous me convenaient à merveille, je craignais que le temps nous manquât pour en épuiser les délices. J'avais longuement réfléchi aux enseignements que nous devions tirer des affreux débats de décembre.

« Il n'y a, lui dis-je, qu'un seul moyen de remonter le courant. Il faut essayer une réconciliation avec le M.R.P. C'est un parti charnière, il attire les hommes généreux et progressifs de milieux qui sont sociologiquement et traditionnellement de droite. Il est « régulier » lorsqu'on passe des accords avec lui, je l'ai souvent constaté dans la politique financière. Il y a eu un malentendu, aggravé par la présence au gouvernement de ses transfuges, mais il n'y a pas d'antagonisme sur les positions politiques de base, bien au contraire. Tu dois tenter une négociation. Je regrette à ce point de vue que tu aies fait resurgir le scrutin d'arrondissement. Cela ne va pas arranger les choses, mais enfin il n'y a rien de définitif. »

Pierre Mendès France pensait qu'il était trop tard ou trop tôt, et sans doute avait-il raison. Influencé par son référentiel de 1936, il croyait encore à la possibilité d'une consolidation du côté socialiste.

Pierre Mendès France partit pour l'Italie avec Lily accompagné de Soutou et de Léone Georges-Picot. Il s'arrêta dans la charmante station de Positano pour y prendre un peu de détente. Il se refusa à toute déclaration et supporta stoïquement, pendant la durée de son séjour, une pluie torrentielle. A Rome, il fut bien accueilli, on lui souhaita même son anniversaire qui tombait précisément pendant cette période. Le pape Pie XII, encore souffrant, tint à se lever pour lui donner audience. A Bonn où il se rendit ensuite, tout se passa pour le mieux et il en rapporta même une augmentation d'achat de nos céréales, bien que ce ne fût pas le sujet principal des entretiens.

Il revint réconforté et s'attela à son remaniement, sur lequel couraient les bruits les plus divers. Pour cette raison même, il brusqua quelque peu les choses et il fixa la nouvelle composition de son gouvernement au cours d'un conseil de cabinet qui se tint le jeudi 20 janvier.

Mon transfert au ministère des Affaires étrangères formait, bien évidemment, la pièce maîtresse de ce puzzle avec mon remplacement, au ministère des Finances, des Affaires économiques et du Plan par Robert Buron qui occupait jusque-là le département de la France d'outre-mer et qui, en dépit de son ancienneté dans le *cursus honorum,* pouvait être tenu pour un véritable « antrustion ».

Les tribulations d'Henri Caillavet.

Puisqu'il fallait désormais remplacer Robert Buron, un nouveau ministre de la France d'outre-mer fut nommé en la personne de Jean-Jacques Juglas, président de la commission correspondante de l'Assemblée nationale, qui appartenait jusqu'à cette date au M.R.P. et qui prenait ainsi à son tour la position de transfuge à l'égard de ce parti.

Une telle nomination qui apparut comme un nouveau débauchage n'était pas de nature à préparer cette réconciliation que j'appelais de tous mes vœux entre le président du Conseil et les démocrates chrétiens. Je n'avais pas été consulté sur la désignation de Juglas et je le regrettais car elle n'apportait aucun avantage au gouvernement (le M.R.P. n'étant pas officiellement représenté n'aurait pu se plaindre de voir diminuer son dosage, il s'en serait plutôt félicité). Inversement, elle avait pour effet de braquer encore davantage une formation déjà hostile et d'accroître le climat de malaise qui sévissait dans la communauté parlementaire. Bien que Jean-Jacques Juglas fût un homme de valeur et déjà expérimenté dans son domaine, on ne pouvait dire qu'il apportât à l'équipe une contribution indispensable. Le mieux aurait été de choisir le nouveau titulaire à l'intérieur du cabinet. C'était, d'une façon générale, une erreur pour un ministère parvenu à un tel degré de fragilité, que de multiplier les mouvements et les changements. Encore toute cette partie de la combinaison était-elle logiquement liée à ma propre reconversion. Le reste n'était pas nécessaire et donnait l'impression d'un jeu. Guérin de Beaumont, nommé tout récemment garde des Sceaux, quittait la place Vendôme pour devenir ministre d'Etat :

Emmanuel Temple qui avait commencé comme ministre des Anciens Combattants et qui était devenu, en septembre, ministre de la Défense nationale, passait à la Justice.

Il était remplacé par Jacques Chevalier, jusqu'alors secrétaire d'Etat aux Forces Armées (Guerre). Jacques Chevalier, député et maire d'Alger, homme connu pour son inspiration libérale, et grandement estimé par la population musulmane, aurait pu rendre d'incomparables services pour le traitement du problème algérien (je songeai à lui, par la suite, pour le gouvernement général). On disait qu'il était mécontent des premières mesures annoncées par le ministre de l'Intérieur et qui avaient mis vent debout l'ensemble des parlementaires français d'Algérie, tous d'ailleurs plus réactionnaires que lui. Il est possible que Mendès France ait voulu se l'attacher par une promotion mais, d'autre part, celle-ci répondait à un autre objectif et s'insérait dans une réforme de structure des départements militaires. A la traditionnelle division entre les trois armes : terre, air, marine, Pierre Mendès France subsistuait une répartition déjà appliquée par le général de Gaulle après la guerre entre ce qui était proprement « défense » et ce qui était « armement » (l'adoption de cette formule par le général de Gaulle en 1944 avait pour principal objet de piéger les communistes qui avaient demandé un ministère militaire). Ressuscité, comme le Phénix de ses cendres, le ministère de l'Armement fut confié à Diomède Catroux, jusque-là secrétaire d'Etat à l'Air et qui avait acquis des droits à l'avancement au titre de la fidélité.

Ce bouleversement des structures militaires apportait une nouvelle épreuve au bouillant et volubile Henri Caillavet. Je n'écartais pas l'hypothèse que son éviction fût l'un des objectifs recherchés à l'occasion de ce montage.

Dessaisi de ses attributions maritimes, non point par la disparition de la flotte, mais par le sabordage du secrétariat d'Etat, Henri Caillavet fut recasé dans un poste nouveau et surnuméraire de secrétaire d'Etat à l'Intérieur, chargé spécialement des problèmes relatifs aux départements d'outre-mer. Je lui représentai de mon mieux qu'une tâche passionnante s'ouvrait devant lui ; que l'essentiel pour une carrière ministérielle c'était de se trouver à l'intérieur du gouvernement plutôt qu'à l'extérieur. Il ne fut qu'à moitié convaincu, d'autant que le nouveau ministre (plein) de la France d'outre-mer était précisément son collègue et compétiteur du département du Lot-et-Garonne. L'un s'élevait directement au zénith, l'autre dégringolait par étapes. « On te met à toutes les sauces », raillaient ses amis. Dès qu'il eut pris contact avec le sol électoral, il donna sa démission. Cela faisait un ennemi de plus.

Furent créés dans la même foulée :

— un autre secrétariat d'Etat à l'Intérieur pour Raymond Mondon qui était une excellente recrue (il occupa plus tard plusieurs ministères sous le général de Gaulle) ;

— un secrétariat d'Etat à l'Aviation pour Henri Fouques-Duparc, gaulliste et député d'Oran, sur lequel on comptait, en même temps que sur Jacques Chevalier, afin d'édulcorer la position des élus algériens.

— un secrétariat d'Etat aux Affaires économiques chargé de l'Union française pour Joseph Conombo, docteur en médecine et député de la Haute-Volta, qui devait représenter le groupe des indépendants d'outre-mer (personne n'osait appeler le président du groupe Léopold Sedar Senghor, à cause de l'ostracisme dirigé contre lui par le parti socialiste, sous l'influence du maire de Dakar, Lamine-Gaye).

— un secrétariat d'Etat à l'Information confié à Georges Galy-Gasparrou que je connaissais bien comme maire de Massat et député de l'Ariège. C'était un géant blond-roux étrangement flegmatique, dont je m'étais toujours demandé par l'effet de quel philtre il avait pu s'engager dans la carrière politique à laquelle il ne semblait guère destiné, si l'on en jugeait par sa totale absence d'ambition apparente, par sa nonchalance ironique et par sa manière de s'exprimer avec lenteur et parcimonie. Je me souvenais de sa première candidature, dès avant la guerre, contre un certain Vidal, notaire et maire d'Oust, avec lequel mon père se trouvait en froid pour je ne sais plus quelle raison. En conséquence, mon père avait apporté son appui à Galy-Gasparrou qui représentait le parti radical officiel et se trouvait donc plus à gauche que Vidal, conservateur déguisé en radical indépendant. Après la guerre, Vidal ayant disparu (après s'être, disait-on, quelque peu compromis), Galy-Gasparrou avait resurgi et avait été élu selon les conditions pittoresques qui caractérisent les activités scrutinières dans ce département. J'avais lu avec amusement le rapport qui avait suivi son élection en 1945 : son adversaire avait installé à l'entrée de la mairie de Massat un huissier chargé de compter les personnes qui en franchissaient le seuil pendant les heures d'ouverture du scrutin. Il était ainsi apparu que le nombre des votants était nettement supérieur à celui des présents et, de surcroît, il était également supérieur à celui des bulletins ! La validation avait cependant été prononcée car ces petites anomalies n'étaient pas de nature à changer le résultat global (1).

(1) Rappelons que ni le vote par procuration ni le vote par correspondance n'étaient admis à l'époque

Le Grand Charles et le Petit Pierre.

« Le groupe de Baylet, m'avait expliqué Pierre Mendès France, exerce une sorte de dictature en matière d'information. Tout le monde s'incline devant ses oukazes et personne n'ose plus nommer un ministre chargé de l'information. A ce prix, le plus simple n'est-il pas de choisir l'un de ses membres ? » C'est ainsi que Galy-Gasparrou avait été désigné par Baylet, ce qui fut aussi, plus tard, le cas de Couderc.

La nomination la plus extraordinaire et en fait la seule véritablement fâcheuse fut celle de Raymond Schmittlein comme ministre... de la Marine marchande (bien qu'il représentât le Territoire de Belfort qui est fort éloigné du littoral). A quel point le personnage pouvait être... douteux, je ne le savais pas encore et je ne l'appris, à mon dam, que plus tard.

En tout cas on ne pouvait pas dire que ce nom fût un porte-bonheur car, onze jours après l'avoir désigné, Joseph Laniel avait été renversé. Il ne fut pas davantage une mascotte pour Pierre Mendès France qui ne survécut à son voisinage que deux semaines. Mais il y avait quelque chose de plus grave cette fois. C'est que, presque immédiatement avant d'entrer dans le ministère, Raymond Schmittlein, dans une feuille qu'il éditait à Belfort et que j'ai bien connue par la suite (1), avait publié ou fait publier, sous la signature-pseudonyme de G. Belmont, avec le titre significatif « le Grand Charles et le Petit Pierre », un article qui contenait des appréciations fort désobligeantes pour le président du Conseil.

Un tel accident faisait apparaître une part d'improvisation et d'approximation dans ce système de mutations périodiques donnant une impression de manque de sérieux, de divertissement, en tout point contraire au schéma de rigueur et de gravité que l'on entendait surimprimer au mendésisme.

Pierre Mendès France avait été conduit à boucler son remaniement plus tôt qu'il ne le pensait. Il le marqua par une singularité nouvelle (ce qui n'était pour lui déplaire). Il décida que les ministres affectés par ce changement garderaient leur poste pendant encore une petite semaine, et que leur nomination ne serait effective que le mercredi 26 janvier ; la transmission des pouvoirs n'eut lieu, du moins en ce qui me concernait, que le 27.

C'est ainsi qu'au début de la semaine suivante c'est à moi qu'il

(1) *Le Courrier de Belfort et du Territoire* — 25 décembre 1954. C'est là qu'il publia en 1956, l'article pour lequel j'obtins sa condamnation en correctionnelle. Voir le tome suivant.

appartint encore de suivre les débats budgétaires qui reprenaient au Parlement, d'ailleurs dans les conditions les plus difficiles. Et c'est également en ma qualité — expirante — de ministre des Finances des Affaires économiques et du Plan, que je participai au Conseil du 23 janvier qui fut le dernier du gouvernement Pierre Mendès France et qui me fait penser, au moment où j'écris ces lignes, au célèbre récit d'Alphonse Daudet : « La dernière classe »(1).

En fait, je n'ai jamais siégé à l'Elysée en tant que ministre des Affaires étrangères.

La réunion était prévue pour 18 heures. Elle se prolongea jusqu'à 2 heures du matin. Comme le président du Conseil ne pratiquait pas lui-même les repas à heure fixe, il n'attachait pas beaucoup d'importance à la nécessité que les autres pouvaient en ressentir.

Je me trouvai obligé de me rendre dans l'après-midi à l'Assemblée nationale, afin d'assister Jean Masson dans la discussion des crédits du ministère des Anciens Combattants. Ce budget n'était pas aussi haïssable que le prétendaient les critiques de tous bords, et représentait un progrès de plus de 10 % sur l'année précédente (et cela en francs constants, répétons-le !) mais je compris rapidement qu'il n'y avait aucun moyen de faire entendre raison à la meute déchaînée. Déjà, en temps normal, ce débat représente une passe difficile, mais cette fois-ci, il y avait, en plus de la démagogie habituelle, cette sorte de férocité qu'appelle l'odeur du sang. Je pris donc la décision originale de ne pas mettre dans l'urne le paquet des bulletins du gouvernement et le budget fut rejeté à l'unanimité des votants.

Tout cela m'avait mis en retard pour le Conseil et je n'avais pas le temps de me restaurer avant de me rendre à l'Elysée. Aussi demandai-je à Olaf Lecarpentier, qui m'assistait, d'aller me faire préparer un sandwich à la buvette. Un certain esprit de provocation me poussant, je le priai de le prévoir d'une belle taille : « A peu près de la vôtre, Olaf. » (C'était un géant !) Mes prévisions furent surpassées quand je le vis revenir, muni d'une baguette entière qui constituait une sorte de monument et que le buffetier avait réussi à garnir copieusement, d'une extrémité à l'autre, de tranches d'un jambon appétissant.

Je n'arrive pas encore à concevoir aujourd'hui comment j'ai pu avoir l'audace d'entrer dans la salle de séance et d'aller m'asseoir à ma place — toute proche de celle du président de la République — en brandissant cette ration valable pour une escouade. Je suis bien obligé de reconnaître que je ne l'eusse pas fait en présence du général de Gaulle.

Au cours de cette séance, et comme si chacun avait vaguement

(1) Faite dans une école d'Alsace, à l'époque de l'annexion, par le maître français.

pressenti qu'il n'y en aurait pas d'autre, de nombreux sujets furent débattus, en général longuement, et les plus importants ne vinrent qu'à la fin. On parla de la loi Barangé que son auteur souhaitait voir étendre aux secteurs post-scolaires de l'enseignement du premier degré. Cette question allait être évoquée au cours du débat budgétaire, à propos de l'examen des comptes spéciaux du Trésor. J'avais moi-même des communications à présenter sur les baux commerciaux, sur la fiscalité des spectacles ; je rendis compte du résultat, fort satisfaisant, de l'émission des certificats d'investissement qui avait procuré 102 milliards de revenu. Enfin, j'exposai les grandes lignes prévues pour la nouvelle étape de la réforme fiscale. L'objectif était de parvenir à un schéma simplifié, fondé sur trois catégories de recettes :

— la T.V.A.,

— une taxe (locale) de consommation.

— une fiscalité indiciaire spécifique pour le commerce de gros.

Vinrent ensuite des mesures, préparées par les services du président, sur l'alcoolisme.

Il était fort tard (ou fort tôt) lorsque l'on en vint à la nomination d'un nouveau gouverneur général pour l'Algérie.

Dans la pensée du président, ce choix de la personne était le préalable d'une définition élaborée de la politique algérienne (je fis d'ailleurs le même raisonnement, par la suite, pour le Maroc). Le nom de Jacques Soustelle fut avancé. Pierre Mendès France avait à l'origine compté sur lui pour un ministère, mais Jacques Soustelle avait finement compris la réticence profonde que le général avait cachée sous sa boutade : « Amusez-vous donc ! » Il pouvait, en revanche, envisager plus favorablement une mission qui, à la date où elle lui était proposée, comportait l'acceptation de grands risques et exigeait une disposition d'esprit plus sacrificielle qu'hédonistique J'approuvai vivement ce choix, et le Conseil suivit, autant qu'il m'en souvienne, sans aucune difficulté.

L'option nucléaire.

Le dernier point du programme était le plus sensationnel, mais il avait été tenu secret et je crois me rappeler qu'il n'était pas mentionné sur l'ordre du jour. Il n'en transpira rien ni alors ni même, autant que je m'en rende compte, par la suite. Il s'agissait de décider si la France allait s'engager dans la préparation d'un armement atomique. Je fus contrarié à divers titres de voir soulever ce problème :

— parce que je n'en avais pas été informé,

— parce qu'il etait trop tard pour discuter, dans la nuit, de cette question essentielle, alors que la séance durait depuis environ sept heures,

— j'étais encore ministre des Finances, de l'Economie et du Plan, pour quelques heures d'ailleurs, mais je devais me tenir jusqu'au bout dans les contraintes de ma fonction et dans la logique de mon personnage. Je ne voulais pas laisser consacrer sous ma gestion donc sous ma responsabilité, un principe de décision dont les conséquences paraissaient incalculables. Je me demandais, d'autre part, s'il était opportun de doter la France d'un armement de ce type, dont l'utilité, selon mon sentiment, ne pouvait être recherchée que du point de vue de notre prestige et de notre crédit international, ou si le même résultat ne pouvait pas être obtenu, grâce à une présentation appropriée, par l'option inverse. Le dilemme était entre deux langages : « La France décide de se doter de l'arme supérieure afin d'assurer son autorité dans les relations internationales, dans *l'intérêt de la paix* » ou : « La France prend la décision réfléchie de renoncer à cette arme, alors qu'elle pourrait s'en pourvoir, afin que ce geste puisse prendre valeur d'exemple et elle exhorte toutes les puissances à conclure des accords tendant au désarmement nucléaire, puis au désarmement général. » C'est ainsi que je devais être prochainement appelé à trancher moi-même et je ne pus m'exonérer d'une certaine hésitation avant d'adopter, dans les conditions que j'exposerai, la seconde réponse.

La position de Pierre Mendès France tenait entièrement dans cette formule dont j'ai gardé le souvenir presque littéral : « Il y aura bientôt deux catégories de nations : celles qui disposeront de l'arme nucléaire et qui seront les " nations nobles ", les véritables puissances et les autres qui seront des " nations subalternes ". »

Je ne songeai point à le contrarier là-dessus et je fus souvent, par la suite, appelé à me remémorer cette formule.

Sur l'heure, j'insistai pour demander des études plus précises, des évaluations chiffrées et, en attendant, le report de la décision. Pierre Mendès France finit par adopter une conclusion conforme à mon souhait et qui faisait apparaître, encore une fois, son caractère réfléchi et scrupuleux car il aurait pu balayer mes objections d'autant plus facilement que la charge des Finances allait s'échapper de mes mains.

« Du moment que le ministre des Finances, du point de vue de ses responsabilités, maintient si fermement son opposition, il ne nous est pas possible de ne pas en tenir compte. Nous en resterons là pour aujourd'hui. »

Les ministres de Pierre Mendès France se séparèrent, ignorant que c'était la dernière fois, dans une ambiance imprégnée de cordialité et de lassitude. Que de besogne nous avions abattue au cours de ces huit heures d'affilée !

La dernière classe était terminée.

La victoire sur l'inflation.

Au moment où je quittais mon poste de commandement de la Rue de Rivoli, je laissais un inventaire brillant qui dément toutes les sottises que l'on a dites et écrites, et tout récemment encore, sur l'incapacité congénitale qui aurait frappé la IVe République et qui l'aurait empêchée de lutter contre l'inflation. Nous pouvions contempler le tableau d'une année entière vécue sans aucune inflation, et en même temps dans une expansion régulière.

Le tableau que l'on verra ci-après est emprunté à la publication *l'Année politique* pour 1954 :

Il est publié sous le titre significatif *Bilan de la gestion économique et financière de M. Edgar Faure en 1954.*

Je pense que la progression du revenu national est un peu sous-estimée. La croissance de la production est supérieure à 10 %, rythme qui signifierait un doublement en sept ans. La masse salariale dépasse 8 % alors que celle du revenu national n'est que de 6 %, ce qui traduit un certain rattrapage des rémunérations les plus faibles. La politique du Contrat social se trouve donc, en fait, appliquée, bien que je n'en aie pas encore élaboré la doctrine.

Extrait de « l'Année politique 1954 ».

Bilan de la gestion économique et financière
de M. Edgar Faure en 1954

LES RÉSULTATS

La trésorerie :

Remboursement de 100 milliards d'avances à la Banque de France.

L'émission des certificats d'investissement rapporte 100 milliards.

Les prix et les salaires :

Stabilité des prix.

Hausse de 8 % de la masse salariale.

La production :

L'indice de la production industrielle est porté de 149 à 166.
Le revenu national augmente de 6 %.

La balance des comptes :

Equilibre de la balance des comptes pour le 1er semestre de 1954.
La France redevient créditrice à l'U.E.P.

CHAPITRE L

LA TÊTE D'AURIBAN

On m'a quelque peu reproché à l'époque d'avoir accepté la succession de Mendès. C'était au terme d'une longue crise. Devais-je sacrifier l'intérêt de la France au souci — mal compris — de la fidélité amicale ? Non seulement la poursuite du Plan dépendait de moi mais j'étais le seul, et cette fois vraiment le seul, président qui pouvait poursuivre la politique du gouvernement Mendès France à l'égard des protectorats, le seul qui puisse exiger et obtenir la réunion de la Conférence des quatre et la conclusion du traité de paix avec l'Autriche.

Je pense donc que j'aurais, de toute façon, accepté la présidence en février 1955. Cependant, j'aurais peut-être marqué plus d'hésitation si ne s'étaient produits des incidents qui suscitèrent en moi une exaspération légitime et une réaction de dignité. C'est là un cas typique d'enchevêtrement entre l'histoire épisodique et la grande Histoire.

La guerre picrocholine qui s'était traînée au ras du terrain tant que j'étais rue de Rivoli se déchaîna lors de mon départ du ministère des Finances. Dès lors se cristallisa une situation d'hostilité ouverte entre le principal ministre et l'équipe personnelle du chef du gouvernement, situation dont il n'a guère existé d'autre exemple — si ce n'est, avec quelque déplacement de position, la fronde survenue en 1971-1972 entre le Premier ministre Chaban-Delmas et l'équipe personnelle du président de la République Georges Pompidou.

Un nouveau cabinet.

Quand on sort de la haute commanderie des Finances, aucun établissement ministériel ne paraît vraiment bien agencé. Le Quai d'Orsay me déçut, mais l'installation m'amusa. Les locaux du premier étage étaient en grande partie occupés par le secrétariat d'Etat de Roland de Moustiers qui demeurait en fonctions, et malgré toute ma sympathie pour lui, je me pris à regretter de ne pouvoir disposer de l'élégant salon dit du Perroquet, où j'aurais aimé aménager mon cabinet de travail. Le bureau traditionnel du ministre était installé au rez-de-chaussée, alors que je préfère les positions modérément dominantes. Il n'était ni aussi spacieux ni de plafond aussi élevé que mon hall de la Rue de Rivoli. J'avais remarqué le brio avec lequel l'huissier à chaîne ouvrait toujours à double vantail la porte de la pièce et je voyais dans ce geste le signe d'un protocole raffiné ; en fait, il répondait à une nécessité pratique. Si l'on ne tirait qu'un battant, seules les personnes fluettes pouvaient commodément entrer et sortir. La table de travail était orientée de telle sorte que la lumière venait de droite, et je dus la faire déplacer pour l'exposer vers la gauche, ce qui déparait quelque peu la disposition de l'ensemble. Je ne disposais point d'un fauteuil convenable. Je ne sais pas comment mes prédécesseurs avaient pu s'accommoder du siège qui leur était assigné. Je demandai qu'on m'en procurât un autre. Le directeur du personnel, assisté du chef de service compétent pour le matériel, m'exposa que l'on était à court de mobilier et que la seule solution était d'acheter ce meuble qui, devant servir aussi bien après mon départ, pouvait être considéré comme un investissement raisonnable. Il m'apporta deux fiches qui comportaient des prix nettement inégaux et me conseilla vivement de choisir le plus cher qui lui paraissait seul convenir au prestige de ma fonction. J'insistai, à son déplaisir, pour me contenter du plus économique car, en ma qualité d'ancien ministre du Budget, je me devais de respecter pour mon propre usage la règle d'économie que j'avais si souvent imposée aux autres. Mes interlocuteurs s'inclinèrent en soupirant. Ils étaient d'ailleurs de parfaite bonne foi. Mais mon geste sublime n'était pas tout à fait spontané. J'avais été alerté par une collaboratrice qui disposait d'antennes dans la maison et qui m'avait chuchoté que l'on me guettait à cette épreuve.

Le premier problème à résoudre, et dont beaucoup de choses allaient dépendre pendant la durée (qui aurait pu être moins brève) de ma gestion, était la composition de mon cabinet. Jacques Duhamel aspirait à s'en voir confier la direction et il y eût excellé ; cependant il me paraissait nécessaire, pour m'assurer la confiance de cette maison, que je connaissais peu et dont j'étais peu connu, de rechercher la collaboration de quelques personnages disposant à la fois d'une compétence éprouvée et d'un capital de crédit : « nourris dans le sérail, en connaissant les détours ».

Naturellement Jacques Duhamel demeurait près de moi comme

conseiller technique et je comptais avoir en lui un véritable coadjuteur puisque Robert Blot ne se proposait pas de me suivre dès l'instant que je quittais la famille des Finances.

Je connaissais déjà Armand Bérard, dont le père, Victor Bérard célèbre helléniste, auteur d'un ouvrage classique, *le Voyage d'Ulysse* avait également été sénateur de mon département du Jura. Agrégé d'espagnol, Armand avait servi dans des postes variés et d'importance croissante, situés généralement d'ailleurs en dehors de la mouvance hispanique. Il venait me voir de temps en temps, pour me donner ses impressions et il m'avait chaque fois vivement intéressé, notamment quand il m'avait décrit la cité atomique d'Oak Ridge. Il souhaitait prendre la direction de mon cabinet et il se livra à cet effet à une véritable opération de commando orientée d'abord sur Roger Stéphane, avec qui il se découvrit soudain les liens d'une amitié intime. Ils ne se quittèrent pas de quelques jours. Roger me demanda de recevoir d urgence Armand Bérard pendant la petite semaine où, quoique nommé, je n'avais pas encore pris mes fonctions. Je lui donnai rendez-vous un après-midi aux Finances. Il arriva avec un peu d'avance, ce qui me surprit et, quelques minutes après, son tempérament nerveux ne supportant pas la moindre inaction, il demanda à l'huissier s'il pouvait lui procurer un journal. Celui-ci, fort sottement, se présenta à mon bureau afin de m'emprunter *le Monde* pour mon visiteur. Cet incident m'horripila. Je surmontai ma mauvaise humeur et je me forçai à porter un jugement impartial sur cet homme que, tous comptes faits, je connaissais assez peu. Mon impression fut favorable, je lui proposai de venir en tout cas auprès de moi comme conseiller de haut rang, mais il me répondit, de façon convaincante, que dans ce ministère et compte tenu particulièrement de la présence d'un secrétaire général (1) (institution à laquelle j'ai toujours été personnellement hostile), seul le directeur en titre du cabinet du ministre pourrait assurer de bonnes transmissions avec les services. En me quittant, il revint aussitôt à Bonn (il était l'adjoint du haut-commissaire André François-Poncet) et donna un cocktail d'adieux à ses collaborateurs, sans attendre sa nomination officielle. L'agacement me reprit mais je décidai d'y résister et je fis bien car il fut pour moi, par la suite, pendant toute ma présidence, un conseiller de grande valeur et de parfait dévouement. Je n'eus à lui reprocher qu'une seule gaffe qui

(1) Le poste de secrétaire général était occupé par René Massigli, pour qui je professais une parfaite considération ; mais c'est le poste qui me dérangeait, non pas l'homme. J'observai avec stupéfaction que quand je convoquais un directeur, celui-ci apparaissait flanqué du secrétaire général ! Je n'eus pas le temps de modifier cet état de choses.

entraîna des conséquences très fâcheuses mais il ne pouvait pas les prévoir et je ne lui en ai pas gardé rancune.

Je confiai le poste de directeur adjoint à Jean Laloy, également jurassien, qui avait épousé une femme russe, ce qui n'avait point modéré ses dispositions hostiles au communisme et résolument méfiantes à l'égard de l'Union soviétique. C'était aussi un européen de grande obédience, dans le style Jean Monnet.

Ces choix étonnèrent Pierre Mendès France qui ne songea d'ailleurs nullement à m'en dissuader. Je pense que certains de ses collaborateurs en avaient été contrits car ils auraient voulu placer auprès de moi des personnages falots ou plus sensibles à leur influence. Ni Bérard ni Laloy n'avait avec *l'Express* le moindre semblant de liaison. Mendès m'indiqua qu'il avait reçu d'un de ses ministres des renseignements très défavorables sur Armand Bérard. Je lui dis qu'il ne me paraissait pas possible d'éliminer un collaborateur, déjà désigné, sur la foi d'informations aussi floues ; que mon collègue devrait me voir et me donner, le cas échéant, sous le sceau du secret, les précisions dont il pouvait disposer. Celui-ci, qui était Christian Fouchet, homme de conscience, estima, après réflexion, qu'il ne pouvait prendre la responsabilité que comporterait une telle démarche et il préféra s'abstenir. Je considérai en conséquence l'incident comme clos. Quant à Jean Laloy, la surprise générale venait de la distance que l'on apercevait entre mes positions et les siennes. J'exposai à Pierre Mendès France ma doctrine : « Il n'est nullement nécessaire que mes collaborateurs pensent comme moi sur tous les sujets, ni même qu'ils s'inspirent de la même approche générale. La décision m'appartient et quant à mon opinion, je la connais, il n'est pas nécessaire qu'on me l'explique. Il est très important pour moi de recevoir une information variée, venant de cercles différents et de pouvoir analyser des points de vue qui ne soient pas initialement conformes aux miens, qui procèdent d'une approche distincte, qui constituent un pôle dialectique d'appréciation. » D'autre part, Jean Laloy était le type de ces fonctionnaires qui, à un moment déterminé, incarnent l'esprit de toute une administration et bénéficient d'une sorte de mandat général du corps auquel ils appartiennent. C'était pour ainsi dire un Blot des Affaires étrangères.

Notre ménage était lié d'amitié avec celui de Guy et Laurette Dorget. J'embauchai donc au troisième rang notre consul général de Florence qui devait plus tard me suivre, comme Armand Bérard, à Matignon. Je fis également entrer dans mon équipe Eliane Bickert que j'avais connue à l'Ecole des langues orientales et qui récitait *le Cavalier de bronze* avec une parfaite diction, appliquant à la langue russe les bons préceptes qu'elle avait reçus de Louis Jouvet et de

René Simon. Je la chargeai de s'occuper de la presse étrangère, ce qu'elle fit à la perfection. Elle a depuis epousé Jules Moch. Elle est l'auteur d'une excellente traduction de *Dvienatsat,* « les Douze », ce poème violent et énigmatique d'Alexandre Blok où l'on voit Jésus-Christ se tenir à l'avant d'une troupe révolutionnaire au langage argotique et violent. L'interprétation de cette œuvre inédite prête à ambiguïté.

Nouvelles manœuvres des picrocholins.

Le dimanche qui suivit mon installation, les Chinois se mirent à bombarder les îles de Quemoy et de Matsu et cette initiative qui n'était pas sans précédent éveilla la curiosité et l'animation dans les circuits des chancelleries. Je fis quérir d'urgence Armand Bérard à son domicile qui était une charmante petite maison près de l'Observatoire, flanquée d'un minuscule jardin où Jean-Pierre Sussel trouva mon gigantesque directeur qui s'occupait à cœur joie au sain exercice du jardinage. Nous tînmes conseil sur cette affaire pour nous conformer aux rites. L'Asie m'accapara encore les jours suivants car la première conférence du S.E.A.T.O. devait se tenir à Bangkok dès le 3 février et je me promettais de m'y rendre ; il fallait bloquer l'emploi du temps, étudier les dossiers, conférer encore et me faire vacciner contre la fièvre jaune.

Pendant que je vivais ces jours d'innocence, un mauvais coup se préparait secrètement et avec minutie dans le camp picrocholin. Je tiens à préciser ici que, de tout ce qui va être exposé, je ne garde point de rancune à Jean-Jacques Servan-Schreiber, avec qui je me suis pleinement réconcilié (en fait, je ne garde rancune à personne, car je suis peu doué pour le ressentiment). Je suppose même que sa part de responsabilité dans l'affaire était atténuée et que le meneur de jeu n'était pas lui. Afin de ne pas prendre le risque d'une appréciation invérifiable, j'userai donc d'une imputation collective : c'est un petit groupe qui est en cause et que je désigne commodément sous l'appellation amusante forgée par Jean Lacouture. Quant à l'origine de l'affaire, c'était celle-ci.

En décembre et en janvier, mes collaborateurs m'avaient pressé de faire paraître avant mon départ un certain nombre de textes qui avaient été préparés par nos services en vertu de la loi des pouvoirs spéciaux votée le 13 août précédent. Cette délégation était valable pour toute la durée du gouvernement, mais il était normal, puisque le ministère allait changer de titulaire, qu'une différenciation fût établie entre les deux gestions successives et que tout ce qui avait été élaboré sous ma direction fût publié sous ma responsabilité. Il y a toujours quelque précipitation et quelque bousculade dans de telles occasions. On publia les documents et on me croira si je dis que je ne les avais pas tous étudiés, que je ne les avais même pas tous lus. Je faisais confiance aux directions supervisées par mon excellent cabinet et je savais bien que Robert Blot ne laisserait jamais passer la moindre mesure discutable. C'est ainsi que figurait dans ce train un décret auquel je n'avais prêté qu'une faible attention passagère et qui demeurait dans mon esprit sous le nom de vente de *yearlings ;* en fait, il s'agissait de l'ensemble des ventes de chevaux de course pour lesquelles on appliquait une diminution de droits de 12, 20 % à 4,20 %. Cette mesure avait été sollicitée par le docteur Marcel Roclore, député de la Côte-d'Or, ancien ministre de l'Agriculture, avec qui j'étais en relations cordiales de très longue date et qui portait un vif intérêt à l'élevage des chevaux. Il était lui-même cavalier et habitué des milieux hippiques. Cet allégement était pleinement justifié et le Conseil de la République d'une part, la Commission des Finances de l'Assemblée nationale d'autre part, avaient pris des décisions conformes qui, par suite de quelque embouteillage procédurier, n'avaient pas encore abouti. Il était donc aussi simple que raisonnable de régler le problème par la voie réglementaire, à la satisfaction générale.

L'histoire se répète et il arrive que ce soit à bref intervalle. Quelque sept mois plus tôt, les picrocholins, pressentant de Laniel la fin prochaine (dont ils se réjouissaient), avaient déclenché leur première attaque contre moi. Maintenant, ils pressentaient (en la déplorant) la fin possible et peut-être prochaine de Mendès et ils attaquaient de nouveau dans la même direction. La première fois, il s'agissait de faire le vide devant Mendès ; cette fois, il s'agissait de faire le vide après lui. Il fallait saper mon crédit, et ce calcul pouvait être appliqué à plusieurs hypothèses. Si Mendès était renversé, il était important de rendre, d'avance, sa succession difficile, d'éliminer un de ceux qui pouvaient, en le remplaçant, le faire apparaître comme n'étant pas irremplaçable. J'étais à peu près le seul qui pouvait continuer son œuvre et contre qui il lui serait difficile de guerroyer. De surcroît, en compromettant d'avance le meilleur héritier possible, on pouvait dissuader quelques hésitants de prendre le risque de renverser le gouvernement en fonctions. Enfin, il faut aussi retenir la part de la méchanceté toute simple. Le fiel entre souvent dans l'âme des dévots et c'est bien d'une dévotion qu'il s'agissait.

Les picrocholins épluchèrent ces textes en compagnie de Robert Buron et, profitant d'une sorte de naïveté que mon successeur avait dans l'âme, ils le mirent dans le jeu sans qu'il vît clairement, comme il me le dit plus tard, à quoi tout cela allait conduire. On connaissait mes relations avec Marcel Boussac, ne l'avais-je pas moi-même mis en rapport avec Pierre Mendès France ? Il était facile de supposer que, étant donné la passion de Boussac pour les courses, la réduction des droits sur la vente des yearlings ait été décidée sur son instigation. De là à penser qu'on saisissait sur le vif un exemple caractéristique de l'enchevêtrement des liens entre le monde de la politique et celui des affaires, entre le pouvoir et l'argent, il n'y avait qu'un pas que les comploteurs franchirent sans prendre la moindre peine pour vérifier leurs informations et leurs intuitions. Le papier meurtrier fut effilé comme une dague.

« *Qui a de l'honneur envie* (1)... »

Le 26 janvier, dans la soirée, j'assistais au titre de mes nouvelles fonctions à une réception donnée à l'Elysée. Lorsque arrivèrent les personnes invitées, selon l'expression, en cure-dents, j'aperçus, dans un salon, Françoise Giroud et je l'évitai en raison de notre incident récent, tout en me sentant disposé à une réconciliation, car je persistais à la trouver sympathique. Il me sembla qu'elle me regardait d'une façon singulière. A peine de retour avenue Foch, je reçus un appel téléphonique d'un de mes collaborateurs. Dans la nouvelle livraison de l'hebdomadaire *l'Express* qui était sous presse, peut-être même déjà en route pour la diffusion, comme dans les films américains où l'on cherche vainement à arrêter l'inexorable machinerie de la révélation, le magazine publiait en pages intérieures (cette fois sans aucun appel de la couverture) un article dirigé contre moi et conçu avec une extrême perfidie. On ne pouvait m'en procurer le texte sur l'heure, cependant, j'étais informé de l'essentiel et, sous le coup de l'émotion, je résolus d'atteindre le président du Conseil, au cas où il y aurait encore quelque chose à faire — que lui seul pouvait faire.

Je savais qu'il devait rester assez tard à l'hôtel Matignon où se poursuivait la négociation des accords franco-tunisiens. Ces mêmes accords qu'il se préoccupait de hâter au mois de novembre précédent lorsque j'avais, en tant que président intérimaire, réglé l'affaire de la démobilisation des fellagha. Depuis, Pierre Mendès France s'était acharné à en presser la conclusion mais, au début de janvier,

(1) Poème de Jean Passerat dans la *Satire Ménippée* :

> *Qui a de l'honneur envie*
> *Ne doit pourtant en mourir*
> *En ce qui est de la vie*
> *Il n'est que de bien courir..*

les choses avaient pris une tournure peu favorable. Le rival de Bourguiba, Salah ben Youssef, qui était secrétaire général du Néo-Destour, avait diffusé de Genève une déclaration semi-incendiaire, accusant la France de ne pas tenir ses engagements et de ne pas vouloir les tenir. En Tunisie, la résistance des Français s'organisait autour d'un « Comité de coordination des organisations nationales ». Pierre Mendès France rencontra Bourguiba, mais sans publicité, et celui-ci fit une déclaration de ton optimiste. Après une interruption, les deux délégations avaient recommencé de travailler en commun le mardi 25 et continuaient le mercredi, puis le jeudi.

J'obtins Pierre Mendès France à une heure tardive qui devait se situer entre une heure et deux heures du matin. Mon appel le dérangea et l'agaça visiblement. Il ne comprenait qu'à moitié ce que je lui exposais et qui était sans doute confus puisque je ne disposais pas de renseignements précis et ne pouvais que lui donner l'orientation générale. Il me dit en substance qu'on verrait tout cela plus tard, qu'il était engagé dans une discussion difficile, enfin je me sentis rabroué. L'article me fut apporté de bonne heure le lendemain qui était le jour de sortie des périodiques bien que la date portée fut celle du samedi 29. Sous le titre *Gouvernement*, en gros caractères et le sous-titre éloquent *Correction et moralité*, le texte qui occupait deux demi-colonnes à partir de la gauche de la page cinq s'ornait d'une effigie représentant une tête chevaline, avec comme seule légende, d'autant plus redoutable qu'elle était elliptique, cette inscription : *Auriban (écurie Boussac)*. Cette astuce, à elle seule, faisait soupçonner quelque combine louche comme il s'en trouve dans ce monde des courses auquel j'ai toujours été étranger, et me sembla répandre sur moi, qui étais le héros du récit, un remugle d'écurie. Oh ! l'affaire était bien ficelée : on n'énonçait rien et on faisait soupçonner tout. Je me convainquis aisément qu'il me serait difficile de faire tenir un procès en diffamation. Marcel Boussac n'était même point nommé dans le corps de l'article, Faure pas davantage ! Mais en sus du titre s'égrenaient des formules telles que : « La cloison n'est pas toujours aussi étanche »... « Qui jurerait qu'il n'a pas raison ? » C'était bien l'ancien ministre des Finances qui se trouvait mis en cause par antiphrases, puisque le nouveau était congratulé. Cette page digne du concours général de la presse d'insinuation et de chantage avait sans doute été revue par un avocat. La certitude s'empara de moi qu'il me fallait à tout prix et sans délai faire quelque chose. Le droit de réponse ne suffisait pas : il était même dangereux car il donnerait l'impression que j'accusais le coup ; qui s'excuse s'accuse. Il n'y avait donc apparemment aucune issue, c'est-à-dire qu'il y avait l'issue qui s'ouvre toujours quand les autres sont fermées : le transfert sur le terrain personnel, sur le terrain de l'honneur.

Dans la matinée, je parvins à atteindre et à faire venir auprès de moi les deux hommes qui me parurent les plus qualifiés pour être constitués comme témoins dans une affaire d'honneur. L'un était Paul Weill, avocat parisien connu pour son humour et pour son épée comme aurait dit Clemenceau. Ancien collaborateur de Paul Boncour, époux de Suzanne Blum, il avait été champion de France d'escrime et occupait une fonction importante à la fédération nationale de ce sport qui détient, pour ce genre d'affaires, une juridiction analogue à celle du Tribunal des maréchaux sous l'Ancien Régime. L'autre était Corniglion-Molinier, député des Alpes-Maritimes, général d'aviation, grand officier de la Légion d'honneur, qui avait jadis conduit André Malraux au royaume de Saba et que j'avais fait entrer dans le ministère Laniel comme ministre des Travaux publics lorsque Chaban s'était récusé. Mes deux « représentants » s'en allèrent de ce pas rendre visite à Jean-Jacques Servan-Schreiber et lui porter — tel est le terme consacré — mon *cartel*.

Jean-Jacques Servan-Schreiber constitua, dans la journée, ses propres témoins, Alain Savary, député socialiste, ancien ministre, et le colonel de Fouquières dont il allait prochainement épouser l'une des filles, Sabine.

La nouvelle se répandit partout dans le cours de la soirée. Mendès entra dans une vive colère car un incident de cette force, survenu entre son principal ministre et son chef d'équipe, pouvait atteindre le crédit d'un gouvernement qui n'en avait point à revendre. De mon côté, je devais noter que les réactions de l'étranger oscillaient entre l'incompréhension et l'hilarité. L'idée qu'un ministre des Affaires étrangères provoque en duel un journaliste pouvait déjà passer en France comme quelque peu démodée ; encore avait-on vu, dans une période récente, surgir au moins une affaire d'honneur dans les milieux politiques, celle qui avait vu s'affronter au pistolet Paul Bastid et Gaston Defferre (Bastid avait été légèrement blessé). Mais, à l'étranger, ces coutumes sont tombées depuis longtemps en désuétude, et mon image n'avait rien à gagner à être associée plus longtemps à ce qui pouvait apparaître comme une farce. Et cependant, j'avais agi avec raison car il valait mieux encourir la réputation d'un excentrique que celle d'un ministre suspect de complaisance affairiste.

« *Ne doit pourtant en mourir.* »

Mon intention n'était pas de me battre et je ne pensais pas que j'irais jusqu'au bout de l'aventure, mais je ne pouvais exclure cette éventualité et je devais en assumer le risque car seule, malgré son archaïsme, la procédure du duel permet d'obtenir la constitution régulière et indiscutable d'un jury d'honneur. Je pense qu'il y a là une lacune de notre législation ; une procédure d'honneur devrait être officiellement organisée, en tout cas pour les hommes politiques et pour certaines catégories de fonctions. Les lois sur la diffamation ne règlent pas tout : ainsi pour prendre un autre cas, une diffamation non publique et qui peut revêtir une extrême gravité n'est passible de poursuite que devant le juge de paix en simple police, ce qui donne à la réaction de l'offensé un caractère burlesque. Ainsi encore, dans une affaire récente, le procès des assassins de Jean de Broglie, a-t-on vu un président de cour d'assises prendre à partie, en termes déplaisants et en son absence, une personnalité politique de haut rang, Michel Poniatowski. Et comment celui-ci pouvait-il réagir ? Un procès en diffamation contre un magistrat dans l'exercice de ses fonctions, quoique non impossible, n'était évidemment guère praticable. *Un recours d'honneur pouvait, au contraire, être envisagé.*

Les quatre témoins se réunirent, se constituèrent en jury, entendirent Marcel Roclore et prirent contact avec Pierre Mendès France qui, de son côté, décida d'évoquer l'affaire à son niveau, et pour ainsi dire à sa barre, comme le seigneur qui rend la justice féodale... Il n'eut pas de peine à s'informer et rédigea un communiqué qui me donnait entière satisfaction puisqu'il qualifia de « fallacieuse » l'information de *l'Express*. Fallacieux, d'après le petit Larousse, veut dire : « destiné à tromper » du latin *fallo, fallum* qui signifie tromper.

Un circuit de communications officieuses s'était naturellement établi par compartiments étanches entre les témoins et les « clients » respectifs, comme on dit dans le vocabulaire quelque peu désuet du combat singulier. Jean-Jacques Servan-Schreiber accepta de subir le camouflet de « fallacieux ». Je m'en accommodai parfaitement, étant donné au surplus l'excellent satisfecit du dernier paragraphe.

Un procès-verbal fut donc rédigé et l'ensemble de la documentation parut dans la presse du lundi 31 janvier 1955 (1).

(1) Le communiqué suivant de la présidence du Conseil a été publié samedi à la suite de l'incident qui avait opposé la veille M. Edgar Faure, ministre des Affaires étrangères, à M. J.-J Servan-Schreiber.

« Un journal hebdomadaire ayant publié dans son numéro du 29 janvier 1955 un

Cependant, Marcel Boussac, de son côté, avait pris sa plume et écrit une lettre de bonne encre qu'il adressa directement, sans me consulter, à Pierre Mendès France. Son texte, condensé, me parut excellent mais l'intitulé et la suscription donnaient une impression de désinvolture que François Mauriac releva dans son bloc-notes du numéro suivant.

Je ne rencontrai pas les dirigeants de *l'Express,* mais j'eus une explication avec Robert Buron dont on m'avait signalé la participation à cet épisode. Je lui rappelai une certaine circonstance où j'avais pu, dans un passé relativement récent, lui rendre un service très personnel relatif à une société dont on lui imputait, d'ailleurs à tort, la déconfiture. Petsche m'avait demandé de régler l'affaire, ce que j'avais fait. Il m'apparut qu'il aurait pu s'en souvenir. « De toi moins que tout autre, lui dis-je, je me serais attendu à cela. » Il me parut sincèrement chagriné et me donna une explication dont la candeur me garantissait la sincérité : « Comme tu es du genre parisien, gouailleur et mondain, je ne pensais pas que cela te blesserait. » Il me confirma qu'il ignorait l'usage exact qui serait fait de ces indications cursives et le degré de perfidie du texte semblait lui avoir échappé. « Est-ce que tu le regrettes ? » lui demandai-je. « Certainement. — Alors, n'en parlons plus. » Pierre Mendès France s'étonna que, ayant passé l'éponge pour Robert Buron, je garde rancune aux animateurs de *l'Express* mais je persistai dans ma manière d'établir la hiérarchie des responsabilités. Cette querelle ne troubla pas mes relations avec Pierre Mendès France. Mais le malaise s'appesantit dans mes rapports avec le clan qui s'identifiait à lui. Non seulement je m'en voyais exclu, ce qui avait été le cas dès l'origine, mais j'étais considéré comme l'ennemi numéro un, le diable avec qui on ne pactise pas.

Comment aurais-je pu, dans ces conditions, lorsque Pierre Mendès France fut renversé, m'installer avec lui dans une position de forteresse, au sein d'une compagnie qui me faisait si mauvais visage ?

---

article intitulé « Gouvernement : correction et moralité », le président du Conseil tient à déclarer que cet article comporte une relation fallacieuse des faits qui y sont mentionnés et des propos qui lui sont attribués.

» Il déplore que cet article semble mettre en cause la conscience de certains de ses collaborateurs qui n'ont jamais cessé d'avoir son entière confiance »

CHAPITRE LI

SERVITEURS DE L'HISTOIRE

Une tournée... qui tourne court.

Le gouvernement reçut un grave avertissement, à l'occasion d'une affaire qui est généralement considérée comme de simple routine : le vote du douzième provisoire de février lui fut refusé par 325 voix contre 280. Les députés hostiles se défoulèrent, en l'occurrence, non seulement par ce scrutin inattendu, mais par le débat pénible qui le précéda. On reprocha au président du Conseil d'abuser de son pouvoir de fait sur les mass médias (1) pour influencer l'opinion. Pierre Mendès France avait institué la coutume — qui était typique de sa manière — de s'adresser chaque samedi aux Français pour une causerie pédagogique. Cette innovation avait été accueillie avec enthousiasme et n'était pas étrangère à sa popularité. Cependant l'intérêt ne pouvait se tenir toujours au même niveau, et une périodicité, à mon avis trop fréquente et trop rigide, pouvait produire un effet d'entropie. Le circuit direct de communication négligeant le relais des corps intermédiaires, notamment les élus, produisait sur ceux-ci (et également sur un certain nombre de journalistes) un effet d'irritation qui, paradoxalement, alla croissant dans la période même où le succès de cette méthode connaissait un début d'essoufflement. Sur un incident vint s'en greffer un autre, d'un caractère plus pénible, mais qui n'atteignait pas le président lui-même. Ce fut une attaque en règle dirigée contre Henri Ulver, mon ancien secrétaire d'Etat au Budget, devenu ministre de l'Industrie. Henri Ulver, qui, par profession, était un homme d'affaires (courtier à la Bourse de commerce), se vit reprocher certains contrats de publicité accordés par la S.O.F.I.R.A.D., dont il exerçait

(1) Cette expression n'était d'ailleurs pas à l'époque d'un usage courant.

la tutelle, à des firmes privées étrangères. Sa défense, bien qu'appuyée par le nouveau secrétaire d'Etat Galy-Gasparrou, ne parut pas satisfaisante à tout le monde. Tout cela augurait fort mal du grand débat qui s'ouvrit le 2 février sur l'ensemble des problèmes d'Afrique du Nord. Dès le début, René Mayer prononça une intervention capitale. Il entendait cette fois refuser sa confiance au gouvernement, il l'avait d'ailleurs annoncé avec sa loyauté habituelle, mais, de surcroît, il précisait que son désaveu ne s'appliquerait pas seulement aux affaires si importantes qui tenaient à l'ordre du jour. Il s'étendait à l'ensemble de la politique du gouvernement dans le domaine international. On comprenait que seule la politique économique (que j'avais incarnée mais seulement jusqu'à ces derniers jours) trouvait grâce aux yeux de l'interpellateur.

Une offensive aussi résolue, menée par un des tout premiers rôles de la politique française, réputé au demeurant pour son élévation de sentiments et son *fair play,* achevait de créer une situation entièrement nouvelle. Pierre Mendès France lui apporta une réplique complète, combative et passionnée. Il apparut très vite que les délais initialement prévus ne pourraient être tenus, et il fut décidé que le vote sur la confiance n'aurait lieu que le samedi 6 février à partir de 0 heure. Je proposai au président de reporter mon déplacement qui était prévu pour cette date, afin de pouvoir me tenir à ses côtés dans cette épreuve décisive mais cela ne lui parut pas nécessaire, et nous décidâmes que mon calendrier serait maintenu.

Pierre Mendès France avait réglé avec une minutie d'imprésario la tournée de mes voyages en Europe. Je devais me rendre en train à Bruxelles dans la soirée du 5 février qui était un vendredi. Il me serait possible de passer la journée du samedi, au moins en partie, dans la compagnie de Paul-Henri Spaak. Je pensais qu'il avait gardé le souvenir du bon avis que je lui avais donné en août sur la C.E.D. et qu'il avait eu le tort de sous-estimer. Nous supposions qu'il se sentirait en confiance avec moi, puisqu'il ne l'était pas avec Pierre Mendès France, et je comptais, selon ses réactions, faire une ouverture dans le sens de l'Europe économique.

Je ressentais, dans le train, une certaine sensation d'apaisement. Je me sentais exorcisé des pressions et des tensions qui rendaient presque pénibles les heures passées dans l'enceinte parlementaire, et même dans le petit univers de nos palais ministériels. Paul-Henri Spaak m'attendait sur le quai, seul, comme un simple bourgeois, et me conduisit à l'ambassade de France où je résidais. Il prit congé sans que nous ayons échangé de propos substantiel et notre rendez-vous fut confirmé pour la fin de la matinée.

Le point final.

Je passai une nuit tranquille, sans me faire de souci. Je suis d'un caractère optimiste et, en mon for intérieur, je ne croyais pas à la chute. L'ambassadeur m'en fit informer au moment où le petit déjeuner m'était servi. Je vins plus tard jusqu'à son bureau et de là appelai au téléphone Pierre Mendès France qui me fit le récit d'une bien étrange séance de nuit. Il avait préparé un discours dont tous les termes étaient pesés et qu'il se proposait de prononcer dans l'hypothèse d'un scrutin négatif mais n'atteignant pas l'envergure de la majorité constitutionnelle. « Je n'avais jamais pensé, m'expliqua-t-il, que le seuil fatidique serait franchi. Je croyais avoir contre moi un chiffre de voix oscillant autour de 300. » Or 319 voix se prononcèrent contre lui (et seulement 273 en sa faveur avec 27 abstentions et 6 congés). La situation était dès lors différente de celle qu'il avait envisagée. Il n'était plus un président virtuellement démissionnaire, mais un président effectivement congédié. Il n'avait aucun titre à prendre la parole, sinon en tant que simple député, or le débat était terminé. Il était cependant monté à la tribune, comme sous l'effet d'un mécanisme conçu à l'avance, et il avait commencé d'articuler son exposé, devant une assemblée d'abord frappée de stupeur, mais qui s'était aussitôt déchaînée en interruptions, lazzi, claquements de pupitres, portant jusqu'à la rage sa volonté d'obstruction.

— Point final ! s'écriait le député M.R.P. Fernand Bouxom.

— Le point final, répliquait Pierre Mendès France, c'est moi qui le mettrai !

Comme je n'avais pas vécu la scène, je pensais qu'il en exagérait les maléfices, mais il se rendait compte ce matin que l'effet lui avait été nettement défavorable et il lui était, de surcroît, pénible de constater qu'il s'était mis dans son tort. Son caractère scrupuleux, doté d'un sens aigu de la règle juridique (il en avait donné une preuve saisissante quand il avait refusé de s'évader de Riom avant d'avoir épuisé, par le rejet de son pourvoi en cassation, le dernier recours juridictionnel) le tourmentait de ses reproches. Je l'exhortai à prendre tout cela avec philosophie. Il me parut préférable de renoncer à mon rendez-vous devenu parfaitement inutile avec Spaak, et je repartis en voiture en direction du Jura. Le trajet de Bruxelles à Lons-le-Saunier que je n'avais jamais parcouru me parut interminable. J'écoutais les postes périphériques avec leurs alternances de musique et d'informations. Parmi les chansons, ma mémoire me rappelle un refrain qui m'avait amusé et qui ne fit pas un tube : « A la saison des prunes, nous en reparlerons. » Quant aux perspectives de la situation politique française, il advint, dans la soirée, que mon nom fut avancé comme un recours ultime auquel on parviendrait sans doute après quelques opérations de déblocage.

La crise qui s'ouvrait se présentait dans un cadre constitutionnel nouveau, résultat de la réformette que Pierre Mendès France avait tenu à faire passer (était-ce délibérément en vue de cette circonstance ?) à la fin novembre. Désormais, le président pressenti devait. avant de se présenter devant l'Assemblée, constituer effectivement son ministère. Il ne pouvait plus faire son tour de piste tout seul. La procédure devenait ainsi plus lourde et pouvait décourager certains amateurs. Elle était également plus périlleuse, car le postulant ne pouvait plus compter, comme auparavant, sur un vaste concours d'ambitions émanant d'un certain nombre de ministrables dont beaucoup ne seraient pas « ministrés ». Il n'était plus possible de s'en tirer avec des promesses, des clins d'œil, avec des serrements de mains, ou même en comptant sur l'indéfectible espérance chevillée à l'âme du chercheur de portefeuilles, lequel n'a pas besoin d'être encouragé pour ne pas se décourager. A présent, il fallait créer les déceptions d'abord.

René Coty appela en premier lieu Antoine Pinay qui s'efforça de se concilier les socialistes et le M.R.P. que son « modérantisme » pouvait inquiéter. Il tint à rencontrer le président tunisien Tahar Ben Amar qui ne lui tenait pas rigueur du coup de force tenté naguère par le résident général de Hautecloque, et qui, au contraire. pour mieux ferrer son interlocuteur, se montra laudatif et confiant. Antoine Pinay annonça une politique de réformes en Algérie, ainsi qu'une politique sociale hardie. Les socialistes ne dissimulèrent pas leur intention de retrouver, avec un soupir d'aise, leur habitacle d'opposition. Quant au M.R.P., Antoine Pinay s'était bercé de l'illusion que ce mouvement, responsable de sa chute en 1952, ne lui porterait pas deux fois l'estocade. Mais les choses avaient changé depuis sept mois et dix-sept jours. La popularité de Pierre Mendès France avait éclipsé celle de l'homme au petit chapeau. Le M.R.P. jugeait préférable de pratiquer un avortement plutôt que de s'exposer à commettre plus tard un infanticide. Il fit donc connaître au président désigné qu'il pourrait tout au plus, et encore sous diverses réserves, lui apporter un soutien sans participation. Antoine Pinay prit la sage décision de renoncer. Il conseilla au président de la République de s'adresser à un M.R.P.

Pierre Pflimlin fut appelé. Si l'on avait encore vécu sous l'empire du système précédent, il serait sans doute allé jusqu'à l'Assemblée. Mais il ne put parvenir à régler la répartition des portefeuilles. Je passais le week-end à l'hôtel Trianon-Palace à Versailles. Il m'appela au matin et me proposa l'Education nationale qui posait, dans un ministère à direction M.R.P., un problème délicat. Il lui fallait absolument un radical, de préférence point sectaire. Cette offre n'était pas dérisoire mais je n'étais intéressé que par les Finances. A défaut de les obtenir, je préférais partager la retraite de Pierre Mendès France.

Le prochain fut Christian Pineau qui tenta de réaliser un coup de maître en cherchant à s'assurer la participation de Pierre Mendès France et qui faillit réussir. Pierre Mendès France pouvait être séduit par cette solution qui réglait son contentieux avec le parti socialiste et lui permettait de jouer un rôle considérable auprès d'un homme de bonne volonté et de bonne compagnie qui lui aurait certainement laissé une grande marge d'initiative. N'était-ce pas l'occasion de faire revivre cette expérience de type ministère Sarrien qui tenait une grande place dans son répertoire ? Après avoir réfléchi et intensément hésité, Pierre Mendès France donna une réponse négative mais qui n'écartait pas tout espoir d'un revirement ultérieur et Pineau conçut sa combinaison à partir de cette hypothèse.

Il confia toute l'économie aux hommes du parti socialiste : Robert Lacoste aux Finances et Albert Gazier aux Affaires sociales. Le cabinet ne comportait aucun modéré et les républicains sociaux n'étaient représentés que par des comparses, Diomède Catroux comme secrétaire d'Etat à l'Air, et un certain Gaubert au Commerce. La majorité constitutionnelle fut atteinte... par les votes *contre* : 312 voix contre 268.

La nouvelle désignation.

Cependant mes amis s'étonnaient de ne pas voir sortir mon nom. Paul Reynaud avait recommandé — au nom des modérés — que l'on fît appel à moi. Il souhaitait, avec toutes les personnes raisonnables de droite et du centre, éviter une cassure entre la nouvelle gestion et l'ancienne. Certains informateurs vinrent me faire un étrange récit. Une cabale, me dit-on, s'était formée contre moi pour m'évincer et on essayait de me discréditer auprès du président René Coty. On avait lancé le bruit selon lequel j'aurais, à diverses reprises, renseigné l'hebdomadaire *l'Observateur* par l'intermédiaire de mon ami Roger Stéphane en révélant des informations militaires secrètes que je pouvais connaître comme membre du Comité de Défense nationale. Ce plat réchauffé pouvait encore être servi ! Je fus suffoqué mais j'obtins, par une liaison avec le cabinet du président, un recoupement qui confirmait la manœuvre. Je pensai que René Coty, qui, malgré son perpétuel sourire, n'était pas porté au badinage sur de tels sujets, pouvait se trouver impressionné et que, sans doute, il éprouvait de la gêne à me poser directement une question à ce sujet. La calomnie s'attachait plus précisément à la publication dans *l'Observateur* du 29 mai d'un article donnant l'essentiel des conclusions du rapport des généraux Salan et Ely. Le rapport lui-même avait paru presque *in extenso* dans *l'Express* et, à la suite de perquisitions, on tenait le général Salan, associé ou non avec Marc Jacquet, comme l'auteur de la divulgation. Marc Jacquet, responsable ou non, avait perdu son portefeuille dans la bagarre. A la différence de *l'Express, l'Observateur* n'avait fait l'objet d'aucune procédure. On ignorait comment il avait pu être alimenté et il était donc facile, à défaut d'autres précisions, de me mettre en cause.

J'ai déjà dit que je n'étais pas candidat à la présidence mais je devais bien constater que, sur quatre présidents pressentis, aucun n'avait envisagé de me replacer rue de Rivoli. Si je voulais poursuivre jusqu'à son terme mon plan de dix-huit mois et en savourer le triomphe, il faudrait sans doute me résoudre à prendre la direction même du gouvernement. Je ne pouvais d'autre part me laisser éliminer pour un motif infondé et déshonorant que l'on se bornait d'ailleurs à chuchoter. Naturellement, mes informateurs attribuaient la responsabilité de cette nouvelle agression aux picrocholins et comme ceux-ci étaient les auteurs avérés de la précédente, cela me parut aller de soi. Je dois préciser aujourd'hui que je ne pus disposer à ce sujet d'aucun élément de preuve, et que je n'attribue à aucune personne déterminée la responsabilité d'une action dont la vilaine réalité n'est pas douteuse.

Je demandai aussitôt à Roger Stéphane de venir me voir et lui exposai la situation. Dans ma conclusion je lui dis que je me considérais comme étant en droit de lui demander et même, j'employais cette expression à bon escient, de le « sommer » de me faire connaître le nom de la personne dont il avait tiré à l'époque ses informations sur le rapport Salan :

— Je dois d'abord préciser, me dit Roger, que j'estime qu'il n'y a là aucune violation de secrets militaires. Le rapport ne m'a pas été remis. On m'a simplement indiqué oralement un certain nombre d'éléments qui devaient être connus du public. Cette publication ne présentait aucun péril pour la France en guerre, pas plus que les précédentes, et ce ne sont pas les journalistes qui ont choisi et perdu Diên Biên Phu. Le pays avait le droit d'être informé et, s'il l'avait été plus tôt, cela eût été un grand bien, ou en tout cas un bien moindre mal.

— Je l'admets volontiers et je me garde de porter un jugement de condamnation. Mais puisque l'on me fait ce procès à moi, je dois connaître la vérité.

— Me donnez-vous votre parole d'honneur ?

— Je la donne.
— Eh bien, c'est monsieur...
— C'est bien ce dont j'aurais dû me douter.
— J'ai votre parole d'honneur ?
— Certainement, mais je dois ajouter ceci. Mon honneur est placé sous le couvert du président de la République, car je suis ministre en exercice. Je lui dois compte de tous mes actes et j'ai droit à sa protection. Je ne puis donc avoir de secret pour lui. Je lui transmettrai cette information sous le même sceau avec lequel elle m'a été confiée. Son honneur garantit le mien.
— C'est à vous d'apprécier, me dit Roger Stéphane, et je n'ai pas d'objection à faire.

Je demandai à voir d'urgence le président de la République qui me reçut sans délai et sans publicité. Je lui fis mon exposé.
— Je vous remercie, me dit le président. J'avais en effet entendu quelque chose à ce sujet, mais je dois vous dire que, de toute manière, j'avais l'intention de vous appeler.

Le dimanche 20 février, la limousine de l'Elysée vint, selon le protocole, me quérir à mon domicile.

Après l'épisode que je venais de vivre et qui faisait suite, à un assez court intervalle, à l'attaque de *l'Express* sur Auriban et au procès-verbal d'un jury d'honneur, il ne pouvait être question de me récuser. Je dois dire que je n'y songeai même pas.

***

La présidence de Pierre Mendès France avait été acceptée et supportée parce qu'aucun des chefs traditionnels de la majorité ne se sentait la capacité — ou ne voulait prendre la responsabilité — de liquider les urgences : mettre fin à la guerre d'Indochine, car on ne pouvait plus la soutenir, prendre le virage en Tunisie parce qu'une nouvelle guerre y commençait, régler le problème de la C.E.D., car le cadavre se décomposait dans le placard, enfin accepter l'inévitable réarmement de l'Allemagne qui ne pouvait plus être différé. Dès l'instant que le travail ingrat avait été accompli dans des conditions (relativement) les meilleures possible, ce gouvernement original, situé à contre-courant de la dynamique droitière manifestée avec constance au cours des derniers scrutins nationaux. mais ne bénéficiant même pas d'un concours total de la « gauche », cessait d'apparaître comme indispensable et réapparaissait comme un épiphénomène. Il ne répondait plus à une nécessité pathologique. Il avait accompli avec un exceptionnel mérite la mission spécifique et urgente dont l'Histoire l'avait investi, sa survie n'était pas exclue mais son immunité était abolie

Sans doute, d'autres problèmes se posaient et Pierre Mendès France eût été plus capable que tout autre de les traiter, mais l'urgence n'en était pas aussi vivement ressentie et ils n'étaient pas justiciables d'une stratégie de choc. L'affaire du Maroc ne pouvait être réorientée par une simple déclaration comme celle de Carthage ; une restauration dynastique en aurait été le préalable nécessaire mais Pierre Mendès France ne pouvait l'imposer de la même façon, d'ailleurs il n'y pensait point. S'il l'avait fait cependant, il lui eût fallu affronter des résistances incomparablement plus fortes que celles qui s'étaient manifestées (si faiblement) sur l'Indochine et (plutôt mollement) sur la Tunisie.

Songeons seulement quelle eût été la réaction du maréchal Juin si on lui avait suggéré d'aller chercher Mohammed V à Antsirabé ! Pierre Mendès France s'en rendait si bien compte qu'il s'était gardé d'ouvrir ce tiroir. Quant à l'affaire d'Algérie, il fallait des années de maturation pour tenter un règlement du problème et il fallait même encore un certain délai pour induire des hommes d'esprit progressif, tels que l'étaient Pierre Mendès France, François Mitterrand, Pierre Pflimlin et moi-même, à modifier leur optique générale, nourrie de références adhésives et de cristallisations superposées.

Au demeurant, nous savons par la suite des événements que ni la conscience de la réalité, ni la compétence, ni la détermination, ni le génie ne pouvaient suffire à délivrer l'action ; il y fallait en outre une double condition : la stature historique et la profession militaire.

Ce ministère « atypique » et circonstancié aurait pu sans doute s'adapter aux circonstances, mais c'était à condition de devenir « typique » et de faire évoluer sa nature propre. L'homme de la « providence » devait changer son étiquette et devenir un homme de l' « établissement ». Or il ne pouvait à la fois atteindre une réussite qui exigeait une série d'opérations jupitériennes et s'insérer dans la contrainte quotidienne d'une gérance de coalition. Pour avoir vécu selon son style, il disparaissait à son heure.

* * *

L'Histoire, dit-on, tient souvent plusieurs fers au feu. Dans cette période, elle disposait de deux hommes qui étaient l'un et l'autre, de façon sensiblement analogue, adaptés à remplir la même mission. Dissemblables sans doute par certains traits de nos personnalités, Pierre Mendès France et moi, proches par l'âge, le milieu social, la formation universitaire et professionnelle, présentions surtout ce trait singulier que nos philosophies de la politique étaient très voisines, nos regards sur le monde presque identiques, nos systèmes d'approche jumeaux et que, sans nous concerter, nous réagissions d'une manière substantiellement analogue aux événements capitaux. Ces similitudes avaient été, à partir d'un certain fonds commun d'opinions de base, développées et enrichies par l'ancienneté de nos relations. Nous avions, l'un et l'autre, adopté pendant la guerre le parti de la France Libre, lui, à travers le romantisme de l'évasion et l'héroïsme du combat et moi, plus prosaïquement (les circonstances ne me posaient d'ailleurs pas le même problème), par l'exercice tranquille de mes facultés de raisonnement et par la préparation minutieuse d'un déménagement paisible.

C'est dans le domaine de l'économie et des finances que l'on pourrait sans doute discerner entre nous des divergences, moins sans doute de doctrine que de méthode, moins entre les convictions qu'entre les tempéraments. C'est l'impression que donnent notre discussion de Bruxelles et mon changement de portefeuille. Mais si l'on y regarde de plus près, on voit bien que les analogies l'emportent, et de loin, sur les contradictions. J'étais, tout comme lui, un « croyant » de l'expansion économique et je pensais comme lui — contrairement à la plupart des hommes de ma tendance — que la consommation était, avec l'investissement, le principal facteur de la relance. Si j'avais lancé le plan de dix-huit mois six mois plus tard, c'est-à-dire sous le ministère de Mendès, et non pas sous le ministère de Laniel, tout le monde l'aurait placé sous la rubrique du plus pur mendésisme.

En 1968, il a réagi de façon plus émotive et plus spectaculaire que je ne le faisais à la grande émotion de la jeunesse, mais je portais moi-même sur ces mouvements un regard proche du sien et qui m'éloignait fort de la philosophie chrysalienne de M. Pompidou. Je reviendrai sur les entretiens que nous eûmes au cours des journées qui marquèrent le sommet dramatique de cette crise.

Pour en revenir à 1954-1955, je n'avais pas eu de peine à me trouver en accord avec lui sur le Vietnam — on se souvient du plan que j'avais failli faire adopter par Joseph Laniel — ni sur la Tunisie, puisque j'avais déjà mis au point, en 1952, avec François Mitterrand et Maurice Schumann, la formule de gouvernement Ben Amar (couverture de Bourguiba) qui prit corps après la déclaration de Carthage. Sur le Maroc, je connaissais mieux le problème que Pierre Mendès France et j'apercevais toute l'importance du préalable dynastique, comme je l'avais indiqué par mes réserves solennelles auprès du président Vincent Auriol. Enfin, sur l'ensemble des relations de la France avec l'U.R.S.S., nous nous trouvions en parfaite communion de vues. Si la chance m'échut d'obtenir le traité de paix concernant l'Autriche, cet objectif était déjà celui de Pierre Mendès France et la conférence à quatre, qu'il m'appartint de réunir, figurait dans les prévisions de son discours de New York. Quant à la

Chine, à l'égard de laquelle il avait brisé le cercle à Berne, nous étions bien d'accord pour déplorer la colossale et permanente bévue de la politique américaine qui persistait à situer Pékin à Taipeh. Mais ni lui ni moi ne disposions d'une force suffisante pour braver la colère de l'Amérique en renonçant à cette fiction. Si j'ai lancé le ballon d'essai en 1955 dans un discours et en 1957 dans un livre, seul le général de Gaulle, lui-même, pouvait aller jusqu'au bout, et encore ce ne fut qu'en 1963, quand il me fit l'honneur de me choisir comme son plénipotentiaire.

On a souvent mis en opposition, et non sans quelque raison, nos caractères. De son côté, on aperçoit la rigueur, l'intransigeance, pour l'admirer et quelquefois pour en déplorer l'excès. De mon côté, le goût de la conciliation, qualifié parfois d'esprit de facilité et l'on m'en fait, en général, plutôt le grief que l'éloge. Il est curieux de voir à quel point les Français sont portés à décrier les méthodes de la négociation, de la transaction, voire de la concession, qui ont permis à Henri IV de maintenir la paix du royaume, et à surestimer le jugement absolu et l'opiniâtreté qui ont causé la plupart des catastrophes nationales. Mais je me hâterai de dire que l'intransigeance de Pierre Mendès France n'est pas de celles qui rendent inaccessible à la persuasion, qu'il était ouvert à la critique qu'on pouvait lui apporter et même, plus qu'on ne le pense, à l'autocritique ; et symétriquement on me permettra de souligner que le laxisme que l'on m'attribue ne joue que dans certaines limites. Je crois avoir montré, dans des circonstances historiques, le Maroc, la dissolution de l'Assemblée, que l'esprit de tolérance et d'ouverture n'est pas exclusif de la fermeté.

En réalité, par la combinaison de nos ressemblances et de nos dissemblances, Pierre Mendès France et moi formions un excellent attelage politique. Aussi s'attacha-t-on, ici et là, à le briser, avec un certain succès, sans pour autant que les liens de l'amitié et de l'estime en soient jamais rompus. Dans cet imbroglio, je pense que son entourage commit plus de fautes que le mien, mais je ne garde à cet entourage même point de rancune, car je me rends compte aujourd'hui que certains traits de mon personnage, notamment mon extrême fierté et un sens pointilleux de l'honneur, avaient pu lui être dissimulés par mon allure souriante et ma manière humoristique de traiter parfois les sujets sérieux. Au demeurant, il n'y a rien à regretter aujourd'hui car les problèmes qui se posèrent après mon départ de 1956, c'est-à-dire principalement l'Algérie, étaient d'une telle difficulté que, ni séparément ni même ensemble, nous ne pouvions, fût-ce en exposant nos existences — ce qui eût été certainement le cas — en imposer, ni même en proposer, la solution authentique.

Si, au cours des deux années et demie qui suivirent mon propre départ et qui virent la renonciation de Pierre Mendès France à la formule gouvernementale dont il avait, en s'opposant à moi, assuré le succès, l'Histoire n'a pas trouvé son serviteur, c'est parce qu'aucun ne pouvait se hausser à la dimension sacrificielle de ce service-là ; au seul général de Gaulle il appartenait, au péril de sa vie miraculeusement sauvée, au risque de sa gloire, qu'il n'hésita pas à mettre en balance, de conduire sur cette piste vertigineuse les coursiers du Destin. On sait la peine qu'il y déploya et le temps qu'il lui fallut et on devine la charge intérieure des tourments. Tout se juge par défaut jusqu'au moment où un grand homme apparaît mais le plus grand homme ne peut gagner sa cause que quand comme on dit au Palais, *le procès est en état*.

Dans la voiture présidentielle qui me ramenait de l'Elysée jusqu à mon domicile, je laissais flotter mon esprit sur les thèmes, et même sur les termes de la déclaration d'investiture que j'était appelé. dans les tout prochains jours, à prononcer. Déjà s'enchaînaient dans une semi-rêverie les mots qui composeraient la dernière phrase de ma conclusion : « Si tel doit être mon destin, je ne le refuserai pas. »

TABLE

TROISIÈME PARTIE (juillet 1951-juillet 1953)

QUATRIÈME PARTIE (août 1953-juin 1954)

CINQUIÈME PARTIE (juin 1954-janvier 1955)

Achevé d'imprimer en décembre 1982
sur presse CAMERON,
dans les ateliers de la S.E.P.C.
à Saint-Amand-Montrond (Cher)
pour Plon
éditeur à Paris

N° d'Édition : 11007. N° d'Impression : 1906.
Dépôt légal : octobre 1982.

Imprimé en France

Achevé d'imprimer sur les presses de l'imprimerie